KB201117

JESUS

예수말씀에서
예수학교로

예수말씀에서 예수학교로

초판 1쇄 발행 2024년 5월 10일

지은이 · 소기천
펴낸곳 · 도서출판 **통독원**

주소 · 서울시 강남구 선릉로 806
전화 · 02)525-7794 팩스 · 02)587-7794
홈페이지 · www.tongbooks.com
등록 · 제21-503호(1993.10.28)

ISBN 979-11-90540-48-3 03230

신학 서적이 이토록 실천적일 수 있을까?

JESUS
예수말씀에서
예수학교로

소기천 지음

이 책을 평생 아버지처럼 사랑해 주신
James M. Robinson 교수님(1924-2024년)의
100주년 생신을 기념하여 헌정합니다.

통독원

장로회신학대학교의 신약성경과 신약신학과 신약배경사 교수로 평생을
가르치면서 그동안 학술지에 발표한 글을 모아서 한 권으로 정리하는 작업을
마무리할 수 있게 된 것을 감사하게 여긴다.

부친인 소동욱은 필자가 학업보다는 교회 봉사를 위해 수요일 저녁과 토
요일 학생회 활동과 주일 고등부 예배와 저녁 학생회 예배까지 거의 일주일
내내 교회에서 사는 것을 미력하나마 잘 감당하도록 든든한 후원자가 되어 주
셨다. 심지어 고3 때 12년 동안을 개근하던 학교 보충수업을 빠지고 수원에 개
교한 아주대학교에서 모인 고등부 여름 수련회까지 다녀오라고 허락해 주셨
다. 그때 3일을 결석하여 담임교사에게 3대를 맞았는데, 결석을 하루로 해주
어서 졸업식 때 정근상으로 한자 옥편을 부상으로 받았다. 부친은 12년 동안
학교에서는 개근을 못 하였지만, 교회에서 개근상을 받은 일을 더 자랑스럽게
여기라고 칭찬해 주셨다. 나중에 필자가 장신대 학부와 신대원의 채플을 개근
하고, 75기 학위수여식 때 필자의 논문인 "성서 언어의 해석학적 이해- 푹스
와 에벨링을 중심으로-"가 최우수 논문에 선정되어 총회장상을 받아서 부상
으로 종로서적의 상품권 5만 원으로 해석학 관련 책 20여 권을 사온 일이 있
다. 그 책들을 전시할 2단짜리 책꽂이를 부친이 사 오면서 상장을 유리 액자에
담아서 가져왔는데, 아직도 필자의 거실에 비치되어 있다.

필자가 1983년도 장신대 신대원 졸업반 마지막 학기에 아내의 도서관 선
배의 중매로 아내를 만나게 되었는데, 한 달쯤 사귀다가 양가 부모의 상견례를
명동 YWCA 정문에 있던 〈누리애(코스모폴리탄)〉라는 경양식 집에서 근사한
우설 스테이크를 먹으면서 긴장 속에 가졌다. 그날의 우아한 분위기가 지금도
생각난다. 그때 부친이 옆에 앉은 내게 "그래 색시 아빠는 무슨 일 하시니?"라
고 물었는데, 아차 그때까지 아직 장인이 될 분의 직업도 알지 못했다. 그 말을

앞자리에서 들으시고 장인은 난처한 필자를 대신해서 부친에게 "네, 저는 목사올시다"라고 대답해 주셨다. 삼양제일교회를 오랫동안 담임하고 계신 목회자인 것을 알게 된 부친은 "목사님의 뜻대로 하시지요"라고 했고, 장인은 "아이들이 좋아하니 약혼식을 올립시다"라고 제안하자 일사천리로 인륜지대사가 결정되었다. 상견례 후에 한 달쯤 지나서 5월 5일 토요일인 어린이날에 코리아나 호텔 2층에서 양가 친척이 모인 자리에서 약혼식이 거행되었다. 그날 부친이 약혼식 주례자가 누구냐고 필자에게 물었지만, 자세한 것을 알 수가 없어 궁금하던 순간에 장인은 색시의 부친으로 전격적으로 주례를 하여서 다소 놀랐다. 그때 장인은 창세기 24장의 엘리에셀이 리브가를 찾아서 멀리 떠나면서 아브라함의 허벅지 밑에 손을 넣는 장면(창 24:1-2)을 주례사로 하셨다. 약혼식을 마칠 무렵 미그기를 타고 귀순한 북한군 장교로 인하여 광화문 일대에 갑자기 공습 사이렌이 울려서 당황하던 기억이 떠오른다.

약혼식 후에 결혼식은 10월 8일 토요일인 한글날 동신교회에서 열렸다. 결혼 주례자를 누구로 세울지 고민하다가 필자의 아내가 사서로 근무하는 장신대의 학장이신 박창환 교수에게 찾아가서 부탁을 드려서 결혼식 장소를 장신대 채플로 정했는데, 나중에 장인이 지금처럼 전철도 없고 노선버스도 없던 장신대는 하객들에게 불편하다고 하셔서 하루는 학장실을 찾아서 양해를 구하고 장소를 동신교회로 변경하였다. 문제는 동신교회가 본 교회 목사가 아니면 다른 분을 주례자로 세울 수 없다고 하여, 예비 신랑과 신부가 하는 수 없이 박창환 학장을 찾아가서 송구한 말씀을 드리고 낯 뜨거운 양해를 구하였다. 그 자리에서 박창환 학장은 "하나님의 축복이 소기천 홍진주 가정에 영원히 머무소서"라는 휘호를 써주셨다.

필자의 부친은 동신교회의 담임이던 한기원 목사와 국방부 시절에 안면

이 있던 차에 한 목사가 해군 군목으로 제대 후에 영락교회의 부목사로 부임하게 되자 아주 반갑게 지냈는데, 필자의 주례를 부탁하려고 병중에 장신대 운동장에 인접한 유천빌라 2층 사택을 방문하였다. 그러나 병환으로 주일설교도 하지 못하는 상황이라 한 목사의 소개로 김세진 원로목사를 만나게 되었다. 결혼 주례를 부탁하려고 부친과 함께 정성껏 준비한 홍삼을 들고 동신교회의 원로목사실을 처음 찾아간 필자는 사무실에 붙어 있는 담임목사실보다 문을 돌아서 따로 출입문이 있는 원로목사실이 너무나도 커서 아직도 위압감에 주눅이 들었던 기억이 있다. 동신교회에서 결혼식을 치른 일이 계기가 되어 필자는 군복무 후에 그곳에서 고등부 교육 목사를 하다가 미국 유학을 떠났다.

필자의 미국 유학은 부친에게 서운한 일이었다. 필자는 동신교회에서 교육 목사를 하는 중에 의정부 교도소 은혜교회를 창립하여 미결수인 재소자들에게 전도목사로 〈동북성서신학원〉의 의정부 분원도 만들어서 열심히 복음을 전하였다. 그때 독일 하이델베르크 대학교로부터 신학박사과정의 입학허가서(Zulassung)를 받았다. 당시에 국비 유학생의 조건치고는 숙식 특전까지 포함된 바이엘 하우스를 무상으로 받는 조건이기에 모든 것이 만족스러웠다. 그런데 필자의 아내와 장인이 한사코 독일로 가는 일을 반대하였다. 그 이유는 지금도 유학생이 혼자 가서 1년 후에 가족을 초청하는 독일의 상황 때문이었는데, 처자식을 두고 혼자 가서 1년 동안 떨어져 지내는 것이 좋지 않다는 반대였다. 이 일로 몇 년 동안 남산에 있던 독일문화원(Goethe Institute)을 다니면서 독일어 시험에 모두 합격하여 유학 조건을 갖추어 최상의 박사과정 입학 준비를 이루었는데, 처가의 반대로 떠나지 못하게 되자 필자의 부친이 너무나도 서운해하셨다.

그렇게 필자는 독일 하이델베르크 대학교의 신학박사과정에 입학허가서를 받았지만, 아내와 자녀들의 비자를 독일대사관이 주지 않아서 전전긍긍하던 차에 미국 클레어먼트 대학교의 제임스 M. 로빈슨 교수에게 게르하르트 타이센이 보낸 초청장을 보여주고 공부를 시작하면서 클레어먼트 신학교의 알

렌 무어 학장 장학생과 클레이먼트 대학원의 장학생으로 학업을 하다가 10년 유학생활을 마치고 귀국하였다.

담임목사 사역을 하면서 유학하던 시절에 세 자녀를 키우면서 동시에 전액 장학생으로 공부하는 동안에도 국제 Q 프로젝트에서 연구와 집필에 참여하면서 세계성서학회 회원으로 활동하였다. 그래서 필자의 신약학 범위는 구약성경으로부터 신구약중간사 문학과 신약성경을 거쳐서 사해문서와 나그 함마디 문서와 요세푸스와 필로와 초기 교부들과 유대 랍비문헌에 이르기까지 방대하다. 필자의 신학과 학문 여정을 한마디로 정리하자면, 신약성경을 신구약성경의 상호본문성과 성경배경사의 모든 문헌을 정통신앙에 서서 연구함으로써 과거 상아탑에 의존한 자유주의 신학을 배격하고 교회가 길러낸 신앙인의 맥을 이어가면서 신앙공동체의 신앙고백을 중요시하는 교회를 위한 신학이다.

머리말에 두서없이 개인사도 소개하였는데 독자와 가까워지려는 사람의 넋두리라고 너그러운 마음으로 살펴서 이해해 주시기를 바란다. 필자는 하나님께서 모든 것을 선하게 인도하신 것을 통해서 오직 하나님께만 영광을 돌리려고 한다.

Soli Deo Gloria.

목차

1부
예수말씀

I. 초기 기독교의 배경사[1)]

1. 서론

흔히 기독교와 유대교와 이슬람교를 유일신교라고 생각하지만, 기독교는 유일신교인 다른 종교와 달리 삼위일체의 살아계신 하나님을 믿는다. 성부와 성자와 성령의 삼위일체 교리를 확립한 기독교는 신약성경이 기록될 당시부터 그리스-로마 신화의 세계를 알고 있을 뿐만 아니라, 다신론적인 세계관과 동성애 문화의 토양인 심포지엄 곧 인간의 향연을 거부하면서 대안문화로 예수의 식탁교제를 통한 하나님의 나라를 새롭게 보여주고 있으며, 이 장에서는 결론에서만 잠시 언급한 바울도 직접 이방 신전에 가득한 동성애를 지적하면서 예수의 복음을 통하여 변화된 삶을 제안하였다.

신약성경의 무대인 지중해는 초기 기독교 연구에 아주 중요하다. 신약성경이 기록된 1세기는 지중해를 로마가 지배하고 있었지만, 그리스 문화가 계속해서 영향력을 행사하던 시기였다. '모든 길은 로마로 통한다'라는 모토로 지중해에 '로마의 평화'(*Pax Romana*, 팍스 로마나)가 실현되었지만, 군사와 법에서는 라틴어가 주로 사용되었고 일상 언어와 경제의 차원에서는 헬라어가 통용

---

1) 이 장은 "초기 기독교의 배경연구: 동성애 문제 중심으로," 《목회와 신학》 390호(2021년 12월)에 실린 글을 수정 보완한 것이다.

되었다. 이 시대를 학자들은 그레코-로만 사회로 통칭한다.

신약성경에는 그레코-로만 배경뿐만 아니라, 이스라엘의 역사와 종교가 중요한 자리를 차지하고 있기에 구약성경과 유대교와의 관련성 속에서 초기 기독교의 배경을 연구하는 일은 너무나도 필수적이다. 예수 시대에 로마가 유대인을 지배하였지만, 그리스 문화의 영향력이 컸다. 기독교의 기원과 영향력을 이해하는데, 헬레니즘과 유대주의[2]는 필수적이다.

신약성경의 배경을 연구하기에는 그 범위가 너무나도 방대하여, 이 장은 동성애 문제를 중심으로[3] 그레코-로만 사회를 지배하던 헬레니즘과 유대인의 의식세계를 지배하던 유대주의에 초점을 두고, 구약과 신약을 연결하는 마지막 예언자인 세례 요한을 거쳐서 예수의 가르침을 간단하게 살펴보고자 한다.

2. 헬라주의(Hellenism)

인간은 동성애의 욕망과 쾌락으로 인한 판단착오로 인간에게 불행을 불러온다. 아리스토텔레스는 《시학》(페리 포이에티케스, Περὶ ποιητικῆς)에서 하마르

---

2) 독일에서 1973년에 출판된 Martin Hengel의 Judentum und Hellenismus는 1973년에 Judaism and Hellenism으로 번역되어 신학 분야에 널리 알려지게 되었다. 헬라주의라는 말을 처음으로 사용한 학자는 1831년에 드로이센(J. G. Droysen)의 박사학위 논문에서 사도행전 6:1의 '헬라파'란 단어로 비롯되었다. 헬라어 헬레니스테스(Ἑλληνιστής)가 처음으로 등장하는 코이네 헬라어로 번역된 마카비 2서 4장 13절로 마카비 형제들이 헬라어로 유대인을 지칭하는 헤브라이오스(Ἑβαῖος)란 단어에 반대되는 개념으로 사용한 것이다.

3) 지중해 세계에 널리 퍼진 동성애 문제를 본격적으로 다룬 책으로는 독일어권에 P. H. Schrijvers, Eine medizinische Erklärung der männlichen Homosexualität aus der Antike (Amsterdam: Grüner Verlag, 1985)와 영어권에 Peter Brown, The Body and Society: Men, Women, and Sexual Reunification in Early Christianity (New York: Comumbia University Press, 1988)이다. 이보다 앞서서 불어권에서 "Une virginité sans hymen: le corps féminin en Gréce ancienne," Annales É. S. C. (1984) 39: 1119-1139가 있다. 그 외에도 Jennifer Ingleheart가 편집한 Ancient Rome and the Construction of Modern Homosexual Identities (Oxford: Oxford University Press, 2010; Craig A. Williams, Roman Homosexuality, Second Edition (Oxford: Oxford University Press, 2010); 케빈 드영 《성경이 동성애에 답하다》, 조계광 옮김(지평서원 2015)과 레위기의 토에바에 대해서 종교적 관점인 다니엘 A. 헬미니악, 《성서가 말하는 동성애 – 신이 허락하고 인간이 금지한 사랑》, 김강일 옮김(해울, 2003)은 문화적 배경에서 접근하기도 한다(참고, Jacob Milgrom, Leviticus 17-22 (Bantam, 2000) 등이 있다.

티아(ἁμαρτία)를 판단착오로 이해하여 인간이 불행을 맞는 것이라고 했다. 아리스토텔레스는《시학》에서 *하마르티아*라는 단어를 최초로 사용하여 오이디푸스에게 적용한다. 신약성경에서 *하마르티아*는 '죄'를 뜻하는 단어이지만, 원래 헬라어에서는 '판단착오'나 '시행착오' 혹은 '과오'나 '과실'을 의미한다.

아리스토텔레스가 쓴 인류 최초의 문예비평인《시학》은 *므네메시스*(μίμησις)인 모방과 *카타르시스*(κάθαρσις)인 감정을 통하여 그리스 신화를 평가한다. 동성애는 선천적인 것이 아니라, 에로스가 보여주는 것처럼 후천적 모방이고, 오이푸디스가 보여주는 것처럼 감정이다. 아리스토텔레스는 오이디푸스가 아비를 죽이고 어미와 결혼하는 비극 문학의 핵심을, 모방과 감정을 통하여 인간이 동성애와 성적인 욕망 그리고 판단착오로 맞이한 비극을 보여준다. 이렇게 탐욕과 성적인 욕망에 속아서 시험에서 벗어나지 못하고 굴복하는 것이 인간이다. 오이디푸스의 비극은 시험에서 벗어나지 못하고 부모도 알아보지 못하는 판단착오를 보여준다. 아리스토텔레스는《시학》제13장에서 무려 오이디푸스를 두 차례나 언급하면서 '행복을 비극으로' 바꾼 인간의 무책임한 모방과 감정을 비판한다.

오이디푸스 콤플렉스는 욕망과 탐욕을 앞세워 가정을 무너뜨리고 자신마저도 파멸로 치닫는 인생의 허무함을 보여준다. 오이디푸스 콤플렉스가 아들이 어머니에게 갖는 사랑과 아버지에 대한 애증이라면, 반대로 엘렉트라 콤플렉스[4]는 딸이 아버지에게 사랑을 품고 어머니를 애증의 상대로 여기는 현상을 가리킨다. 이와는 달리, 의붓어머니가 의붓아들에게 애증을 느끼는 상태를 가리키는 용어로 파이드라 콤플렉스도 있다. 문제는 이런 다양한 종류의 근친상간이 동성애의 문화에 깊이 뿌리를 두고 있다는 사실이다.

동성애는 다분히 타락한 인간의 쾌락을 모방하는 것임에도 불구하고, 괴

---

4) 유수연,《의사가 읽어주는 그리스 로마 신화》(에이도스, 2021), 252, 255쪽; 이윤기,《이윤기의 그리스 로마 신화》(웅진지식하우스, 2021), 398쪽. 이윤기는 엘렉트라 콤플렉스와 관련해서 아이스퀼로스의 오레스테스 이야기와 에우리피데스의 이피게네이아와 엘렉트라, 그리고 소포클래스의 엘렉트라를 논하기도 한다.

상한(queer) 광란 축제를 미화하여 모든 일에 충동적일 수밖에 없는 청소년이 무분별하게 따라 하도록 모방심리를 자극하고 있다. 동성애에 노출된 청소년은 모방심리에 영향을 받아서 후천적인 동성애의 쾌락에 빠질 공산이 크다. 성적 감정은 치명적이라 청소년 시절에 싹튼 오이디푸스 콤플렉스를 이기지 못하면, 인간은 환경에 영향을 받아서 성적 본능과 시험을 이기지 못하고 타락하게 된다. 오이디푸스가 판단착오로 동성애의 죄를 저지른 것이다.

플라톤이 전하는 《대화록》의 '향연' 편은 사랑의 신인 에로스에 대해서 소크라테스의 가르침을 전해준다. 창조 때에 카오스가 생겨난 이후에 대지의 신인 가이아와 사랑의 신인 에로스가 태어났다. 소크라테스는 에로스를 오래된 신으로 추앙한다. 그리스 신화에서 에로스는 사람에게 동성애 사랑이라는 화살을 쏘아서 성인 남성이 미소년을 사랑하게 유혹한다. *에라스테스*(ἐραστής)는 미소년을 사랑하는 성인 남성을 의미하고, *파이데카*(παιδέκα) 혹은 *에로메노스*(ἐρώμενος)는 성인 남성에게 사랑을 받는 미소년을 의미한다. 간단하게 정리하자면, 에라스테스는 40세 미만 성인 남성을 일컫는 단어이고, *에로메노스*는 미소년을 뜻하는 단어이다. 이로써 그리스에는 *에라스테스*가 돈과 경륜으로 *에로메노스*를 사서 남성끼리 동성애 쾌락을 추구하는 문화가 만연하였다. 어린 소자를 이처럼 성적 탐욕의 대상으로 삼은 그리스 문화는 그 대가를 철저하게 치렀다. 아직도 그 찬란한 문화에 비하면 그리스의 인구는 보잘것없고 생활 수준도 낙후되어 있다.

플라톤 철학을 계승한 스토아철학은 금욕주의를 표방하면서 초기 교회의 근간을 뒤흔든 위험한 사상으로 2세기 중반에 이르러서는 영지주의라 하여 이단으로 거부된 움직임이다. '육체를 영혼의 감옥'이라고 여기면서 영적인 것만 소중하게 여기고, '영혼의 순례'라고 하면서 육체를 벗어나 플라톤의 이원론에 빠져서 영적인 세계만을 동경하여 육체의 삶을 부정하고, 육체의 본능까지 이미 다 극복하였다는 자가당착에 빠져서 육체로부터 자유를 얻었다고 말하면서 성적 방탕함에 허우적거렸음에도 불구하고, 육체의 죄를 인정하지 않는 불경함까지 보였다.

3. 유대주의(Judaism)

방랑하는 아람 사람(신 26:5)인 아브라함 시대에 마리 왕은 메소포타미아에서 번창하였지만, 바빌로니아의 함무라비에 의해 파괴되었다. 아무리 메소포타미아 문명을 꽃피운 왕이라도 역사에 남은 것은 파괴된 잔해뿐이다. 인간의 문명과 문화는 헛된 것이다. 소돔과 고모라에 임한 동성애에 대한 하나님의 준엄한 심판이 오늘날 서구 교회를 휩쓸고 있는 동성애 문화에 경종을 울린다. 장신대 성지연구원 유물 중에 철기문화를 꽃피운 히타이트 양두형 신상이 있다. 남성인지 여성인지 두 몸이 하나로 결합한 형태는 고대 신전 제사에서 동성애에 가득하였던 인간의 쾌락과 탐욕을 상징한다. 이른바 자웅동체의 결정판이다.

메소포타미아와 히타이트 시대보다 더 올라가서 동성애에 대해 하나님께서 처음에 물로 심판하신 것이 노아의 홍수 때라면, 나중에 불로 심판하신 것은 소돔과 고모라 때이다. 노아의 홍수이든 소돔과 고모라의 유황불이든 동성애의 쾌락이 세상에 관영할 때, 하나님께서 내리신 심판이다. 동성애에 빠지면, 반드시 하나님께서 '멸하시기로 한 심판'을 당할 수밖에 없다. 이런 구약성경의 내러티브를 실감 나게 보여주는 것이 베드로후서 3:5-7에도 나온다. 이 구절은 물의 심판과 불의 심판을 분명하게 보여준다. 세례 요한의 설교에서 알곡과 가라지가 타작마당에 올라오는 것과 같은 최후의 심판 때에 구별되어 가라지에게 닥칠 불의 심판이 멸망의 날을 상징한다.

동성애는 하나님께서 금지하신 죄악(구약에 '가증하다'라는 단어인 히브리어 토에바(תּוֹעֵבָה)는 '혐오하다,' '싫어하다,' '금지하다' 등의 뜻이다)이기 때문에, 소돔과 고모라를 '멸하시기로 작정하신 것'처럼 반드시 불로 심판하신다. 구약성경에서 제사장이 분향하면서 "다른 불"로 제사를 지낼 때, 하나님의 불이 임하여 타 죽게 한 사건도 있다(레 10:1-2). 아론을 통해 레위기의 제사 제도가 제정되자마자, 얼마

지나지 않아서 아론의 제사장직을 계승한 나답과 아비후가 교만하여 하나님을 만홀히 여기고 다른 불로 분향을 드리게 되자 하나님께서 불로 심판하셨다. 여기에 사용된 다른 불은 유다서 1:7에서 "다른 육체"로 미드라시 읽기를 통해 상호본문성의 방법으로 다시 살아나는데, 그 이면에 동성애로 멸망한 소돔과 그 이웃 도시들뿐만 아니라 나답과 이비후가 형제 사랑을 넘어서 동성애의 욕망에 넘어가서 다른 불로 제사를 드린 행위는 유대인들이 다른 불 곧 동성애의 쾌락으로 빠진 것을 강력하게 경고하며 회개를 촉구하는 말씀들에 연결된다.

4. 세례 요한(John the Baptist)과 예수(Jesus)

세례 요한은 광야의 외치는 자로 메시아로 오시는 이인 예수를 자신보다 능력이 많으신 이로 선포하였다. 이런 요한이 예수의 신발 끈을 풀기도 감당하기 어렵다고 겸양스런 말을 한 것은 그리스 시인 아폴로니우스 로디오스가 쓴 영웅들의 서사시인 아르고 원정대 이야기(Argonautica)의 일부인 *모노산달로스*에 연결된다. 헬라어 모노는 하나 혹은 오직이란 뜻이고, 산달로스는 신발이기에, *모노산달로스*는 신발 한 짝 혹은 오직 신발이란 의미를 지닌 영웅 서사시이다. 이 서사시에서 이아손은 그리스인들이 잃어버린 황금빛을 발하는 털가죽 신 한 짝을 찾아오는 왕으로 그려진다. 곧 이아손은 모노산달로스의 싯귀 그대로 그리스의 한 부족국가인 이올코스의 왕이 된다. 그러나 금빛 털가죽을 손에 넣고 아테네의 여러 부족국가 가운데 하나를 세운 이아손도 마케도니아의 영웅 알렉산더 대제에 의해 그리스의 모든 도시국가가 통일되어 역사의 무대에 사라진 것을 보면, 인간 역사의 흥망성쇠는 가히 물거품과 같은 것이다.[5]
키에르케고르는 현대인이 잃어버린 자아를 찾지 않고 잃어버린 양말 한 짝을 아침에 찾는다고 했는데, 이아손이 황금빛 털로 만든 신발 한 짝을 찾아서 이올코스로 돌아온 것처럼 세례 요한은 메시아로 오신 신랑 예수의 들러리

---

5) 이윤기,《이윤기의 그리스 로마 신화》(웅진지식하우스, 2021), 19-28, 1178-1191쪽.

가 되는 기쁨을 노래하기도 하였다. 예수께서 신고 있던 가죽신의 신발 끈을 풀기도 감당하지 못하겠다는 세례 요한의 겸손한 이야기는 이미 그리스 신화를 알고 있는 예수 운동의 초창기에 메시아로 오신 예수를 칭송하는 이미지로 손쉽게 채택되어 예수말씀을 읽는 이들의 마음에 감동을 주었다.

그리스의 신들이 향연에서 제공되는 술에 취하여 동성애의 쾌락에 빠진 것을 누구보다도 잘 알고 있던 세례 요한의 설교는 동성애에 대한 하나님의 심판과 진노로 끝나지 않는다. 강력한 심판과 진노의 설교 후에 히브리어로 *테슈바*(תשובה) 곧 회개의 설교가 이어진다. 마지막 예언자인 세례 요한이 하나님의 진노만이 아니라, 회개의 설교를 한 것은 율법의 시대가 막을 내리고 은혜의 시대가 동터 온 것을 알리는 복음을 펼쳐 보인 것이다.

신약에서 회개를 촉구하는 말씀은 요단강에서 사역하면서 "회개를 위한 세례"(βάπτιδμα εἰς μετανοίας)를 베푼 세례 요한에 의해 선명하게 다가온다.

*테슈바*는 동성애에서 돌아선다는 뜻이 있다. 하나님께서 누구에게 은혜를 베푸시는가? 동성애와 같은 죄를 회개하고 돌아서서 용서를 구하는 죄인에게 은혜를 베푸신다(고린도후서 6:1-2). 이것은 *벤*(아들) *아브라함과 바트*(딸) *아브라함*에게 주시는 놀라운 축복의 언사이다. 하나님께서 반드시 동성애를 옹호하는 퀴어신학을 소돔과 고모라처럼 심판하실 것이다. *하마르티아* 곧 죄는 화살이 과녁을 빗나간 것에 비유한 것이라면, *테슈바* 곧 회개는 잘못된 동성애의 길에서 180° 돌이키는 행동이다.

*테슈바*는 돌아옴, 대답, 응답, 회개, 화해, 기간 등의 뜻을 가지고 있는데, 그 어원은 *슈브*(שוב. 회개하다. 돌이키다)이다. 헬라어 *메타노이아*(μετανοία)를 히브리어로 번역한 *테슈바*는 구약에서는 한 번도 나오지 않으며 신약에서만 13번 나온다. 참고로 구약에서 *쉐케쯔*(שקץ)는 가증, 몹시 꺼림 등의 뜻이며, *토에바*는 혐오, 싫어함, 금지함 등의 뜻이다.

세례 요한의 설교는 메시아로 '오시는 이'인 *나자라*(Ναζαρά) 예수께서 동성애를 묵과하지 않으시고 하나님의 심판을 수행하신다는 사실을 당시 농촌에서 일상으로 경험하는 소재들을 통하여 청중을 일깨우며 아주 흥미 있게 시청각적인 이미지로 마무리 짓는다. 예수의 *토라*는 하나님의 타작마당을 실감나게 묘사한다. 농사를 짓는 도구인 키가 심판주로 오시는 *나자라* 예수의 손에 들려지게 될 때 '밭이 희어져서' 추수할 때까지 '알곡'과 함께 있던 '쭉정이'가 '타작마당'에까지 뒤섞여 있는 상황은 더는 지속되지 않는다. 왜 하나님의 밭에는 알곡에 쭉정이가 섞여서 자라고, 마지막 타작마당에까지 함께 뒹굴게 되는 것일까? 그 이유는 알곡 스스로가 심판의 기능까지 수행할 수 없기 때문이다. 하나님의 타작마당에서 *나자라* 예수의 심판하시는 손에 키가 들려지게 될 때, 하나님의 심판이 메시아로 오신 예수 때문에 수행된다.

알곡은 초기 기독교 공동체가 새롭게 만들어지는 예수말씀의 공동체가 되게 하지만, 쭉정이는 메시아로 오신 예수를 거부하는 유대인의 공동체를 의미한다. 과거에는 유대인이 밭에서 알곡으로 행세하였지만, 이제는 시대가 바뀌어서 새 시대가 동터왔고 새로운 알곡이 자라게 될 때 이전의 알곡은 쭉정이 신세로 전락하게 된다는 사실을 아직 유대인은 인식하지 못하고 있다.

예수께서 세리와 죄인과 나눈 식탁 교제는 플라톤의 《대화록》 '향연' 편에 나오는 *에로스*를 상기하면서 그리스 문화에 만연된 동성애가 로마 문화6)에까지 깊이 침투해 들어온 것에 대한 대안문화이다. 예수의 토라는 한 걸음 더 나아가서 '장가들고 시집가는 일'을 언급하시는데, 이것은 단순한 결혼 풍습이 아니라 남자끼리의 성행위를 공공연하게 인정하던 그리스-로마의 문화를 비판하신 것이다. 예수께서는 남자끼리의 능동적 결혼을 장가든다고 말씀하였고, 남자끼리의 수동적 결혼을 시집간다고 말씀하였다. 다음에 인용한 예수말씀은 이런 동성애 문화에 반대하신 직접적인 말씀이다.

---

6) 그리스 신화는 예수 시대에도 널리 알려져 있었다. 예수께서는 로마 시대에까지 지대한 영향을 미친 그리스의 향연 문화를 잘 아시고, 그 대안으로 식탁 교제를 통해 동성애의 사랑이 아니라 세리와 죄인에 대한 아가페의 사랑을 몸소 실천하셨다. Ramsay MacMullen, "Women in Public in the Roman Empire," *Historia* (1980) 29: 208-218; "Roman Attitudes to Greek Love," *Historia* (1982) 31: 484-502는 이런 배경을 보여준다.

Q 17:27 노아가 방주에 들어가는 날까지, [[〈그들〉이 (먹고 마시고 장가 가고) 시집갔는데]], 홍수가 와서 그들을 모두 멸망시켰다.

그레코-로만 세계에서 40세 이하 남성이 미소년과 동성애에 빠져서 남자끼리 능동적으로 혹은 수동적으로 결혼하는 일이 동성애의 문화로 확산되었는데, 이것을 아신 예수께서는 플라톤의 심포지엄에 나오는 동생애의 문화가 아니라 식탁 교제를 통해 죄인들이 회개하고 하나님 앞에 나올 때 그 모든 죄를 용서받는다는 구원의 복음을 전파하셨다. 이렇게 인간은 동성애의 쾌락과 욕망에 이끌려서 하나님께서 원하시는 길을 떠나 죄의 길에 들어서면서 향연과 동성애에 허우적거리면서 삶의 모든 것을 여지없이 무너뜨렸다. 그런데도, 이런 인간을 *나자라* 예수께서는 포기하지 않으신다. 오직 *나자라* 예수의 복음만이 동성애에 빠진 인간을 건져낼 수 있다.

5. 결론

우리가 동성애의 문제를 간과할 수 없는 중요한 이유는 동성애가 하나님의 창조질서에 대한 근본적인 도전을 제기하기 때문이다. 동성애는 인간사회의 기본 틀을 이루는 보편적인 통념과 가정 개념에 대해서도 중대한 도전을 제기하고 있다. 특히 신약성경은 동성애를 우상숭배와 연결 지어서 철저히 악덕목록으로 규정하고 있다. 바울은 여전히 동성애자들에게 하나님의 진노가 임할 것이라고 말하고 있다.

복음서가 기록되기 전에 초기 기독교에서 27년 동안 지중해 지역에서 이방인 선교를 실천한 바울은 가는 곳마다 그레코-로만 문화에 뿌리를 둔 이방 신전에 가득한 동성애 문제로 싸울 수밖에 없었다. 이런 상황이 바울에게 동성애의 쾌락을 벗어나지 못한 이방 신전 제사를 우상숭배를 간주하고 초기 기독교의 정체성을 세우는 데 힘을 쓴 것이다. 동성애자는 *나자라* 예수의 복음을 듣고 회개하고 돌아올 때, 몸과 마음과 영혼이 회복될 수 있다.

Ⅱ. 나를 변화시킨 한 권의 책[1)]

19세기에 팽배하였던 자유주의 신학과 결별을 선언하며 개혁교회의 루터교 신앙에 근거하여 신정통주의라는 신학사조를 구축한 불트만은 그 이전의 신학자들과는 달리 기독교의 케리그마를 밝혀내는데 그 누구보다도 심혈을 기울였지만, 자신의 신학적인 전이해 곧 '초기 교회의 선포와 역사적 예수는 서로 연결되지 않는다'는 전제를 굳히지 않았다. 이것은 그의 역사 이해에서 비롯되는 것인데, 곧 그는 '사건으로서의 역사(Geschichte)가 사실로서의 역사(history)와 다르다'고 양자의 관계에 있어서 철저한 단절을 천명한 것이었다. 이로써 복음서에서 역사적 예수의 모습을 찾을 수 없다는 회의주의가 한동안 신약학 연구에 어두운 그림자를 드리웠다.

불트만에 대한 비판은 그의 제자들에게서 비롯되었다. 불트만의 제자들(Post-Bultmannian)은 Geschichte(해석된 역사)가 history(실제로 일어난 역사)에 근거한 것이라고 천명함으로써 양자를 연결해야 한다는 사실을 전제하고서 그들의 신학적인 작업을 전개해 나갔다. 그중에 한 사람이 제임스 M. 로빈슨(James M. Robinson)이다. 《역사적 예수에 대한 새로운 탐구》[2)]는 루돌프 불트만(Rudolf

---

1) 이 장은 "나를 변화시킨 한 권의 책: James M. Robinson, A New Quest of the Historical Jesus," 《신학춘추》 12 (2000년 10월 31일자): 5; 《교수님에게 듣는 나를 변화시킨 한 권의 책》, 도서관 문화행사 자료집, 장신대 도서관(2010년 11월 3일): 36-37쪽을 수정 보완한 것이다.

Bultmann) 이후에 신약학의 연구 분야에서 실종되다시피 한 역사적 예수 연구를 새롭게 전개할 수 있도록 불을 지핀 책이라고 말할 수 있다.

과거의 자유주의 신학 이래로 역사적 예수에 관한 연구는 진정성 문제 곧 '복음서에 나타난 구절 가운데 어느 것이 역사적 예수의 말씀이고 어떤 것이 아닌가'의 문제에 매달려 왔지만, 로빈슨은 역사적 예수 연구에 있어서 전승의 문제를 새롭게 제기해 주었다. 물론 그 이전에도 복음서 연구에 있어서 전승사적 연구 방법론이 활기차게 전개됐지만, 로빈슨은 예수에 관한 초기 전승의 발전단계에 깊은 관심을 기울이면서 자료비평적인 측면에서 '각각의 전승 단위들이 예수에게서 비롯된다'는 생각을 가지고서 '케리그마는 역사적 예수와 연결성을 가지고 있다'고 주장하였다.

필자가 미국 서부 캘리포니아에 있는 클레어먼트 대학교를 찾아간 것은 불트만을 '새로운 해석학'이라는 관점에서 극복하면서 역사적 예수 연구의 새로운 물꼬를 튼 로빈슨[3]이 1958년 이후에 신약학을 가르치고 있다는 사실을 들었기 때문이다. 그는 과거 미국 남장로교의 경건한 가정에서 출생하여, 콜롬비아 신학교를 거쳐 바젤 대학교에서 칼 바르트에게 조직신학으로 박사학위를 받았고, 후에 프린스턴에서 성서신학으로 다시 학위를 받았다. 그는 성서해석학, 쿰란 문서, 나그 함마디 문서, 복음서, Q 연구 등에 평생 심혈을 기울여 왔으며, 1999년 5월에 만 75세로 은퇴하였고, 세계성서학회(SBL)를 중심으로 연구활동을 계속하였다. 고령에도 불구하고, 로빈슨은 여전히 저서를 집필하며 왕성한 학문 활동을 벌였다. 그는 두 번에 걸쳐서 한국에 초대되어 그의 신학세계를 모든 이와 함께 나누었다.

---

2) James M. Robinson, 《역사적 예수에 대한 새로운 탐구》 원서명: *A New Quest of the Historical Jesus* (London: SCM Press, 1959. 이세훈과 박일서의 도움으로 한국어 번역 출판; 살림출판사, 2008).

3) 필자가 클레어먼트 대학교에서 공부할 때, 고 이종성 학장이 그를 《신에게 솔직히》라는 책을 쓴 존 로빈슨 (John A. T. Robinson)으로 오해하여 '어찌하여 자유주의자에게 신학공부를 하느냐?'는 핀잔을 하는 차마 웃지 못할 일도 있었지만, 이는 잘 모르고 하는 말이므로 제임스 M. 로빈슨을 바르게 알게 되기를 속으로 기도한 적도 있었다.

필자는 스승이신 로빈슨의 은혜를 많이 입었다. 무엇보다도 그가 평생에 심혈을 기울여 모아놓은 예수말씀 연구서인 Q에 관한 모든 자료를 내게 항공 우편으로 보내주었다. 그 문헌들은 클레어먼트 대학교의 고대와 기독교 연구소(Institute for Antiquity and Christianity)의 Q 연구원에 있던 자료들이다. 필자는 이 자료들이 너무나도 귀한 것이라 2007년부터 장신대 정문 바로 앞 빌라를 얻어서 예수말씀연구소(www.jesussayings.kr)를 창립하여 운영하고 있다. 그가 보내준 전 세계에서 수집된 방대한 예수말씀 자료는 모두 전자파일로 만들어서 구글 드롭박스[4]에 무료로 올려놓았다. 그동안 예수말씀연구소는 기도학교와 성령학교를 통해서 한국교회 성도들과 장신대 신학생들을 섬기고 있다. 더 나아가서 장신대 인근의 신학생 자녀들에게 영어성경 읽기 프로그램(English Bible Story)과 EMC(English Mission for Christ)를 실천하고 있으며, 2023년 11월부터 예수학교를 운영한다. 특히 이 일을 위해서 몇 명의 원어민 교사들이 자원 봉사 형식으로 도움을 주고 있다. 앞으로 예수학교는 신학적 결과를 현장에 적용하면서 한국교회를 섬기고자 한다.

무엇보다도 감사한 것은 캐나다에서 목회하는 친구 이세훈 목사와 클레어먼트에 유학을 가 있는 제자 박일서 목사의 도움으로 앞 장의 책을 《역사적 예수에 대한 새로운 탐구》라는 제목으로 살림출판사가 번역 실비를 지원함으로써 출판하게 되었다. 앞으로 이 책을 통하여 필자와 마찬가지로 로빈슨의 영향력을 통하여 세계적인 신약학자로 세워질 신학생들이 많아지기를 간절히 소원한다.

---

4) All resources downloadable in link below.
   https://www.dropbox.com/sh/gvek8vb8nom0du0/AAAqWfmacQ8EnO8Jw8L0sq6Wa?dl=0

Ⅲ. 루터와 칼빈이 본 예수말씀의 연구방법[1]

　　본 장은 갈릴리에서 전승된 마태복음과 누가복음의 공통자료(Q)인 예수 말씀을 루터와 칼빈이 어떻게 이해하고 있는지를 비교 분석하기 위한 목적으로 첫째, 복음서의 종류, 요한복음, 유대교와의 관련성 문제 등과, 둘째, 역사적 사실과 해석된 역사, 상징이냐 실재냐?, 부활신앙 등의 주제로 나누어서 복음서에 관한 연구 방법을 살펴보고자 한다. 이런 연구는, 루터에 의해 하나의 복음을 복음서 기자들이 각각 기록하였다는 이해와, 칼빈에 의한 공관복음서의 공통된 자료에 근거하여 철저하게 비교 분석한 이해로, 아주 흥미로울 정도로 루터와 칼빈이 서로 대조적인 관점을 가지고 있다는데 그 초점을 두고 있다.

　　물론 이런 루터와 칼빈의 복음서 연구는 오늘날의 역사비평적 성경 읽기와는 거리가 멀다. 그렇지만 종교개혁자들이 '오직 성경'의 기치를 개혁신학의 원리로 중시하고 있다는 사실을 강조하는 본 장은 루터와 칼빈이 논증하는 그리스도의 죽음과 부활에 관심을 기울이면서 '교황주의자들'이 교회의 교리로 성례를 화체설로 이해한 것을 바로잡기 위해서 지금까지 조직신학적인 연구가 주도하였다는 점을 참작할 때, 개혁신앙의 핵심인 예수말씀의 가르침을 담

---

1) 본 연구는 2017년 장로회신학대학교 우수논문연구지원으로 연구된 논문으로 2017년 5월 27일에 한국 개혁신학회에서 종교개혁 500주년을 기념하는 논문으로 발표된 것을 "루터와 칼빈이 본 예수말씀 연구 방법," 《한국개혁신학》 제57호(2017년 2월): 200-232에 실은 것을 수정 보완한 것이다.

고 있는 공관복음서와 요한복음에 관한 그들의 적극적인 연구에 더욱 많은 연구가 집중되기를 바라는 마음에서 향후 루터와 칼빈에 관한 새로운 연구의 방향을 더 구체적으로 잡아야 할 것을 제안하고자 한다.

특별히 이 장은, 종교개혁의 양대 산맥인 루터가 복음을 하나로 보는 관점과 또한 이 문제와 관련하여 칼빈이 복음서 연구를 예수말씀 복음서 Q로 출발하는 관점에서 두드러진 차이가 있다는 사실을 논증한 점에서 나름대로 공헌 점이 있다.

1. 서론

'성경 번역가'[2]인 루터(1483-1546)와 '성경 주석가'[3]인 칼빈(1509-1564)이 갈릴리에서 행한 예수의 복음에 관심을 기울인 것은 그들이 남긴 복음서 주석을 통해서 충분히 확인된다. 모든 면에서 '계속 관련되는'[4] 루터와 칼빈을 비교하는 것은 마치 바울과 아볼로를 비교하는 것(고전 3:7-8)과 같다. 곧 "루터는 심었고 칼빈은 물 주었다."[5] 루터와 칼빈을 다음과 같이 복음서와 관련을 지으면 더욱 흥미롭다. 루터는 복음서에 대해서 "하나의 복음이 있다"는 것과 그것이 "많은 사도에 의하여 기술되었다"는 식으로 인식한다.[6] 이에 반해서 칼빈은 1555년에 출간한 《마태복음, 마가복음, 누가복음의 복음서 기자들이 작성

---

2) Wichmann von Meding, *Luthers Lehre: Doctrina Christiana zwischen Methodus Religionis und Gloria Dei* (Frankfurt: Peter Lang, 2012), 128-151.

3) Reiner Rohloff, *Johannes Calvin* (Göttingen: Vandenhoeck & Ruprecht, 2011), 58.

4) R. Ward Holder, *Calvin and Luther: The Continuing Relationship* (Göttingen: Vandenhoeck & Ruprecht, 2013).

5) Seounggyu Park, *Rechtfertigung und Heiligung bei Johannes Calvin und Karl Barth* (Berlin: Lit, 2013), 330.

6) 루터는 1521년에 "하나의 간단한 서문: 복음서에서 찾아야 할 것과 기대해야 할 것"(Eyn kleyn Unterricht: Was Man ynn den Euangelijs suchen und gewartten soll)이란 글을 쓰고, 1530년 2월에 "마태복음 5-7장에 대한 주간설교"(Wochenpredigten über Mattch, 5-7)를 쓴 이후에 본격적으로 1532년에 이르러서야 성 마태가 설교하고 주석한 제5장, 6장 그리고 7장"(Das Fünfte, Sechste und Siebend Capitel S. Matthei gepredigt und ausgelegt)을 출간한다.

한 일치와 조화》라는 책 제목이 보여주듯이 철저하게 공관복음서를 "서로 대조해서 한데 모아 해설한다."[7]

500주년을 맞이하는 루터의 종교개혁은 성경 번역작업으로 인하여 성경적 개혁운동이 되었다. 비록 그가 복음에 대해서 자기 나름대로의 기준을 가지고 말하면서 야고보서에 대해서 '복음의 종류'(WADB 6; 10,12f)가 아니라고 판단하였고 또한 히브리서, 유다서, 요한계시록은 복음의 순위에서 끝자리에 두었지만, 구약성경을 그리스도에게 적용될 수 있는 문서로 간주하고[8] '하나의 복음, 곧 하나님의 기쁜 소식'이라고 한 것은 복음서 못지않게 구약성경도 복음이라고 넓게 이해하려는 의도이기에 중요하다.[9]

루터의 이러한 의도와는 달리 근본적으로 복음은 그 어떤 것보다도 예수가 갈릴리를 중심으로 공생애를 살던 시절에 한 예수말씀에 집중될 수밖에 없으며, 이 점에서 예수말씀을 기록해 놓은 복음서들은 우리에게 잃어버렸던 복음의 근거와 중요성을 일깨워 준다. 예수는 공생애 대부분의 선교사역을 갈릴리에서 보냈다.[10] 갈릴리는 오늘도 낙후된 지역인데, 예수 당시에는 가난한 실향민들이 모여서 서로 의지하고 살아가던 작은 마을들, 즉 우리 귀에도 익숙한 나사렛, 가버나움, 벳세다 등이 모여 있다. 특히 갈릴리는 복음서에 자주 등장하는 갈릴리 호수(혹은 지역에 따라서 게네사렛 호수, 디베랴 바다라고도 불린다)[11]로 인

7) Ioannis Calvinus, 《칼빈주석: 라틴어 원전완역본: 17 공관복음》 (경기: 크리스찬 다이제스트, 2011), 11. 이하에서 J. Calvin, 《공관복음》으로 칭한다.

8) Heinrich Bornkamm, 《루터와 구약성경》 (서울: 컨콜디아사, 2006), 163-189.

9) Thomas Kaufmann, 《루터》 (서울: 대한기독교서회, 2015), 70. 김선영은 루터의 성경해석의 원리들로 예수 그리스도, 법과 복음, 믿음과 사랑을 논증한 바 있다. 참고, 김선영, "루터의 성경해석 원리들," 《한국기독교신학논총》 94(2014): 91-116.

10) 요단강에서 세례 요한에게 세례를 받은 후에 공생애를 시작한 예수는 시간 대부분을 갈릴리 호수 주변에서 보냈다. 예수는 갈릴리 호수에서 많은 사람을 만났는데, 무엇보다도 그는 사랑스러운 제자들을 불렀다. 그리고 그들과 공생애 내내 함께하면서 귀한 말씀들을 들려주었다.

11) 헤롯의 큰아들 헤롯 안티파스가 로마 황제 티베리우스의 이름을 따 서기 20년에 건설한 도시는 티베리야이다. 바로 로마는 과거에 언덕 높은 곳에 있었던 공동묘지 위에 도시를 건설했는데, 거기서 내려다본 갈릴리 호수는 남북의 길이가 21km이고, 동서가 12km이며, 둘레가 53km이고, 면적이 170km²이다. 갈릴리 호수의 가장 깊은 곳은 60m나 이르며, 18종류의 물고기가 살고 연간 어획량도 5천 톤이나 된다.

해서 더욱 중요한 장소이다.

2. 복음서의 종류

초기 교회에서 예수말씀이 지닌 영향력은 놀라운 것이다. 33년이라는 짧은 생애를 살았지만, 십자가와 부활 사건을 통하여 이룬 예수의 역사는 우리의 적은 지식으로 감히 논할 수 없을 만큼 큰 것이다. 성육신한 예수가 어린 시절을 보내고 갈릴리를 중심으로 공생애 사역을 하는 동안에 남긴 복음은 그의 제자들에 의해서 초기 교회의 성도들에게 알려지게 되었는데, 후에 예수말씀의 목격자인 그 제자들마저도 점차 사라져 가는 안타까운 현실 속에서 초기교회는 여러 가지 형태의 예수말씀을 수집하기에 이른다.[12] 부활하여 40일 동안 자신을 나타낸 후에 승천하였지만, 마지막 때에 다시 심판주로 올 그리스도는 최후의 심판[13]을 수행하기 위한 모든 말씀을 일깨우기 위해 기록된 신약성경에 포함된 네 개의 성문서 이외에도, 오늘날 복음서로 알려진 많은 문헌이다음과 같이 크게 4가지로 현존하고 있다.[14]

첫째, 마태복음, 누가복음, 요한복음에 대한 자료비평에 의해서 드러난 복음서로 기적들만을 모아놓은 자료집인 표적자료, 그리고 요한복음이다. 이들은 사건 중심으로 각각의 이야기들을 나열하는 방식을 취하는데, 그 중심에 복음서 기자들의 독특한 신학적 의도가 담겨 있어 그들이 전하고자 하는 예수의 생애와 전기적 모습을 기술한다. 둘째, 유년기 복음서(Infancy Gospels)들은 유년기 도마 복음서[15]와 유년기 야고보 복음서[16]이다. 유년기 복음서들은 예

---

12) 이렇게 예수말씀을 기억하고(행 20:35b) 후대에 전하려는 노력을 통하여(눅 1:1-4; 행 1:1-2; 요 20:30-31; 21:25) 오늘날 공관복음서인 마태복음과 마가복음과 누가복음이 기록된 것이며, 또한 제4복음서인 요한복음이 기록된 것이다.

13) 본 장은 이 간단한 문단에서 예수의 복음이 지닌 핵심사항인 케리그마, 곧 성육신, 사적 생애, 공생애, 십자가의 죽음과 부활, 승천, 재림, 최후의 심판 등을 핵심적인 복음으로 전제한다.

14) Robert J. Miller, *The Complete Gospels* (Sonoma: Polebridge Press, 1992)을 참고하라.

수의 어린 시절에 있었던 사건들, 즉 예수의 유년기 모습을 중심으로 기술한
다. 셋째, 단편적 복음서(Fragmentary Gospels)들은 수난과 빈 무덤에 관한 이야
기와 부활 사건에 관한 내용을 단편적으로 담고 있는 베드로 복음서, 예수가
베다니에서 죽은 청년을 살린 기적을 주로 소개하고 있는 마가의 비밀 복음서,
베드로 복음서의 일부와 유사하고 요한복음에 상당히 접근된 에거톤 복음서
(Egerton Gospel), 마태복음 15장과 마가복음 7장을 전해주고 있는 옥시린쿠스
840, 한 줄도 온전히 보존되어 있지 않지만 예수말씀의 일부분을 전해주고 있
는 옥시린쿠스 1224 등이다.[17] 넷째, 말씀 복음서(Saying Gospels)들은 예수말씀
복음서 Q,[18] 도마 복음서,[19] 야고보의 비밀 복음서,[20] 구세주의 대화,[21] 마리
아 복음서[22] 등이다. 이들을 말씀 복음서로 부르는 이유는, 사건보다는 예수
말씀만을 보존하고 있기 때문이다.

　　루터와 칼빈은 비록 동시대를 살았지만, 칼빈이 '루터에게 최고의 학
생'[23]임에도 서로 만나지 못한 것과 같이, 1500년 전 성문서에 포함된 복음서

---

15) 이 복음서는 예수의 어린 시절에 관한 전설들을 소개하고 있다. 이는 누가복음 2:41-52에 언급된 예수의
　　탄생과 예루살렘 방문 사이의 간격을 메꿔주려는 의도에서 기독교 운동의 초기 출발에서부터 끊임없이
　　제기되었던 관심사항이었다.
16) 이 복음서는 예수의 생애 출발점에 깊은 관심을 기울이고 있다. 크게 세 부분으로 안나 요아킴 마리아에
　　관련된 사건들, 신약에서 볼 수 없는 숨겨진 이야기들, 헤롯에 관한 이야기 등이 소개되고 있다.
17) 불행하게도, 여기에 속하는 복음서들은 그 전체 사본이 소실되었기에 예수에 관한 사건들 가운데 극히
　　일부분만이 몇몇 단편적인 사본들로서 전해지고 있다.
18) 마태복음과 누가복음의 공통자료(독일어 Quelle는 자료라는 뜻)에 해당하는 것으로 예수말씀 가운데
　　지혜 전승과 예언전승 그리고 시험 이야기를 중심으로 구성되어 있다.
19) 예수말씀만을 모아놓은 복음서이다. 이러한 유형은 초기 기독교의 전승궤도(trajectory) 속에 그 광범위
　　한 지지기반을 가지고 있었다.
20) 야고보의 비밀 복음서는 예수의 부활부터 승천 직전까지의 기간에 야고보와 베드로에게 주어진 사적 계
　　시에 관한 내용들을 전해주는데, 이는 초기 복음서들의 수집물 속에 함께 포함되었을 것으로 평가되고
　　있다.
21) 구세주의 대화는 주님과 여러 제자(주로 마태, 마리아, 유다) 사이의 대화를 모아놓은 문헌이다. 이 말씀
　　복음서에서 제자들은 영혼의 순례(the journey of soul)에 주의해야 할 것을 교훈 받는다.
22) 마리아 복음서는 예수에 관한 기사들과 아주 흡사하다. 특히, 마태복음 마가복음 누가복음 요한복음의
　　모조품이라 평가할 수 있다. 초기 기독교 역사에 있었던 논쟁들, 이를테면 예수 교훈의 의미, 여인의 역
　　할, 구원을 유지하려는 방법, 예수말씀에 대한 영지주의적 해석 등에 관해서 많은 것을 시사해 주고 있다.
23) Herman J. Selderhuis, 《루터, 루터를 말하다》 (서울: 세움북스, 2016), 7.

외에 위에 언급된 외경 복음서들에 대해서도 알지 못하였다. 콥트어로 기록된 나그 함마디 문서(Nag Hammadi Library)[24]와 같은 영지주의 복음서들이 1945년에 발견되었기 때문이다. 그러나 루터와 칼빈이 학문적으로 모든 것이 열악한 환경에서 복음서에 관한 다음과 같은 연구를 보인 것은 놀라운 일이다.

1) 루터

물론 위에서 언급한 신약에 속하지 않은 복음서들은 외경이므로, 우리가 전적으로 무시할 수 있다. 하지만 왜 그러한 문서들이 역사상에 존재하게 되었을까? 그 이유를 단 한마디로 말하자면, 예수말씀이 지닌 영향력 때문이고, 또한 초기 그리스도인들이 예수말씀을 기억하고자 하는 간절한 열망 때문이다. 위의 여러 복음서를 통해서, 우리는 기존의 4복음서만을 알고 있던 시야를 보다 구체적인 증거들로 넓혀야 한다. 이 많은 종류의 복음서는 우리에게 초기 기독교의 역사에 있어서, 예수에 관한 구두 전승들과 문서 전승들이 얼마나 큰 영향을 주었는지를 일깨워 주고 있다. 또 상당수의 많은 복음서 전승이 서로 직접 혹은 간접적으로 연결되어 있다는 사실을 중시할 때, 우리는 어떻게 초기 교회가 주어진 전승들을 재해석하였으며, 또한 서로 종속되었는지도 추측할 수 있다.

루터는 복음을 그리스도에 관한 강론 혹은 이야기 이상의 아무것도 아니며, 그리스도께서 누구시며 무엇을 행하셨으며 말씀하셨으며, 또 무엇을 겪으셨는지에 관한 연대기와 이야기 이상의 아무것도 아니라고 주장한다.[25] 그러나 이런 루터의 복음서에 대한 신학적 인식은 마태복음과 누가복음의 공통자

24) James M. Robinson, *The Nag Hammadi Library* (San Francisco: Harper & Row, 1988); 소기천, "나그 함마디 문서로 본 가현설과 영지주의," 《예수말씀연구》 제5권(한국Q학회 2015): 34-53; 소기천, "나그 함마디 문서 발견 70년의 비영지주의적 고찰: 도마복음서를 중심으로," 《성서학연구원 저널》 86(장로회신학대학교 2015 가을): 16-32.
25) 지원용 편저, 《루터선집 제3권 루터와 신약 1》 (서울: 컨콜디아사, 1984), 79; 《루터선집 제4권 루터와 신약 2》 (서울: 컨콜디아사, 1986). 이하에서 M. Luther, 《루터와 신약 1, 2》로 칭한다.

료인 예수말씀에 대한 관점을 전혀 고려하지 않는 것은 아니다. 루터는 마태복음과 누가복음이 전하고 있는 세례에 관한 공통 구절을 검토하면서 "요한은 자신이 그리스도에게 세례를 베풀기 전에 그를 알지 못했다"[26]라고 지적하는 것을 보면, 불충분하지만 세례와 관련된 다른 공관복음서 구절과 관련된 연구에서 마태와 누가의 공통자료를 고려하고 있는 것으로 추측된다.

왜 하나님은 신약에 포함된 4개의 복음서 이외에 수많은 복음서가 기록되는 것을 허락하였을까? 우리는 그 대답을 요한복음 20장 30-31절에서 찾을 수 있다. 다양한 복음서가 있지만, 루터가 중시하는 것처럼 신구약성경에서 복음이라고 강조할 수 있는 것은 오직 예수의 생애와 교훈에 관한 것이 으뜸이다. 특히 루터가 신약성경을 통해서 하나님의 말씀을 들었기 때문에, 복음서를 통해서 들린 하나님의 말씀 그 자체이신 예수를 만날 수 있었다. 복음서가 말하고자 하는 복음은 '오직 한 분 예수'이기 때문이다.

루터는 복음을 '그리스도를 운반'[27]하는 수단이라는 이러한 인식 곧 하나의 복음은 오직 예수 한 분에 근거한 것이며, 당대에 막강한 권세를 누린 로마 교황청이 판매한 면죄부가 아니라는 개혁신앙을 토대로 산상설교에만 충실하여 마태복음 5-7장을 차례대로 해설하는 예수말씀에 대한 루터의 강해방식은 충분한 의의와 역사적 가치가 있다. 이러한 루터의 산상설교가 던지고 있는 신학적인 내용에 충실한 강해설교는 다음에 논의될 칼빈의 복음서를 상호조화롭게 이해한 공관복음 방식과는 방법론적으로 너무나도 대조적이다.

2) 칼빈

칼빈처럼 의외로 복음서가 여러 개 있는 것을 이상하게 생각하는 사람들이 많다. 복음서가 예수의 생애와 교훈을 전하는 것이라면 '하나면 족하지 여

---

26) 참고, M. Luther, 《루터와 신약 1》, 454. 물론 이런 루터의 말은 오해를 불러일으킬 수 있다. 요한이 세례를 받으러 오는 예수를 보고 "하나님의 어린 양을 보라"라고 말한 적이 있기 때문이다.
27) 이 개념은 독일어로 Christum treibet라고 표현된다. 참고, Günther Gassmann, *Historical Dictionary of Lutheranism* (Lanham: Scarecrow Press, 2011), 53.

러 개일 필요가 있느냐?'라는 질문이다. 복음서가 신약에 4개씩이나 있어서 공연히 사람을 헷갈리게 한다는 것이다. 이러한 불만에 부응이라도 하듯이 이미 주후 2세기 중엽에 타티안(Tatian)은 복음서를 하나로 통합하고자 하는 노력을 기울인 적이 있다. 그 결과로 나온 것이 《디아테사론》(Diatessaron)이다.[28]

칼빈은 공관복음의 서론에서 자신의 해석 방법론에 대하여 "다른 사람들이 이미 사용했던 것을 내가 단지 본뜬 것"이라고 인정하는데, 그중에 한 사람이 바로 부처(Martin Bucer)이다.[29] 바로 부처와 칼빈이 《디아테사론》처럼 복음서의 상이한 목소리를 하나로 모으고 복음서의 많은 부분을 제거하면서 공관복음 전체를 하나로 묶은 것이다. 그러나 "복음서의 조화는 물론 Tatian이 Diatessaron에서 맨 처음 시도하였으나, 칼빈은 이 조화론의 방법으로 복음서를 주석해낸 첫 학자였다"라는 평가처럼,[30] 칼빈의 의도는 타티안과는 근본적으로 다르다. 복음서가 4개여도 예수의 모습을 그리기에는 여전히 부족하다. 누가복음 1장 1-4절을 보면, 디에게시스(διήγησις), 곧 '이야기'라는 단어가 신약 전체에서 누가복음에 단 한 번만 나오는 것을 통해서 그 기록 목적이 '차례대로 써서' '배운 바의 확실함을 알게 하려는' 것이고, 그 기록 방법도 비평적으로 자료를 검토하여 '근원부터 자세히 미루어 살피는' 것이다. 칼빈은 바로 이 서문을 주목한다. 곧 '이루어진'을 뜻하는 페플레로포레메논(πεπληροφορημένων)과 '미루어 살핌'을 뜻하는 파레콜루데코티(παρηκολουθηκότι)란 단어들이 누가가 복음서를 쓰게 된 동기라고 파악한 칼빈은,[31] 마태복음, 마가복음 그리고 누가복음을 철저하게 비교 분석하고 대조하여 추적하겠다고 강조하면서 이러한 방법은 "사려 깊고 지혜로운 방식"[32]이라고 평가한다.

---

28) 그는 그러한 작업을 통하여 4개의 복음서가 상이한 목소리를 내는 것을 단 한 권의 책으로 '조화'(디아테사론은 헬라어로 디아(διά)와 테사론(τεσσαρών)이 결합된 것으로 '조화롭게'라는 뜻이다)시킨 것이다.
29) 부처는 1527년에 칼빈의 공관복음 주석 방법론에 지대한 영향을 미친 《마태, 마가, 누가복음 주석》을 출간하였다. 참고, 최윤배, 《잊혀진 종교개혁자 마르틴 부처》(서울: 대한기독교서회, 2012), 88.
30) 문영주, "루터와 칼빈에 있어서 성경해석의 관점," 광신논단 2 (1990): 152쪽의 각주 37.
31) J. Calvin, 《공관복음》, 19-22.
32) Ibid., 19.

칼빈이 잊힌 종교개혁자인 부처를 따라 철저하게 공관복음서를 비교 분석한 방법은 복음서의 중복구절을 제거하고 단순하게 하나의 이야기로 줄을 세운 타티안과는 달리, "심혈을 기울여서 모든 정성을 다해서 준비한 저작"[33]으로 이해하는 방식이다. 특히 칼빈은 루터와 달리 마태복음과 누가복음의 공통자료(Q)를 철저하게 분석한 개혁신학자로서 지난 170여 년 동안 공관복음 학자들이 줄기차게 연구해온 예수말씀 복음서 Q[34]를 지난 2000년에 출판하게 하는 원동력이 되게 하였다는 점에서 '원조 Q 개혁신학자'[35]라고 불리기에 조금도 손색이 없다. 성경을 '창조주 하나님을 알기 위한 자료'(Institute I.1-5)와 '구세주 하나님을 알기 위한 자료'(Institute I.6.1)로 이해[36]한 칼빈이지만, 그런데도 그는 예수말씀을 "구두전승과 문자전승을 포괄하는 총체적인 개념으로 사용하고 있다."[37] 이런 면에서 칼빈의 성경 이해는 항상 비교 대조하는 '일반 역사적 접근'과 통합 체계화하는 '조직신학적 접근' 사이에서 긴장감[38]이 느껴진다.

복음서 전승을 철저하게 비교 대조를 통해 이해하는 칼빈의 학문적인 태도는 오늘날의 복음서 연구 학자들에게 본보기가 될 뿐만 아니라, 더 나아가서 요한복음과 직접적으로 관련된 유월절과 유대교에 관한 다음의 이해로 더욱 긴밀하게 확장되어 나간다. 물론 Q는 마태복음과 누가복음의 공통자료이므로 본 장이 논의의 주제를 요한복음에까지 넓히는 것은 무리가 있는 것이

---

33) Ibid., 11.

34) James M. Robinson, et. al., *The Critical Edition of Q: A Synopsis Including the Gospels of Matthew and Luke, Mark and Thomas with English, German and French Translation of Q and Thomas* (Peeters ; Fortress, 2000).

35) 칼빈을 '원조 Q 개혁신학자'라고 보는 것은 아직 학문적 합의가 이루어지지 않았지만, 본 장을 통하여 칼빈의 공관복음서에 관한 연구에서 마태복음이 마가복음 자료와는 별개로 또 하나의 공통자료인 Q라는 용어를 사용하지는 않았음에도 불구하고, 당시의 다른 개혁신학자들과는 달리 공관복음 주석을 하면서 단 한 권의 책으로 조화롭게 연구하면서도 동시에 마태복음과 누가복음의 공통자료에 관심을 기울였기 때문에 충분히 그 위상을 평가할 만하다.

36) Hermann J. Selderhuis (ed.), *The Calvin Handbook* (Grand Rapids: Eerdmans, 2009), 236-237.

37) 양신혜, 칼빈과 성경해석 (용인: 카보드, 2013), 14.

38) Hermann J. Selderhuis (ed.), *The Calvin Handbook*, 235.

아닌가 하는 질문이 예상되지만, Q 문서가 유대 율법에 관해 보수적인 견해를 유지하고 있음에도 불구하고 동시에 유대교를 비판하는 내용과 연관을 지어서 루터와 칼빈에 의하면, 요한복음이 유대교를 비판하고 있다는 사실을 어떻게 이해하고 있는지를 살펴보는 것은 아주 흥미로운 일이다.

복음서를 보면 예수의 공생애 기간이 서로 다르게 묘사되어 있다. 곧 공관복음서는 예수의 공생애를 1년으로 묘사하고 있는 반면에, 제 4복음서는 3년으로 묘사하고 있다.[39] 우리가 공관복음서만을 가지고 있다면 공생애 기간에 대해서 혼동할 필요가 없지만, 제 4복음서는 예수가 유월절을 지킨 것을 세 번에 걸쳐서 묘사하고 있으므로(요 2:13; 6:4; 11:55), 우리는 예수의 공생애 기간을 1년이 아니라 3년으로 결론지을 수밖에 없다. 만일 요한복음이 없었다면, 우리는 예수의 공생애를 공관복음서에 의존하여 단지 1년으로 결론지었을 것이다.[40] 예수의 공생애 연대기가 이처럼 서로 다른 이유는 무엇일까? 그것은 일차적으로 복음서 기자들이 역사적 예수에 관한 전승 자료들을 서로 다르게 수집하고 있다는 사실과 그것에 대한 신학적 해석의 관점이 서로 차이가

---

39) 자세한 내용에 대해서 Robert Kysar, *John: The Maverick Gospel*, 나채운 역, 《요한복음서 연구: 그 독자성을 중심으로》(서울: 성지출판사, 1996), 19-23을 보라.

40) James M. Robinson, "How to Use the Critical Edition of Q," Society of Biblical Literature Annual Meeting. Special Section Unpublished Paper. Nashville (Nov. 19, 2000), 4-5에서, 로빈슨은 "확실히 19세기 말까지 공관복음서의 1년 공생애가 요한복음의 3년 공생애를 압도하였다. 그러나 요한복음의 이야기를 끝까지 옹호하는 학자들은 공관복음서 이야기의 문제점들을 지적하면서 공세를 취하였다. 그것은 1917년 슈미트(Karl Ludwig Schmidt)가 베를린 대학에 제출한 교수자격논문이 계기가 되었다"라고 평가하고 있다. 참고, Karl Ludwig Schmidt, *Der Rahmen der Geschichte Jesu* (Berlin: Trowitzsch, 1919), 317, n. 7: "예수의 역사에 대한 가장 오래된 개요는 마가복음에서 찾아볼 수 있다. 마가복음 안에 있는 전승들이 불균형하다는 사실은 가장 오래된 예수 전승이 어떠했는가를 보여준다. 연속적인 보도가 아니라 각각의 이야기들을 함께 모아놓은 것인데, 그것들은 전체적으로 볼 때 주제적인 관점에 따라 배열된 것이다 … 그리고 예수의 실제 여정─그리스도교 공동체는 처음부터 그것에 대해 관심이 없었다─은 우리가 거의 재구성할 수 없을 정도로 잃어버렸기 때문에, 만일 우리가 예수의 이야기들을 배열하기 원한다면 우리는 마태를 따를 수밖에 없다. 또는 심지어 우리는 마태를 넘어설 수밖에 없는데, 마태도 여전히 너무 많은 것을 마가에 의존하고 있기 때문이다 … 그러나 전체적으로 볼 때 발전하고 있는 생애 이야기라든지 예수의 역사에 대한 연대기적 개요라는 의미에서 예수의 생애는 어느 곳에서도 찾아볼 수 없다. 단지 각각의 이야기들, 즉 단화들만이 있는데, 그것들은 전체 문맥 속에 담겨 있는 것이다."

있다는 사실에 기인한 것이다. 이에 관해서 카이저(Robert Kysar)가 요한복음의 공생애 연대기에 대해서 제시한 견해를 좀 더 살펴보자.

제4복음서의 연대기는 신학적으로 중요한 의미가 있다. 요한은 유월절을 예수의 사역과 관계된 것으로 강조하고자 한 것으로 보인다. 왜냐하면 요한은 예수의 사역 속에서 새로운 출애굽을 보고 있고, 예수 안에서 새로운 유월절 축제의 잉태 과정을 보고 있기 때문이다.[41]

우리가 위의 결론을 자칫 잘못 생각하면, 카이저가 요한복음에서 예수의 사역을 유월절과 연관 지어 해석한 것으로 오해할 수 있다. 이러한 결론에 대해서 '요한복음이 예수의 사역을 구약성경에서 이스라엘 백성이 겪은 유월절 사건과 같은 유형의 것으로 해석하는가?' 하는데 우리의 관심이 쏠린다. 그 대답은 '아니다'이다. 그러면 항목을 달리하여 유월절에 관한 루터와 칼빈의 견해를 비교해 보자.

3. 유월절

요한은 예수가 공생애 동안에 유월절을 맞아 예루살렘에 세 번이나 올라간 것을 언급한다. 이런 점에서 요한은 예수의 사역을 형식적으로 유월절에 연결 짓는 것이 사실이지만, 요한이 해석한 신학적 관점은 내용상으로 예수를 통한 '새로운 출애굽'이고 '새로운 유월절'이다. 다시 말하자면, 요한은 예수의 사역을 통해서 유대교를 비판하면서 예수 자신이 유월절 어린양이 되신다는 사실을 강조함으로써, 유대교의 유월절에 대해서 새로운 의미를 신학적으로 도출해 낸다. 이로써 과거 출애굽 당시에 이스라엘 백성들은 양을 잡아 그 피를 내어 문설주와 문 인방에 발랐지만, 예수는 자신이 직접 어린양 제물이 되었고 스스로 십자가에 달리었다(참고, 히 9:12).

---

41) Robert Kysar, John, 20.

1) 루터

루터가 남긴 요한복음에 관한 설교문과 강해서는 그 내용과 양에 있어서 로마서 못지않게 아주 중요한 위치에 있다. 그는 요한복음을 '내적 정경'이라고 평가할 만큼 중시한다.[42]

왜 요한은 예수의 사역을 유월절과 관련을 짓지 않으려고 하였는가? 요한은 예수가 유대교에 비판적이었다는 사실을 부각하면서, 공관복음서와는 다른 관점에서 예수의 공생애 사역의 의미를 신학적으로 재해석하였다. 그런 점에서, 최후의 만찬은 유월절과 상관없이 세례 요한이 증언한 대로 예수가 "세상 죄를 지고 가는 하나님의 어린양"(요 1:29)임을 선언하고 있다. 루터는 바로 이 본문을 가지고 1534년 12월 22일인 대강절 넷째주일에 설교한다.[43] 여기서 루터는 세례 요한의 설교를 "유대인들이 그리스도에 대한 자신들의 무지에 대하여, 또한 그가 겸비한 모양으로 나타나시기 때문에 그들이 그를 알아보는 데 실패한 것에 대하여 변명할 수 없게 하도록 그리스도의 강림을 선포하였다"[44]라고 평가한다.

요한복음에서 예수는 누구인가? 요한복음의 첫 절을 보면, 그는 '태초'부터 계신 하나님 그 자체이다(창 1:1; 요 1:1-4). 여기서 사용된 '태초에'라는 단어는 그리스어로 '엔 아르케'(Ἐν ἀρχῇ)인데, 창세기 1장 1절에 나타나 있는 '태초에'라는 단어도 70인역(LXX)은 똑같은 그리스어 'Ἐν ἀρχῇ'로 번역하고 있다. 이 단어는 창조 때로부터 모두 존재와 현상이 한 근원으로부터 나왔다는 것을 가리키는 단어로, 루터에 의하면 예수의 신적인 현존을 가리키는 신학적 의미를 가진 단어이다.[45] 요한복음의 마지막 절을 보면, 예수는 천상적(天上的) 존재이기 때문에 '그에 관한 기록을 이 세상에 담아두기에 부족하다'(요 21:25)라고 보

---

42) M. Luther, 《루터와 신약 1》, 435.
43) M. Luther, 《루터와 신약 1》, 454.
44) Ibid.
45) Ulrich Asendorf, *Die Theologie Martin Luthers nach seinen Predigten* (Göttingen: Vandenhoeck & Ruprecht, 1988), 47-51.

도한다. 이 두 개의 구절이 요한복음의 처음과 마지막에 배치되고 있는 이유는 예수의 신적인 근원을 밝혀 주려는 의도라는 사실을 중시할 때, 우리는 요한복음 기자가 예수의 공생애 초기에 성전정화 사건을 위치시킴으로써, 잘못된 율법과 형식적인 제의(祭儀)를 청산하고 율법에 담겨 있는 참된 하나님의 뜻을 드러내 주었다는 사실을 알게 된다.

2) 칼빈

칼빈은 1553년에 《요한복음 주석》을 발간한다. 성전정화(聖殿淨化) 사건은 공생애 초반인가 후반인가? 공관복음서에서 성전정화 사건이 예수의 공생애 마지막 사건으로 묘사되고 있는 반면에, 놀랍게도 요한복음에서는 예수의 사역 초반에 나타나 있다. 만일 성전정화 사건이 공관복음서처럼 예수의 공생애 후반에 배치되었다면, 수난주간에 일어난 일로서 유월절 사건과 관련을 지어서 해석되었을 것이다. 그러나 요한복음은 유월절과 성전정화 사건을 서로 무관(無關)한 것으로 취급해 주었고, 성전정화 사건을 예수의 공생애 초반에 위치시킴으로써 "예수의 사역이 전체적으로 유대교를 정화하려는 의도"[46]를 가지고 있었던 것으로 재해석해 주고 있다. 칼빈은 "진정으로 성전이라 불릴 수 있는 것은 그리스도의 몸뿐"[47]이라고 강조한다. 이런 강조점은 네스토리우스(Nestorius) 논증을 반박하기 위한 것이다. 곧 칼빈은 '그리스도의 몸에 하나님의 영원한 위엄(maiestas)'이 거하시기에 네스토리우스가 '그리스도 안에 있는 인격의 통일성(personae in christo unitas)'을 부정하려 드는 것은 어리석다고 평가한다. 여기서 주의할 사항이 하나 있다고 말하면서 칼빈은 다음과 같이 논증한다. 인간의 몸도 '하나님의 성전'(고전 3:16; 6:19; 고후 6:16)이라 불리지만, 그 의미는 그리스도의 경우와 달라서 단지 성령의 능력과 은혜가 거한다는 의미이다.

---

46) Robert Kysar, *John*, 23.
47) Ioannis Calvinus, 《칼빈주석: 라틴어 원전완역본: 18 요한복음》(경기: 크리스찬 다이제스트, 2011), 91. 이하에서 J. Calvin, 《요한복음》으로 칭한다.

그러나 그리스도 안에는 '모든 신성하고 충만한 것이 육체로 거하시기에'(골 2:9) 원래 신성하신 그리스도는 우리 가운데 '육체로 나타나신'(딤전 3:16) 참 하나님이시다.[48]

요한복음이 유대교를 비판하는 것과 관련해서 또 하나의 예를 들면, 우리는 최후의 만찬을 살펴볼 필요가 있다. 우리는 공관복음서에서 예수의 사역을 유월절 사건과 관련을 짓고 있는 신학적 해석을 찾을 수 있다. 공관복음서에서 예수가 십자가형을 받기 전에 사랑하는 제자들과 가진 최후의 만찬은 분명히 유월절을 기념한 식사이다. 바로 공관복음서는 최후의 만찬을 유월절이라는 문맥에서 이해하고 있다. 그러나 요한복음은 최후의 만찬을 유월절과 관련을 짓지 않는다. 요한복음은 예수가 최후의 만찬을 "유월절 전에"(요 13:1) 행한 것으로 보도한다. 요한복음에서 예수가 심문받은 것도 유월절 전이고(요 18:28), 십자가에 달린 것과 장사를 지낸 것도 모두 유월절 전에 일어난 일로 묘사되고 있다(요 19:31, 42).

칼빈도 이 같은 요한복음의 의도를 중시하여 제사장을 비롯한 유대인들이 '더럽힘을 받지 아니하고' 정결한 유월절 음식을 먹기 위하여, 곧 모든 부정한 일을 피하기 위하여 '관정'에 들어가지 않은 것(요 18:28)에 두 가지 잘못이 있다고 지적한다. 하나는 더 큰 부정함을 그들이 마음속에 지니고 있으며, 다른 하나는 참되고 정결하신 그리스도를 무시함으로써 결과적으로 하나님을 극도로 조롱한다는 사실이다.[49] 이러한 유대인의 행동은 "허울뿐인 유월절을 지키고자 하면서 자신들의 손으로 신성모독을 행하여 참 유월절을 범할 뿐만 아니라, 자신들의 힘이 닿는 데까지 참 유월절을 영원히 소멸시켜 버리는 것"[50]이라고 말하면서 칼빈은 유대교를 비판한다.

새롭게 제기되는 문제가 있다면, 그것은 예수의 공생애 사역을 역사적 사

---

48) Ibid.
49) J. Calvin, 《요한복음》, 697.
50) Ibid., 698.

실로 볼 것인가 아니면 해석된 역사로 볼 것인가의 문제이다.

4. 역사적 사실과 해석된 역사

예수의 공생애 연대기가 '1년인가, 아니면 3년인가?'하는 문제와 성전정
화 사건도 '공생애 초반인가, 아니면 후반인가?'하는 문제에 대해서 '공관복음
서의 보고가 옳은가, 아니면 요한복음이 옳은가?'라고 고민할 필요가 없다. 우
리는 그러한 차이가 왜 생겼는지 정확히 알 수 없다. 다만 복음서 기자들이 자
신의 자료에 근거하여 예수의 사역이 지닌 의미를 신학적으로 재구성한 것으
로 추측할 수밖에 없다. 오히려 우리는 '왜 공관복음서와 요한복음이 예수의
사역을 제각기 다르게 해석하였는가?'라고 질문을 던져야 한다. 그것은 복음
서 기자들이 각기 자신이 수집한 전승 자료에 충실하였으며 그것을 토대로 예
수의 사역이 지니고 있는 의미를 신학적으로 새롭게 재해석하였기 때문이다.

우리는 불트만(Rudolf Bultmann)이 내린 '역사적 사실과 해석된 역사 사이
에는 아무런 관련이 없다'라는 결론을 방법론적으로 극복해야 한다. 물론 불트
만이 복음서에 나타난 예수의 말씀들(logia)에 관한 연구를 통해서 "주의 말씀
들"과 "지혜 문학" 사이의 유사성에 주의를 기울였지만,[51] 우리는 그의 제자
들(post-Bultmannians)이 '역사적 예수와 신앙의 그리스도 사이에서 분명한 일치
점'을 찾아낸 것을 주목해야 한다. 불트만은 해석된 역사와 역사적 사실 사이
의 철저한 단절과 또한 신앙의 그리스도와 역사적 예수 사이의 괴리(乖離)를 선
언함으로써, 복음서 기자들의 선포가 지닌 예수의 역사적 근거를 부인하게 되
었고, 그 결과 그는 복음서에서 역사적 예수의 모습을 찾을 수 없다는 결론에
도달하였다. 그러나 역사적 사실에 근거하지 않은 사건과 해석은 있을 수 없고
또한 가능하지도 않다.

---

51) Rudolf Bultmann, *Die Geschichte der synoptischen Tradition* (Göttingen: Vandenhoeck &
　　Ruprecht, 1931), 71-73.

1) 루터

루터는 복음의 신비한 전승을 복음서 기자들이 충실하게 수집 보존하였다고 평가한 종교개혁자이다.[52] 그래서 그는 그리스도의 전체 삶을 중심으로 한 복음서에 관한 깊은 묵상설교를 76개나 남겼다.[53] 이 숫자는 1562년에 발행된 루터 독일어 판본에 대한 디트리히(Viet Dietrich)의 개요 속에 소개된 솔리스(Virgil Solis)의 목판에 보존된 것으로 마태복음 관련 35개, 마가복음 관련 2개, 누가복음 관련 20개, 요한복음 관련 19개 등의 총 76개이다.

루터가 파악한 대로 초기 교회의 신앙 속에 신비한 복음으로 있었던 선포의 내용들은 역사적 예수의 선포 속에 그 근거가 있다. 즉, 예수와 관련된 선포는, 오랜 구두전승과 문서전승의 수집과 편집과정을 통해서 복음서에 최종적으로 정착되었기 때문에, 교회의 신앙 속에 자리를 잡은 선포는 분명히 그 뿌리를 역사적 사실과 전승궤도(傳乘軌道, trajectory) 속에 내리고 있으며, 그 전승들은 예수에게 그 역사적 근거를 두고 있다. 그러므로 우리는 예수의 생애와 교훈에 관한 전승 자료에 근거하여 예수의 사역이 지닌 신학적 의미를 새롭게 조명해준 복음서 기자들의 보도를 전적으로 신뢰하여, 예수를 우리 신앙의 주님으로 또한 예수가 살았던 갈릴리를 우리 마음의 고향으로 받아들여서 우리의 삶을 풍요롭게 하고, 마침내 우리의 영혼이 성령으로 인해서 평안을 누리는 축복과 은총 속에 거해야 할 것이다(요 14:27-28; 16:33).

루터는 당시 교황주의자들이 이 구절을 수치스럽게 찢어 버려서 그리스도께서 성령을 통하여 주시는 위로를 제거하였다고 말한다.[54] 여기서 루터가 강조하고 싶은 것은 교회 위에 있는 교황이나 교회의 전통이 가르치는 것이 아니라, "그리스도께서 성령[을 통하여] 기독교 교리와 함께하시며 교회에 모

---

52) Peter Zimmerling, *Evangelische Mystik* (Göttingen: Vandenhoeck & Ruprecht, 2015), 37-57.
53) 참고, Ronald H. Bainton, *Luther's Meditations on the Gospels*, translated and arranged by Ronald H. Bainton, Illustrated with Woodcuts by Virgil Solis (London : Lutherworth, 1963), 18-19와 책 전체에 상세히 소개되어 있다.
54) M. Luther, 《루터와 신약 1》, 581.

든 것을 가르치신다"라는 사실이다. 그래서 루터는 성령이 가르친 것이 아니기 때문에 교황청이 주관하는 "제도들, 봉쇄 수도원, 허원, 연옥, 사자를 위한 미사, 순례 여행, 성자숭배" 등을 하찮게 여겨야 한다고 강조한다.[55] 이런 루터의 로마 천주교에 대한 비판은 교회 전통이 성경의 전통 위에 군림하여 성경의 역사성을 부정하고 교회 전통이 주는 해석된 역사만을 중시하려는 태도를 비판한 것이다. 그러므로 루터는 철저하게 성경의 역사적 사실 위에 해석된 교회의 역사가 세워질 때 그 정당성을 얻을 수 있다고 강조한다. 이런 루터의 주장은 후대에 나온 역사비평이 자칫 저지를 수 있는 오류를 예견한 것처럼 들린다.

2) 칼빈

칼빈의 기독론은 그리스도에 대한 역사적 질문에서 절정에 이른다. 칼빈은 《마태복음, 마가복음, 누가복음이란 복음서 기자들의 일치와 조화》에서 이 문제를 다룰 뿐만 아니라, 《기독교 강요》에서도 이 문제를 상세하게 다룬다. 그러나 루터가 로마 교황청에 집중해서 비판한 것과는 달리, 칼빈은 유대교나 혹은 기독교를 불문하고 지속해서 "둘 다 우상과 거짓 신들을 만들거나 만들었고, 둘 다 빛 앞에서 소경이고, 훈계 앞에서 귀머거리며, 계명 앞에서 강퍅했다"라고 지적한다.[56] 칼빈은 그리스도의 신성만 강조하고 '인성의 진실성'을 배격한 옛날 마니교도와 마르키온파를 비판하면서[57] 그리스도는 "인간 아버지에게서 직접 태어나지는 않았지만, 그의 기원은 아담에게서 나왔다"[58]라고 강조한다. 그러므로 그리스도가 육체에 속하게 된 것은 우리에게 믿음을 통하여 성령으로 하나님의 자녀가 되게 하는 영광을 부여한다.[59]

---

55) Ibid., 582.
56) Bernard Cottret, 《루터, 칼뱅, 웨슬리》 (서울: 솔로몬, 2004), 232.
57) John Calvin, John T. McNeill 편집, 루이스 배틀즈 번역, 《칼빈 기독교 강요 제2권》 (서울: 로고스, 1987), 304.
58) Ibid., 308.

칼빈은 성례전과 관련된 모든 구절을 화체설로 해석하여 그리스도의 몸을 문자주의로 전락시킨 교황주의자들에 반대하여, "우리가 떼는 떡은 그리스도의 몸에 참여하는 것"(고전 10:16)이라고 강조하면서[60] 다음과 같이 설명한다.

우리는 그리스도께서 성찬에서 우리에게 그 자신을 진짜로 주시는 것인지, 아니면 상징적으로 주시는 것인지를 놓고서 논란을 벌이는 것이 아니다 … 그러므로 그리스도의 상을 진정으로 먹는다는 것은 표징에 의해서 제시될 뿐만 아니라, 실제로도 나타난다.[61]

화체설을 반박하면서 칼빈은 영적인 것과 상징을 혼동하지 말 것과, 그리스도를 이 땅에 속한 요소들 속에서 찾지 않아야 할 것과, 성령의 신비한 능력으로 우리 속에 그리스도의 생명을 이끌어 주는 것 외에 생각하지 말 것을 강조한다.

칼빈이 떡과 잔으로 상징(symbolo)하는 것은 구체적으로 무엇인가? 떡은 '희생제물이 되는 그리스도의 몸'(corpus Christi immolatum)이고, 잔은 '마실 수 있는 포도주'(vino bibtendum)이다.[62] 여기서 칼빈이 말하는 그리스도의 몸은 요한복음 주석 2장 17절과 관련되어 교회 전체를 위한 가르침으로 확대된다.[63] 성만찬이 지닌 이런 상징에도 불구하고, 칼빈은 떡(pane)과 잔(vino)을 "이는 눈을 통하여 식별되며, 손을 통하여 접촉되고, 향기를 통하여 인식할 수 있는 것"[64]으로 간주하여, 우리가 이것을 내면적 차원에서 영혼의 음식으로 시식하고, 이로써 우리의 몸이 그리스도의 부활 생명에 참여하기 때문에 미래에 실현될

---

59) Ibid., 308-309.

60) M. Luther, 《루터와 신약 1》, 1110.

61) M. Luther, 《루터와 신약 1》, 1112.

62) 요한네스 칼빈, 《요한네스 칼빈의 제네바 교회의 교리문답: 라틴어 한글 대조》(서울: 한들출판사, 2010), 223.

63) 김선권, "칼뱅에게서 그리스도의 모방– 삶의 모범으로서의 그리스도," 《한국개혁신학》 50: 149.

64) quae oculis cernuntur, attrectantur manibus, percipiuntur gustu

육체의 부활을 위하여 우리에게 '주어진 보증과 같다'(quasi data pignore)고 강조한다.65)

역사적 사실과 해석된 역사 문제와 더불어서 상징과 실재라는 주제도 성례전 못지않게 중요한 십자가의 죽음과 부활과 관련된 사실과 해석 사이의 문제를 풀어주는 것이기에 그 내용을 간략하게 살펴보고자 한다.

불트만은 그리스도의 부활을 사학적(史學的) 사건이 아니라, 부활의 의미성(意味性) 속에서 이해하고자 한다. 그는 부활을 예수가 십자가에서 죽은 것과 같이 사실적(事實的)인 것으로 파악해서는 안 되고 십자가의 의미성, 즉 세계에 대한 하나님의 심판으로 사망의 세력을 꺾은 사건이라고 주장한다. 불트만은 그리스도의 부활을 신약성경에서 그리스도가 부활을 통하여 죽음을 멸하고 생명과 썩지 아니할 것을 밝히 드러내는 철두철미 종말론적 사건으로 해석한다.66) 그러므로 만일 우리가 불트만에게 그리스도의 부활에 대한 사학적 기원을 되묻고 그것이 그리스도의 부활에 대한 정당성을 입증해 주는 것같이 생각하면, 그것은 전적으로 잘못된 것이 될 것이다.

불트만은 오직 그리스도의 부활은 선포의 말이라고 한다. 그러므로 선포의 말은, 우리가 그것의 합법성을 물을 수 없는, 오히려 우리에게 그것을 믿으려는가, 혹은 믿지 않으려는가 하는 물음으로 우리를 만난다는 것이다.67) 그래서 불트만은 결정적으로 "부활절 사건에서 기인될 선포의 말은 그대로 종말론적 구원사건에 속한다. 그러므로 선포의 말을 *이해하면서* 믿는 신앙이 진정한 부활절 신앙이다. 그것은 선포되는 말이 곧 합법화된 하나님의 말씀이라는 신앙이다"68)라고 말한다.

---

65) 요한네스 칼빈, 《요한네스 칼빈의 제네바 교회의 교리문답》, 227.

66) Rudolf Bultmann, "Neues Testament und Mythologie: Das Problem der Entmythologisierung der Neutestamentlichenkündigung", *Kerygma und Mythos* I (Hamburg, 1954), "신약성서와 신화: 신약 성서적 선포의 탈신화화 문제," 《학문과 실존》 II, 허혁 역 (서울: 성광출판사, 1981), 98-99.

67) Ibid., 97.

68) Ibid., 101.

불트만은 신화적 표상이면(表象裏面)에 있는 그리스도 사건의 깊숙한 의미를 해석해 줌으로써, "탈신화화프로그램이 지닌 본질적인 신학적 목적이 하나님의 말씀에로 부르는 부름말을 분명히 하는 데 있다"[69]라는 사실을 보여주었다. 그래서 우리는 불트만의 신학을 '말씀의 신학'(Theologie des Wortes)[70]이라고도 부른다. 즉 불트만에 의하면 "십자가에서 죽은 자이며, 부활한 자인 그리스도는 선포의 말[씀]에서 우리와 만난다. 결코 다른 데서는 만날 수 없다"[71]라는 것이다.

5. 부활한 자

1) 루터

루터에게 예수의 부활은 문자 그대로 죽었다가 다시 사신 역사적 사건이다. 루터는 부활에 대하여 '육신의 몸'으로부터 부활하는 것이라고 설명한다 (고전 15:44). 여기서 '육신의 몸'이란 '자연적인 몸'(animale corpus), 곧 이 땅에서 태어난 몸이란 뜻이다. 외경인 집회서 31:12 이하에도 이러한 내용이 기록되어 있다. 여기서 anima(아니마)는 히브리어에서 유래된 것이기에 루터는 자연적인 몸을 '동물적인 몸'(einen viehischen Leib)으로 해석한다. 그러나 여기서 오해를 불러일으킬 수 있으므로 인간이 동물과 차이가 있는 것은 이성이 있기에, 루터는 인간이 신령한 존재로 부활한다고 말한다.[72] 루터의 전통 속에 서 있

---

69) P. Stuhlmacher, *Vom Verstehen des Neuen Testaments: Eine Hermeneitik* (Göttingen: Vandenhoeck & Ruprecht, 1979), 181.

70) W. Schmithals, *Die Theologie Rudolf Bultmanns: Eine Einführung* (Tübingen: J. C. B. Mohr, 1976),《불트만의 실존론적 신학》, 변선환 역 (서울: 대한기독교 출판사, 1983), 183. 자유주의 신학과 결별하고 변증법적 신학을 전개해 나갔던 바르트(Karl Barth)와 불트만에게 있어서 다른 무엇보다도 관건이 되는 것은 '하나님의 말씀,' 즉 케리그마(kerygma)란 범주였다. 특히 불트만에게 있어서 신약성경의 핵심은 개개인을 부르고 변화시키는 하나님의 사랑에 관한 케리그마였다. 참고, P. Stuhlmacher, "Neues Testament und Hermeneutik," *Schriftauslegung auf dem Wege zur biblischen Theologie* (Göttingen: Vandenhoeck & Ruprecht, 1975), 152.

71) Rudolf Bultmann, "Neues Testament und Mythologie," 100.

72) M. Luther,《루터와 신약 1》, 413.

던 에벨링(G. Ebeling)은 자기 스승인 불트만의 신학적 한계를 극복해 나가기 위해 예수의 부활문제를 다루면서 당장 나타날 수 있는 오해를 피하려고 다음과 같이 세 가지를 지적한다.[73]

첫째로 부활을 다른 신앙대상과 병행하는 또 다른 신앙대상으로 보면 안된다. 부활절 신앙은 신앙개조에 곁다리로 붙은 또 하나의 신앙이 아니다. 부활에 대한 신앙고백은 그런 것이 아니고, 그것이 어떤 것이든 예수에 대한 신앙자체를 말하는 것이다. 즉 그것은 예수 개인에 대한 어떤 의견이 아니고 예수자신을 문제시한다. 둘째로 부활이 예수에게 직접 관계된 것이기 때문에, 신앙의 대상이 아니고 신앙의 근거이며 신앙의 증인인 예수를 중시해야 한다. 그러므로 부활절 신앙은 또 하나의 새로운 신앙대상이 출현한 것을 뜻하는 것이 아니라, 오히려 신앙자체가 성립되었다는 것이다. 끝으로, 누구든지 기독교 신앙의 본질을 묻는 자는 바로 이 사건의 진리를 지키는 끈질긴 용기를 보여주어야 한다. 만일 여기서 한 치라도 물러서면 예수와 기독교 신앙은 인간에게 아무 소용도 없게 될 것이다.

이런 내용들을 미루어 볼 때, 부활은 기독교 신앙의 근원이며 근거이기 때문에, 부활은 어떻게 고백하느냐 하는 문제, 즉 양심을 무시하거나 가책받으면서 예수의 부활에 대한 고백을 되풀이한 것인가, 아니면 지성적으로 동시에 양심적으로 이해하기 때문에 기쁨으로 남을 이해시키면서 고백할 것인가 하는 문제는 "예수 그리스도가 기독교 신앙의 중심"[74]이라는 기독교 신앙의 정체성을 좌우하는 주제와 직결된다.

2) 칼빈

기독교 신앙의 정체성에 있어서 '예수의 죽음과 부활'에 관해 바울은 더

---

73) G. Ebeling, *Das Wesen des christlichen Glaubens*, 《신앙의 본질》, 허혁 역(서울: 대한기독교서회, 1979), 71-72.

74) Johannes Schilling, *Martin Luther: Lateinisch-Deutsche Studienausgabe*, Band 2: *Christusglaube und Rechtfertigung* (Leipzig: Evangelische Verlagsanstalt, 2006), ix.

할 나위 없이 강경하다(고전 15:14-19). 예수의 부활이 헛것이면, 단지 부활신앙 하나만 무효하게 되는 것이 아니라, 기독교 신앙 자체가 무너지고 무의미하게 될 것이다. 초기 교회는 예수의 십자가에서의 죽음과 부활이 기독교 신앙의 근거가 된다고 선포하였다. 이것은 기독교 신앙고백의 핵심이고 계속해서 핵심으로 남아 있을 것이다.[75]

역시 스승의 신학적 방법론을 극복한 불트만의 제자인 푹스(E. Fuchs)에 의하면, "이로써 십자가에 달린 예수는 부활한 그리스도로서 선포된다. 이는 그가 죽음 속에 삼켜져 있지 않고 하나님의 말씀으로서 현재하고 있기 때문이다."[76] 그러므로 부활의 승리는 십자가에서의 예수의 죽음을 넘어선 예수말씀이 승리한 것을 보여주는 사건이다.[77] 그러므로 새로운 해석학에 있어서 역사적 예수는 신앙 사건의 근거인 언어 사건이 된다. 이 때문에 우리는 예수가 신앙의 증인이며 근거라고 주장한다. 그러므로 신앙은 오직 그 근거를 예수 안에서 얻는다.[78]

칼빈은 그리스도의 죽음과 부활에 관하여 말하면서 "그의 죽음을 통해서는 죄가 제거되고 죽음이 소멸하였으며, 그의 부활을 통해서는 의가 회복되고 생명이 되살아난다"[79]라고 강조하면서, 그리스도께서 부활하신 후에 40일 동안 세상에 거할 때 교회는 그를 육체로 보았지만, 이제 승천 이후에는 "그리스도를 모시고 있으면서도 육안으로는 그를 보지 못하는 것"[80]뿐이라고 설명한다. 이 점에서 루터가 말한 대로 '하나님은 숨어계신 분'[81]이시다.

안계정에 의하면, "숨어계신 하나님"(Deus absconditus, der verborgene Gott)

---

75) G. Ebeling, *Das Wesen des christlichen Glaubens*, 68-69.

76) E. Fuchs, "Proclamation & Speech-Event," *Theology Today* 19(1962): 343.

77) P. J. Achtemeier, *An Introduction to the New Hermeneutic* (Philadelphia: The Westminster Press, 1969), 141.

78) P. J. Achtemeier, *An Introduction to the New Hermeneutic*, 145.

79) John T. McNeill,《칼빈 기독교 강요 제2권》, 367.

80) Ibid., 370.

81) 우병훈, "루터의 하나님: 루터의 '숨어계신 하나님' 개념에 대한 해석과 적용,"《한국개혁신학》 51(2016년): 8-56.

에 관해서 루터와 칼빈은 모두 "계시하는 하나님"(Deus revelatus, der offenbarende Gott)과의 연관성 속에서 언급한다. 이들은 하나님께서는 자기 자신을 드러내는 하나님(der sich schliessende Gott) 외에 다른 곳에 알려지지 않는다고 이해한다. 이를 공식화한 것이 "유한한 것은 무한한 것을 이해하지 못한다"(finitum non capax infinitum)라는 선언이다. 이로써 칼빈이 그리스도의 승천 이후에 교회가 주님을 육체적으로 보지 못한다고 강조하는 것은 그의 의도와는 상관없이 역사적으로 루터파와 개혁파 사이의 성만찬 논쟁으로 귀결된다는 것이다. 성만찬에서 그리스도의 몸이 실제로 편재한다는 루터파의 '유일무의한'이란 뜻의 라틴어 ubique(ubiquitous)에 대해 개혁파 진영이 그리스도의 육체는 승천해서 하늘에 있기에 지상에서는 현존할 수 없다고 주장하기 때문이다.[82]

우리에게 전해진 '숨어계신 하나님'인 예수에 관한 전승(傳乘)은 오직 그리스도에 대한 초기 교회의 신앙에 힘입은 바가 크다. 물론 그리스도에 대한 초기 교회의 신앙이 얼마나 예수 자신에게 직접 관계된 것인지는 아직 학자들 사이에 논쟁의 문제로 남아 있다. 그러나 초기 교회의 그리스도에 관한 신앙이 다름 아닌 역사적 예수에게서 유래되었다는 사실은 명백하다. 왜냐하면 초기 교회의 신앙은 예수의 선교, 활동, 죽음, 부활 등에 명백히 연관되어 있고, 무엇보다도 초기 교회는 "기독교 신앙이 죽은 자들로부터 예수의 부활이라고 하는 증거에 존폐를 걸고"[83]있었기 때문이다.

'죽은 자들 가운데서 부활'이란 무엇을 의미하는가? 예수가 죽은 자들 가운데서 부활한 것은 결코 다시 죽어야 할 자로서 이 지상의 삶에 되돌아온 것이라는 의미일 수 없다. 오히려 그것은 저 죽은 자가 죽음 자체를 궁극적으로 처리하고 하나님 앞에 영원히 있으며 바로 그 때문에 여기 이 지상의 삶 속에 현존한다는 것이다.[84] 이 점에서 예수의 부활은 기독교 신앙이 지닌 실존의

---

82) 본 연구를 학회에서 논평해 준 안계정, "루터와 칼빈이 본 예수말씀의 연구방법에 관한 비교연구에 대한 논평," 《루터선언 500주년과 한국교회》 (제42차 백석대학교·한국개혁신학교 공동 학술심포지엄, 2017년 5월 27일. 백석대학교), 200의 내용을 인용한다.

83) G. Ebeling, *Das Wesen des christlichen Glaubens*, 68.

궁극적인 근거가 된다.

6. 결론

갈릴리 호수가 없었다면 복음서에 나타나 있는 주옥같이 아름다운 예수 말씀은 기록되지 않았을 것이다. 복음서를 읽어 나가면서 역사적 예수와 관련해서 우리를 궁금하게 하는 질문들이 많이 튀어나온다. 아무리 숨을 몰아쉬어도 계속해서 떠오르는 우리의 솔직한 질문들은 복음서에 나타난 예수의 공생애와 교훈의 권위를 결코 격하시키는 것이 아니다. 예수에 관한 전승(傳乘)을 수집하고 기록하고 보전하는데 온 힘을 기울였던 전승의 담지자(擔持者)들이 먼저 있었고, 후에 복음서 기자들이 복음서를 기록하는데 그들의 자료가 복음서의 기본적인 자료가 되었다. 이러한 사실은 예수에 관한 역사적 사실들을 전승의 보전(保全)과 해석 차원에서 중요하게 다루었던 복음서 기자들의 독특한 신학적 관점을 우리에게 확인시켜 준다.

복음서 기자들은 자신들이 전해 받은 전승 자료들을 토대로 복음서를 기록할 때, 기계적으로 자료들만을 나열한 것이 아니라, 그것들을 한편으로 신학적으로 재해석하면서 독자들에게 예수의 참모습을 다른 한편으로 신앙적으로 일깨워 주려는 목적이 있었다. 얼마나 예수에 관한 전승이 귀하고 소중했으면, 그것을 후대에 전해주려고 "모든 것을 처음부터 정확하게 조사하여"(눅 1:3 표준새번역) 보았겠는가? 이것이 예수의 행적과 교훈을 수집하여 전해준 복음서 기자들의 열정이다.

루터와 칼빈은 복음서 기자들의 열정적인 노력을 조금도 소홀히 여기지 않고 개혁신학의 기치를 높이 들기 위해 철저한 복음서 연구방법에 따랐다. 본 장은 종교개혁 500주년을 기념하는 해에 루터와 칼빈이 각각 어떤 방법과 관

---

84) G. Ebeling, *Das Wesen des christlichen Glaubens*, 81.

점에서 복음서를 이해하는지를 비교 분석하는 데 초점을 두고 연구 방법, 요한복음, 역사와 해석, 유대교의 문제, 상징과 실재, 부활에 대한 이해 등 다양한 관점을 다루어 보았다. 안계정은 본 연구에 대해 "루터가 복음을 하나로 보는 관점과 또 이 문제에 대해 칼빈이 복음서 연구를 예수말씀 복음서 Q로 출발하는 관점에서 두드러진 차이가 있다는 사실을 논증한 점이 성과"라고 평가하며, "'신학적 융합'이라 부를 만하다고 논평했다. 여기서 필자는 성서신학, 역사신학, 조직신학의 지평융합을 발견한다. 종교개혁 500주년을 맞이하여 종교개혁의 '양대 산맥'인 루터와 칼빈이 복음서를 어떻게 이해했는지에 지평융합적으로 집중하는 이 연구는 매우 유익한 성과를 우리에게 주고 있다"[85]라고 논평했다.

---

85) 안계정, "루터와 칼빈이 본 예수말씀의 연구방법에 관한 비교연구에 대한 논평," 199.

Ⅳ. 루터와 칼빈의 산상/평지설교[1]

　　본 장을 통하여 팔복을 중심으로 한 우리 그리스도인이 추구해야 할 복도 분명해졌다. '고난받는 것이 내게 유익'이라고 고백하였던 사도 바울의 신앙을 개혁신앙으로 완성한 루터와 칼빈을 본받아서, 우리 모두 그리스도의 남은 고난을 우리의 삶 속에서 이루기 위하여 진실한 삶을 살아야 한다. 심령이 가난하고, 애통하고, 온유하고, 의에 주리고 목마르고, 긍휼히 여기고, 마음이 청결하고, 화평하게 하고, 의를 위하여 핍박받는 것이 복(μακάριοι) 그 자체이다. 이 얼마나 우리가 생각하고 있는 복과는 사뭇 다른가? 자신의 이익을 위해서가 아니라 남에게 유익을 주는 삶이 궁극적으로 복 있는 삶이다. 남과 더불어 누리는 복이 많은 사람이 또한 복 있는 사람들(μακάριοι)이다.

　　마지막으로 본 장은 루터와 칼빈이 산상/평지설교의 팔복을 어떻게 이해하고 또한 팔복이라는 예수말씀을 통해서 신학적으로 개혁신앙의 기치를 들고 나가는데 어떤 기초적인 교훈으로 삼는지를 연구하려는 목적이 있다.

---

1) 본 연구는 2017년 장로회신학대학교 우수논문연구지원을 받은 것으로 10월 20-21일 소망수양관에서 모인 한국개혁신학회와 한국기독교학회와 한국복음주의학회가 공동으로 마련한 명실상부한 종교개혁 500주년을 기념하는 자리에서 발표된 것을 "종교개혁 500주년 특집: 루터와 칼빈의 산상/평지설교에 관한 연구,"《예수말씀연구》제10권(한국Q학회편, 2017년): 1-21;《루터와 칼빈의 성경해석 3. 종교개혁 500주년기념 공동학술도서 1-7》(서울: 나눔사, 2018), 132-152에 실은 것을 수정 보완한 것이다.

1. 서론

한국루터학회에 의해 개최된 2009년 상반기 논문발표회가 4월 24일(금) 오후 7시에 중앙루터교회에서 국내외 학자를 비롯하여 100여 명이 참석한 가운데 열렸다. 특히 2009년은 칼빈 탄생 500주년이 되는 해였기 때문에 칼빈만 아니라 루터의 산상/평지설교를 같이 다루었다. 이는 에큐메니컬 정신에 부응하는 것뿐만 아니라 같은 주제에 대한 두 개혁신학자의 사상을 살핌으로써 공통점과 차이점을 볼 수 있는 좋은 기회가 되었다. 그러나 국내외적으로 그 유례가 드물 정도로 루터와 칼빈의 산상/평지설교를 한자리에서 다루었음에도, 한국루터학회의 주제는 본 장이 다루려는 내용과는 사뭇 다른 내용이었다.[2]

"속된 돼지들과 나귀들인 사법인들과 궤변론자들의 수중에 그리고 교황이라는 명칭이와 그의 노예들"[3]이라는 비난을 서슴지 않던 루터(1483-1546)와 "비열하고 사악한 깡패와 같은 자들에 대해서는 신경을 쓰지 않는데, 교황의 폭정을 옹호하기 위해서 우리와 공개적인 싸움을 벌이는 후두를 착용한 수도사들과, 온갖 수단과 방법을 동원해서 우리를 물고 늘어지면서 그들 자신의 무지를 숨기고 진리의 가르침의 빛을 꺼버리고자 하여 쓸데없이 계속해서 짖어대는 자들"[4]이라는 날선 비판을 가한 칼빈(1509-1564)이나, 모두 얼마나 그들이

---

2) 문병호는 〈산상설교·주석에 나타난 칼빈의 기독론적 율법관: 멜란히톤과 부처의 이해와 더불어〉라는 제목하에 칼빈의 율법 이해가 그리스도 중심적으로서 그리스도께서 율법의 실체이며 완성자이심을 강조했다. 칼빈은 율법의 세 가지 용도, 즉 죄를 제지하는 형벌적 용도, 그리스도께로 이끄는 교육적 용도, 그리고 신자의 행위를 결정하는 규범적 용도에 있어서 마지막 제3용도를 가장 강조하였으며, 신자의 율법준수는 그리스도께서 자신의 영을 통하여 가능하게 된다고 했다. 의의 시작은 율법에 의해 전수되었으나 그 완성은 복음에 의해 가르쳐졌으며, 율법과 복음을 동일시하는 이 이해가 청교도 주류의 율법 이해로 고스란히 이어졌다고 한다. 또한 칼빈과 달리 제3용도에 대해 소극적인 멜란히톤과, 율법의 규범적 본질에 생각이 미쳤으나 중보자 그리스도의 중보가 율법의 작용 가운데 전체적으로 역사한다는 데까지는 이르지 못한 부처의 견해는 루터의 영향을 받은 결과라고 주장했다. 참고, 〈크리스챤 뉴스〉 (2009. 4. 29).

3) 지원용 편저, "루터의 산상설교 강해", 《루터선집 제3권 루터와 신약 1》 (서울: 컨콜디아사, 1984), 91; 《루터선집 제4권 루터와 신약 2》 (서울: 컨콜디아사, 1986). 이하에서 M. Luther, 《루터와 신약 1, 2》로 칭한다.

4) Ioannis Calvinus, 《칼빈주석: 라틴어 원전완역본: 17 공관복음》 (경기: 크리스찬 다이제스트, 2011), 11. 이하에서 J. Calvin, 《공관복음》으로 칭한다.

걸어간 종교개혁의 길이 험난했는지를 바로 보여준다.

종교개혁의 험로는 루터가 종교개혁을 일으킨 지 200년이 지난 17세기에 이르러서야 종교개혁이 지닌 개혁신학을 본격적으로 재조명하는 일이 요한 게르하르트(Johann Gerhard), 요한 마이오르(Johann Maior), 그리고 요한 힘멜(Johann Himmel)에 의해 비로소 시작되었다.[5] 한국에서는 루터의 종교개혁 500주년을 기념하는 해를 맞이하여 2017년 5월 27일에 백석대학교와 공동주관으로 한국개혁신학회가 제42차 정기학술대회를 25명의 논문 연구자들이 모여 각 논문에 대해 좌장과 2명의 논찬자를 포함하여 총 120명의 학자와 더불어 온종일 향연을 벌였는데, 250명이 등록하여 300여 명이 참가한 명실상부한 기념대회를 가진 바 있다.

마태복음 5-7장에 나오는 산상설교는 누가복음 6:20-49에 평지설교로 평행이 되는데, 이를 공관복음서 연구학자들은 마태복음과 누가복음의 공통자료라는 뜻으로 예수말씀 복음서 Q[6]에서 산상/평지설교라 부른다. 본 장은 공관복음 연구방법론의 비교연구에서 필수적인 마태복음과 누가복음 사이에

---

5) Hans Leube, *Kalvinusmus und Luthertum im Zeitalter der Orthodoxie* (Leipzig: A. Deichertsche Verlagsbuchhandlung, 1928), 100.

6) Q는 독일어 Quelle의 첫 글자로 마태복음과 누가복음의 예수말씀에 관한 공통자료라는 뜻이며, 국제예수말씀학회(International Q Project)는 이미 다음과 같은 내용으로 Q의 복원을 완료한 바 있다. *JBL* 110/3 (1991) 494-498 on 6:41-42 (Jonathan Reed; Shawn Carruth; James M. Robinson) and 6:46-49 (Jon Daniels; Shawn Carruth; James M. Robinson); *JBL* 111/3 (1992) 500-508 on 6:20-21 (Shawn Carruth; John S. Kloppenborg; James M. Robinson), 6:39-40 (Shawn Carruth; R. Conrad Douglas; James M. Robinson) and 6:43-45 (Shawn Carruth; Ronald A. Piper; John S. Kloppenborg); *JBL* 112/3 (1993) 500-506 on 6:23 (John S. Kloppenborg; M. Eugene Boring; Patrick John Hartin); *JBL* 113/3 (1994) 495-499 on 6:22 (John S. Kloppenborg; M. Eugene Boring; Patrick John Hartin; Paul Hoffmann; James M. Robinson), 6:27-35 (R. Conrad Douglas; Shawn Carruth; Ronald A. Piper; Paul Hoffmann; James M. Hoffmann), 6:37-38 (Shawn Carruth; John Y. H. Yieh; R. Conrad Douglas; James M. Robinson) and 6:36 (R. Conrad Douglas; Shawn Carruth; Ronald A. Piper; Paul Hoffmann; James M. Robinson); *JBL* 114/3 (1995) 475-485 on 6:24-26 (Paul Hoffmann; John S. Kloppenborg; Steven R. Johnson); James M. Robinson, et. al., *Documenta Q: Reconstruction of Q through Two Centuries of Gospel Research Excerpted, Sorted and Evaluated* (Peeters)란 시리즈는 연속출판 단행본이다; James M. Robinson, et. al., *The Critical Edition of Q: A Synopsis Including the Gospels of Matthew and Luke, Mark and Thomas with English, German and French Translation of Q and Thomas* (Peeters; Fortress, 2000).

공통되는 예수말씀에 관한 연구를 진행하고, 마태복음 5:43-45, 38-42; 7:12; 5:46-48; 7:1-2; 15:14; 10:24-25a; 7:3-5과 누가복음 6:27-42에 평행되는 천국시민의 십계명을 비교함으로써 루터와 칼빈이 과연 산상/평지설교에 나타난 예수말씀을 비교하고 있는지 그리고 팔복을 통해서 주시는 예수말씀을 통해 어떤 개혁 신앙적 가르침을 발견하였는지를 연구하고자 한다.

특히 마태복음의 산상설교 연구에 기념비적인 업적을 남긴 로버트 굴리히는 루터와 칼빈의 산상설교에 관하여 종교개혁 시대에 "루터와 칼빈의 산상설교에 대한 이해는 오늘날의 산상설교의 연구 방법론에까지 큰 영향을 미치는 매우 중요한 신학적이고 실용적인 통찰력을 제공한다"[7]라고 설명한다.

2. 공관복음 비교

최근에 《난파된 두 권의 복음서: 예수 말씀과 파피아스의 주님에 관한 말씀 주석》(*Two Shipwrecked Gospels: The Logoi of Jesus and Papias's Exposition of Logia about the Lord*)[8]란 책을 낸 맥도널드는 파피아스의 주석을 재구성하였다. 정작 그가 관심을 기울인 파피아스는 약 110년 무렵에 예수의 생애에 대한 주석을 기록했다. 이것을 중시한 맥도날드는 마태가 마가보다 더 초기 예수말씀을 보존하고 있다는 사실을 보여주고 있으며, 또한 누가가 마가, 마태, 혹은 파피아스보다 더 원시적인 예수의 말씀을 보존하고 있다는 사실을 주장하기 위해 그의 방대한 책을 썼다. 그러나 이런 주장과는 달리 대부분의 공관복음서 학자들은 마가복음이 마태복음보다 먼저 기록되어 초기의 예수말씀을 보존하고 있다고 생각한다.[9]

---

7) Robert A. Guelich, *The Sermon on the Mount: A Foundation for Understanding* (Waco: Word Books, 1982), 16.
8) Dennis R. MacDonald, *Two Shipwrecked Gospels: The Logoi of Jesus and Papias's Exposition of Logia about the Lord* (Atlanta: SBL, 2012).
9) 소기천, 《예수말씀 복음서 Q개론: 잃어버린 지혜문학 장르의 전승자료》 (서울: 대한기독교서회, 2004).

파피아스가 언급한 "주의 말씀들"은 Q라기보다는 마태복음의 예수말씀에 관한 것이다. 즉 파피아스는 아람어로 된 주의 말씀들이 마태복음 기자에의해 사용된 것이다. 유세비우스에 의하면, 파피아스는 "마태복음이 히브리방언(아람어-저자 주)으로 된 말씀들을 수집하였다."10) 이로써 원래 마태복음이아람어로 된 자료를 사용했다는 증거를 지지하는 학자들에 의해, Q의 아람어가설을 지지하는 직접적인 근거가 되었다. 그러나 이러한 주장과는 달리 오늘날 공관복음을 연구하는 대부분의 학자는 Q의 헬라어 가설을 지지하고 있다.

이렇게 공관복음에 관한 이해가 첨예하게 갈리고 있는 현대 학자들의 상황과 마찬가지로 다음과 같이 루터와 칼빈의 산상/평지설교에 관한 이해도 우리의 흥미를 끌 만하다.

1512년 10월 19일에 신학박사학위를 받은 루터(1483-1546)는 이듬해인 8월 16일에 시편강해를 시작하고 1516년 "십계명에 대한 설교"를 한다. 그리고 1517년 10월 31일에 "95개 조 반박문"을 비텐베르크 정문에 게시한 이후 4년이 지난 1521년 12월에 이르러서 신약성경 번역을 개시한다. 이 번역은 이듬해 9월에 《9월의 신약성서》란 애칭으로 비텐베르크에서 출판된다. 그 속표지에는 Das Neue Testament Deutzsch(Vuittemberg)란 오늘날의 독일어와 다소 다른 표기법으로 소개된다.11) 이로써 라틴어 성경이 오랫동안 로마 천주교에서 뿌리를 내리고 있는 상황에서 조심스럽게 갓 태어난 최초의 독일어 번역본에 대한 생생한 의미가 부여된다.

성경 번역의 전문가답게 루터는 산상설교에 대해서는 지대한 관심을 기울인다. 아우구스티누스가 공관복음서 중에 마태복음이 가장 먼저 기록되었다고 말한 이후에 현대에 이르기까지 마태복음 우선설을 소수 학자가 여전히 지지하고 있는 것과 맥을 같이하여, 루터도 아우구스티누스의 이론을 따

---

10) 유세비우스, 《교회사》, 3.39.16.
11) Wichmann von Meding, *Luthers Lehre: Doctrina Christiana zwischen Methodus Religionis und Gloria Dei* (Frankfurt: Peter Lang, 2012), 132-133.

라 마태복음 5-7장을 "주님의 산상설교"[12]라고 부르고 "성부와 성령과 더불어 주님께 영원히 찬양과 감사"[13]를 돌리는 것으로 거룩하게 받아들인다. 이런 관점에서 루터는 마태복음이 5장 3절에서 말하는 심령이 가난한 자를 "하나님 앞에서 영적으로 아무것도 소유해서는 안 되며 모든 것을 버려야 한다는 말"[14]로 이해함으로써 천국을 소유할 수 있는 크고 놀라우며 영광된 약속을 받는다고 말한다.

칼빈이 마태복음 5장 3절과 누가복음 6장 20절을 동시에 비교하고도 단지 1/2장 분량으로 심령이 가난한 자들(οἱ πτωχοὶ τῷ πνεύματι)이든 그냥 가난한 자들(οἱ πτωχοί)이든 구분 없이 "누가의 본문과 마태의 본문은 동일한 의미를 지니고 있다"[15]라고 논증하고 있는 것과는 달리, 루터는 무려 9장에 걸쳐서 영적으로 기꺼이 가난한 자들이 되려고 하지 않는 자들은 영적 빈곤이 주는 유익을 배워야 한다고 강조한다. 가난한 사람들은 부자들과 대조되는 그룹으로서, 예수 당시 사회계층의 가장 밑바닥에서 살았던 사람들이었다. 부자는 당시에 사회적으로 가장 높은 자리에 있었던 사람들이었다. 예수가 공생애를 시작하면서 첫 마디를 가난한 사람들의 복에 대해서 언급한 것은, 비슷한 처지에 있었던 Q 공동체에게 커다란 격려와 위로가 된 것이 분명하다. 바로 예수의 제자 공동체로서 그들은 하나님 나라의 소식을 담지한 가난한 사람들이었기 때문이다.

마태복음 6장 12절에 나오는 죄(ὀφειλήματα, 원문에는 빚들)에 관한 기도에서도 칼빈은 마태복음의 빚(ὀφείλημα) 탕감이든 누가복음의 죄(ἁμαρτία) 용서이든 비록 표현이 다른 점을 비교하면서도 그 내용은 "다른 의미를 지닐 수 없다"[16]라고 단정 짓지만, 루터는 마태복음에서 말하는 우리의 빚을 탕감해 달라는 기도를 "매일 풍성하게 베푸시는 은덕들을 부끄럽게도 배은망덕하게 사용한 것

---

12) M. Luther, 《루터와 신약 1》, 91.

13) Ibid., 94.

14) Ibid., 104.

15) J. Calvin, 《공관복음》, 256.

16) Ibid., 320.

을 보시지 말라는 것"과 "우리가 마땅히 받아야 하는 징벌로 우리를 처벌하지 마시라는 것"[17]으로 적용한다. 여기서 사용되고 있는 빚 혹은 빚진 자는 죄 혹은 죄지은 자와 비교되는데, Q의 복원이 마태 공동체와의 관련성 속에서 불가불 연결된 것을 보여주고 있다. 예수는 인간 삶의 고달픈 문제 중의 하나를 염두에 두고서, 하나님의 사랑과 자비를 구하는 기도를 드리고 있다. Q가 구체적인 인간의 아픔을 다루고 있는 점에서, 당시의 사람들에게 많은 공감대를 불러일으켰을 것이다.

루터는 칼빈처럼 마태복음과 누가복음의 공통자료인 Q를 비교 대조하지는 않지만, 비록 칼빈이 비교하고도 두 복음서를 동일하게 간주하는 방식과는 달리, 마태복음의 산상설교가 주는 의미를 당대의 상황과 연결을 지으려는 강한 의도를 보인다. 그러면 다음의 항목에서 칼빈의 산상/평지설교에 관한 비교 분석적 특징을 좀 더 살펴보자.

칼빈(1509-1564)은 1532년에 그의 첫 번째 책인 《세네카의 관용론에 관한 주석》을 통해 스토아철학을 비판한다. 그 이듬해인 1533년 11월 1일에 칼빈이 《팔복 해설》을 통해 자신이 그리던 복음주의 사회의 이상을 표현한 것은 마치 아우구스티누스가 그의 고백록에서 자신의 이상을 밝힌 것과 같다고 볼 수 있다.[18] 후에 1555년에 《마태복음, 마가복음, 누가복음의 복음서 기자들이 작성한 일치와 조화》를 출판한다. 칼빈은 이 책을 프랑크푸르트 시장과 시의회에 바치는 헌사에서 "이 저작은 세 복음서 기자가 쓴 복음서들을 서로 대조해서 한데 모아 해설한 것으로서, 내가 심혈을 기울여서 모든 정성을 다해서 준비한 저작입니다"[19]라고 강조한다.

칼빈은 이런 심혈을 기울인 비교답게 마태복음 7장 11절에 나오는 "좋

---

17) M. Luther, 《루터와 신약 1》, 170.
18) Hans Leube, *Kalvinusmus und Luthertum im Zeitalter der Orthodoxie*, 44-45와 각주 2 참고. 한스 라이베는 16세기에 칼빈과 동시대를 살았던 데오도리 베재(Theodori Bezae)가 칼빈에 대해 남긴 서신(1570)에서 이 같은 내용을 확인한다.
19) J. Calvin, 《공관복음》, 11.

은 것"(ἀγαθά)을 누가복음 11장 13절의 "성령"(πνεῦμα ἅγιον)과 분명하게 비교하면서 우리가 일차적으로 구할 것은 신령한 삶이고, 그것을 보증하고 담보하는 것이 성령이라는 사실을 분명하게 강조한다. 하나님의 손가락(δακτύλῳ θεοῦ, Q 11:20)은 하나님의 손 혹은 하나님의 능력과 동일시할 수 있는 표현이다. 구약성경의 전통이 이 같은 사실을 뒷받침하고 있다(겔 3:14; 8:1-3; 37:1; 시 8:3; 33:6; 왕상 18:12; 왕하 2:16; 대상 28:12, 19; 사 8:11). 그러므로 '하나님의 영'도 같은 표현 범주에 속하는 것으로, 모두 히브리적 개념의 호환성 속에서 이해될 수 있다. 이는 하나님의 성령을 가리키는 표현이다. 여기서 하나님의 나라가 축귀(exorcism)와 연결되고 있는 것을 볼 수 있는데, 이것은 하나님의 능력에 의해서 귀신들이 쫓겨날 때, 하나님의 나라가 자연히 임하게 되는 것을 보여주고 있다.

우리가 성령을 일차적으로 구할 때, 하나님께서도 더 작은 은총을 베푸시기를 거절하지 않으시고, 누가복음 11장 5절에 나오는 것처럼 우리의 기도를 들어주신다고 칼빈은 강조한다.[20] 칼빈은 마태복음 7장 13절의 "좁은 문으로 들어가라"라는 가르침도 누가복음 13장 24절의 "들어가기를 구하여도 못하는 자가 많다"라는 가르침에 연결을 짓는다. 이런 가르침을 통하여 칼빈은 제 멋대로인 방자함에 재갈을 물리지 않고는 넓은 길을 따라가 멸망할 수밖에 없다는 사실을 강조하면서,[21] 발목을 붙잡는 '어리석은 조바심(stulta curiositas)'을 버리고 영생을 얻기 위하여 좁은 길로 가기를 힘쓰라고 권면한다.[22]

산상설교에 대해서 루터가 건축자의 유비를 들어서 하나님의 나라를 위해서 일하지 않는 수도원에 많은 가련하고 어리석은 자들이 많다[23]고 비판하는 것과는 달리, 칼빈은 "참된 경건은 시험을 거쳐서 검증받을 때까지는 가짜와 잘 구별되지 않는다"[24]라고 말함으로써 하나님의 나라를 위해서 일하지 않는 모래 위에 집을 지은 인간의 마음이 얼마나 헛된 것인지를 지적한다. Q

---

20) Ibid., 348.
21) Hans Leube, *Kalvinusmus und Luthertum im Zeitalter der Orthodoxie*, 102.
22) J. Calvin, 《공관복음》, 350-352.
23) M. Luther, 《루터와 신약 1》, 253-254.

10:9는 "하나님의 나라가 너희에게 가까이 왔다"라고 선언한다. 이 구절에서 하나님의 나라가 가까이 있는 것으로 묘사되고 있는데, 이것은 하나님 나라의 현재적인 모습을 보여주는 것이다. 물론 과거완료 형태(ἤγγικεν)가 사용되고 있지만, 여전히 하나님 나라가 가까이 있다는 사실을 말하고 있는 점에서, 현재적인 종말론을 실현된 종말론으로 이해하는 데 큰 어려움이 없다. 하나님의 나라는 Q의 가장 커다란 주제이다. Q 6:20; 7:28; 10:9; 11:2, 20; 12:31; 13:18, 20, 28; 14:16; 16:16; 22:30 등에 사용되고 있는데, 현재적이며 동시에 미래적인 하나님 나라의 종말론적인 현실에 대해서 가르치고 있다.

"영혼을 돌보는 목자(Seelsorge)"[25]이던 루터와 칼빈이 산상/평지설교에서 하나님 나라의 천국시민의 십계명과 개혁신앙에 관해 각각 어떤 견해를 가졌는지를 다음의 두 항목에서 살펴보자.

3. 천국시민의 십계명

누가복음 6장에 나타나 있는 평지설교는 마태복음의 산상설교(마 5:1-7:29)

---

24) J. Calvin, 《공관복음》, 363.

25) Wichmann von Meding, *Luthers Lehre: Doctrina Christiana zwischen Methodus Religionis und Gloria Dei*, 368-391과 Reiner Rohloff, *Johannes Calvin* (Göttingen: Vandenhoeck & Ruprecht, 2011), 86-89는 루터와 칼빈을 동시에 "영혼을 돌보는 목자(Seelsorge)"라는 칭호를 붙여서 논한다. "하이데거는 쿠라 신화로부터 자신의 핵심 개념 Sorge를 끌어낸다. 그런데 매우 흥미로운 것은 독일어로 목사직이나, 사제직을 Seelsorge라고 하고, 목사나 사제를 Seelsorger라고 한다. 목사나 사제가 하는 일은 '혼을 돌보는 일'이요, 목사나 사제란 '혼을 돌보는 자'이다. '혼을 돌보는 일'이란 표현은 대뜸 소크라테스를 떠올리게 한다. 대화편 '파이돈'의 끄트머리에서 오랜 친구이자 제자인 크리톤이 그 자리에 모인 사람들에게 마지막으로 지시할 일이 무엇인지를 소크라테스에게 묻는다. 이에 대한 소크라테스의 대답은 이렇다. '자네들이 자네들 자신을 돌본다면, 자네들은 나를 위해서도 내 가족을 위해서도 그리고 또 자네들 자신을 위해서도 기쁠 일을 하게 될 걸세.' 여기에서 '자네들 자신을 돌본다면'라는 표현은 '진정으로 자네들 자신을 돌본다면'을 뜻하고, 이는 더 나아가 '진정한 자네들 자신을 돌본다면'을 의미하는데, 그 '진정한 자신'이란 바로 그들 자신의 혼을 가리킨다. 결국 소크라테스가 마지막으로 남긴 말은 '네 혼을 돌보라'로 요약된다. 그래서 '혼을 돌본다는 것'은 헬라어 epimeleisthai tes psyches를 소크라테스 철학의 핵심으로 보기도 한다. 이 점에서 루터와 칼빈에게 적용된 독일어 Seelsorge는 한 치의 오차도 없이 희랍어 표현 epimeleisthai tes psyches와 일치한다." 참고, 이강서, "상처 없는 영혼이 어디 있으랴," 《전대신문》(2006. 9. 18)에서 인용.

에 상응한다. 누가는 다섯 개의 단위로 중요한 가르침만을 특별히 보도하고 있는데, 마태가 산상설교에 107절을 할애해서 보도하는 것과는 달리 누가는 여기에 30절만을 할애하고 있다. 누가는 산상설교의 나머지 부분들을 복음서의 다른 곳에 다양하게 배치시켰다(눅 11:1-13,34-36; 12:22-34; 13:22-27; 14:34-35).

예수의 가르침은 행함을 일차적으로 강조하고 있다. 이러한 예수의 가르침에 대해서 야고보서는 가장 예수의 가르침을 가깝게 따르고 있다(약 2:14-26). 산상/평지설교에서 Q 공동체의 내부적 결속을 다지기 위한 목적을 가진 천국시민의 십계명에 관한 연구[26]는 오래전에 있었지만, 자세한 논지를 펼치지는 못하였다. 그래서 이번 루터와 칼빈이 산상/평지설교에 관한 연구에서 공동체 규율에 관한 천국시민의 십계명을 어떻게 이해하는지 살펴보고자 한다. 여기서 모두 명령법으로 표현된 천국시민의 십계명을 들어야 하는 '너희' 혹은 '너'는 일차적으로 이 세대 혹은 불순종한 이스라엘 또는 유대인들을 가리키지만, 보다 근본적으로 Q 공동체의 구성원들을 가리킨다. 물론 이 세대는 광범위하게 세상일반, 즉 이스라엘과 예수의 제자 공동체 모두 그리고 이방인을 포함한 모든 사람을 가리킨다고 볼 수 있다. 그러므로 이 세대의 모든 사람은 예수말씀을 들어야 하는 청중이 되는 셈이다. 루터와 칼빈이 이 십계명을 어떻게 이해하였는지 다음과 같이 살펴보고자 한다.

1) 하나님과의 관계

천국시민의 십계명 가운데 1-4계명은 하나님과의 관계를 다루고 있다. 물론 겉으로 볼 때는 원수, 박해하는 자, 뺨을 치는 자, 겉옷을 가지고자 하는 자 등 모두 일차적으로 악한 사람들이 주는 고통이기 때문에 사람과의 관계라고 볼 수 있지만, 이 모든 박해를 이기는 방법과 힘이 결코 사람에게서 나오지

---

26) 참고, Ky-Chun So, "Dating Q Regarding to the Community Rules in Jesus' Inaugural Sermon." *Korean Presbyterian Journal of Theology*. Vol. 3 (May 2003): 32-65에서 공동체 규율(the community rules)이 간단하게 제목으로만 10계명으로 제안되었다.

않고 하나님에게서 나온다는 점을 미루어 볼 때, 모두 하나님과의 관계 곧 아래로부터가 아니라 위로부터의 능력을 힘입을 때만 원수들과 악한 사람들이 주는 시험과 고통을 이길 수 있으므로 하나님과의 관계를 우선으로 올바르게 정립해야 할 것을 가르치는 계명이다.

제1계명 "너희 원수들을 사랑하여라."(마 5:44a//눅 6:27a=Q 6:27a)[27] 원수사랑은 Q에만 나오는 예수 가르침의 가장 독특한 주제이다.[28] 원수 사랑과 관련하여 예수는 하나님 사랑의 원리에 근거하여 사람들의 필요를 채워주어야 할 것을 여러 번 가르쳤다.[29] 루터는 '원수를 사랑하라'라는 가르침을 산상설교의 핵심 일곱 가지 가르침에서 마지막에 배치하고 '원수 갚지 말라'는 가르침을 처음에 배치할 정도로[30] 두 가지를 다르게 표현하면서도 한 가지로 강조한다. 이런 루터의 이해와 맥을 같이 할 정도로, 칼빈도 원수 사랑과 관련하여 "이 한마디는 이전의 모든 가르침을 포괄한다"[31]라고 강조하며, 마태복음 22장 39절의 이웃 사랑으로까지 연결한다.

제2계명 "너를 박해하는 자들을 위해서 기도하여라."(마 5:44b//눅 6:27b=Q 6:28b) Q 6장 22절에서 사용되고 있는 "욕하다"(ὀνειδίσωσιν)란 단어는 "박해하다"(διώξουσιν, Q 11:49)란 단어보다는 고난의 정도에 있어서 약하지만, 그 내용에 있어서는 예수의 제자들이 당하였을 고난에 대해서 언급하고 있는 점에서 같다고 볼 수 있다. 우리는 여기서 예수의 제자 공동체가 처음부터 고난과 박해 속에서 출발하였다는 사실을 추측할 수 있다. 예수는 과거에 선지자들이 당

---

27) Q 본문만 표기하는 것이 공관복음 연구의 학문방식이지만, 십계명이 산상/평지설교에 다르게 나온 것을 복원한 것도 본 연구의 과정이므로, 독자들이 마태복음과 누가복음의 구절이 어떻게 상이한지 확인하도록 이 장에서만 둘 다 표기한다.

28) 박인희, "Q의 원수사랑과 사마리아인 비유," 《예수말씀연구》 한국Q학회 편 제9권(2017. 6), 38. 참고, 박인희, "원수사랑, 하나님 나라: 자비와 평등의 공동체적 이상," 《신학논단》 85권(2016. 6), 288-306.

29) Q 7:1-9, 18-23, 24-28, 31-35; 10:2-16, 21-24; 11:14-23, 24-26; 12:2-12, 22-31, 32-34; 13:18-21. 24-30; 14:5, 16-23, 26-27; 17:33; 14:34-35; 15:4-7; 16:13; 17:1-6, 23-35; 19:12-26.

30) Ronald H. Bainton, *Luther's Meditations on the Gospels*, translated and arranged by Ronald H. Bainton, Illustrated with Woodcuts by Virgil Solis (London : Lutherworth, 1963), 51.

31) J. Calvin, 《공관복음》, 299.

한 고난을 근거로 해서, 앞으로 제자 공동체가 당하게 될 고난에 대해서도 언급한다. 이것은 신명기적 사관에 입각한 동일시로서, 후에 Q 공동체가 자신들의 운명과 구약 선지자들의 운명을 동일시하여 박해상황을 극복해 나갈 수 있는 근거를 마련해 주고 있다.

제3계명 "너희 뺨을 치는 사람에게는 다른 뺨도 돌려대라."(마 5:39a//눅 6:29a=Q 6:29a) 이 구절을 해석하면서 루터는 예수께서 "정부의 책임과 권위에 대해 간섭하지 않는다"라고 전제한 후에 이런 말씀을 주신 이유는 "개별적인 그리스도인들이 그들의 공식적 지위와 권위를 떠나서 사적으로 어떻게 살아야 할 것을 가르치신다"라고 언급하면서 "그들의 주먹으로의 복수뿐만 아니라 그들의 마음, 생각, 모든 권력을 통한 어떠한 보복도 억제해야 한다"[32]라고 강조한다. 루터는 이러한 그리스도인의 인내 덕목을 교회개혁가요 정치가로서 자신의 입지를 견고히 하기 위한 길을 걸어갈 때, 그리스도의 경건에서 그 근거를 찾았다.[33] 이러한 해석은 보복금지라는 거창한 내용보다는 기꺼이 참고 견디는 것이 그리스도인의 미덕이라는 사실을 보여주는 것이다. 마찬가지로, 칼빈도 아우구스티누스가 다섯 번째 편지에서 남긴 해석을 참고하면서 "단지 믿는 자들이 한두 가지의 모욕이나 해악을 당했을 때에 낙심하여서 절제와 공정함을 잊지 않게 하려고 그들의 마음을 단련시키고자 하신 것임을 보여준다"[34]라고 지적함으로써 아우구스티누스가 "이것은 외적인 행동을 위한 규범을 규정해 놓고 있는 것이 아니다"[35]라고 한 말을 우리가 제대로 이해해야 한다고 강조한다. 이로써 루터나 칼빈이나 이 구절을 모두 '돌려대라'라는 단순과거 명령법(στρέψον)의 용례를 중시하여 아무 때나 무턱대고 뺨을 돌려대는 것이 아니라, 단 한 번의 경험을 통해서 온유하게 순복하는 훈련을 함으로

---

32) M. Luther, 《루터와 신약 1》, 139.
33) Wichmann von Meding, *Luthers Lehre: Doctrina Christiana zwischen Methodus Religionis und Gloria Dei*, 273.
34) J. Calvin, 《공관복음》, 293.
35) Ibid.에서 재인용.

써, 고난을 통하여 인내하는 법을 배우라고 권면하는 그리스도의 말씀으로 이해한다.

제4계명 "너희 겉옷을 가지고자 하는 자에게 너희 속옷까지도 거절하지 말아라."(마 5:39b//눅 6:29b=Q 6:29b) 루터는 모든 사람이 가능한 한 자기를 방어하고 지키고 보호할 의무와 책임을 지고 있다는 사실을 중시한다. 그래서 겉옷을 달라는데 속옷까지도 벗어준다면 우스꽝스러운 일이고 "이들이 몸을 물어뜯는데도 이상의 성경 말씀 때문에 이들을 죽이기를 거절하고 자신은 악을 참고 견뎌야 하고 거기에 저항하는 안 된다고 하는 미치광이 성자와 같다"[36]라고 일침을 놓는다. "이러한 오류는 교황의 가르침과 치리가 가져온 잘못"[37]된 태도이므로 개혁해야 한다는 것이 루터의 강조점이다. 그러므로 우리는 자신을 보호하는 정당한 절차를 따라야 한다는 것이다. 그러나 루터는 "정상적 절차를 밟을 수 없는 경우, 만일 어느 누가 우리를 부당하게 폭력으로 대한다면 우리가 할 수 있는 것은 참는 것이다"라고 말함으로써 그리스도께서는 뺨과 옷 정도가 아니라, 온몸으로 부당하게 고난을 겪으셨지만 참으셨다는 사실을 강조한다.[38] 여기서 루터의 두 왕국 이론이 등장한다.[39] 하나님의 나라와 세상의 나라는 가치관과 그 존재 방식이 다르기 때문이다. 루터에 의하면, 그리스도인은 세상의 악에 대하여 저항해서는 안 되고 그 누구도 고소해서는 안된다.[40] "한마디로 말해서 그리스도의 나라에서 법칙은 모든 것에 관용, 용서, 악을 선으로 갚는 것이다."[41] 이러한 루터의 두 왕국 이론은 현대적으로 세속

---

36) M. Luther, 《루터와 신약 1》, 142.

37) Ibid., 143.

38) Ibid., 145.

39) 김주한은 〈마르틴 루터의 산상설교 정치학〉이라는 제목하에 루터의 산상설교해석의 중심원리를 이루는 두 왕국 사상을 다루면서, 두 왕국 사상에 대한 트뢸치, 바르트, 본회퍼, 라인홀드 니버, 몰트만 등의 비판을 다뤘다. 그는 개인도덕과 공적도덕 사이의 윤리적 이원론 등과 같은 비판이 오늘의 시대정신을 루터에게 소급 적용한 '이념적인 굴레 씌우기'라고 보고, 이 굴레를 벗겨야 할 것이라고 주장했다. 루터는 로마 가톨릭과 재세례파나 뮌처와 같은 급진주의자들에 맞서 종교적인 소명과 세속적인 소명을 구분하지 않았으며, 세속적인 삶에 어떤 신성한 가치를 부여했고, 믿음으로 의로워진 신자들의 자발적이고 적극적인 참여를 강조했는데, 이는 두 왕국이 하나님이 통치하시는 두 가지 방식이며 두 영역 내에서 적용되는 원리는 둘 다 이웃사랑이었기 때문이라고 주장했다. 참고, 〈크리스챤 뉴스〉 (2009. 4. 29).

정부와 정치에 어떻게 활용할 것인지에 관한 궁금증을 촉발하기도 한다.[42] 그러나 칼빈은 이러한 루터의 견해와는 정반대의 의견을 제시한다. 곧 칼빈은 악인들이 그리스도인을 소송으로 괴롭힐 때 이해하고 순순히 복종만 할 것이 아니라 대응할 여지를 보여준 것이다. 곧 칼빈은 "그리스도인이 정당하게 방어할 경우라면 소송에 참여하는 것이 아주 금지되고 있는 것이 아니다"[43]라고 결론짓는다. 이렇게 정당한 소송으로 맞대응하는 것이 결코 "자기 재산이 악인들의 먹잇감이 되도록 그냥 보고만 있지 않는다고 해서, '우리의 소유를 빼앗기는 것'(히 10:34)을 인내로써 참고 견디라고 우리에게 권면하시는 그리스도의 가르침을 어기는 것이 아니다"[44]라고 해석한다. 겉옷은 통상 속옷보다 값이 더 나간다. 따라서 우리가 적은 손실을 겪은 후에는 더 큰 손실을 겪을 각오가 되어 있어야 한다는 그리스도의 가르침은 영원히 불변하는 신앙의 진리이다.

2) 이웃과의 관계

천국시민의 십계명 가운데 5-10계명은 이웃과의 관계를 다루고 있다. 곧 구하는 사람, 빌려준 사람, 해주기를 원하는 사람, 자비로운 사람, 비판하는 사람, 티를 보는 사람 등 모두 이웃과의 관계를 가르치는 계명이다.

제5계명 "너희에게 구하는 사람에게 주어라."(마 5:42a//눅 6:30a=Q 6:30a) 칼빈은 이 구절을 "악한 자들이 남의 재산을 강탈하기 위한 목적으로 소송을 제기하는 법률적인 행위에 대해서 말하는 것"[45]이라고 추론한다. 그러나 칼빈

---

40) Wichmann von Meding, *Luthers Lehre: Doctrina Christiana zwischen Methodus Religionis und Gloria Dei*, 333에서 폰 멘딩은 한스 작스(Hans Sachs)의 시집에 있던 판화를 소개하면서 루터가 비텐베르크 정문에 95개조 반박문을 붙인 것은 악에 저항하거나 혹은 악을 법정에 고소한 것이 아니라 염소가 악한 짐승들에게 잡아먹히면서도 굴하지 않고 이기고 나간 것과 같다고 평가한다.

41) M. Luther, 《루터와 신약 1》, 146.

42) Ronald W. Duty and Marie A. Failinger (eds.), *On Secular Governance: Lutheran Perspectives on Contemporary Legal Issues* (Grand Rapids: Eerdmans, 2016).

43) J. Calvin, 《공관복음》, 294.

44) Ibid.

45) Ibid.

은 그리스도인이 합법적인 수단을 활용할 수 있음에도 불구하고, "예수께서는 우리가 재산을 잃고서 지나치게 괴로워하지 않도록 하시기 위해서, 우리에게 인내심을 발휘하라고 명하실 뿐만 아니라, 주님께서 친히 그 강도들에게 책임을 물으실 때까지 조용히 기다리라고 명하신다"[46]라고 강조한다. 이와 관련하여 루터는 유치한 변절자 율리아누스 황제가 이 본문을 빙자하여 자기가 원하는 것을 무엇이든지 그리스도인에게서 빼앗았다는 사실을 상기시키면서 악당들과 악한들이 "그리스도인들은 모든 것을 참아야 한다. 그러므로 그들의 재산에 손을 대 그것을 빼앗고 훔쳐도 무방하다. 그리스도인은 그가 소유한 모든 것에 개방해 놓아야 하며 뻔뻔스러운 악당들 누구나 요구하거나, 되돌려 달라는 말 없이 달라고 하는 것을 주거나 빌려주어야 한다"[47]라고 말하지만, 이 말씀은 그런 뜻이 아니라고 잘라 말한다. 그러면서 루터는 "그리스도인은 간교한 계책이 그에 대하여 만행을 가할 경우, 만일 그가 법에 호소하거나 정부의 도움을 구함으로써 계책을 저지할 수 있다면 그것을 할 수 있다"[48]라고 말함으로써 폭력의 오류에 대해 조용히 당하고 있을 필요가 없다고 강조한다. 그러므로 루터는 기꺼이 주어야 하지만, 만일 그가 악당이라는 것을 안다면 줄 필요가 없다고 말한다. 예수께서도 내가 가진 것을 악당에게 주라고 말씀하시지 않았기 때문이다.

제6계명 "빌려준 사람에게 다시 갚으라고 하지 말아라."(마 5:42b//눅 6:30b=Q 6:30b) 여기서 칼빈은 진정한 구제(caritas)와 육신적인 도모(carnalis amicitia)를 구별하면서 "불경한 자들은 서로에 대하여 사심 없는 애정을 갖지 못하고 단지 잇속을 따져서 서로를 대할 뿐이다"[49]라고 경계한다. 칼빈에 의하면, 이런 육신적 도모는 플라톤이 지적한 것처럼, 각 사람은 이런 식으로 자기가 남들에게 베푼 그 애정을 자기 자신에게로 다시 끌어오고자 한다는 것이다. 그러나 예수

---

46) Ibid., 295.
47) M. Luther, 《루터와 신약 1》, 149.
48) Ibid.
49) J. Calvin, 《공관복음》, 296.

께서는 자기 백성들에게 사심 없이 베풀라고 말씀하시고 그 어떤 보답도 기대할 수 없는 가난한 사람들에게 베풀라고 명하신다. 칼빈에 의하면, 이것이 바로 구제이다.[50] 그러나 칼빈은 구제에도 분명히 과시욕이 개입되어 있다고 비판하기도 한다.[51] 그러므로 예수께서는 구제도 왼손이 모르게(마 9:3) 그리고 은밀하게(마 6:4) 해야 한다고 가르치고 계시다.

제7계명 "사람들이 너희에게 해주기를 원하는 대로 그들에게 그렇게 하여라."(마 7:12//눅 6:31=Q 6:31) 여기서 다시 루터는 세속법과 그리스도의 가르침 사이를 구분해야 한다고 말한다. 세속법에 따르면, 누구나 자기 재산을 지키고 주장할 수 있다. 그러나 예수께서는 그리스도인의 소유를 기꺼이 내놓고 기쁜 마음으로 선을 베풀고 이바지하고 빌려주며 내주라고 말씀하신다. 그러나 때때로 세속적인 일들과 세속적 영역에서 불의한 일을 당하고 보호를 받을 수 없다면 견디는 수밖에 없다. 여기서 루터는 비그리스도인조차도 이를 견딘다고 말한다.[52]

제8계명 "너희의 아버지께서 자비하신 것 같이 너희도 자비로운 사람이 되어라."(마 5:48//눅 6:36=Q 6:36) 예수께서는 하나님을 아버지로 부름으로써 아버지와 자신 사이의 친밀한 관계를 우리에게 보여주었다. 그런데 여기서 예수는 사랑의 가르침을 토대로 해서, 우리가 하나님의 사랑을 실천하게 될 때, 하나님의 아들들이 될 수 있다고 가르침으로써, 예수와 하나님 사이의 친밀성을 기초로 예수의 제자들도 하나님과의 친밀한 관계를 갖게 되었다는 사실을 일깨워 주고 있다. 여기서 부성(父性)의 신학이 커다란 지위를 얻게 된다.

제9계명 "너희는 비판하지 말아라."(마 7:1-2//눅 6:37a=Q 6: 37a) 비판은 예수의 가르침 속에서 철저하게 배제되고 있다. 왜냐하면 비판할 때 자기 잘못은 보지 못하고 남의 잘못만을 보는 오류를 범할 수 있기 때문이다. 그러나 칼

---

50) Ibid.
51) Ibid., 303.
52) M. Luther, 《루터와 신약 1》, 149.

빈은 예수께서 하신 비판하지 말라는 말씀이 절대적으로 금지명령이 아니라고 해석한다. 여기서 칼빈은 "악은 어떤 이상한 쾌감(cupiditas)을 수반한다"라고 지적한다. 남의 결점을 들여다보고자 하는 충동을 느끼지 않는 사람은 거의 아무도 없기 때문이다.[53] 그래서 칼빈은 야고보가 "많이 선생이 되지 말라"(약 3:1)로 지적한 것을 비슷한 맥락에서 간주한다. 그러므로 칼빈은 비판하는 것이 남의 사소한 잘못을 무슨 극악무도한 범죄라도 된 듯이 단죄하는 불의를 수반하고, 남이 한 행위를 무조건 바쁘게 보고 경멸하고 무시하는 오만방자함으로 나간다는 사실을 들어서 오직 하나님만이 유일하게 "율법을 세우신 이"이자 "재판장"이시라는 사실을 강조한다(시 33:22).[54]

제10계명 "먼저 네 눈에서 티를 빼게 하라."(마 7:4//눅 6:42a=Q 6:42a) 칼빈은 그리스도께서 남의 잘못을 캐내는 일에서 대단한 즐거움을 느끼는 그러한 엄한 재판관들이 받을 벌을 통고하신다고 말한다. 칼빈에 의하면, 남들을 비판하는 자들이 벌을 받게 되는 것은 하나님의 의로운 심판이기는 하지만, 하나님은 사람들을 도구로 사용하셔서 그러한 심판을 집행하신다는 것이다.[55] 그래서 이사야는 "학대한" 자들은 장차 "학대당할" 것이라고 경고한다(사 33:1).

이상과 같이 루터와 칼빈은 산상/평지설교에 나타난 하나님 나라의 천국시민의 십계명을 개혁신앙의 관점에서 재조명하였다. 이러한 십계명은 하나님 사랑과 이웃사랑으로 모세의 십계명을 요약하신 예수의 가르침에 직결되는 것으로, 곧 천국시민의 십계명 가운데 1-4계명은 하나님을 사랑하는 마음으로 사람과의 이해관계를 극복하며 살라는 계명으로 그리고 5-10계명은 이웃을 사랑하라는 계명으로 연결된다. 이제 산상/평지설교의 핵심인 팔복에 관한 루터와 칼빈의 이해를 살펴보자.

---

53) J. Calvin, 《공관복음》, 399.
54) Ibid., 399-400.
55) Ibid., 400-401.

4. 신비한 지혜의 말씀인 복(μακάριοι) 선언

누가복음에서 전통적으로 복(μακάριοι) 선언에 관한 네 가지 말씀은 화(οὐαί)에 관한 네 가지 말씀으로 균형이 잡히고 있다. 이 모든 말씀은 마태복음과 누가복음의 공통자료인 Q에서 유래한 것이며 직접 제자들에게 주어졌다. 예수께서 "복이 있다"라고 한 사람들은 누가복음에서 자신들의 부족을 알고 있고, 따라서 하나님께 의지하는 사람들이다. 이와 반대로 부자들은 하나님의 도움이 필요하지 않고(6:24) 자기 자신들을 의지하는 사람들이다. 현재 어려운 상황에 부닥친 사람들은 하나님으로부터 현재에 그리고 미래에 보상받을 것이기 때문에 행복한 사람들이다.

마태복음 5장에 나타나 있는 복(μακάριοι) 선언은 사실상 구(9) 복이지만 흔히 팔복으로 부른다. 마태복음에서 산상보훈의 첫 단위인 '복(μακάριοι) 선언'은 마태복음의 전체 흐름의 방향을 주도하는 '의'(δικαιοσύνη) 개념과 근본적으로 조화를 이루고 있다. 즉, 산상설교에서 인간의 의에 항상 앞서 있는 하나님의 의(마 6:33)와 그 신적 토대 위에서 요구되는 인간의 의가 하나로 통합되어 있다. 다시 말해서 마태복음에서 예수께서 걸어가신 길은 다름 아닌 의의 길이다. 그러므로 칼빈은 팔복을 언급하면서 "참된 복"이라고 명하고, 이를 "십자가와 모든 환난" 그리고 "십자가의 연단(crucis disciplina)"과 연관을 짓는다.[56] 이 점에서 칼빈의 다음 평가는 아주 의미심장하다.

옛적에 스토아 철학자들이 역설들을 즐기곤 하였던 것과는 달리, 예수께서는 결코 허구적인 것을 제시하시는 것이 아니라, 비참한 처지에 있다고 여겨지는 자들이 사실은 진실로 복이 있는 자들이라고 선포하셨다.[57]

이러한 언급은 칼빈이 팔복의 진정한 목적을 "악인들의 책망으로 인해서 억눌리고 여러 가지 재난을 당하는 자들이 결코 불행한 자들이 아니라는 것을

---

56) Ibid., 255-256.
57) Ibid., 256.

보여주는 것"58)이라고 말한 것과 연결을 지을 때 더욱더 팔복의 의미가 부각
된다.

다음의 항목에서 팔복을 말씀하신 이유 8이란 숫자의 의미 그리고 팔복
의 개혁신학적 의미를 연구해 보자. 특히 루터와 칼빈이 자신들이 견지한 개혁
신앙의 기치를 높이 들기 위하여 어떤 개혁 신앙적 연관성을 팔복과 관련지었
는지 살펴보고자 한다.

팔복은 천국시민이 되기 위한 회개설교를 예수께서 하신 것으로 이해한
다. 다시 말해서 신자는 이 땅의 시민이면서 동시에 천국의 시민이기도 한데,
이 땅에서 천국으로 아무나 옮겨지는 것이 아니라, 회개하여 천국시민의 자격
을 갖춘 사람만이 갈 수 있다는 점을 강조하는 것이 이러한 입장이다. 이러한
견해는 자연스럽게 천국에 들어가기 위한 조건을 강조하는 측면으로 이해되
기 때문에, 예수께서 팔복을 조건적으로 이해할 것을 가르치시지 않았다고 생
각된다. 그러므로 누가복음에서 복(μακάριοι) 선언이 제자들에게 말해진 것으로
이해되고 있기에 이미 가난하고 배고프고 슬퍼하는 사람은 참된 제자들이 가
지고 있는 본래의 모습으로 간주할 수 있다. 따라서 팔복의 내용은 천국시민이
가져야 할 조건적인 삶이 아니라, 이미 제자들이 간직하고 있는 삶의 진정한
모습이라는 점이 분명해진다.

우리는 팔복을 지혜전승 속에서 이해할 수 있다. 유대교에서 지혜자는 이
땅에 복을 가져오는 분으로 이해된다. 그런데 예수께서는 단순한 지혜자가 아
니라 신비스런 지혜의 교사이다. 루터는 예수를 신비스러운 지혜의 교사로 인
식한 첫 번째 개혁신학자이다.59) 마태복음에서 팔복을 말씀하시는 예수께서
도 진정으로 신비한 지혜를 말씀하시면서 진정한 복을 인간에게 가져다주는

---

58) Ibid.

59) Peter Zimmerling, *Evangelische Mystik* (Göttingen: Vandenhoeck & Ruprecht, 2015), 37-57을 참
고하라. 침멀링은 루터뿐만 아니라 바하와 본회퍼까지도 신비적인 인물로 이해해야 한다고 주장하면서
다시 신비적 관점으로 신학, 인문학, 음악, 철학이 전환해야 한다고 강조하면서 복음서도 신비적인 문서
로 연구해야 할 것을 요구한다.

분으로 이해된다.

마태복음에서 예수께서는 신비스러운 지혜의 말씀 그 자체로 나타나 있으므로, 종말론적인 측면에서 팔복은 지혜 말씀이 주는 특징을 그대로 가지고 있다. 예수께서는 '지혜의 교사'란 루돌프 불트만의 주장[60]보다는 천국시민의 십계명과 진정한 복을 말씀하신바 신비한 지혜 그 자체로 오신 하나님의 아들이시다. 더구나 제임스 M. 로빈슨은 예수의 말씀을 '지혜자들의 말씀들'(LOGOI SOPHON)이라고 그 장르에 관해 말했지만,[61] 사실은 지혜의 말씀 그 자체이시다. 메시아로서 하나님의 나라를 이 땅에 실현시키신 예수께서는 마침내 제자들에게 지고의 복을 내리신다. 이러한 관점에서 복(μακάριοι) 선언은 예수의 종말론적인 권위를 드러내 주고 있다. 여기서 이해되고 있는 종말론적 의미는 미래적 의미와 통한다. 이는 팔복이 우리말 표현과는 달리, 미래형 동사와 긴밀하게 연결되어 있다는 사실을 통해서 입증된다. 다시 말해서, 복(μακάριοι) 선언 후의 문장은 미래의 종말론적 구원을 보여주는 약속을 구체적으로 제시하고 있다. 이 점에서 칼빈은 "경건한 자들이 겪는 괴로움은 머지않아 좋은 것들로 변화될 것이기 때문에 … 자기 백성에게 장차 있을 상에 대한 소망을 굳게 붙잡고서 인내하라"[62]라고 권면한다.

마태의 복(μακάριοι) 선언은 Q에서 유래한 것인데, 위에서 이미 언급한 대로, 누가의 복(μακάριοι) 선언인 네 가지 말씀은 마태에서 팔복으로 더욱 확대되어 나간다. 그런데 마태복음 5장 11절에서 의를 위하여 핍박받는 사람에 대한

---

60) 불트만은 공관복음서에 나타난 예수의 말씀들(logia)에 관한 연구를 통해서 "주의 말씀들"과 "지혜 문학" 사이의 유사성에 주의를 기울였다. 불트만은 좁은 의미에 있어서 로기아(logia)를 "지혜 말씀들"이라고 불렀고 예수를 "지혜의 교사"라고 불렀다. 참고, R. Bultmann, *Die Geschichte der synoptischen Tradition* (Göttingen: Vandenhoeck & Ruprecht, 1931), 73.

61) 로빈슨(James M. Robinson)은 문학적 장르에 있어서 "지혜 말씀들"에 속하는 문헌들을 상세하게 연구하게 된다. 그에 의하면, 우선 복음서의 지혜 말씀들은 유대인의 전통적인 지혜 말씀들인 *meshalim*과 긴밀한 관계를 가지고 있다. 참고, James M. Robinson, "*LOGOI SOPHON*: On the Gattung of Q," *Trajectories through Early Christianity* (Philadelphia: Fortress Press, 1971) 71-73. 그는 대표적으로 유대 전통 속에 있는 시락의 지혜서를 손꼽고 있다.

62) J. Calvin, 《공관복음》, 256.

복(μακάριοι) 선언이 추가되어 구복으로 이해되기도 한다. 그러나 12-13절에 언급된 복(μακάριοι) 선언이 10절의 복(μακάριοι) 선언과 같이 '의를 위해 받는 박해'라는 주제를 가지고 있으므로, 흔히 이를 하나로 보아서 '팔복'이라 부른다. 마태복음의 복(μακάριοι) 선언은 크게 세 부분으로 나눌 수 있는데, ⑴ 마태복음 5장 3-6절의 부족함에 대하여 도움을 요청하는 복(μακάριοι) 선언과 ⑵ 5장 7-10절의 긍정적인 자세나 태도를 가진 사람들에게 주는 복(μακάριοι) 선언과 ⑶ 5장 11-12절의 박해 상황에서 주어지는 복(μακάριοι) 선언이다.

아우구스티누스는 마태복음의 산상설교에 관한 연구인 '산상에서의 주님의 설교' I.4.10에서 "8이라는 숫자는 태초로 회귀하는 것을 뜻한다. 8이라는 숫자는 의미 자체의 완결과 완성을 선포하고 찬미하기 때문이다"라고 말한다. 또한 I.4.12에서도 아우구스티누스는 8의 의미가 태초로 회귀하는 것을 상징할 뿐만 아니라, 완전한 인간(완성된 인간)을 상징한다는 사실이 다음과 같은 실례에서도 드러난다고 말한다. 곧 구약시대에는 태어난 지 8일째 되는 날에 할례 규례가 있었고, 예수께서 안식 후 첫날에 부활하셨고, 오순절 성령이 강림한 날 등이 모두 8일에 해당한다고 본다. 특히 오순절에 대하여 유월절 제2일부터 일곱째 날까지를 한 단위로 잡고 거기에다 다시 일곱 날을 곱하여 49일을 만든 다음에 그날을 오순절이라 일컬으니, 이는 50이 숫자상의 의미보다 완전(완성)을 의미하며 또한 태초로 회귀하는 것을 뜻한다고 아우구스티누스는 설명한다. 이러한 해석이 억지 측면이 강하지만, 예수께서 말씀하신 팔복의 의미를 어느 정도 드러내는 데 도움을 준다고 여긴다.

이렇게 팔복을 이해하는 전통을 따라서 루터는 "가난한 자는 복 되도다," "온유한 자는 복 되도다," "애통하는 자는 복 되도다," "의에 주리고 목마른 자는 복 되도다," "자비한 자는 복 되도다," "마음이 청결한 자는 복 되도다," "화평하게 하는 자는 복 되도다," 그리고 "박해를 받는 자는 복 되도다"라고 아주 간결하게 선언한다.[63] 루터는 팔복에 관한 주석을 해 나가면서 비록 가난하고, 의에 주리고, 목마르고, 혹은 박해를 받는 자라도 "이러한 사람이 부유한

군주요, 황제이다. 그는 근심, 고통, 또는 슬픔과는 인연이 멀다"[64]라고 귀하게 여기면서 이것이 팔복의 요점이라고 평가한다. 그러므로 루터는 어떤 고통도 무릅쓰고 "광분한 제후 또는 어리석은 황제가 노발대발하여 검과 불, 또는 교수대로 나를 위협한다 해도 겁나지 않는다"[65]라고 고백한다.

이상과 같이 팔복을 이해한 루터와 칼빈의 설명을 기초로 해서 다음과 같이 개혁신앙을 정리해 볼 수 있다.

첫째, 팔복에서 우리는 윤리 사상을 발견하게 된다. 루터는 당시 로마 천주교가 교황권에 집착하고 세계의 모든 재산을 끌어모으고 탐욕을 부린 것을 지적한다.[66] 이로써 그리스도인의 명예는 땅에 떨어졌다. 오늘도 마찬가지이다. 누가 이렇게 처참하게 실추된 크리스천의 명예를 회복시켜 줄 수 있을까? 이미 우리는 팔복을 조건절로 볼 것이 아니라, 이미 참된 제자가 된 진정한 모습을 확인시켜 주는 것으로 간주해야 한다는 점을 이야기하였다. 이 점을 중시할 때, 우리는 자신이 얼마나 귀한 존재인지를 한순간도 잊어서는 안 된다. 팔복은 본질적으로 같은 것을 말하고 있다. 곧 크리스천의 최고 윤리이다. 예수의 제자들이라면 어떻게 살아야 하는지를 분명하게 보여주고 있는 것이 팔복이다.

둘째, 우리는 팔복에서 기독론[67]을 발견하게 된다. 루터는 탐욕스러운 인간인 교황이 중심이 되어 당시 세계를 뒤흔드는 풍조를 비판하면서 교회신앙의 중심에 계신 예수께서 비록 유대인에게 거부당하여 십자가를 지셨지만, 마침내 고통을 이기고 부활하신 기독론을 확고하게 세우기 위해 팔복의 가르침을 하나하나 중시하였다. 그것은 메시아이신 예수께서 종말론적으로 선언하

---

63) Ronald H. Bainton, *Luther's Meditations on the Gospels*, 52.

64) M. Luther, 《루터와 신약 1》, 106.

65) Ibid., 110.

66) Ibid., 100.

67) Ulrich Asendorf, *Die Theologie Martin Luthers nach seinen Predigten* (Göttingen: Vandenhoeck & Ruprecht, 1988), 61-202에서 아쎈도르프는 루터의 신학에서 기독론을 가장 중시하고, 기독론의 핵심을 논할 때도 수난 이야기와 십자가 사건을 중시하는데(Ibid., 97-114) 바로 이런 고난의 십자가가 주는 기독론이 팔복 사상의 핵심이다.

시는 구원의 모습이다. 전통적인 신학이 양성론을 균형 있게 다루고 있는 것처럼, 루터도 그리스도의 완전한 인성과 신성을 중시한다.[68] 팔복은 시대와 지역을 초월하여 모든 사람이 들어야 할 복(μακάριοι) 선언이다. 예수께서는 팔복을 통하여 하나님의 나라가 이 땅에 실현될 것을 선언하고 계시다. 누가 이 땅에 하나님의 나라를 가져오는가? 팔복은 철저하게 예수께서 그 주인공이심을 드러낸다. 이런 점에서 팔복은 철저히 기독론적 배경을 가지고 있다. 지혜의 교사로서 예수께서는 모든 사고의 범주를 뛰어넘고서 하나님 나라의 종말론적인 구원을 선언하고 계시다.

셋째, 우리는 팔복에서 묵시문학적 보상사상을 확인하게 된다. 팔복의 결론부인 마태복음 5장 11-12절에서 예수께서는 박해받는 자들에게 복이 있다고 선언하고 계시다. 루터는 박해는 건강, 생명, 기타 모든 것을 빼앗아가는 것이라고 평가한다.[69] 그러나 그들에게 하늘의 상이 클 것이라고 언급한다. 루터가 말한 대로 "충분한 박해" 이후에 "커다란 복"이 뒤따른다.[70] 이러한 상급이 있으므로 우리는 기뻐하고 즐거워해야 한다. 여기에 고난을 참고 견뎌야 하는 참된 제자의 모습 속에서 하나님 나라의 백성 됨에 관한 신자의 정당성이 드러난다. 아무리 신자가 세상에서 고난을 겪는다고 할지라도 마지막 상급은 하늘에 준비되어 있다는 사실이다. 그렇다면 이 땅에서 굳이 상을 받을 필요가 있을까? 너무나도 오늘 우리의 교회 안에 상이 범람하고 있다. 나중에 하늘에서 무슨 상을 받을 것이 우리에게 남아 있겠는가? 이 땅에서 상이란 상은 다 받아 챙기다가 나중에 하늘에서 개털 벙거지도 못 받는 비극이 없기를 위해서, 우리는 저마다 세상의 상급을 포기하고 진정으로 하늘의 상만을 위하여 달음질하여야겠다.

---

68) M. Luther, "De Divinitate et Humanitate Christi (1540)" (WA 39 II, (92) 93-96). 참고, Johannes Schilling (ed.), *Martin Luther: Lateinisch-Deutsche*. Band 2 (Leipzig: Evangelische Verlagsanstalt, 2006), 469-479.
69) M. Luther, 《루터와 신약 1》, 107.
70) Ibid., 110-111.

5. 결론

　천국시민의 십계명을 중심으로 짤막하게 하신 예수의 산상/평지설교를 통한 취임설교는 대단원의 막을 내린다. 요세푸스에 의하면, 예수께서 공생애 동안에 주로 활동하였던 갈릴리에는 당시에 약 204개 정도의 도시들이 있었다고 한다.[71] 취임설교 이후에, 활동무대는 예수의 공생애 사역의 출발지인 가버나움으로 옮겨진다. Q 공동체의 활동무대 역시 가버나움에서 출발하였다. 가버나움은 당시에 1,700명 혹은 그 이하의 인구가 살았던 것으로 추정된다.[72] Q 공동체의 활동영역은 페니키아 지역인 두로와 시돈 지방까지 또한 북으로는 서부 시리아 지역인 안디옥까지 확장되어 나갔다. 이런 상황에서 다양한 공동체로 퍼져나가면서 유대 그리스도교적 정통신앙을 특성을 유지하기 위한 Q 공동체를 내외적으로 결속시킬 수 있는 공동체 규율이 절박하게 요청되었다.

　종교개혁의 핵심적 가치인 이신칭의는 행위에서 난 의가 아닌 은혜에서 난 의이므로 루터와 칼빈은 산상/평지설교에서 이 둘을 대조적인 관점에서 바라보았지만, 지혜 그 자체로 오신 예수께서는 산상/평지설교를 구원의 초석을 놓는 설교가 아닌 천국시민의 고난과 박해의 삶을 위로하시는 신비한 지혜의 말씀으로 주신다. 그러므로 산상/평지설교의 천국시민에 관한 십계명은 여전히 오늘을 살아가는 우리에게도 은혜에서 난 의의 관점에서 복을 베풀어주신 신비한 말씀이다.[73]

---

71) 요세푸스, 《유대전쟁사》, III.42.
72) 소기천, 《예수말씀의 전승궤도》 (서울: 대한기독교서회, 2000 초판 1쇄, 2010 초판 3쇄, 2011 개정증보판 1쇄), 54-56.
73) 정우진, "루터와 칼빈의 신상/평지설교에 관한 연구 논평," 《종교개혁 500주년 기념 공동학술대회》 자료집 제III권(2017년 10월 20, 한국연구재단후원): 61-62.

V. 예수말씀 복음서 Q에 나타난 예수의 신학적 인간학[1]

본 장은 불트만이 하나님의 아들로 이 땅에 오신 지혜의 교사라고 주목한 예수의 신학적 인간이해에 중점을 두고 살펴보고자 한다. 예수의 신학적 인간학은 가난한 갈릴리를 중심으로 예수와 함께 사역에 동참하였던 최초의 그리스도교 공동체의 인간이해를 탐구하는 것과도 일맥상통한다.

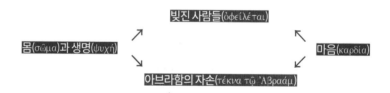

이 도표에 의하면, 유대인의 자랑이었던 아브라함의 자손(τέκνα τῷ Ἀβραάμ)이란 의식은 역설적으로 사실상 유대인을 걸려 넘어지게 하는 돌과 같은 것이기에, 오히려 갈릴리 중심으로 새로운 예수운동을 시작한 Q 공동체에게 빚진 사람들(ὀφείλέται)이란 새로운 정체성을 가지고 초기 그리스도교 공동체를 선교 공동체라고 그 마음(καρδία)에 인식하게 하고, 몸(σῶμα)만 죽이는 세상의 권

1) 이 장은 "예수말씀 복음서 Q에 나타난 예수의 신학적 인간학," 《Canon & Culture》 제12권 1호(통권 23호, 2018년 봄): 61-102에 실은 것을 수정 보완한 것이다.

력을 두려워하지 않고 생명(ψυχή)의 주인이 되시는 천지의 주재이신 하나님을 섬겨야 한다고 일깨운 것이 예수의 인간이해가 지닌 중심사상이다.

1. 서론

종교개혁 500주년을 보내면서 루터와 칼빈이 본 예수말씀에 관한 연구는 새로운 주목을 불러일으켰다.[2] 특히 개혁신학자들의 인간론에 주체성이 강조되고 있다[3]는 사실을 중시할 때, 역시 개혁신앙의 전통에 서 있었던 불트만도 신학에 대해서 하나님에 관해 질문을 던지면서 인간에 관한 대답을 찾는 인간학이라고 선언한 이후로, 하나님 자신이면서 스스로를 낮추고 인간의 모습으로 오신 예수 그리스도의 가르침은 세간의 새로운 주목을 받기 시작하였다. 그러므로 본 장은 예수의 인간적 감정에 관한 이해[4]를 분석하는 것이 아니라, 오히려 불트만이 하나님의 아들로 이 땅에 오신 지혜의 교사라고 주목한 예수의 인간이해에 중점을 두고 살펴보고자 한다.

예수말씀 복음서 Q는 현존하는 예수에 관한 말씀 중에서 가장 오래된 자료로 '옛 전승 층'에 속하는 담론들[5]을 제공해 주고 있다는 사실이 일반적으로 받아들여지고 있다. 옛 전승 층이 반드시 Q에 국한된 담론들만이 아니라는 반론도 꾸준히 제기되어 왔지만,[6] Q는 예수의 인간이해를 파악할 수 있는 최초

---

2) 소기천, "루터와 칼빈이 본 예수말씀 연구 방법," 《한국개혁신학》 제57권(2018): 200-232.

3) 장호광, "칼뱅의 인간론에 있어서 '주체성' 이해," 《한국개혁신학》 제56권(2017): 48-83.

4) Jung Sik Cha, "Some Aspects of Theological Anthropology in Jesus' Emotions," 《한국기독교논총》 제103집(2017): 373-398.

5) John S. Kloppenborg, *The Formation of Q. Trajectories in Ancient Wisdom Collections.* Studies in Antiquity and Christianity (Philadelphia: Fortress, 1987), reprinted (Harrisburg, PA.: Trinity Press International, 2000), 171-245에서 클로펜보그가 여섯 개의 담론들(Q 6:20b-49; 9:57-62 + 10:2-16, 21-24; 11:2-4, 9-13; 12:2-12; 12:22-34; 13:24-30)을 지혜 담론들, 곧 '교훈'이라는 장르로 분류하였다.

6) Q가 헬라어로 기록된 첫 번째 판본이라는 견해에 대해 이의를 제기하는 주장들이 종종 있었다. 그러나 이러한 주장들은 여전히 Q가 옛 전승 층에 속한다는 사실을 종종 간과하였다. 이와 관련하여 로빈슨(James M. Robinson)은 "The Q Trajectory. Between John and Matthew via Jesus," Birger A. Pearson (ed.), *The Future of Early Christianity.* FS Helmut Koester (Minneapolis: Fortress Press,

의 자료이며, 동시에 "Q는 분명히 예수의 가르침을 복원하기 위한 가장 중요한 자료이다."[7] 그런데 이렇게 예수께서 최초로 가르치신 지혜의 말씀을 들은 Q 공동체는 다름 아닌 갈릴리 사람들이다. 로빈슨은 다음과 같이 그 갈릴리 사람들의 중요성을 제안한다.

예수 운동은, 이 전승이 선교했다고 전하고 있는 고라신, 벳새다, 가버나움(Q 10:13-15) 등의 특정한 장소 이름들에 의해 판단해 볼 때 명백히 갈릴리에 중심을 두고 있었다. 그러나 이러한 인구 통계학적인 정보는 이 장소들이 그 메시지를 배척하였다는 사실도 포함하고 있다는 것을 간과해서는 안 된다. Q는 야고보에 대해서도 베드로에 대해서도(그 둘은 모두 갈릴리를 떠났다) 언급하고 있지 않으며, 열둘 가운데 그 누구에 대해서도 언급하지 않는다. 그리고 열둘 또는 사도라는 개념에 대해서도 알지 못하며, 어느 제자의 이름도 언급하고 있지 않다.[8]

이런 제안에 의하면, Q 공동체의 구성원들은 자신들을 언제나 예수의 제자들과 동일시하였던 가난한 갈릴리 사람들이다.

1991), 173-194, 특히. 185-189에서 Dieter Lührmann, Siegfried Schulz, Dieter Zeller, Ronald A. Piper, Hans Dieter Betz 등이 아주 다양한 연구를 통하여 다른 출발점들을 제시하였음에도 불구하고, 위에 클로펜보그가 제시한 결론을 뒤흔들지 못했다고 평가하였다. 그때로부터 2년 후에도 Robinson 은 "Die Logienquelle. Weisheit oder Prophetie? Anfragen an Migaku Sato, *Q und Prophetie*," *EvTh* 53 (1993): 367-389, 특히 385에서 클로펜보그의 결론을 지지하는 학자들의 이름에 Migaku Sato 를 포함시켰으며, 이에 힘을 입은 Kloppenborg도 3년 후에 "The Sayings Gospel Q. Literary and Stratigraphic Problems," Risto Uro (ed.), *Symbols and Strata. Essays on the Sayings Gospel Q*. Publications of the Finnish Exegetical Society 65 (Helsinki; Göttingen: Finnish Exegetical Society and Vandenhoeck & Ruprecht, 1996), 1-66, 특히 52에서 Heinz Schürmann을 자기 입장을 지지하는 학자들의 명단에 추가하였다.

7) Gerd Theißen and Annette Merz, *Der historische Jesus. Ein Lehrbuch* (Göttingen: Vandenhoeck & Ruprecht), 1996, 45. ET: *The Historical Jesus. A Comprehensive Guide* (Minneapolis: Fortress Press, 1998), 29.

8) James M. Robinson, "Judaism, Hellenism, Christianity. Jesus' Followers in Galilee until 70 C. E.," Vittorio Mathieu (ed.), *Ebraismo Ellenismo Christianesimo*. Archivio di Filosofia 53-1 (Padova: Cedam, 1985), 241-250, 특히 244.

예수말씀 복음서 Q는 갈릴리의 가난한 농촌을 배경으로 활동하였던 예수와 그 후속 공동체의 전원적인 특징을 뒷받침할 만한 많은 구절9)을 가지고 있다. 부자는 당시에 사회적으로 가장 높은 자리에 있었던 자들이었다. 그러나 예수가 공생애를 시작하면서 첫 마디를 농촌의 가난한 사람들의 복에 대해서 언급한 것(Q 6:20)은, 비슷한 처지에 있었던 Q 공동체에 속한 그리스도인들에게 커다란 격려와 위로가 되었던 것이 분명하다. 바로 예수의 제자 공동체로서 그들은 하나님 나라의 소식을 담지한 갈릴리 사람들이었기 때문이다.

이 점에서 본 장은 예수의 인간이해가 가난한 갈릴리를 중심으로 예수와 함께 사역에 동참하였던 최초의 그리스도교 공동체의 ′인간이해를 탐구하는 것과도 일맥상통한다. 그러면 이러한 기본적인 전제를 기초로 예수의 인간이해에서 출발점인 아브라함의 자손(τέκνα τῷ ᾽Αβραάμ)이 지닌 유대인의 정체성과 관련된 실체가 무엇인지부터 살펴보는 것으로 논의를 시작하고자 한다.

2. 아브라함의 자손(τέκνα τῷ ᾽Αβραάμ)

예수의 인간이해는 역설적인 것이 그 특징이기에 근본적으로 그 어느 인간의 이해와도 다르다. 예수께서는 '여인들이 낳은 자' 중에 세례 요한이 가장 큰 자라고 평가하면서 '하나님의 나라에서 가장 작은 자'가 세례 요한보다 크다고 말씀하신다(Q 7:28). 이렇게 세례 요한을 높이 평가하지만, 정작에 우리가 본 장에서 관심을 가지려고 하는 예수의 설교와 가장 흡사하게 설교한 세례 요한의 인간이해와 예수의 인간이해는 근본적으로 다르다.

세례 요한은 인간을 알곡과 쭉정이(Q 3:17)와 같이 비유적으로 이해하기를 즐겨하며 심판을 선언한 것과 달리, 예수께서는 인간을 가난한 자(Q 6:20), 주린 자(Q 6:21), 애통하는 자(Q 6:21) 등과 같이 은유적인 표현을 통하여 그들에

---

9) Q 3:9, 16-17; 6:42, 43-44, 47-49; 7:24; 10:2, 7-8; 11:24, 42; 12:6, 24, 27-28, 54-56; 13:19-21; 14:5;
   15:4-7; 17:2, 35; 19:20-21

게 복을 선언하신다. 가난한 사람들은 부자들과 대조되는 그룹으로서, 예수 당시 사회계층의 가장 밑바닥에서 살았던 사람들이다.

또한 예수께서는 세례 요한이 가진 부정적인 태도와는 달리, 적극적으로 원수(Q 6:27)와 박해하는 자(Q 6:28)까지도 사랑하고 기도할 것을 가르치신다. 예수께서는 과거에 선지자들이 당한 고난을 근거로 해서, 앞으로 제자 공동체가 당하게 될 고난에 대해서도 언급하신다. 이것은 신명기적 사관에 입각하여 동일시하는 것으로써, 이는 후에 Q 공동체가 자신들의 운명과 구약 선지자들의 운명을 동일시하여 박해 상황을 극복해 나갈 수 있는 근거를 마련해 주는 것이다. 원수까지도 사랑[10]하고 박해하는 자를 위해서도 기도할 때, 그리스도인은 하나님의 아들과 딸이 될 수 있다. 여기서 예수의 인간이해가 지닌 특징이 발견된다. 이와 같이 하면(ὅπως), 악한 자들에게까지 해를 비추시고 의로운 자들과 불의한 자들에게 골고루 비를 내리시는 하나님의 자비하심을 실천하는 참된 아버지 하나님의 자녀가 될 것이라는 예수의 가르침(Q 6:35)은 그리스도인을 땅의 차원에서가 아니라 하늘의 차원에서 이해하는 놀라운 통찰력을 보여준다.

우리는 하나님을 아버지로 부르는 예수의 모습에서, 초기 기독교 공동체가 견지하고 있는 신관의 한 가지 특징을 발견하게 된다. 그것은 하나님의 "인자함(loving kindness)과 부성(父性, fatherhood)"[11]에 대한 고백이다. 하나님을 "아

---

10) 원수 사랑은 예수의 가르침의 가장 독특한 주제이다. 예수께서는 하나님의 사랑의 원리에 입각하여 사람들의 필요를 채워주어야 할 것을 여러 번 가르치셨다(Q 7:1-9, 18-23, 24-28, 31-35; 10:2-16, 21-24; 11:14-23, 24-26; 12:2-12, 22-31, 32-34; 13:18-21, 24-30; 14:5, 16-23, 26-27; 14:34-35; 15:4-7; 16:13; 17:1-6, 23-35; 19:12-26).

11) Donald A. Hagner, *The Jewish Reclamation of Jesus: An Analysis & Critique of the Modern Jewish Study of Jesus* (Eugene: Wipf & Stock Pub., 1997), 209. Hagner는 유대인으로서 성서학자인 C. G. Montefiore의 논문들, 예를 들면 "The Spirit of Judaism," *The Beginnings of Christianity*, ed. F. J. Foakes-Jackson and K. Lake, vol. 1 (London: Macmillan, 1920), 35-81과 "The Synoptic Gospels and the Jewish Consciousness," *HJ* 3 (1904-1905): 649-667, 그리고 "Jewish Conceptions of Christianity," *HJ* 28 (1929-1930): 246-260을 거론하면서, 예수가 하나님을 아버지란 표현으로 부른 것은 이미 구약성경에서부터 전해져 내려온 유대적 전통에 근거한 것이라고 주장하였다. 그러므로 Hagner는 아버지로서의 하나님 개념은 철저히 유대적이고 랍비적인 개념이라고 결론지었다.

버지"(Q 10:21; 11:2) 혹은 "나의 아버지"(Q 10:22)로 부를 수 있던 것은 초기 그리스도인들의 특권이자 복이었다. 오늘날 아버지의 역할이 점점 무너져가고 있는 현대적인 상황 속에서, 아버지로서의 하나님 개념의 회복은 곧 잃어버린 부성을 회복하는 길이며 더 나아가 부자관계의 회복을 통해서 인간의 삶에 의미를 부여할 수 있다. 인자한 하나님, 곧 아버지로서의 하나님께서는 오늘 우리에게도 사랑과 공의의 행동을 실천에 옮겨야 할 것을 원하신다. 그러므로 그리스도인은 이방인이 찾는 것이 아니라 아버지이신 하나님의 나라를 먼저 구하여야 한다(Q 12: 9-31).

하나님의 나라는 Q에서 예수께서 설교하신 가장 커다란 주제이다. Q 6:20; 7:28; 10:9; 11:2, 20; 12:31; 13:18, 20, 28; 14:16; 16:16; 22:30 등에 사용되고 있는데, 현재적이며 동시에 미래적인 하나님 나라의 종말론적인 현실에 대해서 가르치고 있다. 여러 가지로 역설적인 가르침을 즐겨하신 예수께서는 유대인들에게 다음과 같이 선언하실 때, 예수의 인간이해는 유대인들의 자랑과 교만함에 대해서 극단적인 처방을 내리려는 듯 보인다.

> Q 17:1
> "걸려 넘어지는 일들이 반드시 오게 되어 있다. 그러나 그것들이 오게 하는 자에게는 화로다."
> Q 17:2
> "그가 이 작은 사람들 가운데 하나를 걸려 넘어지게 하는 것보다 연자 맷돌을 그의 목에 매고 바다에 빠지는 것이 그에게 더 낫다."

'예수에게 들려 온 음성'[12]인 이러한 말씀이 유대인에게는 진노의 말씀으로 들렸을 것이다. 물론 하나님의 진노는 구약적인 전통 속에서 이해되어야 한다.[13] 역설적으로 아브라함의 후손이 길거리에 굴러다니는 돌멩이들과 비

---

12) Harold W. Attridge, 소기천 역, "예수에게 들려 온 음성," 《장신논단》 20 (2003): 561-575.

교되고 하찮은 돌들이 아브라함의 자손이 될 것이라는 다음의 말씀은 유대인들에게 모욕감과 분노를 심어주었지만, 반면에 갈릴리를 중심으로 형성되기 시작하는 초기 그리스도교 공동체에게 무게를 실어주고 격려해 주는 말씀으로 간주되었을 것이다.

> Q 3:8
> "그리고 스스로 아브라함이 우리의 조상이라고 생각하지 마라. 내가 너희에게 말한다. 하나님은 이 돌들로도 아브라함의 자손을 만드실 수 있다."

Q에는 종말론적인 관점에서 이방인들의 구원이 언급되고 있다. 마지막 때에 그들이 하나님의 나라에 앉게 될 것이라는 예수의 말씀은 천상의 식탁교제를 언급하고 있는 것으로, 구원의 상징성을 보여주는 중요한 표상이다. 중요한 것은 왜 예수께서 이방인의 구원에 대해서 언급하시는지 Q가 지닌 관점이다. 그 이유는 이방인의 구원을 통해서 유대인들을 경고하고 이스라엘을 시기하게 함으로써 그들을 구원하고자 하는 구원사의 도식이 숨겨져 있기 때문이다. 이 점에서 Q 공동체에 속한 초기 그리스도인은 이방인과 마찬가지로 하나님의 구원 안에 들어오지만, 이 구원의 자리를 거부한 유대인에게는 다음과 같은 심판의 말씀이 선언된다.

> Q 13:28
> "아브라함과 이삭과 야곱과 더불어 하나님의 나라에 (앉을 것이지만), 너희는 좀 더 바깥의 어두움에 내 쫓기게 될 것이며, 거기서 울며 이를 갈 것이다."

Q 13:30은 공관복음서에서 흔히 접하는 결론적 격언이라 할 수 있는데, 마가 10:31과 Q 13:30이 서로 "처음"과 "마지막"을 뒤바꾸고 있으므로, 어느

---

13) 이사야 2:11-22; 13:9; 아모스 5:18-20; 스바냐 1:14-15, 18; 2:2.

것이 원형에 가까운지 분간하기는 불가능하다. 그러나 마가 이전의 전승과 Q 전승이 구전 전승 단계에서 예수의 말씀을 서로 공유하고 있었던 것으로 추정되는 전승들[14]을 검토해 보면, 마가복음이 Q를 이미 알고 있었다는 성급한 결론을 내리기보다는 오히려 Q와 겹치는 이상의 마가 구절들은 마가 이전 전승으로부터 마가복음에 들어오게 된 것으로, 구전 전승 단계에서 마가 이전의 전승들과 Q 전승이 서로 같은 전승을 예수에게서 받아서 공유하였던 자료들이었다고 평가해야 한다.

Q 11:48

"너희 자신들이 증인들이다. 너희가 너희 조상들의 아들들이기 때문이다."

Q 11:47에서 비석들을 세운다는 내용은 조상들이 예언자들을 죽였고 그 후손들은 비석을 세우는 아이러니를 반복해서 범하고 있다는 역사적 현실에 대한 신랄한 비판이다. 결국 11:48에서 그 후손들이 증인이 되는 아이러니가 계속된다. 이런 아이러니는 Q 11:51에서 순교의 피는 아벨로부터 사가랴까지 조상들이 배척한 결과라고 분명히 한다. 이러한 배척은 예수와 Q 공동체에게까지 지속적으로 일어났다. 예수께서 여기서는 순교의 피에 대해서 언급하시는데 그 이유는 이 세대가 불신했고 배척했기 때문이며 결국 그 피의 대가를 이 세대에게까지 묻겠다고 말씀하신다.

Q 13:34에서 유대 전쟁에 대한 직접적인 증거를 찾지는 못하지만, 간접적으로 유대 전쟁이 예루살렘에 미친 영향과 그 결과를 여러 구절에서 추정할 수 있다.[15] 그러나 이 구절이 예언자들에 대한 박해와 연결이 되고 있으므로,

---

14) Q 7:27=마가 1:2; Q 3:16=마가 1:7; Q 11:15b=마가 3:22c; Q 11:21-22= 마가 3:27; Q 11:33b=마가 4:21b; Q 6:38b=마가 4:24cd; Q 12:31b=마가 4:24e; Q 19:26c=마가 4:25c; Q 13:19d=마가 4:32d; Q 13:30=마가 10:31; Q 14:27a=마가 8:34b; Q 17:33bc=마가 8:35bc; Q 10:16bc=마가 9:37bc; Q 17:2b=마가 9:42b; Q 14:34=마가 9:50a; Q 16:18=마가 10:11, 12c; Q 11:43c=마가 12:39a; Q 16:17b=마가 13:31a.

유대 전쟁의 영향보다는 오히려 신명기적 사관의 영향 속에서 이 구절을 이해해야 한다. 예언자들을 배척한 이스라엘에 대한 심판의 선언을 통해서 유대인의 불신을 단죄할 수 있는 이유는, 배척과 불신에도 불구하고 주의 이름으로 오시는 이가 있기 때문이다(Q 13:35).

Q 11:48에서 말하는 너희 조상들의 아들들이란 의미는 Q 공동체의 구성원들이 아브라함의 자손일 뿐만 아니라, 순교의 피를 흘린 아벨로부터 스가랴에 이르기까지 선지자들이 흘린 피에 동일시되는 고난과 순교의 공동체로 초기 그리스도교 운동에서 최초의 공동체라는 영예로운 공동체 의식을 동일시하려는 차원이다.

과연 Q 공동체의 구성원들이 훌륭한 조상들을 뒤이을 만한 자격과 조건이 과연 있을까? 사실은 그렇지 않다. 우리가 Q 공동체가 자신에게 옷을 입힌 아브라함의 후손이란 자랑스러운 의식 이면에 다음과 같이 빚진 사람들(ὀφείλέται)이란 의식을 하고 있었다는 사실을 주목하게 되면 놀라지 않을 수 없다.

3. 빚진 사람들(ὀφείλέται)

Q 11:4
"그리고 우리가 우리의 빚진 사람들에게 용서를 베푼 것 같이 우리의 빚들을 용서하여 주소서."

여기서 사용되고 있는 빚 혹은 빚진 사람들은 죄 혹은 죄 지은 사람들과 비교되는데, Q의 복원이 마태 공동체와의 관련성 속에서 불가분 연결되어 있다는 사실을 입증해 주는 것이다. 예수께서는 인간 삶의 고달픈 문제 중의 하

---

15) Ky-Chun So, *Jesus in Q: The Sabbath and Theology of the Bible and Extracanonical Texts* (Salem, OR.: Wipf & Stock, 2017), 100-102.

나를 염두에 두고서, 하나님의 사랑과 자비를 구하는 기도를 드리고 있다. Q가 구체적인 인간의 아픔을 다루고 있는 점에서, 당시의 사람들에게 많은 공감대를 불러일으켰을 것이다.

Q 공동체가 자신을 빚진 사람들로 동일시하는 것은 예수께서 친히 가르쳐주신 주기도문[16]의 한 구절(Q 11:4)에도 보존되어 있다. 주기도문의 두 번째 부분에 해당하는 공동체와 관련된 기도는 1인칭 복수가 계속되면서 주어와 여격과 소유격으로 나온다. 우리는 이를 통하여 Q공동체가 지닌 의식이 뛰어났으며 이것은 예수의 가르침을 따르려고 했던 신앙에서 비롯되었음을 보게 된다. 공동체와 관련된 이러한 기도는 자신을 빚진 사람들로 인식하여 용서를 구하는 기도와 연결된다. 우리는 여기서 용서가 어떻게 이해되고 있는지 알아봄으로써 주기도문에 나타난 빚진 사람들을 이해하고자 한다.

Q에서 용서의 개념은 다음과 같다. "만일 형제가 너에게 하루에 7번씩 죄를 지어도 용서해 주어라"(17:4). 여기서 Q의 용서가 지닌 개념은 하루에 7번씩이라도 용서해 주는 자비의 공동체가 이해하고 있는 관계적 개념이다. 그러나 무작정 죄짓는 것을 허락하지는 않는다. 왜냐하면 여기에서 용서는 "만일 형제가 죄를 지으면 그를 꾸짖고, 만일 회개하면 용서해 주어라"(17:3)라는 뜻의 용서이기 때문이다. 따라서 무작정 용서해 주는 용서가 아니라 회개하였을 때의 용서를 의미한다.

Q 11장 4절은 평행본문인 마태와 누가의 용어 사용에 있어 서로 차이가 난다. 마태는 "빚들"이라고 표현했지만 누가는 "죄들"이라고 표현하고 있다.

---

16) 원래 예수께서 말씀하신 주기도문은 다음과 같이 간결하다.
　　Q 11:2b　　너희는 기도할 때, 말하여라.
　　　　　　　　아버지! 당신의 이름이 거룩히 여김을 받으시옵소서.
　　　　　　　　당신의 나라가 임하게 하여 주십시오.
　　Q 11:3　　　우리의 하루 양식을 오늘 우리에게 주십시오.
　　Q 11:4　　　그리고 우리가 우리의 빚진 사람들에게 용서를 베푼 것같이
　　　　　　　　우리 빚들을 용서하여 주소서.
　　　　　　　　그리고 우리를 시험으로 인도하지 마십시오.

물론 Q의 본문은 마태와 일치한다. 그러면 어느 쪽이 예수의 원래 언어에 속하는가? 추측건대 마태의 "빚들"이라는 용어가 더 원래의 것으로 보인다. 그 이유는 마태의 것이 Q와 일치할 뿐만 아니라, 누가 본문의 후반부에서도 "빚"이라는 용어를 사용하고 있기 때문이다.

우리는 여기서 주기도문의 용서는 종교적인 죄만을 뜻하는 것이 아닌 종교적인 죄와 도덕적인 죄를 모두 포함하는 의미라는 점에서 헬라어는 ὀφείλημα로 표현되어 있다. 따라서 죄보다는 빚들로 번역하는 것이 더 좋다. 왜냐하면 빚은 인간관계의 죄를 포함하기 때문이다. "우리가 우리의 죄를 회개하고 용서한 것처럼"이라는 가르침은 Q가 지닌 용서의 신학이라는 관점에서 이해되어야 한다. 즉 우리가 우리 이웃의 빚을 회개함으로 용서해 준 것처럼, 우리도 우리의 빚(죄)을 우리가 회개함으로 용서하여 주옵소서라는 기도가 되어야 한다.

주기도문의 네 번째 청원은 매우 과격한 경제 정책이다. 모든 그리스도교 시대에는 이 청원의 의미를 영성화하든지 혹은 금전적인 빚 외에 어떤 것을 가리키는 것으로 만들려고 노력해 왔다. 그러나 여기서는 그렇지 않다. 이 청원은 하나님의 나라에 참여하는 자들에게 자신들의 빚이 용서받은 것처럼 그들에게 빚진 사람들을 용서해야 함을 대담하게 진술한다. 더 이상의 부채란 없다. 대출받은 돈에 대한 더 이상의 이자는 없다. 이 점에서 빌리고 이자를 주고 되갚는 현대적인 경제 체제는 더 이상 없다.

빚진 사람들에 대한 인간적 이해에서는 왕국의 거룩한 통치자이신 하나님께 기도하는 자들이 다른 이들의 빚을 용서해 준 것과 같은 방식으로 자신들의 빚을 용서해 달라고 간청하는 상호 호혜적 의미를 함축한다. 그러나 역대기(대하 7:14)를 주목해 보면, 무엇보다도 먼저 기도하는 자들이 빚을 용서하는데 이것이 첫 단계이기에 하나님께 무엇인가를 요구하기 이전에 일어난다. 공동체의 규범은 더 이상의 부채도 없고, 빚으로 다른 이들을 가두는 일도 없다. 그다음에 공동체는 하나님께 그들이 공동체 내부에서와 외부에서 다른 이들을 다룬 같은 방식으로 그들을 다루어달라고 요청할 수 있다. 기도하는 자들은 공동체 내부의 사람들에게만 빚의 용서를 적용하지는 않는다. 이 말씀은 어떤 제한이나 한계 없이 빚진 사람들의 모든 빚이 용서받을 것을 진술한다.

빚진 사람들을 서로 이해하는 관점은 고래로부터 기도를 일방적으로 하나님께만 올려 드리고 동시에 자기 뜻을 집요하게 하나님께 관철하려는 주관적 차원을 넘어서, 인간이 서로 공생 공존하면서 서로의 빚과 짐을 나누어지고 서로를 이해하고 사랑하는 상호적 공동체를 형성해야 할 것을 가르치는 예수의 인간이해가 지닌 사회적 특징이라고 평가된다.

예수의 신학과 그의 윤리 사이의 상호관계는 예수의 종말론에 대한 그의 신학과 윤리의 관계보다 훨씬 더 명백하게 드러난다.[17] 왜냐하면 Q에 있는 옛 수집물들에서는 "중간 윤리"라든지 "임종의 회개" 같은 것은 명백히 드러나지 않기 때문이다.[18] 오히려 거기에는 하나님에 대한 예수의 가르침과 예수의 윤리 사이에 명백한 상호관계만 있을 뿐이다(Q 6:36-38):

> 너희의 아버지께서 자비하신 것과 같이, 너희도 전적으로 자비로워라. 남을 심판하지 말아라. 그러면 너희도 심판받지 않을 것이다. 너희가 남을 심판하는 그 심판으로 너희가 심판받게 될 것이기 때문이다. 그리고 너희가 되질하여 주는 그대로 너희에게 되어서 줄 것이다.

---

17) Hans Conzelmann, "Jesus Christus," *RGG³*. vol. 3 (Tübingen: J. C. B. Mohr; Paul Siebeck, 1959), 634, 637. ET: *Jesus* (Philadelphia: Fortress Press, 1973), 51, 58:

   예수는 가르침의 어떤 체계도 구상하지 않았다. 반대로, 언뜻 보면 하나님에 대한 그의 가르침과 종말론, 종말론과 윤리가 비교적 따로따로 떨어진 방식으로 서로 나란히 나오는 것처럼 보이는 것이 놀랍다. 예수의 가르침에 대한 "철저 종말론적" 해석에 반대하여 다음과 같은 것이 강조되어야 한다: 하나님의 지배 그 자체가 전개된 곳에, 세상의 임박한 종말에 대한 전망이 빠져 있다. 세상은 단순히 피조물 즉 하나님의 다스리심과 보살피심의 영역으로 나타난다.

18) Albert Schweitzer의 견해에도 그런 것은 없는데, 최소한 파루시아의 지연으로 취소될 수 있는 것과 같은 의미에서의 그런 것은 없다. Erich Gräßer, "Noch einmal: 'Interimsethik' Jesu?" *ZNW* 91 (2000): 136-142를 보라.

예수께서는 명백히 하나님의 자비에 호소하시는데, 그것이 바로 하나님의 백성들이 따라야 할 모델이다. 예수께서는 이것을 몇 번이고 반복하신다.

특별히 원수를 사랑하라고 가르치신 예수의 중심적 호소는 하나님의 성품에 근거를 둔 가르침이다(Q 6:35):

너희의 원수를 사랑하고, 너희를 박해하는 사람을 위하여 기도하여라. 그래야만, 너희가 너희 아버지의 자녀가 될 것이다. 그분은 악한 사람에게나 선한 사람에게나, 똑같이 해를 떠오르게 하시고, 의로운 사람에게나 불의한 사람에게나, 똑같이 비를 내려주시기 때문이다.

우리는 Q의 두 주된 편집 층들, 즉 옛 단락들(archaic clusters)과 마지막 편집 층 사이의 본질적인 — 신학적이며 윤리적인 — 긴장 관계를 진지하게 받아들여야만 한다.[19] 끝없이 용서하시며, 따라서 놀랍게도 선한 사람뿐 아니라 악한 사람도 공평하게 대하시는 분으로서의 돌보시는 아버지에 대한 예수의 비

---

[19] Peter Kristen이 "Nachfolge Leben. Drei Modelle von Kreuzesnachfolge in Q und Markus," Stefan Maser and Egbert Schlarb (eds.), *Text und Geschichte. Facetten theologischen Arbeitens aus dem Freundes- und Schülerkreis. Dieter Lührmann zum 60. Geburtstag.* MThSt 50 (Marburg: N. G. Elwert, 1999), 89-106, 특히 98에서, Jens Schröter의 책 *Erinnerungen an Jesu Worte. Studien zur Rezeption der Logienüberlieferung in Markus, Q und Thomas.* WMANT 76 (Neukirchen-Vluyn: Neukirchener Verlag, 1997), 468-469가 Q 12:22b-31과 같은 편집 이전의 수집물을 너무 쉽게 배척한 것에 대해 비판한 것도 거의 동일한 내용이다:

Auch Jens Schröter akzeptiert keine literarischen Vorstufen in Q und sieht die "unterschiedlichen rhetorischen Ausrichtungen in den Redekompositionen" als "zusammengehörige Aspekte *einer* Perspektive." "*Gerade das Nebeneinander* von Instruktionen, Drohworten und eschatologischen Verheißungen" sei "für Q charakteristisch", eine Beschreibung, die für die Endgestalt des Spruchevangeliums zutreffend erscheint, nicht jedoch für seine erkennbare literarische Vorstufe Q1. Sicher stehen die Anweisungen in Q 10,2-16 und 12,22-31 "unter der Perspektive der nahen basileiva", wie Schröter feststellt, doch zeigen Q1 und Q2 gerade signifikante Unterschiede in bezug auf das, was das Gottesreich ist. Während Q1 die basileiva als eine gegenwärtig mögliche alternative Lebensordnung betrachtet, wird sie in Q2 als eine erin zukünftige, deutlich abgrenzbare Größe beschrieben, die mit dem zum Gericht kommenden Menschensohn verbunden ist.

전은, 한 세대 후에는 시야에서 사라졌던 것 같다. 그것은 유대 전쟁이라는 참혹한 경험의 결과 때문이었는데, 그 전쟁은 이스라엘에 대한 하나님의 상당한 심판적인 징계로 이해되었다.

Q의 편집에 있어서, "이 세대", 즉 바리새인들과 율법학자들에 대한 심판은 지금 이 세상에서 Q 공동체의 구성원들 자신들에 의해 수행될 것이 아니라 오히려 예루살렘의 멸망의 때뿐만 아니라 앞으로 오게 될 심판의 날에 하나님에 의해 이루어질 것으로 생각하였다. 그것은 바울이 로마서 12:14, 19절에서 신명기 32:35절을 인용하면서 말했던 것과 마찬가지이다.:

> 여러분을 박해하는 사람들을 축복하여라. 축복하고, 저주하지 말라 … 사랑하는 자여, 여러분은 스스로 원수를 갚지 말고, 그 일은 [하나님의] 진노하심에 맡기라. 성경에도 기록되기를 "원수 갚는 것은 내가 할 일이니, 내가 갚겠다고 주님께서 말씀하신다."라고 하였다.

이런 구절과 마찬가지로 예수께서는 빚진 자들이 자신의 빚이 용서받은 것을 기억하고 서로의 빚을 탕감해 주고, 더 나아가서 서로의 빚들이 용서된 것을 바탕으로 다른 사람을 정죄하지 말고 모든 심판은 하나님께 맡기는 자세가 중요하다고 가르치신다.

예수께서 그리셨던 삶의 방식 중심은 확실히 원수까지도 사랑하는 것이었다(Q 6:27). 자신을 박해하는 사람을 위해 기도하는 것에서 잘 설명되듯이(Q 6:28), 이것은 하나님의 아들이 되게 하며, 하나님처럼 되게 하는 최상의 존재 가치에 일치하기 때문이다. 왜냐하면 하나님께서는 악한 사람에게나 선한 사람에게 똑같이 해를 떠오르게 하시고 비를 내려주시기 때문이다(Q 6:35). "하나님의 아들"이라는 칭호는, 그레코-로만 세계에서 영웅들에 대해 경의를 표하는 칭호로 사용되던 것으로부터 차용되어 온 그리스도론적인 칭호에서 단순히 시작된 것이 아니라, "평화의 아들"이라는 칭호와 같이 예수운동에 참여하였던 사람들을 가리키는 칭호로 시작된 것이다. 이것은 단지 행복을 기원하는 종교적인 감정이 아니라, 실제로 다른 뺨을 돌려대고, 속옷까지 벗어주고, 십리를 같이 가주고, 결코 돌려달라는 말 없이 빌려주는 것을 의미하는 것이었다 (Q 6:29-30).

예수의 역설적인 인간이해는 근본적으로 그레코-로만 사회에서 역시 영과 육이 이분법적으로 크게 나뉘는 이원론적 인간이해와 달라서, 다음과 같이 몸(σῶμα)과 생명(ψυχή)에 관한 예수의 인간이해에서 이전의 사상과 근본적으로 다른 새로운 특징이 나타나기에 이른다.

4. 몸(σῶμα)과 생명(ψυχή)

예수의 인간이해가 보여주는 가르침에서 몸(σῶμα)과 생명(ψυχή)이 한 쌍을 이루면서 같이 나오는 구절들이 많다. 그 이유는 무엇일까? 박해의 상황 속에서 Q 12:4은 Q 공동체의 신앙을 강화하는 촉매 역할을 하였을 것이다.

Q 12:4
"몸을 죽이고 능히 생명을 죽일 수 없는 자들을 두려워하지 말아라."

이 말씀에 의하면, 생명은 몸 안에 있다. 그럼 몸은 무엇인가? 생명을 지키는 근원이다. 그러나 몸이 죽어도 생명을 죽일 수 없다. 예수께서는 몸 안에 생명이 있음을 지적하시며 몸은 죽이더라도 생명은 죽일 수 없는 이치를 일깨우신다. 육체에 박해가 있을지라도, 그 생명은 구원받게 될 것인데, 이는 하나님께서 모든 것을 주관하고 계시기 때문이다.

Q 12:5
"능히 생명과 몸을 게헨나에서 멸망시킬 수 있는 이를 두려워하여라."

Q 12:5는 12:6의 문맥에서 참새가 두 앗사리온에 팔리는 것과 연관이 된다. 앗사리온은 로마 시대의 구리 돈을 의미하는데, 데나리온의 1/6에 해당하는 보잘것없는 가치[20]의 돈이다. 그러므로 앗사리온은 작은 것들 중의 가장 작은 것을 가리킨다고 볼 수 있다. 하찮은 미물, 그것도 보잘것없는 적은 돈에 팔려나가는 신세까지도 하나님이 관여한다고 말함으로써, Q의 하나님께서는 지극히 작은 것에도 결코 소홀히 하지 않으신다는 사실, 곧 작은 것도 아름답다는 신앙을 일깨워 주고 있다.

Q 12:5에 의하면, 생명(ψυχή)과 몸(σῶμα)이 한꺼번에 멸망할 장소로 게헨나 곧 지옥[21]을 거론한다. 그러나 예수께서는 지옥의 권세를 무너뜨리셨고, 부활하신 후에 음식을 잡수시기도 하였으므로 인간의 몸을 그대로 입고 있었음이 분명하다. 그리고 손의 못 자국과 허리의 창 자국을 도마에게 보여주심으로써, 부활 이후에도 예수께서 십자가를 지신 몸(σῶμα) 그대로이심이 분명하다. 그러나 부활하신 주님은 굳게 닫힌 문을 통과하기도 하셨고, 동시에 여러 곳에 나타나기도 하셔서, 인간의 육체와는 분명히 다른 신령한 몸(σῶμα)이라는 사실도 분명하다.

이러한 예수의 가르침은 바울에게 지대한 영향을 미쳤다. 바울은 죽은 자가 어떻게 부활할 수 있는지를 설명하면서, 뿌려진 씨가 죽어야 새 생명의 알갱이가 되고, 그 생명의 씨 속에 '장래 형체'가 있어서 각 종자가 각각의 형체로

---

20) 당시에 노동자가 하루 품삯으로 1데나리온을 받았는데, 다섯 마리 참새가 두 앗사리온에 팔리는 것을 볼 때, 당시 노동자는 하루에 참새 15마리 정도를 살 수 있는 돈을 벌었다. 당시에 참새 15마리는 비둘기 2마리의 값이었다. 이것을 빵으로 환산하면, 1데나리온으로 작은 빵 6덩이를 살 수 있었는데, 빵 한 덩어리가 1앗사리온에 맞먹는 것이었다. 이것을 마가복음 12:41-43과 비교하여, 고고학적으로 발굴된 당시의 동전을 통해서 더 상세히 이해할 수 있다. 당시에 가장 적은 단위의 동전은 렙톤이었다. 렙톤은 갈릴리 지역 도처에서 발견이 되었다. 동전이 갈릴리의 농촌지역에서도 발견되는 것은 당시 농민들이 가까운 도시를 왕래하며 상거래를 하였다는 사실을 뒷받침하는 것이다. 당시의 렙톤은 알렉산더 얀네우스의 동전인 프루타의 절반에 해당하는 가치를 지녔다.

21) 신약성경에 지옥으로 가장 많이 번역된 게헨나(γέεννα)는 12번이나 나타나는데 헬라어로는 게엔나로 발음해야 한다. 히브리어로 골짜기를 뜻하는 게(גי)와 인명인 힌놈(הנם)이 합성된 힌놈의 골짜기란 뜻의 지명이다(수 18:16). 12번 가운데 9번은 지옥이란 명사로, 3번은 형용사로 쓰였는데 한 번(약 3:6)을 제외하고는 모두 예수께서 친히 사용하신 특이한 표현이다.

나타나게 된다고 설명한다(고전 15:35-38). 이러한 설명을 통하여, 바울은 부활의 몸(σῶμα)이 과거의 육체와 어떻게 다른지를 분명히 한다.[22] 이러한 설명에 의하면, 부활의 몸은 과거의 육체와 본질적으로 다를 수밖에 없다. 곧 육체는 썩어질 수밖에 없지만, 부활의 몸(σῶμα)은 신령한 몸(σῶμα)으로 영원히 존재한다.

그러면 육체와 신령한 몸(σῶμα)의 차이가 과연 어떠한지 궁금해진다. 이에 관하여 바울은 고린도전서 15장 49절에서 "우리가 흙에 속한 자의 형상을 입은 것같이 또한 하늘에 속한 자의 형상을 입으리라"라고 말한다. 곧 육체는 땅의 모습을 하고 있지만, 부활의 몸(σῶμα)은 하늘의 형상을 입고 있다는 사실이다.

Q 12:22b

"그런즉 내가 너희에게 말한다. 너희의 생명을 위하여 너희는 무엇을 먹을까 몸을 위하여 너희는 무엇을 입을까 걱정하지 말아라."

인간은 육체로만 이루어진 존재가 아니다. 예수의 인간이해에 의하면, 인간은 생명(ψυχή)과 몸(σῶμα)을 위하여 걱정하면 안 되는 존재이다. 인간은 이미 신령한 세계와 연결이 되어 있는 영적인 존재이기 때문이다.

사도행전 1장 11절에 의하면, 예수께서 승천하실 때 "갈릴리 사람들아 어찌하여 서서 하늘을 쳐다보느냐 너희 가운데서 하늘로 올리신 이 예수께서는 하늘로 가심을 본 그대로 오시리라"라고 한다. 이는 일차적으로 예수의 재림도 승천과 유사한 형태로 오시리라는 것을 말씀하고 있지만(행 1:9-10), 예수께서 승천하실 때 그 몸(σῶμα)이 '하늘로 올린 것'이라는 점에서 분명히 다른 특징이 있다는 사실을 보여주고 있다.[23]

---

22) 고린도전서 15장 39-41절에 의하면, "육체는 다 같은 육체가 아니니 하나는 사람의 육체요 하나는 짐승의 육체요 하나는 새의 육체요 하나는 물고기의 육체라. 하늘에 속한 형체도 있고 땅에 속한 형체도 있으나 하늘에 속한 자의 영광이 따로 있고 땅에 속한 자의 영광이 따로 있으니 해의 영광도 다르며 달의 영광도 다르며 별의 영광도 다른데 별과 별의 영광이 다르도다"라고 말하였다.

에녹(창 5:21-24)과 엘리야(왕하 2:11)가 승천할 때, 예수와 마찬가지로 영광의 몸($\sigma\hat{\omega}\mu\alpha$)으로 변하였다. 장차 우리 믿는 자들도 이와 같이 영광의 몸($\sigma\hat{\omega}\mu\alpha$)으로 변할 것이다(고전 15:51). 유다서 1장 14-15절을 보면, 아담의 7대손 에녹이 메시아께서 사람들을 심판하기 위해 수많은 거룩한 사람들과 함께 오실 것에 대해 예언한다. 이는 인류 역사상 처음으로 죽음을 맛보지 않고 승천한 에녹이 예수 그리스도의 재림에 관한 예언을 한다는 점에서, 그의 위치가 얼마나 중요한지 보여준다. 이처럼 인간도 에녹과 엘리야와 예수처럼 신령한 몸($\sigma\hat{\omega}\mu\alpha$)으로 변화되어 그 생명($\psi\upsilon\chi\acute{\eta}$)이 영원히 보존될 것이다.

Q 12:23

"생명이 음식보다 또한 몸이 의복보다 더 귀하지 않으냐?"

예수와 Q 공동체의 하나님은 구체적인 삶의 한복판에서 미물인 까마귀를 돌보며 백합화를 입히기까지 사랑의 관심을 기울인다. 이러한 비유적인 표현은 "… 더 귀하지 아니하냐?"라는 수사적 질문으로 생명($\psi\upsilon\chi\acute{\eta}$)과 몸($\sigma\hat{\omega}\mu\alpha$)이 음식보다 의복보다 귀하다는 반어적인 결론을 이끌어가고 있다(Q 12:23, 24). 그리고 계속되는 구절들에서 유사한 형태의 수사적 질문들이 계속 이어지고 있다(Q 12:25, 26, 28, 29). 이런 수사학적 연속석상에서 몸($\sigma\hat{\omega}\mu\alpha$)과 생명($\psi\upsilon\chi\acute{\eta}$)이 한 쌍을 이루면서 나오는 구절들과는 달리, 다음과 같이 몸($\sigma\hat{\omega}\mu\alpha$)만 나오는 구절도 있다.

---

23) 이와 관련하여 바울은 빌립보서 3장 21절에서 "그[예수 그리스도]는 만물을 자기에게 복종하게 하실 수 있는 자의 역사로 우리의 낮은 몸을 자기 영광의 몸의 형체와 같이 변하게 하시리라"라고 하였다. 여기 '낮은 몸'이라는 표현은 지금 이 땅에 있는 육신을 가리킨다(참고, 고전 15:42-44; 고후 4:16-5:1). 그런데 바울은 십자가를 지신 예수께서 부활하심으로써 '영광의 몸'을 입게 되었다고 증언하면서 그를 믿는 성도들의 몸도 영광스럽게 변할 것이라고 하였다.

Q 11:34

"눈은 몸의 등불이다. 너의 눈이 성하면…, 너의 온몸이 밝다. 그러나 너의 눈이 악하면…, 너의 온몸이 어둡다."

이 단 한 개의 구절에서 몸(σῶμα)이 세 차례나 언급될 정도로 예수께서는 몸(σῶμα)을 유기체에 비유하신다. 이러한 비유를 통하여 예수께서는 눈이 몸(σῶμα)의 지체 중의 하나로 눈의 시력에 관해 말씀하신 것이 아니라, 눈이 성하고 악한 것에 따라 몸(σῶμα)이 밝고 어둡다는 공동체의 유기적 결합을 말씀하신 것이다.

이는 Q의 마지막 편집 배후에 있는 또 다른 오래된 수집물인 이른바 순회 선교사들을 위한 선교 지침(Mission Instructions; Q 10:2-16)을 통해 이루게 될 공동체를 염두에 둔 것이다. 예수께서 열둘 (또는 이른 둘) 앞에 서서 그러한 취지로 말했다고 감히 가정할 사람은 아무도 없을 것이다. 더구나 실질적인 선교 활동에 있어서 필요한 변화들에 맞추기 위해 선교 지침은 부단히 전승을 개정하고 최신의 것으로 바꾸었을 것이다. 그러나 그 선교 지침은 아주 초기부터 실질적으로 실행되었으며 또 의심할 여지 없이 이미 예수 자신이 본을 보여주었던 선교 활동에 대해 상당히 자세하고 비교적 분명한 모습을 제시한다. 따라서 만일 우리가 그 선교 지침의 가장 오래된 전승 층을 해석하기 위해 옛 말씀 수집물들을 이용한다면,[24] 우리는 갈릴리 선교에 있어서 구체적으로 일어나고 있던 일들을 이해하는 데 있어서 상당히 확고한 근거를 가지게 된다. 이처럼 어떤 점에 있어서는 Q의 본문이 이야기 복음서의 양식으로 다음과 같은 내

---

24) Lief E. Vaage, Galilean Upstarts. Jesus' First Followers According to Q (Valley Forge, PA.: Trinity Press International, 1994)의 기본적인 결점이 바로 Q 자체의 이러한 문맥을 간과한 점이다. James M. Robinson의 비판적인 서평, "Galilean Upstarts. A Sot's Cynical Disciples?," William L. Petersen, Johan S. Vos, and Henk J. de Jonge (eds.), Sayings of Jesus. Canonical and Non-Canonical. FS Tjitze Baarda. NTS 89 (Leiden, New York, and Köln: E.J. Brill, 1997), 223-249, 특히 243-49를 보라.

용을 포함해서 고쳐 쓰일 수 있을 것이다.

이 이야기의 복음서 양식에는 요한에 의해 세례를 받고(Q 3:21-22), 세상적인 실존을 되찾으려는 유혹을 거부한 후(Q 4:1-13), 예수께서는 고향인 나자라(Nazara; Q 4:16)로 돌아가며, 단지 자신의 과거와 단절할 만큼의 시간만을 가진 후 가버나움으로 옮겨가신다(Q 7:1). 곧바로 예수께서 나자라를 떠나신 후에 먼저 갈릴리 호수의 북쪽 끝에 있는 해수면보다 훨씬 낮은 가버나움은 그 뒤의 산속에 격리된 고라신과 동쪽으로 요단강 건너 빌립의 더 안전한 영토에 있는 벳새다를 포함하는 순회 구역을 위한 본부가 된다(Q 10:13-15).

그 순회 구역에서 예수께서는 무엇을 하시는가? 그는 어떤 인간적인 보호 수단도 없이 그냥 순회 선교의 사역을 시작하신다. 예수께는 식량을 넣을 여행용 자루도 없으며, 돈도 – 무일푼으로 – 전혀 없으며, 신발도 지팡이도 없고, 말 그대로 어떤 도움도 없는 무방비의 상태이다(Q 10:4). 종교사적인 관점에서 보면 이것은 정말 이해되지 않는 일이다. 그의 모습은 그의 선구자인 세례 요한의 옷차림도 아니고 견유학파의 복장도 아니다.[25]

그 후에 제자들인 순회 선교사들이 꾸린 행장을 보면, Q의 또 다른 옛 수집물들에 반영된 예수의 교훈에 연결지어 볼 때 이해가 된다. 즉 까마귀나 백합꽃이 걱정하지 않는 것처럼 순회 선교사들은 음식이나 옷이 아니라 한 몸 된 유기체와 같이 이루어져야 할 신앙 공동체에 대해 걱정하지 말아야 한다(Q 12:22b-30). 오히려 순회 선교사들은 전적으로 하나님의 지배에 순응하여야 한다(Q 12:31). 하나님께서 다스리시기를 기도하며, 따라서 양식 주실 것을 기도해야 한다(Q 11:2b-3). 순회 선교사들은 빵과 생선이 필요하다는 것을 아시고 그것들을 공급해 주시는 자비로우신 아버지로 하나님을 신뢰해야 한다(Q 11:9-10). 실제로 순회 선교사들은 하나님께서 빵과 생선 대신 돌이나 뱀을 주시지

---

25) James M. Robinson, "Building Blocks in the Social History of Q," Elizabeth A. Castelli and Hal Taussig (eds.), *Reimagining Christian Origins*. FS Burton L. Mack (Valley Forge, PA.: Trinity Press International, 1996), 87-112, 특히 87-90을 보라.

않고, 다른 경우와 마찬가지로 이 경우에도 사실상 자비로우신 아버지로서 다스리실 것을 신뢰한다(Q 11:11-13). 그것이 현실에서 믿을 만한 것으로 확인되려면, 철저한 신뢰에 대한 그러한 종류의 메시지는 대안으로서의 물질적인 보호 수단에 대한 그러한 종류의 철저한 포기를 요구한다.26)

순회 선교사들의 포기는 하나님의 통치에서 환대를 준비시키는 것으로 뒤이어진다. 그 환대는 문자 그대로 하나님의 선물로서 받아들여진 것이며, 세례 요한이나 그 당시의 다른 "성자들"이 행했던 것과 같은 음식에 대한 금욕주의적인 제한 없이 음식이 제공되는 대로 먹는다. 이러한 것은 여행용품을 전혀 가지고 다니지 않았던 것이 금욕주의적인 사상 때문이 아니라, 오히려 그러한 인간적인 필수품들을 하나님께서 제공해 주실 것을 전적으로 신뢰한다는 것을 명시적으로 문서로 만들었음을 분명히 보여주는 것이다. 다른 옛 수집물들이 분명히 보여주는 것처럼 그 집에서 제공되어 먹고 마신 음식은 실제로는 하나님께서 마치 까마귀들을 위해 그렇게 하시듯이 이미 사람들의 필요를 아시고 그것을 제공해 주신 것이기 때문이다. 그것은 돌이 아니라 일용할 양식을 주심으로써 하나님께서 다스리시기를 바라는 그러한 기도에 대한 응답이다.27)

---

26) 그 집의 한 명이 방랑하는 사역자(itinerant worker) 곧 순회 선교사가 되려는 결단은 쉽게 일어나는 것이 아니었을 것이다. 예수께서는 고향 나자렛을 떠났을 뿐만 아니라, Q에서는 그가 더 이상 자기 가족들과 어떤 관계도 갖고 있지 않은 과거의 '나자라 사람'일 뿐이었다. Q에는 심지어 가족 연분을 단절할 것을 명백히 요구하는 말씀들도 있다: 예수께서는 아들을 아버지로부터, 딸을 어머니로부터, 며느리를 시어머니로부터 갈라내려고 왔다(Q 12:53). 제자가 되기 위해서는 아버지나 어머니를, 아들이나 딸을 미워해야만 한다(Q 14:26). 자기 가족을 미워하고 원수들을 사랑하는 것보다 더 극단적인 것은 없을 것이다! 비록 이 "미워함"이 가족들보다 예수를 더 "사랑하는 것"으로 완곡하게 이해되었다 하더라도(마 10:37), 그것은 어떤 경우에서도 가족을 버리고 떠나는 것을 의미하며 집에서 자신의 책임을 포기하는 것을 의미하는 것이었다.

27) 그 집 자체에서 필요한 것들도 또한 이루어진다. 즉 병자들이 고침을 받는데, 이것이 바로 이번에는 하나님의 다스리심이 그들에게까지도 임했다는 것을 의미한다는 것이다(Q 10:9). 치유는 하나님의 손가락에 의해 행해지는데, 그 치유에 관여한 사람이 예수이든 또는 다른 어떤 사람이든지에 상관없이(Q 11:19), 그것은 바로 하나님의 다스리심인 것이다(Q 11:20). 사실 그것은 인간의 행위가 아니라 하나님의 행위로 이해되었다.

이러한 이해는 하나님의 통치가 지닌 "종말론적인" 차원을 배제하는 것이 아니다. 오히려 그것은 이미 하나님께서 다스리신다고 전하였던 자신의 메시지 안에서 예수께서 그리셨던 구체적인 현실에 대한 표현이다. 이처럼 Q는 예수께서 갈릴리에서 어떤 일을 행하신 것에 관련되어 있음을 분명히 보여준다. 즉, 그가 사실상 거기서 "공생애"를 가졌다는 것을 Q는 분명히 보여주고 있다.

위에서 언급한 몸(σῶμα)과 생명(ψυχή)이 한 쌍을 이루는 구절과 몸(σῶμα)만 나오는 구절과 달리, 생명(ψυχή)만 나오는 구절도 있다.

Q 17:33

"자기의 생명을 발견하는 사람은 그것을 잃을 것이요, 나를 위하여 자기의 생명을 잃는 사람은 그것을 찾을 것이다."

Q의 교훈은 결코 쉬운 것이 아니었다. '생명의 존엄성'[28]과 관련된 이 단락을 시작하면서 언급한 단지 몸(σῶμα)만을 죽일 수 있는 사람들을 두려워해서는 안 된다(Q 12:4). 오히려 자신의 생명(ψυχή)을 잃어야만 하며(Q 17:33), 정말로 자신의 십자가를 져야만 한다(Q 14:27). 이러한 Q 공동체의 고난에 참여하는 사람들은 거의 없었을 것이며(Q 10:2), 중도에 탈락하는 비율은 압도적이었을 것이다. 더구나 모세의 이혼 증서를 중시하는 당시 사회에서 이혼과 관련된 고난의 문제[29]를 벗어나서 율법과 무관하게 살려는 일은 전혀 쉽지 않다. 이러한 새로운 운동에서 소금이 그 맛을 잃게 되면 밖에 내버려진다는 것(Q 14:34-35)은 결코 놀랄 만한 일이 아니다.

Q 12:4에서 몸(σῶμα)을 죽이고 생명(ψυχή)을 죽이지 못하는 세상을 두려

---

28) 소기천, "예수말씀에 나타난 생명의 존엄성," 《한국개혁신학》 제7권(2000): 67-86을 보라.
29) 소기천, "이혼과 관련된 고난의 문제에 대한 개혁신앙적 이해에 관한 연구," 《한국개혁신학》 제44권(2014): 96-125.

위하지 말라고 권면하시면서 몸(σῶμα)과 생명(ψυχή)의 관계에 관한 가르침을 시작하신 예수께서는 Q 17:33에서 예수를 위하여 생명(ψυχή)을 잃는 자는 그 것을 찾게 될 것이라고 교훈하시므로 생명(ψυχή)의 궁극적인 가치를 말씀하시면서 끝을 맺으신다.

예수께서 십자가상에서 마지막으로 하신 "내 생명(ψυχή)을 아버지의 손에 부탁하나이다"라고 하신 말씀은 성도가 죽으면 그 생명(ψυχή)이 육체를 떠나 그 본래의 고향인 천국으로 가는 일반적인 현상과 근본적으로 다른 차원을 전제하고 있다. 수제자인 베드로는 베드로전서 3:19에서 예수께서는 '옥에 있는 영들', 곧 사람이 아니라, 창세기 6장에 등장하는 '하나님의 아들들', 즉 천사들이 사람의 딸들을 아내로 삼아 자식을 낳으므로 타락하여 옥에 갇히게 된 타락한 천사들에게 가신 것이라고 그 의미를 설명한다.[30] 이것은 로마 천주교에서 말하는 연옥이 아니다. 이러한 에녹서의 내용으로 보아 '옥에 있는 영들'이란 타락한 천사로 보아야 한다. 그렇다면 예수께서 이들에게 무엇을 전파하셨는가? 복음을 전파하신 것이 아니라, '그가 전파하셨다'라는 단어가 사용되기에, 예수께서 옥에 있는 영들에게 회개하여 영생을 주려는 구원의 목적을 가진 복음을 전파하기보다는 십자가 사건으로 사탄의 세력을 멸하셔서 얻게 된 영원한 승리를 전파하신 것이다(벧전 4:6). 악한 영들과 권세들이 주는 고난과 90년에 얌니아에서 발흥한 랍비 유대교에 대항하면서 박해의 어려움에 부닥쳐 있던 당시의 성도는 예수께서 십자가로 이루신 이 승리의 복음을 다시 한번 확인함으로써 상당한 위로와 용기를 얻었다. 예수 그리스도의 승리가 성도의 승리이기 때문이다. 승리하신 예수 그리스도에게 '천사들과 권세들과 능력들도 복종하기 때문이다'(벧전 3:22).

이렇게 예수께서 부활을 통하여 이루신 생명(ψυχή)의 부활은 Q 10:21에

---

30) 이러한 사실은 에녹서의 전승을 이해하면 더 잘 알 수 있다. 에녹서 6장에는 '천사들의 탐욕'이, 7장에는 '천사들의 타락'이, 12-13, 16장에는 타락한 천사들에 대한 형벌에 대한 선포가, 18, 21장에는 타락한 천사들이 형벌을 받는 옥에 대해서 언급되고 있다.

서 아버지이신 하늘과 땅의 하나님(πάτερ, κύριε τοῦ οὐρανοῦ καὶ τῆς γῆς)으로부터 오는 하나님의 나라와 그의 통치를 선취하신 종말론적인 구원사건이다. 이렇게 예수의 인간이해에서 몸(σῶμα)과 생명(ψυχή)에 관한 사상이 이전에 없었던 모습이라면, 다음에 논의할 마음(καρδία)도 Q 공동체가 전혀 예상하지 못했던 오직 예수께서만 주시는 새로운 가르침이다.

5. 마음(καρδία)

다음의 두 구절에서 예수께서는 선한 창고와 악한 창고 그리고 보물이 있는 곳을 비유적으로 가르치시면서 '마음(καρδία)에 가득 찬 것'(Q 6:45)과 '너희 마음(καρδία)도 거기 있을 것'(Q 12:34)에 관해 언급하신다. 이 말씀은 삶에서 우선적인 것이 무엇인지 일깨우는 가르침이다. 곧 예수께서는 인간에게서 그 마음(καρδία)에 생각하는 것보다 우선하는 다른 어떤 것이 없다는 가르침을 주시고자 한다.

> Q 6:45
> "선한 사람은 그 선한 창고에서 선한 것을 가져오지만, 악한 사람은 그 악한 창고에서 악한 것을 가져온다. 마음에 가득 찬 것으로부터 그의 입이 말하는 것이기 때문이다."
>
> Q 12:34
> "너의 보물이 있는 곳에 너의 마음도 거기에 있을 것이다."

예수의 가르침에서 마음(καρδία)은 인간에게 선한 것과 악한 것을 동시에 간직하고 있는 참으로 미묘한 것이라는 사실이 드러난다. 더구나 물질의 사용도 마음(καρδία)의 작용이라는 예수의 가르침은 아주 특징적이다.

성경에 나오는 인물 가운데 가장 주목받는 여인들 가운데 하나가 옥합을 깨뜨려서 예수의 머리에 향유를 부은 여인(막 14: 3-9)이다. 마가복음의 본문에서 이름도 밝혀지지 않은 채로 등장하는 그 여인은 '매우 값진 향유'를 주님께 드린다. 당시의 전통에 따르면, 주님께 드려진 향유는 그 여인이 결혼 지참금을 대신해서 평생 모은 아주 귀중한 보물과 같은 것이다.

사람들이 그 여인에게 눈총을 주면서 비판하고 있는 것이 이상에서 지적한 것과 같은 낭비가 아니냐? 하는 관점이다.[31] 자기의 임자가 아닌 사람에게 향유를 부었으니 낭비가 분명하다는 판단이 앞섰기 때문이다.[32] 그러나 바로 여기서 예수께서는 그 여인의 행동이 결코 낭비가 아니라는 새로운 판단을 내리고 계신다. 열 사람이면 열 사람 모두 향유를 낭비하였다고 판단할 만한 상황에서, 왜 예수는 여인이 그 향유를 낭비한 것이 아니라고 판단하였을까?

피오렌자가 여성 신학적 관점에서 쓴 책이 《저를 기념하리라》[33]인데, 바로 예수의 머리에 향유를 부은 저 여인을 기념하고 있는 책이다. 여성의 독창적인 관점에서 예수에게 향유를 부은 여인을 세밀하게 묘사해 주고 있는데, 특히 피오렌자가 강조하고 있는 부분은 저 여인이 '힘을 다하여 예수의 몸에 향

---

31) 상상해 보자. 장성한 처녀가 자신의 결혼을 위해서 준비한 예물을 청년 예수에게 드렸으니, 그 광경을 지켜보고 있었던 사람들의 반응이 어떠하였겠는가? 그 여인이 앞으로 예수와 결혼할 사이라면 충분히 이해할 수 있는 일이었지만, 상황은 전혀 그렇지 않았다. 그래서 어떤 사람들(여기서는 대제사장들과 서기관들이라고 추측할 수 있다. 참고, 막 14:1)이 분노하면서 다음과 같이 말하였다. "무슨 의사로 이 향유를 허비하였는가? 이 향유를 삼백 데나리온 이상에 팔아 가난한 자들에게 줄 수 있었겠도다"(막 14:4-5). 당시의 풍습으로 결혼 지참금으로 준비한 향유를 그 여인은 예수의 머리에 부었는데, 과연 그러한 행동이 경우에 맞는 일인가? 경우를 따지기 좋아하는 사람들이 볼 때, 그러한 행동은 분명히 잘못된 일이었다. 경우를 따질 정도의 차원이 아니라, 정숙한 여인으로서는 있을 수 없는 일이라고 판단하여 사람들은 "어찌 낭비하느냐?"라고 분노하기까지 하였다.

32) '삼백 데나리온'은 어느 정도의 가치일까? 당시의 일꾼이 하루 동안에 받는 품삯이 한 데나리온이었는데, 삼백 데나리온을 벌려면 적에도 일 년 동안은 단 한 푼도 쓰지 않고 꼬박 모아야 될 만한 거금이었다. 그 여인이 장성하여 돈을 벌기 시작한 시기를 고려하고 의식주 문제를 해결하면서 돈을 벌었다고 가정했을 때, 그만한 돈을 모으기가 전혀 쉽지 않았을 것이다. 아니면 그 여인이 몸을 팔아서 쉽게 번 돈이라 그렇게 한순간에 낭비할 수 있었겠는가? 만의 하나로 후자의 경우일지라도 당시의 사람들이 가난한 자들을 들먹거리면서 물질을 낭비하였다고 비판하고 있는 것이 사실이므로, 우리는 삼백 데나리온이 가난한 사람들이 결코 손에 쥐어 볼 수 없는 거금이라고 확신한다.

33) Elizabeth S. Fiorenza, *In Memory of Her: A Feminist Theological Reconstruction of Christian Origins* (New York: Crossroad, 1983). 그러나 피오렌자는 이 이야기의 주인공을 예수가 아니라, 향유를 부은 여인이라고 엉뚱하게 주장한다.

유를 부었다'(막 14: 8)라는 사실이다.[34] 예수께서는 여인이 행한 사랑의 행동을 인정해 주셨으며, 더 나아가서 '자신의 장례를 미리 준비한 것'(막 14: 8)이라고 높이 평가하시면서, '가난한 자들은 항상 주위에 있지만, 예수는 얼마 후에 십자가를 지게 될 것'(막 14:7)이라고 말씀하신다. 바로 아무도 이것을 깨닫지 못하고 있는데, 그 여인은 이 모든 것을 알고서 예수의 머리에 향유를 붓고 사랑의 마음을 주님께 드린다는 사실이다. 사랑은 이처럼 위대하다. 아무도 보지 못하는 것을 보는 힘이 사랑이다. 바로 예수께서는 이러한 사랑의 위대한 힘에 이끌리고 있는 저 여인을 기념하라고 다음과 같이 말씀하신다.

내가 진실로 너희에게 이르노니 온 천하에 어디서든지 복음이 전파되는 곳에는 이 여자의 행한 일도 말하여 저를 기념하리라(막 14:9)

이 얼마나 놀라운 평가인가! 아낌없이 향유를 부은 여인에게 마음(καρδία)이 움직이신 예수께서는 복음이 전파되는 곳에 저 여인의 행한 일도 전파하라고 말씀하신 것이다. 성경 어느 곳에 이처럼 인정을 받은 사람이 있는가! 백부장의 믿음도, 모세의 위대한 행적도, 욥의 고난도 우리가 다 알고 있지만, 저 여인과 같이 주님의 복음이 전파되는 곳에 그의 행동이 함께 전파될 것이라고 언급되지는 않았다.[35]

---

34) 모두들 향유를 낭비한다고만 생각하는 시점에서 그 여인인들 향유가 낭비되는 것을 미처 깨닫지 못했겠는가? 하는 문제이다. 그러나 여인은 예수 앞에 나아올 때 처음부터 그 행동이 달랐다. 무엇이 달랐는가? 다른 사람들과는 달리, 그 여인의 마음속에는 예수를 향한 뜨거운 사랑이 있었다. 사랑함 없이 하는 행동은 낭비일 수 있다. 그러나 사랑의 행동이 시작되었으면, 그러한 사랑의 행동에 대해서 낭비라는 우스운 잣대를 들이댈 수 없다.

35) 예수의 머리에 향유를 부은 여인은 주님의 사랑에 감격함으로 그의 발 앞에 무릎을 꿇었다. 그 여인이 예수에게 부은 향유는 물질적으로 아주 값진 것이었지만, 결코 낭비가 아니었다. 하나님의 사랑과 은혜에 보답하는 삶은 결코 물질을 낭비하는 것이 아니라, 오히려 온전한 물질로 주님을 기쁘시게 해드린다. 저 여인은 아무도 주님의 돌아가심을 깨닫지 못하고 있을 때, 예수의 몸에 향유를 부음으로써 그의 장례를 준비하였다. 마지막으로 주님의 몸에 드릴 수 있는 가장 귀한 것을 가지고 와서 저 여인은 예수에게 뜨거운 사랑으로 모든 것을 드렸다.

Q 12:45

"그러나 만일 저 종이 자신의 마음속으로 나의 주인이 지연된다고 말하면서, 그의 종들을 때리기 시작하고 먹고 마시고 술 취한다면."

불충한 종이 마음(καρδία)속에서 생각한 지연이란 단어는 Q에서 여기 12:45가 유일하게 사용되고 있다. 후에 이 단어는 재림지연을 초래한 초기 그리스도교 공동체에게 하나님의 통치에 관한 종말론 형성에 지대한 영향을 주게 된다.

Q의 종말론은 예수의 재림이 지연됨으로써 새로운 국면을 맞이하게 된다.[36] Q 12:39-40, 42-46과 Q 17:23-24,[37] 37, 26-27, 30, 34-35은 Q 공동체의 강력한 종말론적 신앙을 증언해 주고 있다.[38] 많은 학자가 이 구절들에 대해서 Q의 임박한 종말론이 아니라, 재림지연 사상에 대해서 말해 주고 있다고 주장하지만,[39] 우리는 Q 공동체가 경험하는 모든 임박한 종말론적 사건들에도 불구하고 재림이 지연되는 상황 속에서 이 구절들을 재해석하는 것이 좋을

우리가 주님 앞에 나아가면서, 가장 귀한 것을 드리지 못할 때가 얼마나 많은가! 대충 형식적인 경건의 모양만을 갖추고서 주님께 적은 헌금을 드리고 있지는 않은가! 저 여인을 '힘을 다하여서' 주님에게 향유를 부었는데, 우리의 가치관은 너무나도 주님에게 인색하지는 않은가! 사도 바울은 '죄가 더한 곳에 은혜가 넘쳤다'(롬 5:20)라고 고백하였다. 우리에게 죄 용서함의 은혜가 넘칠 때 더욱더 그 사랑에 감격하는 삶을 살게 될 것이다.

물질이 내 손안에 쥐어져 있을 때, 그것은 그 누구의 것도 아니다. 만일 내 손안에 있는 물질을 어떤 도둑이 훔쳐 간다면, 그 물질을 어디에서 다시 찾겠는가? 그러므로 물질이 내 손안에 있을 때, 그것을 보람 있는 곳에 사용해야 한다. 내가 물질을 올바르게 사용할 때, 비로소 물질은 내 것이다. 더욱이 하나님의 선한 청지기로서 물질을 보람 있게 사용할 때, 하나님의 나라가 이 땅에 확장되는 데 큰 보탬이 된다. 그래서 우리 주님도 '보물이 있는 곳에 마음이 있다'라고 말씀하시었다.

36) Q의 종말론은 마지막 때에 대한 임박한 기대감에서 출발하였지만, 시간이 지나면서 재림의 지연상황 속에서 새로운 전기를 맞이하면서 지연된 재림을 준비해야 할 것을 가르치게 된다.

37) 여기서 언급하고 있는 인자의 날은 묵시문학적인 종말론의 틀 속에서 이해해서는 안 된다. 왜냐하면 묵시문학적 종말론은 역사와의 단절 속에서 역사를 초월하는 종말을 기대하였기 때문이다. 오히려 노아의 날은 하나님의 종말론적인 사건으로 역사 속에서 일어난 심판이었던 것을 중시하여, 인자의 날도 역사의 마지막에 일어날 종말론적인 사건으로 이해하는 것이 바람직하다.

38) Christopher M. Tuckett, *Q and the History of Early Christianity: Studies on Q* (Edinburgh: T & T Clark, 1996), 155-160. 자세한 정보를 위해서, Joachim Jeremias, *The Parables of Jesus*, trans. S. H. Hooke (London: SCM Press, 1963), 48 이하를 참고하라.

것 같다.[40) 재림지연 속에서도 인자가 갑자기 예기치 않은 때에 올 것이라고 말하는 점에서 이 두 구절은 공통점이 많다(Q 12:40; 17:24, 26, 30). 그러므로 호프만은 재림지연(Parusieverzögerung)과 임박한 기대(Naherwartung) 사이의 긴밀한 연결점에 대해서 자주 설명하였다.[41)

Q에 있어서 직접적으로 재림지연의 상황을 나타내는 단어로 우리는 Q 12:45의 "χρονίζω"[42)를 거론할 수 있다. 신실한 종과 불충한 종의 비유를 통해서 예수께서는 "내 주인이 지연된다."[43)라고 마음(καρδία)속으로 생각한 불충한 종이 동료 종들을 때리고 먹고 마시고 술에 취한다고 말씀하신다. 이러한 불충한 종의 모습은 인자의 재림을 마음(καρδία)속으로 준비하지 않는 "이 세대" 사람들에 비유된다. Q에 있어서 단 한 번의 지연이란 단어의 사용은 주인의 오심에 대한 모든 희망을 마음(καρδία)속에서 완전히 내어버린 것과 같이 행동하는 불충한 종의 모습에서 그 의미가 분명하게 드러난다.[44) 재림지연은 단순히 지연만을 의미하는 것이 아니라, 마음(καρδία)속에서 모든 희망의 포기를 의미하는 중대한 사건이다. 그래서 예수의 비유는 희망을 저버리지 말고 주인의 오심을 지혜롭게 준비해야 할 것을 계속해서 촉구하고 있다(Q 12:46). 클로펜보그[45)는 Q 12:45의 "내 주인이 지연된다"라는 것을 인자 재림의 날에 대한 지연을 암시하는 것으로 보아야 한다고 제안하고 있다. 그러므로 Q 문서는

39) Dieter Lührmann, *Die Redaktion der Logienquelle*. WMANT 33 (Neukirchen-Vluyn: Neukirchener, 1969), 69-71; S. Schulz, *Q: Die Spruchquelle der Evangelisten* (Zürich: Theologischer Verlag, 1971), 50, 268-322; D. Catchpole, *The Quest for Q* (Edinburgh: T & T Clark, 1993), 214-217.

40) Paul Hoffmann, *Die Studien zur Theologie der Logienquelle*. Neutestamentliche Abhandlungen 8 (Münster: Aschendorff, 1972), 37-50; Christopher M. Tuckett, Q, 156.

41) 위의 책, 13-50.

42) 이 단어는 LXX 구약성경에서 출애굽기 32:1에 제일 먼저 사용되고 있다. 거기서 이스라엘 민족은 모세가 시내 산에서 내려오는 일이 지연되자 그것을 참지 못하고 금송아지 우상을 만들어서 섬기는 가증한 일을 행한다. 출애굽기 32:1과 마찬가지로, 신명기 23:21과 하박국 2:3, 그리고 토빗서 10:4에도 같은 단어가 사용되고 있다. 하박국 2:3은 신약성경 히브리서 10:37에서 다시 사용되고 있다.

43) 지연이란 단어는 Q에서 이 구절이 유일하게 사용되고 있다. 후에 이 단어는 재림지연을 초래한 초기 그리스도교 공동체의 종말론 형성에 지대한 영향을 주게 된다.

44) Catchpole, *The Quest for Q*, 215-216.

종의 주인이 예기치 않은 날에 오는 것처럼(Q 12:46), 인자도 예기치 않은 때에 온다(Q 12:40)는 상호 유비 속에서 이야기가 극적으로 전개된다.

재림지연 의식은 Q 공동체의 종말론에서 가장 기본적인 모티브로서 자리매김하고 있다.[46] 학자들은 Q 17:26-27의 노아의 날을 누가 17:28-29의 롯의 날에 종종 비교하면서, 마치 쌍둥이 구절들처럼 하나님 심판의 예화로 사용하곤 하였다.[47] 그러나 Q 본문의 복원에 있어서 누가 17:28-29은 제외되었고, 그 대신에 Q 17:26-27의 노아의 날은 인자의 날의 상징성 속에서 이해되고 있다. 물론, Q 17:26-27에서 재림의 지연을 나타내는 단어가 사용되고 있지 않다. 그러나 노아의 날에 사람들이 먹고 마시고[48] 결혼하고 향락에 취하여 지냈는데, 이는 Q 12:45에서 불충한 종이 인자의 날을 모르고서 방탕하게 지냈던 것과 그 모티브에 있어서 똑같다. 두 구절에서 인자의 날과 노아의 날은 임박한 종말론을 모티브로 가지고 있는데, 이는 지금 당장에 심판이 일어나지를 않고 얼마 동안 그 심판이 지연되고 있다는 사실을 전제하고 있으므로, 두 구절 모두 재림지연 의식을 기본 모티브로 가지고 있다고 보아야 할 것이다. 그러므로 Q 17:26은 노아의 날이 그랬던 것처럼, 인자의 날도 그럴 것이라고 말하는데, 이는 인자의 재림이 지금은 지연되고 있지만 예기치 않은 때에 반드시 올 것이라는 Q 12:40, 46의 말씀을 상기하고 있는 것이 분명하다. 그러므로 인자의 재림은 도둑이 오는 것(Q 12:39)과 홍수가 임하는 것(Q 17:27)에 비교되고 있다.[49]

Q 19:12-26에서 예수께서는 달란트(므나)[50]의 비유를 통해서 주인의 옴에 대해서 언급하시는데(Q 19:15, 23), 여기서 주인의 옴은 인자의 재림에 연결

45) John S. Kloppenborg, "Jesus and the Parables of Jesus in Q," *The Gospels Behind the Gospels: Current Studies on Q*, ed. Ronald A. Piper (Leiden: E. J. Brill, 1995), 293.

46) Paul Hoffmann, *Die Studien zur Theologie der Logienquelle*, 44-45.

47) Dieter Lührmann, *Die Redaktion der Logienquelle*. WMANT 33, 75-83; D. Catchpole, *The Quest for Q*, 248.

48) 먹고 마시는 것은 Q에서 대체로 부정적인 이미지를 가지고 있다(Q 7:33-34; 12:45; 13:26; 17:27).

49) Paul Hoffmann, *Die Studien zur Theologie der Logienquelle*, 47.

될 수 있다. 그렇다면 예수께서는 비유를 말씀하시면서 종들의 예기치 않은 상황을 전제하고 계시다고 볼 수 있다. 호프만은 Q의 편집에 있어서 달란트의 비유는 세 가지, 즉 임박한 기대, 심판, 심판주의 순환 모티브에 의해 구성된 것이라고 제안하였다.[51] 임박한 기대는 비유의 청중인 Q 공동체가 예수를 따르는 생활에 있어서 마음(καρδία)속에서 각성을 불러일으키며, 예기치 않은 때에 심판주로서 주인이 옴으로 인해서 종들은 각기 수고한 대로 심판을 받게 될 것이므로 철저한 준비를 하도록 하였다.

Q에 있어서 인자의 날은 인자이신 예수께서 오시는 재림의 날을 가리키는데, 재림에 대한 임박한 기대를 가졌던 Q 공동체가 재림지연이라는 새로운 상황을 희망과 위로 속에서 기다리며 그 날이 갑자기 임할 것에 대비하여 지혜롭게 마음(καρδία)속에서 준비하고 있는 모습은 후에 마태 공동체와 누가 공동체에게 커다란 영향을 미치게 되었다.[52] 마태 24:36-44//누가 12:35-40; 마태 24:45-51//누가 12:42-46; 마태 25:14-30//누가 19:12-27은 Q에 나타난 재림지연의 모티브를 가지고, 자신들의 공동체를 향하여 예기치 않은 때에 임하게 될 주의 재림에 대비해야 할 것을 가르치고 있다. 뤼어만은 마태 25:1-13//누가12:35-38; 마태 7:13-14, 22-23; 25:31-46//누가 13:24-27은 모두 Q 문서로 되돌려질 수 있는 구절들로서, 재림지연의 의미 속에서 Q의 종말론에 대한 해석을 제시해 주고 있다고 평가하였다.[53] 이런 점에서, 마태 24:27, 37, 38-39//누가 17:24, 26-27, 30은 모두 재림지연의 상황에도 불구하고 마음(καρδία)속으로 철저한 준비를 해야 할 것을 가르치고 있다.[54] Q 12:39-46은 누

---

50) 원래 예수께서 달란트를 가지고 비유를 말씀하셨는지 아니면 므나를 가지고 말씀하셨는지는 결정하기가 어렵다. Q의 복원에 있어서 이 구절의 "달란트" 대신에 "므나"를 삽입할 수 있다. 한 가지 분명한 것은 어떤 사람이 여행을 떠나면서, 현금을 그 종들에게 맡기고 갔다는 사실을 예수의 비유는 말하고 있다.

51) 위의 책, 42.

52) E. Grässer, *Das Problem der Parusieverzögerung in den synoptischen Evangelien und in der Apostelgeschichte.* BZNW 22 (Berlin: de Gruyter, 1969), 218-220, 268-322; Paul Hoffmann, *Die Studien zur Theologie der Logienquelle,* 43.

53) Dieter Lührmann, *Die Redaktion der Logienquelle,* 69-71.

가 12:35-48의 종말론적 담론의 기초자료가 되고 있으며,[55] Q 17:23-24, 37, 26-27, 30, 34-35은 누가 17:20-18:8의 종말론적 주제 가운데 가장 핵심적인 내용을 담고 있는 22-37의 기초자료가 되고 있다.[56]

6. 결론

예수말씀 복음서 Q에 나타난 하나님의 지혜는 "지혜 있는 자들과 슬기로운 자들"(Q 10:21)에게서 숨겨져 있으므로, 그리스도인은 비록 부정적인 언급이지만 세리(Q 6:32)와 달라야 하고 더더욱 이방인들(Q 6:34)과도 달라야 한다. 예수께서 하나님을 아버지로 부르시는 것(Q 10:21-22; 11:2, 13; 12:30)은 예수의 발언 가운데 가장 혁신적인 것이다. 여기서 이방인에 관한 독특한 언급이 시선을 끈다.[57]

유대인을 칭찬하시는 것이 예수의 관점인가? 아니다. 예수말씀 복음서 Q는 메시아를 대망해 왔던 이스라엘의 자존심도 인정하지 않는다. Q 7:22에서 예수께서는 구약성경의 인용을 통하여, 예수의 복음이 지니는 종말론적 사건에 대해서 말씀하신다. 인자로 오신 예수께서는 '나 때문에 걸려 넘어지지 않는 자'(ὃς ἐὰν μὴ σκανδαλισθῇ ἐν ἐμοί)가 복되다고 선언하신다(Q 7:23). 이 세대는 일차적으로 불순종한 이스라엘 혹은 유대인들을 가리킨다. 그러나 이 세대는 광

---

54) 위의 책, 75, 86-89. 그는 Q에 있어서 임박한 기대에도 불구하고 재림지연의 상황이 대략 50년과 60년 사이에 있었던 일이라고 추정한다.

55) John T. Carroll, *Response to the End of History: Eschatology and Situation in Luke-Acts*. SBL Dissertation Series 92 (Atlanta: Scholars Press, 1988), 53-60.

56) 위의 책, 71-96; R. Schnackenburg, "Der eschatologische Abschnitt Lk 17, 20-37," *Mélanges Bibliques*, ed. A. Descamps (Gembloux: Duculot, 1970), 213-134.

57) 일반적으로 Q에서 이방인들이 긍정적인 관점에서 소개되고 있는 것과는 달리, Q 12:29-30에서는 이방인들이 부정적인 관점에서 말해지고 있다. 이방인들이 찾고 있는 것들(Q 12:29)은 이미 하나님 아버지가 예수의 제자에게도 필요한 것들인 줄로 다 알고 있다고 말함으로써, 신앙의 우선순위를 먼저 찾을 것을 강하게 권면하고 있다. Q에서는 이방인 선교를 전제하고 있지 않지만, 이방인들이 종말론적 관점에서 이미 구원의 자리에 들어와 있는 것은 확인하고 있다. 참고, Ky-Chun So, *Jesus in Q*, 126.

범위하게 세상 일반, 즉 이스라엘과 예수의 제자 공동체 모두 그리고 이방인을 포함한 모든 사람을 가르친다고 볼 수 있다. 그러므로 이 세대의 모든 사람은 예수말씀을 들어야 하는 청중이 되는 셈이다.

더구나 Q에서 무리까지도 분명히 비판의 대상이다. 이러한 관점은 누가복음에서 무리를 일반 이스라엘 백성으로 묘사하며, 그들이 하나님의 구원을 바라보며 메시아를 기다렸던 것과는 다른 모습이다(누가 1:10, 17, 68, 77; 2:10, 31, 32; 3:10, 15, 18). 그러면 예수말씀 복음서 Q에서 어느 공동체가 예수에게 인정받는가?

본 장은 이렇게 아브라함의 자손(τέκνα τῷ ᾿Αβραάμ)과 빚진 사람들(ὀφείλέται)이란 의식을 가지고 몸(σῶμα)과 생명(ψυχή)과 마음(καρδία)을 주관하시는 하나님께 전적으로 헌신한 순회 선교사들로서 재림이 지연된 상황에서 오직 선교 공동체로서 하나님의 나라만을 위해 헌신한 공동체가 바로 Q 공동체인 초기 그리스도인들이었다는 사실을 연구하기 위하여 다음과 같은 내용들을 예수의 신학적 인간이해에서 찾아보고자 하였다.

첫째, 예수께서는 하나님을 아버지로 부름으로써 아버지와 자신 사이의 친밀한 관계를 우리에게 보여주셨다. 그런데 여기서 예수께서는 원수 사랑의 가르침을 토대로 해서, 우리가 하나님의 사랑을 실천하게 될 때, 단순히 아브라함의 자손(τέκνα τῷ ᾿Αβραάμ)이란 의식을 넘어서 하나님의 자녀가 될 수 있다고 가르치심으로써, 예수와 하나님 사이의 친밀성을 기초로 예수의 제자들도 하나님과의 친밀한 관계를 갖게 되었다는 사실을 일깨워 주고 계시다. 여기서 부성(父性)의 신학(the theology of the fatherhood)이 커다란 지위를 얻게 된다. 예수께서는 그 제자들에게 아버지로서의 하나님을 가르쳐주셨는데, 이것은 이스라엘의 가부장적인 전통과 맞물려서 초기 그리스도교의 부성의 신학을 형성하는 데 중요한 역할을 하게 된다.

둘째, 예수께서는 돌보시는 하늘의 아버지께서, "우리가 또한 우리에게 빚진 사람들(ὀφείλέται)의 빚을 용서해 준 것처럼, 우리의 빚들을 용서해 주실 것"으로 기대하셨다(Q 11:4). Q 공동체의 구성원들은 그들이 하나님으로부터 매일매일의 용서를 기대하는 것처럼 날마다 다른 사람들을 용서하도록 요구받는다. "만일 하루에 일곱 번 [너의 형제가] 너에게 죄를 지으면, 너도 또한 일곱 번 그를 용서하여야 한다"(Q 17:4).

셋째, 빚진 사람들은 몸(σῶμα)을 죽이고 생명(ψυχή)을 죽이지 못하는 자들을 두려워하지 않고 오직 생명(ψυχή)을 구원하신 하나님을 비록 지연되었을지라도, 마음(καρδία)으로 재림신앙을 굳게 믿고 나아가는 사람들이기에 자기들이 받은바 은혜를 세상에 전하는 평화의 순회 선교사들로 나서게 된다. 선교 지침의 경우에 있어서, 그 지역의 회당(그 당시에 갈릴리에는 건물로서의 회당은 존재하지 않았던 것 같다)에 가야 한다고 예수께서 주장하시지도 않았고, 산 위에서나 평지에서 또는 호숫가에서 무리에게 말씀을 전하시지도 않았다는 것이 잘 드러난다. 오히려 선교 지침은 집들을 향하고 있다(Q 10:5, 7). 그들은 이 밭에서 저 밭으로, 이 마을에서 저 마을로, 이 집에서 저 집으로 걸어 다녔으며, 그 집의 문을 두드려 자신들이 온 것을 알렸다. 집안으로 받아들여질 수 있기 위해 그들은 "샬롬!" 하고 소리쳤다(Q 10:5b). 만일 그 집의 가장에 의해 받아들여져 통상적인 환대가 제공된다면, 그들은 그를 "평화의 아들"이라고 명명하였다(Q 10:6a). 첫인사의 샬롬에서 "수행적인 언어(performative language)"로서 하나님의 평화가 수여되었기 때문이다.[58] 만일 문에서 거절당하면 하나님의 평화는 예수나 그의 제자들과 함께 떠날 것이며(Q 10:6b), 그들이 문을 두드리게 될 다음 집에 다시 권할 것이다. 그러나 그들을 받아들인 집에서 행해지는 일들은 하나님의 통치로 이해되었다. 이것은 사실 그 집에 있는 동안 집주인에게 명백하게 말해졌다. 즉 "하나님의 나라가 너희에게 임하였다"(Q 10:9b).

---

58) James M. Robinson, "From Safe House to house Church. From Q to Matthew," Michael Becker and Wolfgang Fenske (eds.), *Das Ende der Tage und die Gegenwart des Heils. Begegnungen mit dem Neuen Testament und seiner Umwelt*. FS Heinz-Wolfgang Kuhn. AGJU 44 (Leiden: E. J. Brill, 1999), 183-199를 보라.

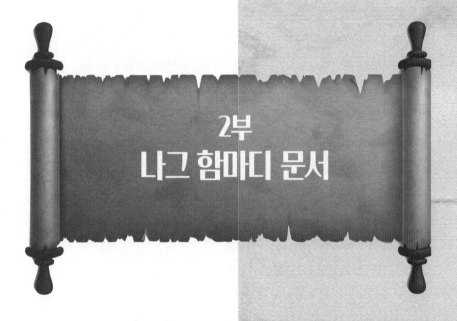

2부
나그 함마디 문서

I. 나그 함마디 문서,
영지주의인가 비영지주의인가[1]

　　20세기 고고학적 발굴의 백미인 나그 함마디 문서는 1945년 12월 이집트 나일강 유역의 나그 함마디에서 발굴되었다. 1947년부터 1956년까지 9년에 걸쳐 이스라엘 사해 북단에서 발굴된 쿰란 공동체의 사해문서와 비교할 때, 히브리어로 기록된 사해문서와는 달리 나그 함마디 문서는 고대이집트어의 일종인 콥트어로 기록되어 있어 해독과 연구가 지체되었다. 이는 1500년 동안 아랍 세계의 지배를 받아 언어를 잃어버린 이집트의 불행한 역사의 단면이기도 하다.

　　한국에는 감신대 학장을 지낸 고 김용옥이 시리아 역본인 도마 복음서를 연구하여 박사학위를 받았다. 동방정교회의 영지주의적 색채로 가미된 그 문서에 관한 그의 연구는 학문적 가치가 있지만, 나그 함마디 문서가 콥트어로 기록되었다는 것을 아직 알지 못하고 연구한 것이라고 평가할 수 있다. 도올 김용옥은 《절차탁마 대기만성》이라는 책에서 나그 함마디 문서를 언급했으며, 이후 《도올의 도마복음 한글역주》라는 제목의 시리즈를 출간한 바 있지만, 콥트어를 전문적으로 다룬 것이 아니기에 학문적으로 미흡하다는 아쉬움

---

1) 이 장은 "나그 함마디 문서, 영지주의인가 비영지주의인가," 《기독교사상》 통권 764호(2022년 8월호): 209-214에 실은 것을 수정 보완한 것이다.

이 있다.

한국인 학자로 본격적으로 나그 함마디 문서를 학문적인 토대 위에 세운 사람은 프랑스에서 활동하다가 잠시 한국에서 대한성서공회를 중심으로 활동한 고 이수민이다. 그는 콥트어 문법을 후진들에게 가르치고 나그 함마디 문서와 관련된 여러 학문적인 글을 남겼다. 이수민 이후에 콥트어를 본격적으로 공부하고 나그 함마디 문서에 관한 학문적인 연구를 계속 이어가는 학자는 제임스 M. 로빈슨의 제자로 미국 클레어몬트에서 귀국한 필자와, 한스 마틴 쉔커의 제자로 독일 훔볼트에서 귀국한 유병우가 있다.

그동안 나그 함마디 문서 중 일부분은 이상근, 송혜경, 마들렌 스코펠로, 일레인 페이절스 등의 번역물을 통해 한국에 소개되었다. 과거 '이서하'라는 필명으로 온라인상에 번역물이 떠돌기도 했는데, 그것은 이규호의 번역이었다. 2002년에 마무리된 이규호의 번역은 작년에 그가 세상을 떠난 후 출판 작업이 진행되어 2022년에 정식으로 출간되었다. 20년 만이다.

1. 이규호의 《나그 함마디 문서》

이 책은 콥트어에서 직접 번역하지 않고 주로 제임스 M. 로빈슨의 영역본(1981년판)을 저본으로 삼아 중역했다는 한계를 가지고 있다. 그런데도 최초로 나그 함마디 문서를 한국어로 번역한 책이라는 의의는 끊임없이 회자할 것이다.

이 책은 48개의 나그 함마디 문서를 소개하고 있는데, 실제로 1945년에 발굴된 나그 함마디 문서는 59개라는 점에서 의문이 제기된다. 무엇을 제외한 것일까? 바로 59개의 문서 중에서 중복되는 문서이다. 복본을 가진 문서는 〈진리의 복음서〉, 〈요한의 비사〉, 〈세계의 기원에 대하여〉, 〈이집트 복음서〉, 〈축복받은 자 유그노스토스〉, 〈구세주의 대화〉 등 여섯 가지이다. 특히 〈요한의 비사〉는 복본이 3개나 되기에 초기 기독교에서 아주 인기 있던 문헌이었음을 짐작할 수 있다.

사실 위에 열거한 복본들은 실제로 비교할 때 완전히 같은 내용은 아니다. 복본이 가장 많은 〈요한의 비사〉는 콥트어 본문 자체가 다르다. 결국 이규호의 《나그 함마디 문서》에는 조금씩 다른 복본의 차이가 반영되지 않았다는 점이 아쉽다. 이러한 사실을 알고 있던 필자의 제자인 고 송윤숙 목사는 장신대 박사과정 재학 중 남편의 안식년을 맞아 영국 케임브리지에서 〈요한의 비사〉를 〈진리의 복음서〉과 비교하는 연구를 진행하면서 영어책 출판을 준비했으나, 지병으로 인해 너무나도 이른 나이에 하나님의 부르심을 받기도 하였다.

2. 나그 함마디 문서 발견 77년

나그 함마디 문서의 발견은 1947년 사해문서의 발견과 더불어 20세기의 고고학적 발견의 업적들 가운데 가장 큰 것으로 뽑힌다. 그 이유는 나그 함마디 문서가 영지주의와 비영지주의, 초기 기독교와의 관계 등을 밝히는 데 커다란 공헌을 하고 있기 때문이다. 나그 함마디 문서에는 몇 가지 세속적인 문헌들을 제외하고 대부분 기독교 문헌들이 포함되어 있는데, 비록 정통적인 신앙에 완벽하게 부합되지 않는다 해도 결코 이단적인 문헌들은 아니라고 평가를 받을 만큼 신약학 연구의 중요한 자료로 점차 부각되고 있다.

나그 함마디 문서는 콥트 박물관을 방문한 프랑스의 콥트학자 장 도레스의 주목을 받아 처음부터 오직 영지주의 관점에서만 본격적으로 연구되기 시작했다. 그러나 제임스 M. 로빈슨은 다른 관점에서 나그 함마디 문서를 보았다. 나그 함마디 문서가 영지주의와 관련하여 신약학 분야에서 아주 특별한 의미가 있다는 견지에서 이 문서의 발견이 지닌 위대함에 대해 말해 달라고 요청받을 때마다, 그는 이 문서의 위대함은 단지 영지주의나 신약성경에 관한 특별한 논쟁에만 제한된 것이 아니라, 오히려 인문학적 지식의 보고라는 사회학적인 견지에서, 그리고 더 나아가 비영지주의 관점에서 더욱더 연구할 가치가 있다고 대답했다. 그리하여 지금까지 제임스 M. 로빈슨을 중심으로 나그함마디 문서와 비영지주의에 관한 연구가 지속되어 왔다. 제임스 M. 로빈슨은 이런 제안을 한 가장 대표적인 학자로, 두 권으로 이루어진 책 *The Nag Hammadi Story*2)(나그 함마디 이야기)를 펴내기도 했다.

사실 나그 함마디 문서의 번역과 출판은 수많은 학문적, 정치적인 논쟁과 맞물려 있었다. 이집트의 격변기에 서양 학자들의 추방으로 이어졌고, 문서의 발견은 본격적인 연구로 이어지지 못하고 흐지부지되었다. 하지만 〈진리의 복음서〉가 이집트 밖으로 반출되고, 카를 융의 친구이자 영지주의 전문가인 퀴스펠이 한 서점에서 우연히 그 사본을 발견했다. 융의 동료들은 돈을 모아 그 사본을 사들여 여든 번째 생일을 맞은 융에게 선물했다. 크게 감동한 취리히의 영지주의 대가 융은 문서의 나머지 부분의 번역과 출간에 매우 큰 관심을 보였다. 이렇게 나그 함마디 문헌 전체가 영지주의적 성격을 띤다고 주장한 학자들이 제일 먼저 이 필사본에 접근하게 되었다. 그들은 이미 위에서 언급한 프랑스 국립과학연구원의 장 도레스, 프랑스 대학의 앙리 샤를 푸에쉬, 네덜란드 우트레히트 대학의 퀴스펠 등이다.

그 후 유네스코위원회의 유일한 미국인 위원이자 클레어몬트 대학의 고대 및 그리스도교 연구소의 소장이었던 제임스 M. 로빈슨은 나그 함마디 문서의 사본을 복사하고 번역하기 위해 국제적인 연구반을 구성했다. 제임스 M. 로빈슨과 그의 연구원들은 전 세계 학자들에게 이 자료를 보내서 많은 사람이 연구에 참여하게 함으로써 그 문서들을 독점하려는 시도를 약화시켰다. 나그 함마디 문서 전체를 학문적으로 공유하고자 한 공동체는 1970년에 이르러서야 비로소 만들어진 것이다. 제임스 M. 로빈슨은 나그 함마디 사진판을 우선 발간하였고, 1977년에 당시 샌프란시스코에 있던 포트리스 출판사를 통해 최초의 영문판 나그 함마디 문서를 출간하였다. 계속해서 1977년의 스톡홀름에

---

2) James M. Robinson, *The Nag Hammadi Story, 2 vols* (Leiden: Brill, 2014).

서 열린 국제콜로키움, 1978년의 예일 컨퍼런스, 퀘백 컨퍼런스, 그리고 1983년의 스프링필드 세미나 등을 통해서 나그 함마디 문서가 본격적으로 연구되기 시작하였고, 파리 세미나와 독일 세미나를 거쳐 현재 국제성서학회의 나그 함마디와 영지주의 분과로 발전하였다. 나그 함마디 문서는 지금도 매년 정기 연례회의로 모여 활발히 연구되고 있다.

3. 결론

이런 기념비적인 프로젝트에 힘입어 번역된 나그 함마디 문서는 영지주의적인 성격을 보이는 것을 넘어서 다음과 같이 네 종류의 문서 그룹으로 나뉜다. 첫째는 기독교적 문서라기보다는 유대교적 성격이 강한 문서들이다(〈세트의 세 가지 석판들〉, 〈노레아의 명상〉, 〈마사네스〉, 〈이방인〉). 둘째는 기독교적인 삽입구가 포함된 문서들이다(〈아담의 묵시록〉, 〈조스트리아노스〉). 셋째는 제목에만 기독교적 성격이 드러나는 문서들이다(〈이집트인들의 복음〉, 〈세 개의 신적 첫 명상〉). 넷째는 유대교와 기독교적인 외경의 내용에 기초한 문서들이다. 〈요한의 비사〉는 에녹 1서에 기초하고, 〈아담의 묵시록〉은 아담과 이브의 이야기에, 〈조스트리아노스〉는 에녹 2서에 의존한다.

이규호는 나그 함마디 문서를 영지주의 문서로 간주하여 영지주의 세계관에 대해 몇 가지를 역자 후기로 언급했다. 마찬가지로 초기 프랑스와 독일의 학자들도 나그 함마디 문서를 영지주의 문서로 간주했다. 다시 말해서 처음 나그 함마디 문서가 발견되었을 때, 학계에서는 단지 지금까지 알고 있었던 영지주의를 재발견하게 해주는 것으로 치부했을 뿐이었다. 그러나 최근 학계에서는 나그 함마디 문서가 비영지주의 문서라는 새로운 제안을 하고 있다. 이렇게 연구가 구체화하면서 나그 함마디 문서는 비영지주의 문서에 관한 연구 및 역사적 예수 연구의 폭을 더욱 넓혀 주고 있다.

학자들은 나그 함마디에서 발견된 다양한 문서를 영지주의라는 획일적인 개념으로 일반화하는 경향이 있다. 그러나 나그 함마디 문서는 아직 교회가 제도화되기 이전에 기록된 것들이다. 따라서 이 문헌을 기록한 공동체는 정통이 될 수도 있고, 이단이 될 수도 있는 기로에 서 있었다. 이러한 배경을 이해하지 못하고 나그 함마디 문서를 그저 영지주의 문서로만 규정한다면, 영지주의에 대한 왜곡이 되거나 초기 기독교를 이해하는 데 한계가 될 수 있다.

Ⅱ. 나그 함마디 문서로 본 가현설과 영지주의[1]

1945년에 세계 고고학계를 흥분시키면서 한꺼번에 발견된 나그 함마디 문서(Nag Hammadi Library)는 2023년으로 꼭 78년을 맞이하였다. 나그 함마디 문서 발견 78주년을 기념하여 한국 신약학계가 이 역사적 문서가 지닌 고고학적 가치를 주목하여 역사적 예수 연구에 관한 연구에 새로운 관심을 두는 계기가 되기를 바란다.

본 장은 나그 함마디 문서 발견 78년과 관련된 가현설 논쟁을 비롯하여 영지주의 논쟁의 내용을 개략적으로 살펴보는 것을 목적으로 한다. 특히 유병우의 가현설에 관한 논문을 살펴봄으로써 가현설을 어떻게 정의하는 것이 바른지를 생각해 보고, 이어서 영지주의 사상의 정의 문제와 그 내용을 살펴보는 것이 본 장의 목적이다.

가현설(Docetism)과 영지주의는 유병우의 입장처럼 모든 것을 한 통으로 묶어서 정의를 내릴 만큼 2세기 교회 당시에 이미 확고한 사상체계를 갖추고 있었던 실체가 아니다. 이런 연유로 인해서 2세기부터 영지주의는 통으로 논하지 않고 처음부터 발렌티누스파에 대한 논구로 불이 붙은 것이다. 발렌티누

---

[1] 이 논문은 한국신약학회 춘계대회(2015년 4월 18일, 신촌교회)에서 유병우 박사의 논문에 대해 논찬한 것을 《예수말씀연구Q》에 출판하기 위해서 대폭으로 수정 보완한 것으로, 먼저 학술 자료집인 "나그 함마디 문서로 본 가현설과 영지주의," 《예수말씀연구》 제5권(한국Q학회 편, 2015년): 34-53에 실은 것임을 밝힌다.

스 교리의 궁극적 기초는 세계를 신적인 관념 세계와 물질적 현상세계로 나누는 플라톤의 이원론이었다. 이러한 논지를 통해서 본 장은 영지주의가 그레코-로만 사회인 지중해의 각 지역으로 전파되어 나갔다는 사실을 결론에서 다루고자 한다.

1. 서론

1945년에 한꺼번에 발견된 나그 함마디 문서(Nag Hammadi Library)를 기념하여 한국 신약학계가 이 역사적 문서가 지닌 고고학적 가치를 주목하여 역사적 예수 연구에 관한 새로운 연구에 관심을 두는 계기가 되기를 바란다.

처음 나그 함마디 문서가 발견되었을 때 학계에서는 단지 지금까지 알고 있었던 영지주의(Gnosticism)를 재발견하게 해주는 것으로 알았다.[2] 그러나 연구가 구체화하면서 나그 함마디 문서 발견은 비영지주의 문서에 관한 연구 및 역사적 예수 연구의 폭을 더욱 넓혀 주었다.[3] 그리고 그리스도교의 기원이나 시대적 배경에 대해서도 보다 넓은 시각을 제공해 주었다.[4] 이 문서는 1947년-1956년 무려 9년에 걸쳐서 쿰란 11개의 동굴에서 발견된 사해사본(Dead Sea Scrolls)만큼 학계에 큰 관심을 불러일으켰으나, 사해사본보다는 많이 알려지지 않았다. 널리 알려지지 않은 까닭은 소유권에 관한 정치적인 문제와 콥트어의 현대어 번역이 늦어진 데 그 원인이 있다.[5]

학자들은 나그 함마디에서 발견된 다양한 문서들을 영지주의라고 하는

---

2) "Une importante découverte: Un Papyrus gnostique Copte du IVème Siècle," *La Bourse Égyptienne*, 10 January 1948, summarized in *Le Progrès Égyptien*, 11 January 1948, 그리고 *Chronique d'Égypte* 23 1948): 260-261에 다시 출판되었다.

3) James M. Robinson, *The Nag Hammadi Story, 2 vols* (Leiden: Brill, 2014).

4) James McConkey Robinson, *The Nag Hammadi Library in English, translated by members of the Coptic Gnostic Library Project of the Institute for Antiquity and Christianity* (San Francisco, 1977: third, completely revised edition, 1988).

5) Stephen J. Patterson and James M. Robinson, The Fifth Gospel: *The Gospel of Thomas Comes of Age* (Harrisburg, Pennsylvania: Trinity Press International, 1957), 77-91.

획일적인 개념으로 일반화하는 경향이 있다. 그러나 아직 교회가 제도화되기 이전에 이 문헌을 기록한 공동체는 정통이 될 수도 있었고, 이단이 될 수도 있는 기로에 서 있었다. 이러한 배경을 이해하지 못하고 나그 함마디 문서를 그저 영지주의 문서라고 규정한다면, 영지주의에 대한 왜곡과 초기 그리스도교를 이해하는 데 한계를 가져올 수 있다.

이하에서 사진은 로빈슨 교수의 허락을 받아 사용되고 있음을 밝힌다.

2. 나그 함마디 문서 발견: 78년

나그 함마디 문서는 콥트 박물관을 방문한 프랑스 콥트 학자 장 도레쓰 (J. Doresse)에게 주목받게 되어 처음부터 오직 영지주의의 관점에서 본격적으로 연구되기 시작했다.[6] 그러나 제임스 M. 로빈슨(J. M. Robinson)은 나그 함마

---

6) Jean Doresse, "Trois Livres gnostiques inédit: Évangile des Égyptiens, Épître d'Eugnoste, Sagesse de Jésus Christ", *Vigiliae Christianae* 2 (1948): 137-160; idem, "Nouveaux Documents gnostiques coptes découverte en Haute-Égypte," Académie des Inscriptions et Belles-Letters: *Comptes Rendus des Séances de l'Année 1949* (1949): 176-180; idem, "Une bibliothèque gnostique copte," *La Nouvelle Clio* 1 (1949): 59-70; idem, "A Gnostic Library from Upper Egypt," *Archaeology* 3 (1950): 69-73; idem, "Les gnostiques d'Egypte," *La Table Ronde* 107 (1956): 85-

디 문서가 신약학 분야에서 영지주의와 관련하여 아주 특별한 의미가 있다는 견지에서 나그 함마디 문서의 발견이 지닌 위대성에 대하여 말하여 주기를 요청 받을 때마다, 사실상 이 문서의 위대함은 단지 영지주의나 신약성경에 관한 특별한 논쟁에만 제한된 것이 아니라, 오히려 인문학적 지식의 보고라는 사회학적인 견지에서 그리고 더 나아가서 비영지주의의 관점에서 더욱더 연구할 가치가 있다고 보았다. 그리하여 지금까지 제임스 M. 로빈슨을 중심으로 나그 함마디 문서와 비영지주의에 관한 연구가 지속되어 왔다.[7] 사실, 나그 함마디 문서에 포함된 세속적인 문헌들을 제외하고 대부분 그리스도교 문헌들을 포함하고 있지만, 비록 그리스도교적인 문헌일지라도 정통적인(orthodoxy) 신앙에 완벽하게 부합되지 않는다 해도 이들 문헌들이 결코 이단적인(heretical) 문헌들은 아니라[8]고 평가를 받을 만큼, 신약학 연구의 중요한 분야로 점차 부각되고 있다.

사실 나그 함마디 문서의 번역과 출판은 수많은 학문적, 정치적인 논쟁과 맞물려 있었다. 이집트의 격변은 서양 학자들의 추방으로 이어졌고, 문서의 발견은 흐지부지되었다. 하지만 진리의 복음서가 이집트 밖으로 반출되었고, 융

96; idem, *Les livres secrets des gnostiques d'Égypte:* I. *Introduction aux écrits gnostiques coptes découverts à Khénoboskion* (Paris: Librairie Plon, 1958: : II: *Le Livre sacré du grand Esprit invisible, ou Évangile des Égyptiens; L'Épître d'Eugnoste le Bienheureux aux siens; La Sophia de Jésus;* III: *L'Hypostase des Archontes, ou Livre de Noréa; Le Livre secret de Jean;* IV: *L'Évangile de Philippe; L'Évangile de Thomas; idem, Les livres secrets des gnostiques d'Égypte;* II: *L'Évangile selon Thomas ou Les paroles secrètes de Jésus* (Paris: Librairie Plon, 1959): III: *Le Livre Secret de Jean; L'Hypostase des Archontes ou Livre de Noréa;* IV: *Le Livre Sacré du Grand Esprit Invisible ou Évangile des Égyptiens; L'Épître d'Eugnoste le Bienheureux; la Sagesse de Jésus;* V: *L'Évangile selon Philippe. Then L'Évangile selon Thomas : "Les Paroles Secrètes de Jésus,"* seconde édition revue et augmentée (Monaco: Le Rocher, 1988); idem, *The Secret Books of the Egyptian Gnostics: An Introduction to the Gnostic Coptic Manuscripts discovered at Chenoboskion.* With an English Translation and Critical Evaluation of *The Gospel according to Thomas* (New York: The Viking Press, and London: Hollis & Carter, 1960); idem, "Le Livre sacré du grand Esprit invisible' ou 'L'Évangile des Égyptiens': Texte copte édité, traduit et commenté d'après la Codex I de Nag'a-Hammadi/Khénoboskion," *Journal asiatique* 254 (1966 [1968]): 317-343.

7) John D. Turner & Anne Mcguire, *The Nag Hammadi Library after Fifty Years* (Brill, Leiden, New York, Köln, 1997), 3.

8) James McConkey Robinson, *The Nag Hammadi library in English*, 17.

의 친구이자 영지주의 전문가인 퀴스펠(G. Quispel)이 한 서점에서 우연히 그 사본을 발견했다. 융의 동료들은 돈을 모아 그 사본을 구매하여 여든 번째 생일을 맞은 융에게 선물했다. 선물에 크게 감동한 취리히의 나이 든 영지주의 대가는 문서의 나머지 부분이 번역되고 출간되는 것에 매우 큰 관심을 보였다. 나그 함마디 전체 문헌이 영지주의적 성격을 띤다고 주장한 학자들이 제일 먼저 이 필사본에 접근하게 되었다.9) 그들은 이미 위에서 언급한 프랑스 국립 과학 연구원 도레쓰(J. Doresse), 프랑스 대학(Collège de France)의 헨리 챨리 퓌에 쉬(Henri-Charles Puech),10) 네델란드 우트레히트 대학 퀴스펠(G. Quispel)11) 등이다.12)

---

9) Gilles Quispel, "The Jung Codex and its Significance," in H.-Ch. Puech, G. Quispel, and W. C. van Unnik, *The Jung Codex* (ed. and trans. F. L. Cross; London: Mowbray, 1955); Gilles Quispel, "Gnosis and Psychology," in *The Rediscovery of Gnosticism* (Studies in the History of Religions [Supplements to *Numen*]) 41 (ed. Bentley Layton; Leiden: E.J. Brill, 1980). 그 외 그의 연구는 Gilles Quispel, "La conception de l'homme dans la gnose valentinienne," *ErJb* 15 (1947 [1948]): 249-86 (Scholer 1141); "L'homme gnostique (La doctrine de Basilide)," *ErJb* 16 (1948 [1949]): 89-139 (Scholer 776); the English translation: "Gnostic Man: The Doctrine of Basilides," was published in *The Mystic Vision: Papers from the Eranos Yearbooks*, Bollingen Series 30.6 (Princeton: Princeton University Press, 1968), 210-46 (Scholer 775); "Der gnostische Anthropos und die jüdische Tradition," *ErJb* 22 (1953 [1954]), 195-234 (Scholer 541); "Das Lied von der Perle." *ErJb* 34 (1965 [1966]): 9-32 (Scholer 726); "Das ewige Ebenbild des Menschen: Zur Begegnung mit dem Selbst in der Gnosis," *ErJb* 36 (1967 [1968]): 9-30 (Scholer 533); "C.G. Jung und die Gnosis," *ErJb* 37 (1968 [1970]): 277-98 (Scholer 4034=4051=4053); "Gnosis and the New Sayings of Jesus," *ErJb* 38 (1969 [1972]): 261-96 (Scholer 7162); "From Mythos to Logos," *Eranos* 39 (1970 [1973]): 323-39 (Scholer 4037=4038); "The Birth of the Child: Some Gnostic and Jewish Aspects," *Eranos* 40 (1971 [1973]): 285-308 (Scholer 4031), and, with Gershom Scholem, *Jewish and Gnostic Man* (Eranos Lectures 3) (Dallas: Spring Publications, 1986), 1-26 (Scholer 3063=4033)로 이어갔다.
10) Henri-Charles Puech, "Les nouveaux écrits gnostiques découverts en Haute-Égypte (premier inventaire et essai d'identification)", *in Coptic Studies in Honor of Walter Ewing Crum* (Boston: The Byzantine Institute, 1950), 91-154; Henri-Charles Puech and Jean Doresse, "Nouveaux écrits gnostiques découverts en Égypte," Académie des Inscriptions et Belles-Lettres: *Comptes Rendus des Séances de l'Année 1948* (1948): 87-95.
11) Gilles Quispel, "The Jung Codex and Its Significance", in F. L. Cross, *The Jung Codex: A Newly Recovered Gnostic Papyrus*. Three Studies by H. C. Puech, G. Quispel and W. C. van Unnik (London: A. R. Mowbray, 1955), 35-78.
12) 스티븐 휠러, 이재길 역, 《이것이 영지주의다》-기독교가 숨긴 얼굴, 영지주의의 세계와 역사 (서울: 도서출판 샨티, 2006), 254쪽.

그 후 유네스코(UNESCO) 위원회의 유일한 미국인 위원이며, 클레어먼트 대학교의 고대와 그리스도교 연구소(Institute for Antiquity and Christianity)의 소장이었던 제임스 M. 로빈슨(J. M. Robinson)[13]은 나그 함마디 문서의 사본을 복사하고 번역하기 위해 국제적인 연구반을 구성했다. 제임스 M. 로빈슨과 그의 연구원들은 전 세계 학자들에게 이 자료를 보내서 많은 사람이 연구에 참여하게 함으로써, 그 문서들을 독점하려는 시도를 약화하였다.[14]

　　나그 함마디 문서의 발견은 1947년 사해 문서의 발견과 더불어 20세기의 고고학적 발견의 업적들 가운데 가장 큰 것으로 뽑힌다. 그 이유는 나그 함마디 문서가 영지주의 문제, 비영지주의 문제, 초기 그리스도교 등의 관계를 밝히는 데 커다란 공헌을 하고 있기 때문이다.[15] 나그 함마디 문서를 연구하는

---

13) James M. Robinson, "The Coptic Gnostic Library," *Essays on the Coptic Gnostic Library: An off-print from Novum Testamentum XII,2* (Leiden: E.J. Brill, 1970), 81-85; idem, "On the Codicology of the Nag Hammadi Codices," in *Les textes de Nag Hammadi: Colloque du Centre d'Histoire des Religions (Strasbourg, 23-25 octobre 1974)* (ed. Jacques-É. Ménard; Nag Hammadi Studies 7; Leiden: Brill, 1975), 15-31; idem, *The Coptic Gnostic Library.* 14 volumes. Leiden: Brill, 1975-1995; idem, "The Future of Papyrus Codicology," *The Future of Coptic Studies* (ed. R. McL. Wilson; Coptic Studies 1; Leiden: Brill, 1978), 23-70; idem, "Codicological Analysis of Nag Hammadi Codices V and VI and Papyrus Berolinensis 8502," *Nag Hammadi Codices V,2-5 and VI with Papyrus Berolinensis 8502, 1 and 4* (ed. Douglas M. Parrott; The Coptic Gnostic Library; Nag Hammadi Studies 11; Leiden: Brill, 1979), 9-45; idem, "The Fate of the Manichaean Codices of Medinet Madi 1929-1989," *Studia Manichaica: II. Internationaler Kongress zum Manichäismus 6.-10. August 1989 St. Augustin/Bonn,* ed. Gernot Wiessner and Hans-Joachim Klimkeit (Studies in Oriental Religions 23; Wiesbaden: Otto Harrassowitz, 1992), 19-62; idem, *Nag Hammadi, the First Fifty Years* (Occasional Papers), 34; Claremont, Calif.: Institute for Antiquity and Christianity, 1995, 38 pp.; revised reprint in *The Nag Hammadi Library after Fifty Years: Proceedings of the 1995 Society of Biblical Literature Commemoration* (ed. John D. Turner and Anne McGuire; Nag Hammadi and Manichaean Studies 44; Leiden: Brill, 1997), 3-33; abridged reprint in Steven J. Patterson, James M. Robinson, and Hans-Gebhard Bethge, *The Fifth Gospel: The Gospel of Thomas Comes of Age* (Harrisburg, Penn.: Trinity Press International, 1998), 77-110; idem, *The Secrets of Judas: The Story of the Misunderstood Disciple and His Lost Gospel* (San Francisco: HarperSanFrancisco, 2006, second enlarged edition, 2007); idem, *Nag Hammadi Story* (Leiden: Brill, 2013); idem, *The Manichaean Codices of Medinet Madi* (Eugene, Oregon: Wipf and Stock Publishers, 2013).
14) James M. Robinson, *Nag Hammadi: The First Fifty Years* (Occasional Papers 34; Claremont, Calif.: Institute for Antiquity and Christianity, 1995), 13.
15) 소기천, 《예수말씀의 전승궤도》 (서울: 대한기독교서회, 2000, 2010 개정증보판), 126쪽.

데 있어서, 그 문서의 전체를 학문적으로 공유하고자 하는 공동체(Community)가 1970년에 이르러서야 비로소 열렸다. 제임스 M. 로빈슨(J. M. Robinson)은 나그 함마디 사진판을 우선 발간하였고,[16] 1977년에 처음으로 당시 샌프란시스코(San Francisco)에 있었던 포트리스 출판사(Fortress Press)를 통해 영문판 나그 함마디 문서(Codes I, Codes IX, Codes X 등)을 출판하였다. 계속된 나그 함마디 문서에 관한 연구는 1977년의 스톡홀름에서 열린 국제 콜로키움(the International Colloquium, Stockholm), 1978년의 예일 컨퍼런스(Yale Conference),[17] 퀘백 컨퍼런스(Quebec Conference),[18] 그리고 1983년의 스프링필드 세미나(Springfield Working Seminar) 등을 통해서 본격적으로 연구되기 시작하였고, 파리 세미나[19]와 독일 세미나[20]를 거쳐서 현재 국제 성서학회(Society of Biblical Literature)에서 나그 함마디와 영지주의 분과로 발전하여 매년 정기적으로 연례회의(annual meeting)로 모여 활발히 연구되고 있다.

---

16) *The Facsimile Edition of the Nag Hammadi Codices published under the auspices of the Department of Antiquities of the Arab Republic of Egypt in Conjunction with the United Nations Educational, Scientific and Cultural Organization* (Leiden: Brill, 1972-1977).

17) The Rediscovery of Gnosticism: Proceedings of the International Conference on Gnosticism at Yale, New Haven, Connecticut, March 28-31, 1978.

18) The University of Laval in Canada: La Bibliothèque copte de Nag Hammadi: Textes (Québec: Les presses de l'Université Laval, and Leuven: Peeters, 1977 ff.).

19) Jean-Paul Mahé and Paul-Hubert Poirier, eds., *Écrits gnostiques: La bibliothèque de Nag Hammadi*, Bibliothèque de la Pléiade (Paris: Gallimard, 2007); Laurence Caruana, *The Hidden Passion: A Novel of the Gnostic Christ Based on the Nag Hammadi Texts* (Paris: Recluse Publishing, 2007).

20) *Nag Hammadi Deutsch*, 1. Band: NHC I,1-V,1; 2. Band: NHC V,2-XIII,1, BG 1 und 4, eingeleitet und übersetzt von Mitgliedern des Berliner Arbeitskreises für Koptisch-Gnostische Schriften; Berlin-Brandenburgische Akademie der Wissenschaften; Die Griechischen Christlichen Schriftsteller der ersten Jahrhundere; neue Folge Band 8 and Band 12; Volumes 2-3 of Koptisch-Gnostische Schriften (eds. Hans-Martin Schenke, Hans-Gebhard Bethge, and Ursula Ulrike Kaiser; Berlin and New York: Walter de Gruyter, 2001, 2003); Alexander Böhlig and Pahor Labib, *Die koptisch-gnostische Schrift ohne Titel aus Codex II von Nag Hammadi im Koptischen Museum zu Alt-Kairo* (Deutsche Akademie der Wissenschaften zu Berlin, Institut für Orientforschung, 58; Berlin: Akademie-Verlag, 1962); idems, *Koptisch-gnostische Apokalypsen aus Codex V von Nag Hammadi im Koptischen Museum zu Alt-Kairo*. Halle-Wittenberg: *Wissenschaftliche Zeitschrift der Martin-Luther-Universität Halle-Wittenberg* (Sonderband, 1963).

크럼(W. E. Crum, 1865~1944)은 영국 아카데미(British Academy)의 회원이었으며 독일의 베를린 대학에서 명예박사를 받은 콥트어 전문가였다. 그는 제1차 세계대전 중에 영국과 프랑스 그리고 독일을 가리지 않고 학자들과도 교류해 가면서 24만 매 이상의 문서 작업을 통하여 30년가량 걸린 노고 끝에 역사에 길이 남을 위대한 사전 하나를 완성하였다.[21] 1,000페이지에 달하는 이 방대한 사전이 완성된 것은 1939년이다. 그때는 나그 함마디 문서가 발견되기 이전이었다. 불행히도 크럼은 나그 함마디 문서를 보지 못하고 세상을 떴다. 그러나 이 사전이 있었기에 나그 함마디 문서가 해독될 수 있었고, 초기 그리스도교의 역사가 밝혀질 수 있었고, 신약성경의 콥트어 원전 자료들이 해석될 수 있었다. 이 사전은 20세기 콥트학(Coptology)의 원점이 되었다. 나그 함마디 문서를 영역한 제임스 M. 로빈슨은 "사실상 크럼 이외에 대체할 만한 학자는 없다"(There is in fact no replacement for Crum.)라고 말하기도 하였다.

체르니(Jarislav Cerny)의 콥트어 어원사전은 콥트어가 지닌 고대이집트어의 어원을 밝힌 점에서 주목할 만하다.[22] 그러나 20년 형설의 공을 쌓아 만든 이 사전도 크럼의 성과 위에서 이루어진 노작이다. 이 어원사전에 등장하는 단어가 2,000개가량 되는데, 그중에서 고대이집트어가 지닌 고유의 어휘가 3분의 2에 해당한다.

이런 기념비적인 사전에 힘입어 번역된 나그 함마디 문서에 관한 연구는 단지 영지주의 문서라는 관점을 뛰어넘어서 다음과 같이 네 종류의 그룹으로 나뉜다. 첫째는 그리스도교적인 면을 가지지 않는 유대교적인 성격을 지닌 문서라고 할 수 있다[The Three Steles of Seth(《세트의 세 가지 석판들》), The Thought of Norea(《노레아의 명상》), Marsanes(《마사네스》), Allogenes(《이방인》) 등]. 둘째는 그리스도교화 된 삽입 구문들을 가진 문서들이다[The

---

21) W. E. Crum. *A Coptic Dictionary*. With a New Forward by James M. Robinson (Eugene, Oregon: Wipf and Stock Publishers, 2005). 원본은 옥스퍼드 대학 출판사에서 1939년에 출간되었다).
22) Jarislav Cerny. *Coptic Etymological Dictionary* (Cambridge: Cambridge University Press, 1976).

Apocalypse of Adam《아담의 묵시록》, Zostrianos《조스트리아노스》 등]. 셋째는 그리스도교 이름만을 가지고 있는 문서들이다[The Gospel of the Egyptians《이집트 복음서》, The TrimorphicProtennoia《세 개의 신적 첫 명상》 등]. 넷째는 나그 함마디 문서에 유대적 외경에 의존하고 있는 문서들이 등장한다. 예를 들면 The Apocryphon of John《요한의 비사》은 1 Enoch을 기초로 하고, The Apocalypse of Adam 《아담의 묵시록》은 The Life of Adam and Eve를, 그리고 Zostrianos《조스트리아노스》는 2 Enoch에 의존하고 있다.

3. 유병우의 논문[23]

유병우는 야고보의 첫 번째 묵시록으로 학위를 받고 차분하게 영지주의 문헌에 관한 연구를 계속해 온 중견 학자이다.[24] 국내에 영지주의와 나그 함마디 문서에 관한 연구가 이제 학문적으로 고개를 들기 시작한 상황에서 그의 연구는 많은 이의 주목을 받고 있다.

유병우는 "가현설(Doketismus)"을 어떻게 정의하는가의 문제로 시작하여, 그의 논지대로 "기존의 가현설에 대한 논의가 존재론적 관점에서만 이루어진 것에 대한 대안으로 기호학적 분석을 시도하려 한다. 이를 통해 가현설이 당시의 역사적 상황 속에서 어떤 의미구조를 이루고 있으며, 나아가 가현설의 역사적 기능을 이해하고자 한다."

이러한 연구는 다음과 같이 그의 간결한 논지로 요약되고 있다. "지금까

---

23) 유병우, "가현설(Doketismus)의 정의와 그 의미에 대한 기호학적 분석," 한국신약학회 춘계대회(2015년 4월 18일, 신촌교회). 이하에서 그의 논문에 관한 필자의 인용은 그가 한 것이 학술대회 발제이므로 페이지 표시를 생략한다.

24) 참고로 나그 함마디 문서 제5권에 있는 문서들은 다음과 같다.

V.1 《축복받은 자 유그노스토스》(Eugnostos the Blessed)

V.2 《바울의 묵시록》(The Apocalypse of Paul)

V.3 《야고보의 묵시록전서》(The First Apocalypse of James)

V.4 《야고보의 묵시록후서》(The Second Apocalypse of James)

V.5 《아담의 묵시록》(The Apocalypse of Adam)

지 살펴본 가현설의 개념정의에 관한 논쟁의 초점은 예수의 인성에 대한 적극적 부정, 소극적(우회적) 부정, 그리고 인성과 신성의 분리 중 어디까지를 가현설로 인정하느냐의 문제로 요약될 수 있다. 가현설을 좁은 의미로 이해하려는 학자들은 예수의 인성에 대한 적극적인 부정만을 가현설로 규정하려는 반면, 더욱 넓은 의미로 이해하려는 학자들은 적극적 부정과 소극적 부정의 차이를 인정하지 않는 동시에 예수의 인성과 신성의 분리 역시 가현설로 이해하려 한다."

유병우는 기호학적 분석을 통하여 다음과 같이 가현설을 설명해 낸다. "전통적으로 가현설은 당시 헬레니즘의 이원론적 가치체계와 연관 지어 이해될 뿐 아니라 기독교의 성육신 기독론과 반대 관계 속에서 이해되었다. 이러한 전통적 의미구조를 기호학적 사각형 내에 분절하여 보면, 영과 육을 반대 관계에 놓고 영지주의의 가현설과 기독교의 성육신을 하위 반대 관계로 설정할 수 있다."

특별히 유병우는 고난이라는 의미 범주를 기호학적 사각형 내에 연결함으로써 "승리와 패배를 반대 관계에 놓고, 승리를 부정하여 승리에 대한 모순 항인 좌절을 얻고, 패배를 부정하여 패배에 대한 모순 항인 희망을 얻어 이 두 사항이 하위 반대 관계를 이루게 한다. 여기서 기호학적 사각형의 통사, 또는 설화적 변형은 먼저 승리가 모순 항인 좌절을 거쳐 패배에 이르게 되거나, 패배는 모순 항인 희망을 거쳐 승리에 이르게 된다. 결국 가현설은 패배를 부정하는 희망을 통해 승리에 이르는 의미구조를 이루게 된다. 결국 영과 육으로 분절되는 존재론적 의미구조보다는 승리와 패배로 분절되는 고난이라는 의미 범주가 더 논리적 의미관계를 이룰 수 있다."라고 간주한다.

이러한 연구를 토론의 장으로 끌어내기 위해서 필자는 다음과 같은 논의들을 제기한다.

첫째, 유병우는 본 가현설에 관한 연구에서 단지 두 차례에 걸쳐서 "영지주의의 신화 속에 나오는 신화적 개념을 존재론적 논의의 근거로 삼는 것이 과연 정당한가?"라고 질문을 던지면서 가현설에 관한 연구의 논지와는 무관하게 "일부 기독교인들은 영지주의 신화에 등장하는 구속자의 모습에 자신들이 믿는 예수를 투영시켜 당시 세계에 전했다. 그러나 역사적 예수의 고난과 죽음은 그들에게 커다란 걸림돌이었다. 아니 그들이 처해 있던 고난이 더 큰 걸림돌이었다. 그래서 구레네 시몬에게 십자가를 대신 지우기도 하고, 마리아에 의한 출생을 물이 수도관을 통과하는 것에 비유하면서라도, 아니 예수를 십자가 사건의 구경꾼으로 삼아서라도 예수에 대한 믿음을 포기하지 않았다. 결국 예수의 인성을 포기하는 이들이 생겨나면서 다른 이들의 비난을 받게 되었다. 그러나 한편에서는 예수의 신성과 인성을 분리함으로 타협을 모색하기도 했다. 그들은 계속 신화를 만들어 갔다. 감당하기 어려운 고난을 신화를 통해 희망으로 변화시켰다. 1500년이 훨씬 지난 오늘날 그들의 신화는 우리에게 하나의 낯섦이다. 역사는 왜 그들을 이해하지 못할까? 우리와 그들 사이에 존재하는 장벽은 무엇일까? 신화는 신화로서 존재할 때만 가치가 있다."라고 매듭을 짓는다.

둘째, 그렇다면 유병우는 영지주의와 가현설을 어떻게 상호 연관을 지어 이해하는지 묻지 않을 수 없다. 또한 가현설의 정의에 관한 본 연구는 과연 그는 가현설을 어떻게 정의하는지 되묻고 싶다. 이와 관련하여 영지주의에 관한 정의를 어떻게 내릴지도 궁금하다.

참고로 중요한 논지를 들어서 나그 함마디 문서에 관한 연구에 물꼬를 튼 유병우의 노고에 감사를 드린다. 이미 국내 학계에서 통용되고 있는 용어들이므로 다음과 같은 그의 용어들은 수정할 필요가 있으므로 필자는 다음의 각주에 실례를 들어서 제안한다.[25]

---

25) 학자들 사이에 통용되는 쓰임새를 중시하여 "두 본성론(Zwei-Naturen-Lehre)"은 양성론으로, "두 본성도식(Zwei-Naturen-Schema)"은 양성구조로, "잡록(Stromateis)"는 다물논고로, "이단반박(Adversus haereses)"은 이단논박으로, "마르시온주의자들(Die Markioniten)"은 마르키온파로, "지배자들(Archonten)"은 아르콘들로 용어를 정정하는 것이 좋겠다.

4. 가현설

가현설에 등장하는 여성의 모델은 미의 상징인 아프로디테가 아니라, 뜻밖에도 지혜의 상징인 여성 소피아이다. 에베소의 셀수스 도서관에 가면 다섯 명의 여인상이 조작되어 있는데, 그 첫 번째가 소피아이다.

에베소 셀수스 도서관의 소피아

필자는 가현설(Docetism)과 영지주의가 유병우의 입장처럼 모든 것을 한통으로 묶어서 정의를 내릴 만큼 2세기 교회 당시에 이미 확고한 사상체계를 갖추고 있었던 실체가 아니었다고 생각한다. 오히려 교부들 중에서 처음으로 영지주의에 대해 논박한 이레니우스도 140년경에 발렌티누스파 유형에 가장 가까운 바르벨로파(Barbeliotes)에 대한 논박으로 공격을 시작하였기 때문이다. 오피스파(Ophites, 뱀의 유혹을 받은 후손들을 섬기는 종파)처럼 그들은 여성적인 면에 의해 표현되는 상태에 관해 신의 면모를 상위와 하위의 소피아로 구분 짓는 것이 필요하다는 것을 알게 되었다. 후자는 전자의 타락한 모양이고, 신의 모든 고통들과 모욕들을 나르는 출생자들은 타락으로부터 뒤따라온다. 이 두 가지 체계에서 구별은 독립된 이름에 의해 표현된다. 신의 최초 여성적인 면은 바르벨로파에서 바르벨로(Barbelo-아마도 성모 마리아)와 엔노이아(Ennoia)[26])로 불리고 오피스파에 의해 성령(Holy Spirit)이라고 불린다.[27]) 소피아라는 이름은 다음 두 개의 불행한 유출로 제한된다. 곧 프루니코스(Prunikos)와 좌파(The Lift)로 불리기도 한다. 소피아의 이러한 이중성은 발렌티누스파 체계 안에서 충분히 이해된다. 발렌티누스파를 알기 위해 바르벨로파를 특별히 가깝게 대해야 하는 이유가 그들이 플레로마의 진보된 교리를 가지고 있으며 신적인 합일로부터 나오는 진보적인 생산을 위해 한 쌍이 되어 연결되는 유출의 개념을 사용한다는 점이다. 그리고 플레로마의 일원들은 그들의 추상적인 이름에 의하여 서로 다른 양상들로 보인다.

이런 연유로 인해서 2세기부터 영지주의는 통으로 논하지 않고 처음부터 발렌티누스파에 대한 논구로 불이 붙은 것이다. 발렌티누스의 교리의 궁극적 기초는 세계를 신적인 관념 세계와 물질적 현상세계로 나누는 플라톤의 이원론이었다. 나중에 발렌티누스파는 동방파와 서방파로 분열하게 되었는데 특히 악시오니쿠스와 바르데사네스는 동방파에 속했고, 프롤레마이우스와 헤라클레온은 이탈리아파에 속하였다. 서방파는 이탈리아와 남부 갈리아에 너무도 만연하여 이레니우스는 처음부터 발렌티누스파를 겨냥하여 이단 논박을 집필했다. 동방 발렌티누스파는 특히 이집트와 시리아에서 발견되었다. 4세기 후반 무렵에는 발렌티누스파가 이집트에만 남았던 것 같으며 기타 지역에서는 마니교가 남은 발렌티누스파를 흡수했다.

이러한 논지에서 이레니우스는 특별히 가현설을 바실리데스(Basilides)를 통하여 논한다. 바실리데스는 시리아에서 이집트로 자리를 바꾼 사람이다. 그는 120년부터 150년까지 알렉산드리아에서 아카데미아를 세우고 그곳에서

---

26) 에베소 유적지에 가면 셀수스 도서관 부조에 네 개의 여신상이 차례로 서 있는데, 그중에 하나가 엔노이아(지능의 여신)이다. 나머지 세 개는 각각 소피아(지혜의 여신), 아르테(덕성의 여신), 에피스테메(지식의 여신) 등이다.

27) 이것은 Barbeliotes에게는 타락한 형상의 이름 중 하나이다.

임무를 수행했다. 이레니우스에 의하면, 바실리데스의 그리스도는 가현주의적 색채로 그려진다. 가현설이란 무엇인가? 모든 영지주의 저술가들에게 공통으로 드러나는 가현설은 그리스도의 인격을 이해하는 또 다른 방식이다. 이 사상은 그리스도의 인간적 영역에 속하는 모든 것을 부정한다. 그리스도는 인간으로 강생할 수 없고 십자가의 고난도 당할 수 없다는 것이다. 그런 사실들은 신의 본성과 모순되기 때문이다. 곧 그들의 글에 따르면 그리스도는 강생하지 않으셨다(이 명제가 대중교회에 끊임없이 반향을 일으켰을 것이 분명하다).

그리스도는 인간의 형상을 취하여 세상에 '나타나셔서'[28] 기적을 행하셨다. 그러므로 그는 수난을 당하지 않았고 구레네의 시몬이라는 어떤 사람이 그를 대신하여 십자가를 졌다. 그리스도가 이 시몬을 자기처럼 보이게 변형시켰으니, 십자가에 못 박힌 사람은 결국 시몬이다.[29] 예수께서는 시몬의 모습으로 십자가 아래 서서 아르콘들을 비웃는다(이레니우스,《이단 논박》I, 24, 4). 그리스도는 이 지상에서 나쁜 천사들의 감시를 받으며 비웃음을 당했고, 아버지 곁에 다시 올라가셨다. 영지주의자들은 이 사실을 아는 사람들이요, 이 세상을 창안한 아르콘들의 지배에서 벗어난 사람들이다. 십자가에 못 박힌 자를 고백하는 사람은 노예이나 그를 부정하는 사람은 자유인이니, "낳음을 받지 않은 아버지"의 계획을 알고 있기 때문이다(이레니우스,《이단 논박》I, 24, 4).

바실리데스는 영혼의 부활을 선포하지만, 육신의 부활을 완강히 거부한다. "그 이유는 육체가 본질상 부패할 수 있기 때문이다." 그러나 이 세상에서 아르콘들에게 감금된 영혼이 어떻게 빠져나올 수 있을까? 구원을 청하는 기도와 마술적 언어와 암호를 아는 영혼만이 빠져나올 수 있다고 한다. 이로써 영혼은 365층의 하늘로 그곳에 사는 모든 세력이나 천사들 눈에 띄지 않게 올

---

28) 그리스도 자체가 나타난 것이 아니라 그의 형상이 나타난 것을 말한다.

29) 김득중은 이런 바실리데스의 주장에 동조한 유일한 한국인 신학자이다. 그의 책《복음서 신학》(서울: 컨콜디아사, 1985), 152를 보면, "결국 시몬이 예수 대신에 십자가에 처형되었다고 말하는 것은 불가능하지 않다."라고 주장한다. 김득중의 이런 이단적 주장이 감리교신학교에 들어와서 학장까지 지낸 것이 과거 상황이었다.

라갈 수 있다. 이 영혼은 그들의 이름을 알지만, 그들은 영혼을 알지 못하기 때문이다. 바실리데스는 말하기를, "그런 인식을 가질 수 있는 사람은 소수에 지나지 않아 천 명에 한 사람, 만 명에 두 사람이다. 그들이 알고 있는 신비는 절대로 누설해서는 안 되며, 침묵으로 비밀을 지켜야 한다"(이레니우스, 《이단논박》 I, 24, 6).

5. 영지주의

영지주의란 무엇인가? 이 질문에 대답하기 위해서는 먼저 영지(gnosis)란 무엇인가를 살펴보아야 한다. 영지는 헬라어 γνῶσις에서 유래했다. 이를 번역하면 지식(knowledge)이라 할 수 있다. 그러나 이는 단순히 정보를 전달받아 아는 지식이 아니라, 독특한 체험을 통해 얻게 되는 지식을 의미한다.[30] 이 지식은 인간에게 영적 해방과 구원에 이르게 해주는 참되고 비밀스런 종류의 인식 혹은 깨달음이다. 영지는 그 자체로 구원하는 앎이라 할 수 있다.[31] 영지는 인간의 비참한 현실을 자각하고 이에서 벗어나 대자유와 해방으로 이르는 길을 알려 준다.

영지주의는 고대 헬라지역과 로마제국에서 이러한 '영지'의 개념을 중심으로 발달한 하나의 종교적 사상운동(movement)[32]이며, 세계관(world view)이라 할 수 있다. 여기서 영지주의를 사상운동, 혹은 세계관으로 밝힌 것은 영지주의가 종교적 성격은 갖고 있지만, 그 자체로 어떤 체계화된 교리나 신학을 갖고 있지 않기 때문이다. 즉 영지주의는 그 구체적 형성에 있어서는 다양하지만, 기본 구조에 있어서는 일관된 하나의 틀을 갖는 종교사적 현상이라 할 수 있다.[33] 영지주의에는 영지는 무엇 때문에, 어떻게 주어지는지, 어떻게 영지

---

30) S. A. Hoeller, *Gnosticism: New Light On The Ancient Tradition Of Inner Knowing*, (Wheaton: Theosophical Publishing House, 2002), 2-3.

31) Madeleine Scopello, *Les Gnostiques*, 이수민 편역, 《영지주의자들》 (서울:분도출판사, 2005), 30-31

32) Elaine Pagels, *Gnostic Gospels*, 최의원 외 역, 《영지주의 신학》 (서울: 한국로고스연구원, 1997), 37

의 소유자가 구원받는지를 밝힌 구체적이고 논리적인 설명이 없다. 오히려 직관과 깨달음의 체험에 근거한 가르침이 있다고 하는 것이 옳다.

영지주의는 흔히 2-3세기 로마제국을 중심으로 활발하게 움직였다가 5세기 이후 사라진 것으로 알려져 있다. 그러나 영지주의에 관한 다양한 연구는 영지주의가 단순히 기독교의 한 이단으로 활동하면서 생겨난 것이 아님을 밝혀주고 있다. 영지주의는 기독교 이전에 헬라철학과 다양한 종교적 전통을 흡수하여 형성되었다.[34]

영지주의 세계관에 영향을 준 요소들은 무엇이 있는가? 여기서는 그 주요한 요소들을 살펴보도록 한다.

1) 헬라철학의 전통

영지주의 세계관을 형성하는 데 있어서 헬라철학의 영향은 지대하다고 할 수 있다. 고대 헬라철학에서 발견할 수 있는 영지주의 철학의 뿌리는 피타고라스부터 시작하여 플라톤에 이르러 더욱 발전된 양상을 보이며, 플로티누스에 이르러서는 그동안 다양하게 펼쳐졌던 영지주의 사상의 단편들을 모아 거대한 하나의 사상체계 혹은 세계관으로 집대성된다.

먼저, 피타고라스에 대해 알아보자. 피타고라스는 영혼은 하나의 다른 세계에서 온 것이며, 죄를 짓게 되어 육체에 사로잡혀 있다고 보았다. 육체는 영혼의 무덤이다. 영혼은 육체의 감옥에서 풀려나 다시 순수한 정신으로 돌아가야 하는데, 이를 위해서는 속죄와 금욕, 정화의 생활을 하여야 한다고 보았다.[35]

이러한 사상의 기본적인 부분이 플라톤에게도 계속해서 이어지는데, 플

---

33) Rudolf Bultmann, *Das Urchristentum: im Rahmen der antiken Religionen*, 허역 역《서양고대교회사상사》(서울: 이화여대 출판부, 1977), 216.

34) 위의 책, 216.

35) Johannes Hirschberger, *Geschichte Der Philosophie Neuzeit und Gegenwart* 강성위 역,《서양철학사(상)》(서울: 이문출판사, 1981), 61-63.

라톤에 의하면 참된 인간을 구성하는 것은 육체가 아닌 영혼이다. 그런데 이 영혼은 육체라는 감옥에 감금되어 있고, 이 상태에서는 참된 진리를 온전히 인식하지 못한다. 이러한 인간의 상태를 보여주는 것이 그의 《국가론》 제7권에 나오는 동굴의 비유이다. 동굴 안에 한 사람이 갇혀 있다. 그는 그곳에 붙들어 매여 있어서 뒤돌아 참된 바깥세상을 볼 수 없다. 그가 볼 수 있는 것은 단지 밖에서 사람과 동물들이 지나다니는 그림자가 동굴의 벽에 비추는 것을 희미하게 볼 뿐이다. 그리고 사물들의 소리도 동굴 안에 울려서 들린다. 그러나 이런 것들은 세상의 진정한 모습을 모사(模寫)해 놓은 것에 불과하다. 진정한 세상의 모습을 알기 위해서는 동굴 밖으로 나와야 한다. 만약 바깥세상을 알고 있는 누군가가 동굴에 매어 있는 사람에게 그들이 보고 듣는 것은 참된 현실이 아니라고 말해 준다면 그들은 아마도 믿지 않을 것이다. 그러나 이들이 계속해서 동굴 안에 머무른다면 참된 진리를 모른 채 일생을 마칠 것이다.

플라톤이 비유하는 동굴 밖의 세상은 사물의 참되고 순수한 모습이 존재하는 이데아의 세계이다. 이데아는 사물의 가장 본질적인 것으로 불변하며 신적인 것들이다. 우리가 살아가는 세상은 이데아들 일부분의 모습만을 가지고 있다. 우리는 우리의 영혼을 정화하고 상기함으로 다시 원래의 이데아의 참된 본질을 알아야 하는데, 플라톤은 이것을 철학의 주요 과업으로 삼고 있다. 참된 이데아의 세계에서는 모든 이데아를 포괄하는 최고의 이데아, 곧 이데아의 이데아가 존재하는데, 이것이 곧 절대자요, 모든 존재를 가능하게 하는 존재 근거가 된다.

플로티노스는 그 이전 그리스인들의 사색을 집대성하여 총체적인 세계관을 세운다. 플로티노스에 따르면 모든 만물의 근원, 모든 존재자의 근원적인 존재자는 '일자'(一者)다. 일자는 모든 것이 충만한 상태(πλήρωμα)에 있다. 일자는 충만해 있으므로 넘쳐흐른다. 그렇다고 완전히 다 넘쳐흐르지 않는다. 마치 태양이 강력한 열과 빛이 충만한 상태에서, 자신의 에너지를 다 소진하지 않고, 우주에 열과 빛을 비추는 것과도 같다. 이런 충만한 상태로 일자는 유출을 통해 만물을 존재하게 한다. 일자의 유출은 가장 가까운 곳에 정신(νοῦς)을 유출한다. 그리고 정신은 영혼을 유출한다. 정신은 모든 관념, 규범, 법칙 및 존재구조의 종합개념이며, 지혜의 세계이다. 정신은 일자를 따라 계속해서 유출한다. 그래서 생겨나는 것이 영혼이다. 영혼 또한 계속해서 유출하게 되는데, 여기서 생겨난 것들은 육신을 입은 다양한 생명체이다. 이들은 너무 약하기 때문에 유출할 수 없다.[36] 유출의 가장 낮은 단계는 물질이다. 물질은 일자에서 가장 멀리 떨어져 있고, 가장 불완전하다. 세상은 이처럼 일자의 유출로 인해 생겨난다.

세상의 과정은 이것으로 끝나지 않는다. 일자가 유출하는 것처럼, 유출로부터 생겨난 모든 것도 자신의 출발점으로 되돌아가려 한다. 이런 일은 인간의 영혼에도 일어나는데 이는 인간의 가장 깊은 내면에 일자로부터 유출된 신(神)적인 것을 가지고 있기 때문이다. 여기서 인간은 육신을 벗어나 영혼으로, 영혼은 정신으로, 정신은 일자를 향하여 움직인다. 그리고 결국 영혼은 일자와 신비로운 일치를 경험한다. 이러한 영혼의 회귀는 자기 정화와 신비로운 일치를 통해 가능하게 된다.

플로티노스의 철학은 영지주의 세계관 형성에 결정적인 영향을 끼쳤고, 나그 함마디 문서에도 이러한 영향력이 강하게 드러난다.

2) 유대교의 영향

유대교 역시 영지주의의 형성에 중요한 영향력을 끼쳤다. 먼저 유대 묵시문학과 외경의 빛과 어두움의 이원론적 분리와 투쟁의 구도가 영향을 주었다. 유대교의 묵시문학적 전통은 영지주의적 세계관에 그대로 빌리기 좋은 구도이기에, 영지주의자들은 묵시문학의 이원론적 구도와 신플라톤 철학을 기본적인 구도로 삼아 창조기사와 아담과 하와를 새롭게 해석하는 작업을 하였다.

---

36) Andrew Louth, *The Origins Of The Christian Mystical Tradition: From Plao to Denys* 배성옥 역,
《서양 신비사상의 기원: 플라톤에서 디오니시우스까지》 (왜관: 분도출판사, 2001), 72.

《아르콘들의 실체》와 《요한의 비사》 등은 이러한 작업의 산물들이다. 영지주의 문헌의 많은 저자의 작품을 자세히 살펴보면, 이들은 구약성경을 암기한 사람들이고, 성경 이외의 외경 작품들에 대해서도 다양한 지식을 갖고 있었음을 알 수 있다.[37]

또한 헬라철학을 사용하여 성경을 새롭게 해석하는 것 역시 영향을 크게 끼쳤는데 그 대표적인 사람이 알렉산드리아의 필로(Philo of Alexandria)다. 필로는 물질과 영혼의 이원론을 전제하고, 이 사이에 신과 인간을 이어주는 매개체가 있어야 할 필요를 지적하는데, 그 매개체로 로고스, 즉 말씀을 제시한다. 필로에 따르면 이 로고스를 통해 인간은 신과의 합일에 이르게 된다. 이러한 중간 매개체에 관한 관심은 영지주의 사상가들에게 로고스뿐 아니라 천사에 관한 관심을 불러일으켰는데, 《이집트 복음서》와 《이방인》이 그 대표적인 예다.

3) 기독교 전통

영지주의자들은 대부분 기독교 전통에 속해 있다. 이들 대부분의 작품에는 신약성경에 등장하는 예수와 주변 인물들이 나오고, 그들은 작품 속에서 이들과의 대화를 통해 세상, 신, 인간의 문제를 다룬다. 이 대화들에서 일관되게 나타나는 사상은 세상은 악 자체이며, 인간은 그 세상에서 이탈해야 하고, 그리스도는 "알지 못하는 신"이 보낸 사자(messenger)라는 것이다.[38] 영지주의자들은 전통적으로는 기독교 안에 터를 잡았지만, 그 해석에 있어서는 기독교와 전혀 달랐다. 이들의 기본적인 해석 틀은 오히려 플로티노스의 해석에 가깝다.

4) 그 밖의 이교 전통

영지주의는 그 이외에 여러 이교 전통을 흡수하여 이원론적 세계관을 형성하는데, 여기에는 고대 바벨론 종교, 조로아스터교, 이집트에 근원을 둔 이

---

37) Madeleine Scopello, *Les Gnostiques*, 86.
38) 위의 책, 89.

시스 종교, 페르시아에서 시작된 미트라교, 밀의 종교 등이 있다. 동양 종교인 불교와 힌두교도 영지주의에 영향을 끼쳤을 가능성이 있는데, 영국학자 에드워드 콘제(Edward Conze)는 불교가 영지주의에 영향을 미쳤을 가능성에 대해서 언급하기도 한다.[39]

　이상과 같이 다양한 영향을 받은 영지주의의 세계관은 무엇보다도 플로티노스의 사상체계와 유사한 틀을 갖는다. 우선, 모든 것의 충만이라 할 수 있는 절대적인 자존자인 일자가 세계의 중심에 있다. 그리고 일자로부터 정신이 유출되고, 이어서 로고스, 소피아가 유출된다. 이처럼 일자로부터 유출되는 천상의 존재들을 애온(aeon)이라 부른다. 그런데 소피아가 일자로부터 멀어지면서 어둠으로 계속해서 나아가다가 그 내부에서 분열이 일어난다. 소피아의 높은 자아는 분열되어 일자의 충만함으로 돌아가지만, 낮은 자아는 어둠 가운데 남아 계속해서 유출한다. 이 낮은 자아를 아카모스('Αχαμόθ)라고 한다.[40] 아카모스는 여러 존재를 유출하는데, 그중 잘못 낳은 사생아 같은 존재 중 하나가 데미우르고스(δημιουργός)라고 부르는 괴물같은 존재다. 데미우르고스는 자신만의 왕국을 만드는데, 그는 일곱 개의 천계(天界)를 만들고 각각의 천계에 아르콘(ἄρχων)이라 불리는 지배자를 두었다. 그리고 그는 이어 인간을 만들고 인간을 자신의 왕국 아래 가둔다. 영지주의자들은 데미우르고스는 소피아의 불완전한 사생아이고, 이는 곧 구약의 하나님이라고 한다. 그러나 인간 안에는 일자로부터 나눠 받은 영혼이 있고, 이 영혼은 감옥 같은 육체를 벗어나 일자에게로 돌아가 하나가 되어야 한다. 그러나 데미우르고스는 인간을 자신의 왕국 아래 가두어 놓길 원한다. 그래서 인간의 영혼이 천계를 벗어나 일자에게로 돌아가는 것을 방해한다. 일곱 층의 천계를 지나가기 위해서는 '비밀스러운 지식'이 필요한데 이것이 바로 '영지'(γνῶσις)다.

---

39) E. Conze, "Buddhism and Gnosis," in *Le Origini dello Gnosticismo: Colloquio di Messina 13-18 Aprile 1966* (Leiden: Brill, 1967), 665.

40) 소피아의 분열과 그 이후의 유출과정에 대해서는 Stephan A. Hoeller, *Gnosticism*, 37-53을 참조하라.

육체의 감옥에서 무지몽매한 상태로 있는 사람들에게 이 영지가 주어져야 한다. 이 영지는 구원을 가져다주는 매우 심원하고 비밀스러운 지식이다. 빛의 충만(일자)으로부터 영지를 지닌 메신저가 보내지는데 예수가 바로 이 메신저. 예수는 이 비밀지식을 소유한 예언자다. 예수는 그의 제자들에게 그들의 영혼이 상승하여 천계를 지나 일자로 회귀할 수 있도록 비밀지식을 전해준다. 그래서 영지주의 문서 첫 부분에는 '이것은 … 와 … 가 나눈 비밀스러운 대화'라는 말로 종종 시작한다. 이는 영지주의 복음서들이 영지를 전해주고 알려주기 위해 쓰인 것임을 암시한다. 누구든지 영지를 획득하면 더 이상 하나의 그리스도인이 아니고 그리스도가 된다.[41]

이 비밀지식은 천계를 지날 때 방해하는 데미우르고스를 비롯한 여러 아르콘의 방해를 지나가게 해준다. 각각의 계층과 에온, 아르콘들을 지칭하는 명칭들은 영지주의 문서마다 조금씩 다르나 기본적인 뼈대는 어느 정도 통일성을 갖추고 있다.

5) 기독교적 시각으로 본 영지주의

영지주의는 기독교적 시각으로 보았을 때 여러 상충하는 부분들이 있다. 먼저, 하나님에 대한 개념이다. 영지주의자들은 이스라엘의 하나님을 부정한다. 영지주의자들이 돌아가려는 궁극적 실재는 여호와 하나님과 같은 인격적인 하나님이 아니다. 그는 모든 것의 근원이요, 모든 것이 가득한 충만한 '무엇'일 뿐이다. 이스라엘의 하나님은 영지주의자들의 관점에서 볼 때 열등하고 불완전한 하위 신이다. 또한 영지주의자들의 하나님은 모든 것의 충만이라고 하지만, 알지 못하는 신이다. 따라서 우리는 영지주의의 신개념으로부터 우리 인격의 근거를 갖기 어렵다.

둘째, 이들에게는 예수 그리스도에 대한 이해가 다르다. 이들에게 예수는

---

41) *Gospel of Philip* 54.13-15.

영지를 소유한 훌륭한 예언자, 즉 인간일 뿐이다. 예수 그리스도의 십자가에서의 대속죽음은 영지주의자들의 관점에서 볼 때 의미가 전혀 달라진다. 예수의 죽음은 육체로부터의 해방이요, 다시 일자에게로 돌아가는 회귀의 출발점이된다. 따라서 영지주의자들에게 있어서 예수 그리스도의 신성, 성육신, 부활, 십자가의 구속 사역은 모두 부정된다.

셋째, 선행의 필요가 빠져 있다. 이들에게 가장 중요한 것은 영지이기 때문에, 이들이 영지를 소유하게 되면 그 이후에 하는 행동은 무엇이건 간에 부패될 수가 없다. 이런 경향은 두 가지 양극단으로 나타나는데, 극도의 금욕 생활이든지 아니면 극도의 방종 생활이 바로 그것이다.

넷째, 이들에게는 악에 대한 개념이 다르다. 영지주의자들에게 있어서 악은 전적 타락으로 말미암은 총체적인 인간의 부패가 아니다. 이들에게 악은 영지를 모르는 '무지'다. 따라서 만약 누군가가 영지를 소유하면 그는 더 이상 악하지 않고, 영적 본성도 악하지 않다. 이러한 관점으로 그들은 신구약성경을 해석하였으며, 그 많은 흔적이 나그 함마디 문서에 보관되어 있다.

다섯째, 이들에게 구원은 전적인 하나님의 은혜로 말미암는 구원이 아니라, 인간 자신의 깨달음 혹은 인식을 통해서다.

이러한 특징들은 처음에는 기독교 신앙에 관해 말하는 것으로 보이지만, 결국 기독교 신앙에 정면으로 배치된다. 또한 이 양자의 틈새는 심원하다.[42]

6. 결론

지중해 한쪽 끝에서부터 다른 쪽까지 휩쓸며 상부 이집트 지역의 종파와 유사한 내용을 전파한 영지주의를 고찰하기 위해서는 영지주의가 휩쓸고 간 알렉산드리아, 안디옥, 예루살렘, 셀레우시아, 체시폰, 에데사 등의 지역에 대

---

42) Bentley Layton, *The Gnostic Scriptures* (New York: Doubleday, 1987), *xxii*.

해서 인류학적이고 역사적인 환경들을 회고해 보아야 한다. 예를 들어 시리아의 두라 유로푸스(Dura-Europus) 지역은 여러 종류의 신들을 숭배할 수 있는 보호구역이 있었는데, 이곳에서 영지주의는 난해하고 혼합주의적인 경향을 띠었다. 거기서 미트라의 신전, 아도니스, 제우스-데오스, 가데, 아티미스-난아이아의 사찰들이 발견되었다. 또한 유대교 회당들과 기독교 성전도 여전히 잘 보존되고 있다.

바르다이산파(Bardesanes) 영지주의는 4세기 후반 스페인으로부터 가울의 남쪽까지 휩쓴 프리실라파(Priscillans)를 포함하며, 또한 덜 영지주의적이면서 더욱 기독교적인 마살파(Messalians)와 아르메니아, 아시아 마이너의 바울파(Paulician)도 있다.

영지주의는 광범위한 확산에도 불구하고, 점차로 쇠퇴하게 되었다. 후대에 마니교가 고대 영지주의의 진짜 후계자였음을 보여준다. 엄격한 위계 조직 위에 교회로 조직된 마니교는 그들의 교리를 서유럽뿐 아니라 아시아의 동쪽 끝까지 전파할 수 있었다. 마니교는 조로아스터와 세트(Seth)를 따르는 영지주의적 관행을 따랐으며, 부다를 예언자로, 창시자로 마니(Manes)를 덧붙였다. 그리고 이란의 이원론을 강화시켰다.

마니교는 교리상으로 바실리데스(Basilides)와 유사하며, 바실리데스는 또한 영지주의와 비슷하다. 바실리데스는 기독교 복음에 대한 주석서 24권을 저술했으며, 마니(Manes)는 《살아있는 복음서》('the Living Gospel')라는 제목의 책을 22권 저술했다. 그리고 바실리데스와 마니교 모두 가현설(Docetism)을 주장하는 점에서 유사하다.

7세기에 아담과 세트(Seth), 조로아스터 등에 관한 신화들이 많은 동방교회 전설들 내에서뿐만 아니라 이슬람 내에서도 생존해 왔다. 이 점에서 이슬람도 영지주의적 기원을 추적할 수 있는 신화들을 가지고 있다. 곧 무함마드의 승천 신화는 영지주의가 선호하는 주제 중의 하나를 정확히 관통한다.

마니교의 교리가 중세 시대까지 이어졌으며, 아시아 끝에서부터 유럽 끝까지 전파되었다. 마니의 간접적인 영향들이 15세기 에디오피아 기독교 내에서도 여전히 감지되었다. 그렇다고 마니교가 영지주의로부터 유일하게 생존한 종파도 아니고 또 가장 오래 지속된 종파도 아니었다.

수 세기 동안 모든 다양한 요소들로 통합되어 전파된 영지주의는 복잡한 영적 흐름을 통해서 이란, 메소포타미아, 시리아, 팔레스타인 등으로부터 지중해 세계로 나갔다. 오늘날 우리가 접근하는 사실상 가장 진정한 영지주의는 오랫동안 그 실체를 잃어버렸으나 나그 함마디 문서 속에서 재발견된다.

Ⅲ. 나그 함마디 문서의 비영지주의적 고찰[1]

본 장을 통하여 필자는 나그 함마디 문서(Nag Hammadi Library)의 발견, 연구사, 영지주의와의 연관성 등에 관한 연구의 흐름을 파악하면서 나그 함마디 문서가 지닌 최근 연구의 동향을 파악하고자 한다. 이어서 필자는 영지주의의 특성보다는 오히려 교회가 제도화되기 이전의 특징을 가지고 있는 문서인《도마복음서》를 고찰하면서 나그 함마디 문서가 영지주의자들의 전유물이 아님을 새롭게 밝히고, 나그 함마디 문서가 지닌 또 다른 특징인 비영지주의적 내용 등에 관해서 연구의 지평을 넓히고자 한다.

제임스 M. 로빈슨(James M. Robinson)이 나그 함마디 문서에서 공헌한 것이 무엇인지를 고찰해 보면서 필자의 연구를 이어가기로 한다. 과거에《도마복음서》를 영지주의적 문서로 당연시하며 그 기록 연대를 2세기 이후로 정하여《도마복음서》가 공관복음서에 의존해 있다고 말하였던 경향과는 달리, 본 장은 나그 함마디 문서 가운데《도마복음서》를 영지주의적 경향성을 가지고 있지 않은 문서로 간주하려고 한다.

---

1) 본고는 2015년 10월 5일에 장신대 성서학연구원에서 발표한 강연원고를 "나그 함마디 문서 발견 70년의 비영주의적 고찰: 도마복음서를 중심으로,"《성서학연구원 저널》86(2015년 가을): 16-32를 위해서 일부 수정한 것을 여기에 게재한 것임을 밝힌다.

1. 서론

　필자는 2023년으로 '광복 78년과 분단 78년'을 맞이하는 시점에서 역시 78주년을 맞이하는 나그 함마디 문서(Nag Hammadi Library)의 발견, 연구사, 영지주의와의 연관성 등에 대한 연구의 흐름을 파악하면서 나그 함마디 문서가 지닌 영지주의의 특성보다는 오히려 교회가 제도화되기 이전의 특징을 가지고 있는 문서인 《도마복음서》를 고찰하면서 나그 함마디 문서가 영지주의자들의 전유물이 아님을 새롭게 밝히고, 나그 함마디 문서가 지닌 또 다른 특징인 비영지주의적 내용 등에 관해서 연구의 지평을 넓히고자 한다.

　1945년 12월에 한 이집트 농부가 상부 이집트의 나일강을 따라 펼쳐진 어느 절벽의 기슭인 나그 함마디 마을 부근에서 양피지 문서를 우연히 발견하였다. 나그 함마디 문서는 모두 49개의 단행본과 소중한 자료가 포함된 13개의 옛 문서인 코덱스(codex, 복수형은 codices) 형태로 이루어져 있다. 이 문서는 1945년에 한꺼번에 발견되어 '20세기 고고학적 발견의 백미'라 일컬어지는데, 무려 9년 동안인 1947년부터 1956년 사이에 사해 북단 쿰란 동굴에서 9년 동안 발견된 사해두루마리(Dead Sea Scrolls)만큼이나 성서학계에 큰 관심을 불러 일으켰다.

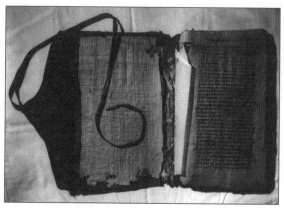

사진은 James M. Robinson의 허락을 받아 사용함

이집트 룩소에서 북서쪽으로 100km 떨어진 나일강의 동굴 속에 자연적으로 생성된 비료를 찾아 헤매던 농부 무함마드 알리는 처음 항아리에 있는 나그 함마디 문서를 열어 볼 때 아주 두려워했다. 혹시 여기에 신령(jinn)이 들어있지 않을까 염려했기 때문이다. 가족들은 이 고문서를 고물상에 팔아 이집트화로 돈 벌기를 소원했지만, 이 문서의 역사적 가치를 알지 못했던 사람들은 아무도 그에게 돈 주기를 원하지 않았다. 심지어 어떤 사람들은 담배나 오렌지로 교환하기를 원했다. 나그 함마디 문서를 발견할 무렵에 무함마드 알리는 얼마 전 자기 부친을 살해한 자가 알 쿠아스르(al-Qasr)를 지나간다는 말을 전해 듣고, 그의 형제들과 함께 그 원수가 살고 있던 숙소를 찾아가 살해하는 복수극까지 저질렀다.[2]

그 후 경찰이 체포하러 올까 두려워한 무함마드 알리의 형제들은 급히 마을 사제(priest)에게 문서를 맡기고 고향에서 잠적했는데, 나그 함마디 문서를 전달받은 알 쿠아스르의 사제는 이 문서가 이집트에서 초기 그리스도인들이 사용한 콥트어로 쓰인 것을 알게 되었고, 그 후 이것을 1946년에 카이로에 있는 콥트 박물관에 팔았다. 곧이어 알 수 없는 과정을 통해 여러 곳으로 분산된 뒤 암시장에서 거래되기 시작한 나머지 나그 함마디 문서의 일부도 후일에 콥트 박물관으로 옮겨졌다.[3]

초기 그리스도교에 만연하였던 나그 함마디 문서와 그와 비슷한 자료들은 2세기 중반에 정통파 그리스도인들에 의해 영지주의 이단에 속한 문서로 비난받았다. 그 결과 이레내우스, 테르툴리아누스, 오리게누스 등은 185년경을 전후해서 《이단 논박》이란 책을 거의 동시에 써서 영지주의[4]를 이단으로

---

2) James M. Robinson, "The Discovering and Marketing of Coptic manuscripts: The Nag Hammadi Codices and the Bodmer Papyri," in *Sundries in honour of Torgny Säve-Söderbergh* (Acta Universitatis Uppsaliensis: *Boreas: Uppsala Studies in Ancient Mediterranean and Near Eastern Civilizations* 13, 1984), 97-114.

3) James M. Robinson, "The Discovering and Marketing of Coptic Manuscripts: The Nag Hammadi Codices and the Bodmer Papyri," in *The Roots of Egyptian Christianity*, ed. Birger A. Pearson and James E. Goehring, Studies in Antiquity and Christianity (Philadelphia: Fortress, 1986), 1-25.

단죄하였다. 그 후에 4세기 무렵에 콘스탄티누스 황제가 그리스도교로 개종하면서 권력을 쥐게 되었고, 영지주의 문서들은 불태워지고 파기되는 상황에 이르렀다. 다행히도 나그 함마디에서 발견된 문서들은 파코미우스(Pachomius) 수도원[5]의 수사에 의해 항아리에 감춰졌고, 이것이 1600년가량이나 항아리 속에 묻혀 있다가 발견되었다.[6] 이집트 나일강 상류 나그 함마디 마을 근처에 있었던 파코미우스 수도원에 속해 있었던 대주교 아타나시우스와 367년 정경으로 채택되지 못한 문서들에 대해 정통교회의 정죄가 시작됨에 따라 이를 피해 묻힌 것이라고 제임스 M. 로빈슨(James M. Robinson)은 추정하고 있다.[7]

정작 나그 함마디에서 발견된 문서들을 유포시킨 자들은, 자신을 이단이라고 생각하지 않았다. 더욱더 중요한 것은 대부분의 나그 함마디 문서에 그리스도교적 용어가 사용되었다는 사실이다. 이 문서의 대부분은 신약성경 중에서 경전에 포함된 4복음서의 전승들을 사용하고 있다. 이러한 사실들로 미루어 볼 때, 이 문서는 그리스도교로부터 영향을 받았거나, 그 문서를 남긴 사람들이 자신을 그리스도인들이라고 생각한 사람들이라는 사실이다. 나그 함마디 문서의 발견으로 인해서 기존에 우리가 알고 있었던 것 이상으로 초기 그리스도교 공동체의 모습이 다양했다는 사실이 알려졌다.

처음에 학자들은 나그 함마디 문서가 성서학계에 알려지지 않은 콥트어로 기록되어 있었고, 또한 초라하게 보이기도 하여 별로 중요하다고 생각하지 않았다. 불행스럽게도 앞에서 언급된 것처럼 돈에 눈먼 사람들이 그 문헌들의

---

4) 영지주의를 정의하는 문제에 관해서는 소기천, "나그 함마디 문서로 본 가현설과 영지주의." 《예수말씀연구》 제5권(한국Q학회편, 2015년): 34-53쪽을 보라. 영지주의자들에 관한 최초의 언급은 이레내우스가 180년경에 쓴 《이단논박》 1.29에서 '바르벨로파' 영자주의자들을 반박하는 용어로 나온다.

5) 파고미우스 수도원은 나일강 유역의 나그 함마디 마을 인근인 타벤니시(Tabennisi)에 안토니 수도원을 창설한 안토니오스(251-356년)와 동시대 사람이던 파코미우스(285-346년)에 의해 설립되었다.

6) Giovanni d'Athanasi, *A Brief Account of the Researches and Discoveries in Upper Egypt, Made under the Direction of Henry Salt, Esq.* (London: John Hearne, 1836), 143.

7) James M. Robinson, *The Nag Hammadi Library in English, translated by members of the Coptic Gnostic Library Project of the Institute for Antiquity and Christianity* (San Francisco, 1977: third, completely revised edition, 1988; first HarperCollins paperback edition, 1990), 17.

가치를 깨닫지 못하고 한 개를 불쏘시개로 불태우는 비극적인 일도 벌어졌다. 그것이 코덱스 12(사본 XII) 중의 일부일 것으로 추정된다. 당시에 사본들이 주로 파피루스 형태를 이루고 있던 것과는 달리, 나그 함마디 문서는 가죽으로 된 네모난 서적으로 발견되었다. 나그 함마디 문서가 콥트어로 쓰인 것이지만, 당시에 헬라어가 그리스와 시리아 혹은 요단 지역 등지에서뿐만 아니라 이집트에서도 공용어로 사용된 것을 미루어 볼 때, 나그 함마디 문서는 원래 헬라어로 기록되었다가 나중에 콥트어로 번역되어 나그 함마디 문서로 전해진 것으로 추정된다.[8]

항목을 달리하여 먼저 제임스 M. 로빈슨이 나그 함마디 문서의 발견의 역사에서 공헌한 것이 무엇인지를 고찰해 보면서 필자의 연구를 이어가기로 한다.

2. 나그 함마디 문서의 발견 78년 역사와 제임스 M. 로빈슨(James M. Robinson)

1950년대에는 필사본에 관심 있는 학자들이 여러 차례 무함마드 알리의 가족들과 주변 농부들을 찾아가 수소문하였는데, 그들의 설명이 각양각색이라 참된 진상을 밝히기 어려웠다. 나그 함마디 문서가 발견된 뒤 많은 중개인을 거치는 동안에 이 필사본이 지닌 학문적 가치를 처음 알아보기까지 농부들과 고물상의 손에서 어떤 과정을 거쳐 왔는지 정확히 추적하기란 수월치가 않다. 골동품 암시장에서도 많은 우여곡절을 겪은 다음에야 이집트 정부가 필사본을 거두어 옛 카이로 콥트 박물관에 안치했다. 현재 필사본은 그곳에서 기호와 번호를 부여받아 안전하게 보존되어 있다. 코덱스 I의 일부분을 벨기에 한 상인이 유럽으로 가져갔는데, 그가 죽은 다음 스위스 취리히에 있는 칼 융 연

---

8) 소기천, 《예수말씀의 전승궤도》 (서울: 대한기독교서회, 2000 초판, 2010 개정증보판), 125-126쪽.

구소가 구입하여 사진판으로 출판한 뒤 후에 융 코덱스(Jung Codex)[9]로 이름을 붙여서 카이로 콥트 박물관에 돌려주었다.

나그 함마디 문서는 처음 발견된 이후 오랜 기간 동안 이 문서를 독점하려고 하는 독점주의자들의 통제하에 있었다. 나그 함마디에서 발견된 이 문서는 수십 년간 세상에 알려지지 않았는데 여기에는 정치적인 이유가 있었지만, 무엇보다 이 문서의 가치를 알아본 몇몇 학자들도 학문적 주도권을 독점하려고 이것을 공개하지 않았기 때문이다.

그러던 와중에 1956년에 발생한 수에즈 위기는 프랑스와 이집트 간의 외교관계의 완전한 단절이라는 엄청난 결과를 가져왔다. 불행스럽게도 수에즈 위기 직전에 카이로에서 열린 국제위원회는 나그 함마디 문서에 대한 출판권을 얻을 수 없었다. 그러나 수에즈 위기에도 불구하고 타협하지 않은 동독 출신의 콥트 연구가들이 1958년에 카이로를 방문하였다. 그때 콥트 박물관의 새소장인 파호르 라비브(Pahor Labib)가 그들을 환영하였고, 마침내 그들에게 나그 함마디 문서의 출판권이 주어졌다. 그리하여 마르틴 크라우제(Martin Krause)와 파호르 라비브(Pahor Labib)[10]는 《요한의 비사》(*Apocryphon of John*)에 관한 3종류의 판본들을 출판했다. 또 뵐리히(Böhlig)와 라비브(Labib)[11]도 《세상의 기원에 대하여》(*On the Origin of the World*)를 출판했고, 코덱스 V에 속해 있는 4개의 위경을 출판했다. 엠멜(Emmel)[12]은 코덱스 Ⅲ를 출판했다. 그러나 다른 나라들

---

9) 《진리의 복음서》를 비롯해 나그 함마디에서 발굴된 일부가 융(C. G. Jung)의 80회 생일을 기념해 융 연구소에 기증된 이후로 이 문서를 'Jung Codex'라고 부른다.

10) Martin Krause and Pahor Labib, *Gnostische und hermetische Schriften aus Codex II and VI* (ADAIK, Koptische Reihe 2; Gluckstadt: J. J. Augustin, 1971 [1972에 출판]).

11) Alexander Böhlig and Pahor Labib, *Die koptisch-gnostische Schrift ohne Titel aus Codex II von Nag Hammadi im Koptischen Museum zu Alt-Kairo* (Deutsche Akademie der Wissenschaften zu Berlin, Institut für Orientforschung, 58; Berlin: Akademie-Verlag, 1962); idems, *Koptisch-gnostische Apokalypsen aus Codex V von Nag Hammadi im Koptischen Museum zu Alt-Kairo*. Halle-Wittenberg: *Wissenschaftliche Zeitschrift der Martin-Luther-Universität Halle-Wittenberg* (Sonderband, 1963).

12) Steven Emmel, "A Fragment of Nag Hammadi Codex III in the Beinecke Library: Yale Inv. 1784," *Bulletin of the American Society of Papyrologists* 17 (1980): 53-60.

의 학자들은 출판권을 얻지 못했다.

처음부터 영지주의의 관점에서 나그 함마디 문서를 연구한 학자는 장 도레쓰(J. Doresse)이다.[13] 후에 그는 나그 함마디 문서 중에서 1962년에《세상의 기원에 관하여》(*On the Origin of the World*), 1963년에는《요한의 비사》(*Apocryphone of John*)와《코덱스 V의 묵시록》(*Apocalypses of Codex V*)도 출판하기에 이른다. 한편 프랑스 파리에 본부를 둔 유네스코(UNESCO)의 사무총장은 나그 함마디 문서를 출판하는 프로젝트를 국제화시키려고 공을 들였다.[14] 1961년에 유네스코 위원들은 나그 함마디 문서를 사진으로 찍을 것을 제안했고, 그것을 파리에 가져와 1964년 말까지 출판하기 위하여 1962년에 국제위원회를 소집할 것을 제안했다. 그러나 예비위원회는 카이로에서 만나 1961년에 보고서를 제출했는데, 출판을 위한 문서들이 이미 할당되었고, 또 일부는 이미 출판되었다는 점 등을 들어 48개의 문서 중 23개만을 출판할 것을 제안했다. 프랑스가《도마복음서》(Ⅱ, 2)의 독점권을 비롯해 융 코덱스의 통제권을 행사하면서 주요 사본에 대한 독점권을 행사했기 때문이다. 불행하게도 이런 연유로 한동안 프랑스를 중심으로《도마복음서》를 영지주의적 문서로 간주하는 전통이 오랫동안 지속되었다.[15]

---

13) Jean Doresse, "Trois Livres gnostiques inédit: Évangile des Égyptiens, Épître d'Eugnoste, Sagesse de Jésus Christ", *Vigiliae Christianae* 2 (1948): 137-160; idem, "Nouveaux Documents gnostiques coptes découverte en Haute-Égypte," Académie des Inscriptions et Belles-Letters: *Comptes Rendus des Séances de l'Année 1949* (1949): 176-180; idem, "Une bibliothèque gnostique copte," *La Nouvelle Clio* 1 (1949): 59-70; idem, "A Gnostic Library from Upper Egypt," *Archaeology* 3 (1950): 69-73; idem, "Les gnostiques d'Egypte," *La Table Ronde* 107 (1956): 85-96; idem, *Les livres secrets des gnostiques d'Égypte*: I. *Introduction aux écrits gnostiques coptes découverts à Khénoboskion* (Paris: Librairie Plon, 1958); idem, *The Secret Books of the Egyptian Gnostics: An Introduction to the Gnostic Coptic Manuscripts discovered at Chenoboskion*. With an English Translation and Critical Evaluation of *The Gospel according to Thomas* (New York: The Viking Press, and London: Hollis & Carter, 1960).
14) James M. Robinson, *The Nag Hammadi Story*, vol. 2 (Leiden; Boston: Brill, 2014), 1008-1038.
15) 미국 예일대에서 고대 그리스도교에 대해 가르친 벤틀리 레이톤도 이런 입장을 받아들여서《도마복음서》의 기록 연대를 200년으로 추정하는 오류를 범하고 있다. 참고, Bentley Layton, *The Gnostic Scriptures* (Garden City: Doubleday & Co., 1987), 377.

유네스코 위원회의 유일한 미국인 위원이자 클레어먼트 대학교의 '고대와 그리스도교 연구소'(the Institute for Antiquity and Christianity)의 소장이던 제임스 M. 로빈슨은 1967-1970년까지 3년 동안 나그 함마디 문서에 접근할 수 있는 권한을 얻었다. 그 후에 그는 아직 출판되지 않은 사본을 번역하기 위한 연구팀도 조직하였다. 그는 모든 사본의 사진들을 확보하였고, 클레어먼트에 본부를 둔 나그 함마디 프로젝트에 참여할 연구원들을 38명까지 확대하였다. 그는 사본들을 할당해 1970년까지 번역본들을 산출해 내게 하였다. 이로써 프로젝트에 함께 참여한 연구자들에게 번역본들이 배포됨에 따라 나그 함마디 문서의 독점화를 깨뜨리는 중요한 발판이 마련되었다.

그 후로 나그 함마디 문서는 1980년까지 사진판 영인본이 모두 출판되었다. 그리하여 문서를 발견한 지 35년이 지난 뒤에야 비로소 나그 함마디 문서는 세상에 완벽히 공개되었다. 나그 함마디 문서의 독일어판은 1977년에 제임스 M. 로빈슨에 의해 출판된 영문판이 나온 지 20년이 지난 뒤인 1997년에 이르러서야 출판되었다. 그 후에 나그 함마디 문서에 실려 있는 문서들 중 일부는 여러 나라의 연구자들에 의해 여러 나라말로 번역되었다.

제임스 M. 로빈슨은 기술분과 위원회를 조직해서 나그 함마디 문서의 모든 재료를 사진 작업화하고, 완전한 파일들로 만들어서 클레어먼트 대학교로 보내었다. 그러나 각 사본의 조각들을 제자리에 위치시키고 이것들을 연속해서 일련화시키는 작업을 완성하기에는 아직 거리가 멀었다. 그러나 이후 2년 이상이 걸려서 이 프로젝트는 완성되었다.

나그 함마디 문서는 1945년에 발견되었지만 1970년까지 독점화가 이루어졌다. 하지만 1970년에 제임스 M. 로빈슨이 나그 함마디 문서 프로젝트를 진행하면서 나그 함마디 문서 사본들과 번역본들이 나그 함마디 학자들에게 배포되어 독점화의 시대가 끝났다. 1970년부터 1995년까지는 나그 함마디 문서는 NHL시리즈로 모두 출간되는 작업이 이루어졌다. 그러는 와중에 1979년에 성서 고고학자인 해리 프랭크(Harry Thomas Frank)는 나그 함마디 문서를 쿰란 문서와 비교하기도 하였지만, 안타깝게도 그 이듬해에 암으로 투병하다가 47세의 일기로 죽었다. 이후에 제임스 M. 로빈슨은 1991년 9년 12일에 두 개의 쿰란 문서의 사진판을 출판했다. 그리고 그는 1991년 11월 19일에 이 문서를 소개했고, 나그 함마디 문서와 쿰란 문서에 관한 연구를 계속해 오면서 1995년에 세계성서학회(SBL) 연례회의를 끝으로 예수말씀 복음서 Q에 대한 비평적인 문서도 재구성하여 2000년에 *The Critical Edition of Q*라는 책으로 독일과 미국 출판사를 통해서 동시에 출판하였다.

나그 함마디 코텍스의 사진판(*The Facsimile Edition of the Nag Hammadi Codices*)은 *Codex* VI의 등장과 함께 1972년부터 출판하기 시작했다. 그리고 13개 사본 중 마지막 사본의 출판, 코덱스 IX, X 등을 포함하는 2권의 사진판은 1977년에 출판되었으며, 샌프란시스코에서 열리는 세계종교학회/세계성서학회(AAR/SBL) 연례회의에서 발표되었다. 이로써 나그 함마디 문서 13권의 모든 사본이 공개적으로 사진판으로 드러나게 되었다. 그리고 이와 동시에 나그 함마디 문서 영문판 *The Nag Hammadi Library in English*가 1977년 12월에 출판되었다. 그 이후로 3번(1977, 1988, 1990)의 출판이 이루어졌고, 10만 부 이상이 팔리는 베스트셀러가 되었다.[16]

1995년에 50년사를 맞이한 연구단계에서 첫 번째 절반의 시기인 25주년이던 1970년까지 나그 함마디 문서의 약 3분의 1만이 출판되었다. 그중에서도 5분의 1만이 영어번역이 이루어졌는데, 이는 의심할 여지없이 영어권 독점은 없었기 때문이다. 나그 함마디 문서에 관한 연구가 모든 학문적 공동체에 완벽히 개방된 것은 50년의 두 번째 절반이 시작되던 1970년이 이르러서

---

16) 그 후에 사본들, 번역들, 주석들 등에 관한 연구와 전체 나그 함마디 문서에 대한 목차들이 뒤따르고 각 사본에 대한 서론들이 첨부된 14권의 중요한 편집본은 《이집트인의 복음서》와 함께 1975년부터 출판되기 시작했다. 그리고 《요한의 비사》의 마지막 2권과 코덱스 VII가 이어서 출판되었는데, 제임스 M. 로빈슨은 국제성서학회(SBL) 연례회의에 기념 강연함으로써 나그 함마디 문서 발견 50주년이 되는 1995년을 기념하는 해로 선포하였을 뿐만 아니라, 나그 함마디 문서와 관련된 모든 문서[나그 함마디 문서에 발견되지 않은 콥트어 문서인 《마리아 복음서》(BG 8502, 1)와 《베드로행전》(BG 8502, 4)까지 포함]의 중요한 편집본의 완결을 축하하는 해로 만들었다.

야 비로소 가능하게 되었다. 그로부터 또다시 20년이 흘러서 제임스 M. 로빈슨은 나그 함마디 문서의 발견 70년을 한해 앞두고 그 문서에 얽힌 뒷이야기를 담은 *The Nag Hammadi Story*를 2014년에 출판하였다.[17] 아쉽게도 그는 나그 함마디 문서 연구 작업을 하면서 동료 학자들과 찍은 어마어마한 사진에 설명과 더불어 숨겨진 이야기를 기록하고자 하였지만, 하나님의 부르심을 받아서 제자인 필자가 그 사진을 모두 소장하고 있는데 머지않아 *The Nag Hammadi Memory*란 이름으로 출판될 예정인데, 그것에 앞서서 생전에 사진을 본 장에 활용하도록 그가 허락해 주었다.

제임스 M. 로빈슨은 나그 함마디 문서에서 《도마복음서》(*The Gospel of Thomas*)를 중요하게 여기고 연구했다. 왜냐하면 이 복음서는 정경 복음서에 의존하고 있으므로 비영지주의 문서이다. 비록 《도마복음서》를 성서학자들 사이에서 영지주의 문서라고 오랫동안 간주하였지만, 그런 와중에서도 신약성경과 긴밀히 연결되어 있다는 사실을 처음으로 주목한 학자는 퀴스펠(Quispel)이다.[18] 지금까지 많은 학자가 나그 함마디 문서가 플라톤 철학에 영향을 받은 영지주의의 자료를 기초로 하여 각색되었다고 간주하였다. 그러나 《도마복음서》는 정경복음서 전승에 기초를 두고 있다. 제임스 M. 로빈슨은 《도마복음서》가 분명하게 예수말씀을 포함하고 있다고 간주하고 그 연구를 계속해 왔다. 필자가 보기에도 《도마복음서》는 분명 신약성경의 내용을 알레고리화하지 않은 비유들을 포함하고 있다. 이러한 연구 끝에 1984년에 모인 유럽 성서학회(The Society for New Testament Studies)에서 그 내용이 설명되었다. 또한 그 결과로 1988년에는 존 클로펜보그(John S. Kloppenborg)의 《예수말씀복음서 Q 평행구절들》(*Q Parallels*)이란 책이 미국뿐만 아니라 전 세계에서 주목받았다. 이로써 존 클로펜보그에 의해 일반인들도 쉽게 예수말씀복음서 Q와 《도마복음

---

17) James M. Robinson, *The Nag Hammadi Story, 2 vols* (Leiden; Boston: Brill, 2014).
18) 참고, Gilles Quispel, "The Gospel of Thomas and the New Testament," *Vigiliae Christianae* II (1957): 198-207.

서》의 평행구절들을 사용할 수 있게 되었고 그와 관련된 예수 말씀의 연구가 오늘날까지 활발하게 진행되는 도화선이 되었다. 그로부터 10년 후인 1995년 체코(The Czech Republic)에서 열린 유럽성서학회는 콥트어로 기록된 《도마복음서》의 평행구절이 포함된 쿠르트 알란트(Kurt Aland)의 다섯 번째 개정판인 《공관복음 대조연구서》(Synopsis Quattuor Evangeliorum)를 소개하였다.

제임스 M. 로빈슨과 그의 학파(Robinsonian)는 이 문서를 지난 78년간 연구를 하면서, 이 문서가 단지 영지주의적 이단의 문서가 아니라는 사실을 점차적으로 인식하기 시작했다. 그러면 다음의 항목에서 이단 문서나 영지주의 문서가 아니라는 사실을 구체적으로 밝혀주는 《도마복음서》를 연구하면서 나그함마디 문서의 비영지주의적 새로운 특징을 고찰해 보고자 한다.

3. 《도마복음서》에 대한 비영지주의적 접근

1) 발견

《도마복음서》가 나그 함마디(Nag Hammadi)에서 발견된 문서 중에서 가장 중요하다는 사실을 최초로 주장한 학자는 장 도레쓰(J. Doresse)이다. 그는 《도마복음서》에 대해 카이로에서 파리에 있는 앙리-챨리 퓌에쉬(Henri-Charles Puech)에게 보낸 편지로 이 같은 사실을 처음으로 언급하였다.[19] 이 문서가 이미 시리아어로는 영지주의 문헌으로 채색되어 알려졌지만,[20] 콥트어로 된 《도마복음서》의 발견은 아마도 신약성경과 초기 그리스도교의 기원에 관한 연구에서 있어서 가장 중요하다고 해도 과언이 아니다. 그래서 오늘날 몇몇 학자는 나그 함마디 문서 가운데 《도마복음서》를 영지주의적 경향성을 가지고 있지 않은 문서로 간주하기도 한다.[21]

---

19) 참고, James M. Robinson, *The Nag Hammadi Story*, vol. 2 (Leiden; Boston: Brill, 2014), 799.
20) 이 같은 사실은 퓌에쉬가 로마의 히폴리투스를 인용하여 시리아어 역본인 《도마복음서》에 대해 나자린파나 영지주의 교단의 문서라고 암시한 것이 처음이다. 참고, James M. Robinson, *The Nag Hammadi Story*, vol. 2, 800.

나그 함마디 문서는 당시 1세기와 2세기의 이집트에서 매우 다양한 종교적 배경을 지닌 혼합주의적 특징을 보이고 있다.[22] 이 문서들 중에서 제일 중요한 것을 든다면 그것은 단연 제2권(코덱스 II)의 《도마복음서》[23]일 것이다. 나그 함마디에서 발견된 이 문서는 콥트어로 되어 있는 완성본이다. 284mm×158mm의 파피루스로 된 이 책은 현재 카이로에 있는 콥트 박물관에 분류번호 10544로 보관되어 있다. 나그 함마디 문서의 발견으로 인해서 《도마복음서》가 콥트어로 세상에 그 얼굴을 드러냈지만, 1772년 영국의 한 고문서 수집가 아스큐(A. Askew)가 사들인 콥트어 문서 《피스티스 소피아》(Pistis Sophia)[24]의 42-43장에 의하면, 부활 후에 예수께서는 빌립과 마태 외에 도마에게도 자신의 말씀을 기록하라고 하셨다.[25] 233년에 오리게누스는 《누가복음주석》에서 《도마복음서》가 존재했음을 언급하고 있다.[26]

1897년에 영국의 두 명의 탐험가인 그렌펠(B. P. Grenfell)과 헌트(A. S. Hunt)는 나그 함마디 문서를 발견하기 48년 전에 나그 함마디로부터 200km 하류에 위치한 옥시린쿠스(Oxyrhynchus)에서 헬라어로 기록된 고대 파피루스 단편들을 발견했다. 그 후 1945년에 나그 함마디 문서들이 발견되고 나서 그렌펠과 헌트가 그 전에 발견한 것이 나그 함마디에서 발견된 《도마복음서》의 단편임을 알게 되었다. 이들이 발견한 파피루스 문서는 헬라어로 세 개의 파피루스 단편(Fragment)은 각각 POxy I (파피루스 옥시린쿠스 I), POxy 654(파피루스 옥시린쿠스 654) 그리고 POxy 655(파피루스 옥시린쿠스 655) 등으로 명명되었다.

---

21) R. M. Grant and D. N. Freedman, *The Secret Sayings of Jesus* (Garden City: Doubleday, 1960), 71; R. M. Grant, *"Two Gnostic Gospels,"* JBL 79 (1960): 10.

22) P. Perkins, *The Gnostic Dialogue* (New York: Paulist, 1980), 12.

23) James M. Robinson, *The Nag Hammadi Library in English*, 22-26.

24) *Die Pistis Sophia; Die beiden Bücher des Jeu; Unbekanntes altgnostisches Werk* Volume 1 of Koptisch-Gnostische Schriften, volume 45 (13) in Texte und Untersuchungen zur Geschichte der altchristlichen Literatur (ed. Carl Schmidt; Berlin: Akademie Verlag, 1905; ed. Walter Till 1954² and 1959³).

25) Carl Schmidt and Violet MacDermot, *Pistis Sophia*. NHS IX (Leiden: E. J. Brill, 1978), 71.

26) 유병우, "도마복음서의 이해", 《교수논문집》 제6집(2002년 11월호): 141쪽.

2) 도마 전승과 문학적 장르

《피스티스 소피아》 42장과 《도마복음서》 로기온 13장에서 도마는 외관, 존경받는 사역, 그의 운명 등에서 예수의 쌍둥이(Didymus) 동생에 견주지만, 사실은 《도마복음서》가 예수말씀 전승과 유사하기에 붙여진 이름이라고 평가하는 것이 정당하다. 《도마복음서》와 비견할 만한 다른 신약 외경인 《도마행전》에서 도마는 특별한 비밀계시의 수혜자와 중재자로 소개된다. 사실 《도마복음서》에서 도마는 그 자신이 구세주의 기능을 가지지는 않는다. 압가르 전설(Abgar-legend)[27]은 그 기원을 도마가 에데사(Edessa)에서 복음을 전파하는 것에까지 거슬러 올라가게 한다. 도마는 동부 시리아인 에데사에서 특별한 존경을 받고 있었다. 그러므로 그의 뼈들은 4세기까지 보존되었다. 이 전승은 이미 유세비우스에 의해 지지되었다(Eusebius, *Hist. eccl.*, 1.13). 이에 더하여, 《클레멘트 위서》(Pseudo-Clementines, R. IX. 29)는 도마가 카스피해 남동쪽에 있었던 옛 왕국이었던 파르티아(Parthia)의 사도라고 주장하기도 한다. 그가 첫 번째 인도의 사도로 갔다는 주장이 《도마행전》에서도 나타난다. 전설적인 전승에 의하면, 그는 참으로 훌륭한 역사적 인물인 군다포루스 왕과 더불어 회자할 만큼 능숙한 사람으로 소개된다.[28] 그러나 그가 북인도와 시리아 사이를 왕래하며 활발한 문화와 상업에 종사하였다는 실크로드의 대상과 다소 연결된 내용은 사실성이 떨어진다.

《도마행전》은 도마의 순교적 죽음과 에데사에 도마의 뼈들을 이송시켰다고 하는 전설까지 가미함으로써 도마가 예수의 가장 가까운 제자들 가운데 하나로 활약하였다고 전한다. 도마는 메소포타미아를 가로지르며 교회들을 창설하였고, 인도까지 가는 모험도 한다. 도마는 시리아 교회에서 특별한 존경

---

27) 압가르 우카마(우카마는 흑인이라는 뜻이다)는 기원전 4년부터 서기 50년까지 에데사를 다스린 왕으로 그의 통치 기간이 예수와 일치하는 부분이 있다. 압가르는 예수에게 편지를 써 보내서 자기의 병을 고쳐 달라고 간청하기도 하였다. 참고, 소기천, 《예수말씀복음서 Q 개론》 (서울: 대한기독교서회, 2004, 2010), 174-175쪽.

28) 소기천, 《신학자와 떠나는 신약여행》 (서울: 생명나무, 2004), 111쪽.

을 받고 있었다. 동방에서는 유다 사도를 도마라 부르지만, 서방에서는 도마 또는 도마 디디무스라고 한다. 《도마행전》은 사도 도마의 여행기를 담고 있다. 흥미로운 사실은 도마가 시리아 그리스도교뿐만 아니라, 마니교에서도 전례전(典禮的)을 집행할 정도로 숭배의 대상이 되고 있다는 것이다.[29]

《도마복음서》는 에데사의 '유다 도마'라는 사도의 이름을 빌려서 기록된 《도마행전》이나 《경쟁자 도마》의 전승과는 달리, 예수말씀의 전승을 보존하고 있다. 그러므로 《도마복음서》에 나타난 예수말씀의 전승은 에데사에 있었던 이단논쟁의 산물이 아니라, 에데사의 그리스도교가 전해 받은 유대 그리스도 교적 정통신앙이었다. 《도마복음서》에서 유대 그리스도교적 특징을 찾을 수 있다는 사실은 다름 아닌 《도마복음서》가 유대 그리스도교적 기초 위에 서 있는 예수말씀을 수집하고 보존하고 있는 문헌이라는 사실을 우리에게 충분히 확인시켜 주는 것이다. 《도마복음서》에 구약성경의 유대적 전통에 서 있는 구절들이 적어도 45개 정도가 된다.[30] 이러한 구절들은 《도마복음서》도 유대적 전통 위에서 예수말씀을 충실히 따라갔고, 적어도 에데사에 있었던 정통 그리스도교도 유대적 그리스도교를 계승하였다는 사실을 입증시켜 준다.

《도마복음서》는 제목을 '복음서'라고 기록하지만, 신약성경에 기록되어 있는 복음서들과는 차이가 많다. 가장 중요한 차이점은 《도마복음서》 로기온 1부터 114까지 모든 구절에서 예수의 공생애에 관한 내러티브가 없다는 사실 이다. 사실상 《도마복음서》는 예수말씀의 수집물, 다시 말하면 말씀들을 모아 놓은 것이다. POxy I 과 POxy 654가 헬라 격언문학과 양식적 평행관계가 있 기에 《도마복음서》를 이런 유형의 문학양식으로 규정하는 것은 자연스러운 일이다. 곧 《도마복음서》가 보여주고 있는 예수말씀을 경구, 비유, 예언말씀, 공동체에게 주는 조언 형식 등에 연결할 수 있다. 이 모든 내용을 《도마복음 서》는 예수말씀이라는 짤막한 구절 속에 함축시켜 놓았다.

---

29) Madeleine Scopello, 이수민 역, 《영지주의자들》 (서울: 한님성서연구소, 2006), 76쪽.
30) 소기천, 《예수말씀복음서 Q 개론》, 182-184쪽.

파피루스 옥시린쿠스에서 발견된 《도마복음서》에 관한 세 가지 단편들이 보여주는 본문들은 나그 함마디에서 발견된 《도마복음서》인 Codex Ⅱ와는 완전하게 일치하지 않는다. 예를 들면, 헬라어 단편인 POxy Ⅰ은 콥트어 역본 로기온 30과 77의 일부분이 연속적인 순서로 되어 있다. 그리고 또 다른 단편인 POxy 655는 콥트어 본문 로기온 36보다 더 길게 되어 있다.[31] 이것으로 미루어 보아, 복음서의 내러티브나 대화형식과 같은 문학양식이 《도마복음서》에 없는 것은 《도마복음서》가 단순한 수집물이었기 때문일 것이다.

3) 도마전승과 구별되는 《도마복음서》의 비영지주의 성격

1934년에 바우어에게 3세기의 문헌으로 알려진 《도마행전》은 우리에게 동부 시리아의 중심지인 에데사(Edessa)의 그리스도교와 어떤 연결점이 있음을 불러일으켜 주었다.[32] 그러나 1945년 나그 함마디에서 발견된 《도마복음서》는 과연 에데사와 어떤 연관이 있을까? 쾨스터는 다음의 세 가지를 중시하면서 《도마복음서》의 에데사 연관성을 조금도 의심치 않는다.

첫째, 콥트어로 된 《도마복음서》는 "쌍둥이(디두모) 유다 도마"를 언급하는데, 이는 《경쟁자 도마》라는 책에서도 예수말씀이 "유다 도마"에게 말해지고 있기 때문에, 상호 연관성이 있다. 사도 도마를 "유다 도마"로 부르는 호칭은 안디옥 인근의 오스로외네 지역에서만 등장한다. 둘째, 《도마행전》은 마니교 이천의 전승을 보여주면서 그리스도교 영지주의와 마니교 영지주의 사이에 위치하는 특징이 있다. 마니교도들은 《도마행전》과 더불어 사도행전을 사용하였는데, 이 책들은 나그 함마디에서 발견된 《도마복음서》와 더불어 주요

---

31) B. Layton (ed), *Nag Hammadi Codex II 2-7, Together with XIII, 2, Brit. Lib or, 4926 (1), and P. Oxy I, 654, 655: With Contributions by Many Scholars, Vol. I/II, CGLib, NHS XX, XXI* (Leiden: Brill, 1989), 99-101.

32) 바우어는 《바울행전》과 《베드로행전》도 에데사의 그리스도교회와 깊은 연관성이 있다고 주장하였다. 참고, Walter Bauer, *Rechtgläubigkeit und Ketzerei im ältesten Christentum*. Beiträge zur historischen Theologie, vol. 10 (Tübingen: Mohr/Siebeck, 1934). ET: *Orthodoxy and Heresy in Earliest Christianity*. New Testament Library (London: SCM Press, 1971), 40-42.

마니교의 경전에 들어 있다. 이 점을 중시할 때,《도마복음서》는 이집트보다는 에데사로부터 마니교도들에게 들어간 것이다. 셋째,《도마복음서》는 오스로외네 지역에서 3세기 초에 쓰인《도마행전》의 저자가 사용한 것이 분명하며, 이러한 연유로《도마복음서》는 2세기경의 동부 시리아 도마전승에 직접 연결되는 대표적 문헌이다.[33]

이상의 내용에 근거하여 쾨스터는 콥트어로 된《도마복음서》가 에데사와 그 주변의 환경에서 비롯되었다고 주장한다. 그래서 쾨스터는《도마복음서》가 에데사의 가장 오래된 예수말씀의 전승일 가능성을 주목하면서 POxy. I, 654, 655 등의 연대와 거의 동시대인 150년경이나 그 이전으로《도마복음서》의 연대를 추정한다. 쾨스터에 의하면,《도마복음서》는 에데사 지역의 그리스도교 중에서 가장 오래된 형태의 복음서로서 후에 마르시온과 동방정교회의 전통으로 이어져 내려갔다.[34] 지금까지도 동방교회의 중심에는 옛 카이로의 콥트교단이 있다. 그러나 쾨스터가 콥트어로 번역된《도마복음서》의 연대를 헬라어 사본인 POxy. I, 654, 655 등의 시기와 거의 동시대로 잡은 것은 사본의 전달과 번역과정을 중시하지 않는 오류를 범한 것이다.

《도마복음서》에 '영지주의적 성향'이 어느 정도 깔린 것은 사실이다. 그러나 이러한 성향은 단지 고대 문서에 보편적으로 나타나는 이원론과 연결된 일반적인 영지주의적 성향이므로 바르벨로나 발렌티누스의 영지주의 체계와는 근본적으로 다른 성격이다. 특히《도마복음서》에 나타나 있는 예수말씀 전승은 주로 문학 장르상으로 유대 지혜전승의 영향을 받고 있는 '지혜자들의 말씀들'에 그 근거를 두고 있는 점에서, 예수말씀 복음서 Q와 동일한 특징을 가지고 있다.[35]《도마복음서》에 수집된 로기온 역시 예수말씀을 전승시키려는 의도에 의해 편집된 것이기 때문이다.《도마복음서》에는 Q의 지혜의 말씀

33) Helmut Koester, "*Gnomai Diaphoroi*: The Origin and Nature of Diversification in the History of Early Christianity," *Trajectories through Early Christianity*, eds. James M. Robinson and Helmut Koester (Philadelphia: Fortress Press, 1971), 127-128.
34) Helmut Koester, "*Gnomai Diaphoroi*," 129-133.

과 예언적 말씀이 비유나 격언 혹은 다른 말씀과 더불어 50회 정도 Q와 같은 말씀들로 전해지고 있다.[36) Q와 《도마복음서》의 이러한 공통점은 양자 사이의 구두전승이 상호 일치하기 때문이다.

영지주의를 연구함에 있어서 《도마복음서》가 끼치는 영향은 지대하다. 영지주의에 대한 연구는 1946년 나그 함마디 문서의 발견으로 신기원이 열렸다고 해도 과언이 아닐 것이다. 마이캘리스(W. Michaelis)와 새퍼(K. Th. Schäfer)는 영지주의와 비교하면서 《도마복음서》가 영지주의의 영향을 받았음을 강조한다.[37) 곧 《도마복음서》의 마지막 편집자가 영지주의자라고 한다.

필자는 《도마복음서》를 영지주의 문서라고 보지 않고, 오히려 영지주의적인 교리에 부합하지 않는다고 생각한다. 물론 나그 함마디 문서 중에는 플라톤의 《국가론》을 부분적으로 변경시켜서 번역한 것도 있다. 곧 NHC VI,5에 보면 플라톤의 《국가론》을 발췌한다. 물론 콥트어로 된 나그 함마디 문서의 《국가론》은 '영혼의 순례'에 관한 소크라테스(Socrates)의 비유의 한 부분을 아주 다르게 변경시켜 번역한 것이다. 그러므로 엄밀하게 말하자면 전형적인 영지주의 해석과는 그 틀이 다르다. 이런 이유로 나그 함마디 문서 전체를 영지주의 문서라고 단정하기에는 프랑스의 영지주의 학자인 도레쓰 이래로 학계가 너무 성급하게 일반화한 결론이다.

슈라거가 《도마복음서》와 사히딕 콥트어로 된 《도마복음서》를 비교한 후에, 《도마복음서》는 사히딕 콥트어로 된 신약성경으로부터 예수말씀을 받았다고 결론을 지음으로써, 《도마복음서》의 공관복음서에 대한 의존성을 처음으로 주장하였다.[38) 그러나 그럴 때도 공관복음서 사본이 《도마복음서》보다

---

35) 참고, James M. Robinson, "ΛΟΓΟΙ ΣΟΦΟΝ, Zur Gattung der Spruchquelle Q," Zeit und Geschichte. Dankesgabe an Rudolf Bultmann (Tübingen: J.C.B. Mohr, 1964), 95-96. ET: "LOGOI SOPHON: On the Gattung of Q," Trajectories through Early Christianity (Philadelphia: Fortress Press, 1971), 112-113. 참고, Helmut Koester, "Gnomai Diaphoroi," 135-137.

36) 소기천, 《예수말씀의 전승궤도》, 139-141쪽.

37) W. Michaelis, Das Thomasevangelium (Stuttgart, 1960); K. Th. Schäfer, Bible und Leben I (1960), 62ff.

앞서야 하는데, 가장 이른 공관복음서 사본은 대개 3세기경으로 추정되지만 《도마복음서》는 2세기경에 있었다.[39] 쾨스터는 《도마복음서》가 문자로 쓰인 선행(先行) 내러티브를 전제하지 않았다고 말함으로써,[40] 《도마복음서》가 공관복음서 전승에 의존하였을 것이라는 가설을 일축해 버렸다.

이렇게 과거에 《도마복음서》를 영지주의적 문서로 당연시하며 그 기록 연대를 2세기 이후로 정하여 《도마복음서》가 공관복음서에 의존해 있다고 말하였던 경향과는 달리,[41] 오늘날 많은 학자는 나그 함마디 문서 가운데 《도마복음서》를 영지주의적 경향성을 가지고 있지 않은 문서로 간주하려고 한다.[42] 2세기 중엽에 에데사에 《디아테사론》이라는 복음서가 전해질 때, 이미 《도마복음서》가 그곳에 전해져 있었다. 마르시온 추종자들과 논쟁을 벌였던 바데사네스파가 에데사에 《디아테사론》을 전해 주었지만, 이미 그곳에 벌써 예수말씀의 전승인 《도마복음서》가 전해져 있었기 때문에, 에데사의 그리스도인들은 《도마복음서》를 통해서 영지주의적 이단들을 경계하였고, 사도들의 신앙에 근거한 신앙의 정통성을 계승해 나갈 수 있었다.

이미 언급한 대로 쾨스터는 처음에 시리아 역본으로 알려진 《도마복음서》를 연구하다가 콥트어 역본과 연결을 지으면서 당연하게 그 문서를 영지주의적 문서로 간주하고 그 기록 시기를 150년경으로 추정하였다. 그러나 세계

---

38) W. Schrage, *Das Verhältnis des Thomas-Evangelium zur synoptischen Tradition und zu den koptischen Evangelienübersetzungen: Zugleich ein Beitrg zur gnotischen Synoptikerdeutung.* BZNW 29 (Berlin: Töpelmann, 1964).

39) B. Metzger, *The Text of the New Testament: Its Transmission, Corruption, and Restoration* (New York: Oxford University Press, 1964), 79-81.

40) Helmut Koester, "Three Thomas Parables," *The New Testament and Gnosis: Essays in Honour of Robert Mcl. Wilson*, eds. A. H. B. Logan and A. J. M. Wedderburn (Edinburgh: T. & T. Clark, 1983), 195-203.

41) S. L. Davies, *The Gospel of Thomas and Christian Wisdom* (New York: The Seabury Press, 1983), 33. 그래서 데이비스는 《도마복음서》가 2세기 이후의 영지주의적 특징을 보이고 있다고 결론지었다.

42) G. Quispel, "*The Gospel of Thomas and the New Testament,*" vig, Chr. II (1957): 89-207; R. M. Grant and D. N. Freedman, T*he Secret Sayings of Jesus,* 71; G. C. Quispel, *Makarius: das Thomasevangelium, und das Lied von der Perle* (Leiden: E. J. Brill, 1967), 7-8.

성서학회의 도마연구 분과가 1994년부터 활성화되면서 그 태도를 바꾸어서 《도마복음서》의 콥트어 역본이 처음으로 헬라어로 수집되고 후에 콥트어로 번역된 시기, 곧 마가복음이 기록되던 시기와 마찬가지인 70년경으로 수정하였다. 이렇게 《도마복음서》의 기록 연대가 150년에서 70년으로 앞당겨짐으로 《도마복음서》가 비영지주의 문헌이라는 주장에 힘이 실리게 되었다.[43]

블라츠(Beats Blatz)는 POxy I (파피루스 옥시린쿠스 I), POxy 654(파피루스 옥시린쿠스 654), 그리고 POxy 655(파피루스 옥시린쿠스 655)라는 이들 《도마복음서》 단편들을 모두 영지주의적 경향성을 지닌 예수말씀이라고 간주한다.[44] 그러나 이 문서들은 모두 헬라어로 기록되어 있다. 그리고 이 문서는 바로 콥트어로 번역되었다. 이로써 이 세 문서가 모두 단편이므로 헬라어 원본을 복원하기 위해서는 현재 나그 함마디 문서의 제 2권(Codex II)인 콥트어로 번역된 《도마복음서》본문을 토대로 헬라어 《도마복음서》를 복원하는 작업을 신중하게 진행해야 한다는 견해가 성서학계에 새롭게 대두되고 있다.

《도마복음서》인 Codex II는 로기온 1부터 로기온 114절이 모두 콥트어로 기록되어 있지만, 헬라어로 기록된 옥시린쿠스(Oxyrhynchus) 사본은 모두 단편으로 POxy I 는 《도마복음서》 로기아 26-30, 77, 31-33이고, POxy 654는 《도마복음서》 로기아 1-7이고, POxy 655는 《도마복음서》 로기아 36-40 뿐이다.

POxy I 는 1897년에 이집트에서 발견되었다. POxy I 의 기록 시기는 200년 직후라고 할 수 있고, 중부 이집트 베네사(Behnesa)에서부터 왔다. 그리고 POxy 654는 2세기 말이나 3세기 초에 유행했던 보기 좋은 대문자 사본으로 기록되었고, "예수께서 말씀하신다"라는 형식과 함께 소개되었다. 또한 POxy 655에는 1897년과 1904년 사이에 그렌펠(B. P. Grenfell)과 헌트(A. S.

---

43) Ky-Chun So, "A Study of Thomas Christianity." *Korean Presbyterian Journal of Theology.* Vol. 8 (May 2008): 25-46.

44) Beats Blatz, "The Coptic Gospel of Thomas," in *New Testament Apocrypha*, Wilhelm Schneemelcher (ed.) vol. 1 (Louisville: Westminster, 1990), 111.

Hunt)가 편찬한 파피루스 옥시린쿠스 가운데 2-3세기 파피루스 단편들도 몇 조각 포함되었다. 여기서도 흥미로운 것은 POxy 655가 예수말씀을 수집하고 있다는 사실이다.[45] POxy 655는 사본상으로는 2세기경의 문서이지만, 이와 동일한 구절인 《도마복음서》의 로기온 36은 예수말씀복음서 Q 12:22-21보다 그 전승이 이른 것이다.[46]

파피루스 옥시린쿠스 단편들 중에서 몇 구절은 그 내용이 의심되기에 온전한 원본을 복원하기가 쉬운 작업이 아니겠지만, 원본이 헬라어라는 것은 의심의 여지가 없다. 푸에쉬(Puech)[47]는 이 콥트어 본문으로부터 헬라어 원본을 재구성하기를 시도하기도 했다. 이에 더하여 어떤 학자들[48]은 《도마복음서》의 로기온 일부를 《이집트인의 복음서》나 《히브리인의 복음서》로 간주하기도 한다. 이처럼 《도마복음서》가 예수말씀의 수집물들이었으므로 그 전승과정에서 처음에 헬라어에서 나중에 콥트어로 번역되었다는 사실이다. 이러한 과정에서 새로운 말씀들이 첨가되거나 삭제되기도 하고 변형되기도 하였다. 그러므로 여러 시대에 걸쳐서 많은 역본이 나타나게 되었다.

콥트어 본문을 기초로 학자들이 《도마복음서》를 헬라어 본문으로 복원하는 것은 참으로 중요한 작업이다. 그러나 콥트어 본문은 신약성경이 정경으로 채택되기 이전인 4세기에 오늘날 나그 함마디에서 발견된 파피루스 형태로 기록되었다는 점을 고려한다면, 이미 콥트어 역본 그 자체가 고대성과 역사성을 가지고 있다. 그러므로 《도마복음서》의 헬라어 원본 전체도 발견되지 않

---

45) James M. Robinson, *The Naghammadi Library in English*, 97-116.

46) James M. Robinson, "The Pre-Q Text of the (Ravens and) Lilies: Q 12:22-21 and P. Oxy. 655 (Gos. Thom. 36)," *Text and Geschichte*. Marburger Theologische Studien (Marburg: N. G. Elwert Verlag, 1999), 143-180.

47) Henri-Charles Puech, "La Gnose et le temps," *Erjb 1951* (Zürich, 1952): 57-113 (Scholer 528). It was reprinted in his collected essays, *En quête de la Gnose, I. La Gnose et le temps et autres essais*, Bibliothèque des Sciences Humaines (Paris: Gallimard, 1978), 215-70 (Scholer 3043). The English translation: "Gnosis and Time," *Man and Time: Papers from the Eranos Yearbooks*, ed. J. Campbell: Bollingen Series 30.3 (New York: Pantheon Books, 1957): 38-84 (Scholer 529).

48) J. K. Elliott, *The Apocryphal New Testament: a Collection of Apocryphal Christian Literature in an English Translation* (Oxford : Clarendon, 1993), 123-135.

고 단지 헬라어 사본들 3개만 파피루스 옥시린쿠스로 전해진 상황에서 70년
경에 콥트어로 기록된 《도마복음서》가 마가복음과 마찬가지로 70년경에 기록
되었다는 주장은 가설이지만, 현대 신약학계가 1945년에 발견하여 처음에 콥
트어로 기록된 나그 함마디 문서 중에서 《도마복음서》를 비영지주의 문서[49]
로 간주하도록 하는 것은 설득력이 있다.

4. 결론

나그 함마디 문서의 존재가 알려진 1945년 이후에 신약학 연구는 새로운
전기를 맞이하게 되었다. 첫째, 과거의 신약학 연구는 헬라어 중심으로 전개되
었지만, 이제는 콥트어를 필수적으로 다루면서 팔레스타인의 초기 그리스도
교뿐만 아니라, 시리아를 중심으로 전개되었던 초기 그리스도교에 이르기까
지 다양한 관심 사항이 대두되게 되었다. 둘째, 과거의 신약학 연구는 경전을
중심으로 전개되었지만, 이제는 구약 외경을 배경으로 신약으로 이어지는 접
근 방법뿐만 아니라, 나그 함마디 문서를 배경으로 초기 그리스도교의 비영지
주의적 경향까지 연구의 대상으로 삼게 되었다. 셋째, 나그 함마디 문서는 당
시 그리스도인들의 경건한 삶을 엿보게 해주는 간증 문학 혹은 신앙 문학으로
서의 가치도 가지고 있기에 역사적 예수 연구에 있어서 새로운 관심을 불러일
으키고 있다.

필자의 연구는 나그 함마디 문서의 초기 교회와 연관된 특징을 찾아내기
위해 나그 함마디의 문서의 기록시기와 저자, 나그 함마디 연구사, 나그 함마
디 문서 비영지주의적 연구의 새로운 흐름을 《도마복음서》의 개략적인 비영
지주의적 특징을 논지로 하여 제안하였다. 이로써 다음과 같은 결론을 내리고

---

49) 필자는 마리아 복음서와 빌립 복음서도 비영지주의 문헌으로 간주한다. 자세한 것은 소기천, "초기 그리
스도교 문서에 나타난 막달라 마리아의 사도적 정체성에 관한 연구," 《예수말씀연구》 제4권(한국Q학회
편, 2014년): 21-40쪽을 보라.

자 한다.

첫째, 나그 함마디 문서를 영지주의에 채색된 문서로만 이해해서는 안 된다는 것이다. 왜냐하면 나그 함마디 문서에는 바르벨로파가 견지하였던 영지주의 특징이 나타나지 않는 것을 볼 때, 나그 함마디 문서를 영지주의 공동체가 자신의 교리를 정착시키기 위하여 모은 문서라고 단정하기에는 무리가 따른다. 둘째, 나그 함마디 문서는 이집트 나일강 상류의 문서이다. 당시 이집트 지역은 다양하고 혼합주의적인 종교가 만연했던 지역이다. 이런 연유로 나그 함마디 문서가 살아남을 수 있지 않았을까 추정해 볼 수 있다. 다른 어떤 지역과는 달리 나그 함마디 문서가 나일강 유역에서 발견된 것은 혼합과 관용의 시대적 흐름이 있었기 때문이다. 그러므로 초기 교회가 자신의 영적 체험을 나름대로 기록한 문서가 나그 함마디 문서이다. 셋째, 사히딕 콥트어로 된 《도마복음서》는 신약성경과는 다른 예수말씀 전승을 받았다고 할 수 있다. 비록 《도마복음서》가 공관복음서와 다른 전승에 의존해 있지만, 일반적으로 구약성경을 거부한 영지주의와는 달리 구약성경에 상당히 의존하고 있기 때문에 비영지주의적 문서라고 평가할 수 있다. 그러므로 나그 함마디 문서를 플라톤 철학을 따르는 발렌티누스나 마르시온을 추종하던 세력들이 중시하던 영지주의 문서라고 보기에는 역부족이다.

나그 함마디 문서의 비영지주의적 고찰과 《도마복음서》를 연구하면서, 필자는 나그 함마디 문서를 영지주의 교리를 확립하기 위한 문서라고 단정하기 어렵다는 결론을 내린다. 이러한 연구는 필자가 현재 출판 준비 중인 《나그 함마디 문서 개론》(대한기독교서회)으로 좀 더 진전이 되어, 독자들이 초기 그리스도교의 비영지주의적 기원 곧 유대 그리스도교적 정통성이나 당시에 예수 말씀에 근거한 사도성의 시대가 지닌 특징에 대해 보다 넓은 시각을 가지기를 바라는 마음 간절하다.

IV. 《다빈치 코드》를 계기로 본 정경의 소중함[1]

2003년 3월 미국에서 출간된 뒤 한국을 비롯한 세계 여러 나라에서 베스트셀러가 된 댄 브라운(Brown, Dan)의 소설《다빈치 코드 *The Da Vinci Code*》가 5월 18일 동일한 제목의 영화 개봉을 앞두고 다시 한번 세계적인 반향을 일으켰다.

한국교회의 대응도 발 빨랐다. 2003년 4월에 한국기독교총연합회(대표회장 박종순·이하 한기총)는 서울중앙지법에 〈다빈치 코드〉의 상영금지 가처분 신청을 냈다. 이후 한기총은 "〈다빈치 코드〉의 제작사인 소니픽처스에 공문을 보내 영화 스토리 중 기독교와 관련된 부분이 사실과 다르다는 점을 상영 전에 공식적으로 밝혀줄 것과 해당 장면과 대사의 삭제를 요청했다."라고 밝혔다. 한기총이 삭제를 요구한 영화 장면 및 대사는 '교회가 남성 위주로 재편되는 과정에서 여성을 악으로 규정한 것, 성경은 인간의 수정작업을 거쳐 왜곡되었다는 것, 기독교는 이교도의 전통과 혼합된 종교라는 것, 예수가 막달라 마리아와 결혼했다'는 내용이다. 한기총의 이러한 활동은 교황청의 보이콧 선언과 함께 BBC에 보도되기도 했다.

한편 문화선교연구원은 〈다빈치 코드〉관련 세미나를 열어 한기총의 강

---

1) 이 장은 "〈다빈치 코드〉, 신학적으로 무엇이 문제인가?"《목회와 신학》통권 204호(2006년 6월호): 150-151에 실린 것을 수정 보완한 것이다.

경대응이 바람직하지 않다는 입장을 보였다. "비기독교인들이 기독교에 더욱 등을 돌리게 될 것이고 오히려 홍보효과만 부추긴 셈이 될 것"이라는 주장이다. 결국, 물리적 저지보다 논리적 대응이 필요하다는 것이다. 이번 일을 계기로 "교회가 미디어 교육에 적극 나서야 하며, 바른 신앙을 교육하는 기회로 삼자."라고 결론지었다.

이례적으로 시사회 없이 5월 18일 전세계 동시 개봉을 앞둔 〈다빈치 코드〉의 진실과 교회의 대처 방향에 대해 필자가 다양한 관점에서 문제점들을 진단하였다.

1. 내셔널 지오그래픽사의 유다 복음서 원본 공개와 영화 <다빈치 코드>의 개봉

성경을 반대하는 유형의 책들은 오래 전부터 있어왔다. 그 중에 관심을 끌고 있는 소설이 《다빈치 코드》다. 그 소설을 토대로 영화가 만들어졌다. 영화가 만들어지게 된 계기는 '반기독교적인 정서'다. 굳이 댄 브라운이라는 작가의 《다빈치 코드》가 문제가 되는 것은 역사소설이라는 형식을 취했기 때문이다. 작가가 "사실을 추적하는 내용"이라고 밝히고 있기 때문에 소설이 마치 역사적 사실인양 읽혀질 우려가 있다. 그것이 영화화되었기 때문에 그런 위험성이 배가됐다. 결과적으로 보면 반기독교적인 정서를 문학적 상상력을 이용해 영화로 만들었다고 볼 수 있다.

2. 《다빈치 코드》의 근거가 된 것은 빌립 복음서

빌립 복음서는 1945년 12월 나일강 상류의 나그 함마디(Nag Hammadi) 근처에 묻힌 항아리 속에서 발견됐다. 항아리 속에는 13권짜리 파피루스가 있었는데 그중 하나가 빌립 복음서다. 빌립 복음서에는 막달라 마리아가 제자 중에 특별한 위치를 차지하고 있는 것으로 묘사되어 있다. 이 점을 소설가 댄 브라운이 차용한 것이다.

《다빈치 코드》가 빌립 복음서의 내용을 인용하고 있다고 해서 마치 그런 복음서들이 경전에 있는 마태, 마가, 누가, 요한복음에 버금가는 복음서로 생각해서는 안 된다. 2천년 교회 역사가 지속돼 오면서 초기 기독교 시대 때 그런 문서들에 대해 이단이라고 결론을 내렸기 때문이다. 이레니우스가 180년 무렵에《이단 논박》이란 책을 통해서 이미 발표한 바 있다. 외경이라는 사실이 밝혀진 이상 그것을 근거로 쓴 소설을 사실이라고 인정할 수는 없다.

3.《다빈치 코드》를 통해 본 왜곡된 사실

예를 들면 "예수께서 막달라 마리아를 다른 제자들보다 사랑하셨다."라는 구절이 막달라 마리아 복음서에도 나오고 빌립 복음서에도 나온다. 다빈치 코드는 '더 사랑했다'는 말을 막달라 마리아가 예수의 부인이기 때문에 더 사랑했다는 말로 해석한다. 그 증거로 내세운 게 레오나르도 다빈치가 〈최후의 만찬〉을 그렸는데 예수의 오른편에 있는 사람이 예수의 부인인 막달라 마리아라는 주장이다. 전통적으로는 예수의 사랑을 가장 많이 받은 제자는 사도 요한으로 해석한다. 그런데 댄 브라운은 막달라 마리아가 예수 옆에 비스듬히 서 있는 구도가 M자를 연상하게 한다는 것이다. 다빈치가 의도적으로 그림에 코드를 넣어 놓았는데, 바로 막달라 마리아의 M자를 상징한다는 주장이다.

그 대목에서 실소를 금치 못했다. 왜냐하면 미소년도 얼마든지 있다. 이준기 씨도 〈왕의 남자〉를 통해서 여자보다 예쁜 남자로 알려지지 않는가. 이미 요한이 예수의 사랑받는 제자였고 그 품에 의지해 있다는 말은 그만큼 사랑스러운 제자라는 뜻이다. 성경이 증언하고 있다. 댄 브라운의 주장처럼 요한이 막달라 마리아였다면 〈최후의 만찬〉에서 요한은 어디에 있는가. 댄 브라운의 이런 주장이 실질적인 증거가 되는 듯하게 보이지만 다시 생각하면 허점을 발견할 수 있다.

댄 브라운의 말을 빌리면 '그리스도의 짝'이라는 표현을 쓰는데 책에서는 "시리아어로 아람어로 그리스도의 동반자를 의미한다. 그것은 곧 예수의 부인을 뜻한다."라고 밝혔다. 그것도 댄 브라운의 실수다. 빌립 복음서 등은 시리아어나 아람어로 기록된 문서가 아니다. 헬라어로 기록된 문서가 콥트어(고대 애굽어)로 번역되었다. 콥트어로 그리스도의 짝이란 말은 '코이노노스'다. 배우자란 말이 아니라 친구, 일꾼, 제자, 동역자, 사도라는 의미도 된다. 동역자지 커플이란 의미는 아니다. 그런 의미에서 댄 브라운은 소설에서 말장난하는 것이다.

4. 예수의 신성보다 인성에 집착

그것은 영지주의(靈知主義·Gnosticism) 교단의 교리상 특징이다. 댄 브라운은 기독교가 신성만 너무 강조했기 때문에 《다빈치 코드》를 통해 인성을 드러내겠다고 밝혔다. 그는 막달라 마리아와의 관계를 통해서 인간적인 모습을 극대화했다. 영지주의는 사실 이원론(二元論)을 바탕으로 했는데, 육신을 죄악시하고 영혼을 숭상했다. 댄 브라운은 육체를 숭상하고 예수의 인성을 극대화했지만 어떻게 보면 영지주의의 오류를 벗어나지 못했다고 볼 수 있다.

복음서를 보면 예수의 인성이 많이 기록되어 있다. 특히 마가복음은 다른 어떤 복음서보다 예수의 인성을 강조한다. 슬퍼하시고 고난 겪으시고, 배고파하시고, 괴로워하시고, 고통당하시는 공생애 동안 보여준 예수의 인간적인 모습이 적나라하게 나타나 있다. 그런 면에서 초기 기독교 신앙논쟁에 있어서 제일 먼저 불붙었던 논쟁이 소위 양성론(兩性論)이다. 예수의 신성만 강조하면 영지주의로 전락할 수 있다. 그러나 예수의 인성만 강조한다면 그것은 종교가 아니다. 위대한 스승이나 사상가를 추종하는 집단이 되고 만다. 초기 교회는 '예수는 참 하나님이면서 참 인간'이라는 양성론을 균형 있게 주장했다. 그런 점에서 기독론 논쟁에 《다빈치 코드》가 새롭게 불을 지폈다고 볼 수는 없다. 2천년 동안 있었던 해묵은 논쟁을 끄집어낸 것뿐이다.

5. 정통성을 반박하는 매스컴이나 영화

그런 일들은 꼭 부활절을 전후해서 이루어진다. 부활절 흥행이라는 말이
나올 정도다. 유다 복음서도 1980년에 이미 발견이 되었고 학자들은 알고 있
었다. 그런데 '엠바고(embargo 일정 시점까지의 발표 금지)'를 걸어놓았기 때문에 학
자들이 토론하면서도 논문으로는 쓸 수가 없었다. 왜냐하면 상업적으로 이용
해서는 안 된다는 평가를 내렸기 때문이다.

스위스 메세나 고미술 재단 측이 보관하고 있던 이 문서를 미국의 내셔널
지오그래픽 재단이 협력해 번역했다. 콥트어 원본 텍스트와 영어 번역본 텍스
트의 두 종류로 2006년 4월 6일 공개했다.

부활절 전이었다. 그때가 기독교인들이 제일 경건하게 성경에 집중할
때다. 시기적으로 이런 때 반기독교적인 문헌을 공개하면 그리스도인들과 비
그리스도인들의 관심을 동시에 불러일으킬 수 있다. 〈내셔널 지오그래픽〉 측
은 3백만 불이라는 어마어마한 돈을 주고 유다 복음서를 샀기 때문에 책의 흥
행을 위해서 또한 반기독교 정서를 퍼트리기 위해서 공개했다. 일종의 장삿
속이다.

6. 외경에 관한 관심

정경과 외경 논쟁은 이미 역사에서 판정이 내려진 논쟁이다. 다만 '초기
그리스도인들이 신앙문서처럼 읽었던 외경에 관해 관심을 가져야 하는가'에
대해 질문을 던질 수 있다. 외경이지만 관심을 가져야 하는 이유가 있다. '외경
을 통해 당시 사람들이, 정통 신앙과 다른 신앙 속에서 무슨 생각을 했을까'를
알 수 있다. 또 어떤 생각이 이단적인 생각이었고 어떤 신앙이 정통신앙에 위

배되는 내용이었나를 그 당시 외경을 통해 확인할 수 있다. 지역마다 공동체마다 선호하는 신앙의 특징이 달랐고 다양했다. 그것을 통해 이단이라는 것은 과거에만 있었던 것이 아니라는 것을 알 수 있다. 그런 운동이 지금도 일어나고 있다. 지금 이단을 보면 고문서 속에 있는 외경을 추종했던 이단들의 전통을 오늘날에도 계승하고 있다. 그러니까 우리가 고대 문서를 올바로 보게 되면 오늘 현장에서 일어나고 있는 잘못된 운동들의 실체를 명확하게 알 수 있다.

이미 고대 역사에 있어서 정통교회가 교리를 확립해 왔던 일들이 결코 단순한 게 아니다. 좀 더 간단히 말하면 외경을 알아야 하는 이유는 경전의 소중함을 더 잘 알기 위해서다. 한국교회는 어느 정도 성숙했다고 본다. 현대사회는 정보가 넘쳐나는 사회기 때문에 이런 외경의 주장들을 어떤 경로를 통해서나 접할 수 있기에 피하기보다는 공부하는 것이 더 바람직하다. 미국이나 독일에서는 성서학을 공부할 때 정경뿐만 아니라 외경도 함께 공부한다. 그만큼 연구의 폭이 넓다고 볼 수 있다.

7. 당시 한기총의 대응

지금은 이단을 옹호하는 단체로 전락한 한국기독교총연합회(이하 한기총)가 당시에는 세계를 통틀어 유일하게 〈다빈치 코드〉 영화 상영금지 가처분 신청을 냈다. 법적으로 논리정연한 대처를 했다고 긍정적으로 평가한다. 한기총이란 기구 자체가 교단의 총연합체이기 때문에 각 교단을 대표하는 분들이 모여 법적인 정리를 해주었다는 면에서 의미 있는 일이라고 생각한다. 이 일은 한국교회 교인뿐만 아니라 세계 교회 교인들에게 미치는 영향력이 크다.

물론 법적으로 판단이 어떻게 내려질지는 좀 더 두고 보아야 하겠지만, 교회 지도자들이 잘 대처할 수 있도록 돕기 위해 공신력 있는 기관이 견해를 밝히는 것도 중요하다.

8. 기독교계의 바람직한 대응방향

　교육적인 측면도 크다고 본다. 〈다빈치 코드〉라는 영화가 상영되었어도 한국교회의 신앙이 위축되거나 어려움을 초래하지는 않았다. 그러나 영화는 문화이기 때문에 젊은이들이 휩쓸릴 수 있다. 사실 교회학교 교사나 초신자들을 지도하는 영적 지도자들이 이런 문제에 대해 고민하는 청소년들을 올바르게 교육하고, 개교회에서의 대책을 세워야 한다.

　예를 들어 교회에서 영화를 같이 보고 그 영화를 토론하는 자리를 만들어 준다면 신앙적인 결속을 다지는 데 도움이 되지 않을까. 오히려 이번 일을 통해 정경과 외경을 공부하고, 정통신앙이 얼마나 소중한지를 깨닫는 계기로 만들어야 한다.

V. 《다빈치 코드》와 유다 복음서[1]

1. 서론

4차 산업혁명의 시대에도 그리스도인 대부분은 아직도 신약성경에 있는 4복음서인 마태 · 마가 · 누가 · 요한복음만을 알고 있다. 그러나 이미 1945년에 이집트의 나일강 유역에서 일시에 발견된 나그 함마디 문서(The Nag Hammadi Library)[2]에 포함된 여러 복음 가운데 마리아 복음서와 빌립 복음서가 판도라 상자와 같이 오늘날 역사적 예수 연구에 많은 활력을 불어넣고 있다. 이 문서들은 1945년에 북아프리카에서 발견된 나그 함마디 문서[3] 중에 포함

---

1) 이 장은 "'유다 복음서'는 영지주의 이단문서이다," 《교회와 신학》 제65호(2006년 여름호): 116-122와 "다빈치 코드와 나그 함마디 문서를 어떻게 볼 것인가?," 《개혁신학과 4차 산업혁명》 (한국개혁신학회 54차 학술심포지엄 자료집), 165-181쪽에 실린 글을 수정 보완한 것이다.
2) 나그 함마디 문서는 1948년 10월 20일에 마리앤 도레스에 의해 미공개출판물로 프랑스에 처음 알려졌다. Marianne Doresse, "Premiere mission de Jean Doresse en Égypte," an unpublished five-page typewritten French summary prepared for me by Marianne Doresse (in the Summary Records), 3 (n. 27 in the transcription): Puech, ainsi que Quispel dont nous venons de faire la connaissance au Congrès des Orientalistes, vont à Ascona où Puech parle de textes qu'il ne connaît pourtant encore (mais il ne l'avoue pas) que par ce que Jean en a dit ou publié. Quispel rencontre à Ascona Mr. Barrett et il écrit à Jean pour le prévenir de l'intérêt que le Bollingen Fondation semble prendre à sa découverte. Plus tard Mr Mellon viendra à Paris et s'entretiendra effectivement avec Jean qu'il reçoit à l'Hotel Meurisse le 20 octobre 1948. Il laisse esperer l'aide de la Fondation que Jean apprécierait d'autant plus qu'il entrevoit déjà les nouveaux développement[s] de la découverte.

된 것으로서 150-230년경에 헬라어로 기록되었다가 3-5세기경에 고대이집트 어인 콥트어로 번역되어 전해진 것들이다.

문제는 2003년 3월에 출판된 소설 《다빈치 코드》에서 댄 브라운이 인용하고 있는 마리아 복음서와 빌립 복음서에 관해 나그 함마디 문서와 관련하여, 문외한인 소설가가 제안하는 해석의 적절성에 대한 해석이다. 이 문서들은 댄 브라운이 평가한 것처럼 영지주의 교단에서 정통 신앙과는 다른 전통에 근거하여 신앙생활을 하였던 수도사들이 남긴 이단 문서들로만 볼 수 없기 때문이다.

영지주의에 대해서 180년경에 오리게누스와 테르툴리아누스와 이레니우스는 이단 논박이란 글을 통하여 그 이단성을 경고한 바가 있듯이 이미 역사 속에서 영지주의에 대한 정통교회의 가치 판단이 내려져 있다. 그런데도 비영지주의 문서들인 도마 복음서[4]와 빌립 복음서와 마리아 복음서를 신약성경에 속한 복음서와 비교해 볼 때, 그 신뢰도가 심히 떨어지는 문서들은 아니다. 단지 정경성을 가진 문서로 채택이 되지 않았을 뿐이지, 나그 함마디 문서에 있는 책들이 대부분 고대 교회의 열악한 환경에서 즐겨 읽혔던 신앙 서적이었다는 점에서 일방적으로 영지주의 문헌으로만 간주하는 것은 콥트 문서를 비영지주의의 특성으로 새롭게 이해하는 흐름에 대한 학계의 견해를 반영하지 못한 단견이다.

우리는 영지주의 교단에서 만들어진 유다 복음서라는 조작된 문서가 아

---

3) 나그 함마디 문서는 제임스 로빈슨에 의해 1977년부터 사진판으로 전격 출판되어 서구 학계에 알려졌다. James M. Robinson et al., *The Facsimile Edition of the Nag Hammadi Codices: Codex I* (Leiden: E. J. Brill, 1977).

4) 도마 복음서가 비영지주의 문헌이라는 연구는 제임스 M. 로빈슨이 1955년 3월 퀴스펠에게 거슬러 올라간다. 참고, James M. Robinson, *The Nag Hammadi Library* Vol 2 (Leiden; Boston; Brill, 2014), 695. n. 91. 31 iii 55: Memorandum by Quispel: I) *Le "livre de Thomas"*. Cet écrit ne semble pas contenir des speculations gnostiques, mais plutôt le texte integral des "Paroles de Jésus", dont on connaît quelques fragments depuis une cinquantaine d'années. Ce texte est capitale pour l'histoire du Nouveau Testament et pourrait être publié par un coptisant et un historien de la religion en collaboration étroite avec un savant du Nouveau Tetament. En tout cas il mérite d'être considerée avec la plus grande précision.

니라, 고대 교회에서 실제로 존재하던 고고학 유물을 확인시키려고 실시한 현대적인 분석 방법[5]을 통하여 이 문서가 영지주의 문서라는 연구로 결론지어짐으로 인해서 옛 탐구(old quest)에서는 콥트 문헌 전체를 영지주의 시각으로 매도하는 잘못된 인식을 심어주었다. 그러나 본 장에서 논의될 나그 함마디 문서 가운데 도마 복음서, 빌립 복음서, 마리아 복음서 등은 비영지주의 문서의 성격을 가진 문서들이라는 사실에도 주의를 기울여야 한다. 고대 이집트어인 콥트어를 잘 알고 있는 필자는 본 장에서 나그 함마디 문서의 여러 구절을 검토하면서 다빈치 코드가 인용하고 있는 유다 복음서의 허구를 밝히면서 유다 복음서는 영지주의 교단에서 만들어낸 이단 문서라는 사실을 드러내고자 하지만, 도마 복음서와 빌립 복음서와 마리아 복음서는 비영지주의 문서로 새로

---

5) 내셔널 지오그래픽사의 홈페이지에 의하면, 2006년 4월 6일 목요일 오전 10:30 미국 동부 시간 (한국시간 4월 7일)에 유다 복음서가 공개되었다. 내셔널 지오그래픽사는 정밀하게 유다 복음서를 조사하였다. 이러한 조사는 파피루스와 코덱스의 정밀한 표본을 엄격한 방사성 탄소 연대측정법에 제출하고, 잉크 분석, 다중분광 이미지에 노출하고 고문서학과 사본학의 조언 받는 것을 포함하였다. 2004년 12월, 내셔널 지오그래픽사의 테리 가르시아(Terry Garcia)는 고문서의 작은 다섯 조각 샘플들을 애리조나 대학의 방사성 탄소연대측정법 시설, 애리조나에 소재한 NSF Arizona 가속기 질량 분석법(AMS) 연구소로 보냈다. 네 개의 표본은 고대 문서의 파피루스 조각들이었고, 다섯 번째 표본은 가죽 책으로 파피루스가 붙어 있었다. 2005년 1월 초에, 연구소의 과학자들은 방사성 탄소 연대 측정법을 끝냈다. 각각의 샘플들의 시대가 모두 달랐으나, 이 샘플들의 평균 연대는 220에서 340년 사이였다. AMS 연구소의 팀 절(Tim Jull)과 그레그 하진스(Greg Hodgins)에 의하면, 파피루스들과 가죽 표본이 나타낸 연대는 서로 굉장히 가까우며 고대 문서들의 연대를 서기 3~4년으로 추정한다. 1940년대 말에 발견된 이후로, 방사성 탄소연대측정법은 고고학에서부터 고기후학에서까지 고대 물체와 유물들의 연대를 측정하는 기준이 되었다. 1980년대 초의 가속기 질량 분석법 기술의 발달은 고대 유물들의 아주 미세한 조각까지도 표본으로 쓸 수 있게끔 하였다. 더 나아가서 고대 문서의 신뢰성을 확고히 하고자 잉크 샘플들이 일리노이주 웨스트먼트의 현미경 분석으로 유명한 McCrone Associates Inc.에 의해 분석되었다. 이 분석 역시 문서의 신뢰성에 대해 다시 한번 확증하였다. 또한, 스위스에서 프로젝트 리더인 현미경 분석가 조셉 바라브(Joseph Barabe)에 의해 문서의 몇몇 페이지들이 검사되고 샘플화 되었다. 일리노이주 웨스트먼트의 연구소에도 분석을 위해 부서진 조각들이 제출되었다. 바라드(Barabe)는 편광현미경법(PLM)도 시행하였으며 이에 따라 카본 잉크와 철 성분 함유 잉크 성분(iron gall)이 존재함을 제의하였다. 조셉 스와이더(Joseph Swider)는 에너지 분산 X선 분광계 전자 현미경, 고해상 전계 방사 스캔을 이용하여 분석한 결과, 잉크 안의 중요 성분으로 철 성분을 그리고 카본 블랙을 추가적인 성분으로 확정하였다. 일레인 슈메이커(Elaine Schumacher)의 투과 전자 현미경을 통해 잉크의 가장 큰 구성 요소로 다양한 형태의 철이 존재한다는 것과 카본 블랙 역시 존재함을 확정하였다. 슈메이커는 또한 다른 많은 소량의 구성 요소들도 존재함을 확정하였다. 케이트 마틴(Kate Martin)의 적외선 흡수 분광법으로 바인딩 재료가 3~4세기의 잉크로 일관된 고무임을 확인하였다. 마틴(Martin)은 더 나아가 라만 분광법으로 알려진 방식을 이용하여 잉크가 카본 블랙과 철 성분이 일정한 무정형 탄소를 포함하고 있는 것을 확인하였다. 샘플 준비 과정은 분석된 재료를 보전시키며 안나 티

운 탐구(new quest)를 통해 재평가하고자 한다.[6]

이 장은 4복음서인 마태·마가·누가·요한복음 외에 나그 함마디 문서 (The Nag Hammadi Library)에 포함된 마리아 복음서와 빌립 복음서에서도 역사적 예수를 연구하려 하고, 2003년 3월에 출판된 소설《다빈치 코드》에서 발견되는 저자 댄 브라운의 해석을 비평한다. 특히 비영지주의 문서들인 도마 복음서와 빌립 복음서와 마리아 복음서가 일방적으로 영지주의 문헌으로만 간주되는 문제를 해결하려고 새로운 탐구(new quest)를 통해 재평가하고자 한다.

나그 함마디 문서 중 먼저 도마 복음서가 150년경에 기록된 것으로 추정하여 영지주의 문서로 간주되었는데, 70년경에 기록된 문서로 간주하여 비영지주의 문서로 평가하려 한다. 제자의 정체성에 관한 질문을 제기한 막달라 마리아가 당당히 예수의 제자 중의 한 일원으로 중요한 제자로서 인식되고 있었다. 이것은 초기 교회에서 여성의 역할이 강화되었는지를 충분히 짐작할 수 있다. 도마 복음서의 이러한 증언들은《다빈치 코드》가 억지로 주장하는 것과는 달리, 막달라 마리아는 그리스도의 짝이 아니라 예수의 제자이었다는 사실을 분명히 뒷받침하고 있다.

트소프(Anna Teetsov)에 의해 진행되었다. 놀랍게도 고대 문서에서 쓰인 잉크는 적은 양의 황을 함유하고 있었다. 파리의 루브르 박물관에서는 이집트에서 3세기경에 때에 쓰인 무(無)황 함유의 금속 잉크를 확인하였으나, 잉크에 함유된 금속은 철이 아닌 구리였다. 고대 문서 안의 잉크는 이번 연구 전까지는 과학계에서 알려지지 않았다. 그러나 이 잉크는 3세기 이집트의 잉크와 일관되어 보인다. 또한 고대와 중세 시대를 잇는 모자라는 부분을 채워 넣어줄지도 모른다. 문서의 진품성을 확실히 하기 위한 마지막 단계로 선택된 고대 문서의 몇몇 페이지들이 다중분광 이미지― 고대 문서의 성질과 변형을 평가하기 위한 과정―로 제출되었다. 다중분광이미지 분석을 스위스에 있는 브링햄 영 대학 파피루스 이미 연구소의 진 A. 웨어 (Gene A. Ware)에 의해 진행되었다. 웨어는 고대 문서가 적힌 파피루스의 다중분광 이미지의 반응이 다른 고대 파피루스가 다중분광이미지의 기술에 반응한 것과 비슷함을 발견하였다. 그는 더 나아가, 검사된 잉크의 다중분광 이미지의 특성들이 고대 문서의 연대와 동일한 금속과 카본을 조금 포함한 철을 일관되게 보여 왔으며, 다시 쓰이거나 다수의 잉크 작업이 들어가거나 한 증거가 없다고 단정하였다. 또한 웨어는 문서의 두 개의 잉크로 수정 부분을 관찰하였다. 하나는 카본을 함유한 금속제 또는 철을 토대로 한 잉크와 다른 하나는 카본 블랙 잉크와 일치하는 것으로, 이 금속제와 카본 블랙 잉크 둘 다 고대 문서에서 공통으로 나타나는 것이었다. 이 고대 문서의 다중분광 이미지의 특성들이 오래된 고대 이집트 문서의 것과 일치한다고 결론지었다.

6) 옛 탐구와 새로운 탐구는 필자가 나그 함마디 문서에 관한 영지주의적 연구와 비영지주의적 연구를 구분하기 위해 임의로 만든 용어이다.

나그 함마디 문서에 포함된 빌립 복음서에 관련해서 마가복음 14:3-9와 마태복음 26:6-13과 누가복음 7:36-50과 요한복음 12:1-8에서 예수의 머리에 향유를 부은 여인이 막달라 마리아라는 전승은 빌립 복음서에 근거한다. 막달라 마리아 전승이 빌립 복음서에서 예수의 동역자로 두 번씩(59:7-10, 63:34-35, 64:1-4)이나 언급되면서 그의 제자들 가운데 가장 영향력 있는 인물로 묘사되기에 이르렀다는 사실을 우리는 간과해서는 안 된다.

나그 함마디 문서에서 발견된 책 중에서 여성의 이름으로 제목이 붙여진 마리아 복음서는《다빈치 코드》에서 예수께서 막달라 마리아를 다른 여인보다 더 사랑한 이유가 그가 예수의 부인이기 때문이라는 억지 주장을 반박하고 있다.

《다빈치 코드》는 픽션이라는 문학적 장르를 취하고 있고 예수의 혼인 사실 여부와 그의 부인 막달라 마리아에 관한 논란을 일으키고 있다. 전통적인 해석에 따르면, 최후의 만찬에 등장하는 여성처럼 보이는 이 인물은 다름 아닌 사도 요한이다. 사도 요한은 12명의 제자 가운데에서 가장 나이가 어린 미소년이었다. 요한은 예수의 사랑을 특별히 많이 받은 제자로 알려져서 최후의 만찬을 그린 다른 화가의 그림에서도 언제나 예수의 바로 옆자리에 앉은 것으로 묘사된다. 댄 브라운은 콘스탄티누스 대제가 성경을 다시 쓰라는 명령을 내렸다고 주장한다. 콘스탄티누스 대제가 복음서를 새로 만들도록 지원한 적이 없다. 신약성경은 예수의 제자들이 직접 목격한 사건을 증언하고 있다. 예수께서 하나님의 아들이시라고 신약성경이 증언하고 있는 대로, 초기 교회는 최초로 예수의 신성과 인성 기독론을 확립하게 된다.

나그 함마디 문서 중에 도마 복음서와 빌립 복음서와 마리아 복음서는 비영지주의 문서로 재평가되고 있는 것과는 달리, 유다 복음서는 영지주의 교단에서 만들어진 이단 문서로서 유다가 다른 제자들에 의해 멸시당할 것이나 그들보다 더 뛰어난 신분이 될 것이라 암시한다. 이미 유다 복음서는 초기 교회에서 이단으로 낙인이 찍힌 문서이기 때문에, 초기 그리스도인들은 이러한 이단적 문서에 동요되지 않았다.

나그 함마디 문서는 이집트에서 발견된 문서이나 그리스도인들이 나그 함마디 문서를 대할 때, 영지주의적 문서라고 판단하여 무조건 멀리하여 비영지주의적 특징을 가지고 있는 문서들까지 멀리할 필요는 없다. 그리스도인들은 이것을 계기로 신약성경이 지닌 경전으로서의 가치를 중시하고, 왜 초기 교부들이 4복음서 이외의 다른 복음서들에 대해서 정경으로 채택하지 않는 결론을 내렸는지 곰곰이 생각해 보아야 한다.

2. 나그 함마디 문서[7)]

1) 도마 복음서

옛 탐구의 학자들은 도마 복음서를 150년경에 기록된 것으로 추정하여 영지주의 문서로 간주하였는데,[8)] 새로운 탐구에서는 마가복음과 마찬가지로 70년경에 기록된 문서로 간주하여 나그 함마디 문서 중에서 도마 복음서를 영지주의적 문서[9)]가 아닌 비영지주의 문서로 여기고 있다. 도마 복음서에는 총 114개의 예수어록이 수집되어 있는데, 모두 예수의 말씀이 중시되고 있다. 그

---

7) 나그 함마디 문서는 데이비드 숄러 주가 참고문헌 작업을 하여 'Scholer 000'이란 번호로 간단하게 표시한다. David M. Scholer, *Nag Hammadi Bibliography 1948-1969* (ed. George W. MacRae; Nag Hammadi Studies 1; Leiden: Brill, 1971), items 1-2425 [Scholer: 5810].

8) 도마 복음서는 처음부터 프랑스에서 영지주의 문서로 철저하게 이해되었다. 그 연구의 시작은 푸에쉬이다. Henri-Charles Puech and Gilles Quispel, "Les écrits gnostiques du Codex Jung," *VigChr* 8 (1954): 1-51 (Scholer 1547); "Le quatrième écrit gnostique du Codex Jung," *VigChr* 9 (1955): 65-102 (Scholer 1744).

9) 나그 함마디 문서를 영지주의 문헌으로 간주하자, 학계 연구는 봇물이 터진 듯이 다음과 같이 계속되었다. Gilles Quispel, "The Original Doctrine of Valentine," *VigChr* 1 (1947): 43-73 (missing in Scholer); "La lettre de Ptolémie à Flore," *VigChr* 2 (1948): 17-56 (Scholer 992); "Note sur 'Basilide,'" *VigChr* 2 (1948): 115-16 (Scholer 777); "Note on an Unknown Gnostic Codex," *VigChr* 7 (1953): 193 (Scholer 1551); "Das Hebräerevangelium im gnostischen Evangelium nach Maria," *VigChr* 11 (1957): 139-44 (Scholer 689); "The Gospel of Thomas and the New Testament," *VigChr* 11 (1957): 189-207 (Scholer 2173); "L'Évangile selonThomas et les Clémentines," *VigChr* 12 (1958): 181-96 (Scholer 2169); "L'Évangile selon Thomas et le Diatessaron," *VigChr* 13 (1959): 87-117 (Scholer 2167); "L'Évangile selon Thomas et le 'texte occidental' du Nouveau Testament,"

중에서 도마 복음서의 막달라 마리아와 관련된 구절들을 새로운 관점에서 먼저 살펴보고자 한다.

로기온 12부터 예수께서 제자들과 나누는 대화가 나온다. 로기온 13에서 예수께서는 직접적으로 제자들에게 말씀을 들려주는데, 직접 제자들의 이름을 언급하는 중에 시몬 베드로와 마태와 도마가 나온다. 그들과의 대화는 계속 이어져서 로기온 21에서 드디어 마리아가 예수께 다음과 같은 질문을 던진다. 물론 여기서 마리아는 막달라 마리아를 가리킨다.

당신의 제자들은 무엇과 같습니까?

이 질문은 로기온 20에서 제자들이 예수께 하늘나라는 무엇과 같은지 궁금해 할 때, 천국은 겨자씨 하나와 같다는 대답을 듣고서, 곧이어 막달라 마리아가 예수께 던진 질문이다. 아무도 예수께 그를 따르는 제자들이 무엇과 같은지 남성 제자들이 그 정체성에 관해 질문하지 않을 때, 막달라 마리아는 이 질문을 던진 것이다. 여기서 우리는 막달라 마리아가 당당히 예수의 제자 중의 한 일원으로 일련의 계속되는 대화의 현장에 있었다는 사실과 더불어서 그가 예수의 마음 한구석에 중요한 제자로서 인식되고 있었다는 사실을 짐작하게 한다. 이 같은 짐작은 로기온 114에서 시몬 베드로가 제자들에게 한 다음의 대

VigChr 14 (1960): 204-15 (Scholer 2168); "Der Heliand und das Thomasevangelium," _VigChr_ 16 (1962): 121-51 (Scholer 2174); "The Syrian Thomas and the Syrian Macarius," _VigChr_ 18 (1964): 226-35 (Scholer 2180); "Gnosticism and the New Testament," _VigChr_ 19 (1965): 65-85 (Scholer 540); "Note sur 'De Resurrectione,'" _VigChr_ 22 (1968): 14-15 (Scholer 1729); "Some Remarks on the Diatessaron Haarense," _VigChr_ 25 (1971): 131-39 (Scholer 7174); "Origen and the Valentinian Gnosis," _VigChr_ 28 (1974): 29-42 (Scholer 5185); "Antwort an Kurt Rudolph," _VigChr_ 32 (1978): 146 (Scholer 4030); "Ezekiel 1:26 in Jewish Mysticism and Gnosis," _VigChr_ 34 (1980): 1-13 (Scholer 4036); "Hermes Trismegistus and Tertullian," _VigChr_ 43 (1989): 188-90 (Scholer 7169); "Hermes Trismegistus and the Origins of Gnosticism," _VigChr_ 46 (1992): 1-19 (Scholer 4050); "Transformation through Vision in Jewish Gnosticism and the Cologne Mani Codex," _VigChr_ 49 (1995): 189-91 (Scholer 8565); "Valentinus and the Gnostikoi," _VigChr_ 50 (1996) 1-4; "The Original Doctrine of Valentinus the Gnostic," _VigChr_ 50 (1996): 327-52 (Scholer 8911).

화에서도 추정될 수 있다.

> 마리아를 우리에게서 떠나게 하소서.
> 이는 여인들이 영생에 합당하지 않기 때문입니다.

이에 대하여 예수께서는 다음과 같이 대답하였다.

> 그가 남성을 얻게 하도록 내가 그를 인도할 것이다.
> 그 결과 그는 너희 남성들과 마찬가지로 생령이 될 것이다.
> 이는 그 스스로 남성을 얻는 여인마다 하늘나라에 들어갈 것이기 때문
> 이다.

예수의 대답에서 분명해지는 내용들이 있다. 우선 예수의 마음속에 막달라가 분명한 제자로서 인식되고 있다는 사실이다. 예수께서는 남성을 취하기 위해 여인인 막달라 마리아를 취할 것이라고 말하였다. 이뿐만 아니라 남성과 동등하게 그 인격과 지위를 인정해 주었다. 더 나아가서 하나님 나라의 선교에 있어서 남성을 취하는 여인의 역할을 분명하게 언급해 주었다. 특별히 로기온 114가 도마 복음서의 가장 마지막 구절이라는 점에서, 얼마나 막달라 마리아의 위상뿐만 아니라, 초기 교회에서 여성의 역할이 강화되었는지를 충분히 짐작할 수 있다.

도마 복음서의 이러한 증언들은 《다빈치 코드》가 억지로 주장하는 것과는 달리, 막달라 마리아가 그리스도의 짝이 아니라 예수의 제자이었다는 사실을 분명히 뒷받침하고 있다.

2) 빌립 복음서
한 가지를 더 설명할 것이 있다. 과연 도마 복음서에 예수의 제자 중의 하

나로 인식된 마리아가 과연 막달라 마리아인가 하는 의문점이다. 이 문제를 해결하기 위해서 빌립 복음서를 살펴보아야 한다. 또한, 이에 더하여서 한 가지를 겸하여 더 생각해야 할 것은 마가복음 14:3-9와 마태복음 26:6-13과 누가복음 7:36-50과 요한복음 12:1-8에서 예수의 머리에 향유를 부은 여인이 막달라 마리아라는 전승은 과연 무엇에 근거한 것인가 하는 문제이다. 이 문제를 해결하는데 결정적인 단서가 되는 구절이 빌립 복음서에도 있다.

빌립 복음서는 막달라 마리아라는 이름을 직접 거명하고 있는 대표적인 문서이다. 특히 빌립 복음서 59:7-10을 보면, 다음과 같이 기록되어 있다.

> 주님과 항상 동행하던 세 사람이 있었다. 그들은 예수의 어머니와 이모와 막달라였다. 그런데 막달라는 예수의 동역자로 불렸다. 예수의 자매와 어머니와 동역자는 각각 마리아라고 불렸다.

우리는 예수의 주위에 있던 세 여인의 이름이 모두 마리아라는 사실에 주목해야 한다. 그들은 각각 예수에게 어머니와 자매와 동역자로서 특별한 의미를 지니고 있었다. 그런데 마지막에 언급된 막달라 마리아에 관해서 《다빈치 코드》에서는 필자가 위의 번역에서 동역자로 소개한 고대이집트어인 콥트어 단어 코이노노스를 '짝'이란 단어로 소개하여 예수의 부인이라는 관점에서 소설을 전개해 나갔는데, 이는 다분히 반기독교적인 문학적 상상력이라고 평가할 수 있다. 예수의 어머니와 이모인 마리아가 예수에게 향유를 부었다고 보는 학자들은 하나도 없다. 그런데 막달라 마리아가 예수에게 향유를 부었을 가능성은 충분하다. 왜냐하면 그가 과거에 창녀였다고 6세기 이후에 로마 천주교의 그레고리 교황이 추정한 것은 마녀사냥식으로 천주교에서 여성의 리더십을 혐오한 것이기에 문제의 소지가 크다. 막달라 마리아가 귀신에 들렸을 때 예수의 특별한 사랑과 관심을 받았기 때문에 후에 그 은혜에 감격하여 예수의 동역자가 되었다고 충분히 추론할 수 있기 때문이다.

막달라 마리아를 동역자라고 평가한 빌립 복음서는 분명히 막달라 마리아를 예수의 제자로 인정하고 있다. 또한 《다빈치 코드》에서도 문제시하고 있는 빌립 복음서 63:34-35, 64:1-4에 다음과 같은 구절이 있다.

주님의 동역자 막달라 마리아를 예수께서 모든 제자보다 더 사랑하여 그에게 입을 맞추었다. 나머지 제자들은 예수에게 물었다. 왜 당신은 그를 우리 모든 사람보다 더 사랑합니까?

제자들이 예수를 향해서 왜 막달라 마리아만을 더 사랑하는지 질투하는 모습이 언급되고 있다. 만일 《다빈치 코드》에서 댄 브라운이 주장하는 것처럼 막달라 마리아가 예수의 부인이라면, 어찌 제자들이 예수께서 그와 입을 맞추는 것과 그를 더 사랑하는 것을 보고 질투를 느끼겠는가? 이는 예수께서 다른 제자들보다 동역자인 막달라 마리아를 더 사랑하는 것을 보고 시기하는 것이라고 평가할 수 있다. 이는 당시에 동료 제자들 사이에 있었던 시기심의 발로이다.

예수께서 십자가에 달려 운명하였을 때, 다른 모든 제자는 다 예수를 버리고 도망을 갔지만 여인들은 먼발치에서나마 예수의 죽음을 지켜보고 있었다. 마가복음 15:40, 47과 16:1, 9는 그 누구보다도 막달라 마리아의 이름을 처음에 거론하고 있다. 이는 막달라 마리아의 역할이 예수의 죽음과 부활 이후에 초기 교회에서 아주 비중 있게 다루어졌음을 보여주는 대목이다. 이러한 막달라 마리아 전승이 빌립 복음서에서 예수의 동역자로 두 번씩(59:7-10, 63:34-35, 64:1-4)이나 언급되면서 그의 제자들 가운데 가장 영향력 있는 인물로 묘사되기에 이르렀다는 사실을 우리는 간과해서는 안 된다.

3) 마리아 복음서
나그 함마디 문서에서 발견된 책 중에서 여성의 이름으로 제목이 붙여진 것은 마리아 복음서가 유일하다. 물론 마리아 복음서에 거명되고 있는 마리아는 다름 아닌 막달라 마리아이다. 마리아 복음서는 크게 두 부분으로 나누어진다. 첫째, 마리아 복음서 7:1-9:24는 부활하신 주님과 제자들 사이의 대화를 기록하고 있다. 둘째, 마리아 복음서 10:1-23, 15:1-19:2는 주님께서 마리아에게 주신 특별계시에 관해서 기록하고 있다. 이 두 번째 부분은 마리아 복음서 10:1-3에서 다음과 같이 시작하고 있다.

> 베드로가 마리아에게 말하였다. 자매여, 우리는 주님께서 당신을 나머지 여인들보다 더 사랑하는 줄 알고 있습니다.

이 말을 댄 브라운은 《다빈치 코드》에서 예수께서 막달라 마리아를 다른 여인보다 더 사랑한 이유가 그가 예수의 부인이기 때문이라고 억지 주장하고 있다. 그러나 우리가 마리아 복음서의 문맥을 자세히 연구해 보면, 댄 브라운의 주장이 허구라는 사실을 알게 된다. 마리아 복음서에서 베드로는 막달라 마리아에게 예수께서 그를 다른 여인들보다 더 사랑한 이유를 분명히 알고 있었다. 그 이유는 다름 아니라 막달라 마리아가 다른 어떤 제자들보다도 주님의 특별한 계시를 더 많이 들어서 알고 있었다는 사실이 전제되어 있다. 그러므로 막달라 마리아는 베드로의 발언 이후에 계속되는 내용에서 주님께서 자신에게 직접 들려주신 계시에 관해서 언급하였다. 불행스럽게도, 마리아 복음서의 많은 부분이 소실되었지만, 우리는 나그 함마디 문서를 통해서 전해진 마리아 복음서의 현재 내용들만 가지고서도, 막달라 마리아가 예수의 제자로서 어떤 제자 못지않게 주님의 특별계시를 직접 체험하여 간직하고 있었던 동역자라는 사실을 확인할 수 있다.

마리아 복음서는 다음과 같은 말로 끝난다. 곧 마리아 복음서 19:1을 보면, 막달라 마리아가 증언을 한 후에 제자들이 반응한 것에 관해서 다음과 같이 기록하고 있다.

마리아가 이 말을 마쳤을 때, 제자들이 나가서 전파하고 설교하기 시작하였다.

이러한 표현은 막달라 마리아의 계시에 관한 증언을 통해서 제자들이 영적으로 힘을 얻고 복음전파에 더욱더 힘을 쏟았다는 사실을 보여준다. 이는 단순히 막달라 마리아를 칭송하려는 차원이 아니라, 제자들이 주님의 복음전파를 이행하면서 그를 동역자로 간주하였다는 사실을 의미한다.

2.《다빈치 코드》

픽션이라는 문학적 장르를 취하고 있는《다빈치 코드》에서 논란의 여지가 많은 내용은 예수의 혼인 사실 여부와 그의 부인 막달라 마리아에 대한 것이다. 소설인《다빈치 코드》의 저자 댄 브라운은 마가렛 스타버드의 소설《성배와 잃어버린 장미》를 보고 난 후《다빈치 코드》를 썼다. 그만큼《성배와 잃어버린 장미》는 댄 브라운이《다빈치 코드》를 쓰기까지의 중요한 영감을 준 뼈대가 되었으며, 실제로《다빈치 코드》를 보면 우리는 이 책에서 많은 것을 빌려왔음을 알 수 있다.

《성배와 잃어버린 장미》는 로마 천주교 학자가 쓴 책이라 역사적으로 제기된 많은 의문점을 쉽게 넘어가지 않는다. 마가렛 스타버드는 1983년 미국에서 출간된《성혈과 성배》(거룩하신 예수의 피를 담은 잔)에서 예수께서 결혼했고 그의 후손이 서유럽으로 유입됐다고 주장하는 책들을 읽고 그 불경스러운 내용에 충격을 받았다고 한다. 그러나 애당초 잘못된 내용을 반박하기 위해서 시작된 연구는《성배와 잃어버린 장미》를 출간하는 것으로 일단락 짓게 된다. 그런데 문제는 여전하다. 마가렛은 예수의 후손을 임신한 채 이집트로 피신한 막달라 마리아가 로마 교회와 종교인들이 그토록 찾아 헤맨 성배 전설의 실체라고 말한다. 결국 성배는 막달라 마리아라는 결론이다.

1) 레오나르도 다빈치와 최후의 만찬

《다빈치 코드》에서 여주인공 소피 느뵈는 레오나르도 다빈치가 그린 최후의 만찬을 자세히 들여다보고 깜짝 놀란다. 예수 오른쪽에 앉아 있는 인물이 '흐르는 듯한 붉은 머리칼과 섬세하게 모아 쥔 손, 살짝 솟은 가슴'을 가진 영락없는 여자라고 본 것이다. 《다빈치 코드》에 따르면, 이 인물은 예수와 결혼한 막달라 마리아라고 한다. 수염이 없는 갸름한 얼굴, 흰 피부와 긴 머리가 여성으로 착각할 만하다고 한다. 더욱이 예수는 붉은 겉옷에 푸른 망토를 걸쳤고 막달라 마리아도 푸른 겉옷에 붉은 망토를 두르고 있어서 잘 어울리는 한 쌍으로 보인다고 주장한다. 바로 오늘날 연인들이 커플 티셔츠를 입고 스카프를 두르고 있다는 주장이다. 레오나르도 다빈치는 최후의 만찬을 원근법으로 구도화하면서 M자형(막달라 마리아 철자의 첫 글자 M)의 대칭구조에서 막달라 마리아를 중앙에 있는 예수의 옆자리에 그려 놓음으로써 기독교가 예수의 결혼을 숨기기 위해 여성성을 철저히 배제해 왔다는 사실을 은유적으로 나타내려 했다는 것이다.

레오나르도 다빈치 외에도 최후의 만찬을 다룬 그림을 그린 화가는 많다. 예수가 제자들과 마지막으로 식사하는 장면은 예수의 공생애 가운데 가장 극적인 순간의 하나로 성화의 단골 소재였다. 논쟁의 핵심은 역시 예수 옆자리의 인물이 누구인가 하는 점이다. 전통적인 해석에 따르면, 여성처럼 보이는 이 인물은 다름 아닌 사도 요한이다. 사도 요한은 12명의 제자 가운데에서 가장 나이가 어린 미소년이었다. 요한은 예수의 사랑을 특별히 많이 받은 제자로 알려져서 최후의 만찬을 그린 다른 화가의 그림에서도 언제나 예수의 바로 옆자리에 앉은 것으로 묘사된다. 심지어 예수의 품에 얼굴을 묻고 슬퍼하는 모습으로 그려지기도 했다.

사랑하는 제자인 사도 요한에 관한 전통을 왜곡하여 소설 《다빈치 코드》는 억지 이야기를 꾸며내고 다음과 같이 단정하고 있다. 댄 브라운은 《다빈치 코드》에서 '이 책이 상당한 역사적 진실에 기초하고 있다'라고 주장한다. 또한

《다빈치 코드》의 진실-해설편이라는 부록에서 그는 '이 소설에 나오는 역사 대부분에 관한 주장이 사실이다'라고 단언하고 있다. 그러나 필자는 성배가 막달라 마리아라고 소설을 미화하며 또 레오나르도 다빈치의 작품 중 최후의 만찬 그림에서 예수의 오른쪽에 앉은 제자가 요한이 아닌 막달라 마리아라고 주장하는 대목에서는 정말 실소를 금하기 어렵다. 최후의 만찬 그림에서 요한이 여성의 이미지로 보인다는 점이 곧 예수가 막달라 마리아와 결혼했다는 증거라는 댄 브라운의 주장은 절로 웃음이 나온다. 댄 브라운의 주장처럼 예수의 오른쪽에 앉아 있는 사람이 요한이 아니라면, 최후의 만찬 그림에서 과연 요한은 어디에 있는가? 과연 예수께서 아끼고 사랑하던 제자인 사도 요한을 레오나르도 다빈치가 최후의 만찬 그림에서 제외하였겠는가?

2) 《다빈치 코드》, 무엇이 잘못되었는가?

신실한 그리스도인들에게서 많은 의혹과 논란을 불러일으키고 있는 영화 〈다빈치 코드〉는 댄 브라운의 소설 《다빈치 코드》를 영화화 한 것이다. 소설을 대본으로 영화를 만든 론 하워드는 "현재까지 우리가 믿어왔던 역사가 철저하게 뒤바뀌게 된다. 이것은 인류의 신앙이 걸려 있는 전쟁이다. 모든 비밀이 드러나는 순간에 전체 세계가 걷잡을 수 없는 충격에 휘말리게 될지도 모른다."라고 말하였다. 이는 다분히 영화감독으로서 흥행만을 생각하고 영화를 제작하였다는 사실을 추론할 수 있는 대목이다. 지금까지 기독교 신앙의 전통적인 뿌리를 뒤흔들려고 시도하였던 영화들이 많이 있었는데, 상영된 영화 〈다빈치 코드〉도 이와 유사한 양상을 불러일으키고 싶었지만, 흥행은 실패하고 론 하워드는 잊혔다. 이에 대하여 영화 개봉 당시에 한국기독교총연합회는 영화 〈다빈치 코드〉에 대한 상영금지 가처분 신청을 세계 최초로 법원에 제출하기도 하였지만, 영화는 상영되었고 오히려 한기총은 망하는 영화를 선전해 주는 일에 한몫하였다.

이러한 아이러니를 파악한 본 장은 《다빈치 코드》에서 문제가 되고 있는 내용을 살펴보면서, 신학적으로 올바르게 대응하는 방법을 다음의 세부 항목에서 모색해 보았다. 소설은 소설로서 충분하다. 소설인《다빈치 코드》가 영화로 만들어질 때, 당연히 흥행이 최우선의 관심 사항이다. 항상 기독교계의 강력한 반발이 계속되면서, 역으로 영화〈다빈치 코드〉를 홍보해 주는 결과를 낳았다. 논란이 많았던 만큼 본 장은 다음의 몇 가지로 기독교의 기본교리에 정면으로 도전하고 있는《다빈치 코드》의 허구를 기독교적 시각에서 살펴보았다. 특히 신학적 분석을 통하여 오늘의 현장에서 그리스도인들이 가져야 할 기본적인 입장을 다음과 같이 정리하고자 한다.

(1) 막달라 마리아는 예수의 부인인가?

이게 사실이라면 참으로 파급효과가 크다고 말할 수 있다.《다빈치 코드》가 주장하는 바와 같이 신약성경에서 결코 막달라 마리아는 예수의 부인이 아니다. 이미 언급한 나그 함마디 문서 어디를 보아도 예수께서 막달라 마리아와 결혼하였다고 직접적으로 묘사하는 구절이 단 한 구절도 없다. 그러면 왜《다빈치 코드》는 막달라 마리아가 예수의 부인이라고 오도하는가?

첫째, 댄 브라운은 나그 함마디 문서에 나오는 그리스도의 짝이란 표현을 제대로 이해하지 못했다. 다시 말하자면, 콥트어로 기록된 빌립 복음서에서 그리스도의 짝이란 표현은 부부를 의미하는 것이 아니라 그리스도의 일꾼, 친구, 동역자, 제자, 혹은 사도를 의미하는 단어이다. 곧 막달라 마리아는 예수께서 사망의 권세를 깨뜨리시고 부활하신 부활의 증인과 복음의 동역자로서 충실한 제자도를 실천한 초기 교회의 여성 지도자이다.

둘째, 댄 브라운이 인용하고 있는 나그 함마디 문서 중에 빌립 복음서에 의하면, 예수께서는 막달라 마리아에게 입맞춤을 하는데 이는 에로틱한 성애의 표현이 아니다. 그 당시에 사람들은 입을 맞추는 방법으로 친밀한 인사를 나누면서 유대관계를 돈독히 하였다. 바울도 성도들이 서로 입맞춤으로 문안 인사를 나눌 것을 권면하지 않았는가? 심지어 예수를 배신한 가룟 유다도 스승을 체포하는 신호로 예수에게 입을 맞추었다.

셋째, 예수께서 누구와 결혼하였다는 기록은 역사상의 문헌 어디에 단 한 번이라도 나타나 있지 않다. 다만 당시 유대인 남자들이 유대교의 전통에 따라 성인이 되면 반드시 결혼해야 한다는 사실을 들어서, 예수께서도 결혼하였다고 추측하는 경우가 많다. 그러나 당시의 전통에 따라 대부분 유대인이 결혼하였다고 해서, 예수께서도 결혼하였다고 추측하는 것은 억지이다. 당시의 상황에서도 유대교의 랍비들이 독신으로 지내는 것이 용납되어서 독신으로 지내는 랍비도 많았다. 이런 연유로 세례 요한도 독신으로 지냈다.

(2) 신약성경은 예수의 제자들이 꾸며낸 이야기인가?

댄 브라운은 콘스탄티누스 대제가 성경을 다시 쓰라는 명령을 내렸다고 다음과 같이 주장한다.

> 예수의 인성을 언급하고 있는 복음서[만] 빼고, 신과 같이 보이도록 하는 복음서[를] 각색해서 새로운 성경을 만들도록 재정적인 지원을 했다. 초기 복음서들은 법으로 금지되고 수집되어 불태워졌다.

신약성경에 나오는 복음서는 결코 각색된 것이 없다. 더구나 콘스탄티누스 대제가 복음서를 새로 만들도록 지원한 적도 없다. 신약성경 대부분은 콘스탄티누스 대제가 왕위에 오르기 이미 200여 년 전부터 널리 사용되었다. 더구나 신약성경의 복음서는 신성만을 언급하는 것이 아니다. 댄 브라운이 예수의 인성을 보여주기 위하여 《다빈치 코드》를 썼다고 하는데, 이미 신약성경에는 예수의 인성을 강조한 구절들이 많다. 예를 들면, 복음서 가운데 가장 먼저 기록된 복음서인 마가복음에 의하면, 예수의 다양한 인성의 모습들[10]이 등장한다.

본질적으로 신약성경은 어떤 책인가? 신약성경은 예수의 제자들이 직접 목격한 사건을 증언하고 있다. 《다빈치 코드》는 예수를 하나님의 아들이 아니라 막달라 마리아를 사랑한 한 남성으로 묘사하고 있지만, 신약성경은 의심의 여지 없이 예수께서 하나님의 아들이시라는 사실을 증언하고 있다. 예수께서 하나님의 아들이시라고 신약성경이 증언하고 있는 대로, 초기 교회는 최초로 예수의 신성과 인성 기독론을 확립하게 된다. 이러한 신앙은 신약성경에 기초를 둔 것으로, 초기 교회 시대 때부터 각종 기독론적인 이단을 경계하는 시금석이 되었다. 댄 브라운이 주장하고 있는 것처럼, 예수를 한 예언자 혹은 한 인간으로만 보아서는 안 된다. 신약성경은 예수께서 완전한 인간이시며 완전한 하나님이시라는 사실을 끊임없이 증언하고 있다. 댄 브라운이 예수의 신성을 부인하고 있지만, 신약성경은 예수의 신성[11]을 강조하고 있다.

(3) 막달라 마리아를 어떻게 이해해야 할 것인가?

나그 함마디 문서 중에 마리아 복음서가 있다. 거기에서 막달라 마리아는 모든 제자들, 심지어는 베드로도 능가하는 예수의 수제자로 묘사된다. 그 이유는 다름 아니라 막달라 마리아가 다른 어떤 제자들보다도 주님의 특별한 계시를 더 많이 들어서 알고 있었다는 사실을 전제하기 때문이다. 분명한 것은 신약성경의 복음서에서 막달라 마리아는 예수의 부활을 처음으로 목격한 여성으로 등장한다는 사실이다. 우리는 부활하신 예수께서 전에 일곱 귀신에 들렸다가 고침을 받은 막달라 마리아에게 제일 먼저 자신을 나타내신 사실(막 16:9)을 중시해야 한다. 이는 부활신앙을 전파하는 데 있어서 여성의 리더십을 세우려는 주님의 계획이 있었기 때문이다. 부활하신 예수께서 막달라 마리아를 부활의 증인으로 삼으신 것처럼, 오늘 예수께서는 여성을 자신의 당당한 제자로 부르고 계시다.

이상의 내용을 통해서 볼 때, 초기 교회에서 여성의 리더십이 차지하고

---

10) 예를 들면, 마가복음에서 예수는 노하고(1:41, 43, 3:5; 10:140, 성급하며(7:18; 8:17-21), 놀라며(6:6), 화를 낸다(8:12). 또 제자들을 꾸짖고(8:33), 사람들을 비판하고(9:19), 모르는 것이 있으며(13:32), 고뇌와 번민에 사로잡힌다(14:33-34).
11) 요 5:18; 20:28; 골 1:16-19; 히 1:8-12; 계 1:8.

있는 비중은 우리가 알고 있는 사실을 초월하고 있다. 초기 교회에서 결코 여성의 리더십이 과소 평가되지 않고 있다. 이미 복음서에서 복음이 전파되는 곳에 "이 여인이 행한 일도 전파하라."라고 예수께서 부탁하신 것처럼, 신약성경에는 남성 제자들의 활동만을 주로 그리지만, 초기 교회에서 여성은 예수의 동역자로 일컬어질 만큼 그들의 역할은 눈이 부실 정도이다.

누가복음은 5장에서 남성 제자들이 부름을 받기 이전에, 이미 4장에서 시몬의 장모가 열병에서 고침을 받자마자 제자도의 전형적인 행동인 섬김과 봉사의 직무를 수행하였다는 사실(눅 4:38-39)을 기록하고 있다. 그뿐만 아니라 누가복음은 6장에서 제자들의 명단을 소개하는 것과 버금가는 비중으로 8장에서 예수의 주위에 있던 여인들의 명단을 소개하면서, 그들이 자기들의 소유로 섬겼다(눅 8:3)고 기록하고 있다. 이 두 구절에서 누가복음은 제자도의 핵심적인 내용을 가리키는 단어인 그리스어 동사 *디아코네오*(διακονέω)라는 단어를 사용하고 있다. 이는 명사로 *디아코니아*(διακονία)를 뜻하는바, 초기 교회에서 제자들의 역할에 있어서 여성의 섬김과 봉사의 리더십이 얼마나 중요하게 평가되었는지를 보여주고 있다.

한국교회는 《다빈치 코드》와 같이 막달라 마리아를 예수에게 스캔들이나 일으키는 장본인으로 간주하려는 허구에 빠져 있지는 않은지 스스로 자문해 보아야 한다. 왜 초기 교회는 줄기차게 막달라 마리아를 예수의 훌륭한 제자로 간주하였는지, 우리는 그 실체를 분명히 이해해야 한다. 우리는 부활하신 예수께서 전에 일곱 귀신에 들렸다가 고침을 받은 막달라 마리아에게 제일 먼저 자신을 나타내신 사실(막 16:9)을 중시해야 한다. 이는 부활신앙을 전파하는 데 있어서 여성의 리더십을 세우려는 주님의 계획이 있었기 때문이다. 부활하신 주님께서 막달라 마리아를 부활의 증인으로 삼으신 것처럼, 오늘 한국교회에서도 주님께서는 여성을-남성과 동등하게 아니 남성보다 먼저-자신의 당당한 제자로 부르고 계시다.

첫째, 댄 브라운은 문학적 상상력을 동원한 소설인 《다빈치 코드》에서 성경에 관해 거침없이 깎아내리는 발언을 일삼고 있다. 《다빈치 코드》의 허구 중에 가장 대표적인 것은 '성경이 많은 변형과 첨가와 개정 작업을 거치면서 진화해 온 것'이라는 주장이다. 물론 역사적으로 성경의 원본이라고 말할 수 있는 원문은 없다. 오늘 우리가 경전으로 받아들이고 있는 신약성경은 초기 교회로부터 사본이 서기관들에 의해 베껴지면서 전해져 내려온 것은 사실이지만, 거짓을 감추거나 진실을 호도하기 위한 관점에서 개정되거나 진화해 온 것이 아니다. 더구나 댄 브라운이 주장하는 것처럼, 신약성경이 막달라 마리아가 예수의 부인이었다는 사실을 숨기기 위해서 억지로 변형되어 전해진 것이 아니다. 오히려 신약성경은 예수의 말씀과 생애를 있는 그대로 후대에 전하려고 노력했던 경건한 문서이다. 여러 다양한 지역에서 1500년 동안 신약성경의 사본이 베껴졌는데, 가장 초기와 후기의 사본을 비교해 보면 양자 사이에서 인위적인 변형과 개정 혹은 진화의 흔적은 거의 없다. 다시 말해서, 신약성경은 1500년의 시간 차이에도 불구하고 필사가의 무의식적인 오류가 있을 뿐이지, 고의적인 변경은 없었다는 사실이다.

둘째, 댄 브라운은 80여 종의 복음서가 있었는데, 그중에 신약성경에 있는 4복음서만이 경전으로 채택되어 전해지게 된 것에 불만을 품고 있다. 그래서 그는 막달라 마리아와 관련된 다른 복음서들을 거론하면서 예수의 결혼에 대해서 허위 사실을 유포하고 있다. 그러나 실제로 그가 말하는 80여 종의 복음서가 있다는 말은 거짓이며 과장이다. 불과 30여 종의 복음서가 역사상에 존재하였는데, 그중에서 안디옥에서 기록된 마태복음, 로마에서 기록된 마가복음과 누가복음, 에베소에서 기록된 요한복음만이 신약성경에 경전으로 채택되었다. 그 이유는 이들 지역이 초기 교회에서 사도들이 구약성경과 유대교적 전통에 근거한 정통신앙을 계승하고 있었던 대표적인 유대 그리스도교의 특징을 지닌 지역이었기 때문이다.

셋째, 댄 브라운은 빌립 복음서와 마리아 복음서를 인용하면서 막달라 마리아가 예수의 '짝'이라고 주장한다. 그러나 콥트어에서 '짝'이라는 단어는 동역자를 의미하는 단어로서 막달라 마리아가 예수의 종, 일꾼, 친구, 제자, 혹은 사도라는 의미로 사용되었다. 더구나 댄 브라운은 예수께서 막달라 마리아에게 입을 맞춘 것이 에로틱한 성애의 표현이라고 주장한다. 이것은 당시의 인사 관습을 무시한 해석이다. 더 나아가서 댄 브라운은 예수께서 막달라 마리아를 다른 제자들보다 더 사랑한 이유가 부부관계를 입증하는 것이라는 해괴한 주장을 하고 있다. 그러나 우리는 초기 교회에서 막달라 마리아의 위상이 다른 제자들과 비교해 볼 때 조금도 손색이 없을 정도로 그 지도력이 인정되었다는 사실을 알아야 한다. 다시 말해서, 공관복음서에 의하면 부활의 첫 증인이며 또한 요한복음에 의하면 유일하게 무덤에서 부활하신 주님을 만난 목격자인 막달라 마리아는 초기 교회에서 여성 제자로서 그 지도력이 인정되었다는 것이 역사적인 사실로 뒷받침되고 있다. 이러한 그의 위상을 반영해 주고 있는 것이 빌립 복음서와 마리아 복음서에 나타나 있는 막달라 마리아에 관한 기록이다.

넷째, 댄 브라운은 예수에 대해 '한 인간에 불과하고 역사적으로는 그의 추종자들이 예언자로 떠받들었을 뿐이라'고 주장한다. 그는 예수에 관한 신약성경의 기록이 날조된 것이라고 주장한다. 그러나 이미 4세기에 신약성경을 토대로 예수께서 참 하나님이시며 참 인간이시라는 기독교 신조 가운데 가장 중요한 양성론 교리가 채택된 것이 역사의 진실이다. 이러한 역사적 사실이 의미하는 것은 무엇인가? 곧 예수의 인성이 지닌 한계를 극복하기 위해서 후에 사람들의 손에 의해서 신성이 확립된 것이 아니라, 이미 신약성경에 예수께서 참 인간이시며 참 하나님이시라는 사실이 명확하게 나타나 있기에, 후대에 교회 지도자들이 모인 회의에서 교리로 채택되어 논리 정연하게 역사상에 그 실체가 선언[12]되었다는 사실이다.

3. 유다 복음서와 영지주의 교단

나그 함마디 문서 중에 도마 복음서와 빌립 복음서와 마리아 복음서는 비영지주의 문서들로 재평가되고 있는 것과는 달리, 다음의 항목에서 논의할 유다 복음서[13]는 영지주의 교단에서 만들어진 이단 문서이다.

1) 유다 복음서

예수께서는 가룟 유다에 대하여, "그 사람은 차라리 나지 아니하였다면 제게 좋을 뻔하였느니라"(마 26:24)라고 하셨다. 이 얼마나 비극적인 일인가? 가룟 유다는 언제나 그의 스승인 예수를 팔아넘긴 배반자라는 낙인이 찍혀서 오고 오는 세대에 부정적인 인물로 기억되고 있다. 그 비극의 주인공 가룟 유다와 직접적인 관련이 있는 것으로 보이는 유다 복음서가 발견되었다. 2세기경에 원래 헬라어로 기록되었다가 4세기경에 콥트어로 번역된 유다 복음서가 1700년의 베일을 벗고 세상에 알려진 것이다.

내셔널 지오그래픽사에 의하면, 유다 복음서는 콥트어 고문서로 오늘

---

12) 신약성경은 예수께서 하나님의 아들이시며 하나님께서 보내신 이라고 말하고 있을 뿐만 아니라 예수께서 하나님이 되신다고 분명하게 선언하고 있다. 이러한 예수의 신성에 관한 기록뿐만 아니라, 예수께서 요셉과 마리아의 아들로 태어나셔서 33년의 공생애를 사셨다는 사실도 분명하게 보도하고 있다. 참 인간으로 오셨기 때문에 예수께서는 인간의 죄와 고통을 그 몸으로 체휼하신 분이시고, 또한 참 하나님으로 오셨기 때문에 인간에게 구원과 영생의 선물을 주신 분이시다.

13) 내셔널 지오그래픽사의 홈페이지에 의하면, 제네바 대학의 전직 교수이자 나그 함마디 문서와 고대 문서의 역자 로돌프 케이서(Rodolphe Kasser), 캘리포니아 오렌지 카운티의 채프맨 대학의 신학 교수 마빈 마이어(Marvin Meyer), 독일 뮌스터 대학의 콥트어 교수 스테판 에멜(Stephen Emmel) 등에 의하면, 고대 문서의 신학개념과 언어적 특성이 나그 함마디 문서의 것, 1945년 이집트에서 발견된 초기 기독교의 것으로 보이는 원문과 상당히 비슷하다고 한다. 유다 복음서는 2세기의 것으로 알려진 많은 사상과 일관된다. 마이어(Meyer)에 의하면, 단편적인 형태에서도 유다 복음서는 2세기 중반의 사상과 상당히 비슷하다. 특히 에멜(Emmel)은 고대 문서가 2세기에 유행하던 초기 기독교인 중 영지주의자로 알려진 이들의 세계관을 반영한다는 마이어(Meyer)의 의견에 동의한다. 1,500년이나 된 세계와 그 시대에 있었을 법한 서류를 만드는 것은 종교학을 평생 연구한 학자들조차도 가능하지 않다. 이러한 유물을 만든다는 것은 굉장한 귀재나 되어야 할 수 있을 것이며, 영지주의자의 세계관을 반영하는 것과 함께 고문서학의 증거도 이 고대 문서가 진짜임을 나타낸다. 에멜(Emmel)에 의하면 전문 사본 필사가에 의해 굉장히 조심스럽게 쓰인 유다 복음서는 나그 함마디 문서를 생각하게 한다. 나그 함마디 고문서들의 연대가 4세기 후기 또는 5세기 초의 것이므로, 유다 복음서를 포함하고 있는 고대 문서는 그 동일 시대의 사본 필사가에 의해 쓰인 약 400년경의 문서이다. 이러한 문서를 위조하기 위해서는 파피루스, 그리고 그냥 파피루스가 아닌 고대의 파피루스와 같은 재료들을 써야 하며 상당한 초기 시대의 콥트어 필적을 모방할 줄도 알아야 한다. 콥트어 전문가들의 세계에서 설득력 있게 그러한 작업을 할 수 있는 이들은 소수이다. 또한 콥트어로 된 원서를 문법상으로 맞으면서도 설득력 있게 조립해야 한다. 이렇게 할 수 있는 콥트어를 읽을 줄 아는 사람들의 수는 더욱 적다.

날의 책제본 형식과 유사한 코덱스 형태로 13장의 파피루스 앞뒷면에 기록된 26쪽의 분량이다. 유다 복음서는 1980년경 이집트 중앙 엘 미냐(El Minya) 근처에서 발견된 콥트어로 된 영지주의 파피루스 코덱스에 들어 있는 세 번째 문서이다. 이 코덱스는 1945년에 북아프리카의 나일강 유역인 나그 함마디에서 발견된 나그 함마디 문서에 이미 들어 있는 두 개의 문서 필사본을 포함하고 있다. 곧 베드로가 빌립에게 보낸 편지(VII, 2) 그리고 첫 번째 야고보의 묵시록(V,3)이 바로 그것이다. 다시 말해서, 공개된 이 영지주의 코덱스에는 모두 네 개의 문서가 포함되어 있다. 즉, 베드로가 빌립에게 보낸 편지, 첫 번째 야고보의 묵시록, 유다 복음서, 제목이 없는 이방인의 일부를 담은 문서 하나 등이다.

결론부터 우선 한 가지 확실하게 말할 수 있는 것은 유다 복음서의 내용을 미루어 추측해 본다면, 이 문서는 그 당시에 정통교회에 의해 제기된 신학적 논쟁에서 이단으로 낙인찍힌 어떤 영지주의자에 의해 기록된 이단문서이다.

내셔널 지오그래픽사가 발표한 바에 의하면, 유다 복음서는 이렇게 시작한다. "이것은 유월절 3일 전에 일주일 동안 예수께서 가룟 유다와 대화하신 것을 폭로하는 비밀스런 말씀이다." 이러한 표현은 유다 복음서가 영지주의의 전통과 연관된 이단적인 경향을 분명하게 반영하고 있다. 예수께서 유다에게 "너는 그들보다 더 우수할 것이다. 왜냐하면 나에게 옷을 입히려는 자를 네가 희생시킬 것이기 때문"이라고 말하는 구절도 나타난다. 이는 예수께서 육체의 옷을 벗어날 수 있도록 유다가 도와준다는 뜻으로 해석할 수 있다.

더 나아가서 유다 복음서는 유다가 다른 제자들에 의해 멸시당할 것이나 그들보다 더 뛰어난 신분이 될 것이라 암시한다. 또한 예수께서는 "너는 세대에 걸쳐 저주받을 것이다. 그리고 너는 그들보다 더 우수할 것이다."라고 말한다. 이렇게 유다를 다른 제자보다 뛰어나게 언급하는 유다 복음서는 다음과 같이 끝을 맺는다. "그들은 유다에게 다가가 말하였다, '여기서 무엇 하느냐? 너는 예수의 제자이다.' 유다는 그들이 바라는 대로 대답을 하였다. 그리고 그는 돈을 받고 그를 그들에게 넘겨주었다." 결국 유다가 예수의 뜻대로 스승을 팔아넘기는 일에 일조한다는 이야기를 유다 복음서는 전하고 있다.

2) 영지주의 이단 문서

제임스 M. 로빈슨(James M. Robinson)[14]은 장로 교인으로서 유다 복음서와 관련하여 교회의 거룩한 절기인 부활절을 오도하면서 상업적 흥행만을 생각한 내셔널 지오그래픽 협회와 골동품 중개상인 프리다 차코스(공식적으로 유다 복음서는 차코스 문서[15]라고 불린다)를 철저하게 비판한 책[16]을 출판하였다. 로빈슨은 유다 복음서를 영지주의 세트파에 속하는 문서인데, 세트파 이단은 자신들이 아담의 셋째 아들로부터 유래했다고 주장한다. 내셔널 지오그래픽 협회의 홈페이지에 실린 유다 복음서를 보면 '불멸하는 세트의 [자손]'이라는 언급이 있다. 또한 '그리스도라 불리는 세트'라는 표현도 있다. 이러한 표현에 의하면 유다 복음서는 영지주의 세트파로 거슬러 올라간다. 나그 함마디 문서는 유다 복음서와 유사한 방식으로 '기독교 세계에 그리스도를 세트의 임재로 제시'하는 문서들을 많이 포함하고 있다.

일찍이 초기 교부 중에서 로마의 리용에 살았던 역사가인 이레니우스(Irenaeus)는 180년경에 그 유명한 《이단 논박》에서 이미 유다 복음서를 전적으로 거부한 적이 있다. 그러나 누가 이 문서를 기록하였는지는 확실치 않다. 이

---

14) 이미 2006년 5월 14-22일에 내한하여 여러 차례 강연회를 가진 바 있는 미국 클레어먼트 대학교의 명예 교수인 제임스 M. 로빈슨은 필자가 유학하던 시절에 9년 넘게 장학금을 주면서 경건과 학문을 지도해 준 은사이다.

15) 300년에 콥트어로 베껴졌다고 추정되는 가죽으로 묶인 파피루스 고대 문서는 1980년대에 엘 미냐인 이집트 근처의 사막에서 발견되었다. 이 고대 문서는 2000년에 취리히 출신의 골동품 딜러인 프리다 차코스(Frieda Nussberger- Tchacos)에 의해 구매되기 전까지 뉴욕, 롱 아일랜드의 대여 금고에서 16년간 방치되었다. 원서를 전매하려는 시도가 실패로 끝나자, 차코스는 고대 문서의 상태가 급속도로 상태가 나빠지는 것을 염려하여 2001년 2월 스위스 바젤의 메세나 고대 예술품 재단에 보존과 번역을 위하여 전달하였다. Tchacos 고대 문서로 알려진 유다 복음서는 카이로 콥트 박물관에 전시되어 있다. 메세나 재단의 회장 로베르티(Mario Roberty)에 의하면, 그의 놀라운 헌신과 노력으로 유다 복음서가 학자들과 대중들이 더욱 먼 세대 때까지 연구할 수 있게끔 복구되었고, 이러한 고고학적 역사적 유물이 이집트로 다시 돌아가게 되었다.

16) 내셔널 지오그래픽사에 의해 유다 복음서가 2006년 4월 7일(한국시간)에 공개되자마자 로빈슨은 4월 21일에 The Secrets of Judas(2006)라는 제목으로 출간하였다.

레니우스의《이단 논박》(I.31.1)에 다음과 같은 내용이 언급되고 있다:

[어떤 이들은] 가인이 위에 있는 권능(power)으로부터 그의 존재가 기원했
다고 선포한다. 그리고 에서, 고라, 소돔 사람들, 그리고 그러한 모든 사람
이 서로 연관되어 있다고 인정한다…. 그들은 배신자 유다가 이러한 것들
을 충분히 잘 알고 있었고, 그[가] 홀로 다른 그 어떤 사람도 알지 못했던
진리를 알고서 배반의 신비를 완성했다고 선포한다. 그에 의해 하늘과 땅
에 있는 모든 것들이 이렇게 혼란으로 빠져들었다. 그들은 이러한 효과를
위해 날조된 작품을 만들었는데, 이를 유다 복음서라고 이름을 붙였다.

이레내우스의 언급은 오고 오는 그리스도인들에게 엄청난 영향력을 행사하였
다. 이미 초기 교회에서 이단으로 낙인이 찍힌 문서이기 때문에, 초기 그리스
도인들은 이러한 이단적 문서에 동요되지 않았다. 유다 복음서는 또한 4세기
에 에피파니우스(Ephipanius)에 의해 언급되고 있는데 거기서 에피파니우스는
유다 복음서가 세트파의 관점을 알려주고 있다고 다시 확인해 주고 있다. 에피
파니우스의 책《파나리온》(Panarion)에 이 같은 내용이 언급되고 있다(37.3.4-5;
6.1-2; 38.1.5).:

그리고 다른 이들은 말하기를, "아니오. 그는 자기 선함에도 불구하고 천
상의 지식 때문에 그를 배반하였소. 왜냐하면 [악한] 아르콘들은 알기 때
문이오." 그들이 말하기를 "만약 그리스도가 십자가 처형으로 넘겨지면,
더 약한 권능들이 쇠진하게 되리라는 것을" "그리고 유다가 이것을 알아
냈을 때" 그들은 말한다. "그는 염려했고, 그를 배반하기 위해 그가 할 수
있는 모든 것을 했고, 우리의 구원을 위해 좋은 일을 수행하였다. 우리는
그를 칭찬해야 하고, 그에게 신뢰를 주어야 한다, 왜냐하면 십자가의 구
원은 그를 통해서 우리에게 왔고, 만물의 원인이 되는 계시를 통해 왔기

때문이다."

"그러므로" 그들이 말하기를, "유다는 그들(더 높은 권능들)에 대해 알아내었다." 왜냐하면 그들은 그를 친족이라고 주장했고, 그를 특별히 지식 있는 자로 생각했는데, 그래서 그들은 짧은 문서를 그에게 돌렸는데, 그들은 유다 복음서라고 불렀다.

비록 이것들이 유다 복음서에서 직접 인용한 것은 아니라 하더라도, 현존하는 문서에 근거하여 판단할 때, 그들은 같은 영지주의 신화[17]를 보여준다. 영지주의 이단에 의하면, 성경에 영감을 준 것은 악한 창조자 하나님이었기에 성경은 그의 노예와 같은 숭배자들에게 거짓을 선전하고, 위에 있는 감추어진 빛의 영역에서 온 사자가 일깨운 사람들을 아래로 끌어내리려 한다. 따라서 성경에서 저주받는 사람들은 바로 진정으로 일깨움을 얻은 사람들이고, 이들이야말로 영지주의자들의 선구자가 된다는 것이다. 곧 가인, 에서, 고라, 소돔 사람들 그리고 신약성경에서는 물론 배반자 유다가 이에 해당한다. 이로써 가인을 추종하며 성경에 등장하는 부정적인 인물들을 영지주의 이단에 근거하여 거꾸로 의미를 부여하고 있는 사람이 유다 복음서를 기록한 것이 분명해진다. 이로 미루어 볼 때, 유다 복음서를 남긴 영지주의는 가인파 이단의 후예들이었다.[18]

---

17) 세상이 매우 끔찍한 장소이기에, 이를 창조한 하나님은 정통 유대교인들과 기독교인들에게 예배받는 선하고 공의로운 하나님이 분명 아니다. 오히려 인간을 강요하여 그 앞에서 비굴하게 절하게 하고 곤경에 빠뜨리는 악한 하나님이다. 그러나 하늘들(heavens) 위에 높은 곳에 감추어진 빛의 영역이 있는데, 여기에는 알지 못하는 선하신 하나님이 다스린다. 종종 그는 자기 사자들을 지구로 보내어 선택한 소수의 사람에게 신성한 불꽃을 일으켜 깨운다. 사자들은 인간의 기원에 관한 지식을 전해주고, 그들로 육체의 감옥을 떠나 위에 있는 빛의 영역으로 돌아가도록 부른다.

18) 유다 복음서를 바로 이런 영지주의의 틀 안에서 이해하여야 한다. 유다 복음서에서 예수는 최후의 만찬에서 제자들의 감사기도를 비웃는다. 왜냐하면 그들은 예수가 정말 누구인지 모른 채 악한 하나님에게 기도하고 있기 때문이다. 예수는 불멸하는 바벨로(Barbelo) 영역에서 내려온 감추어진 선한 하나님의 여성 파트너이다. 그러나 유다는 예수처럼 천상에 있는 감추어진 빛의 영역에서 유래했고, 그래서 유다

3) 영지주의 교단의 활동지역

우리는 영지주의 교단에서 만들어진 유다 복음서[19]가 영지주의 문서라는 사실에 주의를 기울여야 한다. 양자 모두 이집트에서 발견된 문서들이기 때문에, 어떤 형식으로든지 당시 영지주의의 총본산이라고 말할 수 있는 나일강 하류 삼각지대의 알렉산드리아나 시리아의 에데사[20]와 연관이 있었던 것이 분명하다.

우리가 한 가지 더 고려해야 할 사실이 있다. 200년경에 에데사에 마르시온에 버금가는 영지주의자였던 바다이산이 바데사네스라는 교리를 퍼뜨렸다. 《에데사의 역대기》에 따르면, 바다이산은 주후 154년에 태어났다. 바다이산은 "시리아어를 말하는 아주 능력이 많고 논쟁적인 사람"(Eusebius, *Hist. eccl.* 30.1.) 이었다. 아마도 바다이산이 시리아 언어를 말하는 그리스도인들에게 자신보다 먼저 살았던 타티안의 《디아테사론》(*Diatessaron*)이란 복음서를 전해준 듯하다. 주후 2세기 중엽에 타티안은 복음서를 하나로 통합하고자 하는 노력을 기

를 비난하는 열두 제자 위에 있는 열세 번째로 지명된다. 그는 다른 세대로부터 또한 저주받을 것이다. 그러나 예수는 유다에게 그 길을 인도하는 별은 바로 너의 별이라는 것을 재확인해 주었다. 왜냐하면 그는 유다의 역할이 "나를 옷 입히는 인간을 희생하는 것"이라고 설명한다. 따라서 예수의 참된 자아는 그를 감금시킨 육체로부터 탈출하여 천상의 빛의 영역으로 돌아가게 되었기 때문이다. 따라서 정경 복음서들 안에 있는 유다의 모습은 기초적인 영지주의 신화의 관점에서 이용되는데, 여기서는 그를 영지주의 구원 계획을 촉진하는 데 있어서 반드시 있어야 할 사람으로 만든다.

19) 원래 유다 복음서는 그리스어 문서로 기록된 것인데 콥트어로 번역되어 영지주의자들에 의해 최소한 180년경 이전에 쓰인 것으로 추정된다. 영지주의자들은 물질적인 몸에서 벗어나 애초의 영적인 왕국으로 돌아가는 방법을 알려줄 구원 받을 수 있는 비밀스러운 지식만을 중시하였다. 즉 예수 때문에 주어지는 영적 지식을 가짐으로 구원을 얻을 수 있는 것이라 믿었다. 또한 그들은 진실한 하나님, 즉 예수의 아버지는 구약성경에 나오는 세계를 창조한 하나님보다 더욱 높은 분이라 믿었다. 유다 복음서는 가룟 유다 혼자만이 예수의 희생에 대한 참 의미와 예수의 가르침에 대해 이해했다고 믿으며, 예수를 넘기는 데에 예수의 뜻대로 한 것이라 믿었다. 유다 복음서에 대해 처음으로 언급한 곳은 《이단 논박》이란 교부의 문헌이다. 이 문서는 180년 리옹(당시 로마 지역)의 주교 이레니우스(Irenaeus)의 저서이다. 앞에서 잠시 언급하였듯이 반역자 유다만이 다른 제자들이 모르는 진실을 알았다는 것이 유다 복음서의 내용이다. 이레니우스는 그 당시에 돌아다니는 많은 종류의 복음서에 대해 단지 마태, 마가, 누가, 요한복음만이 인정되어야 한다고 주장하였다. 다른 복음서들이 전통교회에 의해 금지되자, 영지주의를 추종하는 자들이 유다 복음서를 숨겼을 것이다.

20) 다음에 언급될 내용에 관하여 필자의 책에서 도움을 받고자 한다. 《예수말씀 복음서 Q 연구개론》(대한기독교서회, 2004)에 의하면, 에데사의 그리스도교는 마르시온의 형태로 처음부터 소개된 듯하며, 그것은 아마도 약 150년경부터 서부 시리아에서 들어온 듯하다.

울인 적이 있었다. 타티안은 그러한 작업을 통하여 4개의 복음서가 다른 목소리를 내는 것을 단 한 권의 책으로 '조화'(디아테사론은 그리스어로 디아와 테사론이 결합한 것으로 '조화롭게'라는 뜻이다) 시키려고 하였다. 그 결과로 나온 것이 시리아 언어로 된《디아테사론》이라는 책이다. 다시 말해서, 바다이산이 에데사의 그리스도인들에게《디아테사론》을 소개하였으며, 이것이 후에 그들에게 복음서에 버금가는 지위를 가지게 하였다고 볼 수 있다.

마르시온을 따르던 자들이 고행하는 복장을 하며 금식을 자주 하였다면, 바다이산을 추종하던 자들은 좋은 옷과 보석으로 자신들을 꾸몄으며 젊은이들은 노래와 음악을 즐겼다. 바데사네스 교단은 그리스도론과 점성술과 운명에 대한 신앙과 부활에 대한 거부 등에서 정통 신앙과는 상당 부분 달랐지만, 정통주의와는 논쟁하지 않았으나, 마르시온과는 상당히 논쟁을 벌였던 것 같다. 아마도 에데사에서 경제적으로 부유한 자들은 바데사네스 교단에 소속하였던 것 같다.[21] 팔루트라는 인물을 추종하던 세력들은 경제적으로 여유가 없었던 까닭에 에데사에 복음서를 전해줄 능력이 없었으므로, 바다이산이 전해준《디아테사론》과 같은 복음서를 접하게 되었을 것이다. 에데사의 그리스도인들은《디아테사론》과 바울 서신과 고린도 3서를 경전에 포함하고 있었다.

《에데사의 역대기》에 따르면, 에데사에 정통 그리스도교를 세운 사람은 쿠네 감독일 것으로 추정된다. 쿠네 감독은 313년에 우르하이에서 그리스도 교회의 기초를 놓았으며 그의 후계자인 샤아드가 그 건축사업을 마쳤다고 기록하였다. 이 건물은 525년에 대홍수로 인하여 파괴되었지만, 그해에 다시 복구되었다. 289년 이전부터 313년까지 에데사의 첫 감독으로 활동하였던 쿠네는 정통 그리스도 교회를 세워나갔으며, 동방에서도 그리스도인들이 자유롭

---

21) 4세기경에 에데사의 그리스도인들은 사도들의 가르침에 근거하여 정통 신앙을 지켜 내려왔음을 확신하였다. Ephraem(305-373년)의 *Madrash* 24.20-21을 보면, "오랫동안 사도들의 가르침이 있었으며, 그때는 가라지가 없었다."라고 기록하고 있다. 이미 마르시온이 137/138년에 정통교회를 떠났다고《에데사의 역대기》는 기록하고 있다. 당시에 이미 바다이산(154년 태어남)과 마니(239/40년에 태어남)를 추종하는 세력도 역시 정통교회를 떠난 상황이었다고 추정할 수 있다. 바다이산을 추종하던 바데사네스 교단은 발렌티누스 이단에 흡수되었을 것으로 보인다.

게 신앙활동을 할 수 있도록 보장받았다.[22] 압가르의 전설을 만들어 낸 사람도 쿠네 감독일 가능성이 크다. 쿠네가 감독으로 활동하던 시절에 교회사가로 활동하였던 유세비우스는 압가르의 전설을 기록으로 남겼는데, 아마도 쿠네가 유세비우스에게 야사에 가까운 자료를 흘렸을 것으로 짐작된다. 쿠네는 예수 당시의 왕인 압가르의 전설을 유세비우스로 하여금 전하게 함으로써 당시 에데사에 유행하던 이단 사조를 배격하고, 예수에게서 비롯되는 정통 신앙이 사도들을 통해서 에데사에 계승되었으며 쿠네 감독 자신도 이러한 정통성 위에 서 있다는 사실을 강조하고자 하였을 것이다.

유다 복음서는 이런 영지주의 이단과 분명한 연계가 있는 문서이다.[23] 에데사에서 이단으로 낙인이 찍히게 되자 영지주의자들은 급히 이 문서를 알렉산드리아로 옮겨가게 했을 것이다. 그 후에 알렉산드리아에서도 성 마가를 중심으로 한 정통교회가 뿌리를 내리게 되자, 다시 나일강 유역으로 이 문서를 옮겼다. 그러나 그리스도인들이 유다 복음서를 대할 때, 이단적 문서라고 무

---

22) 313년 6월 13일에 리씨니우스가 니코메디아에서 막시니누스를 패퇴시킨 후에, 그리스도인들에게 몰수되었던 소유물과 회합 장소를 조건 없이 되돌려 주라는 칙령을 내렸는데, 이것은 동방에서 그리스도교회의 종교 활동을 보장해 주는 계기가 되었다. 그 당시에 쿠네는 되돌려 받은 회합 장소는 없었지만, 신자들로부터 헌금을 받아서 새로운 교회 건물을 건축할 수 있었다.

23) 유다 복음서는 예수와 유다의 관계에 색다른 견해를 제공하여 예수를 배신한 제자인 가룟 유다에 대한 새로운 인식을 제공한다. 유다를 배반자로 묘사한 마태, 마가, 누가, 요한 등의 복음서가 포함된 신약성경의 내용과는 달리, 유다 복음서는 예수를 당국에 넘긴 유다의 행동이 예수의 요구에 의한 것이었다고 주장한다. 유다 복음서는 이렇게 시작한다: "이것은 유월절 3일 전에 일주일 동안 예수께서 가룟 유다와 대화하신 것을 폭로하는 비밀스러운 말씀이다." 이러한 유다 복음서의 서언은 영지주의의 전통과 일관되어 보이는 주제를 반영한다. 처음 장면에서 예수는 제자들이 "당신들의 하나님" 즉 더욱 작은 존재인 구약성경의 하나님에게 기도하는 것을 보고 웃는다. 그는 제자들에게 자신이 진실로 누구인지 봐주기를 바라며 도전을 주지만, 그들은 외면한다. 이런 제자들과는 달리 예수가 유다에게 "너는 그들을 뛰어넘을 것이다. 왜냐하면 나를 입히는 자를 네가 희생시킬 것이기 때문이다."라고 말한다. 예수가 육체를 벗어날 수 있도록 돕는 유다는 정신적인 자아를 자유롭게 또는 신성하게 해주는 인물로 그려진다. 유다 복음서는 유다를 특별한 신분으로 여러 번 그린다. "다른 이들에게서 물러나라 그리고 나는 너에게 왕국의 비밀들을 알려줄 것이다. 너는 도달할 수 있을 것이나, 상당히 슬픔에 괴로워할 것이다."라고 예수는 말한다. 그는 또한 유다에게 "보아라, 너는 모든 것을 들었다. 너의 눈을 들어 구름과 그 속에 있는 빛, 그리고 둘러싸고 있는 별들을 보아라. 너를 인도하는 별이 너의 별이니라." 유다 복음서는 또한 유다가 다른 제자들에 의해 멸시당할 것이나 그들보다 고귀한 신분이 될 것이라 암시한다. "너는 세대에 걸쳐 저주받을 것이고 너는 그들을 뛰어넘을 것이다." 라고 예수는 말한다. 유다는 또한 다른 제자들에 의해 무자비하게 반대당하는 환영을 보게 된다. "환상에서 내가 12명의 제자들에게 돌을 맞으며 [심하게] 박해당하고 있

조건 멀리할 필요는 없다.[24] 유다 복음서가 세인의 관심을 불러일으킨다고 할지라도, 그 문서가 신약성경의 4복음서를 대신하거나 보충할 수는 없다. 아무리 초기 그리스도교 공동체가 오늘날의 기독교 교단처럼 다양하였다고 할지라도, 이미 그 시대에 정통교회는 그리스도인들에게 도움이 될 만한 정경 복음서의 가치를 분명하게 인식시켜 주었다. 이미 초기 그리스도교 시절에 있었던 정통과 이단 논쟁에서 유다 복음서는 가인파 이단의 추종자들이 남긴 영지주의 교단의 문서로 낙인찍혔다. 그러므로 이제 오늘을 살아가는 그리스도인들은 조금도 동요할 필요가 없다. 유다 복음서의 내용이 더 이상 새로운 것이 아니기 때문이다.

4. 결론

나그 함마디 문서는 이집트에서 발견된 문서이기 때문에, 어떤 형식으로든지 나일강 하류 삼각지대의 알렉산드리아나 시리아의 에데사와 연관이 있었던 것이 분명하다. 그러나 그리스도인들이 나그 함마디 문서를 대할 때, 영지주의적 문서[25]라고 판단하여 무조건 멀리하여 비영지주의적 특징을 가지

는 것을 보았다." 유다 복음서의 한 구절은 유다가 변호되는 것에 대해 언급한다, "유다는 눈을 들어 빛이 가득한 구름을 보며 그것으로 들어갔다," 땅 위의 사람들은 구름에서 목소리를 듣게 되나, 없어진 파피루스의 부족한 부분으로 인하여 어떠한 말을 했는지는 영원히 알 수 없다. 유다 복음서는 갑자기 끝을 맺는다. "그들[체포하는 일행]은 유다에게 다가가 말하였다, '여기서 뭐하고 있느냐? 너는 예수의 제자이다.' 유다는 그들이 바라는 대로 대답을 하였다. 그리고 그는 돈을 받고 그를 그들에게 넘겼다." 유다 복음서에는 예수께서 십자가에 못 박히는 고난이나 부활에 대한 언급이 전혀 없다.

24) 이미 필자는 유다 복음서가 한국에 알려진 첫날인 2006년 4월 7일에 '메트로' 신문 특집판에서 그리스도인들은 이 문서를 계기로 신약성경이 지닌 경전으로서의 가치를 중시하고, 왜 초기 교부들이 4복음서 이외의 다른 복음서들에 대해서 이단적 문서라고 결론을 지었는지 곰곰이 생각해 보아야 한다고 제안한 바 있다.

25) 여전히 독일어권에서도 나그 함마디 문서를 콥트어로 간주하면서 영지주의에 속한 이단 문헌으로 간주한다. Alexander Böhlig and Pahor Labib, *Die koptisch-gnostische Schrift ohne Titel aus Codex II von Nag Hammadi im Koptischen Museum zu Alt-Kairo* (Deutsche Akademie der Wissenschaften zu Berlin, Institut für Orientforschung, 58; Berlin: Akademie-Verlag, 1962) [Scholer: 2359].

고 있는 문서들까지 멀리할 필요는 없다. 그리스도인들은 이것을 계기로 신약성경이 지닌 경전으로서의 가치를 중시하고, 왜 초기 교부들이 4복음서 이외의 다른 복음서들에 대해서 정경으로 채택하지 않는 결론을 내렸는지 곰곰이 생각해 보아야 한다.

나그 함마디 문서가 세인의 관심을 불러일으킨다고 할지라도, 그 문서가 신약성경의 4복음서를 대신하거나 보충할 수는 없다. 초기 그리스도교 공동체가 오늘날의 그리스도교 교단처럼 다양하였다고 할지라도, 이미 그 시대에 정통교회는 그리스도인들에게 도움이 될 만한 경전의 가치를 분명하게 인식시켜 주었다. 이미 구약성경과 유대교를 중시하던 초기 그리스도교 시절에 있었던 정통과 이단 논쟁에서 영지주의는 구약성경을 거부하고 플라톤의 이데아론을 중시함으로써 이단으로 낙인찍혔다. 그러므로 이제 오늘을 살아가는 그리스도인들은 조금도 동요할 필요가 없다.

우리는 신약성경의 진리에 대하여 분명한 자세를 가지고 있어야 한다. 신약성경은 많은 외경과 이단 사설들이 범람하는 역사의 냉혹한 현실 속에서도 흔들림 없이 기독교의 진리를 수호하는 경전의 역할을 다하여 왔다. 《다빈치 코드》와 유다 복음서를 통해서 우리는 외경 문헌의 왜곡된 주장에 흔들리는 대신에 오히려 신약성경의 가치를 드높이는 계기로 삼아야 한다.

그리스도인들이 《다빈치 코드》와 유다 복음서와 같은 문서를 무조건 멀리할 필요는 없다. 다만 이러한 왜곡된 문서를 통해서 우리의 근본적인 신앙이 흔들리지 않도록 주의할 필요가 있다. 제4차 산업혁명과 AI가 판치는 시대에 세상의 풍조가 악하여 앞으로도 불경스러운 문서의 주장도 되풀이되고 영화가 계속해서 개봉될 것이다. 이에 대하여, 우리 그리스도인들은 경각심을 가지고 오히려 신약성경에서 보여주는 예수의 참된 모습에 더욱더 귀를 기울여야 한다.

《다빈치 코드》와 유다 복음서는 오늘날 우리 사회에서 반기독교적인 정서가 보여주고 있는 여러 가지 공격의 행태 중의 하나이다. 교회는 이러한 공격의 실체를 잘 알고 있어야 한다. 사실상《다빈치 코드》와 유다 복음서가 주장하는 반기독교적인 내용은 전혀 새로운 것이 아니다. 우리는 2000년 교회 역사가 계속되어 오는 동안에 이미 역사상에 일어났던 일들이 다시 새삼스럽게 되풀이되고 있다고 느긋하게 대해야 한다. 그러므로《다빈치 코드》와 유다 복음서에 대해서도 우리는 똑같은 입장을 가져야 한다. 진리는 결코 속일 수 없고 가려질 수 없다. 예수 그리스도에 관한 진실은 이미 성경이 낱낱이 확립해 주고 있고 또한 2000년 동안 계속된 정통교회의 역사가 이것을 증명하고 있다.

VI. 소기천 교수가 본 아담의 묵시록에 관한 제3의 탐구[1]

김동민

1. 서론

1945년 나그 함마디 문서(The Naghamadi Text)의 발견은 이전까지 우리가 이해해 왔던 영지주의(Gnosticism)와 초기 기독교와의 관계를 다시 한번 정립하게 되는 실마리를 제공하였다. 이전까지 영지주의는 아레니우스(Irenaeus)를 중심으로 한 초기 기독교교부의 증언과 일부 발견된 사본들에 따라 제한적으로 이해되어 왔으며, 이러한 제한적인 자료들은 영지주의를 너무나 단편적으로 이해하는 근간이 되었다. 그러나 나그 함마디 문서의 발견과 함께 도마 복음서(Gospel according to Thomas)를 중심으로 우리가 이전까지 영지주의로 깎아내려 오던 외경 문서들이 실제로는 초기 기독교 전통 안에서 존재했던 말씀복음서의 양식이라는 것이 발견되었다.

본 논고를 통해 아담의 묵시록(The Apocalypse of Adam)에 관한 연구의 목적을 총 세 가지로 잡았다. 첫째, 영지주의가 유대 영지주의와 그리스도교 영지주의로 구분되며, 둘째, 아담의 묵시록이 이러한 유대 영지주의를 이해할

---

1) 이 장은 1998년부터 장신대 박사과정에 개설된 "나그 함마디 문서와 영지주의"라는 필자의 과목에 제출된 논문을 제자인 김동민이 콜로키움으로 발전시킨 것을 수정 보완하여 싣게 된 것이다.

수 있는 근간이 된다는 점이다. 셋째, 유대 영지주의가 유대 신비주의 전통인 카발라의 형태로 발전되었다는 점을 제안하려고 한다. 이러한 논지를 통해 제3의 탐구(The Third Quest)를 제시함으로, 궁극적으로 구약적 모티브(The old Testamental Motif)와 해석이 담겨 있는 요한복음이 영지주의의 영향을 받은 복음서라는 기존의 불트만의 의견에 이의를 제기할 수 있는 토대를 마련하고자 한다.

이러한 연구에 앞서 우선 아담의 묵시록에 관한 기존의 탐구들에 대해서 점검해야 하는바 헤드릭(Cahrles W. Hedrick)의 연구를 옛 탐구(Old Quest)로, 소기천의 연구를 새 탐구(New Quest)로 정의한다. 옛 탐구와 새 탐구의 가장 큰 차이점은 영지주의의 정의 문제로부터 시작한다. 이후 영지주의에 대한 정의를 가지고 본문을 해석하는 이차적인 작업과 마지막에는 초기 그리스도교의 구성과 관련된 논의의 방향으로 나아간다. 따라서 이 논고를 통해 1) 아담의 묵시록의 연구사와 논쟁점들을 다룰 예정이다. 2) 옛 탐구와 새 탐구의 논쟁을 통해 양자 간의 견해 차이를 확인하고, 3) 새 탐구의 연구를 토대로 제3의 탐구를 제안하고자 한다.

2. 연구사

아담의 묵시록에 관련된 번역본의 중요성은 무엇보다도 학자들이 텍스트에 접근할 수 있는 길을 열어주고 그 안에 담긴 내용들에 대한 구체적인 신학적 평가의 토대를 마련하는 데 있다. 먼저 아담의 묵시록에 관한 번역 출판본의 역사를 통해 아담의 묵시록에 관한 연구사를 살펴보고자 한다.

1963년 아담의 묵시록은 알렉산더 뵐리히(Alexander Böhlig)와 파호르 라비브(Pahor Labib)의 코덱스 Ⅴ(Codex Ⅴ)의 "the editio princeps of the Apocalypse of Adam"을 통해 처음 모습을 드러냈다.[2] 그러나 본문의 복원 과정에서 결과적으로 많은 부분이 복원되지 못했다. 그 후 1965년 로돌프 카써(Rodolphe Kasser)는 마틴 크라우제(Martin Krause)가 제공한 코덱스의 사진 판본으로 작업하였다. 카써의 복원작업은 유실된 사본의 위아래의 빈틈에 있는 잉크의 흔적을 통해 새로운 읽기를 제안한 것이었다. 카써가 제안한 새로운 읽기는 대부분 빈틈의 흔적을 기초로 하여 작업하였기에 뵐리히의 읽기와는 상당히 차이가 있는데, 상당 부분에 있어 크라우스의 작업이 정확하지 않았다고 평가받는다.

텍스트의 번역이 이루어진 뒤 1966년 한스 마틴 쉔커(Hans-Martin Schenke)는 번역과 필사 표기뿐만 아니라 새로운 병행 구와 복원을 제시하여 초기에 발행된 뵐리히-라비브 판에 대한 논평을 출판했다.[3] 그러나 쉔커의 작업은 문서의 사진 판본과 카이로 박물관의 사본 등을 통한 연구가 아닌 뵐리히-라비브 판이 진행했던 작업에 대한 해석과 텍스트(text)에 대한 기술의 구체적인 번역과 표기의 문제만을 다루어 연구의 한계성이 분명했다.[4]

1970년 발터 벨츠(Walter Beltz)는 아직 간행되지 않은 아담의 묵시록에 관한 교수자격 논문(Habiliationsschrift on the Apcalse of Adam)을 완성했다. 벨츠는 마틴 크라우제가 제공한 사진 판본을 통해 뵐리히-라비브 판의 번역을 입증해 냈다. 불행하게도, 많은 잘못된 읽기와 부적절한 복원으로 뵐리히-라비브 판을 입증할 수 있는 문서로 인정되지는 못했다. 그러나 벨츠가 진행했던 연구의 진정한 가치는 그가 많은 양의 유대 랍비 전통과 아담의 묵시록과 관련된 평행구절을 수록한 데 있었다.[5]

1977년 스테판 로빈슨(Stephen E. Robinson)은 외견상 뵐리히-라비브

---

2) *Koptisch-gnostische Apocalypsen aus Codex V von Nag Hammadi im Koptischen Museum zu Alt-Kairo Luther-Universität*, 1963, 86-117.

3) Alexaner Bölig-Labib und Pahor Labib, "Koptisch-gnostische Apokalysen aus Codex V von Nag Hammdi im Koptischen Musem zu Alt-Kairo," *OLZ* 51 (1966): 32-34.

4) Kurt Rudolph, *TLZ* 90 (1965 cols): 361; A. Orbe, *Gregorianum* 46 (1965): 170-72; R. Kasser, *BO* 22 (1965): 163-64, Jean Daniélou, *RSR* 54 (1966): 291-292; R. Haardt, *WZKM* 61 (1967): 155-59.

5) "Die Adam-Apokalypse aus Codex V von Nag Hammdi: Jüdische Bausteine in gnostischen Systemen," (Dr. Theol. Dissertation, Berlin: Humboldt-Universität, 1970).

에 의해 출판된 텍스트의 비평을 근거로 하는 아담의 묵시록의 영어 번역본을 출판했다. 1977년 초에 조지 맥래(George W. MacRae)는 캘리포니아 클레어먼트(Claremont)에서 진행된 고대와 기독교 연구소(The institute for Antiquity and Christianity)의 콥트 영지주의 문서 프로젝트(the Coptic-Gnostic Library Project)와 연계된 콥트 문서의 증명된 필사를 반영한 영어 번역본을 출판했다. 또한 이것은 1979년 비평적인 도입과 주석들을 따라 증명된 영문 번역본과 함께 콥트 문서의 새로운 비평판으로 이어졌다. 이러한 작업은 고대와 기독교 연구소로부터 지원받은 나그 함마디 필사본의 영어판본 일부였다. 결과적으로 조지 맥래의 연구는 뵐리히-라비브 판본을 뒷받침하는 연구를 대표하고 있다.

초기에 독일어권에서 진행되었던 나그 함마디 문서의 연구가 클레어먼트의 유네스코 프로젝트를 통해 영어권으로 번역되면서 광범위한 논의들이 시작될 수 있는 전기를 마련하였다. 한국에서는 나그 함마디 문서들에 대한 정확한 이해와 신학적 성찰이 없는 몇몇 학자의 번역본이 오히려 혼란을 가중하고 있다. 본 논고는 현재 소개되지 못한 아담의 묵시록을 통해 나그 함마디 문서에 관한 연구의 토대를 마련하고, 조금 더 광범위한 논의의 장을 열고자 하는 것이다.

1) 옛 탐구와 새 탐구

아담의 묵시록의 연구사는 크게 세 가지 쟁점을 가지고 진행되어 왔다.

첫째로 아담의 묵시록이 과연 영지주의 문서인가? 비영지주의 문서인가? 라는 논쟁이다. 이는 1969년 쿠르트 루돌프(Kurt Rudolph)가 당시에 논의되는 언급들을 간략하게 요약한 아담의 묵시록의 연구보고서(Forschungsbericht on The Apocalypse of Adam)[6]를 통해서 살펴볼 수 있다. 이는 기독교의 기원과 관련된 논의로 볼 수 있는데, 초기 논쟁들은 본문의 특징에 초점을 맞추어 진

---

6) "Gnosis und Gnostizisumus, ein Forschungsbericht," *TRU* 34 (1969): 160-169.

행되었고, 뷜리히가 아담의 묵시록이 그리스도교 이전 영지주의(pre-Christian Gnosticism) 문서의 일종이라는 주장을 함으로써 촉발된 문제였다.

이러한 논쟁은 두 번째 논쟁으로 이어졌는데, 이는 구체화한(personified) 왕국(kingdom)과 왕이 없는 세대(kingless generation) ([77], 27-[83])에 의해 진술 목록의 목적과 성격에 관한 것이었다. 후에 기술되겠지만, 왕국의 문제를 통해 예수의 기원을 주장하는 일부의 학자들이 등장하게 된다. 초기 기독교와 관련한 두 가지 입장은 실제적인 합의점을 찾지 못하고 있다. 그 쟁점의 양자에 방법론적인 교착상태가 있으며, 평행한 견해 차이로 각자 나름대로 자기만의 결론에 도달한 것으로 보인다.

두 번째로 아담의 묵시록에 관한 신학적 성찰이었다. 1969년 루이제 쇼트로프(Luise Schottroff)는 아담의 묵시록의 인간론(Anthropology)를 조사 연구한 논문7)을 출판했다.8) 쇼트로프의 접근은 아담의 묵시록의 자체 신학을 이해하려는 첫 번째 시도였다.

그는 아담의 묵시록을 영지주의 인간론(gnostic anthropology)의 신화적 기술(mythological description)로 이해했다. 아담의 묵시록 본문에 관한 그의 인간론적 논지는 천상적인 기원을 다루고 있었다. 그에 의하면, 인간은 천상의 존재에서 기원하고 어느 정도 순수하게 보존되었다. 모든 인간이 이러한 기원을 갖지는 않았고, 오직 영지를 가진 자만이 천상적인 기원을 갖는다. 이러한 그룹의 문서는 영지의 인류를 기술한다. 다른 모든 사람은 이 영지를 잃어버렸다. 그들은 죽은 지구(dead earth)의 창조물로 묘사되고, 인류는 데미우르고스(Demiurge)를 섬기는 소망으로 더럽혀졌다. 모든 사람은 세상에서 위협을 받는다. 이러한 위협들은 본문에서 홍수, 불 그리고 어둠과 같은 신화적인 범주들로 반영된다.

---

7) "Animae naturalitur salvandae. Zum Problem der himmlischen Herkunft des Gnostikers," *Christentum und Gnosis*, ed. Walter Eltester; BZNW 37 (Berlin: Alfred Töpelmann, 1969), 68-83.
8) 이 글은 외견상 루돌프가 그의 작업을 출판했던 시기에는 손에 넣을 수 없었다.

오직 영적 지식만이 천상으로 이끌리는 구원을 받을 수 있다. 본문 안에서 강조점은 영지주의 공동체이다. 거기에는 개인적인 구원의 개념이 없다.

왕국들에 관한 언급들은 빛을 비추는 사람(illuminator)을 위한 뒤섞인 자연에 대한 논쟁(argument)이 영지주의 비판(polemic)에 대항하여 나타난다. 이 점에 있어 첫째 13개의 진술은 빛을 주는 사람에 대항하는 비방이다. 그들은 뒤섞이고 오염된 기원을 가졌다고 주장한다. 그의 기원은 부분적으로는 하늘로부터, 부분적으로는 오염된 혼란에 있다. 이러한 모략하는 행동은 쇼트로프에 있어서는 아담의 묵시록 저자에 의해 거부되었다.

쇼트로프는 세트(seth)를 기원(origin)뿐만 아니라 빛을 주는 사람이자 구원자로 확신한다. 쇼트로프는 영지주의 공동체의 상황과 빛을 주는 사람의 상황이 같다고 보았다. 양자가 천상적인 기원을 가졌고, 오염되지 않았을 뿐만 아니라 데미우르고스의 지배로 떨어지지 않았고 위협을 받는다는 점에 있어서 같다고 본 것이다. 이 점에 있어 구원자-구원받은 자(slavator-salvandus)의 공식을 제공하지 않는다. 왜냐하면 아담의 묵시록에 있어 빛을 주는 자는 결코 구원의 필요성이 없다고 이야기되지 않기 때문이다. 결과적으로 신학적 정립을 통한 연구가 다시 한번 기원적인 문제 "즉 영지주의인가? 비영지주의인가?"라는 논쟁에 불을 붙일 수밖에 없었다.

쇼트로프의 입장은 월터 벨츠에 의해 비판을 받는다. 1970년에 쓴 교수 자격 논문을 통해 벨츠는 아담의 묵시록 기원이 유대 전통에 뿌리를 둔다고 할지라도 마니교적인 기원을 간과할 수 없다고 주장했다. 왕국들에 의한 13개의 설명 목록과 왕이 없는 세대에 의한 마지막 설명 모두가 예수의 탄생을 위한 설명들이라는 것이다. 벨츠는 유형론적인 부분에 있어 기독교의 영향을 부정할 수 없다는 견해였다. 따라서 아담의 묵시록이 기독교 영지주의로부터 온 것이고 영지주의의 시작을 설명하기 위해 쓰였다는 것이다. 벨츠는 이 본문의 추후에 요한의 비사(The Apocryphon of John)와 이집트 복음서(The Gospel of Egyptian) 등과 같이 복잡한 우주적인 기술들을 포함한 본문과의 비교를 통해 간략한 개념을 설명하였다.

벨츠는 아담의 묵시록을 혼합된 문서라고 평가했으나 그 편집의 과정을 구성하거나 편집의 정도를 구체적으로 정의하지는 않았다. 오히려 벨츠는 교수자격 논문에서 아담의 묵시록을 통해 기독교 전통의 배경에 대항하여 초기 기독교 역사를 조사하는 데 그 목적이 있었던 것으로 보인다. 벨츠는 교수자격 논문을 완성한 후에도 세 번에 걸쳐 아담의 묵시록에 대한 기원이 무엇인지에 관한 정리된 입장을 출판했다.

1971년 장 도레쎄(Jean Doresse)는 이집트인의 복음서에 관한 글에서 이집트인의 복음서와 아담의 묵시록 간의 관계성에 관한 간략한 부분을 포함했다. 도레쎄는 아담의 묵시록이 이집트인의 복음서를 초래한 근원이라고 간략하게 그의 이론을 기술했다. 그는 자기주장을 증명하기 위해 조직적으로 작업하지 않았고, 단순히 두 문서의 일반적인 자료에서 핵심 사항들만을 간략하게 인용했다. 효과적으로 그는 양 문서 간의 일반적인 전통으로부터 근접한 관계성을 보여주었다. 도레쎄에게 그 문서들의 관계성은 문학적인 것이 아니었다. 이집트인의 복음서에 현존하는 양식이 현존하는 아담의 묵시록 양식으로부터 온 것이 아니고, 양 문서들에 다소 상이한 원본이 있었다고 보았다. 아담의 묵시록이 이집트인의 복음서의 원천이라는 가능성을 배제하지 않더라도 도레쎄는 두 문서의 관계성을 설명하는 길을 열어주었다.

1972년 아담의 묵시록에 관련하여 세계성서학회(The Society of Biblical Literature)에서 3개의 논문이 발표되면서 새로운 전환기를 맞이하였다. 하나는 의장이었던 조지 맥래(George MacRae)로 그는 자기 글을 통해 아담의 묵시록을 비기독교(non-Christian) 영지주의로 간주했다. 그는 아담의 묵시록에 그리스도교 영향으로 보이는 것이 명확하게 그리스도교적인 것이 아니라고 주장하였다.

그는 계속된 아담의 묵시록 연구를 통해 본문이 하나 혹은 그 이상의 편집 작업의 결과라고 이해했다. 그는 궁극적으로 묵시적 유대교로부터 변화하는 과정을 발견할 수 있으며, 그리스도교 케리그마를 통하지 않고도 영지주의가 생성된 것으로 보았다. 그는 뵐리히가 주장한 시리아 팔레스타인 세례종파(Syrian-Palestinian baptismal sect)로부터 기원한 문서라는 제안을 철저하게 조사하면서 강조했다.

역사적인 의미에서 맥래의 글들은 이전의 작업이 본문 텍스트의 신학적인 의미와 아담의 묵시록과 다른 문서들의 비교작업에 한했다면, 이제는 아담의 묵시록이 초기 기독교의 구성을 위한 방향성을 새롭게 한데 의미를 부여할 수 있다.

두 번째 글에서 펨 퍼킨스(Pheme Perkins)는 유대 전통과의 근접한 관계성의 관점에서 아담의 묵시록을 조사했다. 그는 아담의 묵시록은 분명하게 기독교의 주제를 담지 않은 영지주의라고 간주했다. 전체적인 작품의 구성 요소들에서 개별적인 전통의 묵시적 도식화가 반영되어 있다. 아담의 묵시록의 주요한 양식들이 묵시적 유대적 아담 문헌으로부터 차용된 것이다. 이러한 것은 아담의 묵시록 서문을 존중해 볼 때 특별히 명확하다(64, 1-6).

다른 양식들도 유대적인 뿌리를 가지고 있다. 이러한 부분에 있어 가장 중요한 점은 적절한 묵시의 구조를 형성하는 영지주의 역사의 도식화이다. 예를 들면 홍수, 소돔과 고모라와 세상의 끝이다. 아담의 묵시록에 사용된 도식화는 창세기 전통들의 영지주의 재작업을 반영했다.[9] 나중에 나온 "아담의 묵시록: 영지주의 묵시록의 장르와 기능"[10]에서 퍼킨스는 본문의 진정한 의미를 살펴볼 때 심판은 열쇠를 가진 공동체의 그룹 정체성을 강화하는 데 그 목적이 있다고 보았다.

---

9) "Apocalyptic Schematization in the Apocalypse of Adam and the Gospel of the Egytians," 591-99.
10) "Apocalyptic of Adam: The Genre and Function of a Gnostic Apocalypse," *CBQ* 39 (1977): 382-95. "an ironic work whose effect depends on the reader's ability to perceive the incongruity between···what is implied by the genre in which the whole is cast and what is actually going on."

세 번째 문서는 세계성서학회 잡지(JBL)에 실린 것으로 헤드릭이 초기 연구에서 주장한 것으로 문서의 편집 역사를 구성한 것이었다.[11] 헤드릭의 연구는 아담의 묵시록에 기독교적 영향이 있으므로 영지주의 문서라는 점을 지지하고 있다.

아담의 묵시록의 연구사는 아담의 묵시록 위치에 대한 평가가 가장 중요한 논제이다. 헤드릭을 중심으로 한 옛 탐구의 학자들은 아담의 묵시록이 철저하게 기독교의 영향을 받은 기독교 영지주의 문서라는 점을 지지한다. 반면 새 탐구의 학자들은 아담의 묵시록이 유대 묵시적 문헌에서 유대 영지주의로 변천하는 중간에 있는 문서로 평가한다.

2) 새 탐구의 논증

새로운 탐구는 아담의 묵시록이 유대 전통의 영향을 받았다는 학자들의 의견에 동의하는 탐구를 의미한다. 특별히 소기천의 새로운 탐구[12]는 아담의 묵시록이 히브리 성경으로부터 얻은 이미지(image)뿐만 아니라 전통적인 유대교적 주제(Traditional Jewish theme)의 영향을 받았다고 주장한다. 또한 그의 연구에는 아담의 묵시록에 있어 유대교의 영향을 평가하는 것을 논증하고 있다. 그는 궁극적으로 초기 영지주의 문서 중의 하나인 아담의 묵시록을 연구함으로써 유대적인 요소들을 보여주고, 이러한 영지주의의 형태가 유대 이단의 움직임으로 평가하려는 시도였다는 점을 드러내고자 했다.

따라서 첫째, 영지주의와 이단의 성격을 규명하고, 둘째, 아담의 묵시록의 텍스트(text)를 분석하여 유대교 전통의 영향을 받은 문서라는 것을 논증하며, 셋째로 아담의 묵시록을 유대 영지주의 문서로 간주하고, 마지막으로 이단의 움직임으로 영지주의에 유대교의 영향을 보여주었다.

---

11) "The Apocalypse of Adam: A Literary and Source Analysis," 581-90.
12) Ky-Chun So, "Jewish Influences on Gnosticism in the Apocalypse of Adam" (NHL V, 5:64, 1-85,32).

3. 영지주의와 이단

영지주의는 무엇인가? 영지주의의 정의를 제시하는 것은 어려운 문제인데, 반 바아런(T. P. van Baaren)은 영지주의에 관한 짧은 정의를 총 16개의 특징으로 제시한 바 있다. 그러나 맥그레거(G. MacGregor)는 반 바아런의 정의에 대해서 비평하는데, 이러한 정의가 일반 종교와의 뚜렷한 차이점이 없다고 주장한다.[13] 이러한 면에 있어 아담의 묵시록이 의미가 있을 수 있는데, 바로 이를 통해 소기천은 비기독교 영지주의, 즉 나중에 영지주의로 통합되는 심원한 유대교 영지의 성향을 감지할 수 있다고 주장한다. 아담의 묵시록의 유대 영지주의는 창세기의 심원한 주석을 기초로 우주적인 성찰들을 언급하고 있다.

영지주의는 넓은 의미와 좁은 의미로 분류할 수 있는데, 좁은 의미의 영지주의는 "영지(Gnosis)"가 "지식(knowledge)"를 의미하며, 넓은 의미의 영지주의는 1945년 나그 함마디의 발견을 통해 밝혀진 종교를 의미한다. 뷜리히를 통해 촉발된 영지주의와 비영지주의의 논쟁은 이러한 영지주의의 개념을 정의에 따른 논쟁으로 이해할 수 있다. 특별히 소기천은 유대 전통 내에서 영지주의의 의미는 이단적인 운동을 다룰 때, 즉 좁은 의미로 사용될 때를 의미한다. 좁은 의미의 영지주의 정의의 특징을 토대로 새 탐구는 유대교 전통 내의 이단적인 움직임들에 관심을 두는 것이다.

그렇다면 이단의 정의에 대해서는 어떻게 이해되어야 하는가? 헬라어로 "하이레시스(αἵρησις)"는 원래 "종파(sect)"와 "무리(party)" 또는 "분류(separation)", "분열(division)"과 "파당(faction)"이다. 첫째, 사도행전에서 "heresy"는 "종파"와 "무리"로 사용된다.[14] 둘째, 바울에 따르면 "heresy"는 정통적 믿음으로부터

---

13) Cf. G. MacGregor, *Gnosis: A Renaissance in Christian Thought* (Wheaton: The Theosophical Publishing House, 1979), 38-48.
14) 행 5:17-18; 15:1; 26:5

"분류", "분열"과 "파당"으로 사용된다.

> 먼저 너희가 교회에 모일 때 너희 중에 분쟁이 있다고 함을 듣고 어느 정
> 도 믿거니와 너희 중에 파당이 있어야 너희 중에 옳다 인정함을 받은 자
> 들이 나타나게 되리라(고전 11:18-19)

> 우상 숭배와 주술과 원수 맺는 것과 분쟁과 시기와 분냄과 당 짓는 것과
> 분열함과 이단과(갈 5:20)

이단은 거짓된 종파를 구분하거나 전통적인 기독교 교회들의 연합을 파괴하는 분열을 의도하는 것이 확실하다. 소기천에 의하면, 초기 그리스도교 교회 안에서 이단은 전통적인 그룹 혹은 신앙으로부터 구분된 종파이다.

"이단"에 대한 기존의 이해는 우선 월터 바우어(Walter Bauer)가 1943년 쓴 "초기 기독교의 정통과 이단(Rechtglaubigkeit und Ketzerei im altesten Christntum)"의 영향이다.[15] 바우어는 이 책에서 정통이 우위를 차지하게 된 것은 단지 초기 기독교 형태들 중 한 가지 형태만을 강요한 결과라고 주장했다.

바우어의 논지는 최근 연구를 통해서 심각한 문제가 있음이 발견되었다. 특히 초창기 소아시아 기독교를 상세히 분석한 토머스 로빈슨(Thomas Robinson)의 연구 결과와 알렉산드리아 기독교를 분석한 제임스 맥큐(James McCue) 및 버거 피어슨(Birger Pearson)의 연구 결과는 나중에 이단으로 규정된 기독교의 이런 이단 형태들이 등장하던 2세기의 신앙과 관행을 진작부터 대변하고 있었던 지역들의 특징을 보여주는 것 같다는 의견을 제시한다. 더욱이 바우어는 2세기에 로마 교회가 그 고유의 믿음의 형태들과 교회 질서 형태들

---

15) 초기에 바우어의 책은 독일어로 출판되었기에 큰 영향력을 발휘하지 못했다. 그러나 1971년 그의 책이 *Orthodoxy and Heresy in Early Christianity*로 영역되어 출간되면서 미국을 중심으로 한 영미권에 큰 영향력을 미쳤다.

을 지역을 초월하여 전 지역에 강제할 수 있었다고 주장하였다.[16]

데이비드 크리스티-머레이(David Christie-Murray)는 이단은 정통신앙에 비해 수치로는 소수에 속하지만, 크게 틀리지 않은 종파라고 주장한다. 또한 이단은 정치적이거나 다른 믿음들에 사용되고, 전통적인 종교적 가르침에서 변화하는 교리로 이해했다.[17] 이러한 관점을 가지고, 소기천에 의하면 유대 영지주의는 전통적인 유대교 신앙으로부터 구분될 수 있는 상당한 특징들을 가지고 있다. 따라서 유대 영지주의는 유대교 이단의 움직임의 일종이고, 이러한 움직임은 궁극적으로 부정적인 측면이 있다. 그러나 우리는 아담의 묵시록에 담겨 있는 이단적인 유대교 영지주의의 요소를 통해 유대교 전통 신앙을 더 명확하게 추론할 수 있다. 마찬가지로 유대교 이단으로서 영지주의는 전통적인 유대교 요소들을 예상하여 아담의 묵시록 내에서 유대 영지주의의 기원을 감지할 수 있다.

유대교 영지주의는 어떻게 이해해야 하는가? 이 점에 있어 장 다니엘루(Jean Daniélou)의 의견이 상당히 중요한 위치를 차지한다.[18]

다니엘루는 영지가 헬레니즘 영향의 결과로 후기 유대교의 특징이 되었

---

16) 콘스탄티누스 황제 이후 어느 한 기독교 형태만을 "위로부터 아래로" 강제하여 그 형태가 성공을 거두게 만들 수 있는 수단이 실제로 존재했지만, 콘스탄티누스 이전에는 그런 수단이 전혀 존재하지 않았다. 2세기에 주교들은 그들이 섬겨야 할 지역의 그리스도인들이 선출했다. 따라서 어느 주교가 그 지역의 그리스도인들로부터 충분한 지지를 얻지 않는다면 다수가 선호하는 신앙 형태에 맞서 다른 어떤 신앙 형태를 지역 주민들에게 강요하는 것은 애초부터 불가능했다. 결국 1-3세기에 어떤 기독교 형태가 다른 기독교 형태들보다 더 성공을 거두고 더 두드러진 위치를 차지했다면, 그것은 주로 그 기독교 형태가 충분한 수의 신자들과 지지자들에게 호소력을 발휘할 수 있는 탁월한 능력을 갖춘 결과였다. 따라서 "원-정통" 기독교라 부르는 기독교 형태가 거둔 명백한 성공은 당시의 평범한 그리스도인들 가운데 다수가 이 기독교 형태가 제시한 가르침과 행위 기준들을 다른 기독교 형태보다 더 쉽게 이해하고 받아들일 수 있었던 결과라는 것이다.

17) D. Christie-Murray, *A History of Heresy* (Oxford: Oxford Univ. Press, 1987), 1.

18) "It will have become clear by now that gnosis in this sense[the Knowledge of eschatological realities] cannot be regarded as once it was, as the result of Hellenistic influence, but must have been a characteristic of later Judaism." Jean Daniélou, *The Theology of Jewish Christianity*, vol. I, in *A History of Early Christian Doctirine*, tr. John H. Baker (London: Darton, Longman and Todd, 1964), 69-70.

다고 정의했다. 이러한 상호 연관성을 고려한 그의 가설은 유대 영지주의의 기원과 특성을 설명할 수 있는 좋은 제안이었다. 반면 한스 요나스(Hans Jonas)는 더 나아가 유대 영지주의는 실제로 종교 통합이라고 보았다. 한스 요나스는 영지주의 내에서 이러한 종교 통합적인 경향성이 매우 목적성이 있다고 주장한다.[19] 그러므로 아담의 묵시록의 영지주의는 유대교 전통에 기인할 뿐만 아니라 종교 통합적인 면에 있어 전통적인 유대교와는 거리가 있다. 이 점에서 소기천의 새 탐구는 아담의 묵시록이 보여주는 영지주의가 매우 종교 혼합적이라고 이해하고 있다.

뵐리히는 이러한 이해 때문에 아담의 묵시록은 유대-이란 영지주의(Jewish-Iranian Gnosticism)로부터 기인한 기독교 이전(pre-Christian) 텍스트라고 주장한다. 요나스는 아담의 묵시록 내에 있는 구체적인 몇몇 신화적 요소들의 이란적인 기원을 입증해 냈다. 그는 유대교와 이란 전설의 조합으로 미트라(Mithra) 신에 관해 분명한 언급을 발견한다. 미트라로 전형적으로 대표되는 마지막 시대의 위대한 왕의 이란 전설이 개별적인 설명을 반영한 문학적인 체제를 설명하는 점에 있어 최고로 유사하다. 뵐리히는 아담의 묵시록 역사에서 우주의 통치자(Pantokrator)와 세트 간의 싸움으로 유사하게 특징되는 것을 지적한다. 그에 따르면 빛을 주는 자가 마지막 싸움에서 나쁜 사람들로부터 의로운 자들을 구분하기 위해 세 번째 시대에 온다는 것이다. 이런 이유로 뵐리히는 아담의 묵시록은 기독교적이 아니라 유대교와 이란적인 것으로 이해하는 것이 최고라고 한다.

소기천의 새 탐구는 뵐리히의 입장보다는 아담의 묵시록 텍스트를 통해 유대교 영지주의의 특징들을 점검하고, 유대교 영지주의가 정통적인(orthodoxy) 유대교와 구별된 유대적 이단의 움직임으로 비평될 수 있다는 태도에 위치한다. 슈미탈즈(W. Schmithals)에 따르면, 유대 영지주의는 참된 전통적

---

19) 위의 책, 26. "the Jewish strain in Gnosticism is as little the orthodox Jewish as the Babylonian is the orthodox Babylonian, the Iranian the orthodox Iranian, and so on."

유대교와 나란히 존재했다.[20] 이러한 언급은 새 탐구의 주장을 지지해 주지만, 전통적인 유대교라는 슈미탈즈의 용어는 비난받을 수 있다. 왜냐하면 아담의 묵시록의 시대에는 하나의 정통적인 유대교가 아닌 다양한 종파들(사두개인, 바리새인 등)의 경쟁이 있었다. 새 관점은 이 부분에 있어서 정확한 정의를 내리지는 않는다. 대신에 아담의 묵시록에 나타난 영지주의는 전통적인(traditional) 유대교에서 벗어난 유대교 이단의 움직임으로 특징지을 수 있다는 것이다. 소기천에 의하면, 아담의 묵시록에서 이러한 영지주의는 전통적인 유대교 요소들에 영향을 받은 것임이 틀림없다.

4. 아담의 묵시록 텍스트 분석

앞에서 살펴본 것과 같이 학자들 간에 가장 큰 관심사는 아담의 묵시록이 그리스도교 혹은 비기독교 문서인가이다. 조지 맥래는 아담의 묵시록이 비기독교 문서라는 점을 지지한다.[21]

맥래는 특별히 유대 영지주의 묵시의 많은 특징에 근거해 아담의 묵시록이 비기독교 문헌이라고 주장한다. 뵐리히는 아담의 묵시록 텍스트가 기독교 이전의 영지주의에 기인한다고 보았다. 뵐리히는 아담의 묵시록이 그리스도교와 어떠한 접촉도 없었다고 주장한다. 이러한 논의는 나중에 야마우치(Edwin M. Yamauchi)가 뵐리히의 간행물을 검토하면서 "구세주 형상에 대한 비기독교(non-Christian)와 기독교 이전(pre-Christian)의 제시에 있어 가장 중요한 문서"라

---

20) W. Schmithals, *Gnosticism in Corinth*, tr. J. E. Steely (Nashville: Abingdon Press, 1971), 293.

21) "The most notable feature of this work is the absence of any explicit or clear borrowing from the Christian tradition. This has led several interpreters to see in it a witness to a non-Christian Gnosticism which contains an already well developed redeemer myth. On the other hand, its close dependence on Jewish apocalyptic tradition suggests that it may represent a transitional stage in an evolution from Jewish to gnostic apocalyptic" George W. MacRae, "The Apocalypse of Adam(V, 5: 64,1-85,32)," in *Nag Hammdi Codices*, ed. Douglas M. Parrot (Leiden : E, J, Brill, 1979), 152.

고 평가하고 있다. 또한 야마우치는 비기독교 문서를 지적하고 있다.[22]

이러한 숙고들의 견해 내에서 소기천은 아담의 묵시록이 기독교 이전 (pre-Christian) 문헌이거나 또는 비기독교(non-Christian) 문헌이라고 인정한다. 기독교 이전(pre-Christian)이라는 개념은 종교 통합적인 측면으로 비기독교 성향이므로 그리스도교 모티프들의 부재를 호소함으로 양자 간에 새 탐구에서 관심을 두는 그리스도교와의 연관성의 문제에 있어서는 같은 입장을 견지하고 있다. 그러나 아담의 묵시록에는 그리스도교 전통들의 울림들로 볼 수 있는 특성들이 존재하고 있다. 이러한 관점을 가지고 아담의 묵시록에 접근하는 견해를 우리는 옛 관점이라고 정의한다.

옛 관점에서 주장하는 바는 대체 무엇인가?

첫째로, 헤드릭은 아담의 묵시록에 있어 세 가지 모티프가 그리스도교로 묘사되었다고 주장한다.

"빛을 주는 자는 그의 육체로 고통을 받고,[23] 개종자들을 '열매 맺는 나무'라고 부르며, 빛을 주는 자는 이적과 기사를 행한다."[24]

헤드릭은 세 가지 모티프가 간접적으로 예수를 언급하는 것이라고 주장한 것은 주목할 만한 것이었다. 그러나 소기천은 이러한 주장에 관해 새 탐구의 입장은 세 가지 모티프들이 그리스도교적이라고 간주할 수 없다고 하는데 아담의 묵시록에서 예수의 이름이 직접 언급되지 않았고, 모티프들의 주

---

22) "Rudolph in his review agrees with Böhlig's estimation, and writes: 'The importance of this document [the Apocalypse of Adam] resides especially in the fact that it is obviously a non-Christian, indeed probably a pre-Christian product.'"

23) 또한 육체의 고통에 관련된 부분에 있어 발렌티누스 영지주의와는 다른 해석이 있다는 점을 주목해야 한다.

24) Charles W. Hedrick, *The Apocalypse of Adam*. SBL Dissertation Series 46 (Chico: Scholars Press, 1980), 154-160. He has examined the motifs in an attempt to isolate their sources underlying the present form of the texts.

요한 특징들이 그리스도교 전통에 한정하여 증명될 수 없기 때문이라고 지적한다.[25]

만약 아담의 묵시록이 옛 관점이 주장하는 바와 같이 그리스도교에 의하여 영향을 받은 것이라면 시몬 페트레멍(Simone Pétrement)의 해석도 고려해야만 한다.[26]

페트레멍는 아담의 묵시록에서 그리스도교와의 관계성에 대해 제안한 후 본문이 현재는 일반적으로 잘 알려진 기독교 이전(pre-Christian) 작품일 뿐만 아니라 비기독교적(non-Christian) 기원의 작품이라고 결론을 내렸다. 새 관점은 이러한 결론에 대해서 아담의 묵시록을 그리스도교 문헌으로 주장하는 관점에서는 상당히 설득력이 있다고 평가한다. 이러한 결론은 결과적으로 앞에서 언급한 그리스도교의 직접적인 영향을 받지 않았다는 맥래의 의견과는 다소 차이는 있으나 아담의 묵시록이 가진 기원에 있어서는 상당히 유사점을 갖고 있다.

아담의 묵시록을 복음서 전승들로 간주할 때 76:15에 있는 "fruit-bearing tree"을 참조한다. 언뜻 보기에 이것은 마태복음 7:16 ("그들의 열매로 그들을 알지니 가시나무에서 포도를, 또는 엉겅퀴에서 무화과를 따겠느냐")이 연상되는 것처럼 보인다. 이 충격적인 특징은 엄청나게 다양한 영지주의 문헌들에서 공유되고 있다. 크리스토퍼 M. 터킷(Christoper M. Tuckett)은 영지주의 문헌들에서 "이러한 특징들은 많은 문서 안에서 암시적으로 나타난다."라고 제안한다. 나그 함마디 문서 내에서도 "열매 맺는 나무"로 언급된 많은 암시가 있다. 그러나 이 부분에 대해 과연 복음서로부터 인용된 것이라고 봐야 하는 분명한 이유가 없다. 이러한 발상들은 일반적인 이미지들과 다소 겹친다는 소기천의 주장이 더

---

25) Ky-Chun So, "Jewish Influences on Gnosticism in the Apocalypse of Adam", 58.

26) "Christianity appears not only in the passage concerning the Illuminator and in the final invocation. In 83:14, for example, one reads that the elect of the Illuminator will shine, "in such a way that they will enlighten the whole age," In the Epistle to the Philippians (2:15) Paul says to the Christians at Philippi: "You shine as lights in the world.""

설득력이 있는 설명이 될 수 있다.

아담의 묵시록에서 "빛을 주는 자"는 "열매 맺는 나무"(76:15-17)의 영혼들을 구속하고 "이적과 기사"를 행하는 것으로 묘사되었다. 여기에서 죽음의 시간에 개별적인 영혼 구속의 개념이 나타난다.[27] 구원으로 간주하는 언급들의 해석상 이해는 이러한 의미에 있어 그다지 의문시되지 않는다. "열매 맺는 나무"는 공식적으로 죽음의 권세 아래에 있는 "죽은 지구의 피조물"이었다. 그러나 그들의 마음 가운데 영지를 가졌기 때문에 그들은 멸망하지 않고 구원받을 것이다. 깨달음은 죽음으로 운명 지워진 죽음의 지구의 깨달음이 없는 거주자와 구별되는 영혼을 가져다준다. 아담의 묵시록에서 "열매 맺는 나무"가 그리스도교적 전통을 가진 사람들이 아닌 아담의 씨로부터 남은 자가 구원받는다고 한다. 그러므로 소기천에 의하면, 아담의 묵시록은 유대 전통으로 비그리스도교적이라는 것이다. 특히, 성경의 다양한 구절에서 "열매 맺는 나무"를 발견할 수 있다.[28]

아담의 묵시록은 세트에게 주는 아담의 계시이다. 맥래는 아담의 묵시록이 세트의 작품이라고 정의한다.[29] 야마우치는 "계시" 혹은 "지식"은 홍수(Flood)로부터의 노아의 구원과 화재(Fire)에 의한 파괴로부터 세트 자손들의

---

27) "Once again, for the third time, the illuminator10 of knowledge will pass by in great glory, in order to leave (something) of the seed of Noah … 15fruit-bearing trees. And he will redeem their souls from the day of death"

28) 시 1:3 그는 시냇가에 심은 나무가 철을 따라 열매를 맺으며 그 잎사귀가 마르지 아니함 같으니 그가 하는 모든 일이 다 형통하리로다; 잠 11:30 의인의 열매는 생명 나무라 지혜로운 자는 사람을 얻느니라; 렘 11:19 나는 끌려서 도살당하러 가는 순한 어린 양과 같으므로 그들이 나를 해하려고 꾀하기를 우리가 그 나무와 열매를 함께 박멸하자 그를 살아 있는 자의 땅에서 끊어서 그의 이름이 다시 기억되지 못하게 하자 함을 내가 알지 못하였나이다; 렘 17:7-10 그러나 무릇 여호와를 의지하며 여호와를 의뢰하는 그 사람은 복을 받을 것이라 그는 물가에 심어진 나무가 그 뿌리를 강변에 뻗치고 더위가 올지라도 두려워하지 아니하며 그 잎이 청청하며 가무는 해에도 걱정이 없고 결실이 그치지 아니함 같으리라 만물보다 거짓되고 심히 부패한 것은 마음이라 누가 능히 이를 알리요 마는 나 여호와는 심장을 살피며 폐부를 시험하고 각각 그의 행위와 그의 행실대로 보응하나니; 호 10:1 이 스라엘은 열매 맺는 무성한 포도나무라 그 열매가 많을수록 제단을 많게 하며 그 땅이 번영할수록 주상을 아름답게 하도다

29) "the Apocalypse of Adam is a Sethian work in the sense of Seth and his posterity are the tradents of the saving knowledge." MacRae, 152.

구원이라고 설명한다. 그렇다면 아담의 묵시록 내용30)을 살펴봄으로 이러한 학자들의 의견을 점검해 보려고 한다. 위에서 언급된 줄거리에서 우리는 아담의 묵시록이 아담이 그의 아들 세트에게 주는 계시라는 것을 볼 수 있다. 아담은 죽음의 잠에서 꿈을 꿀 때(66:2~3) 천상적인 존재들인 세 명의 사람들에게

---

30) Ky-Chun So, "Jewish Influences on Gnosticism in the Apocalypse of Adam", 58.
아담의 묵시록 내용
　Ⅰ. Prologue (64:1-5)
　　A. Title (64:1)
　　B. A revelation of Adam to his son, Seth (64:2-5)

　Ⅱ. God created Adam and Eve (64:5-65:25)
　　A. Adam and Eve were created to resemble the great eternal angels (64:5-19)
　　B. Human being's experiences with their God (64:20-65:25)

　Ⅲ. Adam's dream (65:26-67:14)
　　A. He saw three men in a dream (65:26-66:8)
　　B. God rebuked Adam (66:9-67:14)

　Ⅳ. The completion of the generation of Adam (67:15-30)

　Ⅴ. The Flood (69:1-73:30)
　　A. First salvation (69:1-70:16)
　　B. God's protection (70:16-25)
　　C. The divine covenant with Noah (71:1-7)
　　D. The divine blessing (71:7-26)
　　E. A holy dwelling-place for the race (72:1-4)
　　F. Dividing Noah's sons, Ham and Japheth and shem (72:15-26)
　　G. Noah's blessing (73:1-12)
　　H. Noah's blessing to Ham and Japheth (73:13-30)

　Ⅵ. The Fire (74:1-76:7)
　　A. Accusation of the great aeons of imperishableness (74:1-26)
　　B. The powers of the illuminators (74:27-75:16)
　　C. Second salvation (75:17-76:7)

　Ⅶ. The Final Judgement (76:8-85:18)
　　A. Advent of the illuminator for the third time (76:8-77:3)
　　B. A great wrath against that man (77:4-18)
　　C. The powers in error (77:19-27)
　　D. 13 kingdoms (77:27-82:19)
　　　1. The first kingdom (77:27-78:5)
　　　2. The second kingdom (78:6-17)

계시받았다. 아담의 묵시록의 어록들(sayings)을 통해 아담은 그들의 신과 함께 그의 경험, 불과 홍수(Flood and Fire)로 인간을 파괴하는 신의 심판사건과 최후의 심판을 설명한다. 이러한 계시들은 아담 자손들의 미래 역사에 영향을 미친다. 그는 홍수와 화재와 최후의 심판을 예언한다. 그러나 아담의 묵시록은 "빛을 주는 자"로 대표되는 첫 번째, 두 번째, 세 번째 구원의 인물을 보여준다. 이처럼 아담은 마지막으로 구원자의 오심을 예언한다. 세 번째 "빛을 주는 자"는 죽음의 지배로부터 사람들을 구원할 것이다.

중요한 것은 영지주의의 구세주 신화의 형태이다. 구세주 신화는 구속 또는 구원의 영지주의 교리에 뿌리를 둔다. 영지주의 교리는 천상적인 영혼의 여행(the heavenly journey of the soul)을 기초로 하고 있다. 펨 퍼킨스는 천상적인 계시자가 천상적인 기원들로 돌아갈 자손이 될 사람들에게 그의 지식을 가지고 내려오고 계시자의 내려옴은 영지주의 신화에 속한다고 주장했다.[31] 여기에

---

3. The third kingdom (78:18-26)
4. The fourth kingdom (78:27-79:19)
5. The fifth kingdom (79:19-27)
6. The sixth kingdom (79:28-80:9)
7. The seventh kingdom (80:10-20)
8. The eighth kingdom (80:20-29)
9. The ninth kingdom (81:1-4)
10. The tenth kingdom (81:14-23)
11. The eleventh kingdom (81:24-82:4)
12. The twelfth kingdom (82:4-10)
13. The thirteenth kingdom (82:10-19)
E. The generation without a king (82:20-83:4)
F. The final fight against the power (83:4-28)
G. the blessing (83:8-84:3)
H. the accusation of the people (84:4-28)
I. Third(Final) salvation (85:1-6)
J. Delivery of divine revelation unto the saved (85:7-18)

VIII. Epilogue (85:19-32)
A. First conclusion (85:19-22)
B. Second conclusion (85:22-31)
C. Title (85:32)

서 퍼킨스는 아담의 묵시록에서 82:23-28에 언급된 것처럼 계시자를 하늘로부터 내려온 천상적인 모습으로 설명하려고 시도했다.[32]

아담의 묵시록은 기독교 영지주의의 은근한 진술이라고 주장하는 학자들은 세 번째 시대(76:8-11)를 위해 세상에 올 영지의 빛을 주는 사람의 모습이 그리스도-세트와 밀접하게 연관된 것으로 보는 경향을 보인다. 그러나 소기천은 "빛을 주는 자"를 그리스도로 볼 수 없다고 한다. 왜냐하면 아담의 묵시록에 나타난 "빛을 주는 자"의 모습이 기독교화된 모습으로 보기에 다소 부족하기에, 그리스도가 아닌 세트 즉 영지주의 구세주를 대표하는 것으로 보는 것이 옳다는 것이다. 아담의 묵시록에서는 그의 자손의 구원을 위해 세트는 다양한 모습으로 나타난다.[33] 소기천이 제시하는 새 탐구의 의견과 같이 유형론적인 형태만으로 단순히 기독교적 영향을 말하기에는 다소 어려움이 있다.

세 번째 도래는 이처럼 마지막을 의미하는데, 데미우르고스의 왕국을 파괴함으로 영지주의의 영원한 구원을 가져다주는 것이다. 아담의 묵시록에 나타난 "빛을 주는 자"의 세 번째 도래의 특색이 영지주의 구원의 주요한 특징이다. 데미우르고스가 모든 육체와 함께 의로운 자손을 멸망시키기 위해 홍수를 보내지만, 세 번째 "빛을 주는 자"는 지식이 있는 자들을 구원했다. 홍수 후 데미우르고스는 다시 한번 영지를 가진 자들을 죽이려고 한다. 여기에서는 소돔과 고모라 사건에 대한 기존의 이해를 완전히 뒤엎는 해석을 제안하고 있다. 그러나 사람들은 다시 한번 악한 꾀에서 피한다.

---

31) P. Perkins, *Gnosticism and the New Testament* (Minneapolis: Fortress Press, 1993), 101-102.

32) "He caused a knowledge of the undefiled one of truth to come to be in him. He said, 'Out of a foreign air, from a great illuminator came forth.'"

33) Birger A. Pearson, "The Problem of 'Jewish Gnostic' Literature," in *Nag Hammdi, Gnosticism, and Early Christianity*, ed. C. W. Hedrick & R. Hodgson, Jr. (Peabody: Hendrickson Pub, 1986), 31. 버거 피어슨(Birger A. Pearson)은 아담의 묵시록에 나타나는 예세우스(Yesseus), 마자레우스(Mazareus), 예세데케우스(Yessedekeus)는 불멸의 빛을 주는 세 가지 형상으로 세트의 세 가지 신화적인 이름으로 볼 수 있다.

이러한 관점으로부터 버거 피어슨은 아담의 묵시록의 구절들은 그리스도교 전통 또는 신약성경의 공급원이 없어도 해석될 수 있다[34]고 결론을 내린다. 아담의 묵시록에 대해 몇몇 학자들에 의해 그리스도교와 관계가 있다고 해석될지라도 피어슨은 아담의 묵시록의 본문이 유대적 전통들을 기초로 한 세트파 영지주의의 테마(theme)라고 이해한다.[35] 맥래는 영지주의 소피아가 어떻게 유대의 지혜문학으로부터 기인했는지 주장하는 많은 연구에 기여했다. 예를 들면, 그는 지혜 전통과 천상적인 존재의 타락을 유대 전통에서 소피아의 타락으로 귀착되는 창조로 연결하고 있다.[36] 그에게 있어 "영지주의는 헬라화된 유대교 지혜와 묵시적 집단들의 혁명적인 반작용으로 일어난 것"[37]이라고 간주한 것이다. 반면, 퀴스펠(G. Quispel)은 원론적으로 맥래를 지지할 뿐만 아니라 더 나아가 유대인들이 데미우르고스의 영지주의적 개념을 처음으로 개발했다고 제안했다.[38] 퀴스펠은 데미우르고스가 현존하는 요한의 비사에 포함된 신화의 편집 이전에 유대인들에 의해 영지주의에 융화되었다. 퀴스펠은 알렉산드리아가 처음으로 이러한 융합이 형성된 장소로 제안한다.

우리는 여기에서 본문의 구체적인 내용들을 살펴봄으로써 "열매 맺는 나무", "빛을 주는 자" 그리고 마지막 세 번째 도래가 옛 관점의 주장과는 달리 구약적 기원과 영지주의적 교리에 의해 영향을 받았다는 점을 논증했다. 이미 앞에서 밝힌 바와 같이 유대 영지주의는 헬레니즘화를 통해 변형된 전통적인 유대교의 변형이라는 점을 다시 한번 주지하는 바이다.

---

34) Pearson, 31.

35) 위의 책, 33.

36) G. E. MacRae, "Jewish Background of the Gnostic Sophia Myth," *NovT* 12(1970): 98, 100.

37) Idem, "Nag Hammadi and the New Testament," in *Gnosis: Festschrift für Hans Jonas*, ed. B. Aland (Göttingen: Vandenhoeck und Ruprecht, 1978), 150.

38) G. Quisepl, "Origin of the Gnostic Demiurge," in *Gnositc Stuties* I (Istanbul: Nederlands Historisch-Archaeologisch Institue, 1974), 218.

5. 아담의 묵시록에 나타난 전통적인 유대교의 영향

이상의 주장들을 토대로 소기천의 새 탐구는 아담의 묵시록에서 영지주의 문서의 특징들이 유대교 전통들로부터 나타난다는 것을 논증했다. 새 탐구는 아담의 묵시록에서 오직 유대인들만이 그들의 유대적 전통들에 친숙한 유대적인 요소들을 보여주고 있다고 논증한다. 새 탐구는 아담의 묵시록의 정황이 그리스도교의 영향에서 독립된 유대적인 상황이었다고 주장한다. 여기에서는 아담의 묵시록에 나타난 전통적인 유대교의 영향을 논증하기 위해 몇 가지 기준(criteria)을 제시하고 있다.

첫째로 소기천은 유대 경전의 인용 문제를 지적한다. 아담의 묵시록이 유대 경전의 창세기로부터 몇몇 구절을 인용했다면 이것은 유대 전통들에 영향을 받은 유대인에 의해 그 텍스트가 쓰였다는 것을 의미한다고 보았다. 여기에서 가장 강력한 논증은 바로 오직 유대인들만이 이러한 유대 전통들을 받아들였다는 것이다.

아담의 묵시록에서는 몇 구절들이 거의 인용되었지만, 창세기가 직접적으로 발췌되지는 않았다. 이것을 논증하기 위해 소기천은 아담의 묵시록과 창세기를 비교하는 작업을 진행했다.[39] 이러한 비교를 통해 소기천은 아담의 묵시록에 관한 해석이 유대 경전의 전통적인 미드라시 방법들에 의존한다고 이해한다.

두 번째로 소기천은 아담의 묵시록에서 고통받는 계시자-구원자로서 빛을 주는 자의 역할이 제2 이사야의 종의 노래 중 영지주의 미드라시(Gnostic

---

39) 66:21-23 And I breathed into you a spirit of life as a living soul
   Gen 2:7 and breathed into his nostrils the breath of life, and the man became a living being
   67:10-11 Therefore the days of our life became few
   Gen 6:3 his days will be a hundred and twenty years
   83:14-17 They shall live forever because they have not been corrupted by their desire'
   소기천은 'desire'에 대해서 상당한 관심을 보였는데, 이 'desire'가 결국 이브와 데미우르고스의 교제가 시작되는 결정적인 이유로 보고 있기 때문이다.

midrash)로 해석될 수 있다는 것이다. 맥래는 아담의 묵시록의 창세기 2:7과 6:3과 같은 이야기는 묵시적 전통과 미드라시 방법론들을 기초로 미드라시 방법들에 대해 교육받은 유대인에 의해 사용된 것이라고 주장했다. 고난받는 종의 개념은 그리스도교적 기원이 아닌 유대적 경전을 근간으로 한 미드라시 해석의 영향으로 이해할 수 있다.

세 번째로 소기천은 유대교적 전통의 영향을 역사적으로 재구성하는 작업을 진행한다. 앞에서 밝힌 바와 같이 미드라시 해석의 방법론이라는 그의 논증은 이어서 뵐리히과 클리진(Klijn)의 연구를 토대로 시작하고 있다. 우선 뵐리히의 견해를 통해 아담의 묵시록이 유대적 배경을 의존하였다고 전제한다. 그후 세트파 영지주의와 유대교의 관계성에 대해서 클리진의 이론을 도입한다. 클리진은 세트파에 대한 거의 모든 영지주의적 발상은 유대적 작품들에서 발견될 수 있다고 결론을 내렸는데, 그는 세트파의 기원을 유대적 해석적 전통들에 의해 추적할 수 있다고 주장했다.

소기천은 가장 마지막 부분에 이르러 아담의 묵시록에 담긴 구절들을 분석하면서 사두개파와 바리새파와 같은 하나의 종파라는 가설을 제시한다. 이는 전승 궤도를 탐구하는 방식으로 이전에 클레어먼트에 의해 진행되었던 Q의 작업과 방법론을 빌려온 것이다.

6. 제3의 탐구의 제안

필자가 제3의 탐구를 제안하는 것은 이러한 세트파의 상황이 현재 어떤 이단의 형태로 나타났는지 연구하는 것이다. 옛 탐구가 초기 그리스도교, 즉 과거의 논쟁이었다면 새 탐구는 아담의 묵시록의 공동체, 즉 현재에 대한 논증이며, 제3의 탐구는 아담의 묵시록을 통한 미래의 논증이라고 볼 수 있다.

제3의 탐구는 유대 영지주의가 바로 유대교 신비주의 카발라(Kabbalah)와 메르카바 신비주의(Merkabah Mysticism)로 흘러갔다는 것이다. 게르숌 숄렘

(Gershom Scholem)은 바히르(Bahir)에서 발견되는 사상들이 유대 영지주의에 뿌리를 두고 있다고 보고 있다.

바히르는 짧은 논문으로 고전적인 미드라시 모음집의 형태로 집필되었으며, 많은 문단이 그것을 말한 탈무드 현자의 이름을 언급하면서 시작한다. 각 문단은 성경의 한 구절 혹은 여러 구절을 해석한 것이다. 이 책[40]은 천지창조에 대한 몇 가지 진술로 시작한다. 책의 첫 번째 부분에는 알파벳의 철자 모양, 그리고 철자 이름이 갖는 의미 등을 주로 논의한다. 바히르는 이전의 유대교 자료들에서 발견되지 않았던 세 가지 주요 개념을 제시하고 있다.

첫째, 신성한 세계가 열 가지 본질 혹은 열 가지 신성한 힘으로 구성되어 있다는 것이다. 이 힘을 가리켜 마아마로트(màamarot) 혹은 발산(utterances)이라고 하는데, 후대의 카발라 저술에서 열 가지 세피로트라고 말하는 것이다. 둘째로 열 가지 신성한 힘 중 하나는 여성적인 것으로, 다른 아홉 가지와 구분되는 개념이다. 이렇게 하여 신의 영역에 남성과 여성의 개념을 도입한다. 셋째로 신성한 세례를 일란(ilan)이라는 나무에 비유한다는 사실이다. 신성한 힘들은 나무의 가지들처럼 위아래로 포개져 있다. 이 나무의 전체적인 모양은 거꾸로 세워진 형태를 취한다. 나무의 뿌리는 위를 향하고, 가지는 땅을 향한다. 이 세 가지 개념은 카발라의 전반적 특징을 형성한다. 세 가지 개념이 어떤 저작에서 발견되면, 그 저작을 카발라에 속하는 것으로 인정한다.

숄렘은 바히르에서 처음으로 발견되는 세 가지 특징이 영지주의적 성격을 가졌다고 진단했다. 그러나 바히르를 정리하는 가운데 숄렘은 이것이 그리스도교 영지주의인지, 유대교 영지주의의 전통인지에 대해서는 분명하지 않다는 견해를 밝혔다. 그러나 그의 제자였던 조지프 댄은 이러한 그의 견해를 반박하는데, 양자 간의 가장 큰 견해의 차이는 옛 탐구에서 논쟁했던 영지주의

---

40) 《유대교의 신비주의 카발라》, 조지프 댄 지음, 이종인 역. *Kabbalah-A Very Short Introduction* was originally published in English in 2006; this translation is published by arrangement with Oxford University Press.

의 정의 문제였다. 숄렘이 후에 "Major Trends in Jewish Mysticism"을 통해 메르카바 신비주의와 유대 영지주의에 대한 문제를 다시 한번 다루면서 이 부분에 관한 지속적인 연구가 진행되고 있다.[41]

7. 결론

우리는 논의한 바와 같이 아담의 묵시록의 연구사부터 소기천이 제안한 새 탐구에 이르는 연구과 제3의 탐구로 유대교 카발라의 전통 내에 흐르는 유대교 영지주의의 흐름을 제안했다. 또한 본 논고에 있어 가장 중점을 두었던 점 중의 하나는 새 탐구의 소개에 있어 소기천의 "Jewish Influence on Gnosticism In the Apocalypse of Adam"을 소개한 것이었다.

소기천이 제안한 영지주의의 개념과 그간에 논쟁되었던 유대교 영지주의의 정의에 관한 정의는 우리가 나그 함마디 문서와 영지주의를 바라볼 수 있는 신학적 견해의 틀을 새롭게 제공한다는 점에 있어 기념비적인 작업이라고 할 수 있다. 또한 그는 이러한 관점을 정립한 뒤 아담의 묵시록을 살펴보고 옛 관점이 주장했던 그리스도교적 영향들의 근간을 일일이 반박하는 철저함을 보여주었다. 마지막 부분에 이르러 아담의 묵시록이 유대 전통의 영향을 받았다는 것을 증명할 수 있는 기준을 마련함으로써 요한의 비사를 비롯한 일명 세트파 문헌 연구의 근간을 마련하는 성과를 보여주었다. 무엇보다 아담의 묵시록의 구체적인 해석을 통해 양식비평적 방법론으로 공동체의 상황을 재구성하는 성과를 이루었다.

이러한 소기천의 새 탐구는 첫째, 초기 그리스도교 상황 재구성의 성과와 둘째, 아담의 묵시록을 이해하는 근간을 마련하였으며, 셋째, 나그 함마디 문서 내의 세트파 문헌을 비롯한 다른 영지주의 문헌을 연구하는 이정표를 마련

---

41) Gershom Scholem with a new Foreword by Rober Alter, Major Trends in Jewish Mysticism, Schocken Books, New York Printed in the U.S.A.

한 것으로 평가할 수 있다.

　　마지막으로 필자는 이러한 새 탐구의 연구를 이어 유대교 신비주의 카발라와 메르카바 신비주의에 대한 유대교 영지주의와의 관계성에 대해 제안하였다. 이 부분에 있어 유대 이단적 흐름이 유대교 영지주의를 통해 현재 유대교 신비주의 전통 안에 지속해서 영향을 미치고 있다. 제3의 탐구는 이후 이러한 과제를 가지고 연구가 되었으면 하는 기대를 한다.

3부
복음서와 비울

I. 텍스투스 레켑투스(Textus Receptus)의 다양한 의미[1]

1. 서론

신약성경을 헬라어 원문으로 읽다 보면 자연스럽게 제기되는 문제가 텍스투스 레켑투스이다. 이 장은 원래 신약성경이 헬라어로 기록되었지만, 원본은 사라지고 수많은 사본이 전해지는 동안에 신약성경 27권이 4세기에 이르러서 경전으로 채택되기까지 많은 기간을 지내면서 텍스투스 레켑투스의 의미가 여러 정황에 의해 다양하게 표출되었다는 사실을 연구하고자 한다.

이 장은 신약성경 경전 형성의 역사에 있어서 가장 중대한 영향을 미친 '사도성'의 개념과 더불어 '유대성'의 개념에서 텍스투스 레켑투스의 의미가 발견되는지를 연구하여 장차 한국교회가 헬라어 신약성경에 대해 새롭게 가져야 할 의미를 살펴보고자 한다. 그리고 이 장은 과거에 헬라어 신약성경이 필사가들에 의해 베껴져서 몇몇 사본으로 전해지던 제한적인 상황과는 대조적으로, 중세로부터 현대에 이르기까지 출판업자들에 의하여 인쇄된 헬라어 신약성경이 한꺼번에 다량으로 반포되는 상황이 초래되면서 텍스투스 레켑투

---

1) 이 장은 "텍스투스 레켑투스의 다양한 의미와 21세기 그리스어 신약성경의 새로운 복원을 위한 우리의 과제,"《성경원문연구》23(2008년): 27-4에 실린 것을 수정 보완한 것이다.

스의 의미가 자연스럽게 상업적인 광고의 의미로 전락한 측면을 비판하고자
한다.

이 장은 텍스투스 레켑투스의 의미가 학자들이 학문적 노력에 의해 원문
에 가장 가깝게 복원해 놓은 헬라어 신약성경을 이해하는데 여전히 공신력 있
는 개념으로 인식되고 있다는 사실을 중시하면서, 특수한 상황 속에 있는 한국
교회가 에큐메니칼 정신을 가지고 가장 공식력 있는 기관인 대한성서공회의
주도하에 새로운 방법론인 내러티브 본문비평과 상호본문성에 입각하여 '선
택과 결정'이라는 노력을 기울일 필요가 있으며, 향후 21세기 헬라어 신약성
경(Novum Testamentum Greece)의 새로운 판본을 만들 뿐만 아니라 그것을 대본
으로 한 새로운 우리말 신약성경의 번역본을 출판해야 할 필요성까지 제기하
고자 한다.

2. 사도성과 유대성

신약성경이 경전으로 채택되기 위하여 27권의 목록이 최종적으로 등장
한 것은 367년의 일인데, 당시 알렉산드리아의 감독이었던 아타나시우스는
신약성경 27권의 목록에 대하여 '구원의 근원들'을 가지고 있는 것으로 평가
하였기 때문에 경전으로 포함했다.[2] 여기서 우리는 신약성경이 구원의 근원
들을 제시하고 있다고 최종 평가받기까지 사실상 초기 그리스도교의 역사에
있어서 27권의 책들은 다양한 정경 선택의 기준들에 근거하여 평가받았다는
사실을 알고 있다. 곧 다양한 정경 선택의 기준들이란 수 세기에 걸쳐서 신앙
공동체에 의해 사용된 증거가 뚜렷하고, 초기 교부들에 의해 다양하게 이용되
고, 사도들에 의해 써지고, 325년 니케아 공의회에서 채택된 신조인 초기 그

---

2) Paul J. Achtemeier, Joel B. Green, and Marianne Meye Thompson, *Introducing the New
   Testament: Its Literature and Theology*, 소기천 윤철원 이달 번역, 《현대적인 방법을 적용한 새로운 신
   약성서개론》(서울: 대한기독교서회, 2004), 726.

리스도인의 신앙 규범(*regula fidei*)에 의해 인정받는 등의 다양한 요소들을 말한다.[3] 이렇게 정경 선택의 기준을 충족시킬 때도, 우리는 초기 교회에서 어느 한순간에 일시적으로 정경의 형성과 선택이 이루어진 것이 아니라는 사실을 다음의 글을 통하여 확인할 수 있다.

> 정경 형성은 그리스도교 공동체의 처음 300년 동안의 삶과 같은 시간에 속하는 것이라고 말할 수 있다. 어떤 교회 회의나 감독 회의에서 규범적인 책들을 결정하여 그 후 그리스도인들이 그것을 받아들이도록 요구한 것이 결코 아니다. 오히려 최종적으로 정경에 포함된 책들은 수 세기 동안 그리스도인들이 그들의 예배와 가르침에서 그 책들을 사용했었기 때문이며 또한 그리스도교 신앙을 일으키고 풍성하게 하고 바로잡는 데서 그 책들이 드러내었던 능력을 존중하게 되었기 때문이다. 따라서 정경은 그리스도교 공동체가 형성되는 수 세기 동안 그 공동체의 전체적인 경험과 이해를 대표하는 것이다.[4]

이러한 설명에 의하면, 초기 그리스도교에 있어서 신앙 공동체가 신약성경을 줄기차게 사용함으로써 4세기에 이르러서 자연스럽게 경전이 채택될 수 있는 기반이 조성되었다는 사실을 우리에게 보여주고 있다

중요한 것은 사도적 가르침 곧 '사도성'[5]이다. 왜냐하면 신약성경이 '사도적 저작성에 대한 믿음을 근거로 정경을 결정한 것'[6]은 아주 주요한 사실이

---

3) Paul J. Achtemeier, Joel B. Green, and Marianne Meye Thompson, *Introducing the New Testament*, 726-731.
4) Paul J. Achtemeier, Joel B. Green, and Marianne Meye Thompson, *Introducing the New Testament*, 731.
5) 슈틀마허는 초기 교회의 정경선택의 기준으로 '신앙의 규범'과 '사도성'을 중시하였다. 참고, Peter Stuhlmacher, *Vom Verstehen des Neuen Testaments: Eine Hermeneutik*, 전경연 강한표 역, 《신약성서 해석학》(서울: 대한기독교출판사, 1986), 38, 41.
6) Paul J. Achtemeier, Joel B. Green, and Marianne Meye Thompson, *Introducing the New Testament*, 729.

기 때문이다. 비록 사도적 저작성이 정경 형성의 유일한 기준은 아니었고 어떤 신약성경의 책들에서 사도적 기원을 찾는 것이 쉬운 일은 아니었지만, 초기 교회의 정경 형성에 있어서 사도들의 가르침이 주는 영향력은 참으로 지대하였다.

이 점에 비추어 볼 때, 우리는 초기 교회에서 신약성경 경전 형성을 위해 '사도성'은 텍스투스 레켑투스를 가능하게 한 주요 요소라는 사실을 확신할 수 있다. 이러한 사도성의 중요성 때문에 신약성경의 책들은 사도들의 이름으로 붙여지게 된 것이다. 곧 당시에 신약성경의 정경 목록에서 제외된 많은 책이 있었는데 솔로몬의 지혜서, 헤르마스의 목자, 시락서, 열두 사도들의 가르침, 클레멘트 서신 등도 초기 그리스도교에서 많이 읽힌 책들이지만 사도성의 원리를 충족시키지 못하였기에 신약성경의 정경 형성 단계에서 텍스투스 레켑투스로 인정받지 못하였다.

사도성을 충족시키는 책 중에서 베드로 복음서, 빌립 복음서, 사도 바울의 기도, 야고보의 묵시록, 베드로 묵시록, 베드로 행전, 빌립에게 보낸 베드로의 편지, 마리아 복음서, 요한의 비사 등은 왜 신약성경의 정경 목록에 오르지 못한 것일까? 우리는 그 이유를 1945년에 이집트의 나일강 유역에서 발견된 나그 함마디 문서에서 찾을 수 있다. 나그 함마디 문서는 20세기 고고학적 발굴에 있어서 사해 문서와 더불어서 성서고고학의 백미로 꼽히고 있다. 비록 나그 함마디 문서가 '역사적 예수 연구의 판도라 상자'[7]로 불릴 만큼 오늘날도 여전히 학계의 주목을 받는 것은 사실이지만, 그 문서 자체는 헬라어가 아닌 콥트어로 기록이 되었으며 185년경에 오리게누스와 테르툴리아누스와 이레내우스와 같은 교부들 때문에 영지주의 이단 문서[8]로 낙인이 찍혔기 때문에 비록 사도들의 이름이 붙여진 책들임에도 불구하고 신약성경의 경전에 들지 못하였다.

---

7) James M. Robinson, "The Study of the Historical Jesus," after Nag Hammadi," *Semeia* 44 (1988): 48.

우리는 신약성경의 정경 기준이었던 사도성 이외에 또 하나의 기준이 적용되었다는 사실을 알아야 한다. 그것은 다른 것이 아니라 초기 교회가 영지주의를 이단으로 규정하는데 중요한 기준으로 삼았던 '유대성'이라는 요소이다. 초기 그리스도교는 신약성경을 경전으로 간직하기 이전에 구약성경을 정경으로 소중하게 여겼다. 그러나 이러한 전통에 반기를 든 사람은 2세기에 에데사의 마르시온이었다. 그는 구약성경을 열등하다고 생각하여 완전히 배격하였다. 이러한 결론은 영적인 지식만을 최고로 간주하는 영지주의 이단을 대표하는 견해였기에, 초기 그리스도교는 구약성경과 초기 유대교적 전통을 중시하는 유대성에 근거하여 영지주의를 초기 교회의 이단으로 강력하게 규정하여 제거하였다. 초기 그리스도교 역사의 무대 전면에서 사라진 영지주의 이단은 그 후에도 계속해서 나그 함마디 문서를 통하여 전해진 것과 같은 문서들을 만들어 냈지만, 어느 것 하나도 구약성경과 초기 유대교의 전통 위에 서 있지 않았기 때문에 신약성경의 정경 형성 단계에서 텍스투스 레켑투스에 들지 못하였다. 초기 그리스도교가 텍스투스 레켑투스를 결정하는데 유대성이 지니는 중요성은 다음의 글에 충분히 나타나 있다.

사실상 역사적으로 초기 그리스도교 운동이 1세기에 일어났을 때, 이 운동의 지도자들이 일종의 '성서를 위한 전쟁'과 연관이 있었다는 사실은 분명하다. 교회가 고대 하나님의 백성과 함께 존재하면서, 그리고 유대교 안에서 그리스도교 메시지와는 반대되는 메시지를 듣고 이스라엘의 경전과 같은 본문을 읽었던 상황에서 교회는 정체성을 세워야 했다. 초기

---

8) 나그 함마디 문서 중에서 도마 복음서는 과거에 150년경에 기록된 것으로 간주할 때 영지주의 문서로 취급하였지만, 오늘날은 마가복음이 기록되던 상황인 70년경에 기록된 것으로 간주한다. 그러므로 학자들은 도마 복음서를 영지주의 이단 문서가 아닌 것으로 간주한다. 참고, 소기천, 《예수말씀의 전승궤도》(서울: 대한기독교서회, 2000), 141; idem, 《예수말씀 복음서 Q 연구개론: 잃어버린 지혜문학 장르의 전승자료》(서울: 대한기독교서회, 2004), 179-184; R. M. Grant and D. N. Freedman, *The Secret Sayings of Jesus* (Garden City: Doubleday, 1960), 71; G. C. Quispel, *Makarius: das Thomasevangelium, und das Lied von der Perle* (Leiden: E. J. Brill, 1967), 7-8.

그리스도교가 이스라엘의 경전을 해석할 때 그 초점은 고대 이스라엘과의 연속성에 접근하는 길을 찾았는데, 그럼으로써 하나님의 목적들과의 연속성에 접근하는 길을 찾는데 맞추어졌다.[9]

비록 이러한 설명에 '유대성'이라는 단어가 나타나 있지 않지만, 우리는 구약성경이 예수 그리스도의 길을 준비한 서문이고 신약성경은 예수 그리스도의 오심으로 인해 하나님의 구원이 성취되었다는 사실을 증언하고 있는 점에서 초기 그리스도교가 이스라엘의 경전을 구약성경의 가르침에 입각한 유대성의 기준으로서 신약성경의 경전화 과정에서 텍스투스 레켑투스의 근거로 삼은 것을 알 수 있다.

신약성경에서 텍스트 그 자체이신 예수 그리스도는 본래 유대인이셨다. 예수께서는 정기적으로 회당에서 기도하고 설교하셨다. 부활절 이후에 초기 그리스도인들도 이러한 예수를 본받아서 정기적으로 회당에서 기도하였다. 왜냐하면 그들도 유대인들인지라 회당에서 소속감을 느꼈기 때문이다.[10] 예수께서는 유대적 전통에 충실하셨고 어떤 점에서는 종교적일 정도로 열심이셨다.[11] 이 점에서 초기 그리스도교에 있어서 신앙의 기초를 놓으신 예수의 유대적 특성은 그리스도인들의 유대적 신앙 정체성에 큰 영향을 미치게 되었

---

9) Paul J. Achtemeier, Joel B. Green, and Marianne Meye Thompson, *Introducing the New Testament*, 28.

10) Bernard J. Lee, *The Galilean Jewishness of Jesus: Retrieving the Jewish Origins of Christianity* (New York: Paulist Press, 1988), 17. 유대교 회장이 언제 기원하였는지는 불확실하다. 하지만 탈무드에 의하면, 이스라엘 민족이 바벨론에 포로로 있을 때 거기에 회당이 있었다고 한다. 역사적으로 회당이 등장하는 것은 프톨레미 3세(246-221 BC) 때이다. 랍비 전승은 심지어 예루살렘에 480개의 회당이 있었다고 말하지만, 이것은 아주 과장된 표현이다[J. Julius Scott Jr, *Jewish Backgrounds of the New Testament* (Grand Rapids: Baker Books, 1995), 139-140].

11) Bernard J. Lee, *The Galilean Jewishness of Jesus*, 57. 그러나 예수께서는 자신을 '유대교나 율법 이상의 한 종교를 전파하는 사람'으로 간주하지 않았다. 왜냐하면 예수의 의식 속에 '율법이나 선지자를 폐하러 온 것이 아니요 완전하게 하려고 왔다'(마 5:17)는 새로운 열정이 가득 차 있었기 때문이다. 단지 여기서 우리는 예수와 초기 그리스도교의 특징을 유대적인 측면에서 이해하고자 하는 것뿐이다. 참고, Norman Solomon, *Judaism*, 최창모 역, 《유대교란 무엇인가?》(서울: 동문선, 1999), 35.

다. 사도행전 15장에서 유대 그리스도인과 이방 그리스도인을 분열시킨 요소가 율법을 어디까지 적용해야 하는지에 대한 불일치로 인해 기인한 것이지만,[12] 초기 그리스도인들은 자신들의 유대성을 예수의 유대적 가르침에서 재발견하였다.[13] 그러나 예수의 역사적 모습은 유대교와 그리스도교의 분명한 연관성(continuum) 속에 있지만, 그것은 연속성과 동시에 불연속성을 의미하기도 한다.[14] 곧 유대교와 그리스도교가 "하나는 모세 시대에, 다른 하나는 예수 시대에" 각각의 기초를 놓게 됨으로써 서로 다른 길을 걸어가고 있지만, 그들은 서로 "유대교가 '어머니' 종교이며, 기독교가 '딸'의 종교"라는 사실에 동의한다.[15] 비록 초기 그리스도교 공동체 가운데 갈릴리를 중심으로 시작된 예수의 제자 공동체가 남긴 지혜문학 장르인 Q[16]에는 '메시아'라는 단어가 나타나지 않는다. 이는 4복음서가 예수를 선포된 자로 묘사하는 것과는 달리 Q에서는 예수께서 항상 선포하시는 자로서 등장하기 때문이다. 그 대신에 Q는 4복

---

12) Norman Solomon, *Judaism*, 41-42. 노먼 솔로몬에 의하면, 이러한 불일치는 유대인과 그리스도인이 서로를 참 이스라엘이라고 주장함으로써 서로 갈등하는 집단으로 갈라서게 된 것이며, 그리스도교가 유대교로부터 분리하여 별개의 종교로 가게 된 것은 70년에 로마에 의한 예루살렘 성전의 멸망 이후다. 그리스도인은 이 사건을 하나님께서 유대인을 거부한 것으로 해석하였지만, 유대인은 하나님께서 단지 자신의 죄를 벌하신 것으로 해석하였다. 더 근본적인 것은 베스파시아누스 황제가 모든 유대인에게 부과하는 특별한 세금인 피스쿠스 유다이쿠스(fiscus Judaicus)를 부과하였을 때 그리스도인이 유대교로부터 떠나 로마에 충성하게 됨으로써 두 종교의 분열은 다시 돌이킬 수 없는 길로 들어선 것이다(Norman Solomon, *Judaism*, 43-44).

13) Bernard J. Lee, *The Galilean Jewishness of Jesus*, 58. 그러나 유대인과 그리스도인 사이에 분명한 시작차가 있었다. 예를 들면, 아가서에 대한 주석에서 오리겐은 아가서가 노래하고 있는 사랑을 "하나님 또는 예수, 그리고 그의 신부인 교회를 상징"한다고 보았지만, 요하난은 "하나님과 그의 백성 이스라엘 사이의 사랑을 비유."한 것이라고 보았다(Norman Solomon, *Judaism*, 46).

14) Tom Holmén, "An Introduction to the Continuum Approach," ed. by Tom Holmén, *Jesus from Judaism to Christianity: Continuum Approaches to the Historical Jesus* (New York: T&T Clark, 2007), 1-2.

15) Norman Solomon, *Judaism*, 37. 노먼 솔로몬에 의하면, 전통적인 유대인은 바울이 유대교로부터 중요한 요소를 빌려 예수께서 메시아이며 하나님의 '성육신'이라고 하며, 전통적인 그리스도인은 예수께서 모세의 율법을 완성하신 분이라고 한다는 사실을 중시한다(Ibid.). 그러나 그는 엄밀하게 말해서 유대인이든 그리스도인이든 모두 '히브리 성경'의 '자식들'이라고 말하면서, 유대교의 토대가 되는 탈무드가 그리스도교의 텍스트인 복음서보다 더 후대에 기록되었기 때문에 순서로 볼 때 '맏형'은 그리스도인이라고 인정하였다(Norman Solomon, *Judaism*, 38).

16) Q는 마태복음과 누가복음의 공통자료인 예수말씀을 뜻하는데, 공관복음서를 연구하는 학자들이 독일어 Quelle의 첫 글자를 따서 표기한 것이다.

음서와 마찬가지로 예수를 '하나님의 아들'로 인식하고 있다. 특히 이러한 영향을 받아서 초기 그리스도인들은 다윗의 후손으로 오신 예수를 유대적 전통 속에서 하나님의 아들로 이해하였다.[17] 이것은 메시아로 오신 예수에 대한 전형적인 유대적 표현방식이다.[18]

예수 그리스도를 유대적 전통 속에서 하나님의 아들 곧 새로운 메시아로 이해하는 흐름은 Q로부터 시작하여 마태복음을 거쳐서 이레내우스에 이르기까지 초기 그리스도교의 정통성을 유대성에서 그 근거를 마련하도록 하였다.[19] 바로 이러한 초기 그리스도교의 유대성은 역사적 예수에게서 비롯된 것이다. 결과를 놓고 볼 때, 유대적 정통성은 2세기에 플라톤의 이원론적 철학에 뿌리를 내리고 있던 영지주의 교단을 이단으로 거부하면서 나그 함마디 문서에 있던 모든 콥트 문서들을 경전에서 제외하는 결과를 낳았다. 이러한 정통교회의 결단은 유대성에 근거한 것이므로, 당시 활발하게 논의되었던 신약성경 경전화 작업에 있어서 유대적 전통은 사도성 못지않게 텍스투스 레셉투스의 역할을 충실하게 하였다.

초기 그리스도교의 이단과 정통 논쟁에 있어서 유대성은 아주 중요한 기준이 되었다. 나그 함마디 문서가 이단 문서로 거부되고 신약성경 27권이 경전으로 채택되는 상황에서 과연 사도성과 유대성의 개념은 텍스투스 레켑투스로 간주하였는가? 신약성경에서 κανών은 다음과 같이 4회에 걸쳐서 등장하는데, 우리말 성경에서 정경이라는 의미보다는 범위나 규범, 혹은 규례로 번역되어 있다. 원래 κανών은 어떤 것을 측정하는 수단을 가리키는데, 이를테면 수치를 결정하는 줄자나 표준을 뜻한다. 이런 뜻으로 사용된 κανών이 갈라디아서 6장 16절(참고, 클레멘트 1서 7:2)에 나타난다. 그런데 이런 의미가 고린도후

---

17) Bernard J. Lee, *The Galilean Jewishness of Jesus*, 18.
18) Bernard J. Lee, *The Galilean Jewishness of Jesus*, 140-141.
19) Édouard Massaux, *Influence de l' Évangile de saint Matthieu sur la littérature chrétienne avant saint Irénée*, ed. by Norman J. Belval, *The Influence of the Gospel of Saint Matthew on Christian Literature before Saint Irenaeus* Book I-III (Leuven: Peeters Press; Macon: Mercer University Press, 1990).

서 10장 13, 15-16절에서는 어떤 행동을 위한 방향이나 형식을 뜻하는 것으로 심화하고 있다(참고, 클레멘트 1서 1:3).[20] 이러한 의미가 2세기의 초기 그리스도교에 의해 진리를 나타내는 표준으로 사용되어 '신앙의 규범'(rule of faith)이란 뜻을 가지게 되면서, κανών은 경전의 목록과 같은 의미로 사용되었다.[21]

갈라디아서 6장은 갈라디아서를 끝내면서 예수 그리스도의 십자가에 관한 복음의 중요성을 말하는데(갈 6:11-14), 거기서 바울은 율법적인 할례와의 관계에서 "오직 새로 지으심을 받는 것만이 중요하니라"(갈 6:15)라고 말하면서 "하나님의 이스라엘에 평강과 긍휼이 있을지어다"(갈 6:16)라고 선언한다. 이러한 일련의 구절 속에서 우리는 바울 자신이 예수 그리스도의 십자가 복음을 전하면서 부여받게 된 사도적 위치 곧 그의 사도성과 동시에 율법을 재해석하면서도 여전히 구약성경에 뿌리를 두고 있는 이스라엘이 전통적으로 가진 유대적 위치 곧 그의 유대성을 확인하게 된다.

고린도후서 10장도 바울이 자신의 사도권을 변호하는 내용으로 시작되어 13장까지 이어진다. 이 문단에서 바울은 소위 자신의 적대자들을 경계하고 있는데, 곧 그는 거짓 사도들을 풍자하면서(10:12; 11:21; 12:13) 원래 그들은 고린도 교회에 있던 자들이 아니라는 점을 분명히 한다(10:12-16; 11:4). 이러한 바울의 논증은 우리가 잘 알고 있는 대로 자신의 사도성에 관한 변증이라고 볼 수 있다. 과연 바울의 사도성에 관한 근거는 어디에서 오는 것일까? 13장까지 이어지는 바울의 사도권에 대한 변호는 12장에서 셋째 하늘과 낙원에 관한 환상들과 계시들을 말할 때 절정에 도달한다(12:1-7). 셋째 하늘에 관하여는 당시 유대 문헌에서 가장 일반적인 표현방식을 바울이 따랐다는 점에서 아주 중요한 의미가 있다. 낙원에 관해서도 70인역(LXX)에서 에덴동산의 이름으로 사용되

---

20) Walter Bauer, *A Greek-English Lexicon of the New Testament and Other Early Christian Literature*, 3rd edition, revised and editied by Frederick William Danker (Chicago; London: The University of Chicago Press, 2000), 507-508.

21) Walter Bauer, A *Greek-English Lexicon of the New Testament and Other Early Christian Literature*, 508. Cf. *RGG*³ III, 1116-1122; *TRE* XVII 1988, 562-570.

고 있다는 점을 중시할 때 아주 의미있는 표현이다. 다시 말해서 바울은 자신의 사도성을 변호하면서 동시에 자연스럽게 당시 초기 그리스도인들에게 두루 퍼져 있던 구약성경의 전통 위에 서 있는 유대성에 근거하여 적대자들을 대응해 나갔다.

이상에서 살펴본 바와 같이 사도성과 유대성의 원리에 근거하여 바울이 적대자들과 논쟁을 벌일 때 등장한 아주 구체적인 단어 하나가 바로 κανών 이라는 단어이다. 이 단어가 2세기에 신약성경의 정경 목록을 의미하는 단어로 쓰인 점을 중시할 때, 우리는 초기 교회에서 사도성과 유대성의 원리가 다름 아닌 신약성경을 경전으로 채택하게 하는 텍스투스 레켑투스의 원리 곧 κανών의 원리라는 사실에 도달하게 된다. 그러므로 비록 신약성경에 텍스투스 레켑투스라는 단어가 등장하지 않을지라도, 이미 우리는 신약성경을 경전으로 채택하게 한 원리인 사도성과 유대성의 원리가 초기 그리스도교에서 신약성경의 원문을 확정하는 κανών의 원리가 되었다는 사실을 알 수 있다.

3. 상업적인 광고

불행하게도 원본 헬라어 신약성경은 현존하지 않는다. 오늘 우리의 손에 주어진 헬라어 신약성경은 사본을 토대로 복원해 놓은 것이다. 그러나 필사가들이 베낀 수많은 신약성경의 사본들은 비록 많은 이문을 가지고 있을지라도, 신약성경은 현대적인 본문비평 방법을 활용한 학자들의 면밀한 비교 분석 작업을 통하여 오늘 우리에게 원본에 가장 가깝게 복원되어 전해지고 있다. 여기서 학자들의 본문비평 작업에 의해 등장한 개념이 텍스투스 레켑투스이다. 그러나 이 텍스투스 레켑투스라는 단어는 처음부터 본문비평의 방법에서 사용되던 용어가 아니라, 헬라어 신약성경을 다량으로 판매하기 위한 인쇄업자들의 상업적 용도로 사용되던 용어이다.

텍스투스 레켑투스는 원래 라틴어 textum receptum에서 유래한 단어이다.[22] 원래 이 표현에 대해서 자세한 설명을 한 학자는 브루스 메츠거(Bruce Manning Metzger)인데, 그는 다음과 같이 언급하였다.

1624년에 라이덴(Leiden)에서 인쇄업을 하는 엘제비어 형제(Banaventure Elzevir와 Abraham Elzevir)가 작고 편리한 헬라어 성서를 출판하였는데, 그 성서의 본문이 주로 1565년에 인쇄된 베자 성서라는 작은 판본에서 취한 것이다. 1633년에 나온 제2판[23]의 서문은 '[독자가] 이제 모두에 의해서 수용된 본문을 가지게 됐습니다. 우리는 거기에다 아무것도 변경하거나 파괴하지 않았습니다.'[24]라고 자랑을 하였다.[25]

위에서 메츠거가 언급한 바와 같이 출판업자들이 원래 12세기와 13세기의 사본을 토대로 집대성하여 '에라스무스 텍스트로 알려진 것'[26]을 1633년에 다시 출판하면서 헬라어 신약성경을 광고하기 위하여 사용한 라틴어는 textum receptum이었다. 그런데 textum receptum는 후에 주격형태인 textus receptus로 정착되었다. 이 장에서는 한글로 텍스투스 레켑투스라고 표기하고자 하는데, 그 의미는 문자적으로 '공인본문' 혹은 '수용본문'(text received))이라는 뜻이다.[27] 그러나 이 단어가 처음부터 헬라어 신약성경에 대하여 비

---

22) 한국에서 텍스투스 레켑투스에 관한 연구에서 가장 중요한 것은 박창환, "'텍스투스 레켑투스'의 정체(正體)," 《성경원문연구》 창간호(1997년 8월): 11-33.

23) 제1판은 1624년에 나왔는데, 불과 10년도 지나지 않아서 제2판이 발행된 것을 보면 엘제비어 형제의 헬라어 신약성경은 그 출판과 더불어 반포까지 모든 일이 호응을 얻으면서 아주 순조롭게 진행되었다고 평가할 수 있다.

24) "Textum ergo habes, nunc ab omnibus receptum: in quo nihil immutatum aut corruptum damus." 이 라틴어를 우리말로 번역한 것에 관하여는 박창환, "'텍스투스 레켑투스'의 정체(正體)," 14와 메쯔거 저 강유중 역, 《사본학》(서울: 기독교문서선교회, 1979), 132를 참고하라. 필자는 라틴어 원문에 충실하면서도 원문의 뜻이 잘 통하게 하기 위해 이 장에서 새로운 번역을 시도하였다.

25) Bruce Manning Metzger, *The Text of the New Testament: Its Transmission, Corruption, and Restoration* (New York; Oxford: Oxford University Press, 1968), 106; 메쯔거 저 강유중 역, 《사본학》, 132.

26) Kurt Aland and Barbara Aland, *Der Text des Neuen Testaments*, 2nd edition, trans. by Erroll F. Rhodes, *The Text of the New Testament* (Grand Rapids: Eeerdmans; Leiden: E.J. Brill, 1989), 6.

록 출판 당시에 수용된 본문을 뜻하는 단어로 사용되었지만,[28] 이미 출판업자들에 의해 헬라어 성경을 광고하기 위해 사용된 것이므로 이 단어는 처음부터 상업적인 용도로 이용되었다. 다시 말해서 텍스투스 레켑투스는 하나님으로부터 수용된 본문이라는 뜻이 아니라, 엘제비어 시대에 출판업자로부터 수용된 본문이라는 뜻으로 사용되기 시작하였다.[29]

최근 한국에서 한국성경공회가 발족되어 지금도 여전히 King James Version과 더불어 English Standard Version과 New International Version을 참조하여 우리말 번역인 《바른성경》(2008)을 출판하면서 신약성경의 번역 대본으로 '텍스투스 레켑투스(공인본문)'을 사용하였다고 대대적으로 교계 신문에 광고하였는데, 이는 과거와 마찬가지로 현재도 상업적인 의미로 텍스투스 레켑투스를 이해하고 있다는 사실을 보여준다. 텍스투스 레켑투스의 의미가 처음에는 상업적인 용도인 광고로 사용되다가 점차 수용된 사본을 사용한 공인 본문이라는 의미로 발전하여, 그것을 번역한 공인역본이라는 의미까지 가지게 되면서 오늘 한국의 말씀보존학회에서는 '표준원문'이란 의미로 King James Version만을 가리키는 것으로 사용될 정도이다.[30]

텍스투스 레켑투스가 하나님으로부터 영감을 받아 오류가 전혀 없는 하

---

27) 텍스투스 레켑투스의 의미에 관해 박창환의 자세한 설명은 다음과 같다. "'텍스투스 레켑투스'라는 말은 라틴(Latin)어 술어이다. '텍스투스'(textus)는 원래 망(網 web)을 의미하고, 따라서 직물(織物), 구조물(構造物)을 가리킨다. 거기서부터 파생되어 생각이 엉키고 짜여 있는 글을 가리키게 됐다. '레켑투스'(receptus)는 레시삐오(recipio)라는 동사의 수동분사로서 '받아진' '수락된' '용납된'(accepted, received)이라는 의미가 있다. 그러므로 그 두 단어를 합하면 '공인된 글'(Received Text)이라는 말이 될 것이고 좀 더 풀어서 '공인된 본문'이란 말로 이해할 수 있을 것이다." 참고, 박창환, "'텍스투스 레켑투스'의 정체(正體)," 14.

28) Frederic Kenyon, *Our Bible and the Ancient Manuscripts* (London: Eyre & Spottiewoode, 1948), 104.

29) D.A. Carson, *The King James Version Debate*, 송병현 박대영 역, 《킹 제임스 버전 성경의 오류》(서울: 도서출판 이레서원, 2000), 44.

30) 김재근 편저, 《훼손당한 성경: 올바른 한글성경 선택의 길잡이》(서울: 말씀보존학회, 1994), 14, 이러한 내용은 이미 서구에서 간헐적으로 제기된 주장이기에 더 이상 새로운 것이 아니다. 이에 관해 자세한 것은 David Otis Fuller (ed.), *Which Bible?* (Grand Rapids: Grand Rapids International Publications, 1970)에 실린 글 중에서 "The Great Text of the King James Version"과 "In Defense of the Textus Receptus"를 참고하라.

나님의 말씀을 간직한 것이라는 개념을 가지게 되면서 많은 비판에 직면하게
되자, 텍스투스 레켑투스의 환상에서 벗어나려고 하는 움직임이 이미 19세기
에 칼 라흐만(Karl Rachmann, 1793-1851)에 의해서 시작되었다. 그의 도전은 1830
년에 세상에 알려졌는데, 그는 다음과 같이 외쳤다.

> 후대에 채택된 텍스투스 레켑투스를 버리고, 4세기 초의 본문으로 돌아
> 가자![31)]

이러한 노력은 다음 세대인 티센도르프(Constantin von Tischendorf, 1815-1874)에
의해 성취되었다. 그의 가장 눈부신 업적은 시내산에 있는 성 카타린 수도원
에서 4세기경에 필사된 시내산 사본을 발견하게 된 것이다. 그는 시내산 사본
을 히브리어 알파벳 첫 글자인 א로 명기하였는데, 이는 그 사본의 중요성이 다
른 어떤 사본보다 앞서고 가장 완벽하고 신뢰할 만하다고 확신하였기 때문이
다.[32)] 우리는 시내산 사본의 발견으로 과거에 상업적 광고로 활용되었던 텍
스투스 레켑투스가 무용지물이 되어버린 사실을 역사에서 교훈을 얻어야 한
다.[33)] 더 이상 텍스투스 레켑투스가 하나님으로부터 영감을 통해 받은 공인본
문이라는 사실을 의미하지 않으며, 단지 17세기에 통용되던 상업적 의미의 표
준본문이라는 뜻으로 학계에서 간주하고 있다.[34)] 그러므로 1611년에 발간된
King James Version이 12세기에서 15세기까지의 사본을 근거로 한 1516년

---

31) Kurt Aland and Barbara Aland, *Der Text des Neuen Testaments*, 11에서 재인용.
32) King James Version만을 텍스투스 레켑투스로 간주하는 일부의 사람들이 시내산 사본에 대해 "아무 가
   치가 없기 때문에 쓰레기 더미에 버려졌던 것"이라고 혹평하는 것은 올바른 태도가 아니다. 참고, 김재근
   편저,《훼손당한 성경: 올바른 한글성경 선택의 길잡이》, 17. 시내산에 있는 성 카타린 수도원을 가본 사
   람은 얼마나 많은 사본이 아직도 공개되지 않은 채로 지하 도서관에 잘 보관되어 있는지 확인할 수 있다.
33) Kurt Aland and Barbara Aland, *Der Text des Neuen Testaments*, 19. 16세기부터 18세기까지 축자
   영감을 주장하는 정통주의자들이 알고 있던 텍스투스 레켑투스는 19세기에 티센도르프에 의해 발견된
   초기 사본인 시내산 사본 이전의 헬라어 신약성경이므로 본문의 권위에 있어서 떨어질 수밖에 없다. 참
   고, Kurt Aland, "The Text of the Church," *Trinity Journal*, Fall (1987): 131.
34) Paul D. Wegner, *The Journey from Texts to Translations: The Origin and Development of the
   Bible* (Grand Rapids: Baker Books, 1999), 337.

과 1522년 판본인 에라스무스 헬라어 신약성경[35]과 1589년과 1598년 판본인 베자 사본[36]에 의존하여 번역한 것으로 알려져 있는데, 이것을 1633년에 상업적인 광고를 붙여서 텍스투스 레켑투스라고 여기면서 가장 정확한 본문이라고 간주하는 노력에 대해 오늘날 많은 학자는 이의를 제기하고 있다.[37] 사실상 라흐만(Lachmann)도 자신이 출판한 헬라어 신약성경 제2판(1842-1850)에 대해서 아주 상세하게 가장 권위가 있는 판본이며 원본에 가장 가깝다는 상업적 광고의 의미로 텍스투스 레켑투스를 사용하였다.[38] 오늘 우리가 가장 많이 사용하고 있는 Nestle 27판(1993)[39]인 헬라어 신약성경도 사실상 상업적 광고의 의미를 지닌 '일종의 현대적 텍스투스 레켑투스'에 지나지 않는다.[40]

4. 내러티브 본문비평과 상호본문성

엘든 엡(Eldon Jay Epp)은 평생 본문비평 연구에만 매달린 학자로서 2000년 4월에 사우스웨스턴 침례교신학교에서 모인 세계본문비평 학회에서 대표 연

35) Norman L. Geisler and William E. Nix, *From God to Us: How We Got Our Bible*, 이송오 역, 《성경의 유래》(서울: 생명의 말씀사, 1985), 277; Eduard F. Hills, *The King James Version Defended*, 정동수 권승천 역, 《킹제임스 성경 변호》(인천: 그리스도 예수안에, 2006), 196.

36) Thomas Holland, *Crowned with Glory: The Bible from Ancient Text to Authorized Version*, 정동수 역, 《킹제임스 성경의 영광》(인천: 그리스도 예수안에, 2006), 4 n. 5.

37) Paul D. Wegner, *The Journey from Texts to Translations, 399*; 박창환, "'텍스투스 레켑투스'의 정체(正體)," 31.

38) Eldon Jay Epp, *Perspectives on New Testament Textual Criticism: Collected Essays, 1962-2004* Supplements to Novum Testamentum 116 (Leiden; Boston: Brill, 2005), 145.

39) Barbara Aland, "New Testament Textual Research, Its Method and Its Goals," 우택주 역, "신약본문 연구, 그 방법과 목표," 《좀 쉽게 말해주시오: 본문 비평과 성서 번역》, 민영진 박사 회갑 기념 제1집 (서울: 대한기독교서회, 2000), 79.

40) Eldon Jay Epp, *Perspectives on New Testament Textual Criticism*, 438. 그는 모든 헬라어 신약성경을 출판하는 사람들이 자신들이 출판한 책에 대하여 권위가 있는 성경이라는 뜻으로 텍스투스 레켑투스라고 명명하는 것이 아주 오래되고 일반화된 현상이라는 사실을 다음과 같이 여러 군데에서 지적하고 있다. 참고, Eldon Jay Epp, *Perspectives on New Testament Textual Criticism*, 62, 85, 130, 144-145, 151, 230-236, 244, 290-295, 324-325, 438-439, 445, 451-452, 458, 646, 668, 675; idem, "Ancient Texts and Version of the New Testament," *The New Interpreter's Bible*, vol. 12 (Nashville: Abingdon Press, 1995), 7; *TRE* XXXIII 2002, 160.

설을 통하여 아주 중요한 논문[41]을 발표하였다. 이 연설을 통하여 그는 다음과 같이 '선택과 결정'이라는 다섯 가지의 원리들을 제안하였다.

> 이문 중에서 선택하기보다 우선권을 결정하기.
> 사본 중에서 선택하기보다 그룹을 결정하기.
> 비평본 중에서 선택하기보다 타협점을 결정하기.
> 콘텍스트를 선택하기보다 영향력을 결정하기.
> 목적과 방향을 선택하기보다 의미와 접근방법을 결정하기.[42]

엘든 엡은 이상의 다섯 가지 원리가 단순히 본문비평을 기술적인 차원에서가 아니라 '하나의 예술과 학문'[43]의 차원에서 그 역할을 감당하게 함으로써 새로운 세기를 맞이하게 해줄 것이라고 확신한다.

마지막에 언급된 '목적과 방향을 선택하기보다 의미와 접근방법을 결정하는 원리'는 헬라어 신약성경의 '원본'(the original text)[44]을 찾는 문제와 연결되어 있기 때문에 아주 중요하다. 사실상 2000년 동안 전 세계의 모든 그리스도교회는 저마다 원본 신약성경을 찾기 위한 목적으로 본문비평작업을 수행하여 왔다. 그러나 이제 원본 신약성경을 찾아가는 의미와 접근방법이 달라져야 한다. 그래서 엘든 엡은 본문비평적인 작업이 성공을 거두기 위해서 내러티브 비평의 도움이 절실하다는 사실을 제안하고 있다.[45]

엘든 엡의 설명을 통하여 우리는 그동안 헬라어 신약성경의 원본을 찾

---

41) Eldon Jay Epp, "Issues in New Testament Textual Criticism: Moving from the Nineteenth Century to the Twenty-First Century," *Perspectives on New Testament Textual Criticism*, 641-697.
42) Eldon Jay Epp, *Perspectives on New Testament Textual Criticism*, 643-644.
43) Ibid.
44) Eldon Jay Epp, *Perspectives on New Testament Textual Criticism*, 691-696.
45) Eldon Jay Epp, *Perspectives on New Testament Textual Criticism*, 736-739. 엘든 엡은 이러한 작업을 수행할 새로운 방법론을 '내러티브 본문비평'이라고 이름을 붙였다(736).

는 작업을 수행해 오면서 학자들이 한가지로 중시하였던 본문비평적인 작업에 더하여 내러티브 비평의 도움을 받아야 한다는 사실을 공감하게 된다. 이제 우리는 이러한 방법론을 '내러티브 본문비평'[46]이라고 부르고자 하며, 이러한 새로운 방법론에 도움을 받아서 21세기에 필요한 새로운 헬라어 신약성경을 준비할 수 있다. 내러티브 본문비평은 그동안 헬라어 신약성경의 원본을 찾는 작업에서 텍스투스 레켑투스의 새로운 접근방법이 될 수 있다.

내러티브 본문비평이란 무엇인가? 신약성경을 이야기의 흐름과 구조와 구성요건을 중시하여 연구하는 것이 내러티브 비평이고, 신약성경의 본문을 내러티브의 틀 속에서 이해하여 본문에 나타나 있는 구체적인 문제들을 내러티브 비평과 본문비평의 상호관계 속에서 해결하고자 시도하는 것이 내러티브 본문비평이다. 21세기에 새로운 헬라어 신약성경인 Novum Testamentum Greece의 새로운 판본을 만들 뿐만 아니라 그것을 대본으로 한 새로운 우리 말 번역 신약성경이 오늘 한국교회의 현실에 맞게 대한성서공회에서 출판되기를 희망하면서, 필자는 내러티브 본문비평에 덧붙여서 상호본문성의 원리를 새로운 대안으로 제안하고자 한다.

학자들은 신약성경의 본문에서 구약성경의 본문을 연구하는 방법을 일찌감치 터득하여 적용해 오고 있었는데, 그것을 상호본문성이라고 부른다. 구약성경의 말씀을 문자 그대로 인용하였던 신약성경 기자들의 방법을 가리켜서 정경비평 학자들(예를 들면, Bernard S. Childs와 James A. Sanders)[47]은 상호본문성이라는 개념으로 설명한다.

---

46) 이 용어는 파커(David C. Parker)가 *JTS* 45 (1994): 704에서 어만(Bart Ehrman)이 1993년에 출판한 책인 *The Orthodox Corruption of Scripture*란 책을 소개하면서 처음으로 사용하였으며, 후에 파커는 이 용어를 그의 후속작인 *The Living Text of the Gospels* (Cambridge: Cambridge University Press, 1977)에서 상세하게 설명하였는데, 특히 주기도(49-74) 그리고 결혼과 이혼에 관한 말씀(75-94)을 연구하면서 이 용어를 다시 사용하였다.

47) B.S, Childs, *Biblical Theology in Crisis* (Philadelphia: The Westminster Press, 1970), 61-82; J.A. Sanders, *Cannon and Community: A Guide to Canonical Criticism* (Philadelphia: Fortress Press, 1984).

신약성경은 구약성경에 뿌리를 두고 있다. 그러므로 신약성경의 본문을 확정하는데 구약성경을 참고하는 것은 아주 중요한 일이다. 마가복음 2장 26절에 언급되고 있는 제사장은 '아비아달'이지만, 사실 구약성경에는 '아히멜렉'으로 되어 있다. 이를 설명하기 위한 많은 시도가 있었지만,[48] 어느 것 하나 원본을 확정하는데 도움이 되지 않는다. 여기서 우리가 이 난제를 해결하기 위해 언급할 수 있는 상호본문성의 방법을 가지고 마가복음 2장 26절에 나타나 있는 구약성경과 신약성경의 상호 연관성을 연구할 수 있다.

내러티브 본문비평과 상호본문성은 주어진 본문을 생산하고 수용함에 있어서 성경기자들이 다른 본문의 지식에 의존하는 모든 방식을 포괄하기 위한 방법론들이다.

우리는 앞서 언급한 내러티브 본문비평과 지금 새롭게 제안되고 있는 방법인 상호본문성의 도움을 받아서 마가복음 2장 23-28절의 안식일 문제에 대한 논쟁에서 예수께서 언급한 인물은 아히멜렉이라는 사실에 도달할 수 있다. 비록 모든 헬라어 사본들이 예외 없이 아비아달을 언급하고 있을지라도,[49] 본문에 대한 내러티브 읽기가 구약성경 본문과의 상호본문성에 입각하여 이해한다면 아히멜렉으로 판명이 날 수밖에 없다.

또 다른 예를 간단하게 언급하자면, 마태복음 27장 9-10절도 모든 헬라어 사본들이 예외 없이 예레미야로 언급되고 있다.[50] 이를 설명하기 위한 많은 시도가 있었지만,[51] 어느 것 하나도 원본을 확정하는데 충분히 납득되지 않는 것이 현실이다. 우리가 본문에 대한 내러티브 읽기를 구약성경 본문과의 상호

---

48) 신약의 '아비아달'과 구약의 '아히멜렉'에 관한 난제를 풀기 위한 시도들에 관하여 Vincent Taylor, *The Gospel according to St. Mark* (London: Macmillan & Co, 1952), 217; 박수암, 《신약주석 마가복음》 (서울: 대한기독교서회, 194), 195를 참고하라.

49) Reuben Swanson (ed), *New Testament Greek Manuscripts: Variant Readings Arranged in Horizontal Lines against Codex Vaticanus- Mark* (Sheffield: Sheffield Academic Press; Pasadena: William Carey International University Press, 1995), 34.

50) Reuben Swanson (ed), *New Testament Greek Manuscripts: Variant Readings Arranged in Horizontal Lines against Codex Vaticanus- Matthew*, 277.

본문성에 입각하여 이해한다면 인용된 구절의 예언자 이름은 스가랴로 판명될 수밖에 없다. 왜냐하면 마태복음 27장 9-10절에서 인용되고 있는 구절은 예레미야가 아니라 스가랴 11장 12-13절이 분명하기 때문이다. 단지 마태복음에서 예레미야라는 이름만 이 이야기에 연관이 되어 있을 뿐이다. 곧 예레미야 18장 1-3절에 나오는 토기장이의 비유와 예레미야 32장 6-10절에 나오는 밭을 사는 이야기가 마태복음 27장 9-10절에 암시적으로 언급될 뿐이므로, 직접적으로 마태복음이 인용하고 있는 구절은 스가랴 11장 12-13절이 분명하다.

카슨(D.A. Carson)은 성경을 해석하는 사람들의 오류를 지적한 바 있다.[52] 그러나 필자가 언급하고자 하는 것은 신약성경 기자의 오류 가능성을 염두에 둔 것이지 하나님의 말씀인 신약성경 자체에 오류가 있다는 사실을 지적하는 것이 아니다.[53] 하나님의 말씀인 성경은 참으로 오랜 시간 동안 사건과 해석과 전승[54]과 기록과 보전이라는 과정을 통하여 오늘 우리에게까지 전달되었다.[55] 그러나 우리는 헬라어 신약성경의 원본을 찾는 텍스투스 레켑투스의 작업을 수행하면서 과거와는 다른 방법인 내러티브 본문비평과 상호본문성의 방법을 적절하게 활용하여야 한다. 지금까지 텍스투스 레켑투스의 방법은 현존하는 사본들을 가지고 원본을 찾아 나서는 방향 위에 서 있었다. 그런데도 여전히 우리는 신약성경 원본을 아직 완전하게 복원하지 못하였다.[56] 사본의

---

51) Douglas R.A. Hare, *Matthew*, Interpretation: a Bible Commentary for Teaching and Preaching (Louisville: John Knox Press, 1993), 314; W.D. Davies and Dale C. Allison, *Matthew XIX-XXVIII*, vol.3, The International Critical Commentary (Edinburgh: T&T Clark, 1997), 568-569; 양용의,《마태복음: 어떻게 읽을 것인가》(서울: 한국성서유니온선교회, 2005), 466-467.

52) D.A. Carson, *Exegetical Fallacies*, 2nd edition, 박대영 역,《성경 해석의 오류》(서울: 한국성서유니온선교회, 2002).

53) 신약성경은 하나님의 말씀이므로 오고 오는 모든 인류에게 영원히 의미가 있는 책이다. 이러한 하나님 말씀에 대한 분명한 이해를 하고 신약성경 해석의 기술을 제안하고 있는 책이 Gordon D. Fee and Douglas Stuart, *How to Read the Bible for All Its Worth*, 3rd edition, 오광만 박대영 역,《성경을 어떻게 읽을 것인가》(서울: 한국성서유니온선교회, 2008)이다.

54) Peter Stuhlmacher, *Vom Verstehen des Neuen Testaments: Eine Hermeneutik*, 45.

55) William M. Schniedewind, *How the Bible Became a Book: The Textualization of Ancient Israel*, 박정연 역,《성경은 어떻게 책이 되었을까》(서울: 에코 리브르, 2006).

56) Barbara Aland, "New Testament Textual Research, Its Method and Its Goals," 87.

오류57) 뿐만 아니라 성경기자의 오류 가능성58)도 바로잡고 완전한 신약성경 원문을 복원하기 위해 우리는 내러티브 본문비평과 상호본문성의 도움이 절실히 필요하다. 이제 이러한 새로운 방법론에 따라 우리는 헬라어 신약성경을 통하여 우리에게 주고자 하시는 하나님 말씀의 분명한 실체를 확립하여야 한다.

5. 결론

하나님께서 행하신 일보다 하나님의 말씀을 더 소중하게 여기지 않는 경우가 있다.59) 우리는 그 어느 것도 경중을 가리지 않고 소중하게 여기는 자세가 중요하다. 하나님의 말씀과 하나님의 위대한 행동은 모두 성경에 나타나 있기 때문이다. 그러므로 우리는 하나님의 말씀과 위대한 행동을 확인하기 위하여 수많은 사본과 역본을 비교 대조하면서 헬라어 신약성경의 원본을 복원하는 작업을 계속하고 있다. 전도서 기자는 "많은 책들을 짓는 것은 끝이 없고"(전 12:12)라고 말하였다. 이것은 전도서 기자가 인간이 행하는 수고가 너무나도 안타까워서 한 말이다. 헬라어 신약성경의 원본이 발견되지 않는 한, 우리가 새로운 방법론을 가지고 21세기에 사용될 신약성경을 복원하기 위해 기울이는 노력도 결코 끝이 없을 것이다.

이 장은 4세기에 이르러서 신약성경 27권이 정경으로 채택되도록 한 가장 근본적인 원리가 오늘날의 텍스투스 레켑투스에 가장 유사한 개념으로 사도성과 유대성의 개념이라는 사실을 연구하였다. 또한 이 장은 텍스투스 레켑투스란 개념이 17세기에 헬라어 신약성경을 발간하던 출판업자에 의한 상업적인 광고로부터 시작하여 본문비평의 중요 원리로 자리를 잡기까지의 내용

---

57) 민영진, 《히브리어에서 우리말로》(서울: 도서출판 두란노, 1996), 23-28.

58) 민영진, 《히브리어에서 우리말로》, 369-370.

59) John William Burgon, *Inspiration and Interpretation: Seven Sermons Preached before the University of Oxford-with Preliminary Remarks* (Oxford; London: J.H. and Jas. Parker, 1861), lxxvi-lxxvii.

을 간략하게 더듬어 보면서, 21세기에 새로운 헬라어 신약성경의 복원이 필요하다는 사실을 제안하기 위하여 새로운 방법론인 내러티브 본문비평을 도입하여 상호본문성의 원리를 통해 신약성경 원본을 확립하는 길을 모색할 것을 연구하였다.

이러한 연구는 대한성서공회가 지금까지 힘써오던 교회연합사업과 성경번역과 반포 그리고 각종 외국어 성경출판에만 치중할 것이 아니라, 21세기에 필요한 새로운 헬라어 신약성경(Novum Testamentum Greece)을 복원하고 더 나아가서 복원된 신약성경을 번역하는 일이 그 어느 것보다도 시급하고 중요하다는 사실을 역설하는 데 그 의의가 있다.

II. 하나님의 것과 가이사의 것[1]

1. 서론

신약학자의 입장에서 "앞으로 우리나라에서 신약성경이 말하는 바람직한 정치권력은 어떠해야 하며, 하나님께서는 정치권력에 대해 어떠한 입장을 갖는지"에 대한 글을 부탁받았다. 필자의 글을 통해 이 땅의 목회자 내지는 신학을 하는 이들이 신약성경이 "정치권력"에 대해서 어떻게 말하는지를 알 수 있게 되었으면 좋겠다는 편집진의 부탁을 들었다.

유감스러운 것은 신약성경이 정치권력에 대해서 그다지 많은 이야기를 전해주고 있지 않다는 사실이다. 예수 자신도 실제로는 정치권력에 대해서 별로 관심을 기울이지 않았다. 그렇다고 예수가 전혀 정치권력을 의식하지 않았다는 것은 아니다. 오히려 예수의 관심은 정치권력에 있었던 것이 아니라, 하나님의 통치와 위임에 있었다는 사실을 우리가 먼저 확인할 필요가 있다. 그럴 때 오늘 우리에게 필요한 교훈을 들을 수 있다. 그러므로 필자는 본 장에서 다만 오늘을 살아가는 그리스도인들로서, 향후의 정치일정 속에서 어떠한 교훈을 신약성경에서 들어야 할지의 관점에서 예수의 가르침을 생각해 보고자

---

1) 이 장은 "왜 가이사의 것은 가이사에게, 하나님의 것은 하나님에게 드려야 하는가?: 교회와 국가," 《교육교회》 장로회신학대학교 기독교교육연구원 292 (2001/6): 36-4에 실린 것을 수정 보완한 것이다.

한다.

교회와 국가 문제[2]는 신학적으로 시대를 초월하여 모든 그리스도인이 진지하게 고민하는 문제이다. 이 문제에 관한 그리스도인들의 고민을 덜어보기 위하여, 사람들이 가이사에게 세금을 바치는 문제[3]를 가지고 예수에게 곤란한 질문을 던지고 있는 이야기를 살펴보자. 예수 당시에 그리스도인들이 가이사에게 충성하는 문제로 고민했던 것을 우리는 십분 이해할 수 있다. 마가복음 12장 17절에 나오는 "가이사의 것은 가이사에게, 하나님의 것은 하나님께 바치라"라는 말씀을 정확히 이해하려면, 먼저 이 말씀이 선포된 상황을 잘 살펴보아야 한다.

2. 황제 가이사란 이름

가이사는 로마의 황제인 줄리어스 시저(Julius Caesar)의 성을 뜻한다. 황제를 가리키는 독일어 카이저(Kaiser)와 러시아어 짜르(Tsar)라는 용어가 합성된 것이다. 신약성경에는 다음과 같이 4명의 가이사가 나온다. 공교롭게도 모두 누가-사도행전에 나온다. 아구스도(뜻은 '크다') 가이사는 주전 19년에 즉위하여 예수 탄생 직전에 호적령을 내린 황제이다(눅2:1). 디베료 가이사는 요한이 요단강에서 세례를 줄 때 있었던 황제이다(눅 3:1). 글라우디오(뜻은 '유명하다') 가이사는 로마 제4 황제로 그의 재위 기간은 바울의 선교 활동 시기와 똑같다. 즉 그는 브리스길라와 아굴라 내외가 바울과 만날 인연을 맺어 주었고(행 11:28), 아가보가 예언한 대로 그의 시대에 3년간 흉년이 들었다(행 11:28). 그의 아내 아크릭비나는 전남편의 소생인 네로를 왕으로 세우기로 공모하고 글라우디오

---

2) 이 주제에 관하여 참고할 만한 좋은 책으로 Shailer Mathews, *Jesus on Social Institutions*, ed. Kenneth Cauthen (Philadelphia: Fortress Press, 1971); 이장식, 《기독교와 국가》(서울: 대한기독교출판사, 1981); 고범서 편, 《교회와 국가》(서울: 범화사, 1984); 이종윤 편, 《교회와 국가》(서울: 충현교회, 1990)를 보라.

3) 이 부분에서 언급한 내용은 주로 http://user.chollian.net/~hephziba/god02.html를 참고하였다.

를 독살하였다. 헤롯 가이사는 바울이 로마 감옥에 갇혀 있을 때 황제로 있었다(행 25:11). 이들 모두 그 권세가 대단하였는데, 후대의 사람들이 그들을 모두 역대의 성을 따라서 가이사라고 불렀다.

3. 교묘한 논쟁

바리새인들과 헤롯 당원들은 예수를 시험하기 위해 가이사에게 세금을 바쳐야 하는지 바치지 말아야 하는지를 예수에게 물었다. 바리새인들과 헤롯 당원들은 정반대의 정치적 입장을 가졌던 사람들이었다. 헤롯당 사람들은 당시의 정치체제를 인정하고 통치자들을 지지하며 그들로부터 상당한 특권을 누리던 사람들이지만, 바리새인들은 율법에 나타난 하나님의 뜻을 철저히 지키면서 하나님의 거룩한 백성으로서의 이상을 실현하고자 헌신한 사람들로서 로마의 식민통치를 반대하던 사람들이었다. 로마의 통치나 헤롯의 체제에 야당의 입장에 서서 저항하던 바리새인들이 예수 당시부터 커가던 열심당원들을 지원하였다. 후자가 주후 66년에 로마에 전면 반란을 일으키는데 일역을 한 것은 주지의 사실이다. 이렇게 상반되는 이데올로기를 표방했던 바리새인들과 헤롯 당원들이 연합하여 예수를 공격하고자 했던 것이다.

그들의 질문은 분명히 예수에게 올가미를 씌우려는 것이었다. 로마의 황제 가이사의 식민지 사람들이었던 유대인들에게 가이사에게 세금을 바치지 말라고 말하는 것은 가이사의 통치권에 대해 저항하라는 뜻이므로, 예수가 그렇게 말한다면 예수는 가이사에 대한 반란자로 십자가에 처형될 것이다. 말하자면, 유대인들은 그를 당시 가이사에게 세금 바치기를 거부한 열심당의 일원으로 당국에 고발하여 처형당하도록 하였을 것이다. 반면에 예수가 가이사에게 세금을 바치라고 말한다면 그가 로마 황제 가이사를 하나님의 백성인 유대인들 위에 합법적으로 군림하는 왕으로 인정하는 행위로서 바리새인들과 열심당원들에 의해 하나님에 대한 반역과 매국적인 행위를 하였다고 해서 규탄

받게 될 것이다.

　유대교에 있어서 로마황제에게 세금을 바치는 것은 우리가 일제 시대에 일본 정부에 세금을 바치는 것과는 질적으로 다른 문제였다. 유대인들은 하나님의 언약에 따라 하나님의 백성이었고, 하나님이 그들의 왕이었기에, 하나님이 자기 대신 자기 백성을 통치하도록 세운 다윗 가문의 왕이 아닌 이방의 왕을 왕으로 인정하고 그에게 세금을 바치는 행위는 십계명의 제1계명, 즉 '여호와 외에는 다른 신을 섬기지 말라'는 계명을 어기는 것이었다. 바로 이러한 이유로 당시 열심당원들은 가이사에게 세금을 바치기를 반대했다.

　우리는 시험하러 온 자들에게 데나리온(당시 노동자 하루 품삯에 해당하는 로마 은전), 곧 가이사의 화상이 새겨져 있는 은전4)을 내어 보이며 이 말씀을 한 예수를 주목하여야 한다. 앞에서 말한 대로 하나님의 백성이라는 의식이 강했던 유대인들은 이스라엘의 진정한 왕이신 하나님을 제쳐두고 가이사를 왕으로 인정하는 것을 우상숭배로 보았기 때문에 그의 화상이 새겨진 로마의 은전을 꺼렸다. 그래서 20세 이상의 유대 남자들이 매년 예루살렘 성전에 바쳐야 하는 반 세겔 성전세는 헬라의 신상도 새겨져 있지 않고 로마의 황제 상(像)도 새겨져 있지 않은 두로의 세겔로 환전하여 바쳤다. 특히 열심당원들은 가이사의 화상이 새겨진 로마의 돈을 만지기도 거부하였다.

4. 논쟁의 속뜻

　이런 배경에 비추어 볼 때, 예수에게 질문하러 온 사람들이 가이사의 화상이 그려진 데나리온을 가지고 있었다는 사실은 무엇을 말하는가? 그것은 그들이 가이사를 왕으로 그리고 자신들을 가이사의 신민들로서 인정하고, 가이사가 막강한 로마의 군사력과 행정체제로 이루어 놓은 '로마의 평화'의 덕을

---

4) 데나리온의 전면에는 티베리우스 황제의 옆얼굴과 머리가 새겨져 있고 "신이신 아우구스투스의 아들"이라 쓰여 있으며 뒷면에는 대사제 (Pontitex Maximus)란 글과 의자에 앉아 있는 신들이 새겨져 있다.

보고 있는 사람들이라는 것을 의미한다. 그들에게 예수는 말씀하였다: "가이사의 것은 가이사에게 바치라". 이 말을 풀이하면 다음과 같다: "너희들이 가이사를 왕으로 인정하고 그의 통치권 내에서 그가 이룩하고 또한 보장하고 있는 질서와 평화와 안전을 누릴 타협이 너희 마음속에 이미 있으면, 너희들은 당연히 가이사가 요구하는 대가, 곧 세금을 바쳐야 한다".

예수는 가이사에게 세금 바치는 것보다 더 중요한 절대적 요구가 있는데, 곧 하나님께 속한 것을 하나님께 바치는 것에 대해서 말씀하고 있다. 도대체 창조주 하나님께 속하지 않은 것이 어디에 있는가? 예수는 신명기 6장 4절의 '쉐마'를 새롭게 말씀하고 있다: "이스라엘아 들으라 주 곧 우리 하나님은 유일한 주시라 네 마음을 다하고 목숨을 다하고 뜻을 다하고 힘을 다하여 주 너의 하나님을 사랑하라"(막 12:29-30). 예수는 우리의 모든 것을 바쳐 하나님을 섬겨야 함을 가르친 것이다.

가이사의 형상이 새겨진 데나리온을 보고 대답하는 예수는 분명히 인간이 하나님의 형상으로 지음 받았음을 생각하고, 가이사의 형상이 새겨진 데나리온과 하나님의 형상이 새겨진 인간을 대조하기로 한 것이었다. 가이사의 형상을 담고 있는 데나리온이 가이사의 것이라면, 하나님의 형상을 입고 있는 인간은 하나님의 것이다. 그러므로 가이사의 왕국에서 황제가 정해주고 지탱해주는 법규에 안주하는 사람들은 '가이사의 것'인 은전을 그 주인에게 세금으로 돌려주어야 한다. 그러나 그들도 하나님의 형상을 입고 있는 인간인 만큼 그들 스스로 전체를 그들의 주인인 하나님께 바쳐야 한다.

5. 누구나 하나님을 섬겨야 한다

이렇게 생각해 볼 때, 우리는 예수가 가이사에게 세금을 바치고 안 바치고의 문제는 질문자들의 결단에 맡기지만, 하나님께 드리는 전적인 헌신은 모든 사람에게 부과된 절대적 요구라는 사실을 내세우고 있음을 깨닫게 된다. 가

이사가 수립한 로마제국의 질서에 안주하는 헤롯 당원들은 물론 가이사에게 세금을 바쳐야 할 것이다. 로마제국의 질서에 심정적으로 저항하는 바리새인들은 가이사에게 세금 바치기를 꺼리고, 로마제국에 대해 성전(聖戰)을 벌여야 한다고 생각하는 열심당원들은 가이사에게 세금 바치기를 아예 거부할 수도 있을 것이다. 그러나 헤롯 당원들이나, 가이사에게 세금을 바치는 자이든 안 바치는 자이든, 모두 하나님을 온 힘을 다하여 섬겨야 한다. 이것이 예수가 말하는 이 올가미 질문에 대한 대답이다.

이 대답에서 우리는 우선 예수가 가이사의 왕권에 대해 별로 달갑게 생각하지 않았다는 사실을 엿볼 수 있다. 가이사의 왕권이 하나님이 세우신 것으로서 하나님의 뜻대로 행사되는 옳은 것이었으면, 예수는 쉬운 말로 '가이사에게 세금을 바치라'라고 가르쳤을 것이다. 그러나 예수는 그렇게 하지 않았다. 그러므로 예수의 대답은 전통적인 해석과는 정반대로, 모든 통치자의 권세는 하나님한테서 왔으므로 심지어 폭군에게도 세금을 내고 순종하여야 한다는 생각을 지지하지 않는다. 도리어 예수의 대답 속에는 그가 갈릴리의 통치자 헤롯 안디파스를 '여우'로 욕하였던 것(눅 13:32)을 연상하게 하고, 로마황제에 대해 다분히 비판적인 태도를 엿보게 하는 것이다. 그렇다고 예수는 열심당의 입장을 지지하여 가이사에게 세금을 바치지 말라고도 가르치지 않았다. 예수는 당시 여당 격인 헤롯당의 가이사에 대한 충성에도 동조하지 않고, 야당 격인 열심당의 가이사에 대한 저항에도 동조하지 않았다.

가이사에게 세금을 내고 안 내고의 문제를 예수는 순전히 개인적인 결단의 차원으로 이해하였다. 문제는 하나님에게 드릴 것을 마땅히 드리고 있느냐의 문제를 예수는 중요한 가치로 묻고 있다. 헤롯당과 바리새인들은 하나님에게 드리는 문제에 대해서 외형적으로는 자신감을 느끼고 있었는지 모른다. 그러나 그들은 예수로부터 "박하와 운향과 모든 채소의 십일조는 드리되 공의와 하나님께 대한 사랑"(눅 11:42)은 버렸다고 책망을 들었다. 하나님에게 율법이 정하는 것 이상으로 십일조를 드리면서도, 가장 중요한 의와 신을 저버린 저들의 행실이야말로 가장 가증한 것이었다.

　　예수의 말씀 속에는 뜻이 깊은 유머가 살아 있다. 남을 비판하는 것도 좋다. 그러나 남에게 완전히 올가미를 씌워서 책잡으려는 태도를 가진 사람은 언젠가는 저 자신도 그 올가미에 걸려들게 되어 있다. 책잡으려고 달려든 사람들에게 예수는 기지(奇智)에 가까운 답변을 통해서 저들의 올무를 벗어 나갔다. "가이사의 것은 가이사에게, 하나님의 것은 하나님께 바치라." 이 말씀 속에는 생각하며 웃을 수 있는 유머가 가득 담겨 있다. 바리새인들과 헤롯당 사이에는 전혀 협력이 없었는데, 예수에게 올가미를 씌우려는 일에서 서로 입을 맞추었다. 그들의 질문은 교묘하고 집요한 것이었다. 얼마나 살벌한 간계인가? 그러나 예수는 마음의 여유와 유머를 잃지 않고 그들에게 데나리온 하나를 보이라고 요청하였다. 그리고 '이 글과 화상이 누구의 것이냐?'라고 되물었다. 그들은 자신만만하게 '가이사의 것'이라고 대답했다. 그 순간 예수는 "가이사의 것은 가이사에게, 하나님의 것은 하나님에게"라고 대답하였다. 유머가 넘치고 재치가 넘치는 말 한마디에 그들은 "예수에 대하여 매우 놀랍게"(막 12:17 하반절) 여겼다.

6. 결론

　　예수의 가르침은 우리에게 국가에 대한 책임과 하나님에 대한 책임을 동시에 잘 감당할 것에 관한 교훈을 주고 있다. 원리는 간단하다. 즉, '가이사의 것'은 세상의 나라와 정치권력이라고 말할 수 있다면, '하나님의 것'은 하나님의 나라와 영적 권세라고 말할 수 있다. 문제는 우리가 이 세상에 속하여 살아가면서, 세상 나라와 정치권력으로부터 무관한 삶을 살아갈 수 없다. 예수를 따르는 신자라고 해서 하늘나라와 영적 권세만을 추구하는 삶을 살 수 없다. 무슨 말인가? 예수는 조화로운 삶을 우리에게 교훈하고 있다. 한쪽만을 중상하면, 다른 한쪽을 소홀히 할 수 있다. 예수는 우리에게 무엇을 교훈한 것인가? 이 시대의 참된 지도자는 세상적인 것과 영적인 것을 균형 있게 추구하는 사람이 되어야 한다. 흔히 현실주의자는 영적인 것을 무시한다. 반대로 신비주의자는 세상적인 것을 무시한다. 그러나 온전한 그리스도인들은 그들의 삶 속에서 세상 나라와 하늘나라에 대해 책임적인 삶과 조화로운 삶을 지향한다.

III. 맛디아 선출방식과 총회 선거제도의 개선 방안[1]

사도행전 1장에서 맛디아를 선출한 방법은 기도를 통해 뭇사람의 마음을 하나로 만든 가운데 이룬 일이다. 기도를 한 사람들은 마가 요한의 다락방에 모인 120명쯤 되는 성도들이며, 설교를 한 사람은 예수의 공생애 시절부터 함께한 베드로이다. 성도들의 기도와 베드로의 설교는 한결같이 하나님께서 기도를 들으셔서 유다를 대신할 사도를 세워달라는 데 초점이 있다. 결과적으로 온 회중이 한마음이 됨으로써 맛디아를 선출하는 쾌거를 이루었다. 이러한 과정은 처음부터 끝까지 기도를 통해 이룬 거룩한 역사라는 점에서 본문은 우리가 영적인 지도자를 어떻게 선출해야 하는지 그 중요한 가르침을 주고 있다.

초기 교회에서 맛디아보다는 요셉의 이름이 다양하게 거론된 것을 보면 그가 맛디아보다 더 유명한 사람이라는 사실을 추정할 수 있다. 그러나 결과는 평범한 사람인 맛디아에게 신적인 만장일치로 결론이 내려졌고 열한 사도는 바로 그를 사도로 맞이하였다. 총회의 인준은 영적으로 한 치의 티끌도 없는 완벽한 사람을 공인하는 제도가 아니다. 비록 부족한 점이 있더라도 일단 공정한 선출과정을 통해서 결정되었으면, 모든 사람이 사랑으로 감싸고 그 사람을

---

1) 본 장은 생명살리기 세미나(2009년 12월)에서 행한 강연을 "사도행전 1장에 나타난 맛디아 선출방식과 총회 선거제도의 개선방안," 《장신논총》 제4집(2011): 11-38에 실린 것을 수정 보완한 것이다.

결정한 배후에 하나님께서 일하신 것을 인정하는 승복의 자세가 필요하다.

필자는 사도행전 1장에 나타난 맛디아 선출방법이 예수의 삼원선출방식을 재해석하여 적용한 첫 사례라는 점에서 구체적으로 삼원선거제도라는 제도를 발견하게 되었다. 곧 초기 교회는 예수께서 열두 제자를 부르시고 선택하시고 임명하신 삼원선출방식을 재해석함으로써 추천제도와 투표제도와 인증제도라는 삼원선거제도를 확립함으로써 맛디아를 성공적으로 선출하게 되었다.

1. 서론

한국교회는 영적인 지도자를 선출하는 방법에 관심이 많다. 특히 교단마다 부총회장 선거에 많은 부작용이 따르는 시점에서, 초기 교회가 가룟 유다를 대신할 사도로 맛디아를 선출한 이야기는 지대한 관심을 불러일으킬 만하다. 이미 제비뽑기 방식으로 부총회장을 뽑은 교단도 있지만 여러 가지 문제점들이 야기되고 있기 때문에, 과연 신약성경에서 말하는 선거제도가 무엇인지 성서신학적으로 검토하는 일은 아주 중요하다.

본 장은 사도행전 1장에 나타난 맛디아 선출방식(행 1:12-26)이 단순한 제비뽑기 방법에만 의존한 것이 아니라, 예수의 가르침에 입각한 추천과 투표와 인준의 삼원선출방식이라는 사실을 보여줌으로써 한국교회가 부총회장 선거 방식이 지닌 단점을 성경의 가르침에 입각하여 종합적으로 보완하여, 추천제도와 투표제도와 인준제도라는 삼원선거제도를 확립하는 것이 필요하다는 사실을 연구하는 데 그 목적이 있다. 이런 목적을 위하여 예수께서 열두 사도를 세우신 방법도 고찰함으로써 맛디아를 선출하기 이전에 이미 예수께서 신적인 부르심과 택하심과 임명이라는 삼원선출방식을 통하여 제자를 세우신 사례를 공관복음서에 나타난 예수의 공생애의 경우(눅 6:12-16. 참고, 마 10:1-4; 막 3:13-19)에서 확인하여 보고자 한다.

이러한 예수의 방법에 관한 연구는 초기 교회에서 맛디아를 선출한 방식이 예수의 가르침을 시대 상황에 맞추어서 아주 적절하게 재해석함으로써 성공을 거둘 수 있었다는 사실을 연구함으로써, 향후 총회부총회장 선거 방안을 개선하는데 성경적인 근거를 제공해 주고자 하는 데 그 의의가 있다. 초기 교회가 예수의 삼원선출방식을 근거로 당시의 상황에 맞게 재해석하여 새롭게 적용한 것을 기초로 한국교회는 삼원선거방식을 폭넓게 연구하여야 한다.

2. 베드로의 리더십

1) 베드로의 설교

15절에 의하면, 베드로는 120명쯤 되는 성도들 앞에서 설교를 하기 위해 일어섰다. 베드로는 예수의 부활 승천 이후에 지상에 남은 예수의 11명의 제자들 가운데 여전히 수위의 자리에 있다. 13절은 11명의 제자를 언급하면서 베드로를 가장 먼저 취급하고 있다. 이것은 베드로가 초기 교회에서 여전히 강력한 리더십을 발휘하고 있다는 사실을 보여주는 것이다. 이러한 베드로의 리더십은 성도들과 11명의 사도를 대표하여 설교하는 것으로 나타난다.

13-22절에 언급된 베드로의 설교는 몇 가지 중요한 설교의 구성 요소를 지니고 있다. 첫째, 설교의 청중을 분명히 앞에 놓고 있다. 이것은 설교가 설교자와 청중 사이에서 일어나는 상호 커뮤니케이션의 관계에 기초하고 있다는 사실을 보여주는 것이다. 둘째, 베드로는 구약성경을 철저하게 신뢰하고 있다. 이것은 신약의 메시지가 구약의 가르침에 그 기초를 두고 있으면서 약속의 말씀을 성취한다는 사실을 보여주는 것이다. 셋째, 베드로는 이미 청중들의 문제와 현안을 다루고 있다. 이것은 설교가 현실과 동떨어진 문제가 아니라, 궁극적으로 오늘의 문제를 해결해 주는 메시지가 되어야 한다는 사실을 보여주는 것이다. 넷째, 베드로는 설교를 통하여 구체적인 대안을 제시하고 있다. 이것은 베드로의 설교가 단순한 영적 메시지를 전달하는 차원에 머물러 있는 것이 아니라, 하나님께서 유다를 대신할 지도자를 세우려 하신다는 실제적인 지침

을 분명하게 보여주는 것이다.

2) 유다를 대신할 직분

20절은 베드로의 설교가 궁극적으로 지향하고 있는 내용이 무엇인지 일목요연하게 보여주고 있다. 여기서 베드로는 유다를 대신할 직분에 대해 이미 시편에 예언된 내용을 소개하면서, 이제 그 약속의 말씀을 성취할 때가 되었다고 설교하고 있다.[2] 문제는 유다를 대신할 직분을 세우는 목적이 무엇인가에 달려 있다. 목적이 수단으로 정당화될 수 있으므로, 베드로는 22절에서 유다를 대신할 직분을 세움으로써 초기 교회와 더불어 부활을 증언할 증인을 세우는 일을 수행하는 것이 목적이라고 설교를 마무리하고 있다. 무엇보다도 이러한 부활의 증인이 되게 하는 숭고한 목적을 위해 직분이 세워지는 것이기 때문에, 처음부터 끝까지 초기 교회는 위로부터 오는 하나님의 도우심을 구하기 위하여 뭇사람의 마음을 하나로 묶는 기도를 드림으로써 그 일을 수행하고 있다.

17절에서 '직무'란 단어는 25절의 '직무'라는 단어와 마찬가지로 *디아코니아*(διακονία)를 가리키는데, 다른 말로 '봉사'라는 뜻이다. 이는 유다 대신에 뽑힐 사람도 사도로 봉사할 직무 혹은 직분을 받게 된다는 뜻이다. 그런데 20절에 나오는 '직분'이라는 단어는 *디아코니아*(διακονία)라는 단어 대신에 *에피스코페*(ἐπισκοπή)라는 단어가 사용되었는데, 이는 디모데전서 3장 1절과 마찬가지로 감독의 직분을 가리킬 때 사용한 명사이다.[3]

이러한 단어의 용례를 중시할 때, 유다 대신에 뽑힐 또 한 명의 사도는 초기 교회에서 다른 사도들과 마찬가지로 감독의 직분을 맡을 지도자, 감독, 혹

---

2) 이것은 전통적으로 유대인들이 주로 활용하였던 *미드라쉬* 성서해석 방법으로 상호본문성에 입각하여 구약과 신약을 연결하는 아주 중요한 석의의 실제이다.

3) 역시 *에피스코페*(ἐπισκοπή)에서 유래된 명사가 *에피스코포스*(ἐπίσκοπος)인데, 이러한 지도자와 감독을 뜻하는 단어는 사도행전 20장 28절, 빌립보서 1장 1절, 디모데전서 3장 2절, 디도서 1장 7절, 베드로전서 2장 25절 등 여러 곳에 다양하게 사용되고 있다.

은 감독자로 이해되고 있다. 특히 베드로전서 2장 25절은 '영혼의 목자'와 '감독'을 예수와 동일시함으로써, 신약성경에서 *에피스코포스*(ἐπίσκοπος)의 위상을 가장 드높이고 있다.[4] 이 점을 중시할 때 당시 베드로전서에서 최고의 영적인 지도자는 사도이면서 동시에 감독으로 이해되고 있으며 그 직분의 모델은 예수에게서 비롯된다.

3. 기도로 세움

1) 기도처

마가 요한의 다락방은 처음에 120명가량의 성도가 묵고 있던 장소, 곧 쉬는 장소, 혹은 쉼터의 역할을 한 곳이다. 그런데 이러한 공동의 거처가 초기 교회에서 기도하는 장소로 그 모습이 자연스럽게 변한 것이다. 12-14절은 예수의 부활 승천 이후에 예루살렘에서 아주 가까운 올리브 산에서 예루살렘 성내로 들어온 성도들이 마가 요한의 다락방에 모이게 되었다고 기록한다.[5]

2) 한마음으로 기도

14절에 의하면, 당시에 기도하던 사람 중에 여인들과 예수의 어머니와 형제들이 모든 사람과 더불어 함께 기도하기를 힘썼다.[6] 이런 점에서 24절에 나오는 기도도 베드로의 대표 기도가 아니라, 모인 모든 회중이 한마음으로 드린 합심 기도라는 사실을 복수 형태의 분사와 동사가 보여주고 있다. 곧

---

4) 이 단어가 영어의 episcopal로 번역된 것이다. 총회에서 *에피스코포스*(ἐπίσκοπος)는 총회장에 견줄 수 있는 직분이다.

5) 여기서 사용된 '묵다' 혹은 '머물다'란 동사는 고린도전서 16장 6절과 마찬가지로 장기간 체류하는 장소를 가리킬 때 사용된 단어라는 점에서, 우리는 초기 교회에서 예수의 부활 승천 이후에 120명가량의 성도가 장기간에 걸쳐서 함께 투숙하며 지내던 삶의 공간이 채 얼마의 시간이 흘러가지 않아서 기도처가 되었다는 사실을 알 수 있다.

6) 여기에 사용되고 있는 *호모쒸마돈*(ὁμοθυμαδόν)이라는 부사는 로마서 15장 6절에 사용되는 것 이외에는 모두 사도행전에서만 사용되고 있는 단어인데, 그 뜻은 한 장소에서 온 마음과 뜻과 정성을 다하여 합심 기도를 드리고 있는 것을 표현하는 것이다.

24-25절의 기도는 모든 사람이 한마음으로 드린 공중 기도이다.

4. 가능성 있는 집단

과연 유다를 대신할 또 한 명의 사도는 숫자상으로 과거로부터 전해져 내려오는 전승에서 어떤 의미가 있는가? 이 문제도 숫자상으로 볼 때 아주 흥미로운 주제이다. 22절과 25-26절은 다양한 숫자가 가능하다는 사실을 우리에게 상기시키고 있다. 특히 "요한이 세례를 주던 때로부터 예수께서 우리를 떠나 하늘로 올라가신 날까지 늘 우리와 함께 다니던 사람 가운데서 한 사람"이라고 언급하는 것을 볼 때, 그 수는 아주 제한적일 수밖에 없다.

1) 12명

이것은 열두 사도의 숫자이다. 가장 좁은 의미의 숫자이다. 그런데 바사바, 유스도, 요셉이라는 다양한 이름을 가진 사람도 맛디아와 마찬가지로 예수의 공생애에 등장한 인물이 아니다. 비록 복음서에서 12제자의 명단이 일치하지는 않을지라도, 그 어디에도 요셉과 맛디아란 이름은 등장하지 않는다. 그렇다면 유다를 대신할 또 한 명의 사도는 70명에게로 그 범위를 넓힐 수밖에 없다.

2) 70명

70명이란 숫자는 산헤드린 공의회의 구성원을 의미하지 않는다. 오히려 마태복음 10장과 누가복음 10장에 언급된 바와 같이 예수께서 전도여행에 파송한 제자들의 숫자를 의미한다. 특히 누가복음은 예수께서 예루살렘에 입성하실 때 환영한 무리를 "제자의 온 무리"(눅 19:37)라고 명할 정도로 제자도의 의미를 확대해석하고 있다. 이 숫자에 유다를 대신할 인물로 후보자에 오른 두 명, 곧 요셉과 맛디아의 이름이 포함되었을 가능성이 있다.

3) 120명

120명은 마가 요한의 다락방에 모여 있던 120명가량 되는 신도의 숫자이다. 현재 이들이 예루살렘에 머물러 있지만, 사실은 대부분 갈릴리에서부터 예수를 따라다니던 사람들이다(참고 행 1:11, 22). 역시 이 숫자에 유다를 대신할 인물인 요셉과 맛디아가 분명히 포함되어 있었다.

4) 500여 형제들

이 숫자는 바울이 고린도전서 15장 6절에서 언급한 대로, 예수께서 부활하신 것을 직접 목격한 증인들의 숫자이다. 역시 이 숫자에 유다를 대신할 인물인 요셉과 맛디아가 포함되어 있었을 가능성이 많다.

이상의 가능성 있는 집단 중에서 12명을 제외하고 나머지의 모든 숫자는 초기 교회에서 요셉과 맛디아가 포함되어 있었을 가능성을 보여준다. 그러나 예수의 공생애 동안에 있었던 12명의 숫자에는 들지 않았던 사람을 뽑는 상황이라는 사실이 분명하므로, 요셉과 맛디아는 마가 요한의 다락방에 모인 120명 중의 한 사람이거나 70명 혹은 500여 형제 중의 한 사람이었을 가능성을 고려할 때, 결코 요셉과 맛디아가 초기 교회의 성도들이 전혀 모르는 의외의 사람일 가능성은 희박하다. 22절에서 "항상 우리와 함께 다니던 사람"이라고 언급한 것으로 볼 때, 우리는 유다를 대신할 또 한 명의 사도는 초기 교회에서 널리 알려진 사람 곧 누가 보아도 '아, 이 사람이구나!'라고 인정할 만한 영적인 지도자라는 사실을 알 수 있다.

5. 자격

25절에 사도로 선택될 수 있는 영적인 지도자의 자격 요건이 상세하게 기록되어 있다. 물론 예수의 공생애 시절에 열두 제자들은 대부분 갈릴리 호수에서 고기를 잡던 어부였지만, 이제 시간이 흘러서 초기 교회에서는 상황이 바

꿰어서 어느 정도 영적 자격을 갖춘 사람을 선택하기에 이른다. 그러므로 유다를 대신할 사도의 자격이 거론되는데, 다음과 같이 세 가지로 나누어서 그 구체적인 내용들을 정리할 수 있다.

1) 섬기는 일과 사도직을 맡을 사람

25절 상반절에서 섬기는 직분과 사도직을 동일시한 것은 아주 의미있는 표현이다. 여기서 사도직이 봉사의 직분으로 이해되고 있다. 이것은 초기 교회의 형성과정에서 사도행전 6장 2-4절처럼 접대와 말씀 사역을 구분하여 독립적인 전문성을 유지한 경우가 아니다. 25절처럼 사도직과 봉사직을 공통으로 수행하게 하려면, 유다를 대신할 사도의 자격을 언급함으로써 교회의 직무에서 모든 직분이 본질상 동일한 목적을 지향하고 있다는 사실을 확인시켜 주려는 것이다.

2) 직분을 완수할 사람

25절 하반절은 유다가 상반절에서 언급한 "봉사와 및 사도의 직무"를 버리고 제 길로 갔다고 지적하고 있다. 이러한 표현은 한 번 직분을 받았으면, 끝까지 그 사명을 완수할 책임이 주어져 있다는 사실을 강조하는 것이다. 여기서 '버리고'라는 동사 *파라바이노*(παραβαίνω)는 '길을 잃어버린다'라는 뜻으로 사도직의 본질에서 벗어난 행동을 한 것을 가리키는 단어이다. 이 점에서 유다는 사도의 본분을 저버리고 자신이 좋은 뜻을 따라 어긋난 길을 갔다. 마태복음 15장 3절은 이 단어를 사용하여, 바리새인과 서기관들이 자신의 전통만을 중시하다가 '하나님의 계명을 범하였다'라고 비판한다.[7] 이러한 용례를 비추어 볼 때, 초기 교회에서, 그리스도의 교훈에 거하지 아니한 자를 범죄자로 간

---

7) 여기서 '범하다'란 동사가 *파라바이노*(παραβαίνω)로 '범죄하다' 혹은 '하나님의 뜻을 저버리다'란 의미이다. 이 같은 단어가 요한 2서 1장 9절에서 복수 분사형의 *파라곤* 대신에 *파라바이논*(παραβαίνων)으로 표기된 이문들이 발견된다.

주하였다는 사실을 추정할 수 있다. 이것은 자기의 욕심을 채우려고 직분을 맡는 데만 급급하였지, 마지막까지 최선을 다하면서 온전하게 봉사의 직무를 완수하지 않은 자를 경고하는 표현이다.

3) 배반하지 않을 사람

16-20절은 유다의 배반을 비판하는 구절이다. 특히 16절에서 유다를 가리켜 '예수 잡는 자들의 길잡이'가 된 사도라고 평가한 것은 너무나도 부끄럽고 불명예스러운 표현이다. 더구나 18절에서 유다의 죽음에 관해 언급하면서 '몸이 곤두박질하여 배가 터져 창자가 다 흘러나왔다'고 설명한 내용은 배반한 사람의 말로와 자살이 얼마나 비참한 것인지를 일깨워주는 표현이다. 이러한 표현은 유다 대신에 직무를 맡게 될 사도는 결코 배반해서는 안 되는 사람이어야 한다는 사실을 강조하는 것이다.

이상의 석의적 고찰을 통해서 우리가 발견하게 되는 내용은 다음에서 거론될 맛디아의 선출방식이 결코 인간적인 차원에만 머물러 있는 단순한 일이 아니며, 그 일의 근거에는 사람보다는 하나님께서 모든 일을 주관하신다는 '하나님의 선교'(Missio Dei)라는 원리를 전제하고 있다. 이렇게 유다를 대신할 맛디아를 선출하는 과정에 하나님께서 직접 개입하신다는 사실을 강조하기 위하여, 20절은 하나님의 뜻을 저버린 유다에게 하나님의 벌이 내리기를 소망하는 시편의 구절들이 인용되고 있으며, 24-25절은 선출의 마지막 과정에서 하나님의 뜻을 묻는 기도를 드리고 있다.

6. 선출방법

1) 사도들 중에서

22절은 유다 대신 뽑힐 사람을 아주 제한하여, 25절과 26절에 각각 '사도'라는 단어를 직접 언급하는 것으로 볼 때, 사도 중에 한 사람으로 분명하게 제안하고 있다. 사도라는 단어는 신약성경에 아주 빈번하게 등장하는 단어이다. 신약성경에서 사도는 메시지를 전하도록 부름을 받은 대표적인 사람으로 표현되고 있다(요 13:16; 빌 2:25; 고후 8:23). 그래서 사도라는 칭호 대신에 '열둘'이라는 표현도 많이 등장한다. 열둘이란 예수께서 택하셔서 복음을 전하게 하신 12명의 사도를 일컫는다. 이 점에서 신약성경에서 사도는 대부분 복음을 선포하는 사람이란 의미로 쓰인다.[8]

이상의 내용은 유다를 대신할 사람을 사도 중에서 뽑을 것을 강조한다. 그런데 사도들은 사도이기 이전에 성도이며, 성도는 성도이기 이전에 사람이므로 모든 사람이 사도로 세워질 가능성 앞에 서 있다. 그러나 영적인 능력을 갖춘 사람은 성도 중에서 흔하지 않으므로, 유다를 대신할 사도를 뽑는 문제는 전혀 간단하지 않다.

2) 두 사람을 앞에 내세움

23절은 결정적으로 열둘 중에 공석으로 있는 하나의 자리인 유다를 대신

---

8) 누가복음 11장 49절과 에베소서 2장 20절과 3장 5절은 사도를 선지자와 동일시하고 있으며, 요한계시록 18장 20절은 사도를 선지자뿐만 아니라 성도와도 동일시하고 있다. 이러한 차원에서 성도 중에 자칭 사도라는 사람이 등장하기도 한다(계 2:2). 바울도 이러한 전통에서 자신을 사도라 부른 것이다. 그러나 사도행전 15장 2, 4, 6, 22-23절과 16장 4절에 반복적으로 등장하는 표현인 '사도와 장로들'이란 표현에 의하면, 사도는 분명히 장로들과 구분되는 직분이다. 특히 고린도전서 12장 28-29절은 사도를 선지자와도 구분되는 직분으로 간주하면서, 동시에 사도를 교회의 직분 중에서 영적으로 가장 중요한 첫 번째 직분으로 간주하고 있다. 이러한 언급은 사도가 장로와는 엄격하게 구분되는 직분이라는 사실을 강조한다.

고린도후서 11장 5절과 12장 11절은 '큰 사도들'(소위 '슈퍼 사도')에 관해 언급하지만, 바울이 자신을 그들과 비교할 때 '조금도 부족한 것이 없다'라고 평가하는 것을 볼 때 사도의 지위에는 차별이나 경중이 없다는 사실을 알 수 있다. 이와 관련하여 갈라디아서 1장 17절은 '먼저 사도된 자'(소위 '선임 사도')에 관해 언급하는데, 이것도 특별한 의미가 없다. 이는 큰 사도들이건 혹은 먼저 사도된 자이건 간에 하나님 앞에서(Koram Deo) 영적인 사역을 수행하는 데 차이가 없다는 의미로 여겨진다. 이러한 평가는 사도들이 영적 은사를 수행함으로써 저마다 부르신 이인 하나님을 기쁘게 하기 위한 직분을 맡은 사람이라는 가장 본질적인 측면을 강조하는 것이다. 사도는 하나님과 성도 사이에 서서 하나님의 말씀을 전달함으로써 하나님도 섬기고 동시에 사람도 섬기는 중도(Via Media)의 위치에 있다.

고린도후서 12장 12절은 사도의 표를 언급하면서 "참음과 표적과 기사와 능력을 행한 것"에 관하여 말하고 있다. 이러한 언급은 신약성경이 사도의 직분이 지닌 초월적인 기능에 대해서도 절대 간과하지 않는다는 사실을 보여주는 것이다. 사도는 자신이 감당하는 사역에 필요하다면 능력으로 역사하는 기적까지도 나타내 보일 수 있는 영적인 인물이 되어야 한다.

할 사도를 뽑는 절차에서 구체적인 방법을 제안하고 있다. 여기서 '내세운다' 라는 우리말 동사는 *히스테미*(ἵστημι)를 원형으로 사도직을 선택할 목적으로 어떤 사람에게 책임을 맡긴다는 뜻에는 차이가 없지만, 불행하게도 헬라어 원문에 두 가지 이문이 존재하고 있다.[9] 이것은 아주 중요한 변수이다. 헬라어 원문을 복원하면서 어떤 단어를 선택하느냐에 따라서 120명쯤 되는 성도들이 두 명의 후보자를 내세우는 것이냐, 아니면 베드로와 같은 단 한 사람이 두 명의 후보자를 내세우는 것이냐의 해석이 가능해지기 때문이다.[10] 네슬–알란드 판은 복수 3인칭 동사인 *에스테산*(ἔστησαν)을 원문으로 채택하는데, 이는 24절에 나오는 *프로슈사메노이*(προσευξάμενοι)라는 단어가 복수 분사형인 것을 주목할 때, 베드로 한 명이 아니라 120명쯤 되는 집단이 유다를 대신할 두 명의 후보자를 배수 공천하여 내세우고 있다는 사실을 추정할 수 있다. 그런데 그 두 명의 후보자가 사람 앞에 내세워진 것이 아니라 하나님 앞에(Koram Deo) 내세워진 추천제도인 배수공천제도이다.

3) 기도

한 사람을 선택할 목적으로 두 명의 후보자를 내세웠지만 누구를 뽑아야 할지 결정하기가 매우 어려운 상황이므로, 24-25절은 다시금 기도하기에 이른다. 이미 위에서 살펴본 대로 120명쯤 되는 성도들이 한마음으로 기도해 온 상황이지만, 구체적으로 한 명의 사도만을 선출해야 하는 상황에서 주님께 기도를 드린 것은 아주 의미 있는 일이다.[11]

---

9) 첫째, *에스테산*(ἔστησαν)은 복수 3인칭 동사로서 120명쯤 되는 마가 요한의 다락방에 모인 성도들이 배수 공천의 원칙에 근거하여 한 사람의 공석을 메우기 위해 두 명의 후보자를 내세우고 있다는 사실을 의미한다. 둘째, 그러나 이문에 *에스테센*(ἔστησεν)은 단수 3인칭 동사로서 13-22절에 걸쳐서 길게 설교한 베드로가 역시 배수 공천의 원칙에 근거하여 한 사람의 공석을 메우기 위해 두 명의 후보자를 내세우고 있다는 사실을 의미한다.
10) 학자들이 가장 많이 애용하는 네슬–알란드 판이 본문으로 채택한 것을 우리가 받아들이면 의외로 두 명의 후보자를 내세우는 주체가 누구인지를 쉽게 결정할 수 있다.
11) 여기에 사용된 *프로슈사메노이*(προσευξάμενοι)라는 단어가 복수 분사형이므로 120명쯤 되는 성도들이 다시 한번 마음을 합하여 기도를 드린 것이다.

기도란 무엇인가? 사람의 힘이나 뜻대로 할 수 없는 일을 하기 위해 주님의 뜻을 묻는 행위이다. 이런 점에서 "뭇사람의 마음을 아시는 주여!"라고 기도를 시작하고 있다. 이것은 기도를 들으시는 주님을 인격적으로 친밀하게 부르면서 기도를 들으시는 대상을 부르는 시점부터 기도의 목적을 분명하게 담고 있다는 점에서 아주 모범적인 기도의 모습이다. 흔히 기도를 드리면서도 기도를 들으시는 대상을 부르지도 않고, 더구나 아무 목적도 없이 습관적으로 드리는 기도가 얼마나 많은가? 유다를 대신할 한 명의 사도를 세워야 하는데, 모든 점에서 자격을 갖춘 두 명의 후보자를 배수 공천해 놓고 있는 상황에서 회중의 마음이 나뉘는 것은 너무나도 당연한 일이다. 그래서 그들은 우선 뭇사람의 마음을 아시는 주님께 기도를 드리게 된 것이다.

'뭇사람'은 마가 요한의 다락방에 모인 120명쯤 되는 모든 사람을 가리킨다. 우선 이들의 마음이 하나가 되는 것이 중요하다. 두 명의 후보자를 놓고 한 명을 결정하기 전에 마음이 하나가 될 때, 결과적으로 유다를 대신할 사도를 선출하는 일이 성공할 수 있기 때문이다. 선출과정에 참여하는 사람들은 120쯤 되는 성도 전체이다. 이들은 예수의 부활 승천 이후에 한마음으로 기도하면서 오랜 시간 동안 자리를 함께하면서 마침내 유다를 대신할 사도를 선출하는 자리에까지 이르게 된 것이다. 다시 말해서, 처음에는 기도하기 위해 모인 자리이고, 나중에는 함께 묵는 자리가 되고, 마침내는 한마음이 되어 사도를 선출하는 자리까지 이르게 된 것이다.

헬라어 원문상에는 우리말 성경 번역에 없는 단어 하나가 '주님' 앞에 나란히 붙어 있다. 그것은 쉬($\sigma\acute{u}$)라는 2인칭 대명사로서 기도를 들으시는 주체이신 주님을 직접적으로 지칭하면서 강조하는 표현이다.[12]

---

12) 이렇게 주님을 간절하게 부르는 모습은 마태복음 7장 21절에서 습관적으로 '주님, 주님!'하면서 주님의 이름만을 되풀이해서 부르는 모습과는 분명히 다른 모습이다. '너, 베들레헴아!'라는 표현이 나오는 마태복음 2장 6절과 마찬가지로 본문은 대상을 정확하게 지칭하는 셈족 계통의 전형적인 어법이다. 이러한 표현이 들어간 것은 유다를 대신할 사도 한 명을 뽑는 상황이 다급한 시점에서 기도의 대상을 올바르게 찾는 모습이다. 흔히 다급한 상황을 표현할 때, '오 주님!'이라는 형식이 등장하는 것이 일반적인 용례이

기도를 들으시는 대상을 분명하게 부른 후에 이어지는 기도의 내용도 주님께서 두 사람 중에 한 사람을 선택해 달라고 구체적으로 기도를 드림으로써 궁극적인 선택권도 주님께 있다는 사실을 보여주고 있다.[13]

신약성경에 나타나 있는 '기도'란 주제를 간과하기 쉽다. 맛디아를 선출하기에 앞서서 기도를 드린 것은 누가-사도행전의 특징인 기도의 신학이라는 주제와도 아주 밀접하게 연결된다.[14] 사도행전에 있어서 기도는 그리스도교 운동의 출발점에서부터 중대한 요소였고, 교회의 성장과 밀접히 관련되어 있다(행 2:42, 47). 이러한 실마리를 푸는 단계에서 맛디아 선출 과정은 아주 중요한 일이었는데, 초기 교회는 그 무엇보다도 기도에서 그 궁극적인 해답을 찾았다. 기도를 드리는 행위는 하나님의 간섭을 강력하게 요청하는 일이기에, 초기 교회는 처음부터 하나님께서 모든 일을 주관하시기를 기다리는 데 많은 시간을 보냈다.

이러한 기도의 사실들을 중시할 때, 맛디아를 선출하는 과정에서 기도는 처음부터 끝까지 가장 강력한 선택의 수단이었다. 어떤 인간적인 방법이나 수단보다도 하나님의 뜻을 구하는데, 기도만큼 강력한 도구가 없었기 때문이다.

4) 클레루스=클레로스

26절 상반절은 맛디아 선출 과정에서 신적인 도움을 의지하는 기도를 충

지만, 본문에서는 '당신 주님!'이라는 표현을 아주 예외적으로 사용하여 바로 기도를 들으시는 주님을 향해 직접적으로 문제를 가지고 나아가는 모습을 보여주고 있다. 기도를 하면서 해결해야 할 문제를 올바르게 가지고 나아가기 때문에, 기도의 응답도 신속하고 정확하게 해달라고 강력하게 요청하는 모습이다.

13) 여기서 사용된 단어인 아나데이크뉘미(ἀναδείκνυμι)는 신약성경에서 누가복음과 사도행전에만 등장하는 동사로 '감춘 것을 밝히 드러낸다'라는 뜻을 함축하고 있는데, 누가복음 10장 1절에서도 이 단어를 사용하여 70명의 제자를 세우는 일이 마치 복잡한 실타래를 푸는 것과 같이 주님께서 직접 개입하셔서 복음 전도의 임무를 맡기시고 그 일에 필요한 사도들을 '임명하신다'라는 뜻을 함축하고 있다. 이것은 누가-사도행전이 경륜신학인 불레-신학에 근거하여 모든 인사의 배후에는 하나님께서 섭리 가운데 모든 일을 이루신다는 신학적 내용이 들어 있는 표현이다.

14) 누가-사도행전에서 기도가 차지하는 중요성을 일깨운 학자는 빌헬름 오트(Wilhelm Ott)이다. 그는 누가를 일컬어서 '기도의 복음서기자'(the evangelist of prayer)라고 할 만큼, 누가-사도행전에 나타나 있는 기도란 주제를 파헤쳐 주었다. 그에 의하면 누가의 우선적 관심은, 기도가 하나님께서 이끄시는 거룩한 역사를 가능하게 하는 도구이다.

분히 드리는 데 시간과 노력을 기울인 다음에, 고대 시대에 편재하던 인간적인 선출방법인 제비를 사용하여 결정을 내렸다. 기도가 전적인 하나님의 도우심을 구하는 방법이었다면, 제비를 사용한 방법은 당시 그리스-로마 사회뿐만 아니라 유대 사회에서도 광범위하게 의사결정의 수단으로 인정받았던 인간적인 결정방법이었다.

제비를 의미하는 헬라어는 클레로스(κλῆρος)이다. 본문에는 단수형인 클레로스와 복수형인 클레루스(κλήρους)가 모두 등장한다. 26절 상반절을 사역하면 다음과 같다.

그리고 그들은 그들[두 명의 후보자들]에게 **제비들**을 던졌고 그 **제비가** 맛디아에게 이르렀다.

제비를 뜻하는 복수형 클레루스(κλήρους)와 단수형 클레로스(κλῆρος)는 언어유희를 보여주고 있는데, 여러 개의 제비가 던져졌지만 맛디아에게 모였을 때는 하나의 제비가 되었다는 사실을 극적으로 묘사하고자 한다. 투표를 시작할 때 클레루스(κλήρους)로 표현된 제비들은 120명쯤 되는 성도들의 손에 각각 들려진 것들이었지만, 투표가 끝난 후에는 모든 제비가 하나가 되어 클레로스(κλῆρος)로 표현된 제비 하나만 맛디아에게 이르게 되었다. 시작할 때는 여러 개의 제비였지만, 마지막에는 하나의 제비가 되었다는 사실은 맛디아를 선택하기 위해 하나님께 기도를 드린 뭇사람의 마음이 하나가 된 증거이기도 하다.[15]

원래 제비뽑기는 다음의 그림과 같이 여럿 가운데 어느 하나를 골라잡게 하여 거기에 미리 적어 놓은 기호나 글에 따라 승부나 차례 따위를 결정하는 방법이다.

---

15) 복수형인 클레루스(κλήρους)에는 아무런 정관사가 붙어 있지 않으므로 단지 사람들이 의사 표현을 위해서 가지고 있었던 여러 개의 제비를 의미하지만, 단수형인 클레로스(κλῆρος)는 그 단어 앞에 붙어 있는 정관사(ὁ)를 통해서 바로 그 제비가 맛디아에게 이르렀다는 사실을 강조한다. 이러한 특징 때문에 본문에 나타난 제비의 쓰임새는 전무후무한 사례로 기록되었다.

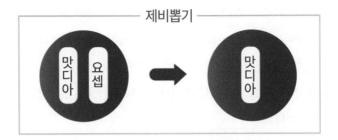

본문은 단지 제비를 이용하여 맛디아를 선출한 방식이므로, 제비뽑기와는 근본적으로 다른 방식이다. 본문은 120명쯤 성도가 제각기 제비를 던졌지만, 결과적으로 다음의 그림과 같이 하나의 제비가 되어서 맛디아를 선출하는 결과를 낳았다는 사실을 가장 극적인 사건으로 보도하고 있다.

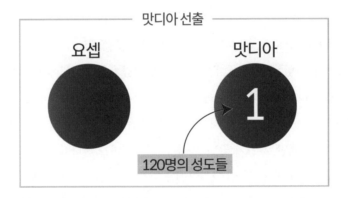

본문의 맛디아 선출방식은 준비된 제비에서 하나를 뽑는 방식이 아니므로, 근본적으로 제비뽑기와 다르다. 클레로스(κλῆρος)가 우리말로 제비로 번역되고 영어로 lot으로 번역된다고 할지라도, 맛디아 선출방식이 로또의 당첨방식과 같은 것이 아니다. 오히려 본문에서 제비는 오늘날 일반적으로 사용하는 투표와 같다는 점에서 투표제도를 보여준다. 투표권을 가진 사람이 각자 자신이 원하는 사람을 향해도 표를 던지는 것과 같다. 그런데 오늘의 투표 방식과 다른 점은 본문에서 120명쯤 되는 성도들이 저마다 제비(클레루스, κλήρους)

를 던졌는데, 신적인 만장일치의 결과로 하나의 제비(클레로스, κλῆρος)만이 존재한다는 사실이다. 클레루스(κλήρους)가 클레로스(κλῆρος)로 되는 방식은 인간의 합리적인 생각으로는 도저히 설명될 수 없는 부분이다. 어떻게 저마다 제비를 던졌는데, 결과가 단 한 개로 나타날 수 있는가? 클레루스(κλήρους)=클레로스(κλῆρος)가 맛디아 선출방식이 지닌 신비스러운 모습이다. 어떻게 여러 개의 제비가 하나의 제비로 변할 수 있는가? 본문은 120명쯤 되는 성도들의 기도를 들으신 하나님께서 결과적으로 제비를 하나로 만드셔서 맛디아를 선출하게 하셨다는 사실만을 극적으로 표현하고 있을 뿐이다.

5) 열한 명과 함께 사도에 포함됨

26절 하반절은 선출된 맛디아를 열한 사도가 인준하는 모습을 보여주고 있다. 열한 사도는 초기 교회에서 가장 정통성 있는 영적인 지도자들의 모임이다. 120명쯤 되는 성도들이 열두 사도에 단 한 자리가 부족한 문제를 해결하기 위해 마가 요한의 다락방에 모인 것은 아주 중요한 일이다. 이 자리에서 맛디아가 선출됨으로써 열두 사도로 이루게 될 초기 교회의 가장 중요한 영적인 자리가 제 모습을 갖추게 되었다. 26절 하반절은 다음과 같이 사역을 할 수 있다.

그[맛디아]가 열한 명과 함께 사도에 포함되었다.[16]

제비로 선택된 맛디아는 결과적으로 열두 명의 사도의 수에 가입된 것이다. 그가 열두 명의 사도의 수에 가입될 때, 이미 존재하던 120명쯤 되는 성도들과 열한 명의 사도에 의해 인준받는 절차를 다각적으로 거친 것이다. 이는 맛디아 선출과정이 보여주는 인준제도이다.[17]

---

16) '포함되었다'는 동사는 슁카탑쎄피조마이(ισυγκαταψηφίζομαι)로서 신약성경에서 유일하게 이곳에만 등장하는 단어이며 '함께하도록 (투표로) 선택한다'라는 의미가 있는데, 역시 신약성경에서 유일하게 이곳에만 등장하는 다른 동사인 카탑셀피조마이(καταψηφίζομαι)와 함께 '(투표로) 가입한다'는 의미가 있다. 이 단어를 종합적으로 정리하면, 맛디아가 최종적으로 투표하는 과정을 통해서 열한 명의 사도와 함께하도록 가입되었다는 의미이다.

17) 한편으로 맛디아는 예수의 부활 승천 이후에 마가 요한의 다락방에 모인 120명쯤 되는 성도들로부터 충분히 인정받는 사람이었기에 최종 후보자 두 명의 자리에 들어갈 수 있었고, 다른 한편으로 투표로 최종 결정되는 과정에서 사람들이 제각기 던진 제비가 하나의 제비가 되어 열한 사도의 수에 들어갈 수 있었다.

이러한 맛디아 선출방식이 예수의 방법과는 어떻게 연관이 되는지를 다음의 항목에서 간단하게 되짚어 보도록 하자.

7. 예수의 방법

누가복음 6장 12-16절(마 10:1-4; 막 3:13-19)에 의하면, 예수께서 갈릴리에서 열두 사도를 선택하신 방법은 마가 요한의 다락방에 모인 120명쯤 되는 성도들이 맛디아를 선출한 과정과 비교해 볼 때 많은 점에서 유사하면서도 동시에 차이점이 발견된다.

1) 예수의 권위

예수께서 제자들을 세우실 때, 성공을 거둘 수 있었던 이유는 그가 영적인 권위를 가지고 계신 분이었기 때문이다. 아무나 제자들을 부른다고 말없이 나와서 모든 삶을 포기하고 따를 수 있는 것이 아니다. 예수의 권위에 압도된 사람들이 제자로 부름을 받았을 때, 순순히 응답하고 따라나선 것이다. 과연 예수께서 가지신 권위는 어디서 온 것일까?

(1) 안식일 논쟁

12절에 표현된 '그 무렵'이라는 단어는 이전의 이야기가 안식일 논쟁 이야기라는 점에서 이미 예수의 공생애가 지닌 권위 있는 모습을 전제하고 있다. 안식일에 손 마른 사람을 고치신 예수의 기적은 안식일의 법적인 논란을 종식하면서 율법 속에 하나님의 사랑의 원리가 숨겨져 있다는 사실을 근거로 서기관과 바리새인들에게 도전을 주고 있다.[18] 이러한 예수의 모습은 영적인 지도

---

18) 안식일 논쟁은 아직 제자들로 임명받지 않은 사도들에게도 커다란 도전을 주는 계기가 되었을 것이다. 인간적인 고뇌를 하고 안식일에 논쟁하시는 예수의 모습은 율법을 넘어서 하나님의 사랑을 실천하시려는 강력한 의지의 표현이다.

자가 갖추어야 할 덕목이며, 또한 잘못된 제도를 개선하고 궁극적으로 율법 너머에 있는 하나님의 사랑의 뜻을 드러내는 교훈을 우리에게 주고 있다.

(2) 밤낮으로 일하심

예수께서는 밤과 낮을 가리지 않고 일하신 분이다. 많은 도움과 문제를 가지고 자기에게 나아오는 사람들의 필요를 채워주시기 위해서 예수께서는 쉴 틈도 없이 밀려드는 사람들을 맞이하고 있다.[19] 이러한 인간적인 예수의 모습은 영적인 지도자가 갖추어야 할 자기희생의 삶을 모범적으로 보여주는 것이다.

2) 기도

12절은 예수의 기도 모습을 기록하고 있다. 이상의 안식일 논쟁과 밤낮으로 일하신 예수의 인간적인 모습과는 달리, 기도하신 예수의 모습은 신적인 능력을 힘입고 공생애의 사역을 감당하시는 분이라는 사실을 보여준다.[20] 이렇게 예수의 기도 모습은 일꾼을 세우는 일을 수행하기에 앞서서 다른 어느 방편보다 기도가 가장 우선시되는 일이라는 사실을 우리에게 일깨워 주고 있다.

(1) 산기도

예수께서는 산에 가서 기도하시고 있다. 하나님께 기도를 드리기 위해 구별된 특별한 시간과 장소가 필요하셨기 때문이다. 산은 일상을 떠난 장소이기에 하나님의 임재를 경험할 수 있는 특별한 공간이다. 여기서 언급하는 산은 광야를 의미한다.[21] 예수께서도 이러한 산기도를 통하여 하나님과 인격적으

---

19) 일하시는 인간적인 예수의 모습은 사도로 부름을 받은 제자들에게 커다란 귀감이 되었을 것이다. 비록 하나님의 아들로 세상에 오신 분이지만, 예수께서는 사람들의 필요를 채워주시기 위해 자신을 돌볼 겨를도 없이 밤낮으로 많은 수고를 하신 것이다.

20) 예수께서 모든 어려움을 궁극적으로 극복해 낼 수 있었던 비결은 하나님께 기도를 드리면서 위로부터 오는 영적인 은혜와 도움을 전적으로 의지하셨기 때문이다. 특별히 누가복음만이 예수께서 제자들을 임명하시기 전에 기도를 드리는 모습을 기록하고 있다.

로 깊은 만남과 교제를 이루셨다.

(2) 철야기도

예수께서는 밤이 새도록 하나님께 기도를 드렸다. 이것은 시간을 초월하여 하나님과 만나는 영적인 체험을 의미한다. 피곤한 육신을 이끌고 날이 새도록 잠을 자지 않고 기도를 드림으로써 긴박하고 중요한 현안들을 감당하실 수 있는 채비를 갖추게 된다.

본문의 문맥에 의하면 예수께서는 제자들을 임명하시기 전에 산에 가서 기도하면서 철야기도를 하신 것이다. 이러한 기도의 모습은 하나님의 뜻과 지혜를 구함으로써 사도들을 임명하시고, 모든 일에서 신적인 계획을 성취하시려는 경건한 모습이다.

3) 사도성

13절은 이렇게 임명된 제자들을 사도라 칭하고 있다. 사도는 특별한 사명을 위해서 부름을 받은 사람들이다. 사도는 예수의 공생애 동안에 함께한 제자들이란 차원뿐만 아니라 초기 교회와 계속되는 공교회 시대에도 교회의 정통성을 수호하는 데 아주 중요한 역할을 감당함으로써, 이단과 정통을 구분하는 기준이 되는 사도성의 원리로 자리매김하기도 한다. 이러한 사도성은 이단을 배격하고 신약성경의 정경 27권을 확립하는 데 가장 중요한 근거가 된 것이다.

(1) 자기의 제자들

13절 상반절에 예수께서 날이 밝자마자 자기의 제자들을 부르시는 모습이 나온다. 새날이 시작되자마자 제자들을 부를 정도로 예수께서 자기의 제자

---

21) 광야는 하나님의 도움 없이 하루도 살 수 없는 곳이다. 과거 이스라엘 백성들이 광야 체험을 통하여 하나님과 영적으로 만나는 계기가 되었다.

들을 부르시는 것은 아주 중요한 일이다. 예수께서 제자들을 부르신 목적은 우선 자신의 공생애에 동참하면서 사역을 언제나 함께하는 것이기 때문이다(막 3:14).

(2) 열둘

동역자의 삶을 위해 제자들을 부르신 예수께서는 13절 하반절부터 16절에 이르기까지 열두 명의 사도들을 임명하시고 있다. 열둘이라는 숫자는 오고 오는 세대에 아주 중요한 의미가 있다. 예수께서 제자들을 부르실 때 12명을 부르셨기 때문에, 이 숫자는 소그룹에서 중요한 의의를 지닌다. 그런데 12명이 대부분 가난한 농부나 어부 출신이다. 예수께서 제자를 부르신 내용을 보면 누구든지 부르실 때 믿음으로 응답하여 따라나선 사람이라는 특징이 있다.

4) 배반하지 않을 사람

16절에서 언급된 유다는 예수를 파는 자가 될 사람임에도 불구하고 사랑이 많으신 예수께서 그를 제자로 임명하신 것이다. 이것은 참으로 놀라운 행동이다. 어느 누가 자기를 배반할 자인지 알고서도 그를 제자로 맞이할 수 있는가. 그러므로 제자로 부름을 받은 사람은 영원히 스승을 배반하지 않을 사람이어야 한다.

5) 선출방법 13-16절

예수께서 제자들은 선출하신 방법은 다음의 세 가지의 경우로 나타나는데, 그 핵심적인 내용은 삼원선출방식인 부르심과 선택과 임명이다. 세 가지 방법은 오직 예수께서만 하실 수 있는 일이지, 인간은 그 누구도 흉내를 낼 수 없는 영적인 권위가 충만한 행동이다.

(1) 부르심

예수께서 제자들을 특별한 목적을 위해 부르셨다(참고, 출 3:4; 마 2:15; 4:21; 롬 1:1). 이스라엘 백성과 마찬가지로(사 41:9) 초기 교회에서 제자들과 성도들도 하나님으로부터 거룩한 부르심을 받았다(히 3:1). 예수께서 제자들을 부르신 것은 갈릴리 지역을 중심으로 부르신 것이다. 이처럼 예수의 부르심이 지역을 기초로 하고 있다는 사실은 아주 중요하다. 그 지역에서 잘 알려진 사람 중에서 일꾼을 선택하는 것이 예수께서 우리에게 보여주신 방법이다.

(2) 선택

뽑으셨다는 표현은 선택하셨다는 뜻이 있으므로, 많은 사람 중에서 12명만을 구별하여 세웠다는 의미를 내포하고 있다. 예수께서 열둘을 선택하실 때, 아무도 흉내를 낼 수 없는 권위 있는 모습을 가지고 행하신 것이다. 예수께서 스스로 주체가 되어 자신에게 필요한 제자들을 선택하신 것이다.

(3) 임명

예수께서 12사도를 최종적으로 임명하시는 모습은 그가 스스로 가지신 놀라운 신적인 권위를 가장 드높이신 행동이다. 임명은 최고의 권위를 가진 분만이 수행할 수 있는 전권이다. 임명권자이신 예수께서 열두 제자들의 이름을 직접 부르시면서 그중에 몇 사람에게는 별명도 지어 주셨다.[22]

6) 예수의 권위

예수께서 제자들을 부르시고 선택하시고 임명하신 행동은 우리에게 큰 교훈을 주고 있다. 무엇보다도, 예수께서 제자들을 세우시기 전에 산에 가서

---

22) 사도는 특권을 받은 대표로서 보냄을 받은 자라는 뜻이 있다. 일반적으로 예수께서 자신을 따르는 사람들을 부르신 것은 하나님께서 이 땅에 보내신 뜻을 더욱더 효과적으로 수행하시기 위한 목적이 있으셨기 때문이다. 예수께서 열둘을 사도로 부르신 장면도 아무나 쉽게 흉내를 낼 수 없는 영적인 권위를 가지신 모습이다.

밤이 새도록 하나님께 기도를 드림으로써 하나님의 뜻을 먼저 구하신 모습은 초기 교회에서 유다를 대신할 맛디아를 선택하는 데 가장 결정적인 영향을 미친 방법이다. 예수께서 기도하신 후에 다음의 그림과 같이 제자들을 부르시고, 선택하시고, 열둘의 이름을 임명하신 것은 오직 예수께서만이 지니고 있는 권위의 모습이며 삼원선출방식의 기초가 되는 내용이다.

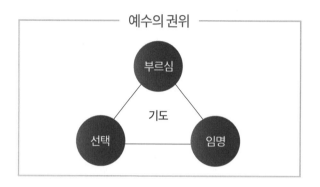

　　초기 교회는 예수께서 행하신 것처럼 어느 한 사람이 권위를 가지고 맛디아를 세울 수 있는 처지가 아니었기 때문에, 삼원선출방식인 예수의 부르심과 선택과 임명을 다음과 같이 각각 추천과 투표와 인준에 적용하여 예수의 가르침을 적절하게 재해석함으로써 유다를 대신할 사도를 선출하게 된다.

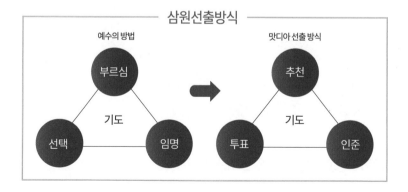

예수께서 제자들을 부르신 모습은 초기 교회에서 맛디아를 선출할 때 아주 중

요한 자격요건의 근간이 될 정도로 중요한 사항으로 간주하고 있다. 예수와 함께 공생애를 보낸 사람들이야말로 초기 교회가 필요로 하는 사도의 자격을 얻었고, 이에 초기 교회는 온 회중과 더불어 기도를 드림으로써 영적인 지도력을 갖춘 두 명의 후보자를 배수 공천하여 추천하게 된 것이다. 이러한 추천제도는 자기가 속한 지역에서 잘 알고 있는 영적인 지도자를 내세운다는 점에서 총회 부총회장의 선거 과정에서 모든 추천 절차가 그 지역에서 덕망이 있는 사람을 검증하는 차원에서 아주 중요하다.

예수께서 제자들을 선택하신 모습은 초기 교회에서 투표절차를 통하여 맛디아를 선출하는 방법에 적용되었다. 초기 교회에서 베드로에게 공석으로 있던 유다의 자리를 메우기 위해 독단적으로 선택할 수 있는 권위가 없었기 때문에 온 회중이 한마음으로 기도를 드리는 가운데 추천된 두 명의 후보자를 앞에 내세움으로써 **투표**하게 된 것이다. 이러한 투표제도는 인간적으로 누구나 납득할 수 있는 방식을 따라서 총회부총회장의 선거 과정에서 정해진 후보자를 회중이 공정한 투표를 통하여 최종적으로 결정한다는 차원에서 아주 중요하다.

예수께서 제자들을 임명하신 모습은 초기 교회에서 열한 사도가 맛디아를 인준하는 절차에 적용되었다. 예수처럼 권위를 가지고 열둘의 이름을 직접 부르면서 사도를 세울 수 있는 권한을 가진 사람이 초기 교회에는 없었기 때문에, 열한 사도가 그 권한을 위임받고서 맛디아를 선출하는 데 있어서 최종적으로 인준하는 과정을 거치게 된 것이다. 이러한 인준제도는 총회부총회장의 선거 과정에서 모든 인준 절차가 공정하고 권위 있게 이루어지고 있는지를 가늠하는 차원에서 아주 중요한 내용이다.

8. 총회부총회장 선거제도의 개선 방안

이상의 모든 논의를 바탕으로 사도행전 1장의 맛디아 선출방법에서 배울 수 있는 내용은 무엇일까? 맛디아 선출방식으로 총회부총회장 선거제도를 개선하기 위하여 다음의 그림과 같이 지역 선거관리위원회와 중앙 선거관리위원회가 서로 긴밀하게 협조하는 제도를 만들어야 한다.

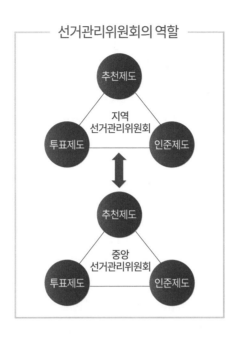

중요한 것은 예수께서 갈릴리 지역을 중심으로 열두 제자들을 세우시고 또한 초기 교회가 예루살렘을 중심으로 맛디아를 세운 것과 같이 지역순환제도를 기초로 각 지역에서 총회부총회장의 후보자를 내세워야 한다는 사실이다.

필자는 사도행전 1장에 나타난 맛디아 선출방법이 예수의 삼원선출방식을 재해석하여 적용한 첫 사례라는 점에서 구체적으로 삼원선거제도라는 세 가지 제도를 발견하게 되었는데, 그 내용은 다음과 같다.

1) 추천제도

아주 분명한 것은 본문에서 본인이 직접 입후보자가 된 자천의 경우나 후보자 자신이 자신을 선거에 등록할 때에 관해서는 일절 언급되지 않았다는 사실이다. 오히려 한 명의 사도를 선출하기 위해 후보자를 배수 공천하여 두 명의 후보자를 추천하는 것으로 표현되어 있다. 유다를 대신할 사도인 후보자 두 명을 추천한 사람은 누구인가? 23절은 '그들'이라고만 밝히고 있다. 그들은 누구인가?

그들은 마가 요한의 다락방에 모인 120명쯤 되는 성도들이다. 이 숫자는 당시의 전체 그리스도인들의 숫자가 아니다. 이미 500여 형제에 관한 내용을 위에서 살펴본 바와 같이 밖에 있는 성도들과는 달리, 지금 마가 요한의 다락방에 모인 120명쯤 되는 사람들은 당시 초기 그리스도인 중에서 예루살렘에 접근하기 쉬운 사람들이 모인 것이라고 볼 수 있다. 바로 이들이 두 명을 추천한 것이다.[23]

적어도 맛디아가 후보자로 추천되기까지는 여러 단계의 검증과정을 거쳤을 것이 분명하다. 우선 맛디아가 원래 어느 그룹에 속한 사람이었는가가 중요한 관심사이다. 맛디아가 열둘로 대표되는 사도는 아니었기에 사도행전 1장에서 유다 대신에 사도의 후보로 오른 것이고 현재 120명의 일원으로 속하여 있는 것을 보면, 그는 70명이나 500여 명의 형제에 속하였던 사람이었으며 다메섹 도상에서 부활하신 주님을 빛 가운데 체험한 바울과는 달리 예수를 직접 목격한 장본인이었다. 그러므로 적어도 맛디아는 예수를 최소한 3년 이상 알고 있었던 사람이므로 사도의 후보자가 될 수 있는 자격은 충분하다.

총회부총회장의 후보 자격을 어느 정도로 정해야 할 것인가? 맛디아가

---

23) 현행 총회부총회장 선거제도는 5개 지역으로 나누어서 지역순환제도 곧 부총회장 후보를 지역으로 순환하면서 지역을 안배하여 부총회장을 선출하고 있다. 당시에 유다를 대신할 사도를 선출하기 위해 모인 사람들은 예루살렘 지역에 쉽게 접근할 수 있었던 사람들이었는데, 오늘의 상황에 적용하면 5개 지역을 노회별로 나눈 것과 같다고 볼 수 있다. 이것은 이미 총회부총회장 선거제도가 첫 단계에서는 사도행전의 지역개념에 근거하고 있다고 평가할 수 있다. 그러나 해당 지역에 속한 여러 노회에서 제각기 추천한 부총회장 후보자들을 두 명으로 압축하는 절차를 거치지 않고 총회석상에서 곧바로 투표를 진행하고 있는 것은 사도행전 1장이 말하는 선거방식이 아니다. 맛디아를 선출한 성경적 선출방식이 되도록 하기 위해서는 해당 지역에서 여러 노회가 추천한 후보들을 두 명으로 압축하기 위한 지역 선거관리위원회를 마련하여야 한다. 지역 선거관리위원회가 중앙 선거관리위원회와 긴밀하게 협조하여, 해당 지역에서 두 명의 후보자로 압축하여 총회에 최종 후보자를 추천할 수 있는 제도를 만들어야 한다.

일반 성도와는 다른 영적 지도자인 사도의 지위를 갖게 된다는 점을 고려할 때, 지역의 노회가 후보자를 추천할 때 적어도 해당 노회에 가입한 사람 중에서 가장 햇수가 오래된 상위그룹 가운데서 한 사람을 선택해야 하고, 역량이 검증된 사람을 선택하기 위하여 나이나 인격적인 면에서 경륜이 지극하고 지역사회에서 인정받고 평판이 좋은 분들 가운데 후보자를 선택하는 것이 올바르다. 그리고 지역순환제도를 통하여 선택해야 하므로, 지역 선거관리위원회는 해당 지역의 여러 노회에서 영적인 리더십을 인정받는 후보자를 두 명으로 배수 공천하여 추천하는 것이 좋다. 최종적으로 중앙 선거관리위원회는 지역 선거관리위원회에서 추천한 두 명을 총회에 부치어 투표할 수 있도록 해야 한다.

맛디아라는 이름이 신약성경에서 오직 본문에만 등장하고 있는 것처럼 총회부총회장의 후보는 굳이 세인에게 인기가 있거나 유명한 인물을 고집해서는 안 된다. 누구나 기본적으로 영적인 자격을 갖추고 있고 지역순환제도를 통하여 기회를 주면, 모인 회중이 한마음으로 기도하는 가운데 후보자를 추천할 수 있어야 한다.

2) 투표제도

맛디아는 120명쯤 되는 성도 전체가 한마음으로 던진 표가 하나로 집약됨으로써 선출된 사도이기에, 그 의미가 초기 교회에서 아주 크다. 영적인 지도자를 선출하는 일이기에, 그 의의를 다음과 같이 정리해 보자.

첫째, 주님의 뜻을 구하기 위해서 투표를 한 것이다. 한마음으로 기도한 후에 주님의 뜻을 확인할 목적으로 투표를 한 것이다. 이러한 행동은 민의를 묻는 민주주의 방식을 채택하면서도, 신의를 묻는 신정주의의 정신을 결코 소홀히 하지 않은 경건한 투표방식이다.

둘째, 결과가 맛디아 한 사람에게 표가 모인 것이 사실이지만, 이는 투표의 결과가 반드시 만장일치로 나와야 한다는 사실을 의미하지 않는다. 기적적으로 사람들의 마음이 하나가 되어 맛디아에게 표가 모인 신적인 만장일치의 사건은 인간사에서 쉽게 일어날 수 있는 현상이 아니다. 하나의 표로 모이지 않더라도, 많은 사람의 표가 두 명의 후보자 중에 한 사람에게 모이면 다수결 원칙에 의해 의사가 결정된 것으로 받아들이는 것이 좋다.

셋째, 원활한 투표를 진행하기 위해서 치밀하게 제비를 준비한 것은 투표를 하는 유권자의 평등한 권한을 존중하는 모습이다. 열한 사도이든지, 70명의 전도자이든지, 500여 형제이든지, 혹은 현장에 있는 120명의 성도이든지 모두 한 개의 제비만을 행사하는 것이 원칙이다.

마지막으로, 투표는 사전에 추천된 두 명의 후보자에 한정하여 진행된 것이다. 이것은 투표를 사전에 철저하게 준비함으로써 혼란을 미연에 방지할 수 있는 장치이다. 사전에 충분히 검토하여 자격을 갖춘 후보자를 결정한 다음에는 마지막으로 하나님께 기도하여 신의를 묻고, 동시에 투표를 함으로써 민의를 묻는 일을 진행해야 한다. 이러한 과정을 통하여 신의와 민의가 적절히 그리고 공정하게 만나게 된다.

3) 인준제도

인준제도는 맛디아를 선출하는 모든 과정을 분명하고도 공정하게 진행하도록 감시하는 제도이다. 열한 명의 사도들은 모든 투표과정에서 신의와 민의가 균형을 이루도록 확인하는 일을 계속해 온 것이다. 마침내 이러한 과정을 통해서 선출된 맛디아가 열한 사도의 수에 가입됨으로써 모든 투표의 인준과정도 마무리된 것이다. 총회의 투표과정에서 최종적인 인준을 선거관리위원회가 담당하고 있는 것처럼, 본문에서 열한 사도는 이러한 인준제도의 역할을 수행하고 있다.

예수께서 스스로 권위를 가지고 제자들을 부르시고, 선택하시고, 열둘의 이름을 임명하신 것인데도, 제자 중에 '예수를 파는 자가 될 가룟 유다'가 포함된 것을 참으로 의아스러운 일이다. 왜 예수께서 배반자가 될 유다를 제자로 부르신 것일까? 비록 유다가 배반할 운명이 있음을 이미 알고 있음에도 불구하고, 예수께서는 충분히 기도하신 후에 그를 열두 제자의 수에 포함한 것이다.[24]

9. 결론

사도행전 1장에서 초기 교회가 맛디아를 선출하는 방식은 엄밀하게 말해서 제비뽑기 방식이 아니다.[25] 예수께서 보여주신 삼원선출방식 곧 부르심과 선택과 임명의 방법을 새로운 시대적 상황에 맞게 재해석함으로써 당시의 현실에 적용한 매우 훌륭한 사례이다. 필자는 예수의 방법을 맛디아 선출방법에 추천과 투표와 인준으로 적용한 초기 교회의 과정을 다음과 같은 그림으로 간단하게 정리하고자 한다.

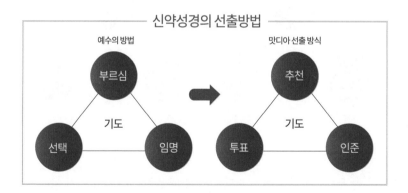

24) 이것은 예수께서 사람을 선택하실 때 어떤 기준을 가졌는지를 보여주는 모습이다. 비록 나중에 배반할 사람이라도 지금 이 순간에는 그를 사랑함으로써 열두 제자로 부르신다는 사실은 오늘날 많은 사람이 일꾼을 선택할 때 너무나도 인간적인 생각에만 치우쳐서 편애와 편견으로 투표하고 있는 모습을 반성하게 한다. 불행하게도 역대 총회장을 역임한 사람 중에는 가룟 유다와 같은 지도자도 있다. 총회가 그 사람이 그런 배반자가 될 것을 사전에 알았다면 과연 그를 총회장으로 인준하는 일을 하였겠는가. 예수께서 가룟 유다를 임명하신 것은 사랑으로 사람을 세우시는 영적인 권위의 최고 극치를 보여주는 행동이다.

25) 박종수. 《이스라엘 宗敎와 祭司長 神託: 제비뽑기의 神秘》. 서울: 한들출판사, 1997.

예수의 부활 승천 이후에 초기 교회는 두려움 속에서 무슨 일을 해야 할지, 어떻게 당면한 난관들을 극복해 나가야 할지 알지 못하였다. 이런 와중에서 120명쯤 되는 성도들이 마가 요한의 다락방에 모여서 한마음으로 기도하여 성령의 도우심으로 위로부터 임하시는 하나님의 뜻을 간절하게 기다린 것이다. 이러한 상황에서 구체적으로 해결해야 할 문제 가운데 하나인 유다를 대신할 사도를 선출하는 현실적인 문제에 봉착하게 되었을 때, 다음의 그림과 같이 초기 교회는 예수께서 열두 제자를 부르시고 선택하시고 임명하신 삼원선출방식을 재해석함으로써 추천제도와 투표제도와 인증제도라는 삼원선거제도를 확립함으로써 맛디아를 성공적으로 선출하게 된다.

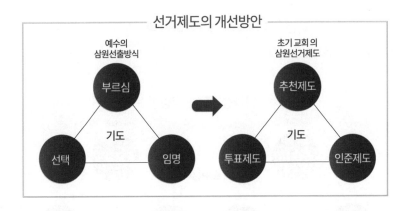

총회부총회장 선거는 다양하고 복잡한 여러 요인에 둘러싸여 있어서 해결해야 할 문제들이 산재해 있으므로 쉽게 해법을 찾는 일이 쉽지 않다. 이러한 상황에서 예수의 가르침과 초기 교회의 맛디아 선출방식이 많은 점에서 유사하다는 사실을 직시함으로써 총회는 성경적인 가르침에 근거한 올바른 내용을 현실에 맞게 재해석하고 새롭게 적용함으로써 성경에 입각한 경건한 선거제도를 만드는 데 최선의 노력을 기울여야 한다.

IV. 신약성경의 선교와 순교[1]

1. 서론

선교는 순교를 각오하고 가는 길이다. 그 누구도 자기희생과 헌신 없이는 복음의 진보를 가져올 수 없다.[2] 122년 전에 한국에 복음을 들고 제물포항에 입항한 언더우드 선교사 부부는 다음과 같이 한국 선교를 시작하는 소감을 시로 남겨 놓았다.

주여! 지금
아무것도 보이지 않습니다.
주님, 메마르고 가난한 땅
나무 한 그루
시원하게 자라 오르지 못하고 있는 땅에
저희들을 옮겨와 심으셨습니다.[3]

---

1) 이 장은 "신약성경의 선교와 순교,"《생존의 수사학과 한국교회의 성서읽기: 청아 서용원 교수의 20년 근속 및 정년기념 논문집》(서울: 한들출판사, 2007), 369-396에 실린 것을 수정 보완한 것이다.

2) 이상규, "선교와 순교, 그리고 복음,"《목회와 신학》158(2002년 8월): 115. 그는 이 논문에서 짐 엘리엇과 그의 동료들, 닥터 셔우드 홀과 그의 가족들, 헨리 데이비스 등 세 명의 선교사들의 사례를 전하면서 감동적인 선교 사례들을 보여주었다. 그러나 이러한 논증과는 달리 필자는 '선교와 순교'라는 주제를 신약성경에서 찾아보고자 한다.

한국에서 순교의 제물이 된 최초의 개신교 선교사는 토마스 목사이다. 언더우드 선교사 부부는 미국에서 그가 평양 대동강변에서 순교하였다는 비보를 이미 들었음에도, 미지의 땅인 한국을 위해 복음 선교의 큰 발을 내디뎠다.

터툴리안이 '순교의 피는 그리스도교의 씨앗'[4]이라고 언급한 것을 보면, 순교가 초기 교회의 선교 역사에서 차지하는 비중이 얼마나 큰 것인지를 우리에게 능히 짐작하게 한다. 스데반과 야고보의 순교가 초기 교회에서 그리스도 교회의 신앙적 기초가 된 것이 분명하다. 신약성경의 순교에 관한 연구나 초기 교부의 모든 설교가 스데반과 야고보를 언급하는 것도 이 때문이다.

사도행전에서 스데반의 순교는 긴 시간에 걸친 복음 전도 직후에 일어났다는 점에서 아주 극적으로 묘사되어 있다. 이 점에서 선교와 순교는 공통의 이미지를 가지고 있는데, 본 장은 먼저 이러한 어원적 특징을 살펴보고자 한다. 그리고 스데반의 순교가 지닌 특징을 살펴보고자 한다. 그런데 야고보의 순교도 중요한 의미를 지니고 있어서, 본 장은 이 점을 놓치지 않으려고 한다.

이어서 본 장은 스데반과 야고보의 순교의 피 위에 세워진 초기 교회가 어떻게 순교의 위협 속에서도 굴하지 않고 담대하게 복음 전도의 대열에 동참하게 되었는지 살펴보고자 한다. 이러한 연구를 통하여 초기 교회의 복음 전도가 순교의 피 위에 세워진 것임을 살펴봄으로써, 초기 교회의 역사연구는 자연스럽게 순교자들이 감당한 선교에 관한 연구로 이어진다는 사실을 확인하게 된다.[5] 이로써 오늘 현대적인 상황 속에서 순교와 선교의 의미가 무엇인지 결론적으로 생각해 보고자 한다. 본 장은 신약성경에 나타나 있는 순교의 의미를

---

3) 필자는 이 시를 김호경, "순교, 보이지 않는 것을 위한 헌신," 《주간기독교》 1682(2007년 6월): 3에서 재인용하였다.

4) Tertullian, *Apology* 50.13. 한편으로, 라너(Karl Rahner)는 순교가 "그리스도인의 삶에 있어서 최고의 표현"이라고 말하였다. 참고, Karl Rahner, On the Theology of Death (Edinburgh; London: Nelson, 1961), 124. 또 다른 한편으로, 어떤 학자들은 순교를 자살과 대조하면서 "순교야말로 지난 2000년 동안 항상 긍정적으로 인정받아서 제복을 입은 것처럼 드러났다. 그래서 순교는 '영웅적이고' '희생적이고' '고결하고' '귀족적으로' 표현되었다."라고 극찬하기도 하였다. 참고, Arther Droge and James D. Tabor, *A Noble Death: Suicide and Martyrdom Among Christians and Jews in Antiquity* (San Francisco: Harper Collins, 1992), 4.

살펴봄으로써 선교에 관한 강력한 의식을 고취하려는 의도가 있다.

2. 순교와 선교의 어원적 의미

신약성경에서 순교는 목숨을 걸고서 신앙을 지키고 복음을 전하려는 초기 그리스도인들의 가장 강력한 표현 방법으로 나타나고 있다. 호스테틀러 (Michael J. Hostetler)는 초기 교부들의 설교에 관한 연구를 통하여 순교가 그리스도인들의 신앙 표현에 있어서 수사적인 의미가 크다는 사실을 연구하기도 하였다.[6] 그러나 그는 역설적으로 순교가 수사적이면서 동시에 수사의 끝이라는 사실을 보여준다고 지적하였다.[7] 예수 그리스도의 복음을 전하기 위하여, 지난 2000년 동안 많은 순교자가 온갖 고난과 박해에도 불구하고, 생명을 바쳐서 힘쓴 덕분에 오늘날까지 복음의 생명력을 이어오게 되었다. 분명히 교회의 선교가 성공을 거두게 된 것은 순교자들의 덕분이다. 이 점에서 순교와 선교는 교회의 역사에 있어서 너무나도 긴밀하게 연결되어 있다. 그러면 순교와 선교의 어원적 의미를 살펴보자.

1) 순교

순교는 자기가 믿는 신앙이나 신념을 위하여 생명을 바치는 행동을 가리키는 단어이다. 일반적으로 순교라는 개념에 관하여 문화사적인 측면에서는 다음과 같은 정의를 내리기도 한다.

---

5) W. H. C. Frend, *Martyrdom and Persecution in the Early Church* (Oxford: Alden Press, 1965). 이 책은 초기 교회에 있었던 리용의 순교자들로부터 시작하여 로마 제국 내에 만연하였던 순교자들을 총 망라하면서 초기 교회의 선교가 순교의 피 위에 세워져 있다는 사실을 잘 보여주고 있다.

6) 참고, Michael J. Hostetler, "The Rhetoric of Christian Martyrdom: An Exploration of the Homiletical Uses of Ultimate Terms" (Ph. D. Dissertation, Northwestern University, 1993).

7) Michael J. Hostetler, "The Rhetoric of Christian Martyrdom: An Exploration of the Homiletical Uses of Ultimate Terms," 191-193.

순교는 단지 개인적인 경험이나 종교적인 사건이 아니라, 신앙이나 명분을 지키려는 개인의 내적 의지와 이를 도전과 위협으로 받아들이는 사회적, 정치적 힘들 사이의 복잡한 줄다리기 속에서 벌어지는 복합적인 경험이요 역동적인 사건이다.[8]

이러한 설명에 의하면, 순교는 문화 사회학적으로 구성되는 것이기에, 논란의 여지가 많다. 곧 순교에 대해서 다양한 요소들이 뒤엉켜 있는 불확실한 성격으로 규정지을 수 있기 때문이다. 《바보들 순교자들 반역자들》이라는 책으로 유명한 스미스(Lacey Baldwin Smith)는 순교자들이 보통 인간과 비교해 볼 때 연약한 인간들이지만, 그들은 "순교가 삶을 위해서 값지게 만드는 방법을 알았고" 더 나아가서 "순교가 끝이 아니라 하나의 시작으로 만드는 것, 즉 죽음을 값지게 만드는 것"[9]을 알았다고 말한다. 그러므로 순교는 결코 불안정한 사회나 상황이나 시대에 대해서 드라마틱하게 이기적인 욕망을 표출하는 행동이 아니다. 자기가 믿는 절대자이신 하나님과의 관계에서 조금도 흐트러짐 없이 이루어진 신실한 순교는 죽음을 불사하면서 표출하는 행동이다.[10] 이 점에서 소크라테스의 순교는 의로운 죽음이다.[11] 그러나 우리는 초기 그리스도교에 있

---

8) 김윤성, "개념사의 비교종교학적 유용성: '순교' 개념의 분석사례를 중심으로," 《종교와 문화》 9(2003년 6월): 87.

9) Lacey Baldwin Smith, *Fools, Martyrs, Traitors: The Story of Martyrdom in the Western World*, 김문호 역, 《바보들, 순교자들, 반역자들》 I (서울: 지호, 1998), 14.

10) 이러한 내용을 김윤성, "개념사의 비교종교학적 유용성: '순교' 개념의 분석사례를 중심으로," 87에서 참고하였다. 소크라테스는 자신을 고발하는 아테네 시민들을 향하여, "신만이 지혜롭다."라고 말하면서 "인간들의 지혜는 거의 무가치하거나 전혀 가치가 없다."라는 사실을 입증하였다. 이러한 발언을 통해서, 우리는 소크라테스가 자신의 순교를 신의 뜻으로 받아들였다는 사실을 추론할 수 있다. 참고, Lacey Baldwin Smith, 《바보들, 순교자들, 반역자들》 I, 66. 그러나 소크라테스가 유일신을 믿었는지 아니면 집단적이거나 동맹관계의 신들을 믿었는지에 대해서는 한 번도 분명히 밝힌 적이 없다. 그러나 플라톤의 대변인이었던 파이돈이 말한 것과 같이, 소크라테스는 두려움 없이 죽었으며, "그의 말과 태도는 너무나도 고상하고 자비로워서 나에게는 그가 축복처럼 보였다."라고 플라톤의 생각을 전하였다. 참고, Lacey Baldwin Smith, 《바보들, 순교자들, 반역자들》 I, 73.

11) Arther Droge and James D. Tabor, *A Noble Death: Suicide and Martyrdom Among Christians and Jews in Antiquity*, 17-51.

었던 많은 순교자를 소크라테스의 죽음과 같이 단지 의로운 죽음으로만 이해하지 않는다.12) 그러면 신약성경과 초기 그리스도교에서 말하는 순교는 어떻게 정의될 수 있는가?

이상규는 순교에 대해서 "자기가 믿는 종교를 위해 생명을 바치는 행동 혹은 신앙을 위해 죽임을 당하는 일"13)로 정의한다. 이러한 정의에 덧붙여서 이그나시우스(Ignatius of Antioch, 35-117?)의 언급을 예로 들면서, 그는 "죽음을 증거하는 완성 단계로 보고 있으며 그리스도를 위한 고난과 죽음을 '그리스도를 본받음'의 최고 이상으로 여겼다."14)라고 말한다. 이 점에서 초기 그리스도교의 순교자들은 다른 여타의 순교자들과 근본적으로 다르다. 스미스는 이 점에 관하여 다음과 같이 평가한다.

그들[초기 그리스도교 순교자들]은 예수의 죽음과 부활에서 순교가 실제로 효험이 있었다는 역사적 증거를 가지고 있었다. 그들은 자신들이 흘린 피가 자신들의 죄만을 깨끗하게 씻어 줄 뿐, 다른 사람들의 죄에 대해서는 직접적인 구제력이 없다고 주장했다. 그래서 그들은 투쟁하면서 자신들이 기쁨의 낙원으로 들어가는 것을 방해하려 하는 사탄과 일대일로 치열하고 필사적인 대결을 벌이고 있다고 인식하였다.15)

이 점에서 초기 그리스도교의 순교자들은 그 모든 고난에도 불구하고, 순교

---

12) 순교를 낭만주의적으로 해석할 수는 없다. 혹은 순교가 추측으로 확인될 수 있는 것도 아니다. 그러므로 우리는 순교에 관하여 단순한 설명의 차원이 아니라 이해의 차원으로 접근해야 할 해석학적 측면을 견지해야 할 것이다. 참고, Paul Ricoeur, *Interpretation Theory: Discourse and the Surplus of Meaning*, 김윤성 외역, 《해석이론》 (서울: 서광사, 1994), 123-148.

13) 이상규, "어떻게 '증인'이 '순교자'로 변화되었을까?," 《목회와 신학》198(2005년 12월): 200. 그런데 소크라테스의 순교가 지닌 연극적인 요소가 다음의 평가에 의해 묻어난다. "소크라테스가 죽는 순간에 사소하게도 대수롭지 않은 이방신에 지나지 않는 신에게 닭 한 마리를 제물로 바칠 것을 부탁했다는 사실은 그의 죽음에 관하여, 그리고 순교의 역사에서 그의 죽음이 차지하는 위치에 관하여 혼란스러운 물음들을 불러일으킨다." Lacey Baldwin Smith, 《바보들, 순교자들, 반역자들》 I, 77에서 인용하였다.

14) 이상규, "어떻게 '증인'이 '순교자'로 변화되었을까?," 200-201.

15) Lacey Baldwin Smith, 《바보들, 순교자들, 반역자들》 I, 185.

를 자신들이 지은 죄를 모두 용서받을 수 있는 수단으로 여기며, 환희 가운데서 적대자들과의 싸움을 마치고 마침내 천국의 안식에 들어가는 순교의 길을 선택하였다. 이와 관련하여 130-140년경에 로마에서 기록된 것으로 추정되는 문서인 '헤르메스의 목자'(Pastor Hermae)를 보면, 순교자라는 말 대신에 '고난받는 자들'이라는 용어가 사용되기도 한다.[16]

순교라는 단어는 2세기 중엽 이후에 '피의 증인'(blood witness) 곧 순교자를 의미하는 단어로 바뀌었다. 이러한 어의 변화를 보여주고 있는 것이 156년경에 순교한 서머나의 성자 폴리캅의 순교 이후다.[17] 여기서 우리는 요한계시록 17장 6절에 "이 여자가 성도들의 피와 예수의 증인들의 피에 취한지라"라는 구절을 통하여, '피의 증인'이라는 의미가 신약성경에 이미 사용되고 있다는 사실을 확인할 수 있다.[18] 그러나 1세기의 초기 그리스도교에서는 아직 증인이라는 단어가 순교자를 뜻하는 단어로 확실하게 발전해 나가지 않았다.[19] 흔히 요한계시록에는 '충성된 증인'이라는 표현들(계 1:5; 참조 3:14)이 특징적으로 등장한다.[20] 이러한 표현에서 충성된 증인은 순교자들의 유효성을 강조하는 것이지만, 여전히 '어린 양이신 예수 그리스도의 피와 순교자들의 증거'를 구분하는 것 속에서 사용된다(계 12:11). 물론 요한계시록에서 순교자들은 그리스도를 증거 하다가 순교한 자들이지만(계 6:9; 11:7; 12:17; 20:4),[21] 아직 2세기의

---

16) 이 내용을 이상규, "어떻게 '증인'이 '순교자'로 변화되었을까?," 201에서 참고하였다.

17) 하성수 역주, "해제," 《폴리카루푸스 편지와 순교록》, 교부문헌 총서 12(왜관: 분도출판사, 2000), 18. 필자는 이 내용을 이상규, "어떻게 '증인'이 '순교자'로 변화되었을까?," 201에서 참고하였다.

18) '피의 증인'을 시사하는 구절은 이외에도 사도행전 22:20과 베드로전서 5:1과 요한계시록 2:13에도 등장한다. 필자는 이러한 구절들에 관해서 하성수 역주, "해제," 118쪽의 각주 47번과 김윤성, "개념사의 비교종교학적 유용성: '순교' 개념의 분석사례를 중심으로," 89쪽의 각주 14번을 참고하였다.

19) Allison A. Trites, "μάρτυς and Martyrdom in Apocalypse: A Semantic Study," *Novum Testamentum* 15 (1973): 77-80. 또한 그의 책 *The New Testament Concept of Witness*, Society for New Testament Studies Monograph Series 31 (Cambridge: Cambridge University Press, 2005)을 참고하라.

20) 요한계시록의 순교자에 관해서는 Mitchell G. Reddish, "요한묵시록에서의 순교자 기독론," 최흥진 역, 《신학이해》 12(2002년 1월): 389-403을 참고하라.

21) Mitchell G. Reddish, "요한묵시록에서의 순교자 기독론," 399.

초기 그리스도교회처럼 피의 증인으로 본격적으로 불리지 않았다. 베드로전서 5:1에 나오는 *마르투스*(μάρτυς)라는 단어도 그리스도의 수난과 관련이 있지만, 베드로의 순교를 암시하는 행위에 관한 증언임에도 불구하고 피의 증인 곧 순교자라는 뜻으로 사용된 것이 아니다.[22]

신약성경에 사용된 '순교'라는 헬라어 단어는 '*마르투스*(μάρτυς)'인데, 원래 이 단어는 법정용어로서 재판석에서 증언하는 사람을 가리키는 '증인'이라는 뜻으로 사용되었다. 이상규에 의하면, 신약성경에서 그리스도를 증거 한다는 것은 사람들 앞에서 예수에 관해 있는 그대로의 사실을 진술하는 행위를 말한다. 그래서 증인이란 증거 하는 사람 혹은 사실을 눈으로 보고 귀로 들은 것을 전하는 사람이라는 뜻이다.[23] 이러한 용어가 사용된 경우를 다음과 같은 신약성경의 구절들로 확인할 수 있다.

> "너희는 이 모든 일의 증인이라"(눅 24:48)
> "오직 성령이 너희에게 임하시면 너희가 권능을 받고 예루살렘과 유대와 사마리아와 땅끝까지 이르러 내 증인이 되리라"(행 1:8)
> "이 예수를 하나님이 다시 살리신지라 우리가 다 이 일에 증인이로다"(행 2:32)

이러한 구절들에서 *마르투스*(μάρτυς)는 분명히 증인이라는 의미로 사용되고 있다. 그런데 *마르투스*(μάρτυς)는 원래 *마르투리아*(μαρτυρία)라는 단어에서 파생된 것으로 증거라는 뜻이 있다.[24] 이 단어가 증거라는 뜻으로도 사용되고 있는 것을 다음의 구절들에서 확인할 수 있다.

---

22) 하성수 역주, "해제," 118.
23) 이상규, "어떻게 '증인'이 '순교자'로 변화되었을까?," 200.
24) 하성수 역주, "해제," 118. 참고, 김윤성, "개념사의 비교종교학적 유용성: '순교' 개념의 분석사례를 중심으로," 89.

나를 말미암아 너희가 권력자들과 임금들 앞에 서리니 이는 그들에게 증거가 되려 함이라(막 13:9b)

이 구절에 의하면, 여기서 말하는 증거는 법정적인 의미에서 증언하는 일종의 '신앙의 증언'을 가리킨다. 또한 다음 구절들을 보면, 이러한 증언이 법적인 차원을 넘어서 복음의 증거라는 차원으로 나가고 있는 것을 알 수 있다.

누구든지 너희를 영접하지 아니하거든 그 성에서 떠날 때에 너희 발에서 먼지를 떨어 버려 그들에게 증거를 삼으라(눅 9:5)
그의 증언을 받는 자는 하나님이 참되시다는 것을 인쳤느니라(요 3:33)

이러한 구절들에서 *마르투로스*(μάρτυρος)는 분명히 증거라는 의미로 사용되고 있다. 이러한 의미는 증거가 선교 곧 복음 전도라는 단어와 연결될 수 있다는 중요한 단서를 제공한다. 그러면 증인이라는 의미가 증거라는 의미로 연결되면서, 어떻게 선교라는 개념으로 나아갈 수 있는지를 다음의 항목에서 다루어 보기로 하자.

2) 선교

신약성경에 선교라는 단어는 나오지 않지만, 선교를 뜻하는 구절들은 많다. 예를 들면, 마가복음에 나타난 '전파'(헬라어 동사로는 '*케뤼소*(κηρύσσω)'이다)라는 단어와 복음이라는 단어(헬라어 명사로는 '*유앙겔리온*(εὐαγγέλιον)'이다)를 정리하자면, 다음과 같이 두 가지의 종류이다.

'복음'과 '전파'의 동시 사용	'전파'만 사용
1장 14절 14장 9절 16장 15절	1장 38, 45절 3장 14절 5장 20절 6장 12절 7장 36절 16장 20절

이상의 정리를 통해서 분명해지는 사실은 여기에 사용된 그리스어 동사는 모두 '케뤼소(κηρύσσω)'이며, 마가복음에서 복음전파의 행위를 나타낼 때 사용된 단어이다. '유앙겔리조(εὐαγγελίζω)'라는 동사는 마가복음에서 단 한 차례도 사용되지 않고 있으며, 마태복음에서 단 한 차례만 사용되고 있다(마 11:5). '유앙겔리조(εὐαγγελίζω)'는 '말하는 것'이나 '전파하는 것' 이상의, '충만한 권위와 능력으로 선포하는 것'을 의미한다. 그러므로 이 단어는 주로 누가복음(10회)과 사도행전(15회)에 사용되고 있다.[25] 그렇지만, 마가복음은 '케뤼소(κηρύσσω)'라는 단어만을 가지고 혹은 '케뤼소(κηρύσσω)'를 '복음'이라는 단어와 결합하여, 하나님의 나라 복음 전파를 극대화하고 있다. 마가복음은 이러한 표현을 통해서 다른 어떤 복음서보다 더욱더 선교를 강조하는 데 활용하고 있다(마 5:20; 7:36; 16:15, 20).[26]

신약성경에서 선교라는 단어가 등장하지 않지만, 복음을 전파하는 선교에 관한 충분한 어의를 전해주고 있다. 이것을 잘 간파한 맥가브란은 선교에 관해서 다음과 같이 정의를 내린다.

모든 민족을 제자로 삼고, 모든 종족을 그리스도 안에 나타내신 하나님께

25) 박수암, "신약성서를 중심으로 본 교회갱신과 선교: 선교개념을 중심으로," 《선교와 신학》 3(1999): 31.
26) 소기천, 《하나님의 사랑과 세계선교》, 장로회신학대학교 100주년 기념총서 11(서울: 장로회신학대학교 출판부, 2001), 72-73.

화해시키며, 모든 민족을 신앙과 복종에로 인도하며, 복음을 전 피조물에게 전하는 일[27]

이러한 정의에 관하여 후에 맥가브란은 재개정한 책에서 다음과 같이 선교에 관해 정의를 내린다.

선교는 예수 그리스도의 복음을 선포하여, 남녀를 그리스도의 제자와 그리스도의 몸 된 교회의 책임 있는 구성원이 되게 하는 사역이다.[28]

맥가브란은 이러한 선교사역이 오늘의 역사에 있어서 하나의 분수령을 이루고 있다고 진단한다. 그런데 위에서 살펴본 바와 같이, 헬라어에서 증인이라는 단어인 *마르투로스*(μάρτυρος)가 증거라는 뜻으로 사용되면서 모든 민족에게 복음을 전파한다는 뜻을 가진 선교라는 의미와 연결된다는 사실을 우리가 기억하는 것은 아주 중요하다. 곧 선교는 예수 그리스도의 복음을 선교하는 것이기 때문이다. 그러므로 헬라어에서 증인과 증거와 선교는 상호적으로 그 뜻이 일치하는 것으로 볼 수 있다. 더 나아가서 많은 그리스도의 증인들이 복음을 증거 하다가 선교 현장에서 순교한 것을 우리는 초기 교회의 역사로부터 지금에 이르기까지 잊어서는 안 된다. 이 점에서 *마르투로스*(μάρτυρος)의 역사는 곧 순교의 역사라고 볼 수 있다. 곧 증인 혹은 증거라는 뜻의 단어가 순교라는 뜻으로 의미전환이 되면서, 초기 그리스도교를 피의 증언 위에 굳게 세워 놓게

---

27) Donald A. McGavran, *Understanding Church Growth*, 이요한 외 역, 《교회성장이해》 (서울: 대한예수교장로회 총회 출판국, 1987), 11.

28) 필자는 이것을 Arthur F. Glasser, *Announcing the Kingdom*, 임윤택 역, 《성경에 나타난 하나님의 선교》 (서울: 생명의 말씀사, 2006), 15에서 재인용하였다.

29) 글렌 바우어삭(Glen W. Bowersock)은 마르투스가 신앙을 증언하다가 순교한 자를 암시한 《폴리카르푸스의 순교록》을 예로 들면서, 증언 혹은 증거가 순교를 뜻하는 단어로 전환된 것은 100-150년경에 이루어진 것으로 추정한다. 참고, Glen W. Bowersock, *Martyrdom and Rome* (Cambridge: Cambridge University Press, 1995), 13. 스트라트만(H. Strathmann)도 '헤르마스의 목자'를 예로 들면서, 마르투스가 '고난받는 자들'(*파돈테스*)이라는 표현으로 동일시되는 점을 들어서 이 같은 사

되었다.[29] 이러한 의미전환에 관하여, 김윤성은 바우어삭의 논증을 인용하면서 폴리카르푸스가 순교한 소아시아의 서머나에서 당시에 자행되었던 원형경기장의 처형장면이 던진 충격의 여파로 *마르투로스*(μάρτυρος)가 피의 증언을 뜻하는 순교라는 의미를 지니게 되었다고 주장한다. 그의 주장을 다음과 같이 인용해 본다.

> 새로운 의미를 획득한 *마르투로스*(μάρτυρος)는 그리스도교에 대한 박해가 로마 세계 전역으로 확장되고 더욱 격렬해지면서 전체 그리스도교인들 사이로 급속히 유포되었다. *마르투로스*(μάρτυρος)에 내포된 격렬한 육체적 고통의 함의는 처형당한 신자들의 직접적인 경험과 그 광경을 목도하고 그 이야기를 전해 들으며 미래의 처형을 준비하던 다른 신자들의 간접적인 경험을 통해 그들 모두의 육체에 지울 수 없는 기억으로 각인되었고, 이에 따라 '피의 증언'으로서 *마르투로스*(μάρτυρος)의 의미도 확고하게 굳어졌다.[30]

신앙의 증언을 의미하는 *마르투로스*(μάρτυρος)는 순교를 뜻하는 피의 증언이라는 의미로 전환되면서 그리스도교인들에게 엄청난 영향을 미치게 되었다. 이상의 내용을 통해서 우리는 *마르투로스*(μάρτυρος)는 선교와 순교라는 유사성과 차이성을 씨줄로 날줄로 짜이는 복잡한 내용들과 연결되고 있다는 사실을 알 수 있다.

순교는 복음 전도의 현장에서 언행일치를 의미하는 최고의 증언이자 동시에 결단이다. 다시 말해서 순교는 말로써 증거 하는 것과 행동을 통해서 믿음을 보여주는 것 곧 '말(증거)과 행위의 일치'를 가장 숭고하게 보여주는 결단

실을 뒷받침한다. 참고, H. Strathmann, "μάρτυς κτλ" *Theologisches Wörterbuch zum Neuen Testament*, vol. 4(1942), 511. 필자는 이것을 하성수 역주, "해제," 118-119; 김윤성, "개념사의 비교종교학적 유용성: '순교' 개념의 분석사례를 중심으로," 89에서 참고하였다.

30) 김윤성, "개념사의 비교종교학적 유용성: '순교' 개념의 분석사례를 중심으로," 90.

이다. 앞에서 언급한 바 있는 요한계시록에 표현된 충성된 증인이라는 개념이 "말과 행위로 하나님을 온전히 입증하는 것이었으며, 이 사역은 십자가에서 완성되었다."[31] 이와 관련하여, 유세비우스는 그리스도교 신앙을 증거 하다가 체포되어 고난을 받았지만, 목숨을 보전하고 풀려난 고백자를 말씀의 증거자인 순교자와 구별하였다.[32] 이러한 구별을 통해서 초기 그리스도교의 전통에 있어서 피의 증언을 통한 죽음을 순교자의 가장 중요한 자격으로 간주하였다는 사실을 알 수 있다.

초기 교회의 위대한 증인으로서 복음을 증거 하는 선교 사역에 전심전력하다가 마지막에 순교한 스데반과 야고보를 다음의 항목에서 살펴보고자 한다. 이들의 순교는 후에 폴리카르푸스와 이그나시우스와 같은 순교자들을 위시하여 모든 오고 오는 그리스도교의 순교자들에게 엄청난 영향을 미치게 되었다.

3. 초기 교회의 순교자들과 선교

분명히 스데반과 야고보의 순교는 초기 교회를 순교의 피 위에 굳게 세우는 역할을 하였다. 304년경에 성자 유포스는 로마 행정장관에게 이렇게 말하였다. "나는 죽기를 원한다. 나는 그리스도교인이다." 또한 성자 이그나시우스는 자신을 구하고자 하는 동료 그리스도인들에게 "반갑지 않은 친절"을 베풀지 말고, 오히려 "내가 맹수들에게 잡아먹히는 고난을 겪고 하나님께 이를 수 있도록 내버려둬 달라."라고 간청하였다.[33] 이러한 것을 보면, 물론 순교가 '치

---

31) J. P. M. Sweet, "Maintaining the Testimony of Jesus: The Suffering of Christians on the Revelation of John," in *Suffering and Martyrdom in the New Testament: Studies Presented to G. M. Styler by the Cambridge New Testament Seminar*, edited by William Horbury and Brian McNeil (Cambridge: Cambridge University Press, 1981), 104. 필자가 이것을 Mitchell G. Reddish, "요한묵시록에서의 순교자 기독론", 392에서 재인용하였다.

32) Eusebius, *The History of the Church*. Penguin Classics (London: Penguin Books, 1965): 5.2.2-5. 필자는 이것을 이상규, "어떻게 '증인'이 '순교자'로 변화되었을까?," 201에서 참고하였다.

명적인 약점'을 가질 수 있다는 사실을 내포하고 있지만,[34] 우리는 초기 그리스도인들이 그 모든 곤란한 상황을 극복하고 얼마나 담대하게 순교하였는지 알 수 있다. 초기 교회에서 순교가 빈번하였던 이유는 당시에 만연되었던 로마의 황제 숭배에 대하여 기독교가 강력하게 반대하였기 때문이다.[35] 필자는 다음과 같이 신약성경에 비교적 자세하게 소개되고 있는 스데반의 순교와 아주 간단하게 언급되고 있는 야고보의 순교를 살펴봄으로써, 선교와 순교의 중요성을 살펴보고자 한다. 물론 초기 교회에는 많은 순교자가 있었다. 예를 들면, 스데반과 야고보 이외에도 안드레, 베드로, 바울, 빌립, 마태, 마가, 맛디아, 유다, 바돌로매, 도마, 누가, 요한 등 많은 사도가 순교하였다.[36] 그러나 필자는 본 장에서 지면 관계상 초기 그리스도교의 최초의 순교자인 스데반과 사도 중에서 최초의 순교자인 야고보에 관해서만 다루고자 한다.

1) 스데반의 순교

역사적으로 최초의 순교자로 알려진 사람은 그리스의 철학자 소크라테스이지만,[37] 신약성경에서 예수의 순교[38]에 뒤를 이어서 최초의 순교자인 스데반이 순교할 때, 바울은 그 장면을 아주 가까운 곳에서 목격하였다. 심지어

---

33) 참고, Lacey Baldwin Smith, 《바보들, 순교자들, 반역자들》 I, 193-194.

34) 간디는 순교가 두 가지 치명적인 약점을 가지고 있다는 사실을 간파하였다. 곧 순교란 명백한 정치적 반역과 연관되면 그 효력을 잃으며, 세속화되고 종교적인 요소가 빠지면 그 의미를 잃게 된다는 사실이다. 참고, Lacey Baldwin Smith, 《바보들, 순교자들, 반역자들》 II, 240.

35) Paul Middleton, *Radical Martyrdom and Cosmic Conflict in Early Christianity*. Library of New Testament Studies 307 (New York: T & T Clark, 2006), 48-54. 당시에 원형경기장에서 처형된 순교자들은 "바로 로마의 대 제일(大祭日)"에 맞추어서 거행되었다. 참고, Anonymous, *The Martyr of the Catacombs: A Tale of Ancient Rome*, 김상수 외 역, 《지하묘소의 순교자》 (서울: 오륜출판사, 1975), 9.

36) John Fox[e], *Fox[e]'s Book of Martyrs*, ed. Marie G. King, 《기독교 순교사화》 (서울: 생명의 말씀사, 1977), 11-14. 이 책은 후에 W. G. 베리에 의해 증보되었다. 참고, John Foxe, *Foxe's Book of Martyrs*, ed. W. G. 베리, 엄성옥 역, 《존 폭스의 순교사》 (서울: 은성, 1992).

37) Lacey Baldwin Smith, 《바보들, 순교자들, 반역자들》 I, 49-84를 보라.

38) 요한계시록은 예수 그리스도를 최초의 순교자(proto-martyr)로 그리고 있다. 참고, Mitchell G. Reddish, "요한묵시록에서의 순교자 기독론," 400.

바울은 스데반을 향해 돌을 던지는 자들의 겉옷을 자신의 발아래 맡아 두기도 하였다(행 7:58). 그래서 사도행전은 바울이 스데반의 순교를 마땅하게 여겼다고 묘사한다(행 8:1).

순교하기 전에 스데반은 적대자들 앞에서 담대하게 그리스도교 복음을 전파하였다. 사도행전 7장에 나오는 스데반의 긴 설교는 그가 얼마나 복음 전도에 신실하였는지를 우리에게 상기시켜주고 있다. 이스라엘의 전 역사에 걸쳐서 나타나는 하나님의 구원사와 관련하여 전통적인 유대인의 시각이 아니라 사마리아 오경 전통에 입각하여 복음을 대변한 스데반은 안타깝게도 순교하게 되었다.

일곱 명 일꾼 중의 하나로 선택된 스데반의 순교에 관한 이야기는 사도행전 6장에서 시작된다. 특히 사도행전에서 스데반은 "믿음과 성령이 충만한 사람"(행 6:5)이라고 묘사되어, 다른 동료들과 구별된다. 또한 스데반이 체포된 이유에 대해서도 "은혜와 권능이 충만하여 큰 기사와 표적을 민간에 행하니"(행 6:8) 때문이라고 묘사한다. 뿐만 아니라, 공회에 앉아 있던 사람들은 스데반의 얼굴이 "그 얼굴이 천사의 얼굴과 같더라"(행 6:15)라고 놀라워하였다. 사도행전 7장에 나오는 스데반의 긴 설교 후에, 적대자들이 그에게 돌을 던져서 그가 순교하게 되었을 때, 스데반은 마치 십자가에 달려 마지막으로 기도하신 예수처럼 "주 예수여, 내 영혼을 받으시옵소서"(행 7:59)라고 기도하였으며, 더욱더 감동적인 어조로 무릎을 꿇고 큰 소리로 "주여, 이 죄를 그들에게 돌리지 마옵소서"(행 7:60)라고 외쳤다. 이러한 내용들은 스데반이 고귀한 삶을 살다가 의롭게 순교하게 되었다는 사실을 강조하려는 데 그 특징이 있다.

스데반의 설교는 그 영향력이 강하였다. 그의 설교 직후에 적대자들은 분노하게 되었고 그를 향해서 이를 갈았다(행 7:54). 그러나 스데반은 적대자들의 흥분과 분노에도 아랑곳하지 않고서 "성령 충만하여 하늘을 우러러 주목하여 하나님의 영광과 및 예수께서 하나님 우편에 서신 것"(행 7:55)을 보았다. 이것은 스데반이 성령 충만하였고 하나님의 우편에 계신 예수를 확신하였다는 사실을 우리에게 일깨워준다.[39] 스데반이 "보라 하늘이 열리고 인자가 하나님 우편에 서신 것을 보노라"(행 7:56)라고 말하면서, 천상에 계신 예수께서 하나님 의 우편에 서서 황급하게 자신을 영접하는 모습에 관해서 극적인 장면을 말하 자, 적대자들이 그를 영문 밖으로 내친 후에 그에게 돌을 던졌다(행 7:58). 여기 서 스데반이 하늘을 우러러 보았을 때, 하늘이 열린 것을 보았다는 장면은 다 니엘 7장 9-10, 13절과 에스겔 1장 25-27절의 묵시문학적 비전과 일치하는 내 용이다.[40] 마침내 스데반이 그리스도인의 최고의 명예에 해당하는 의의 면류 관(스데반(Στέφανος)이라는 이름은 '면류관'이라는 뜻이다)에 해당하는 순교자의 반열에 오르게 된 것이다.

스데반의 설교는 바울의 설교에도 큰 영향을 미쳤다. 바울이 비시디아의 안디옥에서 하나님의 의에 관하여 설교를 할 때에 헬레니스트들이 반길 만한 신학적 주제를 가지고 설교하였다(행 13:38-39). 바울의 설교는 분명히 사도행전 7장 42-50절에 있는 예루살렘 성전과 제의에 관한 스데반의 설교에 영향을 받 고 있다.[41]

이후에 스데반의 영향력은 그리스도교의 역사가 계속되면서 '첫 순교자' 라는 사실이 부각되면서 '스데반에 관한 제의'[42]로 발전해 나갔지만, 몇 세기 에 걸쳐서 사도 시대의 교부들, 변증가들, 순교자 저스틴 등과 같은 초기 그 리스도교의 문헌들과 외경들 그리고 나그 함마디 문서는 첫 순교자인 스데반 에 관해서 언급하지 않는다.[43] 그러나 초기 교회의 역사가인 유세비우스는 스 데반이 첫 순교자라는 사실을 명예롭게 묘사하였으며,[44] 리용의 이레니우스

---

39) Ferdinand Hahn, *Mission in neutestamentlicher Sicht*. Missionswissenschaftliche Forschungen. Neue Folge Band 8 (Erlangen: Erlanger Verlag für Mission und Ökumene, 1999), 29.

40) Phillip B. Munoa III, "Jesus, the *Merkavah*, and Martyrdom in Early Christian Tradition," *Journal of Biblical Literature* 121/2 (2002): 304-306.

41) François Bovon, "The Dossier on Stephen, the First Martyr," *Harvard Theological Review* vol. 96 no. 3 (2003): 285.

42) François Bovon, "The Dossier on Stephen, the First Martyr," 285-287.

43) François Bovon, "The Dossier on Stephen, the First Martyr," 288.

44) Eusebius, *The History of the Church*, 5.2.5.

는 스데반이 사도에 의해 첫 일꾼으로 선택되었으며, 율법에 관하여 설교를 하였고, 신적인 영광을 보았으며, 죽음으로써 순교자로서 의로운 반열에 도달하였다고 기록하였다.[45] 터툴리안은 성경에서 잘 참고 인내한 인물들을 언급하면서, 예언자 이사야와 순교자 스데반을 같은 반열에서 언급하였다.[46] 그리고 시리아 지역에서 활동하였던 아프라하트는 스데반이 예수 이후에 첫 순교자라고 언급하였다.[47] 이상에서 본 바와 같이 스데반에 관한 초기 그리스도교 문헌들의 증언은 대체로 그에 관하여 아주 긍정적으로 묘사할 뿐만 아니라, 첫 순교자에게 최고의 영예를 안겨주고 있는 것을 우리에게 확인시켜 준다.

2) 야고보의 순교

사도행전에서 야고보에 관해 처음으로 언급하는 구절은 12장이다.[48] 2절에 요한의 형제인 야고보가 등장하는데, 그는 세베대의 아들이다. 예수의 제자 가운데 최초의 순교자가 된 야고보의 순교에 관해 야망과 욕망의 산물이라고 평가한 논객도 있다.[49] 그러나 우리가 신약성경에서 야고보에 관한 이름이 60회에 걸쳐서 8명의 인물로 언급되고 있다[50]는 사실을 상기하여야 한다.

---

45) Irenaeus, *Against Heresy*, 3.12.10; 3.12.13; 4.15.1.
46) Tertullian, *De patientia* 14.1.
47) Aphrahat, Dem. 21.23; Aphrahat, *Les exposés* II, trans. Marie-Joseph Pierre (Paris: Cerf, 1989), 839.
48) Robert Eisenman, *James the Brother of Jesus: The Key to Unlocking the Secrets of Early Christianity and the Dead Sea Scrolls* (New York: Penguin Books, 1997), 96.
49) 강정훈, "최초의 순교자: 야고보," 열두제자론 7. 《교사의 벗》 312(1993년 7월호): 54-59.
50) John Painter, *Just James: The Brother of Jesus in History and Tradition* (Minneapolis: Fortress Press, 1999), 2. 페인터는 이들 8명의 야고보에 관해서 다음과 같이 정리를 한다.
    (1) 감독 야고보
    (2) 예수의 아버지인 요셉의 아버지인 야고보
    (3) 세베대의 아들이요, 요한의 형제인 열두 제자중의 하나인 야고보
    (4) 열두 제자 중의 하나인 알패오의 아들인 야고보
    (5) 마리아와 글로바의 아들이요 요세(요셉)의 형제인 '작은 자' 야고보
    (6) 다대오와 동일시되고 열두 제자의 반열에 오른 유다의 아버지(형제)인 야고보
    (7) 유다의 형제이고 야고보서의 저자인 야고보
    (8) 주의 형제요 예루살렘 교회의 지도자인 야고보

그 점에서 마가복음 15장 35-45절에 등장하는 세베대의 아들인 야고보가 사도행전 12장 2절에서 헤롯(아그립바 1세로 42-44년에 팔레스타인을 다스림)의 칼에 의해 순교한 야고보[51]라고 보는 관점은 이미 초기 교회의 전승에서 일찍부터 확립되었던 의견이다.[52] 그러나 아주 짧게 언급된 야고보의 순교는 당시의 유대 역사가인 요세푸스의 언급[53]으로 그 중요성이 더해지게 되었으며, 후에 초기 교회의 역사가인 유세비우스의 인용[54]에 의해 많은 초기 그리스도인의 관심을 불러일으켰다.[55]

야고보를 순교자로 추앙하는 전통은 1945년에 발견된 콥트어로 된 나그 함마디 문서를 통하여 더욱더 그리스도인의 주목을 받게 된다. 신약성경 외경인 《야고보의 비사》 5장 30절을 보면, 야고보는 그의 제자에게 "그러므로 죽음을 경멸하고, 생명을 생각하라! 나의 십자가와 나의 죽음을 기억하라. 그리하면 너희가 살리라!"[56]라고 말하였다. 이러한 언급은 야고보가 순교자의 반열에 서서 담대하게 복음을 전하다가 순교하였다는 사실을 강조하고 있다. 하성수는 《야고보의 원복음서》 23장 3절을 인용하면서 순교자로 부르는 칭호에 관심을 갖는다.[57] 이러한 내용과 관련하여, 나그 함마디 문서에 순교자라는

---

51) 이 야고보는 44년에 순교하였다. 참고, Ben Witherington III, *"Letters and Homilies for Jewish Christians," A Socio-Rhetorical Commentary on Hebrews, James and Jude* (Downers Grove: IVP Press, 2007), 396.

52) 강정훈, "최초의 순교자: 야고보," 58-59. 그러나 위에서 언급된 페인터는 '사도행전 12:1-2에 언급된 야고보를 요한의 형제요 세베대의 아들로 동일시하는 것'은 초기 교회 시대부터 내려온 전승이 가져온 혼란한 결과라고 지적한다. 참고, John Painter, *Just James: The Brother of Jesus in History and Tradition*, 3.

53) Josephus, *Jewish Antiquities* 20.197-203.

54) Eusebius, *The History of the Church*, 2.23.30.

55) John Painter, *Just James: The Brother of Jesus in History and Tradition*, 5, 132-141. 페인터는 유세비우스가 인용한 요세푸스의 기록에 야고보라는 이름이 직접 언급되어 있지 않다는 사실을 확인하면서, 단지 초기 교회가 순교자 야고보를 예수 그리스도의 형제로 동일시하면서 그들 '의로운 사람'이라고 부르게 되었다는 사실을 지적한다.

56) James M. Robinson, *The Nag Hammadi Library* (San Francisco: Harper & Collins, 1988).

57) 하성수 역주, "해제," 120. 이러한 논증에 관하여 그는 할킹(F. Halking)을 인용하면서 야고보를 순교자로 호칭하게 된 배경이 반몬타누스주의와의 논쟁에서 기원한 것이라고 주장한다. 참고, F. Halking, "Une nouvelle Passion des Martyrs de Pergame," in *Mullus: Festschrift für Klauser. Jahrbuch für Antike und Christemtum E 1* (Münster, 1964), 150-154.

칭호가 발견되는 것은 《진리의 증언》 33장 25절인데, 거기서 "[이들은] [헛된] 순교자들이다. 그들이 오직 자기 자신들(에게)만 증언하기 때문이다. 그러나 그들은 병들어서 일어날 수 없다."라고 말하는데, 이는 순교에 대한 허황된 꿈을 경계하는 말이다.

그리스도의 제자요 요한의 형제인 야고보가 순교한 것에 관하여 클레멘트는 다음과 같이 증언하였다.

> 야고보가 재판정에 끌려 나왔을 때, 그[에게] 고난을 당하게 만든 장본인은 그가 사형에 처해질 것을 알고서 양심의 가책을 받아 자기도 기독교인이라고 고백했다. 그리하여 함께 끌려가게 된 그는 도중에서 야고보에게 자기의 잘못을 용서해 달라고 했다. 야고보는 잠시 그 문제를 생각한 뒤에 그에게 입을 맞추고 '형제여, 평화가 그대에게 있으라'고 말했다. 그리고 나서 이 두 사람은 함께 교수형에 처해졌으니, 이것이 A.D. 36년의 일이었다.[58]

물론 이런 기록에 의하면, 야고보가 칼에 순교한 것이 아니라 교수형에 처해진 것이라는 새로운 의혹이 제기되지만, 그러한 사실보다는 그가 순교할 때 형을 집행하던 그리스도인에게도 감동을 주어서 그 자신부터 신앙의 지조를 지키게 하였다는 놀라운 사실을 보여주고 있다. 이는 순교가 당시 선교 현장에서 그리스도교 신앙을 굳게 지키는 중요한 덕목이었다는 사실을 우리에게 일깨워준다.

---

58) John Foxe, *Foxe's Book of Martyrs*, 14에서 재인용.
59) G. W. H. Lampe, "Martydom and Inspiration," in *Suffering and Martyrdom in the New Testament: Studies Presented to G. M. Styler by the Cambridge New Testament Seminar*, edited by William Horbury and Brian McNeil (Cambridge: Cambridge University Press, 1981), 119.

3) 초기 교회의 선교와 순교

람페는 "그리스도인은 본질적으로 선교사이며, 순교는 복음 전도자의 지고의 명예이다."[59]라고 말하였다. 이러한 표현에서 선교는 순교와 본질적으로 하나로 연결되고 있다. 그러나 폴리카르프스는 초기 교회에서 교회 지도자들이 자발적으로 순교의 대열에 동참하는 것을 금하였으며, 이로써 광신적인 초기 그리스도인들에게 순교자 칭호를 부여하지 않았다고 전하면서, 하성수는 다음과 같이 '순교자' 개념을 세 가지의 관점에서 제안하였다고 정리하고 있다.

1. 단지 '말-증인'이 아니라, 자신들의 증언으로 고통을 감수한 '행위-증인'만이 진정한 순교자이다.
2. 순교는 하[나]님의 뜻에 부합해야 한다. 곧, 하[나]님의 뜻이 순교를 정당화해야 하며, 하[나]님의 뜻과 자신의 뜻은 구분되어야 한다. 진정한 순교자는 주님의 뜻을 따라 모든 것을 주님께 맡긴다.
3. 순교를 피하는 것은 원칙적으로 가능하며 허용된다. 그러나 진정한 순교자는 자발적으로 순교하러 나서지 않으며, 그렇다고 순교를 적극적으로 피하지도 않는다.[60]

이상의 내용을 통해서 우리는 초기 교회에서 순교가 남용되거나 오용될 수 있는 소지를 사전에 방지하고, 순수한 순교자들의 명예를 보존하려는 움직임이 있었다는 사실을 알 수 있다. 이러한 상황에서 나타나는 것이 초기 교회에서 1) 순교자들의 행전,[61] 2) 순교록과 수난기,[62] 3) 성인 전기[63] 등이다.[64]

---

60) 하성수 역주, "해제," 122.
61) 순교자들의 행전 가운데, 《순교자 저스틴 행전》은 저스틴에 관한 행전으로, 당시 로마 총독인 퀸투스 우니우스 루스티쿠스가 저스틴과 그의 제자 6명(1명은 여자)을 재판하면서 신문한 내용이 전해진다. 총독이 마지막으로 저스틴에게 "당신은 그리스도인인가?"라고 질문하였고, 저스틴은 "우리는 죄를 짓지 않고 산다. 우리의 모임은 항상 공개적이고 모든 사람에게 알려져 있어서 모든 사람이 올 수 있다."라고 답변하였다. 이에 총독은 판결을 내렸는데, 그 이유로 제시된 것이 그리스도인으로서 저스틴이 한 고백이 아니라 황제에게 제물을 바치지 않았다는 사실이었다.

초기 교회의 지도자들이 순교를 통하여 그리스도교 복음을 수호하였으며, 더 나아가서 다른 사람들에게 복음 전도의 강력한 수단으로 삼았다는 사실은 저스틴이 남긴 두 개의 《변증록》과 《유대인 트리폰과의 대화》를 통하여 후세에 분명하게 각인되었다. 165년경에 순교한 저스틴에 관한 공식 기록은 《부활절 연대기》에 전해졌다.[65)]

초기 교회의 선교는 박해와 순교의 역사로 점철되었지만, 그런 고난 속에서 그리스도교의 복음 선교는 꽃을 피우고 열매를 맺게 되었다. 그러므로 초기 그리스도교 역사는 순교와 선교의 역사와 결코 동떨어지지 않았고, 그러한 순교의 피 위에 세워진 초기 교회의 신앙은 오늘날 우리에게도 지속적인 교훈을 주고 있다.[66)]

4. 결론

선교는 순교까지도 무릅쓰고 나가는 '자기희생이자 자기해체'[67)]이다. 그리스도교는 피의 제단 위에 세워진 순교 공동체이다. 많은 순교자가 초기 그리스도교의 시대로부터 현대 교회에 이르기까지 이어져 왔다. 세상의 권력은 초기 그리스도교의 순교자들을 육체적으로 결박하고 마침내 죽였지만, 그들의

---

62) 순교록과 수난기 가운데, 《폴리카르푸스 순교록》은 다른 사람들이 그리스도를 본받도록 격려하기 위해 폴리카르푸스가 그리스도의 복음을 충실하게 따랐다는 사실과, 배교를 유도하기 위한 온갖 고문, 위협, 설득, 약속을 의연히 견디어낸 순교자들에 대한 찬미와 박해의 상황 속에서 배교한 사람들을 경고하는 내용이 나온다.

63) 성인 전기는 순교한 성인들의 역사적 전기뿐만 아니라, 상상력이 동원된 경건한 이야기도 많은 소재로 등장한다. 이 문헌은 주로 니케아 종교회의 이후에 라틴 교부들의 전기를 다루는 것이므로, 초기 교회에서 멀리 떨어져 있는 내용이므로, 여기서 필자는 더 이상 자세히 논하지 않겠다.

64) Hubertus R. Drobner, *Lehrbuch der Patrologie*, 《교부학》, 하성수 역(왜관: 분도출판사, 2001), 169-183.

65) Hubertus R. Drobner, *Lehrbuch der Patrologie*, 151.

66) W. H. C. Frend, *Martyrdom and Persecution in the Early Church*, 420.

67) 이상규, "선교와 순교, 그리고 복음," 121, 그는 "선교는 희생이며 종국적으로 순교일 수밖에 없다. 이것을 반 덴 베르크(van den Berg) 식으로 말하면, 예수 사랑에 매인과 된(constrained by Jesus' love) 삶의 여정이다."라고 말하면서 논문의 끝을 맺는다.

영혼을 결코 결박하거나 죽이지 못했다.[68] 한국교회도 많은 순교의 피 위에 세워진 교회이다. 이라크에서 사역한 김선일 선생과 아프가니스탄에서 봉사 활동을 한 배형규 목사와 심성민 선생과 같은 순교자들의 죽음이 우리의 옷깃을 경건하게 여미게 한다. 특히 배형규 목사는 필자의 제자이며 제주영락교회 출신이다. 우리는 그들을 순교자들이라고 부르기를 주저하지 말아야 한다. 그러나 여기서 한 가지 분명히 짚고 넘어가고 싶은 사실은 그들이 죽음을 충분히 예방할 수 있었는데, 안전조치가 미흡하여 순교하였다는 점 때문에, 많은 이들이 그들의 고귀한 순교를 안타깝게 여기고 있다. 그러나 이라크와 아프가니스탄에서 순교한 세 분은 단기 선교를 출발하면서 자기 죽음을 미리 내다보았는지 가족 앞으로 유언까지 작성하고 갔다고 한다. 그런 점에서 그들은 분명히 하나님 나라의 미래에 일어날 값진 열매를 위해 순교한 분들이다.

이미 순교한 분들이 다시 살아 돌아올 수 없는 것이 엄연한 현실이니, 앞으로 회교권 선교를 어떻게 감당해야 지혜로운 것인지 우리 모두에게 엄청난 과제가 주어졌다. 그 무엇보다도, 선교는 인간을 통해서 일하시는 하나님의 역사 곧 "하나님의 선교"라는 사실을 한순간도 잊어서는 안 된다. 그런 점에서 이라크와 아프가니스탄과 같은 회교권에서 일어난 현대판 순교와 관련하여 하나님 나라의 선교를 새롭게 이해해야 한다.

초기 교회의 역사가인 유세비우스는 마지못해 죽임을 당한 순교자들의 경우에 관해서도 언급을 한 적이 있다. 그에 의하면, "그들은 상을 얻고 싶은 욕망으로 불타고 있었지만, 순교자의 면류관을 쓰는 일을 너무 서두르지 않으려고" 그 상을 가볍게 여겼다고 기록하였다.[69] 아주 의미 있는 언급이다. 선교는 이 시대의 교회가 감당해야 할 지상 최대의 사역이다. 오직 교회는 선교를 위하여 하나님의 부름을 받았다. 때로는 선교하다가 순교할 수 있다. 순교는 그리스도인이 누릴 최고의 영예이다. 그러므로 선교와 순교를 가볍게 여겨서

---

68) 참고, 하용조, 《예수만 바라보면 행복합니다》 (서울: 두란노, 2004), 425.
69) 참고, Lacey Baldwin Smith, 《바보들, 순교자들, 반역자들》 I, 194.

는 안 된다.

한국교회에도 자랑스러운 순교자들이 많다. 그중에 가장 대표적인 사람이 주기철[70]과 손양원[71]이다. 두 순교자는 일제시대와 한국전쟁 시기에 각각 복음을 수호하며, 그리스도의 사랑의 복음을 전파하다가 끝까지 자신의 신앙을 지키며 일본인과 북한군에게 순교를 당한 분이다. 우리는 이들의 순교신앙을 믿음의 유산으로 물려받고서 주님께서 다시 오시는 그날까지 담대하게 민족복음화와 세계선교의 기치를 다시 한번 높이 들고 나가야 하겠다.

끝으로 안디옥에서 감독을 지내다 순교한 이그나시우스의 기도를 소개하면서 본 장을 마치고자 한다.

나의 열정은 십자가에 못 박히고
내 몸의 열기는 사라지네.
내 안에서 속삭이며
시냇물은 흘러가네.
내 마음 깊은 곳에서 말씀하시네
아버지께 오라고.[72]

---

70) 김인수, 《예수의 양 주기철》(서울: 홍성사, 2007).
71) 손양원 저 피종진 편, 《성경대로 살자: 한국교회 초기 설교전집》(서울: 기쁜 날, 2006).
72) Duane W. H. Arnold, *Prayers of the Martyrs*, 유성덕 역, 《순교자들의 기도》(서울: 도서출판 엠마오, 1993), 40.

V. 신약성경에 비추어 본 하나님의 보편구원[1)]

히사오 가야마(소기천 역)

1. 서론

숭실대학교 기독교학대학원이 주최하는 제7회 기독교문화 및 신학 국제 학술 심포지엄에서 "21세기의 시대정신과 개혁신앙"이라는 주제로 강연하라고 초청하였을 때, 처음에 필자는 그 초청을 받아들이는 데 주저하였다. 신약성경 분야에 특별히 관심을 두고 있는 학자로서, 필자는 그 주제에 관해서 중요한 공헌을 할 수 없을 것 같았기 때문이다. 그런데 김영한 박사는 친절하게도 "신약성경의 관점에서 21세기의 보편구원"이라는 주제를 다루어 줄 것을 거듭해서 제안하였다. 필자는 일차적으로 주저하던 마음이 사라졌고, 심포지엄에 참석하는 영광스러운 기회를 누리게 되었다.

1) 예비적 고찰

필자는 이 장의 주제에 관하여 몇 가지의 예비적인 고찰로 논의를 시작하고자 한다. 기독교 공동체가 윤리적인 종교로서 유대교를 모체로 하여 탄생하였을 때, 할례나 제사음식, 유대인과 이방인의 식탁교제, 성전 문제 등등의 산

---

1) 이 장은 "가야마 교수의 신약의 빛에서 본 보편구원"으로 제7회 숭실대학교 기독교학대학원 기독교문화 및 신학 국제학술심포지엄 강연 통역(2000년 10월 4-6일. 숭실대학교 한경직기념관)을 수정 보완한 것이다.

재한 난제들에 잘 대처하였다. 이러한 문제들은 하나님의 백성으로서 이스라엘 민족의 진정성을 보장하는 모세의 율법과 관련된 현안들이었다. 기독교 공동체가 율법에 순종하였던 점에 있어서, 유대인들과 중대한 대립을 겪지는 않았을 것이고 오히려 유대교의 새로운 종파로 받아들여지기도 하였을 것이다. 이 경우에, 그들은 그리스도인들(*Christianoi*)이 아니라 나사렛파(*Nazaraioi*)로 불릴 수 있었다. 예수를 처음에 추종한 사람들은 유대인들로서 율법과 유대 관습을 지키는 성향을 보이고 있었다. 그렇지만 그들은 율법과 관습에 대해서 철저한 해석자인 예수를 추종하는 사람들이었고, 그의 죽음과 부활 이후에 예수가 메시아(*Christos*)가 되었다고 분명히 이해하였던 사람들이었다. 신약성경의 여러 기자가 그리스도에 대한 다양한 해석과 표현(말하자면, 그리스도론들)을 보여주고 있다. 그렇지만 그들은 예수가 메시아라는 통일된 견해를 가지고 있었다. 예수 그리스도를 믿는 신앙이 분명히 그들을 그리스도인들로 바꾸었으며, 기독교 공동체가 유대인들의 지평을 넘어서 모든 사람에게 마음을 열어 놓도록 하였다. 성경을 그리스도교적인 관점에서 읽어보면, 그들은 하나님이 인류의 구원을 위한 구속역사를 계획하였다는 사실을 인식하고 있었다. 이러한 의미에서 하나님의 보편구원은 신학적으로 신약성경에서 끌어낸 것이라고 말할 수 있다. 그러나 다른 한편으로 우리는 그리스도 중심주의가 보편구원을 위한 유일한 길을 열어 놓은 것인지 질문하지 않을 수 없으며, 또한 그리스도 중심주의의 기독교가 기독교 공동체밖에 있는 사람들에게 문을 닫는 또 다른 종파가 아닌지 질문하지 않을 수 없다.

2) 하나님의 보편구원에 대한 질문

우리는 또한 21세기에 하나님의 보편구원에 대해서 얼마나 깊이 있게 질문할 수 있는지를 묻지 않을 수 없다. 21세기의 하나님의 보편구원은 1세기나 20세기에 주창되었던 보편구원과는 다른 것인가? 그렇다면, 그것은 어떻게 다른가? 우리가 좀 더 자세하게 다루게 될 1세기의 보편구원의 성격은 20세기와는 얼마나 다른가? 우리는 아마도 20세기를 전쟁의 세기로 정의할 수 있을 것이다. 수많은 사람이 수도 헤아릴 수 없는 전쟁 곧 지역 분쟁과 양대 세계대전에서 희생되었다. 제2차 세계대전은 유럽에서 나치 독일에 의해 그리고 아시아에서 일제에 의해 그들의 야욕과 인종 중심적인 제국주의적 팽창 근성으로 인해서 발발하였다. 전쟁이 종결된 것은 많은 사람에게 해방과 독립을 의미하였다. 그러나 그것은 또한 냉전과 많은 지역에서의 긴장과 전쟁의 시작을 의미하였다. 동구와 서구 세계를 이념적으로 나눈 냉전이 종식되었을 때, 우리는 지구 공동체가 마침내 더 큰 평화와 조화 속에 살게 될 것이 아닌가 생각하면서 아주 기뻐하였다. 참으로 이념적 차이는 지구의 자유 시장 경제 제도 자체를 상대화시켜 왔다. 그러나 다른 한편으로 우리는 이제보다 더 새롭고도 강력하게 표현되고 있는 종교적 근본주의와 인종 중심주의라는 중대한 문제들에 직면하고 있다. 종교가 21세기에도 중요한 역할을 감당할 것이지만, 만일 종교가 인류의 구원을 목표로 하고 있다면 종교 상호 간의 대화를 통해서 좀 더 종교적으로 인내하고 이해할 필요가 있다. 이러한 상황에도 불구하고 우리가 그리스도 중심주의를 제창하면서 새로운 갈등 요인을 제공하는 것이 아닐까? 예를 들면, 우리는 기독교 근본주의적 선교 사역에 새롭게 도취하는 것이 중대한 종교적 갈등을 일으키는 요인이 될 것이라는 사실을 분명히 예견할 수 있다. 그러한 이유로 인해서 필자는 성경을 역사 비평적인 방법으로 읽고 해석하는 것이 문자와 기독교 메시지의 정신 사이를 구분하는 도구가 된다고 생각한다. 그러므로 필자가 "신약성경의 빛"이라고 언급할 때, 이 장에서 필자가 개개 본문에 대해 상세하게 주석적으로 설명하지 않고 있을지라도, 그러한 해석학적인 방법론을 전제로 하고 있다.

2. 사도 바울

사도 바울은 기독교 역사상 신약성경 기자들 가운데 가장 영향을 끼친 신학자가 분명하다. 본질적으로 종교개혁은 바울에 의해 명백하게 밝혀진 복음에 대한 재발견이었으며, 20세기에 이르러서 칼 바르트는 바울의 로마서에 관한 주석을 집필함으로써 새로운 신학적인 운동을 출발시켰다. 로마서는 대개 바울의 기독교 신학을 가장 포괄적으로 설명하는 하나의 신학 논문으로 간주하고 있다. 로마서는 그가 로마에 한 번도 가보지 않았을지라도, 바울의 다른 서신과 마찬가지로, 기독교 공동체에게 기록한 서신이다. 유대인과 이방인으로 구성되어 있었던 로마 교회는 하나님이 유대인과 이방인에게 똑같이 구원을 베풀어주었다는 복음 위에 세워진 교회이다. 바울은 다음과 같이 말하고 있다: "헬라인이나 야만이나 지혜 있는 자나 어리석은 자에게 다 내가 빚진 자라. 그러므로 나는 할 수 있는 대로 로마에 있는 너희에게도 복음 전하기를 원하노라. 내가 복음을 부끄러워하지 아니하노니 이 복음은 모든 믿는 자에게 구원을 주시는 하나님의 능력이 됨이라. 첫째는 유대인에게요 또한 헬라인에게로다"(롬 1:14-16). 유대인과 이방인은 과거에 그들이 순종하고 나갈 율법과 양심(자연법)을 각각 가지고 있었지만, 이제는 하나님의 은혜로 예수 그리스도의 복음을 가지게 되었다(참고, 롬 1:18-3:31). 율법과는 다르게, 이제 하나님의 의는 예수 그리스도를 믿는 모든 사람에게 나타나게 되었다. 그러므로 유대인과 이방인 사이에 차별이 없어졌다(참고, 롬 3:21-22; 갈 3:28). 이미 바울 이전에 유대인-이방인 기독교 공동체가 있었다. 그러나 그리스도 복음의 빛에 서 있었던 바울은 유대인과 이방인 사이의 인종적 종교적 장애물을 극복하기 위한 신학적 해결책을 제시하였다(갈 2장). 바울이 "너희는 유대인이나 헬라인이나 종이나 자주자나 남자나 여자 없이 다 그리스도 예수 안에서 하나이니라"(갈 3:28)라고 말한 것처럼, 그의 신학적 입장은 구속론적 함축성을 지니고 있다.

로마서 5장에서 바울은 우리가 그리스도로 말미암아 하나님과 누리는 평화 곧 하나님의 의에 대해서 말하고 있다(1절). 바울은 여기서 예수의 죽음이 지니고 있는 구원의 중요성에 초점을 맞추고 있다. 즉, 예수는 우리가 아직 죄인(8절) 곧 하나님의 원수(10절)이었을 때에 우리를 위하여 죽었다. 그러므로 하나님의 사랑은 단지 그리스도인들뿐만 아니라 모든 인류를 위해서 나타난 것이다. 그러나 그리스도 안에 곧 그로 인해 나타난 하나님의 화해 복음을 믿지 않는 자에게는 하나님의 사랑이 나타나지 않는다. 필자가 위에서 언급한 율법과 양심은 사람들에게 하나님의 뜻을 실현하는 방편이 된다. 그러므로 바울에 의하면, 사람들은 변명할 수 없으며 하나님의 진노를 피할 수 없다. 그러나 우리는 하나님의 진노를 하나님의 사랑의 일부분이라는 사실에 대해서 언급해야만 한다. 그 이유는 하나님의 진노와 사랑은 우리와 좋은 관계를 유지하려는 하나님을 보여주고 있기 때문이다. 그는 무관심한 하나님이 아니다. 하나님에 대한 이러한 이해의 차원이 바울에 의해서 만들어진 것이라고 말할 필요는 없다. 이미 성경 전체에 일관되게 말해진 내용이다. 좀 더 분명히 말하자면, 바울은 이것을 그리스도 곧 그리스도의 죽음에 초점을 맞추어 아담 때문에 잃어버려진 인간의 하나님에 대한 의로운 관계성을 설명하는 공헌을 했다(참고, 롬 5:12-21). 바울의 인류학적 접근에 있어서 아담과 그리스도 사이의 불연속성은 분명해지는데, 결국 아담은 옛사람이고 그리스도는 새 사람이기 때문이다. 그러므로 바울의 인류학적 접근은 인간에 대한 헬라적 개념과 다를 뿐만 아니라, 유대적 사고방식과도 다르다. 에른스트 캐제만이 말한 대로, "사도 [바울]은 일반적으로 유대교와는 달리, 심지어 타락 이후에, 인간이 하나님의 형상을 유지하고 있다는 견해를 결코 표현한 적이 없다. *Imago dei*(하나님의 형상)는 오직 그리스도만 가지고 있다. 오직 신자들은 그의 몸에 참여함으로써만 그 형상을 회복할 수 있으며, 오직 한 몸을 이룬 자들만이 잃어버린 신적인 형상을 단 한 번에 인침을 받는 존재가 된다."[2]

---

2) E. Käsemann, "On Paul's Anthropology," *Perspectives on Paul* (Fortress Press, 1971), 22.

지금까지 언급한 것은 분명히 바울에 의해 "누구든지 그리스도 안에 있으면, 새로운 피조물이라. 이전 것은 지나갔으니 보라 새 것이 되었도다"(고후 5:17)라는 말씀과 같다. 그러므로 바울 복음의 핵심은 예수 그리스도이며, 좀 더 분명히 말하자면 특히 예수 그리스도 구원의 죽음이다. 이러한 바울의 기독론적 메시지는 그리스도의 대사로서 세상에 화해의 메시지를 전파해야 할 새로운 인간을 위한 선교적 과제에 대해서 말하고 있는 것이다(고후 5:18-21). 아마도 바울의 다메섹 체험은 화해의 메시지를 배후에 가지고 있었을 것이다.[3] 비록 그것이 바울의 유일하고 독특한 체험일지라도, 하나님이 자기와 원수 된 사람들과 화해하는 주도적인 방법을 우리에게 구체적으로 보여준 것이다. 그러므로 우리는 인간이 주관한 것이 아니라, 구원의 신적인 계획 속에서 하나님이 주관한 그리스도 사건으로 새롭게 태어난 것을 알아야 한다. 우리는 이것을 로마서 9-11장에서 가장 분명하게 볼 수 있으며, 거기서 바울은 이스라엘뿐만 아니라 이방인을 위한 하나님 구원의 계획에 관해서 종말론적인 관점을 경험적으로 표현하고 있다.

하나님 구원의 계획에 관한 종말론적 관점으로부터 유래한 바울의 기독론과 그의 인류학적 접근은 한편으로 히브리파 기독교도에게 공격받았고, 다른 한편으로 헬라파 열광주의적인 기독교도에게 공격받았다. 바울 역시 "유대인에게는 거리끼는 것이요 이방인에게는 미련한 것이라"(고전 1:23)라고 비판적으로 진술함으로써 그들을 공격하였다. 이러한 비판적인 진술은 교회 밖에 있는 유대인과 이방인만을 지적하고 있을 뿐만 아니라, 교회 안에 있는 사람들

---

3) 참고, Seyoon Kim, "2 Cor. 5:11-21 and the Origin of Paul's Concept of 'Reconciliation'," *Novum Testamentum* 39 (1997): 360-384, 특히 382-383. "Paul developed his soteriological metaphor 'reconciliation' from his own Damascus experience. ···it is this supposition rather than anything else that can explain convincingly the fundamental innovation he wrought in the Jewish idea of reconciliation: it is not human beings who reconcile an angry God to themselves through their prayer, repentance or good works; but rather it is God who has reconciled human beings to himself and still brings them to reconciliation to himself through the atoning death of Jesus Christ."

도 지적하고 있다. "십자가의 적은 '기독교'의 영역이 확장되는 한 끝나지 않는다."[4] 유대적인 관점에서 율법뿐만 아니라 그리스도를 가장 경건한 종교성을 성취하기 위한 수단으로 간주하였던 사람들이 유대 그리스도인들이다. 또한 열광주의자들은 그리스도인으로서 이미 구원받았고 해방되었다고 생각함으로써 "모든 것이 가하다"(고전 6:12)라고 믿었다. 그러나 동시에 역사적인 존재로서 그리스도인은 역사의 종말(eschaton)을 살아가고 있다. 그러므로 그리스도인은 하나님의 은혜의 '이미'(already)와 역사적 실존의 '아직 아니'(not yet) 사이에서 종말론적 긴장 속에 살아가고 있다. 이른바 이러한 '종말론적 유보' 상태는 다음과 같이 바울의 세례에 관한 진술 속에 분명히 나타나 있다. "무릇 그리스도 예수와 합하여 세례를 받은 우리는 그의 죽으심과 합하여 세례를 받은 줄을 알지 못하느뇨? 그러므로 우리가 그의 죽으심과 합하여 세례를 받음으로 그와 함께 장사되었나니, 이는 아버지의 영광으로 말미암아 그리스도를 죽은 자 가운데서 살리심과 같이 우리로 또한 새 생명 가운데서 행하게 하려 함이니라"(롬 6:3-4). 그리스도인은 이 땅에서 그리스도의 고난에 동참하면서 종말론적 희망을 품고 주어진 '미래'를 향해 살아간다.

복음의 빛과 종말론적 관점에서 바울은 다양한 종교적 집단의 차이점을 상대화시키고 있다. 그는 다음과 같이 진술하고 있다:

내가 모든 사람에게 자유하였으나 스스로 모든 사람에게 종이 된 것은 더 많은 사람을 얻고자 함이라. 유대인들에게는 내가 유대인과 같이 된 것은 유대인들을 얻고자 함이요, 율법 아래 있는 자들에게는 내가 율법 아래 있지 아니하나 율법 아래 있는 자같이 된 것은 율법 아래 있는 자들을 얻고자 함이라. 율법 없는 자에게는 내가 하나님께는 율법 없는 자가 아니요 도리어 그리스도의 율법 아래 있는 자나 율법 없는 자와 같이 된 것은

---

4) E. Käsemann, "Saving Significance of Jesus' Death," Perspective on Paul, 32-59, 특히 38.

율법 없는 자들을 얻고자 함이라. 약한 자들에게는 내가 약한 자와 같이 된 것은 약한 자들을 얻고자 함이요, 여러 사람에게 여러 모양이 된 것은 아무쪼록 몇몇 사람들을 구원코자 함이니, 내가 복음을 위하여 모든 것을 행함은 복음에 참여하고자 함이라(고전 9:19-23).

선교적인 입장에서 우리는 단지 바울의 선교적 적응 기술만을 보는 것이 아니라, 각 개인이 복음을 통해서 부름을 받은 장소가 역사적인 곳이라는 그의 관점을 보아야 할 것이다.[5] 오늘 우리의 상황에서 바울은 일본인이 아니지만 일본 사람들을 구원하기 위하여 일본인이 될 수 있을 것이고, 또한 그는 한국인이 아니지만, 한국 사람들을 구원하기 위하여 한국인이 될 수 있을 것이다. 우리는 위에서 바울의 그리스도 중심주의가 기독교 공동체를 배타적인 종파로 만들지나 않을까 하는 질문을 제기한 적이 있다. 참으로 예수 그리스도는 기독교 공동체를 외부 세계와 구별 짓는 특징이 있다. 그러나 또한 역사적, 사회적, 종교적 차이점과 방해물을 상대화시키는 것이 그리스도의 복음이다. "그는 우리의 화평이신지라. 둘로 하나를 만드사 중간에 막힌 담을 허시고, 원수된 것 곧 의문에 속한 계명의 율법을 자기 육체로 폐하셨으니, 이는 이 둘로 자기의 안에서 한 새 사람을 지어 화평하게 하시고, 또 십자가로 이 둘을 한 몸으로 하나님과 화목하게 하려 하심이라. 원수 된 것을 십자가로 소멸하시고"(엡 2:14-16).

---

5) Cf. Günther Bornkamm, "The Missionary Stance of Paul in 1 Corinthians 9 and in Acts," L.E. Keck and L. Martyn, eds., *Studies in Luke-Acts* (Abingdon Press, 1966), 194-207, 특히 196: "From this perspective religious and social position are relativized; at the same time they are highly significant for the realization of Christian existence. They are no longer religious qualities in themselves, i.e., conditions for the way to salvation. Nor are they ways of life which one must abandon or change in order to live as a Christian. Rather, the 'place'—or 'state'—of the individual becomes significant as the life-situation in which the gospel is to accomplish its purpose dialectically, liberating here and binding there."

3. 누가복음

　　복음서 가운데 요한복음은 바울의 신학적인 입장에 가장 가깝다. 요한복음 3장 16절은 복음의 메시지를 강조하고 있으며, 내용상 우리의 주제에 연결되고 있다. "하나님이 세상을 이처럼 사랑하사 독생자를 주셨으니 이는 저를 믿는 자마다 영생을 얻게 하려 하심이라." 그리고 요한은 또한 "믿지 아니하는 자는 하나님의 독생자 이름을 믿지 아니하므로 벌써 심판을 받은 것이니라"(요 3:18)라고 말하고 있다. 이상의 구절에서 요한은 인종적 정체성을 넘어서 그리스도 안에서 새로운 정체성을 주고 있는 하나의 신앙을 강조하고 있다. 바울의 시대보다 몇십 년 후에 요한복음은 유대 공동체와의 관계에 있어서 위기가 초래된 것을 반영해 주고 있다(참고, 요 9:22). 똑같은 상황이 이방인 선교가 전제되고 있는 공관복음서의 눈에 보이게 나타나 있다.

　　복음서 가운데 누가복음을 기록한 누가는 우주적인 구원의 문제를 가지고 가장 진지하게 씨름하였던 기자였다. 마태복음의 결론에 나타나 있는 위대한 명령6)이 '세계선교'이지만, 그는 그것을 중심적인 주제로 발전시키지 않았다. 누가는 두 번째 책 곧 사도행전을 기록함으로써 그러한 주제를 발전시켰다. 누가는 역사신학을 추구한 것도 아니고, 세계 역사에 대한 포괄적인 관점을 토론한 것도 아니다. 그는 누가-사도행전을 통해서 창조로부터 시작하여 이스라엘 역사, '중간 시기'인 예수의 시대, 그리고 심판의 때를 가져오는 역사의 종말을 향해 나아가는 교회의 때 등등을 통과하면서 움직이는 구속사에 대한 문학적이며 신학적인 구도를 추구한 것이다.7) 누가는 예수의 탄생과 세례 요한의 출현을 로마 제국의 배경에 반대되게 소개하고 있다(눅 2:1-3; 3:1-2). 다시 그는

---

6) 마 28:18-20: "하늘과 땅의 모든 권세를 내게 주셨으니, 그러므로 너희는 가서 모든 족속으로 제자를 삼아 아버지와 아들과 성령의 이름으로 세례를 주고 내가 너희에게 분부한 모든 것을 가르쳐 지키게 하라."

7) Cf. Hans Conzelmann, *Die Mitte der Zeit* (J.C.B. Mohr, 1953). ET: *The Theology of St Luke* (New York: Harper and Row, 1969); Helmut Flender, *Heil und Geschichte in der Theologie des Lukas* (1965). ET: *St Luke: Theologian of Redemptive History* (London: S.P.C.K., 1967).

예수와 바울의 체포와 재판에 대해서 누가복음과 사도행전의 결론에 해당하는 부분에서 로마의 판결하에 이루어진 사건으로 취급하고 있다.

누가복음의 결론에서 부활한 예수는 "저희 마음을 열어 성경을 깨닫게 하시고 또 이르시되 이같이 그리스도가 고난을 받고 제삼 일에 죽은 자 가운데서 살아날 것과 또 그의 이름으로 죄 사함을 얻게 하는 회개가 예루살렘으로부터 시작하여 모든 족속에게 전파될 것"(눅 24:45-47)을 말하였다. 누가는 예수의 선교 명령을 사도행전 초두에 발전시키고 있다. 제자들이 부활한 예수에게 언제 이스라엘 나라를 회복할 것인지 물었을 때(행 1:6), 예수는 그들의 잘못된 기대를 고쳐주면서 "때와 기한은 아버지께서 자기의 권한에 두셨으니 너희의 알 바 아니요, 오직 성령이 너희에게 임하시면 너희가 권능을 받고 예루살렘과 온 유대와 사마리아와 땅끝까지 이르러 내 증인이 되리라"(행 1:7-8)라고 말하였다. 이러한 지리적 언급은 바울이 로마에 죄수로 도착하면서 끝난 누가의 '세계선교'의 관점을 개관하는 것이다. 사실상 누가만이 3장 5절을 덧붙이면서(또한 눅 3:6, "모든 육체가 하나님의 구원하심을 보리라"는 말씀도 덧붙이고 있다) 세례 요한의 출현과 사역을 위한 근거로써 성경 이사야 40장 3-5절을 인용하고 있다(참고 막 1:3/마 3:2). 누가는 이러한 이사야의 구절이 예수의 선교 사역과 말씀을 의미한다는 사실을 보여주고 있지만, 독자는 선교의 지리적인 진행 과정을 확인하기 위하여 사도행전을 중시해야 한다. 그러나 사도행전 1장 8절에 나타난 부활한 예수의 약속은 단순히 지리적인 의미만을 취급하는 것이 아니다. 비시디아의 안디옥에 있던 유대인들이 바울의 설교를 배척할 때, 바울은 "하나님의 말씀을 마땅히 먼저 너희에게 전할 것이로되 너희가 버리고 영생 얻음에 합당치 않은 자로 자처하기로 우리가 이방인에게로 향하노라"(행 13:46)라고 말하였다.[8] 좀 더 바울은 주님이 자기에게 한 말씀을 언급하면서 "내가 너를 이

[8) 유대인들의 배척 이후에 바울이 이방인에게로 향하는 도식은 사도행전 18장 6절과 28장 28절에도 나타나 있다. 그렇지만 누가의 이방인 선교에 대한 이해를 단순히 유대인이 복음을 배척한 결과로만 간주하지는 않는다. 바울이 이방인에게로 갈 것이라고 말한 이후에도 그는 다시 유대인에게 복음을 전하고 있다.

방의 빛을 삼아 너로 땅 끝까지 구원하게 하리라"(행 13:47)라고 말하였다.9) 자크 듀퐁(Jacques Dupont)은 다음과 같이 설명한다: "'땅끝까지'라는 기독교의 표현은 단순히 지리적인 움직임을 의미하는 것이 아니라, 유대 세계로부터 이방 세계로 나가는 것을 의미한다." "예루살렘으로부터 땅 끝까지 나아가는 기독교의 움직임은 메시아의 예언으로 그리스도에게 위임된 구원사의 실현을 완성한다는 뜻이다."10)

성령 충만한 오순절 사건은 교회가 탄생한 때로 간주하고 있다. 그것은 디아스포라(*diaspora*) 유대인이 놀랍게도 제자들의 설교를 자신들의 모국어로 들었기 때문에(참고, 행 2:7-12) 언어 사건이라고도 말할 수 있다. 지금 이 단계에서 청중은 오직 유대인으로 구성되어 있지만, 기독교 메시지는 로마 세계의 많은 지역에 있는 다양한 언어로 선포되었다. 베드로는 "이 약속은 너희와 너희 자녀와 *모든 먼 데 사람* 곧 주 우리 하나님이 얼마든지 부르시는 자들에게 하신 것이라"(행 2:39)라고 말하면서 오순절 설교를 결론짓고 있다. 게다가 우리의 주제에 있어서 가장 중요한 것은 베드로를 통해서 로마 백부장 고넬료가 회심한 이야기인데, 그 이야기는 이방인 선교의 결정적인 첫 단계를 보여주고 있다. 처음에 베드로는 정한 음식과 부정한 음식에 관한 전통적인 규율로부터 자유로워져야 할 것을 하늘로부터 들려진 음성을 통해서 교훈을 받았다(참고, 행 10:11-16). 후에 음식 문제는 고넬료의 집에 가기 전에 베드로에 의해서 다음과 같이 설명되고 있다: "유대인으로서 이방인을 교제하는 것과 가까이하는 것이 위법인 줄은 너희도 알거니와, 하나님께서 내게 지시하사 아무도 속되다 하거나 깨끗지 않다 하지 말라 하시기로"(행 10:28). 더욱더 베드로는 다음과 같이 말한다: "내가 참으로 하나님은 외모로 사람을 취하지 아니하시고, 각 나라 중 하나님을 경외하며 의를 행하는 사람은 하나님이 받으시는 줄 깨달았노라"(행

---

9) 누가복음 2장 32절에서 예수는 "이방을 비추는 빛이요 주의 백성 이스라엘의 영광"이라고 소개되고 있다.

10) Jacques Dupont, *The Salvation of the Gentiles: Studies in the Acts of the Apostle* (Paulist Press, 1979), 19.

10:34-35). 그리고 베드로가 말하는 동안에 성령이 저 이방인들에게 임하였다. 고넬료의 회심 이야기에서 주도권을 쥐고 있던 분은 하나님이었고, 베드로는 예루살렘 총회에서 이 점을 지적하면서 "마음을 아시는 하나님이 우리에게와 같이 저희에게도 성령을 주어 증거하시고 믿음으로 저희 마음을 깨끗이 하사 저희나 우리나 분간치 아니하셨느니라"(행 15:8-9)라고 말하였다. 이제 땅끝까지 구원의 메시지를 퍼뜨리는 것은 바울에게 넘겨진다.[11]

바울의 이방인 선교와 관련하여, 우리는 특별히 바울이 아덴 곧 그레코-로마 세계의 지성과 종교의 심장부에서 행한 설교(행 17:16-34)를 주목하게 된다. 아덴 사람들과 그곳을 방문한 사람들은 뭔가 새로운 것을 알고자 하는 호기심이 있었다. 에피큐리안 학파와 스토아 철학자들이 바울의 청중 가운데 있었다. 흥미 있는 것은 그들이 바울이 행한 예수와 부활(*anastasis*)에 관한 설교를 이방의 신인 예수와 아나스타시스에 관한 것으로 간주하여 잘못 이해하고 있다는 점이다. 다음과 같이 누가가 표현하고 있는 바울의 수사학적 기교는 아덴 사람과의 접촉점을 이루고 있는 점에서 흥미로운 기록이다: "바울이 아레오바고 가운데 서서 말하되 아덴 사람들아 너희를 보니 범사에 종교성이 많도다. 내가 두루 다니며 너희의 위하는 것들을 보다가 *'알지 못하는 신에게'* 라고 새긴 단도 보았으니, 그런즉 너희가 알지 못하고 위하는 그것을 내가 너희에게 알게 하리라"(행 17:22-23). 아마도 전통 자료에 의하면 그 단은 복수로 표현된 *'알지 못하는 신들에게'* 라는 단일 것이다. 누가는 이것을 단수로 바꾸었는데, 그 결과 누가는 유일신을 나타내는 용어로 아레오바고 설교의 메시지를 부드럽게 발전시킬 수 있었을 것이다. 게다가 바울은 다음과 같이 창조 신학에 근거하여 자신의 기독교 메시지를 보여주고 있다: "인류의 모든 족속을 한 혈통으로 만드사 온 땅에 거하게 하시고 저희의 연대를 정하시며 거주의 경계를 한하셨으니, 이는 사람으로 하나님을 혹 더듬어 찾아 발견케 하려 하심이로되

---

11) Cf. Jacques Dupont, The Salvation of the Gentiles, 24-27.

그는 우리 각 사람에게서 멀리 떠나 계시지 아니하도다"(행 17:26-27). '한 혈통'을 언급함으로써 바울은 자연스럽게 아담 곧 인종적 지리적 장애물을 초월하여 모든 인류의 조상을 지적할 수 있었다. 이러한 인간 이해는 "그 이상은 아담이요 그 이상은 하나님이시니라"(눅 3:38. 참고, 마 1:1 이하)라는 식으로 거슬러 올라가는 누가복음에 나타난 예수의 족보에 상응하는 것이다. 아덴에서 행한 바울의 선교가 성공했는지 아닌지는 그가 부활에 관해 말했을 때 많은 사람이 그를 배척했기 때문에 논쟁거리가 되고 있다.[12] 아덴에서 행한 바울의 선교는 평가받은 것과는 상관없이 이제 기독교 선교가 헬라 문화의 중심지에서 이루어졌다는 점에서 그 자체로 중요한 일이다.

예수의 하나님 나라 운동은 팔레스타인 지역 안에서도 일어났다. 그렇지만 이미 산상수훈에서 예수는 이방인들을 향한 안목을 가지고 있었다. 그는 이사야의 예언(눅 4:18-19/사 61:1; 58:6)을 이용하여 사회적으로 소외된 사람들에게 해방의 복음을 선포하였다. 그가 엘리아와 엘리사 시대에 하나님의 구원이 '오로지' 이방인들에게만 나타나게 되었다(눅 4:26/왕상 17:9; 눅 4:2/왕하 5:14)라고 언급하였을 때, 예수에게 반발하였던 나사렛의 유대인들은 그를 반대하는 자들로 바뀌게 되었다. 이와 유사하게도 예수가 행한 만찬의 비유(눅 14:15-24/마 22:1-14)에서도 먼저 초청을 받은 사람들이 잔치에 오지 않았을 때, 주인은 그의 종들에게 가난한 자들과 병자들과 저는 자들과 소경들을 초대하도록 말하였다. 그런데 아직도 빈자리가 남았을 때, 그 주인은 "길과 산울 가로 나가서 사람을 강권하여 데려다가 내 집을 채우라"(눅 14:23)라고 말하면서, 그의 종들에게 다시 다른 사람들을 초청하도록 말하였다. 이러한 구절은 이방인 선교에 대한 부름을

---

12) Cf. Jacques Dupont, *The Salvation of the Gentiles*, 32: "At the beginning was a single man, and from him the whole human race spread over the whole face of the earth; and at the end of time, all men everywhere will be judged by one man, the one whom God raised from the dead. Luke's language suggests a parallelism between the two Adams and emphasized in a new way the universal character of the economy of salvation inaugurated by Jesus' resurrection. The Easter event, an anticipatory sign of the final judgment, has the same universal dimensions as the creation of Adam, the father of the entire human race."

암시해 주는 구절이다.[13] 예수는 또한 사람들이 역사의 마지막 때에 세계의 모든 구석으로부터 만찬 자리까지 나아올 것이라는 사실을 다음과 같이 예언하였다: "사람들이 동서남북으로부터 와서 하나님의 나라 잔치에 참석하리니"(눅 13:29).

누가는 누가복음-사도행전에서 구속사를 말해줌으로써 하나님의 우주적인 구원을 강조하고 있다. 그는 다음과 같이 이부작을 마감하면서 끝을 향해 열려진 역사를 언급하고 있다: "[그가] 담대히 하나님 나라를 전파하며 주 예수 그리스도에 관한 것을 가르치되, 금하는 사람이 없더라"(행 28:31). 그러므로 선교의 역사는 누가의 시대뿐만 아니라 오고 오는 세대에도 계속된다.

4. 결론

우리는 신약성경의 일부분 곧 바울과 누가에 초점을 두고서 토론하였다. 물론 다른 신학적 혹은 기독론적 특징을 가지고 있는 여러 문서가 많이 있다. 그러나 다양성에도 불구하고, 그 모든 문서는 예수 그리스도의 인격 안에서 통일된다. 그러므로 성경적이라기보다는 성경에 대한 기독론적 해석학이라고 말할 수 있는 것이 필요하다. 그러므로 종교가 제각기 주도권을 잡으려는 시대를 맞이하여, 우리는 종교적 근본주의나 혹은 선교적 우월주의가 위험하다는 사실을 인식하고 있어야 한다. 우리는 오늘날 다른 종교 속에서 살아가는 사람들이 협력관계 속에서 기독교와 대화할 가능성을 추구하는 데 있어서, 신약성경의 문서들 속에 신학적인 입장들이 다양하게 들어 있다는 사실을 올바르게 평가해야 한다. 21세기를 맞이하며, 다른 문화와 종교로부터 배우고 깨닫는

---

13) I. Howard Marshall, *The Gospel of Luke: A Commentary on the Greek Text* (The Paternoster Press, 1978), 590: "Two motifs appear to be present. The one is to indicate a call to a wider circle of people, who can most plausibly be identified with the gentiles; the other is to indicate that the task of inviting the guest is still incomplete and hence to stress the continuing task that must be carried on by the disciples."

것이 더욱더 증가할 것이다. 이런 이유로 우리는 역사적 종교 현상으로 기독교를 상대화시켜야 한다.

동시에 기독교는 이러한 종교적 다원주의 시대에 그리스도를 인정하지 않는 다른 무명의 종교에 흡수되어서는 안 될 것이다. 그러한 종교적 상황 속에서도 그리스도의 인격과 메시지와 실천을 명명백백하게 드러내는 것과 같이 중요한 일은 계속되어야 할 것이다. 한편으로 다른 종교적 집단들과 구별된 예수를 따르는 공동체에 기독교의 정체성을 주었던 것은 바로 그리스도 중심주의였다. 동시에 다른 한편으로, 이 세상에서 종노릇 하는 권세에 놓인 사람들을 자유롭게 하는 메시지를 주었고, 하나님을 종노릇 하는 권세의 속박으로부터 신자들을 자유롭게 하였던 분으로 계시함으로써 그를 사랑과 정의의 본성을 가진 분으로 나타낸 분이 바로 예수 그리스도였다. 그러므로 그리스도 안에 나타난 하나님의 계시는 기독교적 관점 곧 신약성경의 빛에서 볼 때 규범이 된다. 베드로가 말한 것처럼, "다른 이로서는 구원을 얻을 수 없나니 천하 인간에 구원을 얻을만한 다른 이름을 우리에게 주신 일이 없음이니라"(행 4:12). 이것은 바로 모든 사람이 그리스도의 이름으로 구원받게 된다고 하는 부름말이다. 그러나 이것은 하나님이 기독교 공동체 밖에 있는 사람들을 구원할 수 없다거나 혹은 모든 신자가 모두 하나님의 나라에 들어가는 길이 보장되었다는 사실을 반드시 제안하는 것은 아니다. 예수는 "너희는 나를 불러 '주여, 주여' 하면서도 어찌하여 나의 말하는 것을 행치 아니하느냐?"(눅 6:46)라고 말하였다. 예수가 말한 이 말씀에 대해서 마태복음은 다음과 같이 기록하고 있다: "나더러 '주여, 주여' 하는 자마다 천국에 다 들어갈 것이 아니요, 다만 하늘에 계신 내 아버지의 뜻대로 행하는 자라야 들어가리라"(마 7:21). 사람이 하나님의 나라에 인도될지 아닌지의 문제는 하나님의 심판에 달린 것이지 우리에게 달린 것이 아니다. 우리는 하나님 나라의 신비와 그가 신비스러운 방식으로 역사 속에서 행하는 일을 보아야 한다. 그러므로 신자는 하나님 나라의 종말론적 성격을 이해하면서 이 땅을 살아야 한다.

신약성경에 비추어 본 21세기의 하나님의 보편구원은 얼마나 보편적인가? 이러한 질문은 일차적으로 선교적 함축성을 가지고 있다. 그리스도 안에 나타난 하나님은 항상 인간 공동체 속에서 모든 사람을 사랑으로 돌보는 분이다. 어떻게 신자들이 21세기의 고통당하는 사람들과 피조물을 사랑으로 돌보고 있는 하나님을 무슨 말과 행동으로써 그 깊이와 넓이를 측량할 수 있겠는가? 이것이 문제로다.

VI. 고린도전서 7장에 나타난 바울의 결혼관[1]

1. 서론

소중한 가정을 믿음으로 굳게 지키는 일은 아주 중요하다. 가정이 하나님의 창조의 질서 속에 들어 있기 때문이다. 그런데 상황이 급변하여 오늘날 결혼과 이혼 문제가 점점 현대인들에게 상대적 가치로 인식되고 있는 형편이나, 성경은 가정을 창조하신 하나님의 섭리에 입각하여 지극히 보수적인 입장을 견지하고 있다. 무엇보다도 결혼과 독신, 별거, 이혼, 그리고 재혼에 관한 내용은 고린도전서 7장[2]에 주로 언급되어 있지만, 이 문제를 어떻게 예수의 가르

---

1) 이 논문은 필자가 2005년 2학기 장로회신학대학교 대학원 입학, 개강예배 및 심포지엄(2005년 9월 5일)에서 발표한 논문을 학술지의 요건을 갖추기 위하여 "결혼과 독신과 이혼과 재혼에 관한 통전신학의 이해: 고린도전서 7장의 주해와 적용," 《고린도전서 어떻게 설교할 것인가》 두란노 HOW 주석 40(서울: 두란노 아카데미, 2007), 129-142에 수정 보완 것임을 밝힌다.

2) 고린도전서 7장에서 언급된 결혼과 이혼, 독신, 그리고 재혼에 관한 내용은 초기 그리스도교 시대 때부터 초미의 관심사항으로 많은 논쟁을 불러일으킨 주제였다. 특히 초기 그리스도교 변론가 중에서 북아프리카의 루시우스 캘리우스 피르미아누스(Lucius Caelius Firmianus, 약 240-320년)는 최초로 이 주제를 광범위하게 다룬 학자로 알려져 있다. 후에 그는 종교개혁 시대에 에라스무스(Erasmus)에게 주목을 받게 되는데, 에라스무스의 《권면》(*Paraclesis*)이라는 책이 라틴어로 1516년에 John Froben 출판사를 통해서 발간되면서 피르미아누스의 고린도전서 7장의 논의를 자세히 소개해 주었다. 루터(martin Luther)도 1523년에 독일어로 고린도전서 7장에 관한 주석을 출판하였지만, 본격적으로 1529년 6월 2일에 로이에(William Roye)에 의해서 "An Exhortation to the Diligent Studye of Scripture; An Exposition into the Sweventh Chaptre of the Epitle to the Corinthians"라는 책이 16세기 고어체의 영어로 Answerp 출판사에 의해 발간되면서 피르미아누스의 고린도전서 7장에 대한 주석이 본격적으로 우리에

침과 결부시킬 수 있는지는 아주 중요한 과제이다. 본 장은 바울의 결혼관이 예수의 가르침에 근거하고 있다는 점을 삼위일체적인 통전 신학의 이해에서 확인해 보고자 한다.

어떻게 우리의 가정을 지킬 것인가? 유행병처럼 번지고 있는 혼전 동거와 중혼, 별거, 이혼, 그리고 재혼이 만연된 오늘 한국적 풍토에서 유일하게 하나님의 말씀만이 우리 가정을 지킬 수 있다. 성경은 창조신앙에 근거하여 다음과 같이 철저하게 선언한다. "하나님이 짝지어 주신 것을 사람이 나누지 못할지니라"(막 10:9. 참고, 창 2:24) 이 엄격한 하나님의 말씀이 오늘날과 같이 복잡한 현대 사회 속에서 얼마나 그 힘을 발휘할 수 있을까? 결혼과 독신, 별거, 이혼, 그리고 재혼 문제는 오늘날 성적인 부도덕이 우리 사회에 만연되면서 너무나도 복잡한 양상으로 전개되고 있다. 우리는 이와 관련하여 많은 논란이 되는 고린도전서 7장을 삼위일체적인 통전 신학[3]에 입각한 올바른 이해를 통해서, 건설적인 가정을 세워나가는 데 모두 힘을 써야 하겠다.

본 장은 결혼과 독신, 별거, 이혼, 그리고 재혼에 관한 올바른 통전 신학의 연구를 위하여 유대 율법 전통을 재해석한 예수와 바울의 선교를 상호 관련지어서, 고린도전서 7장에 나타난 결혼관을 새롭게 재조명해 보고자 한다. 이를

게 알려지게 되었다. 참고, Douglas H. Parker, *An Exhortation to the Diligent Studye of Scripture and An Exposition into the Sweventh Chaptre of the Epitle to the Corinthians* (Reprint: Toronto: University of Toronto, 2000). 이 책은 로이에의 고어체의 영어 그대로 병기하면서 곁들인 현대적 해설을 통해 우리의 이해를 쉽게 도와주고 있다.

3) 흔히 한국에서 '통전적 신학'이라는 용어가 사용되고 있지만, 한 가지 안타까운 것은 현재 통전적 신학이라는 이름으로 많은 심리치료 기관들이 미국에서 활발하게 활동을 하고 있다. 이렇게 용어를 잘못 사용하다가 자칫하면, 신학이 요가와 에어로빅을 겸한 심리치료의 아류로 전락할 우려가 있다. 그래서 필자는 이러한 심리학적 해석을 피하기 위하여 '통전 신학'이라고 할 것을 2003년에 안성 사랑의교회 수양관에서 모인 한국기독교학회에서 제안하였다. 참고, 소기천, "생명의 선교를 향한 예수의 시험이야기 새로 읽기: 통전 신학을 제안하며," 《한국기독교신학논총》 제30집(2003년 10월 15일): 183-209. 다렐 구더(Darrell Guder)는 '통전적'이라는 단어가 관념철학에서 뉴에이지 운동에 이르기까지 다양하게 사용되고 있어서 오해를 불러일으킬 수 있는 단어라는 점을 우리에게 경각시키기도 하였다. 참고, 그의 논문 "통전적 선교신학을 향하여: 세계, 공동체, 이웃," 《선교와 신학》 제15집(2005년 6월): 154; 영어로는 그의 논문 "Toward a Holistic Theology of Mission: World, Community, Neighbor," *Mission and Theology*, vol. 15 (Spring 2005): 238.

토대로 결혼과 독신, 별거, 이혼, 그리고 재혼에 관한 삼위일체적인 통전 신학의 이해를 제안해 보고자 하며, 이어서 간단한 통전 신학을 위한 해설을 병행해 나가고자 한다.

무엇보다도 바울의 결혼과 독신, 별거, 이혼, 그리고 재혼에 관한 통전 신학의 이해가 과연 예수의 가르침에 근거하고 있는지를 먼저 살펴보고자 한다. 방법론적으로 예수의 율법이해가 초기 그리스도교에 의해 추구된 올바른 신앙 전통이었기 때문에, 과연 바울이 얼마나 예수의 가르침에 의존해 있는지를 살펴보는 것도 본 장의 중요한 과제 가운데 하나이다. 결혼에 관한 가르침과 관련하여 바울이 얼마나 예수 전승에 의존하고 있는지에 관한 문제는 현대 신약학의 화두 중의 하나이다. 이에 대하여 웬햄(D. Wenham)의 주장을 따르는 김세윤은 바울이 '공관복음서의 문맥 속에서 예수의 혼인에 대한 전체적인 가르침'을 알고 있었다고 주장하는데,[4] 이는 다소 무리이다. 왜냐하면 바울이 자신의 13개 서신을 모두 기록한 다음에 쓰인 것이 공관복음서이기 때문이다.

바울은 유대적 전통에서 자라났지만, 다메섹 체험 이후 유대교에서 개종하여 이방인 선교사로서 왕성하게 활동한 인물이다. 그렇다면 개종 이후에 바울은 유대교의 율법 전통을 모두 버렸는가? 이 점에서 바울이 얼마나 유대 율법 전통에 계속해서 서 있었는지 하는 문제는 아주 중요한 연구과제이다. 이러한 연구는 신학적 연구 방법론 중의 하나인 삼위일체적인 통전 신학의 이해를 어떻게 신약성경에서 확인할 수 있는지를 보여주는 하나의 시도가 될 것이다.

문제는 이러한 예수와 바울의 선교가 결혼과 독신, 별거, 이혼, 그리고 재혼이라는 주제에 연결될 수 있는가 하는 점이다. 본 장은 이 문제를 유대 율법 논쟁의 틀 속에서 해결하고자 한다. 21세기에 들어가면서 점점 더 복잡한 양상으로 전개되고 있는 결혼과 독신, 별거, 이혼, 그리고 재혼 문제는 결국 성경

---

4) 참고, 김세윤, 《바울 신학과 새 관점: 바울 복음의 기원에 대한 재고》 (서울: 두란노, 2002), 415; D. Wenham, "Paul's Use of the Jesus Tradition: Three Samples," *The Jesus Tradition Outside the Gospels*, Gospel Perspectives 5, ed. D. Wenham (Sheffield: Sheffield Press, 1985); idem, *Paul: Follower of Jesus or Founder of Christianity?* (Grand Rapids: Eerdmans, 1995).

에서 유대 율법 전통에 대한 해석문제로 집약된다는 점에서, 예수의 율법 해석이 바리새인의 해석 전통과 다르다는 사실을 먼저 인식하는 것이 중요하다. 캠벨(William S. Campbell)은 결혼관에 있어서 바울의 윤리적 기준이 '보편주의보다는 특수주의'의 입장에 있다고 지적한 바 있다.[5] 그러나 비록 모세 율법이 이혼증서를 써 주면 이혼할 수 있다고 했음에도 불구하고, 예수는 당시 사람들의 완악함에 그 이유가 있다는 해석을 함으로써 결혼의 궁극적인 가치가 가정을 창조하신 하나님의 섭리에 있다는 사실을 유대 율법보다 더욱더 중시하였다. 이러한 창조신앙은 고린도전서 7장에서 바울의 결혼관에 지대한 영향을 미쳤다. 비록 그가 유대교로부터 개종한 이후에 유대 율법 전통을 분토와 같이 버렸음에도 불구하고, 결국 바울은 하나님의 부르심과 주님의 기뻐하시는 일이 될 수 있는지를 중시하는 차원에서 결혼과 독신, 별거, 이혼, 그리고 재혼에 관해서 매우 보수적인 입장을 견지하고 있다.

2. 고린도전서 7장의 구조

고린도인들은 "인간이 저지르는 모든 죄는 육체 밖에 있다"(고전 6:18)라는 표어를 가지고 살았다. 그래서 영적인 사람들은 도덕적으로 깨끗하다고 믿고 자신들의 성적인 욕구를 탐닉하였다(고전 5:1-8; 6:12-20).[6]

고린도전서 7장에서 바울은 기본적으로 스토아 철학에서 말하는 소위 금욕주의의 전통에 관해서 외형적으로 찬성하는 것처럼 보인다.[7] 바울은 남

---

5) William S. Campbell, *Paul and the Creation of Christian Identity* (New York: T&T Clark, 2006), 92.

6) Jerome Murphy-O'Connor, *Paul: His Story*, 정대철 역, 《바울 이야기》 (서울: 두란노, 2006), 220. 여기서 머피-오코너는 필로의 말인 "오직 지혜로운 자만이 자유롭다"라는 말을 인용하면서 당시에 만연되어 있던 스토아 철학에 심취된 금욕주의자들을 비판하고 있다. 메이(Alistair Scott May)는 바울이 고린도전서 7장을 고린도전서 6장 12-20절의 연관 속에서 다루고 있다는 사실을 자세히 연구하였다. 참고, Alistair Scott May, *"The Body for the Lord": Sex and identity in 1 Corinthians 5-7* (London; New York: T&T Clark Internatioanl, 2004), 256-257.

녀의 성적인 결합이 스토아에서 경계하는 정욕의 문제와 어떻게 결부되는지를 중요하게 다룬다. 그래서 바울은 고린도전서 7장을 시작하자마자 가능하면 남자가 여자에게 접근하지 말라(7:1)고 권면한다. 그리고 바울은 7장을 마치면서 과부는 독신으로 지내는 것이 복이 있다(7:40)고 말한다.

이런 사실을 중시할 때, 외관상으로 바울에게 있어서 결혼은 음행에 빠지지 않기 위해 하는 것으로 이해된다(7:2). 그래서 바울은 결혼하는 사람은 절제하는 힘이 없기 때문(7:5)이며 정욕이 불타오르기 때문(7:9)이라고 한다. 그러므로 자신과 같이 독신으로 지내는 것이 좋다고 말하기도 한다(7:7, 8).[8]

왜 바울은 이렇게 극단적으로 들리는 표현을 하고 있을까? 첫째, 이러한 바울의 결혼에 대한 권면이 신학적으로 종말론적인 관점위에 서 있는 것을 고린도전서 7장의 여기저기에서 확인할 수 있다. 곧 엄청난 환난이 임박하였고(7:26), 마지막 때가 얼마 남지 않았고(7:29), 이 세상의 외형이 사라질 것(7:31)이

---

7) 서구 신학자들은 고린도전서 7장의 배경에 관한 연구를 통해서, 바울이 당연히 스토아의 금욕주의의 입장에 서서 큰 영향을 받고 있다는 점을 부각시킨다. 참고, S. Scott Bartchy, *First-Century Slavery and 1 Corinthians 7:21*. SBL Dissertation Series 11 (Missoula: University of Montana, 1973); Brad Ronnell Braxton, *The Tyranny of Resolution- 1 Corinthians 7:17-24*. SBL Dissertation Series 181 (Atlanta: SBL, 2000); Bruce W. Winter, *After Paul Left Corinth: The Influence of Secular Ethics and Social Change* (Grands Rapids: Eerdmans, 2001); Will Deming, Paul on Marriage & Celibacy: *The Hellenistic Background of 1 Corinthians 7* (Grand Rapids: Eerdmans, 2004); Edward Adams and David G. Horrell (eds.), *Christianity at Corinth: The Quest for the Pauline Church* (Louisville: Westminster John Knox, 2004). 이에 반하여, 최근에 굴더(Michael D. Goulder)는 바우어(F.C. Baur)의 이론을 새롭게 조명하면서 유대적인 관점에서 이해해야 할 것을 제안한다. 참고, Michael D. Goulder, *Paul and the Competing Mission in Corinth* (Peabody: Hendrickson, 2001), 141-151. 일란(Tal Ilan)도 이러한 유대적인 입장에 동의한다. 참고, Tal Ilan, "Paul and Pharisee Women," *On the Cutting Edge: The Study of Women in Biblical Worlds*, eds. Jane Schaberg et.al. (New York; London: Continuum, 2004): 82-101. 그러나 필자는 스토아의 금욕주의와 유대적인 관점을 비판하면서 결혼생활에 관한 참된 그리스도인의 삶을 종말론적인 차원에서 통전 신학의 이해로 제안하려는 것이 바울의 의도라는 점에 관심을 기울이고자 한다. 필자와 마찬가지로, 이러한 주제를 통전 신학의 이해는 아니지만 한 가지 공통분모인 종말론적인 관점에서 다루고 있는 학자는 홀슬리(Horsley)이다. 참고, Richard A. Horsley, *1 Corinthians*. Abingdon New Testament Commentaries (Nashville: Abingdon, 1998), 95-114.

8) 특히 바울은 "나는 모든 사람들이 다 나 자신과 같기를 원한다."라고 말하는데, 이는 바울의 독신생활 자체보다는 오히려 독신의 은사를 따라 성적인 욕망으로부터 자유로운 바울의 삶 자체를 의미한다고 볼 수 있다. 참고, 김희성, 《그 중에 제일은 사랑이라: 설교를 위한 고린도전서 연구》 (서울: 한국성서학연구소, 1999), 140-141.

기 때문이다. 둘째, 바울이 고린도 교회의 자유방임적 삶의 방식을 경고하고
있는 차원을 확인할 수 있다. 곧 고린도 교회의 성령주의자들이 창녀와 성관
계하면서 음행을 일삼았기 때문이다(고전 6:12; 고후 12:21).[9] 그렇다고 바울이 고
린도전서 7장에서 결혼 자체를 부정하고 있는 것은 결코 아니다.[10] 그러면 바
울의 결혼관은 구체적으로 무엇인지 먼저 고린도전서 7장의 구조를 통해서
알아보자.

도입 7:1a 이전 말

7:1b-7a 결혼에 관한 교차대칭 구조

    A 남자와 여자(1b절)

        B 부정적 행동 – 음행(2절)

           C 의무(3절)

                D 아내와 남편(4a절)

                D′ 남편과 아내(4b절)

           C′ 의무(5a절) – 별거(분방)와 결합(합방)의 문제

        B′ 부정적 행동– 절제 못함(5b절)

    A′ 모든 사람이 나를 본받으라(6-7a절)

7: 7b 하나님의 은사

7:8-9 결혼하지 아니한 자들과 과부들에 관하여

    독신을 권면함(8절)

---

9) Friedrich Lang, *Die Briefe an die Korinther*, 《고린도후서 주석》, 문병구 역(서울: 성경아카데미,
2007), 231.

10) 고린도전서 7장에서 남녀의 결혼에 사용된 단어가 각각 다른데, 남자에게는 가메오(28절에 2회, 33, 34,
36, 39)라는 단어가 여자에게는 가미조(38절에 2회)라는 단어가 각각 사용되고 있다. 그렇지만 이 단어는
거의 동일한 의미로 사용되고 있다고 보는 것이 학자들의 일반적인 견해이다. 참고, Hans Conzelmann,
1 Corinthians: A Commentary on the First Epistle to the Corinthians (Philadelphia: Fortress
Press, 1975), 136. 그러나 이 단어는 남녀가 일생에 단 한 번 결혼을 해야 할 것을 의미한다고 해석할 수
있다. 이 주제와 관련해서, 특히 고린도전서 7장 2절은 일부다처제를 금기시하는 가르침을 분명하게 함
축하고 있다. 참고, C.K. 바레트, 《국제성서주석 고린도전서》(서울: 한국신학연구소, 1985), 189.

결혼을 허락함(9a절)

이유: 절제 못함과 정욕의 불길(9b절)

7:10-11 이혼에 관하여

아내에 대하여(10a절)

이유: 주님의 명령(10b절)

남편에 대하여(11a b절)

이혼 불가에 대한 재진술(11c절)

7:12-16 신자와 불신자의 결혼과 이혼에 관하여

결혼에 대하여(12-14, 16절)

남성에게 주는 권면(12절 – 주님의 명령이 아님)

여성에게 주는 권면(13절)

신자와 불신자의 결혼이 주는 유익(14, 16절)

이혼에 대하여(15절)

이혼 가능(15a절)

이혼의 유일한 조건(15b절 – 하나님이 화평 중에 부르심)

7:17-24 하나님의 부르심이라는 원리

하나님의 부르심(17절 – 주님께서 각 사람에게 나눠주신 분량)

첫 번째 예(18-19절)

할례자의 경우(18a절)

무할례자의 경우(18b절)

무용지물(19a절)

하나님의 계명(19b절)

부르심의 실천(20절)

두 번째 예의 교차대칭 구조(21-23절)

A 종과 자유인(21절)

B 주님 안에서 종이면서 동시에 자유인

(22a절)

B′ 자유인이면서 동시에 <u>그리스도</u>의 종
(22b절)

A′ 사람들의 종(23절)

부르심에 대한 소명 확인(24절) – <u>하나님</u>과 함께 거하라

7:25-28 결혼생활과 독신생활에 대하여(<u>주님</u>의 계명이 아님)

    7:25-26 처녀에게 주는 권면

        바울의 권위(25절)

        독신의 이유(26절): 종말론적 권면('임박한 환난')

    7:27 남성에게 주는 권면

        남성의 결혼과 독신의 지속을 위한 권면(27절)

            결혼의 지속(27a절)

            독신의 지속(27b절)

    7:28 결혼과 죄 짓는 것의 관계성(28절)

        결혼 자체는 죄가 아님(28a절)

        결혼의 결과 – 육신의 고난(28b절)

7:29-31 그리스도인의 실존의 원리

    종말론적 권면(29a절)

        아내가 있는 자들은 없는 자 같이(29b절)

        우는 자들은 울지 않는 자 같이(30a절)

        기쁜 자들은 기쁘지 않은 자 같이(30b절)

        매매하는 자들은 없는 자 같이(30c절)

        물건을 쓰는 자들은 다 쓰지 못하는 자 같이(31a절)

    권면의 이유(31b절)

7:32-35 염려의 문제

    염려가 없기를 권면(32a절)

형제의 경우(32b-33절)

    독신 형제 → <u>주님</u>의 일을 염려하고 <u>주님</u>을 기쁘게 함(32b절)

    결혼한 형제 → 아내를 기쁘게 함(33절)

자매의 경우(34절)

    독신 자매 – 몸과 영을 거룩하게 함(34a절) → <u>주님</u>을 기쁘게 함

    결혼한 자매 – 남편을 기쁘게 함(34b절) → 남편을 기쁘게 함

권면의 이유(35절)

    인간의 유익(35a)

    <u>주님</u>을 섬김(35b)

7:36-38 처녀의 결혼과 독신에 관하여

    처녀의 결혼(36절)

    처녀의 독신(37절)

    처녀의 결혼과 독신(38절)

        결혼 – 잘한 일(38a절)

        독신 – 더 잘한 일(38b절)

7:39-40a 과부에게 주는 권면

    7:39 <u>주님</u> 안에서 재혼

    7:40a 독신

결론 7:40b <u>성령</u>

이러한 구조를 살펴보면, 바울은 하나님의 뜻을 준행하기 위하여 주님의 명령에 입각하여 가정을 세우는 것이 중요하다는 사실을 우리에게 일깨워주고 있다. 여기서 바울이 중시하는 것은 유대 율법에 대한 예수의 재해석이다. 바울은 주님의 명령을 강조하면서(7:10) 철저하게 자신이 예수의 가르침에 서 있다는 사실을 우리에게 일깨워주고 있다.[11) 유대교의 정통 가문에서 출생하여 가말리엘의 문하에서 자란 바울은 유대의 결혼 법에 관해서 누구보다도 잘

알고 있었다. 그러나 다메섹 도상에서 새로운 소명을 체험한 이후에, 그는 유대 율법 전통을 버리고 단지 모세율법이 명하는 가르침이 아니라 예수의 율법에 관한 재해석을 철저하게 받아들이고 있었다. 그러므로 바울은 하나님의 창조 질서 속에 있는 가정의 숭고함을 중시하면서,[12] 주님의 명령 곧 주님을 섬기는 일에 그리스도인의 결혼이 이바지해야 한다는 하나님의 부르심의 원칙에 굳게 서 있다. 그리고 이러한 결혼에 관한 소명의식이 곧 하나님의 영이신 성령의 축복을 통해서 하나님의 선교를 이룰 수 있다는 사실을 우리에게 교훈하고 있다. 더구나 율법을 성령의 법인 사랑의 법으로 이해하면서 이것이 그리스도의 법이라고 증언한다(갈 6:2). 곧 이러한 그리스도의 법은 '이웃에게 악을 행치 아니하고, 도리어 율법을 완성'(롬 13:10)하는 사랑의 법이다.[13] 여기서 바울이 결혼에 관한 윤리적 가르침에 있어서 가장 중요한 덕목으로 간주하는 것이 사랑의 관계에 필수적인 성숙함이다.[14]

이러한 사상을 삼위일체적인 통전 신학의 틀 속에 체계화하기 위해서, 바울은 고린도전서 7장에서 하나님과 주님이라는 단어를 연이어서 의도적으로 사용하고 있다. 그리고 마지막으로 이 내용이 삼위일체적인 통전 신학의 체계를 갖추도록, 바울은 고린도전서 7장의 결론에서 하나님의 성령을 언급한다. 이러한 언급과 관련하여 성령이라는 단어가 고린도전서 7장 40절에 단 한 번 언급되고 있지만, 결코 그 중요성이 소홀히 취급될 수 없다. 이것은 그리스도인의 가정이 하나님과 주님 그리고 성령 곧 삼위일체적인 통전 신학의 틀 속에 확고하게 서게 될 때, 하나님의 선교를 위해 합당하게 쓰임을 받을 수 있다

---

11) 바울 서신에서 예수의 가르침에 대한 명백한 내용들을 찾는 것은 쉬운 일이 아니다. 단지 바울이 자신의 결혼관과 관련하여 예수의 가르침에 관하여 비록 단편적이나마 알고 있었다는 사실을 확인하는 것이 중요하다. 참고, David G. Horrell, *An Introduction to the Study of Paul*, 《바울 읽기》, 윤철원 역(서울: 도서출판 미스바, 2003), 133.

12) 참고, 김지철, 《성서주석 고린도전서》 (서울: 대한기독교서회, 1999), 318.

13) 참고, F. F Bruce, *Paul: Apostle of the Free Spirit*, 《바울》, 박문재 역(서울: 크리스찬 다이제스트, 1992), 220.

14) J. Christian Becker, *Paul the Apostle: The Triumph of God in Life and Thought* (Philadelphia: Fortress Press, 1980), 322.

는 메시지와 곧바로 연결된다. 이러한 메시지는 고린도전서 7장의 핵심적인 가르침과도 조화를 이룬다.

누구나 성인으로서 자기의 결혼관을 가질 수 있으나, 바울은 그것이 주님의 선한 일에 합당한 것이 되어야 한다는 사실을 고린도전서 7장에서 강조한다. 이로써 바울은 예수의 율법 이해에 기초하여 하나님의 영이신 성령의 뜻을 중시하게 되었으며, 그 일에 하나님의 부르심이 있다는 확신을 하고 신실한 가정을 이루는 것이 하나님의 선교를 이 땅에 성취할 수 있다는 삼위일체적인 통전 신학의 이해를 우리에게 분명하게 보여주고 있다.

3. 고린도전서 7장의 해설

바울은 결혼에 관해서 남편과 아내가 서로에게 행할 의무가 있음을 확인해주고 있다(7:3). 바울은 더구나 부부가 결혼하면 더는 자기 몸을 자기가 주장하는 것이 아니라, 아내의 몸은 남편이 또한 남편의 몸은 아내가 주장한다(7:4)고 말한다. 그래서 결혼한 이후에 서로 분방하지 말고 혹시 기도할 경우가 생긴다면 아주 잠깐만 분방15)이 가능하다(7:5)고 언급한다. 이것은 부부간 별거의 한계를 분명하게 정해주고 있는 말씀이라는 점에서 아주 특이하다. 오늘 우리의 현실 속에서 과연 기도하기 위해서 별거를 지속할 수 있는 부부가 얼마나 될까? 기도할 시간을 갖는다는 핑계로 별거할지라도 아주 잠깐만 분방할 수 있다고 바울이 지적하는 것은, 다름이 아니라 부부간에는 무조건 합쳐서 살아야 할 것을 강조하는 말씀이다. 여기서 우리는 바울이 일부일처제를 중시하는 자세를 확인할 수 있다. 이것은 당시의 상황에 맞춘 *ad hominem*의 논증

---

15) 부부가 분방할 수 있는 기간에 대해서는 유대교의 학파에 따라서 차이가 난다. 예를 들면, 힐렐 학파는 1주간을 허락하였으며, 삼마이 학파는 2주간을 허락하였다. 랍비 밑에서 토라를 연구하는 선지생도의 경우에는 한 달간을 최대한도로 허락해 주었다. 참고, P. Billerbeck, *Kommentar zum Neuen Testament aus Talmud und Midrasch III: Die Briefe des Neuen Testaments und die Offenbarung Johannis* (München, 1926), 368-372.

에 근거한 것이다. 곧 바울은 혼인 생활을 지속하는 것 이외에 음행을 피할 수 있는 더 고상한 동기는 없다고 논증한다.[16]

　이혼에 대해서도 바울은 서로 갈라서지 말라고 강력하게 촉구한다(7:10-14). 여기서 비록 바울이 가정의 창조적 질서에 관해 언급하지는 않았지만, 그가 이혼하지 말 것을 주님의 명령이라고 표현한 것[17] 속에는 분명히 창세기 2장에서 하나님께서 아담에게 하와를 데려오면서 둘이 한 몸을 이루라고 선언하신 말씀을 반영하고 있다. 이는 가정의 숭고한 뜻을 기리면서 창조신앙에 근거한 가정의 질서 회복이라는 차원에서 이혼을 강력하게 금한다.[18]

　바울은 이혼을 유일하게 한 가지 조건의 경우에 허락하기도 한다. 곧 신자와 불신자의 결혼에 있어서 이혼문제가 제기되었을 때, 이혼하라고 제안한다(7:15a). 오늘날 흔히 제기되는 이혼 사유 중에서 성격의 차이라든지 배우자의 부정 문제가 여기에 결코 개입되어 있지 않다. 더구나 신자끼리 만난 결혼의 이혼 문제는 상상조차 할 수 없다. 그리고 단지 여기서 언급하는 불신 배우자와 이혼하는 것도 신앙적인 이유에 근거하고 있다. 그러나 신자가 불신자와 결혼한 후에 신앙적인 이유로 부득이하게 이혼할 때도, 주의할 사항으로 바울은 이혼을 "화평 중에"(7:15b) 실행할 것을 권면하고 있다. 더구나 고린도전서 7:16은 이러한 이혼의 경우에 신자가 불신 배우자를 구원할 수 있는 길이 있다는 사실을 강조함으로써, 이혼의 신중함을 거듭 제안하고 있다. 곧 신자가 불신자와 결혼한 이상은 하나님의 선교를 위해 그 배우자에게 복음 전도의 기회가 주어진 것인 만큼 함부로 이혼할 수 없다는 주장이다. 여기서 제기되는 주제가 선교적 의무이다. 예레미아스(J. Jeremias)는 신자가 불신자에게 선교적 차원에서 결혼하고 그 후에 이혼을 신중하게 할 것을 제안하고 있는 것이 바

---

16) 참고, F. F Bruce, *Paul: Apostle of the Free Spirit*, 292.

17) 바울은 주님의 명령, 주님의 말씀, 혹은 예수 말씀이란 표현을 자주 사용하였다(고전 7:10, 25; 9:14; 살전 4:15). 참고, J. Christian Becker, *Paul the Apostle*, 115, 129.

18) 김지철은 이혼을 하나님께서 미워하시는 행위로 이해하는데, 이는 창조질서를 통해 가정을 지키시려는 하나님과의 언약을 파기하는 것이기 때문이다. 참고, 김지철, 《성서주석 고린도전서》, 318-319.

울이 주는 가르침의 의도라고 주장하였다.[19]

처녀의 결혼에 관해서 바울은 하나님의 부르심에 근거해야 한다는 사실을 강조하고 있다. 바울은 고린도전서 7:17-24에서 하나님의 부르심이 지닌 일반적인 원리에 관해서 미리 언급하고 있다. 이러한 부르심의 근거는 형제들에게 준 말씀이지만(7:24), 처녀에게도 동일하게 주고 있는 말씀이다. 여기서 처녀는 성적인 경험이 전혀 없는 여인을 가리키지만, 복수 속격으로 되어 있으므로 약혼한 남녀를 뜻한다. 즉, 성적 경험이 없는 남녀를 의미한다. 그런 점에서 표준새번역 성경이 '형제자매'라고 번역한 것은 올바르다.[20] 두 번에 걸쳐서 언급된 '주의 일을 염려하여'(7:32, 34)라는 표현은 앞에서 언급한 하나님의 부르심의 원리를 일깨워주는 표현이다. 그러므로 여기서 바울이 제안하는 결혼의 중요한 원리가 있는데, 그것은 하나님의 부르심과 주님의 일을 위해 결혼을 해야 한다는 사실이다. 과연 우리는 얼마나 자주 이러한 원리에 근거하여 결혼생활을 영위하고 있는지를 곰곰이 생각해 보아야 한다.[21]

그런 점에서 과부의 재혼도 마찬가지이다. 과부의 재혼을 언급하면서 그의 남편이 죽은 경우를 언급하고 있는데(7:39), 이는 과부의 재혼 사유가 지극히 제한적이라는 사실을 보여준다. 더구나 주님 안에서 재혼해야 할 것을 말하고 있는데(7:39), 이는 위에서 언급한 결혼의 중요한 원리인 하나님의 부르심과 주님의 일을 위한 소명을 이룬다는 차원의 표현이 또 다른 방식으로 표현된 것이라고 평가할 수 있다. 그래서 바울은 하나님의 성령이 주시는 영감을 받아

---

19) J. Jeremias, "Die Missionarische Aufgabe in der Mischehe (1 Kor. 7,16)," in *Abba: Studien zur neutestamentlichen Theologie und Zeitgeschichte* (Göttingen: Vandenhoeck & Ruprecht, 1966), 292-298.

20) 그러나 박수암은 "문자적으로 미혼 처녀"가 아니라, 고린도 교회의 상황에서 "임박한 재림 강조로 인해 생겨난 고린도 교회 내의 영적인 결혼을 한 부부들"을 가리킨다고 영적으로 그 의미를 해석하였다. 참고, 박수암, 《신약주석 고린도전후서》 (서울: 대한기독교서회, 2007), 126.

21) 신약성경의 여러 곳에서 바울은 결혼과는 상관없이 그리스도인들은 자기 몸을 거룩하게 보존할 것을 교훈하고 있다(롬 6:12; 12:1; 고전 6:13, 15, 19-20; 15:44; 고후 4:10; 갈 6:17; 빌 1:20; 3:21; 살전 5:23). 참고, 김지철, 《성서주석 고린도전서》 (서울: 대한기독교서회, 1999), 310. 그러나 김지철은 결혼에 관한 하나님의 정하신 원리보다는 바울이 보낸 여러 편지에 나타난 교회의 상황에만 관심을 보이고 있기에 동떨어진 주석을 하였다.

서 말을 계속하는데, 이런 신앙적인 차원이 아니라면 그냥 독신으로 지내는 것이 좋다고 결론짓는다(7:40). 이는 무슨 뜻인가? 과부가 된 것이 결코 비극이 아니라는 사실이다. 흔히 세상적으로 과부를 미망인(未亡人)이라고 표현한다. 곧 아직 망하지 않은 여인이라는 뜻이다. 아주 잘못되고 지극히 부정적이며 혐오스러운 표현이다. 오히려 바울은 하나님의 부르신 소명을 이룰 수 있다면, 독신으로 남아서 주님의 일에 힘쓰는 것이 과부에게 큰 복이라는 사실을 강조한다. 우리는 누가복음 2장에서 안나가 평생 성전에 독신으로 거하다가 메시아로 오신 아기 예수를 만난 사건을 이에 견주어서 이해할 수 있다.

과연 바울이 하나님의 부르심과 주님의 일을 위해 결혼을 하고 또한 주님 안에서 재혼을 한다고 가르친 말씀의 궁극적인 의미는 무엇인가? 더구나 마지막 결론(고전 7:40)에서 바울이 하나님의 영이신 성령의 축복을 거론하는 참된 의도는 무엇인가? 그 이유는 바울이 그의 마음속에 건실한 가정을 삼위일체적인 통전 신학의 기초 위에 세우려는 의도를 가지고 있었기 때문이다.

4. 통전 신학의 이해

그리스도인의 가정생활에 있어서 결혼과 독신, 별거, 이혼, 그리고 재혼 문제만큼 복잡한 주제도 드물다. 이 주제는 단순히 전통적인 차원이나 권위적인 차원에서 접근할 문제가 아니다. 필자는 이 주제를 통전 신학의 관점에서 고린도전서 7장에 나타난 삼위일체적인 원리로 이해해 보고자 한다.

고린도전서 7장에서 언급하고 있는 결혼과 독신, 별거, 이혼, 그리고 재혼이라는 주제에 있어서 (1) 하나님의 부르심(17-24절)과 (2) 성도의 신앙생활이 지닌 실존(29-31절)에 관한 말씀들은, 그리스도인의 가정에 꼭 필요한 아주 중요한 원리들을 통전 신학에 근거하여 제안하고 있다.

(1) 하나님의 부르심(17-24절)

그리스도인의 가정생활에 있어서 중요한 사실 하나는 하나님께서 현재 부르신 그대로 행할 것을 바울이 촉구하고 있다는 점이다. 곧 "각 사람이 부르심을 받은 그 부르심대로 행하라"(17,20,24절)라고 바울은 권면한다. 여기서 우리가 중시하고자 하는 단어는 '각 사람'(헤카스토스)과 '부르심'(칼레오)인데, 다음과 같이 이 짧은 구절에 자주 등장하고 있다.

17 각 사람은 주께서 그에게 나누어 주신 대로, 또 하나님께서 그를 부르신 그대로 살아가십시오. 이것이 모든 교회에서 명하는 나의 지시입니다. 18 할례를 받은 몸으로 부르심을 받은 사람은, 굳이 그 할례 받은 흔적을 지우려고 하지 마십시오. 할례를 받지 않은 처지에서 부르심을 받은 사람은, 굳이 할례를 받으려고 하지 마십시오. 19 할례를 받은 것이나 안 받은 것이나, 그것은 문제가 아니고, 하나님의 계명을 지키는 것이 중요합니다. 20 각 사람은 부르심을 받은 그 때의 처지에 그대로 머물러 있으십시오. 21 당신은 노예로 있을 때에 부르심을 받았습니까? 그런 것에 마음 쓰지 마십시오. 그러나 자유로운 몸이 될 수 있는 기회가 있으면, 어떻게 해서든지 그것을 이용하십시오. 22 주님 안에서 부르심을 받은 노예는 주님께 속한 자유인입니다. 그와 같이, 자유인으로서 부르심을 받은 사람은 그리스도의 노예입니다. 23 여러분은 하나님께서 값을 치르고 사신 몸입니다. 여러분은 사람의 노예가 되지 마십시오. 24 형제자매 여러분, 여러분은 각각 부르심을 받은 그 때의 처지에 그대로 머물러 있으면서, 하나님과 함께 계십시오.(표준새번역)

우리는 하나님의 부르심이 각 개인에게 임하여 있다는 사실을 바울이 강조하고 있음을 알 수 있다. 특히 바울은 *메노*라는 단어를 두 번씩 사용함으로써 이러한 부르심에 머물러 있으라고 권면한다(7:20, 24).22) 이것은 그리스도인

335

의 가정생활에 있어서 무엇보다도 하나님께서 위로부터 부르신 소명의 중요
성을 종말론적으로 일깨워주는 말씀이다. 어떻게 하나님의 부르신 소명을 이
룰 수 있는가 하는 문제만이 결혼문제에 있어서 중요한 관건이 된다는 사실을
바울이 강조하고 있다.

필자는 이것을 하나님의 부르심이라는 원리로 정의하고자 한다. 흔히 결
혼을 인륜지대사(人倫之大事)라고 하는데, 전혀 가볍지 않은 것을 뜻하는 말이
다. 하물며 우리 그리스도인의 결혼이 어떠할까? 하나님의 부르심의 원리에
굳게 서서 결혼을 결정하는 것이 올바른 신앙적 자세라는 점을 바울은 강조한
다. 이것은 결혼에 세상적인 차원이 아니라 종말론적인 차원이 있음을 우리에
게 일깨워준다. 그 종말론적 근거는 무엇인가? 다음의 원리와 연결을 지어서
생각해 보자.

(2) 성도의 신앙생활이 지닌 실존(29-31절)

바울이 이 구절에서 강조하고자 하는 것은 결혼이 결코 일상적인 이 세
상의 일이 아니라는 사실이다. 즉 바울은 다음과 같이 짧은 구절에서 '때'(카이
로스)와 '세상'(코스모스)이라는 단어를 사용함으로써, 그리스도인의 결혼이 종말
론적 근거를 지니고 있음을 지적하고 있다.

29 형제자매 여러분, 내가 말하려는 것은 이것입니다. 때가 얼마 남지 않
았으니, 이제부터는 아내 있는 사람은 없는 사람처럼 하고, 30 우는 사람
은 울지 않는 사람처럼 하고, 기쁜 사람은 기쁘지 않은 사람처럼 하고, 무
엇을 산 사람은 그것을 가지고 있지 않은 사람처럼 하고, 31 세상을 이용
하는 사람은 그렇게 하지 않는 사람처럼 하십시오. 이 세상의 모습은 사
라져 버리기 때문입니다.(표준새번역)

---

22) 이외에도 메노(μένω)라는 동사는 7장에서 8, 11, 40절에도 언급되고 있다. 이러한 동사를 통해서 바울
은 하나님의 부르심에 머물러 있는 것이 혼인의 중요한 원리라는 사실을 강조한다.

왜 바울은 결혼을 종말론적 관점에서 이해하고 있을까? 그 이유는 "때가 얼마 남지 않아서"(29절), "이 세상의 모습은 사라져 버리기 때문이다"(31절). 여기서 때는 단순히 연대기적인 시간이 아니라, 하나님의 때를 가리킨다. 그런 점에서 주님께서 재림하실 시기가 얼마 남아 있지 않다는 사실을 일깨우고 있다.[23] 특히 바울은 이 구절을 이렇게 종말론적 관점에서 강조한 다음에, 계속해서 주님의 일과 세상의 일을 대조하면서 다음과 같이 설명을 계속해 나간다.

> 32 나는 여러분이 염려 없이 살기를 바랍니다. 결혼하지 않은 남자는, 어떻게 하면 주님을 기쁘시게 해 드릴 수 있을까 하고, 주님의 일에 마음을 씁니다. 33 그러나 결혼한 남자는, 어떻게 하면 자기 아내를 기쁘게 할 수 있을까 하고, 세상 일에 마음을 쓰게 되므로, 34 마음이 나뉘어 있습니다. 결혼하지 않은 여자나 처녀는, 몸과 영을 거룩하게 하려고 주님의 일에 마음을 쓰지만, 결혼한 여자는, 어떻게 하면 남편을 기쁘게 할 수 있을까 하고, 세상 일에 마음을 씁니다.(표준새번역)

바울은 주님의 일을 세상의 일에 대비시키고 있다. 이러한 대비를 통해서 바울은 결혼문제가 단순한 세상의 일이 아니라 주님의 일이라는 종말론적 신학을 강조하고자 한다.

필자는 이것을 그리스도인의 실존이라는 원리에서 논하고자 한다. 그 이유는 그리스도인이 세상에 속하여 살아가지만, 분명히 세상에 속하지 않은 자처럼 살아야 한다는 바울의 설명이 성도의 실존적인 삶의 태도를 종말론적인 관점에서 일깨워주고 있기 때문이다. 때에 관한 분명한 인식이 그리스도인에게 종말론적 삶을 살아가게 한다. 그렇다면 그 무엇보다도 결혼문제는 성도의 이러한 종말론적인 삶과 무관할 수 없다. 하나님의 때가 얼마 남지 않았는데,

---

23) 이러한 표현은 현실 도피적 주제가 아니라 "종말이 확실히, 급속히 실현된다."라는 의미를 나타낸다. 참고, 전경연, 《고린도서신의 신학논제》 (서울: 대한기독교출판사, 1988), 147.

어떻게 아무렇게나 또는 아무하고 결혼하면서 살 수 있겠는가. 당연히 결혼생활을 통해서 주님을 기쁘시게 하는 삶을 살아야 하지 않을까?

이것은 마치 그리스도 안에 있는 하나님의 영광에 대한 지식이 세상의 창조 때에 빛을 만드신 것에 비교될 수 있다. 이제 이 빛은 예수 그리스도를 믿는 모든 사람에게 믿음의 통찰을 통하여 그리스도인의 마음에 비추는 빛으로 다가온다(고후 4:6). 곧 하나님께서는 그리스도를 통하여 우리 그리스도인의 마음에도 빛을 비추셨고, 하나님을 아는 향기를 온 세상에 드러내게 하신다(고후 2:14).[24] 이런 점에서 그리스도인의 결혼생활은 세상에 빛을 비추고 향기를 드러내는 삶으로 나아가야 한다.

바울은 종말의 전조가 되는 고난의 시기에 관해서도 관심을 기울이고 있는데, 이러한 관심은 다가오는 위기에 관하여 주신 예수의 가르침(막 13:17; 눅 23:29)에서 오는 것이다. 곧 바울은 독신생활로 고난이 덜해질 것으로 생각해서 독신을 선택할 것이 아니라, 독신이 하나님의 부르심이라는 믿음을 가질 때 더욱 가능한 것으로 생각한다.[25] 바울은 예수 전승에 관한 단편적인 지식에 의존하였지만, 예수의 가르침이 주는 종말론적 사고와 하나님의 부르심이라는 신학적 원리를 올바르게 파악하여 당시의 시대적 상황 속에 올바르게 적용하는 차원에서 고린도전서 7장의 결혼에 관한 교훈을 주고 있다.

(3) 삼위일체적인 통전 신학

이 두 개의 원리는 결코 독립적으로 나누어져서는 제 기능을 다할 수 없다. 다시 말해서, 그리스도인의 가정생활에 있어서 빈번하게 제기되는 결혼과 독신, 별거, 이혼, 그리고 재혼 문제는 통전 신학에 근거해서 이해해야 하는데,

---

24) Friedrich Lang, *Die Briefe an die Korinther*, 89-91. 랑은 "예수 그리스도의 인격과 사역 안에서 하나님의 영광이 인식되고 인간의 구원이 선포된다."라고 보았다. 이는 하나님의 창조의 빛이 예수 그리스도를 통한 인간의 구원과 직결되는 것을 보여주는 것이며, 창조의 질서 속에 있는 그리스도인의 가정이 지닌 숭고한 모습을 일깨워준다.
25) 참고, F. F Bruce, *Paul: Apostle of the Free Spirit*, 293.

곧 하나님께서 위에서 부르신 차원과 성도가 땅에서 그 부르심에 실존적으로 응답하는 차원이 조화를 이루어야 함을 바울은 두 가지의 원리를 통해서 일깨워주고 있다. 이 두 개의 원리를 관통하고 있는 공통의 주제는 삼위일체적인 통전 신학의 이해이다. 결혼과 독신, 별거, 이혼, 그리고 재혼과 관련된 문제는 인간적인 차원에서만 전개되는 일들이 아니라, 인간 개개인의 삶 속에 하나님께서 직접적으로 개입하시는 숭고한 차원이 있다는 사실을 바울은 본문을 통해서 우리에게 일깨워주고 있다. 그러므로 바울은 인간 쪽으로만 혹은 하나님 쪽으로만 치우치는 견해를 지양하면서, 삼위일체적인 차원이라는 새로운 통전 신학에 대한 인식의 전환에 근거하여 하나님과 인간 양쪽을 근본적으로 연결할 수 있는 관점을 제안하고 있다. 이는 통전 신학이 추구하는 방향인데, 곧 우리는 결혼과 독신, 별거, 이혼, 그리고 재혼이라는 문제가 제기되었을 때 양극단적인 입장을 선택하는 것이 아니라, 두 개의 원리 중심에 삼위일체적인 통전 신학의 차원이 있다는 사실을 알고 가정의 숭고함을 지켜나가야 한다.

그리스도인의 가정이 하나님의 부르심에 근거한 것이라는 바울의 이해는 곧 가정이 하나님의 선교에 있어서 가장 일차적인 장소가 된다는 의미가 있다. 과거에 하나님의 선교 개념이 기독론 중심으로 서구적 기성 기독교를 위한 전유물로 간주하고, 삼위일체적인 이해가 부족하며, 하나님의 선교를 말하면서 인간의 선교를 더 강조하고, 선교적 정체성을 결정하는 힘을 서구 신학이 차지하고 있다고 하는 비판을 받게 되었다.[26] 그러므로 오늘날 하나님의 선교에 대한 기독론적 차원과 성령론적 이해를 할 것이 촉구되고 있는데, 우리는 이러한 관점을 고린도전서 7장에서 찾아낼 수 있다. 곧 바울은 하나님의 창조 질서 속에서 가정의 기초를 정립하고 있으므로, 결혼문제를 거론하면서 하나님께 받은 은사를 언급한다(7절). 그리고 바울은 형제와 자매에게 하나님께서 화평 중에 부르셨다는 사실을 강조한다(15절). 이러한 언급을 통해서 우리는

---

26) 김영동, 《교회를 살리는 신학》 (서울: 장로회신학대학교 출판부, 2003), 131-165를 보라. 특히 하나님의 선교에 관해서는 위의 책, 145-149, 163을 보라.

바울 신학에 있어서 신론이 차지하는 비중이 얼마나 지대한지를 가늠해 볼 수 있다. 그런데 바울은 동시에 기독론적인 입장을 고린도전서 7장에서 견지하고 있다. 즉 하나님의 창조 질서 속에 있는 결혼을 언급하면서 동시에 주님의 명령을 분명하게 소개하기도 한다(10절). 또한 바울은 주님의 부르심을 하나님의 부르심과 동등하게 취급하기도 한다(17절). 그러므로 바울은 주님의 부르심을 받은 자는 자유인이면서 동시에 그리스도의 종이라고 선언하기도 한다(22절). 바울은 주님의 명령뿐만 아니라 주님의 자비를 힘입어서 그 자신이 충성스러운 자가 되었다고 소개하면서(25절), 주님을 기쁘시게 하고 주님을 섬기는 삶을 살아갈 것을 권면한다(32-35절). 이렇게 신론과 기독론에 근거한 바울의 결혼관이 성령론적 차원과 결합하게 될 때, 통전 신학은 삼위일체적인 이해에 그 뿌리를 든든히 내리게 된다. 곧 고린도전서 7:40에서 바울은 하나님의 영에 관해서 언급하는데, 이는 바울이 지금까지 언급한 결혼관을 삼위일체적인 관점에서 매듭을 지으려는 고도의 신학적 장치라고 평가할 수 있다. 여기서 전제되고 있는 것이 성령의 역할이다.

결혼이 어떻게 삼위일체적인 하나님의 선교라는 통전 신학의 틀 속에서 이해될 수 있을까? 고린도전서 7:12-16에서 바울은 믿는 사람이 믿지 아니하는 배우자를 만나서 결혼을 할 때, 상대방을 거룩하게 하고 그 결과로 상대방을 구원할 수 있다는 사실을 아주 중요한 관점으로 다루고 있다. 이러한 바울의 언급은 하나님께서 화평 중에 부르신다는 사실을 통해서 절정에 다다른다(15절). 이것은 하나님의 선교가 성취하는 화해의 신학이다. 하나님과 원수가 되었던 사람들이 결혼이란 창조 질서에 들어감으로써 하나님과 화해하는 일이 성취될 때, 궁극적인 하나님의 선교가 이루어진다. 교회의 최소 단위가 2-3 사람이 모인 곳이라는 주님의 가르침을 중시할 때(마 18:20), 가정이야말로 하나님의 구원이 성취되는 가장 최소 단위이다. 고린도전서 7:17에서 바울은 이렇게 세워진 공동체를 '교회'로 칭하고 있는데, 이로써 우리는 바울이 결혼을 통해서 세우려고 한 것은 건실한 가정에 근거한 하나님의 교회라는 사실을 확인하게 된다. 이러한 바울의 이해에 의하면, 가정은 곧 그리스도의 몸이신 교회가 된다. 그러므로 가정을 믿음의 기초 위에 세운 후에 그 가정을 통해서 남편과 아내가 하나님의 부르심과 주님을 기쁘시게 하려고 힘쓰는 것은 이 땅에 하나님의 선교를 구현하는 일이다. 하나님의 성령은 이러한 선교를 축복하셔서 가정이 더욱더 아름다운 믿음의 가정이 되게 하신다.

하나님의 선교를 기독론적인 관점과 성령론적인 차원을 통해서 보완하게 될 때, 우리는 삼위일체적인 하나님의 선교[27]라는 통전 신학의 이해에 도달할 수 있다. 곧 하나님의 창조 질서 속에 있는 결혼을 통해서 이루어진 가정이야말로 진정으로 하나님의 교회를 든든히 세워나갈 수 있으며, 궁극적으로 그리스도의 구원을 이루어감으로써 하나님의 선교를 성취할 수 있다. 그런데 이 모든 일의 배후에 성령께서 역사하심으로써 건전한 가정이 하나님의 뜻을 성취하는 데 큰 일을 담당할 수 있게 된다. 곧 가정을 창조하신 하나님께서 그리스도의 자비를 통해서 구원의 은총을 베푸시고 성령을 통해서 계속적인 복을 베푸신다는 사상이 바울의 결혼관에 나타난 삼위일체적인 통전 신학의 이해이다.

5. 결론

바울 당시에 고린도는 항구 도시였기 때문에 동서양의 많은 상인이 빈번히 왕래하게 됨으로써 다른 곳에 비하여 성도덕이 아주 문란해진 곳으로 널리 알려져 있었다.[28] 따라서 고린도에서는 오늘날과 마찬가지로 남녀의 혼외 성범죄뿐만 아니라 독신과 과부, 혼전 동거, 동성연애, 근친상간, 일부다처제, 별

---

27) '통전적인 선교신학'에 관해서는 장로회신학대학교 출판부에서 발행된 《선교와 신학》 제7집(2001년)의 특집 논문들을 참고하라. 그중에서 손윤탁의 "성경적 선교신학과 통전적 선교관"(15-52)과 안승오의 "통전적 선교를 한국교회 예배의 역할 및 방향 연구"(173-208)를 참고하라. 통전적인 선교신학에 관한 최근 연구는 Darrell Guder, "통전적 선교신학을 향하여: 세계, 공동체, 이웃," 《선교와 신학》 제15집(2005년 6월): 153-177; 영어로 "Toward a Holistic Theology of Mission: World, Community, Neighbor," *Mission and Theology*, vol. 15 (Spring 2005): 238-255를 보라.

거, 이혼, 중혼, 그리고 재혼 등 흔히 볼 수 있는 문제들이 많았다. 그뿐만 아니라 고린도 교회 안에는 배우자 한쪽만 예수를 믿게 되어 다른 한쪽이 불신자의 경우가 많았는데, 이런 부부들로 인해서 일어나는 문제들이 비일비재하였다.29) 그래서 고린도 교회 성도들은 사도 바울을 통해 이러한 제반 문제들에 대한 주님의 뜻을 알기 원하였다.

이러한 문제들을 해결하기 위해서 바울이 고린도전서 7장에서 제안하고 있는 원리들은 두 가지인데, 곧 하나님의 부르심의 원리와 그리스도인의 실존 원리이다. 이것은 결혼과 독신, 별거, 이혼, 그리고 재혼 문제를 궁극적으로 해결할 수 있는 두 개의 기둥과 같다. 이 두 개의 기둥은 따로 떨어져서 독립적으로 세워질 수 없다. 반드시 그 두 개의 기둥은 통전 신학에 입각하여 서로 연결되어야 한다. 하나님의 부르심이 그리스도인의 실존 원리가 되어야 하고 동시에 그리스도인의 실존이 하나님의 부르심을 이루는 것이 되어야 한다는 사실이다. 바울은 하나님의 부르심을 먼저 설명한 후에 이어서 그리스도인의 실존에 관해서 언급하였다.

결혼은 신성한 것이다. 그러므로 결혼의 조건에 반드시 하나님의 부르심에 대한 깨달음이 있어야 한다. 그리고 결혼은 그리스도인의 실존이라는 차원에서 각 개인의 윤리적 책임이 뒤따른다. 이러한 하나님의 부르심과 그리스도인의 실존이라는 원리에서 결혼뿐만 아니라, 독신과 별거, 이혼, 그리고 재혼의 문제도 깊이 생각해야 한다.

---

28) 주전 44년에 율리우스 가이사는 고린도에 '라우스 율리아 코린티엔시스'라는 로마 식민지를 건설하였고 주전 27년에 로마의 아가야 지방을 관할하는 행정관청을 두었다. 그 결과로 당시에 지금의 에게해와 이오니아해를 연결하기 위하여 '디올코스'라는 일종의 통나무 철도를 건설하여 약 6km에 이르는 거리에서 작은 배들을 그 위에 올려서 실어 날랐다. 이로 인하여 많은 사람이 고린도에 모여들면서, 아프로디테 신전에는 1000명의 여자 노예들이 붙잡혀 와서 성적 타락이 극치를 이루게 되었다. 그래서 바울은 고린도서신에서 '음행을 피하라'는 말을 자주하였다. 참고, 참고, F. F Bruce, *Paul: Apostle of the Free Spirit*, 273.

29) 김지철은 고린도전서에 나타나 있는 바울의 결혼관이 포괄적인 진술이라기보다는 고린도 교회가 직면한 특별한 상황과 연결되어 있다는 사실을 지적한다. 참고, 김지철, 《성서주석 고린도전서》, 323-324. 이러한 견해는 바울의 결혼관에 관한 근본적인 삼위일체적 개념을 파악하지 못하고, 본문에 충실한 주석보다는 상황 윤리적 해석이기에 지극히 인본주의적인 이해이다.

많은 기독 청년도 아무런 생각 없이 독신을 선호한다. 그런데 심각하게 물어야 할 것이 있다. 과연 나는 독신을 위해서 하나님의 부르심을 받았는가?[30] 아니면 단순히 마땅한 배우자를 만나지 못하고 있다가 나이가 들어서 그냥 독신으로 살겠다고 한다면, 이는 바울의 가르침과 별개의 문제이다.

부부간의 별거 문제가 아주 심각하다. 그러나 바울은 단지 기도할 기회를 얻기 위해서 아주 잠깐만 부부간의 분방 곧 별거를 허용하고 있다. 흔히 배우자가 자기의 한쪽에 대한 의무를 저버리고 기도원을 밤낮으로 들락거리는 경우가 있는데, 엄밀하게 말해서 성경적으로 칭찬받을 만한 행동이 아니다. 또한 부부는 무조건 합쳐야 한다는 사실을 바울은 강조한다. 과연 부부가 분방을 계속함으로써 얼마나 하나님께서 응답하실 만한 기도를 하겠다는 것인가? 별거가 별거 아닌 것 같아도, 실제도 별거가 지속되면 부부간에 신앙적 손실이 많다는 사실을 지혜롭게 깨달아야 한다. 오히려 별거를 지속함으로써 아예 기도의 줄을 놓고 더 나아가서 기도를 포기하는 경우가 많다.

이혼도 마찬가지이다. 오늘날 세상적인 이유로 이혼하는 그리스도인들이 우리 주위에 너무나도 많다. 고린도전서 7장에서 바울이 이혼의 사유로 유일하게 거론하고 있는 조건이 있다면, 그것은 신자와 불신자 사이의 신앙적인 이유로 이혼 문제가 제기될 때만 가능하다고 아주 소극적으로 이혼을 허락하고 있다는 사실이다. 이혼하는 사람이 여러 가지 이유를 대고서 자신의 이혼을 합법화하고 있는 오늘의 상황에서, 바울의 가르침은 너무나도 준엄하다. 하나님의 부르심에 근거한 이혼인가? 더구나 그리스도인의 실존에 합당한 이혼인가? 이 문제가 해결되지 않았다면, 이혼은 원천적으로 불가능하다는 것이 예수의 가르침에 근거한 바울의 교훈이다.

마지막으로 재혼은 어떠한가? 이혼한 사람들이 재혼하는 비율이 점점 높

---

30) 바울에게 독신은 성생활 금지로 이해되고 있는데, 그렇다고 바울이 독신을 금욕주의적 발상에서 금지하는 것이 아니다. 그렇다고 바울이 무조건 독신생활을 지지하는 것만도 아니다. 다만 독신생활은 그가 독신으로 지내는 것이 하나님의 부르심이라는 신앙적 확신이 들 때 결단할 수 있는 일이다. 참고, 김희성, 《그 중에 제일은 사랑이라: 설교를 위한 고린도전서 연구》 (서울: 한국신학연구소, 1999), 153.

아지고 있다. 이 사회의 분위기가 재혼을 부추기고 있다. 마치 이혼하고 재혼하면 새로운 인생의 행복이 약속된 것처럼 환상을 심어주기도 한다. 그러나 바울은 역시 재혼 문제에 대해서도 하나님의 부르심과 그리스도인의 소명이라는 차원에서 권면하고 있다. 더구나 과부의 재혼을 언급하면서 남편이 죽으면 주 안에서 재혼하라고 권면하고 있다. 이는 과부의 재혼이 주의 일을 이룰 수 있는지 하는 신앙적인 이유에서만 가능하다는 사실을 바울이 분명하게 언급한 것이다.

복잡한 현대 사회 속에서 오늘날 그리스도인들은 점점 세속화되고 있다. 신약성경에 의하면, 결혼과 독신, 별거, 이혼, 그리고 재혼은 결코 개인적인 차원에서 결단할 만한 일이 아니다. 반드시 하나님의 부르심에 근거하여 그리스도인의 실존에 합당한 일이라는 결단 속에서 과연 이것이 주님의 일을 이룰 수 있는지 하는 문제가 먼저 해결될 때 가능하다는 것이 통전 신학의 관점에서 삼위일체적인 이해가 주고 있는 가르침이다. 곧 하나님의 창조 질서 속에서 하나님의 구원을 이루는 장소로서 가정이야말로 가장 거룩한 교회가 되어야 하며, 동시에 그러한 건실한 가정은 하나님의 성령께서 주시는 축복을 풍성히 누리는 하나님의 선교에 있어서 가장 중요한 축복의 통로가 되어야 한다.

본문에 나타난 결혼과 독신, 별거, 이혼, 그리고 재혼에 관한 바울의 통전 신학의 이해가 힘을 얻을 수 있는 것은 무엇보다도 예수의 가르침에 근거하고 있기 때문이다. 예수께서는 유대 율법의 보수적인 관점에 근거하여, 이혼과 재혼의 절대 불가를 선언하였다. 이혼과 재혼은 곧 간음이라는 극단적인 결론을 내림으로써, 모세율법의 전통에 근거하여 남성 중심의 가부장적인 율법 해석에 경종을 울리고 새롭게 창조 질서에 근거한 가정의 중요성을 일깨워주었다. 이러한 율법 전통에 대한 예수의 새로운 해석은 바울 신학의 바탕을 이루는 계기가 되었다. 바울은 유대교에 충실하였던 사람이었지만, 다메섹 도상에서 개종한 이후로 철저히 유대 율법을 재해석하는 사람이 되었다. 그러나 분명히 바울이 가지고 있는 율법 해석의 밑바탕에는 예수의 가르침이 자리하고 있다는 사실을 우리는 결혼과 독신, 별거, 이혼, 그리고 재혼에 관한 고린도전서 7장의 삼위일체적인 통전 신학의 이해를 통해서 확인할 수 있다. 곧 바울은 그리스도인의 결혼이 하나님의 선교에 부합하는 것이 되어야 하고 동시에 결혼 유무를 결정할 수 있는 유일한 기준은 하나님의 영이신 성령의 뜻을 따르는 것이라는 점을 강조함으로써, 예수의 보수적인 율법 이해를 계승한 삼위일체적인 통전 신학의 이해를 우리에게 올바르게 보여주고 있다.

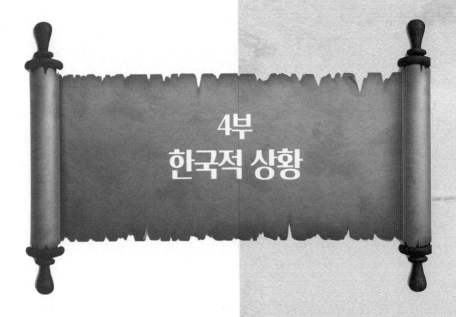

4부
한국적 상황

I. 한국 초기 교회의 성경해석과 방위량의 신약 설교 복원[1]

1. 서론

  한국교회가 부흥한 예는 세계교회 역사에서 그 유례를 찾아볼 수 없다. 그중에서 1907년의 평양사경회[2]는 아주 독특하다. 곧 평양 장대현교회[3]의 사경회는 1903년 원산사경회로부터 불길이 번져 나온[4] "한국판 오순절"[5] 사건이었다.

---

1) 이 논문은 "2007년 평양대부흥운동 100주년기념 성서학 학술 심포지엄"(2007년 5월 25일, 사랑의교회)에서 발표된 논문이며, 이를 출판하기 위하여 "한국초기교회의 성서해석과 1907년 평양사경회에서 행한 방위량의 신약설교복원," 《장신논총》 제1집 (2008년): 9-39에 전면적으로 수정 보완한 것임을 밝힌다.

2) 1907년 평양사경회에 관하여 흔히 대부흥운동, 영적대각성운동, 혹은 대부흥사경회라고 거창한 이름을 붙이고 있지만, 이는 모두 후대 학자들의 주관적인 관점이 반영된 표현이다. 그 당시에는 단순히 사경회라고 불렀다. 당시 선교사들은 영어로 bible conference, bible study class, 혹은 이를 줄여서 bible class라고 불렀다. 104세의 수를 누린 방지일은 "전에는 사경회라 하여 성경공부가 주가 되었는데 언제부터인지 사경회라는 말은 없어지고 심령부흥회라는 말이 자리를 잡은 데서도 알 수 있듯이, 말씀공부는 없어지고 사람들을 흥분시키는 일만 하는 한국교회의 모습이 안타깝다."라고 말하였다[참고, 김혜숙, "편집후기," 《새가정》 통권 54권 제588호(2007년 4월호): 115].

3) 당시 선교사들은 장대현교회를 흔하게 '평양중앙교회'(the Pyeng Yang Central Church) 혹은 중앙교회(the Central Church)라고 불렀다. 참고, William Newton Blair의 *Chansung's Confession* (New York: UPC USA, 1959), 99. 장대현교회는 미국 북 장로회 선교사인 마포삼열에 의해 1893년에 널다리교회라는 이름으로 설립되었으며, 1907년에 세례교인 1,076명과 학습교인 385명으로 전체교인수가 3,000명이 넘는 대형교회이다. 참고, 백종구의 "선교사 마펫의 지도력과 평양 장대현교회의 개척고가 성장," 《교회, 민족, 역사: 솔내 민경배박사 고희기념논문집》 (서울: 한들출판사, 2004), 401.

필자는 당시 평양 장대현교회에서 미국 북 장로교 선교사 방위량(W. N. Blair)이 1907년 1월 12일(土) 저녁 집회에서 "불화와 연합(discord and unity)"6)이란 제목을 가지고 고린도전서 12장 26-27절7)을 중심으로 한 설교를 복원함으로써, 평양사경회의 성경해석이 지닌 구체적인 내용을 살펴보고자 한다.

본 장은 그동안 교회사학자들의 전유물로만 여겨졌던 한국 초기 교회의 자료들을 성서학자가 분석하면서 한국 초기 교회의 성경해석이 지닌 특징을 연구한다는 점에서 그 의의가 크다. 당시의 성경해석에 관한 기록이 충분하게 남겨져 있지 않은 열악한 형편 속에서, 본 장은 당시에 전개된 갖가지 상황을 통하여 한국 초기 교회의 성경해석을 추론해 나가는 방법으로 연구를 진행하고자 한다. 다행스러운 것은 필자가 당시의 상황에 대해서 선교사들이 영어로 남긴 기록과《조선예수교장로회사기》라는 한문 자료와 기타 소중한 자료들을 치밀하게 소화한 끝에, 1907년 평양사경회 전후의 한국 초기 교회의 성경해석과 방위량의 설교 자체를 복원할 수 있었다.

---

4) 《조선예수교장로회사기 상권》을 보면 다음과 같은 기록이 나온다. 1903년 감리교 선교사 하디(R. A. Hardie)가 원산의 창전예배당에서 1주일간 매일 저녁 장로교와 감리교와 침례교의 여선교사들이 모인 연합집회를 인도하는 중에 큰 은혜를 받게 된 일이 있었다. 그 후 1907년 1월에 평양 장대현교회에서 장로교와 감리교의 선교사들이 중심이 된 연합집회가 모여 "부흥회를 개최하였는데, 성령의 감동을 하여 각각 죄를 자복"하였고, 일주일 동안 요한일서를 공부하였다. 선교사들의 모임은 일반인들이 참석하는 평양 연합사경회로 발전하여 모든 이들이 회개하는 일이 있었는데, "성령받기를 원하는 사람은 일어서라"라는 말에 길선주도 즉시 일어났다[참고, 《조선예수교장로회사기 상권》 (조선기독교 창문사, 1928), 179-180. 이 책은 한국기독교역사연구소에 의해 2005년에 자료총서 제26집으로 재발행되었다. 필자는 2005년판을 참고하였다.]

5) 당시 1907년 1월 12일 토요일에 설교하였던 방위량 선교사는 이같이 증언하고 있다. William Newton Blair and Bruce F. Hunt, *The Korean Pentecost and the Sufferings Which Followed* (Carlisle: The Banner of Truth Trust, 1977), 7.

6) 이만열, "1907년 평양 대부흥운동에 대한 몇 가지 검토," 《1907년 대부흥운동과 한국교회: 2006년 한국기독교역사학회 학술 심포지엄 자료집》 (2006년 11월 4일): 9. 그에 의하면, 당시 방위량이 "불화와 연합"이라는 제목으로 설교하였다고 한다. 이 같은 방위량의 설교 제목은 이만열에 의해 최초로 복원된 것이다.

7) 한국의 교회 역사학자들은 방위량이 고린도전서 12장 27절을 가지고 설교하였다고 모두 일치하게 증언한다. 그러나 방위량이 고린도전서 12장 27절에 이어서 영어로 "And if one member suffers, all the members suffer with it"라는 구절을 인용하고 있는 것을 볼 때, 이는 고린도전서 12장 26절이므로 비록 순서는 뒤바뀌었지만 우리는 그가 고린도전서 12장 26-27절을 본문으로 설교하였던 것을 알 수 있다. 참고, William Newton Blair and Bruce F. Hunt, *The Korean Pentecost and the Sufferings Which Followed*, 69.

본 장이 사용한 방법은 자료비평과 문헌비평을 근거로 한국 초기 교회의 성경해석의 특징과 방위량의 설교에 나타난 신학적 특징을 살펴보고자 한다. 물론 지극히 제한적이고 단편적인 자료만 전해지고 있지만, 성서학자로서 이러한 자료들을 통하여 당시의 성경해석이 지니는 특징을 규명하려는 시도는 결코 불가능한 작업이 아니다.

2. 한국 초기 교회의 성경해석[8]

1907년 평양사경회는 그 전해인 1906년 8월부터 무르익기 시작하였다. 장로교와 감리교의 선교사들이 시대적 상황의 심각함을 깨닫고 평양에 한 주간 동안 모여 기도와 성경공부를 하였는데, 원산에서 활동하던 하디를 강사로 불렀다. 그때 선교사들은 요한일서를 공부하였다. 그때 받은 은혜를 방위량은 다음과 같이 전한다.

> 자주 하나님의 말씀은 특별한 경우를 위해 쓰[인] 것처럼 보인다. 우리는 필요한 때에 도움을 구하고 있었다. 사도 요한은 모든 것이 하나님과의 교제에 달려 있다는 것과 거룩한 교제의 조건은 사랑과 의로움에 있다는 것을 확신시켜 주었다.[9]

이러한 은혜의 체험 속에 하나님의 사랑과 용서의 확신이 강하게 묻어나온다. 이러한 확신은 방위량이 요한일서 4장 16절을 인용하고 있는 것으로도 입증되는데, 이는 당시 일본의 식민지 야욕과 한반도 침탈이라는 상황 속에서 선교

---

8) 여기에 언급된 일부의 내용은 필자가 "1907년 평양대부흥사경회에서 행한 방위량 선교사의 설교와 초기 한국교회의 성서해석," 《교회와 신학》 68(2007 봄): 115-123의 내용을 토대로 전면적으로 수정 보안한 것임을 밝힌다.
9) 윌리암 뉴튼 블레어 지음 김승태 옮김, 《속히 예수밋기를 ᄇ라ᄂ이다: 선교사가 증언하는 한국의 초대교회》 (서울: 두란노, 1995), 97.

사들이 겪었던 심적인 고통을 반영해 준다. 선교사들은 "8월의 회합을 통해서 전에 없이 강한 힘으로 역사하시는 성령세례만이 시련의 앞날을 위해 우리와 우리 한국인 형제들을 채울 수 있음을 깨달았다."[10] 그들은 희망 없는 국가적 상황으로부터 상처받은 한국인을 위로하는 일에 관심을 기울이게 되었다.

이러한 위기의식이 평양사경회를 촉발한 계기가 되었다. 그러나 이러한 선교사들의 영적 부흥의 이면에는 한국 초기 교회의 성경에 대한 남다른 사랑이 사경회의 중요한 요인이 되었다. 방위량은 "사경회 제도는 한국 사역의 특징이었다."[11]라고 증언한다. 그러면 사경회를 촉발한 우리말 성경 번역의 의미를 살펴보자.

1) 한글 성경번역과 사경회

로스가 만주 통화연 고려문에서 서상륜과 이응찬을 만나게 되면서 우리말 성경 번역을 시작하여, 1882년에 "문광셔원"에서 《예수셩교 누가복음 젼셔》란 이름의 '쪽 복음서' 형식으로 최초 우리말 성경이 출판되었다. 1887년에는 《예수셩교젼셔》란 이름으로 신약성경 전체가 우리말로 출판되었다.[12] 서상륜은 한국 초기 교회 최초로 권서인이 되어서 만주 일대와 국경을 왕래하며, 서울도 방문하면서 성경을 반포하는 일에 앞장섰다.[13]

1907년 평양사경회 이전인 1908년에 미국 북 장로교의 선교사들이 800여 회의 사경회를 인도하면서 50,000여 명의 성도에게 성경을 가르쳤는데, 이는 당시 신자들의 60%에 해당하는 숫자이다.[14] 한국 초기 교회의 성도가 "책

---

10) 앞의 책, 98.

11) 방위량은 한국 초기 교회 사경회가 "일년에 한 주간이나 그 이상을 매일 하루 종일 성경공부를 하기 위해 모였다."라고 한다(앞의 책, 98). 당시 도사경회는 '10일이나 두 주[간] 동안' 모였다. 1907년 1월 2일에 모인 평양 도사경회에 매일 '1,000명에서 1,200명'이 참석했고, '10마일에서 70마일까지' 걸어왔고, '자신들의 경비'로 해결했으며, 사경회를 위해 '약간의 수업료'를 지급하였다고 한다(앞의 책, 99).

12) 《예수셩교젼셔》 (경성: 문광셔원, 1887). 이 기념비적인 신약성경은 1956년과 1986년과 1995년에 대한성서공회에서 복쇄본으로 출판된 적이 있다.

13) 민경배, 《한국기독교회사》 (서울: 대한기독교출판사, 1982), 165-176.

중의 책이라 할 수 있는 성경"[15]을 열심히 읽었는데, 이러한 모습은 각종 성경공부에 열의를 보이게 하였고 그 결과 각종 성경공부반이 자연스럽게 사경회로 발전해 나갔다. 각종 성경공부와 사경회를 중시하며 복음을 전도하는 전통이 한국 초기 교회가 가졌던 자랑스러운 모습이었으며,[16] 이것은 여전히 오늘의 한국교회가 계승해야 할 중요한 모습이다.

우리가 주목할 것은 《예수셩교 누가복음 젼셔》와 관련하여, 언더우드(Horace G. Underwood)도 누가복음을 새롭게 번역하였다는 사실이다.[17] 후에 하디에게도 한 가지 중요한 영적 전환의 계기가 있었는데, 한국에서의 선교사역에 열의를 가지게 된 계기가 누가복음과 연관이 있다. 하디가 중국 선교지에서 온 동료의 방문을 받고 주간 성경공부 과정에서 말씀을 공부하는 중에 그를 통해서 "그 아버지에게서 받은 것은 다름 아닌 성령의 약속"[18]이라는 깨달음을 얻게 되었는데, 바로 그 구절이 누가복음 11장 13절 말씀이었다. 당시에 널리 퍼졌던 소위 로스 역인 《예수셩교젼셔》에서 누가복음 뎨십일쟝 십삼졀을 다음과 같이 인용해 보자.

너희 비록 악ᄒ나 죠흔 물건으로써 자식줄 줄을 알지니 ᄒ물며 텬부셩령으로써 구ᄒᄂ 자를 주지 은으랴 ᄒ더라.

"ᄒ물며 텬부셩령으로써 구ᄒᄂ 자를 주지 은으랴"라는 구절을 통하여

---

14) 왕달모, "한국교회 사경회와 부흥회에 대한 역사적 고찰," 연세대학교 교육대학원 석사학위논문(1977년).
15) J. S. 게일, 신복룡 역주, 《전환기의 조선》 (서울: 집문당, 1999), 110.
16) "진정한 회개와 성경공부가 부흥의 알맹이: 100년 전 대부흥운동엔 있었고 지금은 사라진 전통 두 가지," 《뉴스앤조이》 제116호(2007년 1월 11일): 10.
17) 언더우드는 1888년 8월 14일자 편지에서 새롭게 번역을 마친 "누가복음을 성서공회에 넘기겠다."라고 밝혔다. 참고, 김인수 역, 《언더우드 목사의 선교편지(1885-1916)》 (서울: 장로회신학대학교 출판부, 2002), 143.
18) R. A. Hardie, "R. A. Hardie's Report," *Minutes of the Seventh Annual Meeting of the Korea Mission of the Methodist Episcopal Church, South* (Seoul: Methodist Publishing House, 1903), 26.

하디는 큰 은혜를 받아서 문자적으로 아버지 하나님께로부터 오는 강력한 '성령'의 은사를 사모하게 되었다. 마태복음 7장 11절은 예수말씀(Q)에 근거하여 '좋은 것들'이라고 되어 있는 것을 누가복음은 '성령'으로 신학화하여, 명실상부하게 누가복음을 성령의 책으로 후세에 전해주고 있다. 이러한 성령에 관한 새로운 깨달음이 하디로 하여금 원산에서 부흥을 일으키게 하였다.

문자적 성경해석에 있어서 성경읽기가 차지하고 있는 비중을 생각해 보자. 한국 초기 교회는 성경을 읽고 체계적으로 공부하는 일을 열심히 하였다. 이것이 사경회의 출발이다. 하디의 보고서에 "사경(sa-kyung)"이라는 단어가 등장하는 것이 1904년이다.[19] 사경(査經)은 '사실할 査' 혹은 '조사할 査'자에 '경서 經' 자가 붙어서 '성경의 사실을 조사한다.'라는 뜻이다. 곧 사경회는 성경을 체계적으로 공부하는 모임이었다. 하디는 스가랴 4장 6절과 누가복음 11장 13절 이외에도 히브리서 6장 10절과 요한복음 16장 24절과 여호수아 14장 9절을 읽으면서 새롭게 깨달은 내용도 소개하고 있다.[20] 당시 평양 남교구를 담당했던 장로교 선교사인 무어(J. Z. Moore)는 마태복음 5장 14-16절과 사도행전 17장 26-27절과 누가복음 10장 20절을 통해서 깨달은 내용을 소개하기도 하였다.[21]

이러한 선교사들의 성경공부 방식은 당시 한국 초기 교회가 성경을 해석하는 중요한 방법이 되어 많은 영향을 미쳤다. 곧 성도가 성경을 읽고 체계적으로 공부해 나가면서 문자적으로 그 뜻을 깨닫고 구체적인 내용을 직접적으로 일상생활에 적용하는 삶을 살았다. 이것은 당시에 '축자영감설'을 가장 공감하였다는 사실로 간주할 만하다. 곧 성경을 문자 그대로 하나님의 말씀으로 간주하였다. 더욱 흥미로운 것은 성경을 읽을 뿐만 아니라, 중요한 구절들을

---

19) R. A. Hardie, "R. A. Hardie's Report," *Minutes of the Eighth Annual Meeting of the Korea Mission of the Methodist Episcopal Church, South* (Seoul: Methodist Publishing House, 1904), 26.

20) R. A. Hardie, "R. A. Hardie's Report," *Minutes of the Eighth Annual Meeting*, 26-27.

21) J. Z. Moore, "The Great Revival Year," *Korea Mission Field*, vol. 3 no. 8 (August 1907): 117-118, 120.

암송해 나갔다. 1903년의 기록을 보면, 목회자를 위해서는 창세기 1장과 마태복음 5-8장과 시편 8편을 암송하게 했으며, 청중을 위해서는 시편 1편과 23편 그리고 고린도전서 13장을 암송하게 했다.[22] 단순한 읽기가 아니라 중요한 구절을 암송했다는 점은 말씀이 문자적으로 생활 속에 뿌리를 내리게 하는데 깊은 관심을 기울였다는 사실을 보여준다.

1907년 평양사경회 이후에 한국 초기 교회는 1909년부터 1910년까지 '백만인 구령운동'을 펼쳐나갔다. 한국 그리스도인들은 '일년 내내 전국에 복음을 전하기 위해 열심히 노력'하였고, '축호 전도를 위해 날 연보'를 바쳤다. 이러한 전도에 대한 정열과 관련하여, '모든 가정에 마가복음 한 권씩 갖게 하기 위한 특별한 노력'을 기울였는데, 당시 〈대영성서공회〉는 이 운동을 위해 마가복음을 '백만 권'을 인쇄하여, '70만 권 이상'을 팔았다.[23]

2) 공개적인 회개

구한말의 흉흉한 풍문과 의지할 곳 없는 민심은 한국교회 성도에게 절박한 마음으로 통성으로 부르짖는 회개기도운동을 가져왔다.[24] 어떻게 이러한 통성기도를 통한 회개[25]가 가능하였을까? 최초 우리말 번역인 《예수셩교 누가복음 젼셔》는 한국 초기 교회에서 '통회 자복'[26]이라는 기도운동의 불씨를

---

22) R. A. Hardie, "R. A. Hardie's Report," *Minutes of the Seventh Annual Meeting*, 65, 67.

23) 윌리암 뉴튼 블레어 지음 김승태 옮김, 《속히 예수밋기를 ㅂ라ᄂ이다》, 110-111.

24) 김인수는 2007년 2월 28일에 장로회신학대학교 채플 설교에서 "성령을 받으라."라는 제목으로 이같이 말하였다. 그는 한국교회의 부흥운동을 부정적으로 평가하여 '비정치화' 혹은 '몰역사화'의 측면으로 몰아가는 입장에 단호히 반대한다. 참고, 그의 논문 "미국 대각성 교회 운동과 한국교회 1907년 대부흥운동과의 비교연구," 《20세기 개신교 신앙부흥과 평양 대각성운동》 (서울: 장로회신학대학교 출판부, 2006), 63.

25) 우리는 '통회 자복'을 오늘의 통성기도와 동일시할 수 없다. 방지일에 의하면, "통성기도도 당시에는 자기 말이 자기 귀에 들리지 않을 정도로 기도하라고 했기에 통성기도를 하더라도 중얼중얼 조용하게 기도하는 모습이었는데, 지금은 통성기도를 하면 왜 이렇게 시끄럽게 하는지 서로에게 방해가 되어 기도할 수가 없다."(김혜숙, "편집후기," 114-115)라고 한다. 그러나 1907년의 '통회 자복'은 당시 선교사들도 이전에 결코 목격하지 못했던 '놀라운 광경'이었으며, "소곤거리는 음성과 때때로 큰 신음소리"이었다 [Charles Allen Clark, *The Nevius Plan for Mission Work* (Minneapolis: E. C. Heinz, 1937), 164].

일으켰다. 특히 누가복음 3장은 당시 한국교회 성도에게 큰 영향을 미쳤을 것으로 추측된다.

주목할 수 있는 성경적 회개의 참모습은 공개적인 회개의 성격이 강하다는 사실이다. 여기서 분명해지는 것은, '무엇을 위해 살 것인가?' 하는 질문이다. 누가복음 3장 10-14절은, 이 질문에 대한 해석학적 적용을 구체적으로 제시하는 대답을 줌으로써, 회개의 구체적인 삶의 모습들을 열거하고 있다. 즉 나누어주는 삶(11절), 깨끗한 삶(13절) 그리고 올바른 삶(14절)을 교훈하면서, 구체적인 그리스도인의 윤리를 제공해 주고 있다.

우리는 어떻게 공개적인 회개를 우리의 삶에 적용할 것인가? 진정한 회개를 위해서 무엇을 해야 하는가? 우리는 언제부터인가 예배 중에 침묵으로 참회 기도를 할 때, '하나님과 나만 아는 죄'를 고백하는 시간을 갖는다. 그러나 여기에 문제가 있다. 하나님과 나만 아는 죄로 비밀에 부치니까 습관적으로 같은 죄를 반복한다. 예수말씀이 우리에게 일깨워 주고 있는 것은 공개적인 회개이다. 언제까지 비밀에 부치는 '눈 가리고 아웅'하는 식의 형식적인 기도만 할 것인가? 우리는 하나님도 아시고 또한 알 사람은 다 아는 죄를 고백해야 한다. 그래야 다시는 습관처럼 죄를 짓지 않게 된다.

1907년 평양사경회 동안에 종말론적으로 임박한 심판사상에 직면하게 되자 형사처벌을 받을 만한 각종 죄까지도 공개적으로 자백하는 일들이 교회 지도자들과 평신도를 가릴 것 없이 일어났다. 공개적인 회개는 한국인의 정서에 딱 들어맞는다. 배위량(W. M. Baird)에 의하면, "살인과 간음"뿐만 아니라, "방화, 술주정, 도둑질, 강도, 거짓말 등"과 더불어 "시기, 질투, 멸시, 미움 등" 온갖 죄악들을 낱낱이 회개하였다.[27] 스왈론(W. L. Swallen)도 당시의 공개적인 고

---

26) 한국 초기 교회가 회개한 모습은 '悔罪痛哭'과 '自服'의 특징을 가지고 있었기에(《조선예수교장로회사기 상권》, 180), 필자는 이러한 사실을 종합하여 이미 모두에게 널리 알려진 용어인 '痛悔 自服'이라고 개념화하고자 한다.

27) W. M. Baird, "The Spirit among Pyeng Yang Students," *Korea Mission Field*, vol. 3 no. 5 (May 1907): 66.

백 목록들을 "사기, 교만, 세상욕, 음란, 탐심, 미움, 질투 등"이라고 제시하였다.[28] 무어(J. Z. Moore)에 의하면, 당시에 공개적으로 고백한 회개 중에는 "조혼, 교육, 부정, 주초문제 등"[29]이었다.

이러한 회개는 통회 자복의 성격이었는데, 이 같은 사실은 편하설(Charles F. Bernheisel)의 다음과 같은 증언으로 확인된다.

우리는 함께 즐겁게 크리스마스 휴가를 보내고 1월 2일에 시작된 겨울학교에 몰입했다. 그 다음주 6일부터 15일까지 영성강화와 성령 충만을 위한 저녁집회를 열었다. 그리고 그곳에서 이제껏 말로만 듣던 광경들을 목격했다. 성령이 청중을 사로잡아 사람들이 죄를 깨닫고 통회 자복하였다.[30]

통회 자복은 서로 죄를 고백하는 공적인 회개의 자리가 되면서 그 파급효과가 아주 컸다. 이로써 평양 장대현교회에서 불타기 시작한 사경회가 4월 1일에 개학한 평양 장로회신학교[31]에 옮겨붙었다. 그는 신학교의 사경회에 관하여 "한 주간 동안 사경회가 활기차게 진행되었는데, 거의 모두가 통회하는 심정으로 죄를 고백하였다."[32]라고 증언하였다.

---

28) W. L. Swallen, "God's Work of Grace in Pyeng Yang Class," *Korea Mission Field* ,vol. 3 no. 5 (May 1907): 79.

29) J. Z. Moore, "The Great Revival Year," 116.

30) Charles F. Bernheisel, *The Rev. Charles F. Bernheisel's Missionary Diary*, 김인수 역, 《편하설 목사의 선교일기》(서울: 쿰란출판사, 2004), 302.

31) 평양 장로회신학교는 1901년에 사무엘 마펫의 사랑방에서 김종섭과 방기창 두 사람을 데리고 시작되었지만, 최초의 건물은 1922년 방위량 선교사가 모금하여 시카고의 맥코믹 여사가 건축 기금을 기부하고, 나머지 벽돌기금으로 미국의 장로교인들의 헌금으로 완공되었다(윌리암 뉴튼 블레어 지음 김승태 옮김, 《속히 예수믿기를 브라노 이다》, 130-138). 2006년 5월에 내한한 클레어먼트 명예교수인 로빈슨(James M. Robison)은 장신대 총장실에서 당시에 자신도 부친이 교회사 교수로 재직하던 콜럼비아 신학교 사택에 거주하면서, 평양 장로회신학교의 벽돌기금으로 '1장에 5센트씩' 다섯 장을 헌금하였다고 증언하였다.

3) 종말론

한국 초기 교회에는 임박한 심판사상이 만연해 있었다. 이것은 당시에 강성했던 종말론의 영향도 컸다. 편하설(Charles F. Bernheisel)은 1907년 3월 20일자의 일기에서 당시의 상황을 다음과 같이 증언하고 있다.

> 지금은 요한계시록에 관한 세이스의 강좌를 다시 읽고 있다. 강좌는 놀라왔다. 집에 있는 동안 아내와 함께 요한계시록을 공부했다. 이제까지 요한계시록의 의미를 몰랐다. 정말 새롭고 놀라운 책이다. 요즈음 읽고 있는 이 강좌들과 브룩스 박사의 *마란타*(Marantha)로 말미암아 그리스도 재림에 대해 전천년설을 믿게 되었다. 전에 이 문제를 연구한 적은 없지만 후천년설을 지지했었다. 지금은 전천년설이 성경적이고 옳다고 믿게 되었다.[33]

이는 종말론에 관한 언급인데, 한국 초기 교회가 종말론에 관해 혼란해할 수밖에 없었던 상황을 바로 보여준다. 세이스(J. A. Seiss)는 당시 필라델피아에서 활동한 목회자로서 저명한 책들을 쓴 목회자[34]이었는데, 특히 그의 요한계시록 주석은 3권으로 발행되어 총 1,417쪽이나 되는 방대한 분량이었다.[35] 또한 브룩스(Phillips Brooks)는 당시에 설교학 강의[36]를 1877년에 예일 대학에서

---

32) Charles F. Bernheisel, *The Rev. Charles F. Bernheisel's Missionary Diary*, 308. 당시에 성도는 "하나님의 현존 앞에서 놀람과 공포에 사로잡혀 있었다."[이창기, 《한국초기교회 부흥운동: 1903-1907》 (서울: 보이스사, 2006), 95]는 증언에 뒷받침할 만한 기록은 방씨(K. C. Pang)의 다음과 같은 증언으로 뒷받침된다: "참석자들은 하나님의 존전 앞에서 도망칠 수가 없었고 예수의 현현과 같은 위엄과 경탄이 그들을 둘러싸고 있었다." (참고, J. S. 게일, 128).

33) 앞의 책, 306. 참고, 소기천, "1907년 평양대부흥사경회에서 행한 방위량 선교사의 설교와 초기 한국교회의 성서해석," 118에서 재인용.

34) 예를 들면, 세이스가 쓴 책인 *The Last Times*는 이미 Charles C. Cook이라는 출판사에서 발행하여, 1878년에 7판을 발행할 정도로 인기가 높았다.

35) J. A. Seiss, *The Apocalypse: A Series of Special Lectures on the Revelation of Jesus Christ*, 3 vols. (New York: Charles C. Cook, 1865). 이 시리즈는 1906년에 이미 9판이나 발행될 정도로 당시 종말론에 대한 인기가 어느 정도이었는지를 짐작하게 한다.

행할 정도로 영향력이 많은 젊은 목회자37)이었다. 이들이 행한 종말론에 관한 강의는 많은 이들의 관심을 불러일으켰다. 당시 종말론에 관한 열기38)는, 이미 편하설이 자신의 일기에도 언급된 바와 같이, 한국교회에 천년왕국설(Millenarianism)39)에 관한 갖가지 논의를 불러일으켰다.

천년왕국설은 예수께서 성도와 함께 왕 노릇하고 최후의 싸움, 일반적 부활, 최후의 심판, 최후의 완성 등을 가져올 것이라는 이론으로서 네 가지의 학설이 있다.40) 첫째, 후천년왕국설(Postmillennialism)은 재림이 하나님의 나라가 인간 역사 안에 있는 교회로 설립될 때까지 나타나지 않는다는 주장이다. 둘째, 무천년왕국설(Amillennialism)은 재림 후나 재림 전에 있는 그리스도인들이 천년 통치를 고대하지 않는다는 주장이다. 셋째, 전천년왕국설(Premillennialism)에서 재림은 사탄의 속박과 예수의 지상 통치, 성도들의 일시적인 부활 이후에 뒤따를 것이라고 주장한다. 넷째, 세대주의(Dispensationalism)는 이스라엘에 대한 하나님의 신정적인 약속들과 관련되어 있는데, 요한계시록을 섭리론적 전제하에 해석하여 마지막 날에 회복될 이스라엘의 운명과 관련을 짓고 있는 주장이다.

---

36) 이 책은 우리말로 서문강 옮김, 《필립스 부룩스의 설교론》 (서울: 크리스찬 다이제스트, 1995)으로 출판되기도 하였다.

37) 브룩스는 1835년 보스톤에서 출생하였고 하버드 대학교를 거쳐 버지니아 유니온 신학교에서 신학을 배웠으며 23년 동안 보스톤 트리니티 교회를 섬기다 57세의 일기로 주님의 부르심을 받은 목회자였다. 자세한 것은 데오도르 페리스의 서론을 보라. 페리스는 그를 '거인'으로 평가한다(앞의 책, 7-11).

38) 자세한 것은 안수강, "길선주의 말세론 연구"(백석대학교 기독교전문대학원 신학박사 학위논문, 2006년 12월)를 참고하라.

39) 우리가 흔히 말하는 밀레니엄(Millennium)이란 단어의 사전적 의미는 1,000을 뜻하는 라틴어 *mille*와 연도를 뜻하는 *ennium*에서 나온 것이다. 그러므로 밀레니엄은 1,000년을 의미한다. 그러나 창조의 하루를 천년으로 계산하여(벧후 3:8), 세계의 창조 기간이 6,000년이라는 이론도 생겼는데, 이 세상의 존속 기간이 창조의 기간과 같을 것이라고 여기기도 하였다. 그러므로 메시아는 여섯째 6,000년 기간에 오실 것이라고 보았는데, 일곱째 천년은 창조설화의 안식일에 해당하여 그 기간이 메시아의 통치 기간일 것이라고 생각하였다. 지상에서의 메시아의 통치가 1,000년이 된다는 것은 이러한 계산에서 나온 것이다.

40) 이 부분에서 필자는 George Elden Ladd, *A Commentary on the Revelation of John* (Michigan: Eerdmans, 1972), 259-161의 내용과 Robert G. Clouse (ed.), *The Meaning of Millennium: Four Views*, 권호덕 역, 《천년왕국》 (서울: 성광문화사, 1980)을 따랐다.

네 가지의 천년왕국설은 지난 2,000년 동안에 계속되어 온 교회사에서 제기된 것이다. 과거에 유대인들은 기독교 이전에 메시아가 다스리는 세상 곧 의가 승리하여 보좌에 앉고 정신적으로 물질적으로 풍요로운 세계가 올 것을 소망하였다. 그러나 유대인의 메시아 신앙은 주전 100년경부터 변화에 직면하였는데, 그 이유는 세상에서 점점 커지는 비관론 때문이었다. 즉, 이 세상은 근본적으로 악하므로 하나님의 나라가 임할 수 없다고 생각되어, 메시아는 이 세상에서 제한된 기간 통치를 하고 그 이후에는 지구의 종말이 올 것으로 생각하였다. 그러므로 메시아에 대한 신념에서 천년왕국설의 이론이 대두되었다고 볼 수 있다.

이러한 점을 중시할 때, 천년왕국설은 예수의 교훈이나 가르침에 근거한 것이 아니다.[41] 천년왕국설은 초기 교부의 경우에 정통주의 신앙의 주요한 한 부분으로 신뢰한 사람들[42]도 있지만, 부정한 사람들[43]도 많다. 천년왕국설이 비판받게 된 것은 약속된 축복에 정신적인 것과 물질적인 것이 뒤섞여서 점차 그 해석이 물질적인 것에 기울어졌기 때문이다. 이에 반하여 아우구스티누스는 천년왕국설을 영적인 것으로 간주하였다.

3. 선교사 방위량(W. N. Blair)의 설교
 : 고린도전서 12장 26-27절을 중심으로

방위량(W. N. Blair)[44]은 1907년 1월 12일(토) 저녁 집회에서 고린도전서 12장 27절을 가지고 설교하였다. 이는 당시의 설교가 보존되지 않은 상황을 감안할 때, 대단히 유용한 지적이다.[45] 방위량의 말을 직접 들어보자.

---

41) W. Barclay, *Revalation of St. John*, 정혁조 역, 《요한계시록》(서울: 기독교문사, 1973), 324.
42) 이레니우스, 떼르뚤리아누스, 유스티누스, 파피아스.
43) 유세비우스, 히에로니무스, 오리게누스.
44) 방위량은 1901년 9월 12일에 한국에 도착하였다. 윌리암 뉴튼 블레어 지음 김승태 옮김, 《속히 예수믿기를 ᄇ라ᄂ이다》, 40.

나는 토요일 저녁에 고린도전서 12장 27절인 "너희는 그리스도의 몸이요, 각자는 그것의 지체이다"라는 구절로 설교를 하였다.[46]

여기에 인용된 구절은 영어로 "Now ye are the body of Christ, and severally members thereof."이다 방위량은 1885년에 처음 출판되었고 1901년에 재판되었던 《미국표준성서》(American Standard Version of the Holy Spirit)를 인용하였다. 그가 이 구절을 가지고 설교한 이유는 "교회에 불화가 있을 때 몸이 병든 것과 같다는 것을 보여주기 위해서"[47]이었다. 그가 고린도전서 12장 27절에 대해 사역하지 않고 《미국표준성서》를 그대로 인용한 것을 볼 때, 그의 설교는 석의적 강해 설교라기보다는 당시 한국교회가 극복해야 할 과제로 불화를 넘어서 화합과 연합의 자리로 나아가야 할 것에 관한 일종의 주제설교이었다.

그는 또한 "한 지체가 고난을 당하면 모든 지체가 그것으로 고난을 당한다"[48]라는 구절도 인용하였는데, 이는 고린도전서 12장 26절이다.[49] 그는 이 구절을 인용하면서 "얼마나 형제의 마음속에 [서로에 대한] 미움이 있는지 [그러한 미움이] 전체 교회에 상처를 줄 뿐만 아니라, 교회의 머리이신 그리스도에게까지 고통을 가져온다."[50]라는 점을 보여주었다. 방위량은 고린도전서

---

45) 심지어 이창기도 자신의 학위논문을 출판한 책에서 설교제목에 관한 복원을 시도하지 않고 단지 방위량이 "고린도전서 12장 27절을 본문으로 사용했다."라고만 전해준다(참고, 이창기, 94).

46) William Newton Blair and Bruce F. Hunt, *The Korean Pentecost and the Sufferings Which Followed*, 69. 설교본문이 고린도전서 12장 27절이라는 사실은 방위량의 글에 분명히 나타나 있다.

47) 앞의 책, 69.

48) 이 구절은 영어로 "And if one member suffers, all the members suffer with it"인 것을 미루어 볼 때, 1960년에 번역된 NASB로써 *The Korean Pentecost and the Sufferings Which Followed*를 출판한 출판진이 임의로 현대 어법에 맞추기 위해 변경한 것으로 추측된다.

49) 방위량이 고린도전서 12장 27절에 이어서 고린도전서 12장 26절을 인용하며 설교를 한 것에 대해서 많은 학자가 간과하였다는 사실은 실로 안타까운 일이다. 심지어 박동현도 최근의 글에서 "12일 토요일 저녁 집회에서는 블레어(W.[N]. Blair)가 고전 12:27을 본문으로 '우리는 모두 그리스도의 몸이요, 그의 지체들이라'라는 내용의 설교를 했고(한국기독교사연구회 270과 이영헌 118; 김인수 169에서는 14일이라고 함)"라고 말하기도 하였다.

12장 26-27절을 근거로 해서 "교회에 불화가 있을 때 온몸에 병이 든 것과 같고, 한 지체가 고난 속에 있을 때 모든 지체가 고난을 당한다."라는 내용으로 설교하였다. 방위량이 사용한 본문은 넓게는 고린도전서 12장 전체를 사용하였을 가능성이 높다. 당시 사경회의 성격에 비추어 볼 때, 그는 긴 시간 동안 12장을 자세하게 언급하였을 것이다. 그 모든 구절 가운데서 방위량은 고린도전서 12장 26-27절을 강조하여 설교하였다. 그는 설교 중에 한국에서 겪은 총기사고와 관련하여 다음의 간증을 하였다.

> 나는 한국에 온 직후에 사냥을 나갔다가 내 손가락 끝에 오발사격을 하는 사고를 당했습니다. 모든 한국인은 이 사건을 알고 있습니다. 나는 내 손을 들어 보이면서 회중에게 부상을 당한 내 손가락으로 인해서 '내 머리가 얼마나 고통스러웠으며 내 온몸이 얼마나 아팠겠는지'를 말했습니다.[51]

그가 이역만리 타국에 와서 손가락 부상으로 불구가 되었으니, 낯선 선교지에서 겪은 심적인 충격이 어떠하였겠는가? 더구나 사냥을 나갔다가 당한 불의의 사고이었으니, 당시 한국인이 선교사를 바라보는 시선도 곱지 않았을 것이다. 이 같은 정서를 고려하여 방위량 자신도 부족한 자기 모습을 돌아보면서 회개하는 마음으로 설교하였을 것이다.

1) 설교에 대한 반응

이러한 설교는 사경회에 모인 성도에게 큰 감동을 주었다. 당시에 현장에 있었던 리(Graham Lee)는 "토요일 저녁에 모인 집회가 그 주간의 모든 집회들 중에서 가장 좋았다."[52]라고 평가하였다. 방위량은 그날 집회에 참석한 사람

---

50) William Newton Blair and Bruce F. Hunt, The Korean Pentecost and the Sufferings Which Followed, 69.

51) 앞의 책, 69.

52) G. Lee, "How the Spirit Came to Pyeng Yang," Korea Mission Field, vol. 3 no. 3 (March 1907): 33.

들이 사도행전 2장 1절에 언급되어 있는 '오순절 날'처럼, 성령에 충만하여 개인적인 엄청난 죄를 서로 공개적으로 고백하게 되었다고 증언하였다.[53] 설교의 반응에 관해서, 방위량은 다음과 같이 기록하였다.

> 설교 후에 많은 사람들이 죄가 무엇인지에 관한 새로운 깨달음을 간증하였다. 슬픔에 잠긴 한 성도는 다른 사람들, 특히 일본인들을 사랑하는 일이 부족했다는 것을 고백하였다.[54]

방위량의 설교를 들은 한국인들은 개인적인 인간관계 차원에서 서로의 죄를 고백할 뿐만 아니라, 국가적인 차원에서 일본인에 대해 가졌던 증오도 회개하였다.

방위량은 이미 일주일 지속된 사경회가 막바지를 향해서 가는 시점에서 설교하였다. 임희국에 의하면, 내일 다가오는 주일이 지나면 사경회도 막을 내리게 된다는 시점에서 청중들은 절박한 심정으로 "초조하게 성령을 기다리며" 설교를 들었다고 한다.[55] 당시 저녁연합집회에 매일 저녁 사경회에 참석한 사람들[56]은 성령의 임재를 고대하였다.

방위량은 고린도전서 12장 26-27절을 본문으로 설교를 하는 중에, 회중 앞에서 최초 한국어 번역인 《예수성교젼셔》로 읽었을 것이 분명하다. 그 구절은 다음과 같다.

---

53) William Newton, Blair, *Chansung's Confession*, 99-100.
54) William Newton Blair and Bruce F. Hunt, *The Korean Pentecost and the Sufferings Which Followed*, 69.
55) 이상규도 "1907년 대부흥, 그 역사와 의의,"《헤르메네이아 투데이》제38호(2007년 봄): 206에서 "처음부터 성령의 역사가 강하게 나타난 것은 아니었다. 때로 분위기는 냉담했고, 알 수 없는 불안이 엄습하기도 했다. 영적인 감동이 일어나지 않았다. 이런 냉랭한 가운데서 집회가 끝날 수는 없었다."라고 말했다.
56) 대략 매일 저녁 1,000명에서 1,200명의 성도가 먼 곳으로부터 와서 사경회에 참석하였다고 한다. 참고, George T. B. Davis, *Korea for Christ: The Story of the Crusade to Win One Million Souls from Heathenism to Christianity* (London: Christian Workers' Depot, 1910), 39.

26 만약 일지가 고상을 바드면 ㅂ늬테가 함ᄉᄀ긔 고상ᄒ고 일지가 영광를 바드면 ㅂ늬테가 함ᄉᄀ긔 즐겨ᄒᄂ니라. 27 너희ᄂ 키리쓰토의 신톄니 각기 치톄가 되라.[57)

그의 설교 내용은 불행하게도 전해지지 않았으나, 그 본문이라도 알려진 것은 다행스런 일이다. 그의 설교 본문은 당시에 만연했던 한국인의 민심과 교회지도자와 선교사 간의 불협화음을 치료하고자 했던 시도의 중요한 단서가 된다.

1907년 1월 13일(주일)에 장대현교회의 장로이며 오는 6월에 평양 장로회신학교를 졸업할 예정인 길선주도 설교하는 중 허리에 감긴 줄을 보여주면서 "죄인이 하나님께 나아가기 위해서 어떻게 회개해야 하는지"를 구체적으로 설명하였다. 이 광경은 당시에 강단 옆에 서 있었던 선교사 맥퀸(G. S. McCune)에 의해서도 목격되었다.[58) 길선주와 방위량의 설교를 들은 교회지도자인 강유문과 김씨는 1907년 1월 14일(월) 저녁 집회에서 그간에 쌓였던 상호간의 증오를 고백하며 통곡하였다.[59) 방위량에 의하면, "우리는 성령으로 묶여 우리를 축복할 때까지 하나님을 보내드릴 수 없다고 기도했다(창 32:26)".[60) 당시에 강유문은 방위량의 조사였으며, 김씨는 방위량이 회장으로 있었던 평양남자연합회의 임원들 중의 하나이었다.[61) 바로 그날에 길선주도 선교사에 대한 증오를 공개적으로 회개하였다. 15일인 화요일에 장대현교회의 김씨는 다음과 같은 고백을 하였다.

나는 하나님을 거슬려 싸운 죄인입니다. 교회의 장로인 나는 강유문뿐만

---

57) 《예수셩교젼셔》, 고린돗젼셔 뎨십이쟝 이십 륙졀 이십 칠졀.
58) G. Lee, "How the Spirit Came to Pyeng Yang," 36-37.
59) 앞의 논문, 34.
60) 윌리암 뉴튼 블레어 지음 김승태 옮김, 《속히 예수밋기를 ᄇᆞ라ᄂ이다》, 101.
61) William Newton Blair and Bruce F. Hunt, *The Korean Pentecost and the Sufferings Which Followed*, 73.

아니라, 방 목사를 미워한 죄를 지었습니다.[62]

우리는 당시에 영적 지도자들의 회개가 먼저 있었다는 사실을 간과해서는 안 된다.

방위량이 "상호간에 시기와 증오, 반목과 갈등이 무너지고 서로를 용서하고 화해하는 공동체적 삶을 회복"[63]하기 위한 설교를 한 것은 시기적절하다. 필자는 다음의 석의를 통하여 당시 방위량이 한국 초기 교회를 향해서 외친 설교의 내용을 복원하고자 한다. 방위량이 자신의 책에서 고린도전서 12장 27절을 먼저 언급한 후에 고린도전서 12장 26절을 언급하였으므로, 필자도 이 같은 순서를 따라 그의 설교내용을 복원하고자 한다. 그가 행한 신약설교를 복원하는 일은 본 연구의 창의적인 업적이다.

2) 고린도전서 12장 27절

고린도전서 12장 12-26절에는 보다 구체적으로 각 지체가 어떻게 교회 안에서 연합할 수 있는지를 보여주고 있다. 25절은 "몸 가운데 분쟁이 없고 오직 여러 지체가 서로 같이 돌보게 하셨느니라"라고 말씀하고 있다. 이러한 가르침은 한국 초기 교회에 연합과 일치에 관한 긍정적인 메시지를 주었다.

고린도전서 12장 27절은 31절까지 이어지는 '한 성령으로 말미암아 주어지는 여러 가지 직책들'에 관해서 언급하는 단락의 첫 구절이다. 27절은 크게 두 부분으로 나누어진다. 27절상반절은 그리스도의 몸에 대해서 언급하는데 27절부터 31절까지 한 단락의 첫 구절로서 그리스도의 교회가 가지고 있는 특징을 유기체인 몸에 비유하고 있다. 27절하반절은 유기체인 교회가 어떤 기능을 유지하는지를 보여주며 역할의 다양성을 표현하고 있다.

《예수셩교젼셔》의 27절상반절에서 "키리쓰토의 신톄"라는 표현은 '그리

---

62) 윌리암 뉴튼 블레어 지음 김승태 옮김, 《속히 예수밋기를 ㅂ라ᄂ이다》, 103.
63) 권문상, 《부흥: 에게인 1907》 (성남: 브니엘, 2006), 28.

364_예수말씀에서 예수학교로

스도의 몸'이란 뜻이다. 여기서 그리스도의 몸은 헬라어에서 주격 소유격의 의미를 내포하고 있다. 그 뜻은 그리스도께서 가지고 계신 몸이라는 의미이다.

《예수셩교젼셔》의 27절하반절에서 "각기 치톄가 되라"는 표현은 당시 한글번역 성경에 나타나 있는 특징이다. '각기 지체가 되라'는 명령법의 표현인데, 이러한 번역은 당시 한국 초기 교회에 '그리스도의 지체가 되라'는 명령으로 들려진 것이 분명하다. 지금 우리말 번역인 개역한글과 개역개정에서는 '지체의 각 부분'이라고 번역하고 있는데 이러한 표현은 헬라어 원문에 충실한 번역으로서 반복적인 언어를 통해서 의미의 강조를 나타내고 있다.

3) 고린도전서 12장 26절

방위량이 1907년 평양사경회에서 언급한 바와 같은 순서를 따라서 고린도전서 12장 26절의 석의적 의미를 간단하게 고찰해 보자. 당시 한국 초기 교회 성도가 읽었던 《예수셩교젼셔》의 고린도전서 12장 26절은 "일지가 고샹을 바드면 ㅂ;테가 함ㅅ긔 고샹ㅎ고 일지가 영광롤 바드면 ㅂ;테가 함ㅅ긔 즐겨ㅎㄴ니라"라고 말씀하고 있다. 당시에 강유문과 방위량 사이의 갈등, 강유문과 김씨 사이의 갈등, 길선주와 친구 부인과의 갈등 등 많은 불화 속에서, 이 말씀은 구체적으로 어떻게 회개하고 용서해야 하는지를 보여주었다.

26절은 12절에서 26절로 이어지는 한 몸이 지닌 많은 지체에 관해 언급하는 단락의 마지막 절이다. 성령의 은사가 다양한 것을 몸의 지체가 다양한 것에 비유하여 설명하고 있는 단락이다. 이 구절도 27절과 마찬가지로 크게 두 부분으로 나누어진다. 첫째 한 지체가 고통을 당하면 모든 지체가 고통을 당하고(26절상반절), 둘째 한 지체가 영광을 받으면 모든 지체가 함께 즐거워한다(26절하반절)는 말씀이다. 이 구절은 27절보다 언어유희가 더욱 두드러진다. 우선 26절의 상반절과 하반절이 서로 상응하고 있다. 특히 상반절의 '고샹'이 하반절의 '영광'과 대조되고, 상반절에 있는 '일지'와 'ㅂ;테가 함ㅅ긔 고샹ㅎ고' 그리고 하반절에 있는 '일지'와 'ㅂ;테가 함ㅅ긔 즐겨ㅎㄴ니라'는 표현이 긴밀하게 상응되고 있다. 특히 26절의 헬라어에서 πάσχει와 συμπάσχει와 συγχαίρει는 언어유희의 전형적인 모습이다. 곧 πάσχει는 συμπάσχει와 상응하고 다시 συμπάσχει는 συγχαίρει에 상응한다. 더구나 27절과 마찬가지로 26절에도 μέλος란 단어가 네 번씩이나 등장한다. 이러한 언어유희들은 그리스도의 한 몸 된 지체인 교회가 지니고 있는 연대성을 강조하는 언어적 표현이다.

《예수셩교젼셔》의 26절상반절에서 "일지가 고상을 바드면 ᄇᆡ테가 함ᄭᅵ고상ᄒᆞ고"라는 구절은 신앙공동체에서 한 사람이 고난을 받으면 모든 사람이 고난을 받는다는 사실을 말함으로써 신앙공동체가 운명 공동체인 것을 강한 어조로 강조하고 있다. 누구나 당하는 고난을 개인적인 차원으로 돌리지 않고, 오히려 고난을 공동체가 감당해야 할 운명을 받아들이고 함께 아파하고 함께 고난을 짊어지고 가는 자세가 성숙한 모습이다. 이러한 설교를 통해서 방위량은 한국 초기 교회의 그리스도인들에게 서로 약한 자들을 돌봐주고 자기의 죄를 회개한 자들을 용서해 주라는 메시지를 전달하였다.

《예수셩교젼셔》의 26절하반절에서 "일지가 영광을 바드면 ᄇᆡ테가 함ᄭᅵ즐겨ᄒᆞᄂᆞ니라"라는 구절은 신앙공동체 안에 고난만 있었던 것이 아니라, 영광스럽고 즐거운 일도 많았다는 사실을 보여주고 있다. 당시 구한말의 한국 초기 교회에서 영광스러운 일은 무엇이었을까? 그 무엇보다도 교회가 양적 질적 성장을 도모하고 있었기에, 평양에서 장대현교회를 중심으로 교회가 계속해서 나뉘고 있었다. 또한 1901년부터 평양신학교에서 공부를 해오던 7명의 신학생이 1907년 6월에 졸업을 앞두고 있었다. 장대현교회의 시무 장로인 길선주도 1903년부터 신학공부를 하고 있었기에 졸업예정자이었다.[64] 그러므로 한 지체가 얻는 영광으로 모든 지체가 즐거워한다는 내용은 이미 한

---

64) 1907년 9월 17일에 대한예수교 장로회 독노회 시대(1907년-1911년)가 열려서 그동안 계속되어 온 공의회 시대(1893년-1906년)를 마감하고 그 자리에서 평양신학교 제1회 졸업생인 길선주를 포함하여 총 7명이 목사안수를 받았다. 참고, 《조선예수교장로회사기 상권》, 182.

국 초기 교회 안에서 모든 이들의 눈에 보이는 감사의 조건이었다. 이러한 '지체의 연대성'[65]에 관한 설교를 통해서 방위량은 서로 축하하고 기쁨을 나누는 일이 신앙인의 덕목이라는 메시지를 전달하였다.

4. 연합과 일치를 이룸

자기 죄를 회개하기도 한 방위량은 선교사와 조사 간에, 목사와 장로 간에, 중직자와 평신도 간에 반목하고 증오하는 불편한 관계를 청산하고, 그리스도의 몸을 이루어 교회의 화평과 일치를 이루고자 간절한 마음으로 설교하였다. 한국 초기 교회에서 의지할 곳 없는 민심은 방위량이 한 이러한 영적인 설교를 통하여 마음의 위로와 희망을 발견하였다. 1895년 당시에 발간된 한국 최초의 장로교 찬송가인 〈찬셩시〉에 베어드(Annie L. A. Baird)가 한글로 창작한 다음의 찬송이 실려 있다.

    1. 멀니멀니갓더니 곤하고쳐량하며 슬푸고도외로와 명쳐업시단니니
    2. 예수예수우리쥬 곳갓기히오셨셔 쉬떠나지맙시고 부형갓치되소셔
    3. 예수예수우리쥬 셥셥하여울때에 눈물씨셔주시고 날반갑게하쇼셔
    4. 단니다가쉬일제 혼자갑갑한곳에 홀노잇게맙시고 기리보호하쇼셔[66]

이 찬송을 베어드가 한글로 창작하였다는 사실이 놀랍다. 미국 선교사가 어떻게 이같이 한국어를 잘할 수 있었느냐는 사실도 놀랍거니와, 더욱더 그 가사가 한국인의 정서에 잘 들어맞는다는 사실에 저절로 탄성이 나온다. 이 찬송은 당

---

65) 박수암, 《신약주석 고린도전후서》 (서울: 대한기독교서회, 2007), 208.
66) 조숙자, "선교사 베어드(Annie L. A. Baird)의 한글번역 찬송가," 《한국개신교찬송가: 연구논문집》 (서울: 장로회신학대학교 교회음악연구원, 2007), 119. 또한 한국 최초의 장로교 찬송가에 관해서 자세한 것은 그의 논문인 "한국 최초의 장로교 찬송가 〈찬셩시〉 연구," 《한국개신교찬송가: 연구논문집》, 55-79를 보라.

시에 흉흉한 민심을 위로하고, 통회 자복을 통해 하나님의 용서와 사랑을 추구하는 한국교회의 성도들에게 큰 위로를 주었다.

1907년 평양사경회에서 성도들은 위의 찬송을 뜨겁게 부르면서 교회의 연합과 일치를 이루었다. 당시의 사경회 순서에 관해서, 방위량은 "새벽 기도회와 30분 정도의 찬송 그리고 3시간의 성경공부"가 진행되었다고 한다[67]고 한다. 이런 대규모의 사경회가 진행되는 동안 1월 6일(주일)-15일(화)에는 최대 1,500명의 남성들이 참여하는 저녁연합집회가 있었다.[68] 선교사들의 정오 기도회로 시작된 집회가 평양 전체에서 몰려든 남성들에 의해 도사경회 형식으로 발전하면서 뜨거운 성령의 임재가 현실로 나타나게 되었다.

한국교회에 정착된 사경회는 다음의 순서로 진행되었다: 오전 5시-6시 새벽기도회, 9시-10시 성경공부, 10시-10시 45분 기도회, 11시-12시 성경공부, 오후 2시-3시 성경공부, 그 후에 축호전도. 문자적 해석인 성경공부 방식은 다음과 같았다: 요약 설명을 통한 '한 절 한 절 처음부터 끝까지 철저하게 공부하고 질의 토론 시간'을 가졌다.[69] 당시 사경회는 장대현교회에서 나뉜 평양 시내에 있는 여러 장로교회가 모여서 연합집회의 성격[70]으로 집회가 진행되었다. 인근 교회가 연합집회의 성격으로 모인 사경회는 일찍부터 에큐메니칼 운동의 일환이 되었는데, 열흘 동안 지속된 사경회는 새벽과 낮과 밤 시간에 쉬지 않고 이어졌다. 성경 말씀을 배우려는 열정으로 한국 초기 교회의 성도는 추운 겨울의 매서운 눈발도 마다하지 않고 수백 리를 걸어서 자비량으

---

67) 윌리암 뉴튼 블레어 지음 김승태 옮김, 《속히 예수밋기를 ㅂ라ㄴ이다》, 99.
68) 방위량에 의하면, 사경회와 연결된 저녁집회는 "1,500명 이상이 참석한 가운데 장대현교회에서 1월 6일부터 있었다."라고 한다(《조선예수교장로회사기 상권》, 99).
69) 《조선예수교장로회사기 상권》, 112-113.
70) 이만열(참고, 이만열, "1907년 평양 대부흥운동에 대한 몇 가지 검토," 10)에 의하면, 장대현교회로부터 1903년에 남문밖교회가, 1905년에 사창골교회가, 1906년에 산정현교회가 분립하였는데, 1907년 1월에 열린 평양사경회에 이들 세 교회가 장대현교회에 모여서 네 교회의 연합집회를 했다. 그러나 필자의 생각으로는 《조선예수교장로회사기 상권》을 보면, 장대현교회는 1900년에 창립되었는데(앞의 책, 65), 위의 세 교회 이외에도 1904년에 내리교회가 나뉘었고(앞의 책, 113), 1905년에 창전리교회와 송암리교회가 나뉘었으므로(앞의 책, 126-127), 장대현교회에서 분립된 이들 여러 교회가 주축이 되어 연합집회의 성격으로 모인 것이라고 볼 수 있다.

로 여비와 등록비를 마련하여 참석하였다. 이 같은 열정은 한국 초기 교회의 성경해석이 이른 시일 안에 문자적 해석이라는 공감대를 형성하는 데 큰 역할을 감당하게 하였다.

4. 결론

한국인에 의해 성경이 번역되어 반포된 한국 초기 교회는 성경을 읽고 배우는 일에 열심이었다. 이러한 열심이 사경회의 출발이었다. 곧 한국 초기 교회는 국가적인 격변기에 사경회를 통해 성경의 가르침을 문자 그대로 받아들여서 공적인 회개를 통한 교회 갱신을 이루는 데 큰 역할을 감당하였다. 이러한 회개에는 당시에 만연되었던 임박한 종말론이 큰 역할을 감당하였다. 곧 한국 초기 교회는 종말의 임박한 기대감 속에서 후천년설과 전천년설을 오가며 혼란스런 과정을 거쳤다. 그러나 종말론에 입각한 성경해석은 한국 초기 교회에 뜨거운 성령강림 체험을 통하여 용서와 사랑의 공동체를 이루게 하였으며, 더 나아가서 백만인 구령운동과 같은 전도사업을 대대적으로 추진하게 하는 원동력이 되었다. 하디는 1903년 원산사경회의 불씨를 일으킨 선교사이었고, 그 불씨가 1907년 평양사경회에까지 이어졌다는 점에서 중요하다. 평양사경회를 기점으로 한국 초기 교회는 성경에 기초한 말씀 중심의 교회부흥을 이루어 나갔다는 점에서 세계선교 역사상 그 유례를 찾아볼 수 없다.

1907년 평양사경회 전후의 한국 초기 교회의 성경해석은 문자적 해석을 기반으로 누가복음을 읽고 그 말씀을 실생활에 그대로 적용하는 실천적 특징을 가지고 있었다. 이는 한국인에 의해 성경이 번역되어 반포된 한국 초기 교회의 특징을 그대로 반영해 주고 있는 모습이다. 곧 성경 사랑이 한국 초기 교회가 보여준 가장 중요한 특징이었다. 로마 천주교회와는 달리 한국 초기 교회는 1884년 언더우드와 아펜젤러가 이 땅에 발을 딛기 전에 이미《예수성교 누가복음 젼셔》가 뿌리를 내리고 있었다. 이것이 자연스럽게 사경회 운동으로 발전해 나갔다. 사경회는 한국 초기 교회에서 성경을 실생활에 뿌리내리게 하는데 큰 역할을 하였다.

당시 풍전등화와 같았던 시대적 상황이 암울하였기 때문에, 무엇보다도 방위량이 장대현교회에서 고린도전서 12장 26-27절을 중심으로 "불화와 연합"이라는 설교를 한 것이, 평양사경회가 '통회와 자복'이라는 한국 초기 교회의 전무후무한 갱신의 역사를 이루게 된 것이 사실이다. 이러한 영적 부흥은 후에 백만인 구령운동과 같은 전도운동으로 이어져서 한국교회를 부흥시키는 촉매제가 되었다.

이러한 한국 초기 교회의 성경해석에 관한 연구를 진행하면서, 안타까운 것은 연구 자료가 너무 제한되어 있다는 사실이다. 물론 숱한 전쟁을 치르고 민족의 격변기를 지나면서 자료가 소실된 까닭도 있지만, 필자는 신앙의 훌륭한 선친들을 가진 직계후손들이 그 자료를 보존하는 데 무관심한 현실을 지적하고 싶다. 다행스러운 것은 아직 당시의 상황을 아는 목격자들과 담지자들(tradents)이 현존하고 있는데, 그들이 다 사라지기 전에 구술자료를 녹취하여 문서로 남기는 작업을 해서 후세의 역사에 전하려는 노력을 기울여야 한다.

II. 1911년 구역성경의 한국 문화사적 가치[1]

1. 서론

1911년에 발간된 구역성경은 총 3권, 곧 《신약젼서》 1권과 《구약젼서》 2권으로 발행된 당시 대영성서공회가 최초로 성경번역위원회를 조직하여 번역한 성경이다. 본 장은 《신약젼서》를 중심으로 초기 한국교회의 문화사적 유산을 연구하는 데 초점을 두고자 한다. 구역성경은 이미 19세기 말 중국에서 번역된 로스역인 《예수셩교젼서》가 출판되었음에도, 순수 우리말 성경을 번역하여 출판하였다는 점에서 문화사적으로 가치가 높다.

구역성경은 초기 한국교회에서 한국인의 정서와 정감에 아주 잘 어울리는 번역을 통하여 이른 시일 안에 한반도의 복음화를 이루는 데 큰 공헌을 하였다. 비록 용어를 구별하지 않고 사용하기도 하고,[2] 또한 '대개'[3]와 같이 그

---

[1] 이 장은 "1911년 《셩경젼서》의 한국 문화사적 가치에 관한 연구," 《Canon & Culture》 제4권 1호(통권 7호) 2010 봄: 127-158에 실린 글을 수정 보완한 것이다.

[2] 예를 들면, 형상(막 9:2) 용모(눅 9:29)의 경우와 환도(마 26:46, 51-52; 눅 22:36, 38, 52; 요 18:10) 칼(요 18:11)의 경우와 허흔 말(딤전 6:20) 허탄한 니야기(딤전 1:4; 4:7)의 경우와 외인(고전 5:12-13; 엡 2:12, 19; 살전 4:12-13; 5:6) 타인(고전 6:1)의 경우와 교인(마 23:13) 교우(마 23:15)의 경우와 쟝마물(마 7:25, 27) 홍슈(마 24:39)의 경우와 풍증든쟈(마 4:24) 풍증 들닌 사롬(행 8:7) 바람병(행 9:33) 반신불슈(막 2:3, 5, 9-10) 반신불슈병(마 9:1)의 경우와 의관(막 15:43) 관원(눅 23:35, 51; 요 7:48; 고전 2:7-8)의 경우와 집ᄉ(눅 4:20; 고전 3:5; 골 1:25; 4:7; 딤전 3:8-10, 12-13; 4:6; 롬 16:1; 엡 3:7)의 경우와 병인(막 6:5, 13; 눅 4:40; 5:20; 요 5:3, 7; 행 4:9; 요 5:5) 병쟈(눅 5:19) 병든쟈(막 1:32; 눅 14:21) 병든 사롬(행 28:9)

의미를 알 수 없는 단어도 수없이 등장하지만, 구역성경은 한국인의 문화적 정감에 잘 어울리는 단어로 번역되었기에 한국 문화사적으로 아주 중요한 문헌이다. 당시에 널리 통용되던 속어[4]와 원색적인 언어[5]를 사용함으로써 경전이 지닌 기존의 근엄한 이미지를 벗고서 서민에게 친근하게 다가갈 수 있는 삶의 이정표와 같은 문서가 되었다.

본 장은 다양한 문화적 배경에 기초하여 구역성경의 농경문화, 결혼문화, 장례문화, 한문문화, 군사문화, 생활문화 등의 초기 한국교회 삶의 전반에 걸쳐 다양한 경험을 하고 있던 당시의 성도에게 정서적으로 공감이 가는 언어로 번역되었다는 사실을 연구하고자 한다. 또한 본 장은 당시 혈연중심의 한국인에게 구역성경을 아무런 거부감 없이 이해하여 성경의 세계상에 가깝게 다가갈 수 있도록 초기 한국교회가 한국인을 도와줌으로써 기독교의 초석을 놓는데 이바지한 바가 크다는 사실을 연구하고자 한다. 마지막으로 본 장은 성경에 등장하는 사람들과 가족에 관한 한국인의 독특한 정서를 올바르게 이해함으로써 구역성경이 신학적으로 하나님의 가족이라는 하나의 신앙공동체적 연대감을 형성하는 데 이바지하였다는 사실을 연구하고자 한다.

의 경우와 문둥병(마 8:3; 막 1:40, 42; 눅 5:12-13) 문둥병든쟈(눅 17:12) 문둥이(마 10:7; 11:5; 막 14:3; 눅 7:22)의 경우와 쇼경(마 11:5; 15:14; 요 5:3; 롬 2:19) 쇼경들(마 9:28) 소경(마 20:30; 21:14; 23:16-17, 19, 24, 26; 막 8:22-23; 눅 6:39; 14:13, 21) 눈머럿던이(요 9:17) 눈머럿다 ᄒ 눈쟈(요 9:19) 눈머럿던 사룸(요 9:24)의 경우와 져는쟈(마 21:14; 눅 14:13, 21; 18:36) 졀쑥발이(요 5:4)의 경우와 벙어리 된 쟈(마 9:32) 벙어리(마 9:32; 12:22; 눅 1:20) 귀먹어리(마 11:5; 막 8:37; 눅 7:22) 귀먹고 말이 어눌흔 사룸(막 7:32) 혀의 믹친 것(막 8:35) 등의 경우이다.

3) 마 6:13; 14:3; 막 4:25; 눅 1:1; 11:3; 12:2; 16:15; 17:21; 20:6; 23:8, 41; 롬 1:11; 5:10; 7:2, 8, 11, 14-15, 17, 22; 8:2, 5, 13, 19, 24, 38; 9:3, 9; 10:5, 10; 13:3-4; 16:2, 18; 고전 1:25; 10:26; 15:25, 27; 고후 4:11; 5:10; 6:14; 10:4; 13:8; 갈 6:15; 엡 5:9; 빌 1:19, 23; 2:30; 골 1:16, 19; 4:13; 살전 1:5, 8; 2:3, 19-20; 3:8; 4:3; 5:5, 7; 살후 2:2, 7; 5:2; 딤전 2:5; 4:4; 5:15에 등장하는 '대개'는 우리말에 '대강'이란 단어와는 그 뜻이 다르다.

4) 예를 들면, 계집(요 8:2, 4-5, 9) 계집 ᄋ 희(막 5:42; 눅 8:51; 행 12:13, 15) 계집 죵(눅 1:38, 48; 눅 22:56; 갈 4:23, 30-31) 관속(요 7:45-46; 18:3, 18, 22; 행 5:22) ᄉ쟝이(행 16:23-24, 27, 29, 33, 36) 빅 사룸(행 27:29) 셤 야인들(행 28:4) 재판소(행 19:38) 공갈(행 4:19, 21) 목구멍(롬 3:13) 외입(눅 15:30) 꽝패(마 7:22) 불한당(눅 10:30) 등의 표현이다.

5) 예를 들면, 미련흔놈(마 5:22) 밋친 놈(마 5:22) 등의 표현이다.

2. 다양한 문화적 배경

갈릴리에 뿌리를 두었던 복음서는 자연히 여러 가지 농촌의 상황을 뒷받침할 만한 구절들을 제공해 주고 있다. 아궁이에 불쏘시개로 들어갈 수밖에 없는 그야말로 하찮은 들풀을 입히는 하나님의 자상한 모습은, 분명히 에덴동산에서 추방된 아담과 하와에게 가죽옷을 지어 입히던 하나님의 모습을 연상하게 해준다.6) 하찮은 짐승을 먹이고 백합화를 입히는 하나님의 사랑을 우화적으로 묘사함으로써, 예수는 평범한 인생을 향한 하나님의 더욱더 넘쳐나는 사랑을 표현하고자 한다. "흐 믈며 너희짜보냐"(눅 12:28 하반절)와 같은 수사학적 질문7)은 바로 이 같은 사실을 뒷받침한다. 구역성경은 당시에 1차 산업인 농업에 기초를 두고 있었던 구한말의 한국인이 하나님의 말씀에 아주 가깝게 다가갈 수 있도록 농경문화에 뿌리를 둔 용어를 다음과 같이 적절하게 선택하여 번역하였다.

기름(막 14:3-4 옥합에 담긴 것을 향수라고 번역하지 않고, 기름이라고 번역하였다) 향기름 (막 14:8 향수라는 단어 대신에 향기름이라고 번역하였다) 향기로운 기름(눅 7:46)

곡식(요 4:35-36; 딤전 5:18) 밀 알강이(고전 15:37) 곡식 알강이(고전 15:37) 량식8) 음식(요 4:31) 졋과 밥(고전 3:2) 식쥬(롬 16:23 가이오를 식주 곧 가장이라 표현하고 있다) 죠반(요 21:15) 질그릇(고후 4:7) 단 쇠(딤전 4:2) 망(딤전 5:18)

---

6) W. D. Davies and Dale C. Allison, *A Critical and Exegetical Commentary on the Gospel according to Saint Matthew*, vol. 1. ICC (Edinburgh: T & T Clark, 1988-1997), 655.

7) 이 구절과 마찬가지로, 눅 12:23은 수사학적 질문을 내포하고 있는데, 그 대답은 당연히 "예"라고 할 수밖에 없다. 이러한 수사학은 마 6:25 하반절; 26 하반절; 27; 30 하반절과 눅 12:25에 스며 있다. 눅 12:23은 더 이상 수사학적 질문이라고 볼 수 없고, 눅 12:24 하반절과 눅 12:28 하반절은 종종 의문부호(?) 대신에 느낌표(!)로 표시될 수도 있다. 참고, David McLain Carr, *From D to Q: A Study of Early Jewish Interpretations of Solomon's Dream at Gibeon*. Society of Biblical Literature Monograph Series 44. (Atlanta: Scholars Press, 1991), 205-210.

8) 요 4:34; 6:31-33, 35, 41, 47, 50-51, 58.

양의 우리(요 10:1) 양의 목쟈(요 10:2) 문직이(요 10:3) 내 양(요 10:26-27) 시니(요 18:1) 일군(딤전 5:18) 삭(딤전 5:18) 막닥이(고전 4:21) 신씬(눅 3:16)

등과 홰(요 18:3) 라발(고전 15:51-52; 살전 4:16) 초(요 19:30) 평상(행 5:15) 보료(행 5:15) 상(행 9:33-34 여기서는 침대라는 의미이다) 다락(행 20:11) 만물의 씨(고전 4:13)

흙(고전 15:47-49) 뎐답(막 10:29) 뎐장(행 2:45; 5:1)

돌매(눅 17:2 연자맷돌을 의미한다) 매(눅 17:35 맷돌을 의미한다) 표대(빌 3:14) 먹 돌비 육비(고후 3:3)

고을(눅 19:17, 19) 쇼읍(행 21:39) 고을 사롬(골 4:9, 12)

샤쳐방(막 14:14; 눅 22:11 유월절을 먹을 장소를 일컫는다) 사관(눅 2:7)) 과원(요 18:1, 26) 마당(고전 9:24)

다람박질(고전 9:24-26) 다람질(빌 3:14)

구역성경은 농촌을 배경으로 향토적인 인간의 삶 속에서 다양하게 전개되는 경험을 토대로 이야기를 전개하는 방식을 터득하여 한국인에게 쉽게 소개하고 있다. 구역성경의 결혼문화에 관한 이해도 아주 전통적인 견해를 유지하면서도, 당시의 결혼 풍속에서 통용되던 용어를 다음과 같이 적나라하게 소개한다.

본처(막 10:11) 쟝가드눈 이(막 10:11) 쟝가[9) 싀집가눈 이(막 10:12) 싀집[10)

며ᄂ 리(마 10:35) 싀어미(마 10:35) 쟝인[11](요 18:13)

당시 결혼 풍습에 적용된 도덕적 기준은 아주 엄격하였다. 우리는 다음과 같은 단어들이 구역성경에 사용된 것을 보면서 인륜지대사라고 생각되던 혼례에 대해서 초기 한국교회가 얼마나 원리 원칙을 중시하였는지 능히 짐작할 수 있다.

원 리치(롬 1:26-27) 리치(롬 1:26) 오묘한 리치(골 1:26-27) 올코 그름(롬 2:15) 당연ᄒ 례법(롬 12:1)

구역성경의 장례문화에 관한 이해는 아주 정중한 언어로 표현되고 있다. 다음의 구절들은 초기 한국교회가 중시하던 장묘문화의 단면을 보여주고 있다.

션지쟈의 무덤을 짓고 의인의 무덤을 쑴이며(마 23:29)
뵈로 싸고 바회로 파셔 믄든 무덤 속에 뫼셔(눅 23:53)

당시 부정적인 관습을 타파할 것에 대해서 구역성경은 아주 적절한 교훈을 주었다. 다음의 구절은 기독교가 전래하기 시작하던 초기 한국교회에서 얼마나 '망녕되고 허ᄒ 말'과 '허탄ᄒ 니야기'와 '무궁ᄒ 족보'에 대한 불필요한 논쟁들이 있었는지 짐작하게 한다. 구역성경이 이러한 단어를 선택함으로써, 많은 성도의 공감을 불러일으켰을 것이다.

망녕되고 허ᄒ 말(딤전 6:20) 허탄ᄒ 니야기(딤전 1:4; 4:7) 무궁ᄒ 족보(딤전

---

9) 막 12:25; 눅 14:20; 18:27; 고전 7:28.
10) 막 12:25; 눅 2:36; 18:27; 고전 7:38.
11) 여기서는 장인어른을 의미한다.

1:4) 변론(딤전 1:4; 딤전 6:20) 경계의 큰 뜻은 수랑(딤전 1:5) 단장(딤전 2:9-10)

문화적 접근에도 불구하고 당시 한문 문화의 유산은 구역성경이 한글로 번역되면서도 여전히 탈피하지 못하고 있던 한문성경의 유산을 그대로 보여주고 있다. 구역성경에 나타나는 한자 문화적 유산은 다음과 같이 어려운 한자를 섞어서 번역한 경우가 많다.

유구무언(마 22:12) 불학무식(행 4:13) 비몽사몽(행 10:10; 11:4) 우황 만민(행 17:25) 몽학 선생(갈 3:24) 견신 갑쥬(엡 6:11) 호심경(엡 6:14; 살전 5:8)

이러한 단어들이 당시에 지식인 사이에서 흔히 통용되던 한자이었지만, 사회 구조적으로 서당을 가지 못해서 배우지 못한 여인들과 천민들은 여전히 구역성경의 여러 구절을 여전히 이해하기 매우 어려웠을 것이다.

하나님의 말씀을 한자의 '도'[12]라고 번역한 것은 아주 특별한 경우이다. 비록 마가복음 4:14-20의 '도'를 누가복음 8:11-15가 '말씀'으로 풀어서 설명하고 있지만,[13] 구역성경이 '도'가 지니고 있는 동양적 심층 의미를 함축하고자 노력한 증거라고 높이 평가할 수 있다. 그러나 요한복음 1:1이 '말씀'이라 번역하면서 괄호에 '도'라고 한자식으로 표기하고 있는 것은 일관성이 없는 번역이다. '오묘흔 도'(고전 4:1)에 관해 설명하고 있는 구역성경은 그다음에 이어지는 내용에 관해서 아무도 '론단'(고전 4:2-4)하지 못할 것이라는 교훈을 주고 있는 점에서, 오묘한 도가 지닌 심오한 세계를 초기 한국 기독교인들에게 각인시켜 주었다. 그런데도 다음의 한자 단어들은 구역성경이 순 한글로 번역된 성경이기에 그 뜻을 헤아리기가 쉽지 않다.

---

12) 막 1:27, 39; 4:33; 12:14; 16:20; 눅 1:2; 9:61; 요 8:30, 37, 43; 갈 6:6.
13) 4복음서 중에서 누가복음은 하나님의 말씀(눅 3:2; 8:11, 21; 11:28)을 자주 사용하면서 가장 말씀을 강조하고 있기 때문이다.

척골(막 9:18) 휴셔(막 10:4) 디동(막 13:8) 슈족(눅 24:40) 의문(롬 7:6; 고후 3:7; 골 2:20-21, 23) 미말(고전 4:9) 츅슈(고전 4:12) 곡학(골 2:8)

이런 연유 때문에 한자 대신에 순 한글로만 표기한 구역성경은 국한문 혼용 성경의 출판의 시대를 앞당겼을 것이다. 이 외에도 다음과 같이 당시의 다양한 생활상을 엿볼 수 있는 단어들이 수없이 등장한다.

군사용어는 조선 말기에 어수선하던 민심이 공감할 수 있었던 아주 좋은 소재였다. 청일전쟁(1894년)과 러일전쟁(1904년)에서 승리한 일본은 급기야 1905년에 을사늑약을 통하여 한국을 강점하려는 야욕을 드러낸 이후에, 구한말의 흉흉한 풍문과 의지할 곳 없는 민심은 초기 한국교회 성도에게 절박한 마음으로 소리치는 회개기도 운동을 가져왔다. 다음의 단어들은 초기 한국교회에 커다란 파장을 일으켰을 것이다.

병긔(마 10:34; 요 18:3; 고후 6:7) 란(막 15:7 난리라는 뜻이다) 란리와 요란(눅 21:9) 탐지군(눅 20:20, 26) 령관(눅 22:4, 52)

한국인에 의해 성경이 번역되어 반포된 초기 한국교회는 성경을 읽고 배우는 일을 열심히 하였다. 이러한 열심이 사경회의 출발이었다. 곧 초기 한국교회는 국가적인 격변기에 사경회를 통해 성경의 가르침을 문자 그대로 받아들여서 공적인 회개를 통한 교회 갱신을 이루는 데 큰 역할을 감당하였다. 이러한 회개에는 초기 한국교회에 만연되었던 조상제사에 대해서도 반성하게 하였다. 구역성경에서 제사용어는 다음과 같이 초기 한국교회가 쉽게 공감할 수 있는 다양한 단어로 당시 한국인들에게 소개되었다.

진셜흔 썩(마 12:4; 막 2:26; 눅 6:4) 보양(엡 5:39) 교의(막 11:15) 멸망 식힐 뮈운 물건(막 13:14) 일월성신(눅 21:25) 연보[14] 연보궤(막 12:43; 눅 21:1에서서 연보궤에

던진다는 표현이 등장한다) 향속(막 16:1 향품이라는 뜻이다) 향단(눅 1:11) 례(갈 2:9) 전
례(엡 2:15) 절긔와 월삭(골 2:16)

서민들이 일상생활에서 경험하고 있는 각종 계량과 금전거래도 다음과
같이 다양한 경제용어로 구역성경에 나타나 있다.

닷량즁 두량즁 한량즁(마 25:15-30) 은돈 열립(눅 15:8) 은 열근(눅 19:13) 은 닷
근(눅 19:18) 은 한근(눅 19:16, 18) 은 홍 소(눅 19:23) 돈 한푼(눅 20:24)

술에 관한 용어도 서민들이 쉽게 경험하는 소재들이었는데, 다음과 같이
구역성경에 다양하게 등장하고 있다.

술(마 11:19; 요 3:10; 딤전 3:3) 포도쥬15) 포도즙(눅 22:18) 쇼쥬(눅 1:14) 잔(눅
22:20; 고전 10:16 여기서 잔은 포도주를 상징한다; 눅 22:41 여기서 잔은 고난을 상징한다)

구역성경에서 생활도구에 관한 용어도 다음과 같이 농촌을 배경으로 하
고 있는 초기 한국교회가 공감할 수 있는 많은 단어로 번역되었다.

소반16) 광쥬리(고후 11:33) 칼(요 18:11) 환도17) 몽치(마 26:46; 눅 22:52) 칼 날(눅
21:24) 젼뒤(눅 22:35-36) 쥬머니(눅 22:35-36)

조선 말기의 군주제도 아래에서 다음과 같은 단어도, 비록 초기 한국교회
에서 복음이 주로 서민들을 중심으로 전개되기 시작하였지만, 여전히 공감대

---

14) 고전 16:2; 고후 8:3, 10; 9:1, 5, 11-14.
15) 눅 1:14; 요 2:3, 9; 4:46; 딤전 5:23.
16) 마 14:10; 23:25-26; 막 6:25, 28-29; 눅 11:39.
17) 마 26:46, 51-52; 눅 22:36, 38, 52; 요 18:10.

를 형성하기에 충분하였다.

님군(마 25:40, 45) 셰샹 님군(요 14:30; 행 4:26) 제후(행 4:26) 대궐(눅 7:2) 궁(눅 11:21) 나라 봉홈 (눅 19:12) 봉홈 (눅 19:15)

조선 왕조와 관련하여 다음과 같이 예수 그리스도의 왕적인 권세와 종말론적인 구원자의 이미지를 부각하는 구절들도 구역성경에 나타난다.

님군 그리스도(눅 23:2) 왕 노릇(눅 19:15)
쥬의 일홈으로 오시는 왕(눅 19:38 종말론적인 구원자를 의미한다)

시간 개념도 전통적으로 절기를 지키는데 익숙한 문화에서 오는데, 다음과 같은 표현은 초기 한국교회에서 통용되던 것들이다.

미시말(마 27:45-46; 막 15:34) 밤 수경(막 6:46) 수시초(행 2:15) 신시초(행 3:1)
졀일(마 27:62) 칠일 첫날(눅 24:1) 닐헤 즁 첫날(요 20:1, 19)

절기에 관해서 초기 한국교회가 24절기와 각종 민속 명절에 익숙해 있었기 때문에, 구역성경의 절기와 관련된 내용들이 초기 한국인들에게 흥미롭게 다가갔을 것이다.

3. 등장인물들

구역성경에는 그 수를 헤아리기 어려울 만큼 많은 등장인물이 등장한다. 많은 등장인물이 한국인의 정서에 맞는 단어로 번역되었기에, 초기 한국교회에서 구역성경이 혈연 중심의 한국 문화적 특징에 거부감 없이 자리를 잡을 수 있는 접촉점을 만들어 주었다. 다음과 같은 용어들은 이러한 사실을 이해하는 데 아주 중요한 단어들이다.

안히[18] 뎡혼한 안히[19](눅 2:5) 남편[20] 지아비[21]

부친[22] 아비[23] 어머니(갈 1:15; 4:26; 엡 6:2) 모친[24] 어미(마 10:37; 14:11; 15:4) 지어미(엡 5:22-25, 28, 31, 33) 이모(요 19:25)

동싱들[25] 누의(마 12:50; 막 3:35) 누의들(요 11:3) 아오들(행 1:14) 오라비(요 11:2, 19, 21, 23, 32) 형뎨나 주미(막 10:29) 말재 아돌(눅 15:12-13) 맛 아돌(눅 15:25) 아돌(눅 15:21, 23, 30-31)

가족들에 관한 호칭은 초기 한국인이 혈연 중심의 가족관계를 통하여 기독교의 새로운 신앙 세계를 이해되는 데 큰 공헌을 하였다. 구역성경에서 이러한 혈연 중심적인 한국 문화는 2인칭을 부르는 데도 다음과 같이 아주 특수한 번역 형태를 낳았다.

그디(마 3:14) 쥬(마 16:16)

2인칭은 상대방을 직접 부르지 않는 한국 문화의 특징을 보여주는 것이다. 그

---

18) 마 1:6, 20; 5:31; 막 10:11-12; 눅 2:5; 고전 7:3-4, 11-12, 14, 16, 27, 32, 39; 9:5; 딤전 3:2; 5:9.
19) 여기서는 약혼한 사이라고 번역하는 것이 올바르다.
20) 마 1:16, 19; 고전 7:2-4, 10-14, 16, 34, 39; 14:35; 갈 4:27; 딤전 3:2; 5:9.
21) 막 10:12; 행 5:9; 롬 7:2-3; 고후 11:2; 엡 5:22-25, 28, 33.
22) 마 2:22; 4:21-22; 눅 15:17-18, 20-22, 28-31.
23) 마 10:21, 37; 15:4; 요 8:41, 43-44; 고전 4:15; 살전 2:11.
24) 마 1:18; 2:10, 13, 20, 22; 12:47-50; 13:55; 막 3:31-35; 10:30; 요 19:25-26; 행 1:14.
25) 마 12:46-49; 막 3:31-35; 14:12; 15:32.

러나 데오빌로를 '너'(눅 1:4)로 칭하기도 하는데, 이것은 각하로 부른 후에 '너'라는 2인칭을 사용하는 용례와 함께 사용되기 때문에 적당하지 않은 경우이다. 이러한 부적절한 경우는 3인칭의 경우에서도 등장하는데, 다음과 같이 그 의미도 사뭇 다르다.

동심26)(마 7:3-5) 동심27)(마 25:40; 28:10; 눅 6:41-42; 12:13; 요 20:17)

구역성경에 나타나는 직책과 남녀 호칭은 당시의 문화적 이해를 엿보게 하는 아주 중요한 방향타와 같은 것이다. 한편, 구역성경에 등장하는 직책은 다양하다. 다음과 같이 다양하게 나타나는 직책을 통하여 초기 한국교회가 경험하고 있는 문화적 특징을 가늠해 볼 수 있다.

박사(마 2:1) 백부쟝(마 8:13) 대부와 천부쟝(막 6:21) 감ᄉ 빌나도(마 27:2) 감ᄉ28) 의관(막 15:43) 관원(눅 23:35, 51; 요 7:48; 고전 2:7-8) 공회의 관원(눅 3:51) 유대 관원(요 3:1) 각하(눅 1:3) 유ᄉ(행 7:35; 16:19; 23:5) 변ᄉ(고전 1:20) 션비(고전 1:20) 법관29) 아젼(행 16:35) 고을 관쟝(행 17:8)

집ᄉ30) 집ᄉ 된 우리 ᄌ미 뵈뵈(롬 16:1) 복음의 집ᄉ(엡 3:7) 감독(딤전 3:1) 감독의 직분(행 1:20) ᄉ도의 직분(행 1:25) ᄉ도와 반렬(행 1:26)

다른 한편, 구역성경에 나타나는 남녀의 호칭도 다양하다. 다음과 같이 구역성경에 등장하는 남녀에 관한 호칭을 통해서 초기 한국교회가 경험했던

---

26) 여기서는 상대방이란 뜻이다.
27) 여기서는 형제라는 뜻이다.
28) 마 27:11, 19, 23, 27; 28:14; 막 15:8; 눅 2:1; 3:1; 행 13:12; 24:10.
29) 눅 18:2, 6, 18; 행 7:35; 16:22, 36, 38.
30) 눅 4:20; 고전 3:5; 골 1:25; 4:7; 딤전 3:8-10, 12-13; 4:6.

세계상을 짐작할 수 있다.

사나희[31] 신랑(마 25:1, 5) 쇼년(막 14:51; 막 16:6; 눅 7:14)

녀인[32] 녀인들(눅 24:10) 녀ᄌ(막 6:28; 딤전 5:16) 귀ᄒᆫ 녀인(행 13:50; 17:4) ᄌ
유ᄒᆞᄂ 녀인(갈 4:31) ᄋ희 빈 녀인(살전 5:3) ᄋ희 빈쟈와 졋 먹이ᄂ 녀인(눅
21:23)

동정녀[33](마 1:23) 쳐녀(마 25:1, 7, 11; 눅 1:27, 29) 동졍녀[34] 졍결ᄒ 동녀(고후
11:2)

참 과부(딤전 5:3, 5, 16) 음부(롬 7:3) 챵기(고전 6:16)

동모(마 11:16; 24:49; 요 11:16) 우리 친구(요 11:11) 동학ᄒ 사ᄅᆷ(행 13:1)

인종적 칭호도 다양하다. 특히 한민족이 단일민족 국가로서 오랫동안 그
전통성을 유지해 오고 있던 조선 말기의 상황에서, 구역성경이 다양한 인종을
소개하고 있는 것은 아주 흥미로운 일이다.

이방(행 4:25; 갈 1:16; 2:9) 이방 사ᄅᆷ[35] 다른 이방 사ᄅᆷ(롬 1:14) 너희 이방 사

---

31) 마 2:16; 고전 11:3-4, 7-9, 11-12, 14.
32) 마 5:32; 막 5:25, 33; 7:25-26, 28, 30; 12:22; 14:3; 16:8, 11; 눅 1:42, 45; 7:28; 8:43; 13:12, 16, 21;
   15:8; 24:5; 요 2:4; 4:9, 11, 15, 17, 19, 21, 25, 27-28, 39, 42; 16:21; 19:26; 20:13-14; 16:13; 17:34;
   롬 1:26-27; 고전 7:1, 10, 13; 11:3, 5-13, 15; 14:35; 갈 4:22-23, 30; 딤전 2:14; 4:7; 5:2.
33) 여기서는 예수의 모친을 가리킨다.
34) 눅 2:36; 행 20:9; 고전 7:25, 28, 34, 36, 38.
35) 마 4:15; 10:18; 18:17; 눅 17:18; 18:32; 21:24; 행 4:27; 9:15; 11:1, 18; 13:47-48; 20:11; 26:16;
   롬 2:24; 3:29; 고전 1:22-24는 유대사람 헬라사람 이방사람을 아무 구별 없이 칭하고 있다; 고전 5:1;
   10:20; 12:2; 고후 11:26; 갈 3:7; 엡 3:1; 4:17; 살전 2:16; 4:5.

롬(롬 11:13) 모든 이방 사룸(롬 16:27) 야만(롬 1:14) 외방 길(마 10:4) 외인(고전 5:12-13; 엡 2:12, 19; 살전 4:12-13; 5:6) 타인(고전 6:1) 오랑캐(고전 4:11) 이방에 잇 눈 유대인(행 21:21) 죡속(행 4:25) 할례 밧은 사룸(행 11:2) 할례 밧지아니 혼 사룸(행 11:3) 본국 사룸(고후 11:26) 유대 풍쇽(갈 2:14)

당파에 관한 언급은 조선 시대의 사색당파에 젖어 있었기 때문에 초기 한 국교회의 성도가 정서적으로도 아주 실감할 수 있는 내용이었다. 구역성경에 유대 종파에 관해 다음과 같이 다양한 표현들이 등장한다.

당 짓눈 것(고후 12:20; 갈 5:20) 바리시교인[36] 바리시교인들[37] 바래시교 장(눅 14:1) 사두기교인[38] 사두기교인들(마 22:23, 34) 헤롯의 당(마 22:16; 막 12:13) 이스라엘 죡속의 로회(행 5:20)

구역성경에 병인과 병명에 관한 언급은 아주 다양하다. 사람 사는 세상이 다 똑같듯이, 초기 한국교회에서 병인과 병명은 많은 혼란 속에서 다음과 같이 구역성경에 다양하게 등장하고 있다.

병인[39] 설흔여듧히 된 병인(요 5:5) 병쟈(눅 5:19) 병든쟈(막 1:32; 눅 14:21) 병 든 사룸(행 28:9) 병신(눅 14:13) 병 나은 사람(요 5:10)

샤귀들닌쟈(마 4:24; 9:33; 막 1:32) 샤귀들닌 사룸(마 9:28) 샤귀들녀덧 사람

36) 마 5:20; 9:14, 34; 12:14, 24, 38; 16:1, 11-12; 22:41; 23:13, 26; 27:62; 막 2:16, 24; 3:6; 6:3, 5; 8:11, 15; 12:13; 눅 5:17, 21; 6:2, 7; 7:30, 36-37, 39; 11:38-39, 42-43, 53; 12:1; 13:31; 14:2; 16:14; 17:20; 18:10-11; 19:39; 요 1:24; 3:1; 4:1; 7:32, 45, 47-48; 8:3; 9:13; 11:45; 12:42; 18:3; 행 23:6, 9; 26:5; 빌 3:5.
37) 마 9:11; 12:2; 15:12; 22:15, 34; 23:23, 27, 29; 요 11:47, 57.
38) 마 16:1, 11-12; 막 12:18; 눅 20:27; 행 4:1; 5:17; 23:7-8.
39) 막 6:5, 13; 눅 4:40; 5:20; 요 5:3, 7; 행 4:9.

(막 5:16, 18) 샤귀들닌 여러 사룸(마 8:16) 귀신들닌 사람(막 5:2) 밋친 사룸(행 26:25) 간질ᄒ 눈쟈(마 4:24)

풍증든쟈(마 4:24) 풍증 들닌 사룸(행 8:7) 바람병(행 9:33) 반신불슈(막 2:3, 5, 9-10) 반신불슈병(마 9:1)

쇼경40) 쇼경들(마 9:28) 소경41) 눈머럿던이(요 9:17) 눈머럿다 ᄒ 눈쟈(요 9:19) 눈머럿던 사룸(요 9:24)

저ᄂ눈쟈42) 결쑥발이(요 5:4) 안즌방이(마 11:5; 눅 7:22; 행 3:2; 8:7; 14:8)

벙어리 된쟈(마 9:32) 벙어리(마 9:32; 12:22; 눅 1:20) 귀먹어리(마 11:5; 막 8:37; 눅 7:22) 귀먹고 말이 어눌ᄒ 사룸(막 7:32) 혀의 밋친 것(막 8:35) 벙어리 굿흔 우상(고전 12:2) 샤귀들녀 눈 멀고 벙어리 된쟈(마 12:22)

ᄒ 편 손 ᄆ른 사람(막 3:1) 손 ᄆ른 사람(막 3:3) 올흔 손 ᄆ른 사람(눅 6:6) 혈 긔 ᄆ른 사람들(요 5:4)

문동병든쟈(눅 17:12) 문동이43)문동병(마 8:3; 막 1:40, 42; 눅 5:12-13)

고창병(눅 14:2) 리질(행 28:8) 열병(눅 4:38; 행 28:8) 혈루증(마 9:20; 막 5:25) 판수(행 13:11)

---

40) 마 11:5; 15:14; 요 5:3; 롬 2:19.
41) 마 20:30; 21:14; 23:16-17, 19, 24, 26; 막 8:22-23; 눅 6:39; 14:13, 21.
42) 마 21:14; 눅 14:13, 21; 18:36.
43) 마 10:7; 11:5; 막 14:3; 눅 7:22.

안수 기도하는 일을 초기 한국교회에서 커다란 파장을 불러온 것이 분명하다. 야고보서 5:13-16은 장로를 청하여 기도할 것을 일깨우고 있다. 주의 이름으로 기름을 바르고 기도하는 모습은 안수와 안찰을 의미하는 행동이다. 이와 관련하여 구역성경은 다음과 같은 내용을 전하고 있다.

안찰ᄒᆞᄂᆞᆫ 사ᄅᆞᆷ(행 8:19) 손 언질 째(딤전 4:14)[44]

이러한 행동은 안수와 안찰 기도를 통하여 하나님의 능력이 나타난 것을 경험한 초기 한국교회에서 복음전도에 긍정적인 영향을 미쳤을 것이다. 구역성경에 언급된 이상의 사람들과 더불어, 다음과 같이 동물과 귀신에 관한 언급이 나타난다. 무엇보다도, 귀신을 '샤귀'라 부르고, '샤귀 왕'을 '귀왕'이라고 부르고, 풍랑 이는 바다에서 물 위를 걸어오시는 예수를 '요물'로 표현한 것은 아주 흥미로운 번역이다. '악귀'와 '아비 악귀'라는 표현도 특이하다.

귀신(마 12:45; 눅 9:42; 10:20) 귀신 공경(행 17:22) 귀신이 잡으니(눅 9:39) 더러운 귀신(마 10:1; 막 3:11) 벙어리와 귀먹어리 귀신(막 9:25) 벙어리 샤귀(눅 11:14) 샤귀[45] 사귀들(막 5:12) 샤귀 왕(마 9:34; 막 3:22; 눅 11:15) 귀왕(마12:24) 바알세붑(마 12:24; 눅 11:15, 19) 요물(마 14:26) 악귀(눅 8:2) 아비 마귀(요 8:43)

---

44) 손 얹음을 통해 치료하는 능력이 전이된다. 마가복음에서 예수와 제자들이 벳새다에 이르렀을 때 맹인을 데리고 나온 사람들은 예수에게 맹인을 만지기를 간청하였다. 이 사건 이전에 이미 예수는 만짐을 통해 병자를 치유한 세 가지 이야기가 있다; 예수는 손을 내밀어 한 나병환자를 고쳤고(1:41), 혈루증 앓은 여인은 예수의 옷에 손을 댐을 통해 고침을 받았고(5:27), 예수는 귀먹고 말 더듬는 사람을 그의 혀에 손을 대어 고치셨다(7:33). 또한 마가는 두 개의 예수 치유에 관한 요약문에서 예수의 만짐을 말한다. "이는 많은 사람을 고치셨으므로 병으로 고생하는 자들이 예수를 만지고자 하여 몰려왔음이더라"(3:10). "아무 데나 예수께서 들어가시는 지방이나 도시나 마을에서 병자를 시장에 두고 예수께 그의 옷 가에라도 손을 대게 하시기를 간구하니 손을 대는 자는 다 성함을 얻으니라"(6:56).

45) 마 8:31-33; 9:33-34; 10:7; 11:18; 12:24, 27-28; 17:18; 막 1:34; 3:15; 7:26, 29-30; 9:26; 16:9, 17; 눅 4:33, 35; 8:2, 27, 29-30, 32-33, 36; 9:1, 42, 49; 10:17; 11:14-16, 18-20; 13:32; 요 7:20; 8:52; 행 16:18; 고전 10:20-21.

신정론과 관련하여 토속신앙과 민간신앙에 널리 퍼져 있던 용어들을 주저 없이 선택함으로써, 초기 한국교회는 귀신의 능력을 제어하며 참된 신앙의 모습을 보여주고 있는 기독교의 진리를 서민들이 쉽게 받아들일 수 있는 계기를 만들어 주었다.

4. 하나님의 가족

구역성경은 초기 한국교회에서 한국인의 혈연 문화와 가족 이해에 가장 잘 부합하는 언어로 번역되었다. 이러한 문화는 구역성경에서 혈육에 대한 뜨거운 정이 '육신 섬김'(롬 15:27)이라는 구체적인 정을 나누는 일로 표현되었다. 교회에서 "셩도를 셤기랴ㅎᄂ 것"(롬 15:25)과 "그리스도의 둣터온 복"을 가지고 로마 교회를 방문하려는 바울의 계획(롬 15:29)은 모두 이러한 혈육의 정을 바탕으로 복음을 이해하려는 한국인의 정서에 잘 부합되는 것이었다.

구역성경은 집에 관해 자연스럽게 언급하면서 모든 성도가 하나님의 가족이라는 사실을 알기 쉽게 이해하도록 도움을 주고 있다. 가족이 함께 어울릴 수 있는 친밀한 공간인 집은 다음과 같이 구역성경에 다양하게 나타난다.

집46) 집안 사람(딤전 5:8) 고향(마 13:58; 막 6:1) 고향과 친척과 집안(막 6:4)

한편으로, 집을 세우는 데 요긴하게 쓰이는 다양한 건축 용어도 구역성경에서 다음과 같이 초기 한국교회가 쉽게 공감할 수 있는 단어들로 선택되었다.

집(마 7:26-27: 눅 6:48-49) 쥬초(눅 6:48) 셩이나 집(마 12;25 단순히 셩과 집으로 묘사) 셩즁에 거리와 골목(눅 14:21) 미셕(눅 21:5) 쟝인(막 12:10; 눅 20:17; 고전 3:10 건축가란 의미이다) 쟝인들(행 4:11 건축가들이란 뜻이다)

---

46) 마 13:58, 딤전 3:12, 14; 5:2, 16.

다른 한편으로, 구역성경에서 하나님은 자연계와 인간 세계 속에서 평범하게 경험할 수 있는 지극히 자연스러운 분으로서 묘사되고 있다. 사람들이 동네와 집 근처에서 쉽게 목격할 수 있는 친근한 동물에 관해 언급한 경우들은 다음과 같다.

소[47] 라귀[48] 라구 삭기(마 21:1, 3) 비둘이(막 11:15; 요 2:16) 독슈리(눅 17:36) 즘싱(행 11:6) 버러지(행 11:6) 새(마 6:26) 춤새(눅 12:7) 가마귀(눅 12:24)

초기 한국교회가 농촌을 배경으로 복음을 전하는 단계에서 이와 같은 동물들이 구역성경에 등장함으로써, 독자들이 친근감을 가지고 성경을 대할 수 있는 계기가 만들어졌다. 마태복음은 유대 기독교적인 색채가 강한 복음서이기 때문에, 구약성경 시대에 불결한 동물로 여겨온 '가마귀'(레 11:15; 신 14:14. 참고. 바나바 서신 10:1, 11)[49]를 대신하여 "공중에 ᄂ 는 새"란 표현을 사용하고 있는데(마태 6:26), 이는 마태복음 6:30에서 '들풀'과 대조를 이루도록 마련된 마태복음 특유의 대칭적인 편집 구조를 반영하는 것이다. 불결한 동물임에도 불구하고 하나님께서 까마귀를 돌보신다(시 147:9; 욥 38:41).[50] 집 둘레에서 사람과 함께 살아가는 이런 동물들은 구역성경에서 아주 자연스럽게 등장하는 조연들이다. 이러한 조연들이 사람들과 어우러져서 자연스럽게 '하나님의 가족'을 형성한다.

구역성경이 한국인의 전통적인 이해에 가장 잘 어울릴 수 있는 '하나님의 가족' 개념에 친숙할 수 있었던 것은 마가복음의 영향이 크다. 마가복음에는 오이코스(οἶκος) 또는 오이키아(οἰκία)가 23회나 등장할 만큼 많이 사용되고 있

---

47) 눅 14:4; 딤전 5:18. 도야지(마 9:30, 32-33; 막 5:11-13, 16; 눅 8:32-33).
48) 마 21:1, 3; 막 11:7; 눅 14:4.
49) W. D. Davies and Dale C. Allison, *A Critical and Exegetical Commentary on the Gospel according to Saint Matthew*, vol. 3. ICC (Edinburgh: T & T Clark, 1988-1997), 648.
50) Joachim Jeremias, *Die Sprache des Lukasevangeliums: Redaktion und Tradition im Nicht-Markusstoff des dritten Evangeliums* (Göttingen: Vandenhoeck & Ruprecht, 1980), 217.

다. 마가복음에서 집은 물러가 있는 장소(7:24), 제자들을 무리로부터 분리하는 장소,[51] 제자들을 교훈하는 장소,[52] 교회로서의 공동체(11:17; 13:35)를 의미한 다. 베스트는 마가복음에서 '집'을 '교회' 개념으로 간주한다.[53] 그러나 베스트 가 교회란 의미로 사용되었다고 분류한 구절 중에서 네 구절[54]은 '가족'의 의 미로 설명되어야 한다. 이 중에서 세 구절[55]은 예수가 병자를 고친 후 그에게 '집으로 돌아가라'라고 말한다. 여기서 집은 일차적으로 가족을 의미한다. 마 가복음에서 예수는 그의 사역의 가장 초기에 시몬과 안드레, 세베대의 아들 야 고보와 요한, 그리고 레위를 부른다.[56] 예수 자신의 가족과 관련된 이야기도 세 군데[57] 나온다. 모두가 가족에 대해 부정적으로 표현되어 있다. 예수의 가 족들은 예수가 미쳤다며 그를 붙들러 왔으며, 예루살렘에서 온 서기관들은 예 수가 바알세불이 지폈다고 말한다. 이러한 구조는 예수의 가족들과 예수를 비 난하는 서기관들을 같은 부류로 보게 하는 효과를 가진다.[58] 이 구조는 예수 가 자신의 진정한 가족에 대해 정의하는 것으로 마무리된다(3:35). 마가복음에 서 나타나는 가족은 육신의 가족이 아니라, 이제 하나님의 뜻대로 행하는 종말 적인 새로운 가족으로 대치된다. 마가는 종말론적 공동체를 위해 가족을 재규 정한다.[59] 제자들을 특징지어 주었던 가족과의 단절의 형태는 예수 자신에 의 해 수립되었다. 그 결과는 제자들을 하나의 고립된 개인들로 끊는 것이라기보 다는 오히려 하나의 새로운 동질성 속에 가담시킨다. 복음에 헌신한 자들이 당 한 권리 박탈이 새 공동체에서 보상될 수 있는 것보다 훨씬 큰 것이다. 동시에

---

51) 막 10:10; 3:20; 7:17; 9:28.

52) 막 9:33; 10:10; 3:20; 7:17; 9:28.

53) E. Best, *Following Jesus: Discipleship in the Gospel of Mark* (Sheffield: JSOT Press, 1981), 227.

54) 막 2:11; 5:19; 6:4; 8:26.

55) 막 2:11; 5:19; 8:26.

56) 막 1:16-18, 19-20; 2:13-14.

57) 막 3:20-21, 31-35; 6:1-6a.

58) C. Osiek and D. L. Balch, *Families in the New Testament World* (Louisville: Westminster John Knox Press, 1997), 127.

59) H. C. Kee, *Community of the New Age: Studies in Mark's Gospel*, 서중석 역, 《새 시대의 共同體: 마가복음 연구》 (서울: 대한기독교출판사, 1983), 156.

그들은 현실 속에서 박해를 겸하여 받는다(10:30b).[60] 이러한 가족 개념은 구역성경이 성부 하나님과 성자 예수 그리고 성령 하나님을 이해하는 데 도움을 준다.

첫째, 한국에 기독교가 전래된 초기부터 구역성경은 한국문화에 아주 특징적인 현상 가운데 하나인 이러한 성경적인 가족 개념과 전통적으로 혈통 중심의 가부장적 문화에 잘 어울리면서 성부 하나님에 관한 이해를 신학적으로 확립하였다. 물론 육신의 부친[61] 이외에 새로운 하나님을 '텬부'(마 6:14, 26; 18:35)라 부르는 것에 거부감을 드러내기도 하였지만, 하나님을 '아바지'[62]로 부르는 일은 초기 한국교회에서 뿌리를 내릴 수 있었다. 특히 예수가 하나님을 친근하게 아버지로 호칭한 것은 다른 종교와 비교해 볼 때 그 유래를 찾아 볼 수 없는 현상인데, 구역성경은 이것을 다음과 같이 표기하고 있다.

아바(αββα) 아바지(막 14:36; 갈 4:7) 아바(αββα)라 ᄒ 는 아바지(롬 8:15)

하나님을 아버지와 더불어서 아바(αββα)로 호칭한 구역성경의 번역은 하나님을 초월적이고 추상적인 존재로 부르던 관행을 넘어서 아주 가깝고 친밀한 사이로 인식하고 있는 기독교의 독특한 신관을 잘 표현한다. 구역성경이 하나님의 나라를 '아바지의 나라'(마 13:42)로 이해하면서도 그 나라가 이 세상이나 이 땅에 있는 세상적인 나라가 아니라, 하늘나라 곧 '텬국'[63]으로 이해한 것도 아

---

60) 참고, 김민철, "벳새다 맹인 치유 이야기(막 8:22-26)에 대한 성서 신학과 현대 의학의 연관성에 관한 연구," 학위논문 (장로회신학대학교 대학원: 신학과 신약학, 2010), 17, 55-62.

61) 엡 6:2는 유일하게 육신의 부친을 일컬어서 '아버지'로 호칭한다.

62) 마 5:45; 48; 6:1, 5-6, 8-9, 13, 15, 18; 7:11, 20; 10:29, 32-33; 11:26-27; 12:50; 16:17, 27; 18:19; 20:23; 23:9; 28:19; 막 8:37; 눅 2:48; 11:2; 12:32; 16:30; 23:34, 46; 요 1:18; 2:16; 3:35; 4:23-24; 5:17, 19-23, 26, 30, 36-37, 43, 45; 6:27, 46, 57, 65; 8:16, 19, 27, 38, 41, 49, 54; 10:15, 17-18, 25, 29-30, 32, 36-37; 11:41; 12:49; 13:1, 3; 14:2, 7, 9-13, 15, 20, 23, 25, 28, 31; 15:1, 8-10, 16, 24, 26; 16:3, 10, 23, 25-28, 31; 17:2, 4-15, 17-18, 21-26; 20:17, 21; 행 1:4, 7; 롬 1:7; 6:4; 고전 1:3; 8:6; 15:24; 고후 1:2-3; 11:31; 13:13; 갈 1:3; 4:7; 엡 1:3, 17; 3:15; 4:6; 엡 6:23; 빌 1:2; 4:20; 골 1:2, 12, 19; 살전 1:2; 3:11; 살후 1:1-2; 딤전 1:2.

63) 마 13: 11, 24, 38, 45, 47, 51; 20:1; 24:14; 25:1, 14.

주 중요한 인식이다. 이런 차원에서 하나님의 나라를 '우리나라'(빌 3:20)로 부르며 하나님과 그 자녀인 성도를 분리하지 않고 하나의 운명 공동체로 이해한 것도 한국문화의 특징 속에 녹아 있는 공동체의 연대감을 강화해 주는 것이다.

둘째, 예수에 관한 칭호에서 '인주'(마 17:27)와 더불어서 '하ᄂ 님의 아들'(마 16:16)이란 칭호는 예수의 정체성을 가장 잘 드러내는 것이다. 인자 기독론 칭호와 더불어서 '아기'(마 2:8-10, 13, 20)와 '목슈의 아들'(마 13:55)이란 칭호는 인간적인 예수의 모습을 보여주는 표현이라면, '아들'[64]이란 칭호는 신적인 예수의 모습을 보여주는 표현이다.

셋째, 성령을 '아바지의 셩신'(마 10:20)이라고 호칭하는 것은 성부 하나님과의 관계성 속에서 쉽게 이해하도록 도와주는 방식이다. 성령을 일컬을 때, 예외 없이 '셩신'[65]이라고 호칭하는데, 이것은 초기 한국교회가 성령을 하나님의 신으로 이해한 것이라고 볼 수 있다. 이렇게 성령을 하나님의 신으로 이해한 것과 관련하여 구역성경이 다음과 같이 성령을 표현한 것은 아주 특징적인 번역이다.

하ᄂ 님의 신(고전 7:40) 하ᄂ 님씌로 온 신(고전 2:12)

성령이해는 한국에서 강신 개념으로 성령을 이해하였던 문화적 특징과 어울리면서 초기 한국교회의 성령 이해를 도왔을 것이다. 구역성경에서 기독교의 하나님이 한국의 민속 신앙과 다르다는 점을 부각하기 위하여, '여러 신 분변홈'(고전 12:10)과 '지금 일하는 신'(엡 2:2)이신 성령을 올바르게 이해할 것을 가르친 일도 있다. 더 나아가서 성령을 '예언ᄒ ᄂ쟈의 신'(고전 14:32)과 '지혜와

---

64) 마 1:21, 23, 25; 11:27; 요 3:36; 5:19-23, 25-26; 갈 1:16; 4:6.
65) 마 12:28; 28:19; 막 1:10, 12; 3:29; 눅 1:34, 67; 2:27; 3:16, 22; 4:1; 12:10, 12; 요 20:22; 행 1:2, 16; 2:4, 17-18; 2:33, 38; 3:8; 5:3; 6:2; 7:55; 8:19; 10:38, 44; 11:12, 15-16, 24; 13:2-3, 9; 16:6; 19:5; 20:23; 롬 5:5; 8:23, 26-27; 9:1; 15:16; 고전 2:4, 10, 14-15; 3:1; 12:3, 8-9, 11, 13; 14:37; 고후 1:22; 3:6, 8; 5:5; 6:6; 갈 3:3, 5, 14; 4:28; 5:5, 16-18, 22, 25; 6:1, 8, 13; 엡 2:18, 22; 3:5; 4:3; 4:30; 6:17; 빌 1:19; 2:1; 3:2; 골 1:8; 살전 1:6; 5:19; 살후 2:13.

묵시의 신'(엡 1:17)으로 이해하면서, 초기 한국교회에서 성령은 각종 우상들과 사신들을 구별하는 분으로 인식되었다. 한국의 민속신앙에 널리 퍼져 있던 주문과 귀신을 부르는 이상한 언어와 혼동될 수 있는 우려를 종식하기 위하여, 구역성경은 성령의 은사 가운데 하나인 방언에 관하여, '방언 번역'(고전 12:10)과 '통변'(고전 12:30; 14:5, 13, 26-28)을 강조하기도 하는데, 이러한 번역은 기독교적 성령 이해를 확고한 신학적 질서 위에 세우는 데 큰 공헌을 하였다.

5. 결론

구역성경이 완곡한 어법으로 초기 한국교회가 기독교 운동을 전파하면서 한국인이 문화적 거부감을 느끼지 않도록 배려한 일은 아주 중요한 사실이다. 예를 들면, 바울이 옥에 갇힌 일을 '내가 맛난 일'(빌 1:12)로 번역한 것은 무고한 옥살이에 염증을 느끼고 있던 초기 한국교회의 성도들을 위한 배려이다. 세례 요한과 예수께서 회개를 촉구하면서 청중들에게 독설을 퍼부을 때도, '독샤의 종류들아'(마 3:7; 12:34; 눅 3:7)라는 완곡한 어법으로 번역을 한 것도 이 같은 경우이다.

한편, 구역성경은 축약형을 자주 사용함으로써 초기 성경 번역의 특이한 모습을 보여주고 있다. 예를 들면, '예수께서'란 표현을 아주 빈번하게 '예수–'[66]로 표기하고 있다. 그 외에도 예수와 관련해서 다음과 같은 축약형이 나타난다.

---

66) 마 3:15; 4:1, 4, 7, 17; 8:1, 3-4, 10, 13-14, 20, 22, 26; 9:1, 4, 9-10; 9:18, 22-23, 30; 11:1, 4, 25; 12:1-3, 11, 15, 46; 13:1-3, 11, 36, 52-53, 57; 14:14, 16, 23, 25, 27, 31; 15:10, 13, 16; 21, 23-24, 29, 32, 34; 16:2, 6, 8, 17, 21, 23-24; 17:7, 9, 11, 13, 17-18, 20, 22, 25-26; 18:2, 22; 19:1-2, 4, 8, 11, 14, 17-18, 21, 23; 20:17, 21, 23, 25, 34; 21:1, 7, 10, 12, 16 , 18, 21, 23-24, 27 31, 42; 22:1, 18, 21, 29, 41, 43; 24:1, 3-4; 26:1, 6, 10, 26, 31, 50, 52, 55, 63-64; 27:11, 46, 50; 28:9-10, 18; 막 1:9, 14, 17, 25, 31, 35, 41, 45; 2:1, 3, 5, 13, 17, 19, 23, 25; 3:3; 4:33, 38; 5:2, 8, 19-21, 30, 34, 36; 6:1, 4, 34, 37, 48; 7:24, 29, 31, 36; 8:1, 12, 15, 17, 23, 26, 33; 9:19, 23, 29-30, 35, 39; 10:1-2, 5, 18, 21, 23-24, 27, 29, 32, 38; 11:11-12, 22, 33; 12:1, 12, 17 24, 35, 38; 15:2, 34; 16:11, 14; 눅 4:1,

쥬—67) 그리스도—68) 나사렛 예수—(행 6:14)

다른 한편, 이러한 축약 형태는 예수에게 국한되지 않고 다음과 같이 아주 이례적인 인물들에게까지 확대되고 있다.

시몬 베드로—(마 16:16) 베드로—69) 도마—(요 14:5) 모세—(마 22:24) 빌나도—70) 감수—(마 27:23)

초기 한국교회는 구역성경을 통하여 성경을 처음으로 접하는 사람들이 대부분이었기 때문에, 성경에 나타난 많은 인명과 지명을 눈에 보기 쉽게 구분하도록 돕기 위하여 밑줄을 치는 배려를 해주었다. 이런 배려 덕분이 성경지식에 낯설었던 초기 한국교회는 비교적 덜 접하였던 그리스-로마 신화의 신들인 '허메(Ἑρμῆς)'(행 14:12)와 '쓰스(ιΔιός)'(행 14:12-13; 19:35)도 구역성경에서 은유적으로 바나바와 바울에게 적용되었기 때문에, 비록 당시의 한국인들이 신화의 세계에 관한 정확한 정보를 가지지 않았어도 큰 문제가 되지는 않았을 것이다. 헬라 철학파인 '에비구레오(Ἐπικουρείος)'와 '스도이고(Στοῖκος)'(행 17:18)는 아무런 설명 없이 구역성경에 거론되므로, 초기 한국교회가 이해하는 데 어려움이 있었을 것이다. 이러한 난제를 해결하기 위해 열심 있는 성도들을 중심으

12, 14, 16, 23, 35, 41-43; 5:1, 3, 14, 31; 6:1, 12; 7:1, 10, 15; 8:30, 37-38, 40, 41, 45-46, 48, 50, 52, 54-56; 9:1, 11, 13, 18, 20; 10:21, 26, 28, 30, 37-38; 11:1, 14, 17, 28-29, 37; 13:12, 18; 14:3-4, 25; 15:3; 16:15; 17:11; 18:16, 31; 19:1, 9, 11, 28, 47-48; 20:34, 41, 45; 21:1, 5; 22:25, 39, 44 46, 51; 23:43, 46; 24:36, 50; 요 1:38-39, 48, 50; 2:4, 12; 3:3, 5, 10; 4:6, 10, 13, 21, 26, 35, 44-45; 5:1, 8, 17; 6:1, 3, 5, 10-12, 15, 32, 35, 42-43, 53, 59, 67, 70; 7:1, 6; 8:6, 11-12, 14, 19, 25, 31, 34, 42, 49, 54, 58-59; 9:1, 3, 35, 41; 10:6, 23, 25, 32; 11:4, 14, 17, 23, 33, 38-41; 12:1-2, 7, 12, 14, 17, 23, 30, 35, 37, 44; 13:1, 3, 8, 10, 21, 26-27, 30, 38; 14:9, 23; 16:31; 17:1; 18:1-2, 5, 8, 11, 20, 23, 34, 37; 19:5, 17, 30; 20:17, 19, 21, 29-30; 21:1, 5, 10, 12, 14, 17; 행 9:19.
67) 눅 18:6; 롬 9:28; 10:12; 14:9, 11; 고전 14:21.
68) 마 22:41; 눅 20:41; 롬 6:9; 8:10; 14:15; 고전 15:12.
69) 마 17:26; 19:27; 26:33, 35; 요 13:8, 31, 37-38; 19:6, 15, 22; 행 5:3; 8:20; 10:47.
70) 마 27:13, 22, 65; 막 15:9, 14; 요 18:35, 37.

로 성경공부와 사경회에 참가하는 일이 확산하였을 것이다.

본 장은 다양한 문화적 배경을 기초로 구역성경의 농경문화, 결혼문화, 장례문화, 한문문화, 군사문화, 생활문화 등의 초기 한국교회의 삶 전반에 걸쳐 다양한 경험을 하고 있던 당시의 성도에게 정서적으로 공감이 가는 언어로 번역되었다는 사실을 연구하였다. 또한 본 장은 당시 혈연중심의 한국인에게 구역성경을 아무런 거부감 없이 이해하여 성경의 세계상에 가깝게 다가갈 수 있도록 초기 한국교회가 한국인을 도와줌으로써 기독교의 초석을 놓는 데 기여한 바가 크다는 사실을 연구하였다. 마지막으로 본 장은 성경에 등장하는 사람들과 가족에 관한 한국인의 독특한 정서를 올바르게 이해함으로써 구역성경이 신학적으로 하나님의 가족이라는 하나의 신앙공동체적 연대감을 형성하는 데 이바지하였다는 사실을 연구하였다.

III. WCC의 종교 다원주의 문서들[1]

1. 서론

칼 브라텐은 오늘의 교회는 예수 이외에 다른 이름으로 구원을 받을 수 있는지의 문제와 관련하여 근본적인 신앙고백에 심각하게 봉착하여 있다고 지적하면서, 교회에 경종을 울리고 있다.[2] 여기서 대두되는 문제가 "배타주의, 포괄주의, 다원주의"[3]이다. 극단적인 배타주의와 포괄주의와 다원주의는 성경적 복음의 본질과는 거리가 멀다. 과연 106회 통합 총회의 에큐메니컬 위원회는 어떤 견해를 견지할까?

106회 통합교단의 총회에서 총회장으로 당선되자마자 사회를 본 류영모는 2022년 3월 1일에 전면적으로 시행된 사학법 재개정에 관한 규정이 105회 총회가 대면으로 모이지 못하여 처리하지 못한 안건이라고 소개하면서 '국가

---

1) 이 장은 "WCC의 종교 다원주의 문서 및 총회(통합) 에큐메니컬위원회 문서 평가," 《선교와 교회》 제10권 (2022년 봄): 84-112에 실린 것을 수정 보완한 것이다.

2) Carl Braaten, *No Other Gospel!: Christianity among the World's Religion* (Minneapolis: Fortress Press, 1992), 89.

3) J. Anrew Kirk, *What is Mission: Theological Explorations* (Minneapolls: Fortress Press, 2000), 127. 폴 바네트도 선교를 공격적으로 할지, 변증적으로 할지, 혹은 협력적으로 할지 대안이 필요하다고 제안한다. 참고, Paul W. Barnett, "Jewish Mission in the Era of the New Testament and the Apostle Paul," *The Gospel the Nations: Perspectives on Paul's Mission* (Downers Grove: Intervarsity Press, 2000), 263.

가 시행하는 법'이기에 이미 총회 산하의 관련 기독교 사학들이 올린 안건이라면서 만장일치로 결의하는 잘못을 범하였다. 또한, 그는 임성빈의 연임부결로 혼란 가운데 있는 장신대의 후임 총장인 김운용에 대해서도 총회 신학교육부가 보고하자 번역서 전체 도용 사건 논란[4]에 대한 책임을 물어서 반대 의견을 가진 여러 단체의 의견을 무시하는 무리수를 두면서 '장신대 총장 서리의 인사'를 하게 하여 수년간 계속된 명성교회 반대와 동성애 옹호 학생 지도 부재에 대한 책임을 묻지 않았다. 이 두 가지 사건에 못지않게 중요한 마지막 화두가 106회 총회에서 제기된 WCC에 대한 문제이다.

절차상으로 에큐메니컬 위원회의 보고자는 위원장이지만, 류영모 총회장이 취임하자마자 진행한 총회 전체의 사회자로 위원회의 보고를 하기에 부적절하다고 회중의 허락을 받아서 대신한 손인탁은 유인물을 보여주면서 이번 106회 총회에 여러 노회가 헌의안을 발의함으로써 부상한 WCC 탈퇴문제에 대해 답변하면서 대부분의 시간을 자신의 유인물 첫 번째 기고 글을 소개하는 데 낭비하였다. 그것도 WCC 탈퇴 헌의안과는 아무 상관이 없는 동떨어진 주장을 하면서 '통합교단이 장자 교단이 아니라, 어머니 교단[5]'이라는 모호한 발언으로 문제의 핵심을 비껴갔다.

문제 발언에서 장자 교단이나 어머니 교단이라는 용어는 수용하는 사람의 입장에 따라 달라지는 것이 아니라, 총회 석상에서 에큐메니컬 위원회의 보

---

4) '뉴스와 논단'은 2022년 2월 15일 자의 신문에 다음과 같은 기사를 전면에 실었다. "장신대가 김운용 총장의 연구부정에 대해 각하 처리했다. 증거서류상 하자가 있다는 것이다. 황의진 목사가 제출한 자료를 증거로 채택할 수 없다는 것이다. 장신대 고원석 교수는 이 핑계 저 핑계 대고 처음부터 시간만 질질 끌다가 법적으로 말하면 절차상 하자를 이유로 각하 처리하였다. 자신의 학부선배인 총장의 번역도용을 조사한다는 것은 애초부터 불가능했다. 고원석 교수는 가편집본의 출처와 원고가 본인의 것인지에 대한 동일성이 입증될 때, 번역상의 유사성과 차이점을 확보하고 표절의혹에 대한 진위를 검증할 필요가 있다는 것이었다. 그러나 가편집본이 한들출판사에서 제작된 것을 확인할 수 없다는 것으로 각하 사유를 들었다. (중략) 그러나 장신대는 물타기를 하고 있다. 제출한 가제본의 출처가 중요한 것이 아니라 가제본의 내용이 황의진 목사의 것이 맞느냐에 초점을 두어야 했다. 황의진 목사는 김운용 교수의 책 출판에 자신의 번역 내용이 포함되면 법적, 윤리적 대응을 하겠다고 했다. 김운용 교수의 책이 황의진 목사가 번역한 내용이 동일하느냐에 따라 판단했어야 했다."

5) 총회에큐메니칼위원회, 《복음과 에큐메니칼 신앙: 대한예수교장로회(PCK)의 뿌리와 정체성》 (서울:한국장로교출판사, 2021), 11-12.

고 시간에 제시할 내용으로 부적절하다. WCC 탈퇴문제가 주목받은 상황에서 통합교단이 장자 교단이든 어머니 교단이든 WCC와 무슨 관계가 있나? 합동 교단도 장자 교단이고 어머니 교단인데, 단지 WCC에 참여를 안 한다고 해서 통합교단에게 대표성이 더 주어지는 것이 아니다.

본 장은 통합 총회에서 에큐메니컬 위원회가 소개한 유인물의 문제점들을 평가하고, 한국에서 개최된 부산 총회를 점검하고, 1990년 바아르 선언문과 2002년 WCC 중앙위원회의 "종교 다원주의와 기독교인의 자기 이해"를 검토하여 통합교단이 한국교회에서 차지하는 위상이 크기에 WCC를 대체할 새로운 세계교회협력기구를 향하여 나아갈 시점이 되었다고 판단하여 바람직한 대안을 찾아야 한다는 사실을 공론화하고자 한다.

2. 통합교단 에큐메니컬위원회 보고서와 바아르 선언문

1) WCC의 JPIC[6]과 국제 성소수자 혐오 반대의 날[7]에 대하여
WCC가 동성애를 지지한다는 것을 가짜뉴스라고까지 항변하지만, 에큐메니컬위원회의 보고서는 단답형으로 다음과 같이 선언한다.

> WCC 안에서 윤리적인 문제에 대해 매우 보수적 입장을 견지하고 있는 동방정교회와 아프리카 교회들은 동성애에 대한 일체의 논의를 거부하고 있습니다. 만약 WCC가 동성애를 의제로 상정할 경우, 즉각적인 탈퇴를 경고하고 있기도 합니다. WCC는 동성애와 관련하여 그 어떤 입장이나 성명도 발표한 적이 없으며 관련된 일체의 활동을 한 적이 없습니다. WCC가 동성애를 지지한다는 것은 가짜 뉴스입니다.[8]

---

6) Justice, Peace, and Integrity of Creation의 약자로 정의, 평화, 창조의 보전이란 뜻이다.
7) International Day Against Homophobia, Transphobia(IDAHOT), Biphobia and Transphobia (IDAHOBiT)이란 공식 명칭이다.

이런 허공을 울리는 선언과는 달리, 1990년 3월 5일부터 12일까지 8일 간 서울올림픽공원의 역도 경기장에서 열렸던 〈정의·평화·창조의 보전〉(JPIC) 제1차 세계대회가 〈정의·평화·창조 질서의 보전을 위한 언약〉[8]이라는 선언문을 채택하고 대단원의 막을 내렸다. 문제는 선언문이 우리말로 포장이 되었지만, 원제가 '홍수와 무지개 사이에서'가 말해주는 것처럼 그때부터 WCC는 노아의 홍수가 세상에 관영한 동성애의 죄악에 대한 창조주 하나님의 심판보다는 동성애자를 옹호하는 무지개 언약에 초점을 두고서 성소수자를 옹호하는 일을 이면에 배치하였다는 사실이다.

그로부터 두 달 후에 국제 성소수자 혐오 반대의 날 또는 아이다홋데이 (IDAHOT DAY)는 매년 5월 17일에 열리는 행사가 되었는데, 그날이 성소수자에 대한 혐오와 차별을 반대하는 날이다. 바로 〈정의·평화·창조의 보전〉(JPIC) 제1차 세계대회가 서울에서 열린 그해 1990년 5월 17일로 지정된 날이라는 사실이다. 이것이 우연의 일치일까? 아니면 WCC의 치밀한 노림수인가?

2018년부터 장신대에서 동성애를 옹호하는 학생들이 5월 17일을 기점으로 지금까지 채플에서 7가지 색깔의 노아 무지개가 아니라 6가지 색깔의 무지개 깃발과 복장 그리고 줌 화면 배경으로 예배와 수업을 방해하는 일을 계속하였다. 장신대에서 동성애를 옹호하는 학생들은 여기서 그치지를 않고 바울이 '내가 복음을 부끄러워하지 않는다'라는 고백을 '나는 무지개 복음을 부끄러워하지 않는다'라는 말로 바꾸어 무지개 시위를 하면서 퀴어 신학을 주저함이 없이 계속해서 주장하였다.

용서와 화해와 연합과 일치라는 화두는 1986년에 화란개혁교회인 남아프리카 교회가 교회 일치와 화해를 위한 기준 문서들 가운데 하나인 벨하르

---

8) 총회에큐메니칼위원회, 《복음과 에큐메니칼 신앙: 대한예수교장로회(PCK)의 뿌리와 정체성》 (서울:한국 장로교출판사, 2021), 51. 총회의 이런 주장과는 달리, WCC 회원 교단인 미국 장로교(PCUSA)는 동성애자에게 목사안수를 주어 목회 일선에서 평신도에게 동성애를 죄악으로 천명하고 있는 성경적 가르침을 왜곡하고 있다.

9) 원제는 '홍수와 무지개 사이에서'인데 한국 사회가 동성애에 대해 반발하는 것을 우려하여 숨겼다.

신앙고백서(Belhar Confession)를 채택하면서 WCC에 알려지게 되었다. 특히 일치와 화해라는 주제는 남아프리카 공화국의 특수한 인종차별 정책을 타파하는 데 결정적인 이바지를 하였다. 그 이면에는 넬슨 만델라가 국가반역죄로 체포되어 종신형을 선고받았으나, 옥중에서 계속해서 용서와 화해를 위한 메시지를 발표하다가 27년째인 1990년 2월 11일에 출소하여 남아프리카 공화국에서 최초로 흑인 대통령으로 당선된 후에도 용서와 화해를 강조하는 과거사청산을 시행한 일에 기초한 것이다.

문제는 남아프리카 공화국에서도 1980-90년대와는 다른 여러 가지로 현재 상황이 달라졌다는 사실이다. 이제는 화두가 인종차별이 아니라, 빈부격차와 에이즈 및 동성애와 백신 확보 차질 등으로 선진국과의 거리가 더욱 벌어지고 있다.

이런 상황에서 WCC의 대응은 변화된 환경에 대처하는 것이 무척 소극적이고, 종교 다원주의 및 타 종교와 대화를 공식적으로 진행해 옴으로써 전체 회원 교회의 공감대나 교회적 합의 없이 위원회를 중심으로 연구된 내용을 기초로 전체 회의의 방향을 잡는 것은 현실감이 떨어지고, 교회가 가장 역점을 두고 살펴야 할 소외된 자를 사랑하고 가난한 자에게 긍휼을 베풀어야 하는 사역과 같은 산재한 현안과도 거리가 멀어서 정확한 문제를 진단하거나 지역 교회가 당면한 문제에 소홀하고 있는 모습은 누가 보아도 제 기능을 다하지 못하고 있는 혼란스러운 상황이 계속되었다.

이런 문제점은 106회 통합교단의 에큐메니컬 위원회의 의식에서도 그대로 드러났다. 코로나를 핑계로 헌법이 보장하는 신앙의 자유를 심각하게 훼손하는 상황에서도 차별금지법과 사학법 재개정을 밀어붙이는 문재인의 임기 말기에 통합교단이 적극적으로 반대를 끌어내면서 교회가 하나의 단합된 힘으로 대처해야 하는 일은 완전히 뒷전으로 밀렸다.

필자는 WCC의 종교 다원주의가 성경적 복음의 계시를 담고 있는 기독교 신앙의 특수성을 훼손하고, 복음적 진리를 상대화하여 타 종교와 대화를 지상 최대의 이념으로 삼고 있는 종교 다원주의의 주장에 속고 있는 혹은 속이고 있는 거짓 지도자들의 정체를 알리고자 이 글을 쓰게 되었다. 이제 저들은 하나님의 포도원을 허무는 여우들이기 때문에, 성도들의 눈물 어린 헌금을 교회적 공감대나 신앙적 합의 과정 없이 WCC나 NCCK나 노회나 총회 임원 등의 일방적인 결정으로 지교회에 후원을 강요하는 지원이 더는 계속되어서는 안 되기에, 이에 필자는 106회 총회에 소개된 통합교단 에큐메니컬 위원회의 유인물에 언급된 내용에 대한 평가로 이어간다.

2) 2013년 WCC 부산총회

106회 총회의 에큐메니컬 위원회는 한국교회가 유치한 부산총회 이후에 파생된 문제점을 알고 있다. 문제는 부산 총회 이후에 우리 교단의 대응이다. 유인물에 다음의 내용이 있다.

2013년 부산 WCC 총회 이후, 목회 현장에는 여러 가지 불편한 공격과 일부 교인들이 교회를 떠나는 어려움이 있었으며, 교단의 정체성까지 거론되는 위기가 있었습니다. 급기야 우리 교단이 WCC를 탈퇴하여야 하는가 하는 문제가 제기되었고, 제99회 에큐메니칼위원회는 총회의 위임을 받아 'WCC 문제를 연구하기 위한 소위원회'를 구성하여 2015년 9월에 그 연구 결과를 발표했습니다. 그 결론은 "비판의 여지가 있다고 할지라도 우리 교단은 WCC 운동에 참여하여야 한다."라는 것이었고, "힘들고 어려운 과업이 있다고 할지라도 이 운동에 주도적으로 참여함으로 이 시대에 주어진 사명을 감당하여야 한다."라는 것이었습니다. 실제로 일부 교단에서 공격하는 WCC의 신학이 우리의 신학은 아닙니다. 그러나 우리가 이 일에 적극 참여하는 이유는 우리 신학이 지향하는 목표와 관련되기 때문입니다.10)

이 긴 인용에 WCC를 탈퇴 그리고 WCC의 신학과 목표가 언급되어 있기에 비판적인 관점에서 차례로 살펴보고자 한다.

(1) WCC 탈퇴

이것은 아주 심각한 상황이다. 2021년 10월 강릉노회는 WCC를 탈퇴 헌의안을 가결하여 107회 총회에 올리기로 했다. 106회 총회에서 류영모 총회장이 '동성애를 옹호하면 탈퇴하겠다'라고 선언한 직후 통합 69개 노회 중에서 가장 먼저 WCC를 탈퇴 헌의안을 가결한 것이다.

WCC 부산총회를 유치한 한국교회는 20억 원 부담금 전액을 명성교회에 커다란 짐으로 지우고, WCC 총회가 끝나자마자 명성교회를 공격하는 일에 장신대 임성빈을 비롯한 교수들을 중심으로 지금까지 계속하고 있다. 선의로 막대한 돈을 혼자서 담당한 명성교회로서는 영문도 모른 채 억울한 일을 당하고 있지만, 한국교회는 명성교회에 감사하기는커녕 구약성경에 계승으로 세 번 언급된 목회 계승을 도리어 세습반대라는 터무니없는 스티커를 붙여서 반대하였다. 지금까지 학생들을 선동해서 통합교단을 뒤흔들고 있는 김운용, 박상진, 임희국 등은 세습반대 교수 모임(세교모)의 공동대표로 공적으로 사과 한마디 없이 명성교회를 반대하였다. 그동안 명성교회가 장신대를 위해 기도하면서 성도들이 낸 헌금을 건축비, 장학금, 장기발전기금 등으로 지원해 준 것이 어마어마한데, 불교식 '걷기도회'까지 하면서 장신대로부터 명성교회까지 시위하였다. 당시 피켓과 구호를 외치면서 행진하는 광경을 목격한 사진을 보면 불신자들에게 전도의 기회를 막는 형국이라 안타까운 일이다. 교회를 세우고 살려야 할 신학교가 이런 불미스러운 일을 계속하다 보니 은혜도 모르고 배은망덕하다고 생각하는 많은 교회가 장신대를 떠나고 헌금과 후원을 끊으니, 장신대가 해마다 50억 원의 적자를 보는 안타까운 처지에 몰리지 않겠는가?

---

10) 총회에큐메니칼위원회, 《복음과 에큐메니칼 신앙: 대한예수교장로회(PCK)의 뿌리와 정체성》 (서울:한국장로교출판사, 2021), 20.

에큐메니컬 위원회의 보고서에는 부지중에 종교 간의 대화와 협력을 말하는 것 대신에, 종교 다원주의를 지지하는 듯한 발언을 하고 있다. 그 증거로 3·1운동을 예로 들면서 "비기독교 단체와도 얼마든지 연대할 수 있어야 합니다. 그것을 비난하게 되면, 1919년 3·1운동을 위하여 천도교나 불교도들과 연대하여 "대한독립 만세!"를 외친 일을 옳게 해석할 수 없게 됩니다."[11]라고 말하는데, 이것은 너무나도 위험한 발언이다. 이것은 WCC가 추구하는 JPIC를 하나님을 대신하여 지상 최대의 이념으로 숭배하는 논리적 자가당착에 빠진 모습이다. 교회의 본질은 복음이고 성경이다. 타 종교와의 대화를 넘어서 타 종교와 협력하고 연대하는 일에는 많은 제한이 있다. 이 점에서 에큐메니컬 위원회가 한 다음의 발언은 위태롭게 여겨진다.

특히 에큐메니컬 선교 신학은 정의, 평화, 창조 질서의 보전(JPIC)을 강조한다고 하면서도[12] 결과적으로 에큐메니컬 선교 신학은 인간의 영혼 문제보다 사회정의와 인권 문제를 더욱 강조하는 경향을 가지게 되었고, WCC가 이념에 물들어서 무엇보다도 우선시해야 할 복음의 본질인 인간의 영혼 문제를 등한시하고 사회정의와 인권 문제[13]를 최우선으로 하는 KNCC[14]의 이념에 동의하는 오류에 갇혀 있다.

---

11) 총회에큐메니칼위원회, 《복음과 에큐메니칼 신앙: 대한예수교장로회(PCK)의 뿌리와 정체성》 (서울:한국장로교출판사, 2021), 21.

12) 총회에큐메니칼위원회, 《복음과 에큐메니칼 신앙: 대한예수교장로회(PCK)의 뿌리와 정체성》 (서울:한국장로교출판사, 2021), 34-35.

13) 장신대가 동성애 교육지침을 만들어서 '동성애를 죄'라고 규정하면서 동시에 '동성애자를 혐오하거나 배제해서는 안 된다'라는 인권 논리에 갇혀서 신학생이 무지개 신학교를 차리고 동성애를 옹호하는 시위를 예배와 수업 시간에 계속하는 것을 학칙대로 징계하지 못하고 그냥 지켜보는 안타까운 상황이 계속되었다. 신학교는 목회자 양성 기관인데, 성경대로 '동성애를 죄'라고만 가르쳐야지 여기에 인권이란 잣대로 '혐오와 배제'라는 세상 이념이 들어오게 되면, 신학교의 본질이 흐려지게 된다. 그 결과 미국 장로교단처럼 동성애자에게 목사안수를 허락함으로써 교단이 분열하는 양상으로 치닫게 된다. 심지어 2023년 2월에 신대원 신입생을 위한 OT 강연에서 경건교육처장인 이창교는 로마서 1장 26-27절의 "이 때문에 하나님께서 그들을 부끄러운 욕심에 내버려 두셨으니 곧 그들의 여자들도 순리대로 쓸 것을 바

(2) WCC의 신학과 목표

에큐메니컬 위원회의 보고서에는 금주섭과 정병준의 글이 나란히 실려 있는데, 거의 논지가 비슷하다. WCC의 신학에서 문제가 되는 내용을 직접 다루기보다는 WCC를 변호하기에 급급하여 '게는 가재 편'이라는 속담처럼 이미 각본대로 만들어 놓은 것을 두 사람이 앵무새처럼 반복하고 있다.

더욱 안타까운 것은 에큐메니컬 위원회가 〈바아르 문서〉(1990)을 언급하고 있지만, 과연 1990년에 스위스 바아르에서 발표된 바아르 선언문의 원문이나 제대로 확인하고 읽었는지 의심이 들 정도이다. 더 기가 막힌 것은 에큐메니컬 위원회가 "WCC 총회는 〈바아르 문서〉를 공식적으로 수용하지 않았습니다."[15]라는 견해를 밝히고 있지만, 이는 사실이 아니다.

막대한 예산을 들여서 모인 바아르에서 채택된 선언문은 곧 WCC의 신학과 목표를 분명하게 보여주고 있으므로, 현재 WCC는 바아르 선언문대로 움직이고 있다. 그 증거가 바아르 선언문의 서언이 밝히고 있는 것처럼, 그 이듬해인 1991년 호주 캔바라에서 모인 WCC 총회의 기초가 되었으며, 그때 정현경의 초혼제가 거행됨으로써 WCC는 무속종교까지 개회 예배에 끌어들이는 그야말로 종교 다원주의의 행보를 지금까지 이어오고 있다.

"일부 교단에서 공격하는 WCC의 신학이 우리의 신학이 아니다."[16]라는 선언이 사실이라면, 왜 에큐메니컬 위원회는 WCC에 적극적으로 참여하면서

꾸어 역리로 쓰며 그와 같이 남자들도 순리대로 여자 쓰기를 버리고 서로 향하여 음욕이 불 일듯 하매 남자가 남자와 더불어 부끄러운 일을 행하여 그들의 그릇됨에 상당한 보응을 그들 자신이 받았느니라"라는 구절이 동성애와 관련된 구절이 아니라는 설명을 장시간 하여 학생들로부터 박수갈채를 받았다. 이런 계획된 강연에 두 명의 학생이 과연 그렇게 퀴어 주석을 총회 위탁 기관인 장신대에서 여과 없이 주장해도 되느냐고 고민하면서 찾아와 상담한 적이 있다. 이러한 강연은 104회 총회가 "퀴어신학(동성애 양성애 성전환) 이단"이라고 한 결의를 정면으로 위배한 것이기에 그 사안이 심각하다. 이단을 옹호하는 강연이기에 이단사이비대책위원회에서 그 진위를 가려야 한다. 언제까지 서구 신학에 의존하여 앵무새처럼 반복하여 성경 말씀을 부정하는 신학교육을 계속할 것인가?

14) WCC와 NCCK와 다르지만, 한국 교계는 협력기관인 NCCK의 영향을 너무 많이 받고 있다.

15) 총회에큐메니칼위원회, 《복음과 에큐메니칼 신앙: 대한예수교장로회(PCK)의 뿌리와 정체성》 (서울:한국장로교출판사, 2021), 68.

16) 총회에큐메니칼위원회, 《복음과 에큐메니칼 신앙: 대한예수교장로회(PCK)의 뿌리와 정체성》 (서울:한국장로교출판사, 2021), 20.

두둔할까? 통합교단이 지향하는 목표가 WCC와 같기 때문이다. 필자는 WCC가 지향하는 목표가 타 종교와 대화 및 종교 다원주의에 있다고 간주한다. 그러면 WCC의 신학과 목표를 보여주는 문헌은 어느 것일까?

필자가 보기에는 바아르 선언문과 종교 다원주의 정신을 뒷받침하고 있는 2002년 WCC 중앙위원회의 "종교의 다원성과 기독교인의 자기 이해"라는 문서이다. 두 문서는 WCC가 감추고 싶어 하는 문서이고, 에큐메니컬 위원회도 극구 변명해보았지만, 너무 알려져서 소홀하게 여길 수 없는 단계로 접어들었다. 이제 항목을 달리하여 두 문서를 본격적으로 거론해 보자.

3. 1990년 바아르 선언문에 대한 평가

1) 1990년 바아르 선언문

'내 이웃의 믿음과 나의 것 – 종교간 대화를 통한 신학적 발견'이라는 주제로 무려 4년이라는 기간에 연구 프로그램을 진행했다. 이 연구를 기점으로 기독교, 정교회, 기독교와 로마 천주교 등의 대표자들이 이 문제를 숙고하기 위해 모였다. 사실 로마 천주교는 WCC의 정회원이 아니라, 옵서버로 참여하는데 이런 중요한 문제에 개입하여 지금까지 강력한 입김을 행사하고 있다. 그 결과 종교 다원주의와 같은 예민한 현안이 다루어졌다.[17]

바아르 선언문은 4대 종교 대표자들이 모여서 만든 것이기에 WCC에 가입한 교회적 합의가 없는 상태로 1990년 1월 스위스 취리히 근처의 바아르에

---

17) The Dialogue sub-unit of the WCC undertook a four-year study program on 'My Neighbour's Faith and Mine - Theological Discoveries through Interfaith Dialogue'. As the apex of this study, delegates from the Orthodox, Protestant and Roman Catholic traditions were brought together to reflect on some of these issues. A week of intense discussions centred on questions such as the significance of religious plurality, christology, and the issues in understanding the activity of the Spirit in the world. The document which follows is a statement made by the members of this consultation which was held in Baar, near Zurich Switzerland in January 1990. It informed the discussion of these issues at the 7th WCC assembly in Canberra in February 1991.

서 열린 이 위원회의 구성원들이 작성한 진술이라고 평가하여 WCC에서 공식으로 채택된 문서가 아니라고 강변하기도 하지만, 이 문서는 1991년 2월 캔버라에서 열린 제7차 WCC 총회에서 토론되었다.

위에 언급된 4대 종교 대표자들 속에는 유대교 지도자들이 포함되어 있지 않다. WCC 옵서버인 로마 천주교와 대화하는 것은 형식은 그럴듯해 보이지만, 내용은 얻을 것이 없다. WCC에 가입하지 않는 로마 천주교는 혼합주의적 종교이기에 종교 다원주의에 필사적이지만, 유대교는 종교 다원주의를 거부하기 때문이다. 이런 점이 WCC가 종교 다원주의를 정당화하기 위해서 유대교와의 대화보다는 종교 다원주의에 친화적인 로마 천주교와 대화하기를 좋아하는 측면이 강하다. 둘 다 WCC의 회원이 아닌데, 이들과 대화하려는 WCC는 회원 교회의 공감이나 동의를 한 번도 구한 적이 없고 그저 실무진이 위원회를 통해 연구한 것을 기반으로 종교 다원주의를 실행해 가는 것이기에 당장 멈추어야 한다.

처음부터 기독교인들은 다른 종교를 가진 사람들을 만났고, 때때로 신학자들은 종교 다원주의의 중요성과 씨름해 왔다. 현대 에큐메니컬 운동은 초기(에든버러 1910)부터 기독교 메시지와 여러 종교 세계의 관계를 이해하려고 많은 시도를 했다.[18]

이 짧은 두 문장은 WCC가 바아르 선언문이 있기 훨씬 오래전인 1910년 에든버러의 세계선교사대회부터 꾸준하게 종교 다원주의에 방향을 잡고 추진해 온 사실을 인정한 것이다. 결국, 에큐메니컬 운동은 시작부터 타 종교와의 대화와 종교 다원주의를 목표로 추진한 것이다. WCC는 1948년 암스테르담

---

18) From the beginning Christians have encountered people of other faiths, and from time to time theologians have grappled with the significance of religious plurality. The modern ecumenical movement from its earliest beginnings (Edinburgh 1910) has made many attempts to understand the relation of the Christian message to the world of many faiths.

에서 창립되었지만, 그전의 활동은 에큐메니칼 운동 차원이었는데, 이 시기에
도 물론 다원주의적 성향이 나타나기는 했지만, 기본적으로 1948년 전의 에큐
메니칼 운동은 세계복음화를 위한 협력에 두었던 것으로 평가된다.

　　필자는 한국교회의 5대 신앙의 가문에서 자랐기에 타 종교와의 대화보
다는 타 종교인에게 복음을 전하기 위해 애써왔다. 기독교 복음 전도의 사명
은 초신자도 자신이 죽음의 종교에서 벗어나서 기독교인이 된 것을 하나님의
은혜로 여기기에 감사하면서 타 종교인에게 복음을 전하는 일에 열성이다. 과
연 기독교인이 종교 다원주의에 힘써오고 있다는 바아르 선언문의 진단이 정
당한가? 개교회를 굳게 지키는 성도의 신앙을 몰라도 한창 모르고 있는 것이
WCC이다.

　　1975년 나이로비 WCC 총회 이후 타 종교와의 대화 속에서 모색된 다원
주의라는 공동의 모험은 주로 "공동체의 대화"로 여겨져 왔다. 여기서 말하는
공동체는 지구촌 공동체로 타 종교와의 대화를 전제로 한 것이다. 이것은 기독
교인이 공유하는 공동체에서 다른 신앙을 가진 이웃들과 대화를 통하여 평화,
정의, 자연과 인간의 관계와 같은 문제를 탐구하는 것을 의미한다. 이런 주장
은 지구촌 공동체가 당면한 현안을 해결하기 위해 기독교인이 타 종교와 공동
의 공동체적 관심 사항을 논의한다는 측면이라기보다는 종교 다원주의의 이
념으로 타 종교와의 대화를 모색한다는 의도를 보여준 것이다.19)

　　바아르 선언문은 여기서 한 걸음 더 나아가서 기독교인이 상호 의존적인
세계의 공통적인 문제에 직면할 때, 마치 기독교가 유일한 믿음의 사람들인 것
처럼 행동할 수 있다는 사실을 지적하면서 타 종교와의 대화에 소극적이라는

---

19) Since the Nairobi WCC Assembly in 1975 this common adventure has been seen primarily
as "dialogue in community". This has meant entering into dialogue with our neighbours of
other faiths in the communities we as Christians share with them, exploring such issues as
peace, justice, and humanity's relation to nature. We have found repeatedly that Christians
may not behave as if we were the only people of faith as we face common problems of an
interdependent world. It is evident the various religious traditions of the world have much to
contribute in wisdom and inspiration towards solving these problems.

측면을 은근히 비판한다. 그러면서 기독교보다는 오히려 세계의 다양한 종교 전통이 지구촌 공동체가 당면한 문제를 해결하기 위한 지혜와 영감을 주고 있다고 평가함으로써 기독교가 오히려 종교 다원주의에 소극적이라고 비판한다.

바아르 선언문에 담고 있는 주장은 위원회가 일방적으로 진행한 토론의 내용이고, 교회적 합의 없이 보고된 것이기에 정당성이 없으며 더구나 타 종교인에게 예수 복음을 통한 구원의 절대성을 강조해 온 지난 2천 년의 기독교 전통을 한순간에 종교 다원주의라는 이념으로 무력화시킨 것이라고 볼 수 있다. 바아르 선언문에는 다음과 같이 종교 다원주의에 대한 분명한 신학적 입장이 정리되어 있다.

2) 바아르 선언문의 종교 다원주의에 대한 신학적 이해

바아르 선언문은 하나님을 믿는 기독교 신앙이 종교 다원주의의 전체 영역을 진지하게 받아들이도록 도전을 준다고 전제를 하면서 기독교인이 종교 다원주의를 극복해야 할 장애물이라기보다는 "하나님이 만유 안에 계시다"(고전 15-18장)라는 말씀이 성취되기를 기다리면서 하나님과 이웃과 만남이 깊어지는 기회로 간주한다. 이러한 주장은 만유재신론을 기반으로 하나님을 이해하는 종교 다원주의의 이념을 보여줌으로써 타 종교와의 대화를 조건 없이 추진하게 된 신학적 근거를 마련한 것이다. 바아르 선언문은 기독교인이 "하나님께서 다른 신앙을 가진 남성(과 여성)에게 주신 지혜, 사랑과 능력"(1961년 뉴델리 보고서)에 대한 새롭고 더 큰 이해를 발전시키기 위해 타 종교인의 삶에서도 하나님을 만날 수 있다는 것을 알아야 한다(CWME 보고서, 1989년 샌안토니오)고 주장한다. 이러한 주장들은 이미 1961년의 뉴델리 보고서와 1989년의 샌안토니오 보고서를 기초로 한 것인데, 이 두 보고서를 계승하고 있는 것이 종교 다원주의에 대한 바아르 선언문이다.[20]

종교 다원주의에 집착하는 바아르 선언문은 금기를 넘어갔다. 예수 그리스도를 믿지 않는 타 종교인에게서 선과 진리와 거룩함을 인정하면서 보편적인 창조와 구속적인 활동에 관한 대화 지침(1979)에서 제기된 문제에 정면으로 맞서고 있다. 이런 주장을 우연한 돌출행동이 아니다. 이미 WCC가 오랫동안 추구해 온 종교 다원주의의 숨겨진 이빨을 드러낸 것이다. 이로써 WCC에서 는 예수를 믿는 자에게만 주어지는 복음의 특권이 실종되고, 모든 인류에 대해 하나님과 이스라엘의 역사와 예수 그리스도의 인격과 사역을 통해 나타난 하나님의 특별한 구속 활동(23항)과 관련하여 우리는 구원을 예수 그리스도에 대한 분명한 개인적 헌신으로 한정하는 신학을 넘어서야 할 필요성이 둑이 터지듯이 밀려오게 되었다. 여기서 개인 구원은 넘어서야 할 신학적 도전 앞에 서게 됨으로써, 타 종교와의 대화를 추구하기 위해서는 기독교의 구원이 지닌 절대성을 포기해야 하는 문제에 봉착하게 된 것이다.[21]

타 종교와의 대화를 위해 종교 다원주의가 받아들여지고, 예수를 통한 구원이 절대성이 포기되는 상황에서 개인 구원을 이루시는 성령의 역할은 무엇인가? 바아르 선언문의 "성령과 종교 다원주의"라는 항목에서 "교회 밖의 하나님의 사역을 성령의 견지에서 이해하는 것이 옳고 도움이 되는가"라는 질문과 관련된 대화를 위한 지침(1979)에서 제기된 질문에 대해, 성령께서 살아 있는 신앙을 가진 사람들의 삶과 전통에도 역사하셨다는 사실을 분명하게 주장

---

20) It is our Christian faith in God which challenges us to take seriously the whole realm of religious plurality. We see this not so much as an obstacle to be overcome but rather as an opportunity for deepening our encounter with God and with our neighbors as we await the fulfillment when "God will be all in all" (1 Cor. 15-18). Seeking to develop new and greater understandings of "the wisdom, love and power which God has given to men (and women) of other faiths" (New Delhi Report, 1961), we must affirm our openness to the possibility that the God we know in Jesus Christ may encounter us also in the lives of our neighbors of other faiths (CWME Report, San Antonio 1989, para. 29).

21) Because we have seen and experienced goodness, truth and holiness among followers of other paths and ways than that of Jesus Christ, we are forced to confront with total seriousness the question raised in the Guidelines on Dialogue (1979) concerning the universal creative and redemptive activity of God towards all humankind and the particular redemptive activity of God in the history of Israel and in the person and work of Jesus Christ (para. 23). We find ourselves recognizing a need to move beyond a theology which confines salvation to the explicit personal commitment to Jesus Christ.

한다. 문제는 '살아 있는 신앙을 가진 사람들'이 타 종교와의 대화를 추구하는 WCC 입장에서 반드시 기독교인에 국한되지 않는다는 사실이다.[22]

과연 타 종교에도 성령이 있는가? 성령은 기독교 신앙의 핵심내용으로 타 종교에는 전혀 없는 삼위일체 신학의 핵심이다.[23] 그런데 과연 타 종교인에게 성령을 인정하려는 의도는 무엇인가? 바아르 선언문의 종교 간의 대화: 신학적인 관점에 주목해 보면, 바아르 선언문은 양비론으로 종교 간 대화는 "쌍방향의 길"이라고 주장하면서 기독교인은 열린 정신으로 다른 사람들을 받아들일 준비가 되어 있어야 하며 한편으로는 자신의 믿음을 증거해야 한다고 주장한다. 여기서 주장하는 쌍방향은 사실상 타 종교인에게 열린 마음을 가지라는 의도를 비친 것이다.[24]

더구나 바아르 선언문은 다른 사람들의 증언을 통해 기독교인은 신성한 신비의 측면을 진정으로 발견할 수 있다고 주장하지만, 과연 타 종교인의 증언이 기독교인에게 자신의 신앙생활을 심화시키는 결과를 낳을 것인지는 주장일 뿐이지 알맹이가 없는 내용이다. 오히려 기독교인의 신앙생활을 무력화시키는 부작용을 낳을 수 있다. 예를 들면, 기독교인이 새벽기도를 하는데, 승려

---

22) We are clear, therefore, that a positive answer must be given to the question raised in the Guidelines on Dialogue (1979) "is it right and helpful to understand the work of God outside the Church in terms of the Holy Spirit" (para. 23). We affirm unequivocally that God the Holy Spirit has been at work in the life and traditions of peoples of living faiths.

23) 이슬람도 성령을 말하고 있지만, 코란을 읽어보면 성령이라기보다는 이슬람교도에게 두려움의 대상이 되는 미신적인 악령에 지나지 않는다.

24) Inter-religious dialogue is therefore a "two-way street". Christians must enter into it in a spirit of openness, prepared to receive from others, while on their part, they give witness of their own faith. Authentic dialogue opens both partners to a deeper conversion to the God who speaks to each through the other. Through the witness of others, we Christians can truly discover facets of the divine mystery which we have not yet seen or responded to. The practice of dialogue will then result in the deepening of our own life of faith. We believe that walking together with people of other living faiths will bring us to a fuller understanding and experience of truth. 여기서 바아르 선언문이 주장하는 진정한 대화는 두 파트너가 서로를 통해 말씀하시는 하나님께 더 깊은 회심의 길을 열어준다고 하지만, 과연 그 하나님이 기독교의 하나님인지 불분명하게 언급한다. 한국에서 이슬람이 기독교인에게 포교하기 위해 알라를 하나님으로 바꾼 것과 무엇이 다른가?

들은 새벽 염불을 4시에 시작한다. 그럼 5시에 시작하는 기독교인의 새벽기도
회가 승려들보다 시간이 덜하기에 못하다는 것인가? 바아르 선언문은 앞서도
언급한 단어를 여기서 다시 언급하면서, 기독교인은 살아 있는 다른 신앙을 가
진 사람들과 함께 걷는 것이 기독교 진리를 더 완전하게 이해하는 경험을 가
져다줄 것이라고 주장하지만, 기독교의 특수한 경건이나 기도생활을 타 종교
와 비교하면서 결코 새로운 것이 아니라는 주장이기에 도움이 안 된다. 기독교
신앙생활을 무력화시키고 무슨 타 종교와 대화를 하겠다는 것인가?

바아르 선언문을 따라서 타 종교와 대화 및 종교 다원주의를 실천하다가
는 교회는 정체성을 잃어버리고 문을 닫게 된다. 바아르 선언문에서 언급한 기
독교인의 정체성을 타 종교와 비교하려는 의도는 드디어 2002년 WCC 중앙
위원회의 "종교의 다원성과 기독교인의 자기 이해"[25]에서 본격화된다.

4. 2002년 WCC 중앙위원회의 종교 다원주의 보고서

1) WCC 중앙위원회(2002년)의 "종교의 다원성과 기독교인의 자기 이해"에 대한 평가

이 평가에[26] WCC의 의도가 다 드러난다. 더는 종교 다원주의를 숨길 필
요가 없다고 선언한 것이다. WCC가 종교 다원주의를 치밀하게 준비하고 주
장한 역사는 이미 112년째 계속되고 있다. 곧 1910년 에든버러부터 꾸준하

---

25) '종교의 다원성'이란 표현은 '종교 다원주의'와 같은 맥락에서 이해될 수 있다.

26) The present document is the result of a study process in response to suggestions made in
2002 at the WCC central committee to the three staff teams on Faith and Order, Inter-religious
Relations, and Mission and Evangelism, and their respective commissions or advisory bodies.
The question of the theological approach to religious plurality had been on the agenda of the
WCC many times, reaching a certain consensus in 1989 and 1990.1 In recent years, it was felt
that this difficult and controversial issue needed to be revisited. 번역하자면, "이 문서는 2002년
WCC 중앙위원회가 신앙과 직제, 종교 간의 관계, 선교와 전도에 관한 세 팀과 각각의 위원회 또는 자문
기구에서 제안한 사항을 연구하는 과정의 결과이다. 종교 다원주의에 대한 신학적 접근에 대한 문제는
WCC의 의제에 여러 번 제기되어 1989년과 1990년에 일정한 합의에 도달했다. 최근 몇 년 동안 어렵고
논쟁의 여지가 있는 이 문제를 재검토할 필요가 있다고 느꼈다."

게 종교 다원주의에 방향을 잡고 추진해 온 WCC는 벌써 112년째 타 종교와의 대화를 최우선으로 삼고 있다. 1961년 뉴델리 보고서와 1975년 나이로비 WCC 총회와 1979년 창조와 구속적인 활동에 관한 대화 지침과 1989년의 샌안토니오 보고서와 1990년 바아르 선언문과 WCC 자문 위원회(1990)와 타 종교와의 대화와 1990년 3월 5일부터 12일까지 8일간 서울올림픽공원의 역도 경기장에서 열렸던 〈정의·평화·창조의 보전〉(JPIC) 제1차 세계대회에서 발표된 〈정의·평화·창조 질서의 보전을 위한 언약〉(원제:홍수와 무지개 사이에서)이라는 선언문과 1991년 캔버라 WCC 총회와 2002년 WCC 중앙위원회와 WCC의 신앙과 직제에 관한 위원회(2004년 말레이시아 쿠알라룸푸르에서) 속에서 모색된 다원주의는 이제 WCC에서 돌이킬 수 없는 진리가 되었다.

2002년 WCC 중앙위원회의 제8항에 변화하고 있는 기독교의 상황과 관련해서 111년 동안 이어진 WCC의 이러한 변화는 우리가 다른 종교 공동체와의 관계에 이전보다 더 주의를 기울일 것을 요구한다는 것이다. 그들은 우리에게 차이점을 가진 "타인"으로 인정하고, 낯선 이들의 "이상함"이 때때로 우리를 위협할지라도 환영하고, 자신을 우리의 적으로 선언한 사람들과도 화해를 추구하도록 도전을 준다. 다시 말해, 우리는 세계의 종교전통들 사이의 창의적이고 긍정적인 관계에 이바지하는 영적 분위기와 신학적 접근 방식을 개발해야 한다는 도전을 받고 있다.[27]

WCC 중앙위원회의 주장은 이미 타 종교의 대화와 종교 다원주의는 타 종교의 구원과 창의성을 인정하고 세계의 종교전통들을 통해서 영적인 분위기도 배울 뿐만 아니라, 타 종교에 대한 신학적 접근 방식도 바꾸어야 한다는 사실을 선언한 것이기에 큰 우려를 낳는다.

---

27) These changes require us to be more attentive than before to our relationship with other religious communities. They challenge us to acknowledge "others" in their differences, to welcome strangers even if their "strangeness" sometimes threatens us, and to seek reconciliation even with those who have declared themselves our enemies. In other words, we are being challenged to develop a spiritual climate and a theological approach that contributes to creative and positive relationships among the religious traditions of the world.

제10장의 종교 다원주의에 대한 목회적이며 신앙적 차원에서 WCC 중앙위원회는 기독교인이 종교 다원주의 세상에서 살 수 있도록 준비시켜야 하는 목회가 필요하다고 주장한다. 그 이유로 WCC 중앙위원회는 많은 기독교인이 자신의 믿음에 전념할 방법을 찾고 있지만, 아직 다른 사람들에게는 열려 있지 않다고 평가한다. 이러한 주장과 평가는 사실이 아니다. 기독교인은 여전히 세상에서 돌이켜 구원의 길에 들어선 기쁨을 감격하면서, 아직 구원의 복된 삶을 누리지 못하는 타 종교인에게 전도의 사명을 가장 귀한 덕목으로 여기고 있다.[28]

WCC 중앙위원회는 어떤 사람들이 기독교 신앙과 기도 생활을 심화시키기 위해 다른 종교전통의 영적 훈련을 사용한다고 주장한다. 이것은 혼합주의가 기독교인의 신앙생활에 스며들었다는 평가이다. 그러나 이 같은 주장도 사실은 아니다. 기독교인은 명상이나 기도를 위해 요가나 선과 같은 타 종교의 전통을 달갑게 여기지 않는다.[29] WCC 중앙위원회는 어떤 기독교인은 다른 종교전통에서 추가적인 영적 고향을 찾아 "이중 소속"의 가능성 속에서 살아간다고 주장한다. 이런 주장도 사실이 아니다. 이런 주장은 기독교인이면서 불교인, 천주교인, 신천지교도, 대순진리회 등과 공동체의 연대감을 느끼는 사람이 있다는 말인데, 과연 그럴까?[30]

---

28) There is a pastoral need to equip Christians to live in a religiously plural world. Many Christians seek ways to be committed to their own faith and yet to be open to the others. Some use spiritual disciplines from other religious traditions to deepen their Christian faith and prayer life. Still others find in other religious traditions an additional spiritual home and speak of the possibility of "double belonging". Many Christians ask for guidance to deal with interfaith marriages, the call to pray with others, and the need to deal with militancy and extremism. Others seek for guidance as they work together with neighbors of other religious traditions on issues of justice and peace. Religious plurality and its implications now affect our day-today lives.

29) 김명용이 이종성의 통전신학을 온신학으로 대체를 하려고 하지만, 성공하지 못하였다. 온 즉 holistic이란 영어 단어는 심령술사들이 쓰는 단어이고 혼합주의적 영성이 강한 개념이다. 기독교인은 온신학보다는 기독교 신앙의 순수성을 지키기 위해 타 종교의 어떤 영성적 접근도 멀리한다. 같은 차원에서 유해룡이 영성신학을 가르쳤지만, 그의 영성수련이 로마 천주교를 답습한 것이라는 비판을 벗어나지 못하고 있다.

30) 로마 천주교를 포함하여 타 종교는 혼합주의적 성격이 있지만, 기독교는 절대 신앙의 특수성 속에서 예수 그리스도께서 주시는 구원을 강하게 붙들고 있다.

WCC 중앙위원회는 많은 기독교인이 종교 간 결혼, 다른 사람들과 함께 기도하라는 부름, 전투와 극단주의에 대처할 필요성을 다루기 위한 지침을 요청한다고 주장하고, 어떤 사람들은 정의와 평화 문제에 대해 다른 종교전통의 이웃들과 함께 일하기를 구한다고 주장한다. 이러한 주장도 사실은 아니다. 믿지 않는 사람과 결혼을 하여도 기독교인은 배우자를 구원하기 위하여 기도하고 죽기 전에 예수 그리스도를 영접하도록 평생 온갖 노력을 다 기울인다. 불교식 기도는 기독교의 기도와 근본적으로 다르다. 불교는 고행의 목적으로 기도하지만, 기독교는 하나님과의 임재로 들어가서 하나님의 뜻을 구하고 인간의 뜻을 내려놓는 순종의 의미로 기도한다.

WCC 중앙위원회는 이상의 잘못된 진단과 주장을 통하여 종교 다원주의와 그 의미는 이제 우리의 일상생활에 영향을 미치고 있다고 결론을 내리지만, 이런 허무맹랑한 결론에 누가 동조를 할 것인가?

WCC 중앙위원회는 영적 여행과 종교전통 그리고 정체성과 문화[31]에 대해서 다음과 같이 일반화하면서 기독교 신앙의 특수성을 포기하고, 타 종교와의 대화를 우선함으로써 종교 다원주의의 길만 모색하려는 강한 의도를 보이고 있다.

2) WCC 중앙위원회의 영적 여행과 종교전통과 정체성

제15장에 영적 여행과 종교전통에서 WCC 중앙위원회의 "영적 여행"은 기독교를 매우 복잡한 세계적인 종교전통으로 만들었다고 평가한다. 이런 평가는 기독교의 전통을 존중하는 의미보다는 타 종교와 대화를 거부하는 이유로 간주하는 듯이 보인다. 종교 다원주의를 지향하는 WCC 중앙위원회의 의도는 기독교가 문화, 종교, 철학적 전통 사이에서 살아가고 현재와 미래의 도

---

31) WCC는 타 종교의 문화가 죄성에 있다는 사실을 간과하고 있다. 참고, T. Wayne Dye, "Toward a Cross-Cultral Defibition od Sin," *Pespectives on the World Christian Movement* (Carlistle: Paternoster Press, 1992), 469-473.

전에 대응하기 위해 노력함에 따라 기독교는 계속해서 변화해야 한다는 주장으로 이어진다. 이런 주장은 기독교를 성경에 기초한 복음적인 전통에서 이해하기보다는 문화적 맥락에 서 있는 다른 종교와의 철학적 전통으로 이해하려는 의도를 보여준다.[32] 결국, WCC 중앙위원회는 이러한 맥락에서 기독교가 "다원주의에 대한 신학적 대응이 필요하다."라고 결론을 내린다. 이러한 결론은 이미 1910년부터 예견된 것이다.

제16장에 종교와 정체성과 문화에 관해[33] 드디어 WCC 중앙위원회는 타 종교와 대화를 이야기하면서 유대교와 이슬람과 힌두교와 불교를 언급하면서 다른 종교전통도 발전 과정에서 비슷한 어려움을 겪었다고 주장한다. 그리고 유대교, 이슬람교, 힌두교 또는 불교 등의 모습은 단 한 가지가 아니었다고 지적하면서 타 종교들도 원래의 땅을 떠나 여행하면서 그들이 이동한 문화와의 만남에 의해 형성되고 변형되고 변형되었다고 주장한다. 이런 주장은 기독교도 종교 다원주의의 입장에서 일반화하려고 하는 WCC 중앙위원회의 일관된 기저라고 평가된다.

WCC 중앙위원회는 오늘날 대부분 주요 종교전통은 다른 종교전통에 대한 문화적 주인이 되고 자신의 종교전통이 아닌 다른 종교전통에 의해 형성

---

32) In short, the "spiritual journey" of Christianity has made it a very complex worldwide religious tradition. As Christianity seeks to live among cultures, religions and philosophic traditions and attempts to respond to the present and future challenges, it will continue to be transformed. It is in this context, of a Christianity that has been and is changing, that we need a theological response to plurality.

33) Other religious traditions have also lived through similar challenges in their development. There is no one expression of Judaism, Islam, Hinduism or Buddhism, etc. As these religions journeyed out of their lands of origin they too have been shaped by the encounters with the cultures they moved into, transforming and being transformed by them. Most of the major religious traditions today have had the experience of being cultural "hosts" to other religious traditions, and of being "hosted" by cultures shaped by religious traditions other than their own. This means that the identities of religious communities and of individuals within them are never static, but fluid and dynamic. No religion is totally unaffected by its interaction with other religious traditions. Increasingly it has become rather misleading even to talk of "religions" as such, and of "Judaism", *Christianity*, "Islam", "Hinduism", "Buddhism", etc., as if they were static, undifferentiated wholes.

된 문화에 의해 주인이 되는 경험을 했다고 평가하면서 이것은 종교 공동체와 그 안에 있는 타 종교들의 정체성이 결코 고정적이지 않고 유동적이며 역동적임을 의미한다고 주장한다. 이것은 기독교를 상대화시키려는 주장이다. 이런 WCC 중앙위원회의 주장은 종교를 일반화하고 상대화함으로써 기독교의 특수성을 스스로 부정하는 이단적인 행동이다. 네오마르크스주의의 영향이 WCC 중앙위원회를 깊이 물들이고 있다.

WCC 중앙위원회는 기독교를 "종교" 자체로 말하고 "유대교", "기독교", "이슬람교", "힌두교", "불교" 등을 마치 정적이고 분화되지 않은 전체인 것처럼 말하는 것은 결국 오해의 소지를 불러온다고 결론을 내린다. 여기서 WCC 중앙위원회는 제16장에서 종교와 정체성과 문화에 관해 언급하는 시작과는 달리 마지막 문장에서 기독교를 세계 종교의 하나로 슬쩍 끼워 넣는다.[34] WCC가 교회 연합기관이라는 사실을 망각하고서 기독교보다 타 종교와 대화를 우선적인 가치에 두고서 종교 다원주의를 추구하는 모습은 본질에서 크게 벗어난 모습이다.

3) WCC 중앙위원회의 현재적인 탐구

제19장에 계속적이고 현재적인 탐구와 관련하여[35] WCC가 추구하는 타 종교와 대화 프로그램은 다른 종교전통의 현실을 존중하고 그 고유성과 정체

---

34) 이런 종교 혼합주의적 결론에 의하면, 기독교가 오해를 불러온다고 주장함으로써 오해를 불식시키기 위해서 종교 문화적 맥락에서 기독교 교리의 특수 계시적 차원을 무력화시키고 상대화시킴으로써 모든 종교가 종교 현상 속에 있다는 비교종교학적 전제를 강하게 보여주기 때문에, WCC는 더는 기독교 단체가 아니라는 사실을 스스로 선언한 것이기에 깊은 우려를 보낸다.

35) The dialogue program of the World Council of Churches (WCC) has emphasized the importance of respecting the reality of other religious traditions and affirming their distinctiveness and identity. It has also brought into focus the need to collaborate with others in the search for a just and peaceful world. There is also greater awareness of how our ways of speaking about our and other religious traditions can lead to confrontations and conflicts. On the one hand, religious traditions make universal truth claims. On the other hand, these claims by implication may be in conflict with the truth claims of others. These realizations, and actual experiences of relationships between peoples of different traditions in local

성을 확인하는 것의 중요성을 강조해 왔고, 정의롭고 평화로운 세상을 찾기 위해 다른 사람들과 협력해야 할 필요성에 초점을 맞추고 있다. 이런 인식은 기독교가 다른 종교전통에 대해 말하는 방식에서 어떻게 대립과 갈등으로 이어질 수 있는지를 우려하는 것으로 이어진다. WCC의 이러한 우려는 타 종교와 대화를 지상 최대의 과제로 내세우는 인식을 바탕으로 하는 것이다.[36]

　　종교 다원주의에 집착하는 WCC는 타 종교의 종교적 전통은 보편적인 진리를 주장한다고 높이 평가하면서 반면에 기독교의 함축적 주장은 다른 사람들의 진실 주장과 상충할 수 있다고 평가 절하한다. WCC의 이러한 평가는 기독교가 타 종교와 대화하기 위해서는 먼저 계시의 특수성을 내려놓는 깨달음과 현지 상황에서 서로 다른 전통을 가진 사람들 사이의 관계에 대해 실제적인 경험을 함으로써 기독교인이 대화라는 측면에서 다른 사람들과의 관계에 대해 말할 수 있는 길을 열어줄 수 있다고 제안한다. 과연 타 종교와 대화만 하기 위해 기독교의 특수성을 내려놓는 것이 무슨 의미가 있을까?

　　WCC도 무조건적인 대화를 하자는 주장이 빈축을 사고 있기에 다음과 같은 질문을 나열한다. 관련 커뮤니티가 갈등을 겪고 있을 때 대화한다는 것은 무엇을 의미하는가? 개종과 종교의 자유 사이에 인식된 갈등을 어떻게 처리하는가? 종교전통과 민족, 문화적 관습, 국가와의 관계에 대한 신앙 공동체 간의 깊은 차이를 어떻게 다룰 것인가?

　　제21장에서[37] 드디어 WCC의 신앙과 직제 위원회(2004년 말레이시아 쿠알라룸푸르에서)는 이슬람교도가 다수인 국가에서 처음으로 서로를 받아들이는 비

---

situations, opened the way for Christians to speak of our relationship with others in terms of "dialogue". Yet, there are many questions awaiting further exploration. What does it mean to be in dialogue when the communities concerned are in conflict? How does one deal with the perceived conflict between conversion and religious freedom? How do we deal with the deep differences among faith communities over the relationship of religious traditions to ethnicity, cultural practices and the state?

36) 이런 주장이 과거 십자군 정쟁을 통해 아랍권과 전쟁을 치른 로마 천주교에게는 적절한 주문이다. 그러나 로마 천주교가 WCC의 회원 종교가 아닌 옵서버로 참여하는 이상 WCC의 눈치를 볼 수밖에 없다. 그래서 로마 천주교가 추구하는 종교 다원주의에 WCC는 끌려갈 수밖에 없다.

전에서 영감을 받은 신앙의 여정에 대해 언급했다. WCC의 신앙과 직제 위원회는 다음과 같이 질문을 던졌다. 오늘날의 타 종교적 상황에서 교회는 가시적 기독교 일치라는 목표를 어떻게 추구하는가? 교회들 사이에 가시적인 일치를 추구하는 것이 어떻게 사회 전체의 화해를 위한 효과적인 표징이 될 수 있는가? 민족적, 국가적 정체성 문제가 종교적 정체성에 의해 어느 정도 영향을 받고 그 반대도 마찬가지인가?

WCC의 신앙과 직제 위원회는 또한 타 종교적 맥락에서 발생하는 보다 광범위한 질문을 던졌다. 기독교인이 다른 사람들에게 후대하는 진정한 기독교 신학을 추구하는 데 직면하는 도전은 무엇인가? 다양성의 한계는 무엇인가? 교회 너머에 유효한 구원의 징조가 있는가? 다른 전통에서 얻은 통찰력이 인간의 의미를 이해하는 데 어떻게 기여하는가?

질문 속에 속내가 훤히 보인다. WCC의 신앙과 직제 위원회는 이미 타 종교와 대화를 통해 종교 다원주의를 행보를 돌이키기 어려운 상황이다. 아무리 WCC가 종교 다원주의를 추구하지 않는다고 변명을 한들 속임수에 지나지 않는다. 이슬람의 포교 활동은 중동보다는 동남아시아에서 활발하다. 이슬람 국가인 말레이시아에서 모인 WCC의 신앙과 직제 위원회는 그동안 감추어왔던 발톱을 드러냈다.

많은 반대에 부딪힌 WCC가 내놓은 최근의 발전에 관해서 최근에 이루어진 발전이라고 자평한 다음의 언급에는 알맹이가 없다.

---

37) The WCC's plenary commission on Faith and Order, meeting for the first time in a Muslim-majority country (in Kuala Lumpur, Malaysia, 2004) spoke of the "journey of faith" as one inspired by the vision of "receiving one another". The commission asked: How do the churches pursue the goal of visible Christian unity within today's increasingly multi-religious context? How can the search for visible unity among the churches be an effective sign for reconciliation in society as a whole? To what extent are questions of ethnic and national identity affected by religious identities and vice versa? The commission also explored broader questions arising in multi-religious contexts: What are the challenges which Christians face in seeking an authentic Christian theology that is "hospitable" to others? What are the limits to diversity? Are there valid signs of salvation beyond the church? How do insights from other traditions contribute to our understanding of what it means to be human?

4) WCC 중앙위원회의 최근의 발전

제23장에 최근의 발전에 관해[38] 우리 이웃의 종교 생활에서 하나님의 구원의 임재에 대한 기독교인들 사이의 합의를 찾는 과정에서 샌안토니오에서 열린 세계선교대회(1989)는 WCC가 다음과 같이 확언할 수 있었던 입장을 요약했다. 예수 그리스도 이외에 다른 구원의 길은 없다. 동시에 우리는 하나님의 구원하시는 능력을 제한할 수 없다. 샌안토니오 보고서는 그러한 진술과 다른 종교전통을 가진 사람들의 삶에서 하나님의 임재와 역사하심에 관한 확인 사이의 긴장을 인식하고 "우리는 이 긴장을 감사하며 그것을 해결하려고 시도하지 않는다."라고 말했다. 회의 이후의 문제는 에큐메니컬 운동이 신학적 겸손의 표현으로 이러한 중도적인 말을 유지해야 하는지, 아니면 하나의 종교 신학에서 새롭고 창의적인 공식을 찾는 데 있어서 긴장을 다루어야 하는지였다. 드디어 WCC는 다양한 종교를 하나로 묶어 중도적인 하나의 종교 신학을 꿈꾼다. 이러한 WCC의 태도 변화는 WCC가 더는 교회연합 기관이 아니라, 종교 다원주의와 종교 혼합주의를 통해 모든 종교를 하나로 묶는 종교 신학을 추구한다는 사실을 보여준다.

이러한 고민 속에 "예수 그리스도 이외에 다른 구원의 길은 없다. 동시에 우리는 하나님의 구원하시는 능력을 제한할 수 없다."라는 언급은 WCC가 양비론의 인식에 갇혀 있는 것을 그대로 보여줄 뿐이다. 왜 양자 사이에서 머뭇거리는가? 타 종교와의 대화와 종교 다원주의를 추구하기 위해 기독교가 지

---

38) In its search for consensus among Christians about God's saving presence in the religious life of our neighbors, the world mission conference in San Antonio (1989) summed up the position that the WCC has been able to affirm: "We cannot point to any other way of salvation than Jesus Christ; at the same time we cannot set limits to the saving power of God." Recognizing the tension between such a statement and the affirmation of God's presence and work in the life of peoples of other faith traditions, the San Antonio report said that "we appreciate this tension, and do not attempt to resolve it". The question following the conference was whether the ecumenical movement should remain with these modest words as an expression of theological humility, or whether it should deal with that tension in finding new and creative formulations in a theology of religions.

닌 구원의 특수성을 내려놓고 하나의 종교 신학 안에 모든 종교를 담으려니 WCC를 탈퇴하자는 목소리가 높아지는 상황에서, 마지못해서 타 종교인을 구원하시려는 '하나님의 능력'을 제한해서는 안 된다고 볼멘소리를 한다.

타 종교인을 구원하려면 대화가 아니라, 복음 전도하는 일을 위해서 WCC가 더욱 심도 있는 방안을 연구하여 제안하여야지, 이미 종교 다원주의의 길을 걷겠다고 111년 전부터 천명해 놓고서 이제 와서 교회가 후원금을 끊겠다고 하니까 엉뚱한 속임수인 모호한 수사학과 확증 오류를 수정하는 전략으로 바꾸었다.

양비론과 양자 사이에 머뭇거리던 WCC는 제24장에 다음과 같은 내용을 통해 종교 다원주의에 근거하여 하나의 종교 신학을 천명하고 있다.[39] 왜 WCC가 이런 무모한 주장을 통하여 타 종교와의 대화를 모색하고 종교 다원주의를 지향할까? 둘러대지 말고 바로 말하자면, 기독교 신앙을 성경에서 끌어오려는 복음주의적 입장보다는 이념과 지성으로 무장한 자유주의 신학과 네오마르크시즘에 근거하여 기독교의 가치를 부정하고 타 종교와 대화만을 목표로 나아가기 때문이다. 심지어 '창조주 하나님께서 종교 다원주의 안에서 활동하신다'는 WCC의 주장은 그 문제의 심각성을 보여준다.

---

39) In an attempt to go beyond San Antonio, a WCC consultation on theology of religions in Baar, Switzerland (1990), produced an important statement, drawing out the implications of the Christian belief that God is active as Creator and Sustainer in the religious life of all peoples: "This conviction that God as Creator of all is present and active in the plurality of religions makes it inconceivable to us that God's saving activity could be confined to any one continent, cultural type, or group of people. A refusal to take seriously the many and diverse religious testimonies to be found among the nations and peoples of the whole world amounts to disowning the biblical testimony to God as Creator of all things and Father of humankind." 이론 선언에 의하면, 샌안토니오 보고서를 넘어서려는 시도로, 스위스 바아르(1990)의 종교 신학에 관한 WCC 자문 위원회(1990)는 중요한 성명을 발표했는데, 이는 하나님께서 모든 민족의 종교 생활에서 창조주이자 유지자로서 활동하신다는 기독교 신앙의 함의를 끌어낸 것이다. "만물의 창조주이신 하나님께서 종교 다원주의 안에서 현존하시고 활동하신다는 이러한 확신은 하나님의 구원 활동이 어느 한 대륙, 문화 유형 또는 사람들의 그룹에만 국한될 수 있다는 것을 우리에게 상상할 수 없게 만든다. 전 세계의 나라들과 민족들 사이에서 발견되는 많고 다양한 종교적 증언을 진지하게 받아들이기를 거부하는 것은 만물의 창조주이시며 인류의 아버지이신 하나님에 대한 성경적 증언을 부인하는 것과 같다."

이런 주장 이후에 언급된 '많고 다양한 종교적 증언'은 다른 것이 아니라, 종교 다원주의에 대한 증언이다. 어찌 WCC는 성경적 계시의 증언을 근거로 기독교의 특수성을 이야기하는 것에 대하여 종교 다원주의를 거부하는 것이라고 자가당착적인 주장을 할까? WCC는 타 종교와 대화를 향한 거대한 목표를 세워놓고 종교 다원주의를 근거로 한 종교 신학을 이미 완성해 놓고 있다. 이것은 처음에는 교회 연합기관으로 시작하였지만, 마지막에 가서는 기독교를 전면으로 부정하는 이단적 행태와 같다.

확증 오류에 빠져서 성경적 복음을 상대화시키는 WCC로부터 한국교회는 하루라도 속히 탈퇴하여 WCC를 대체하는 세계교회협력기구를 만드는 데 주도적인 역할을 해야 한다. WCC를 대체하는 새로운 세계교회 연합기구는 미국장로교(PCUSA)로부터 모든 교회 건물을 포기하고 탈퇴한 2000여 개의 교회가 만든 언약 교단(Covenant Church)과 함께 대안 협의체부터 가동해야 한다. 미국장로교의 동성애 목사 안수 결의 이후에 미국 감리교단은 동성애 찬성파와 동성애 반대파가 교단을 양분하여 교단 분열을 피한 것으로 그치지 말고, WCC를 대체할 수 있는 교회 연합기구를 태동시키기 위해서 긴밀하게 연대하여야 한다.

5. 결론

기독교를 하나의 종교로 간주하는 WCC에 관계된 사람들이 한국교회와 신학교에 너무나도 많다. 위의 평가를 통해서 확인한 바와 같이, 이미 WCC는 돌이킬 수 없는 리비도 강을 건넌 지 오래된다. 그런데도 WCC에 밥을 먹고 사는 사람들의 속임수와 언변과 외교적 수사에 총회장도 속고, 총대도 속고, 심지어 교회를 지켜야 하는 장로도 속고 있다. 지성인이면 의당 종교 다원주의를 인정해야 하는 잘못된 분위기가 팽배하기 때문이다.

정신을 차려야 한다. 종교 다원주의로 변질된 WCC를 제대로 알고 대처하지 않으면 교회가 망한다. WCC 탈퇴가 어려우면, 한국교회가 저력을 발휘하여 보고서를 내서 대안을 제시하고 과거의 잘못된 보고서를 수정해야 한다. 탁상공론식으로 위원회를 가동하고 발표된 보고서를 중심으로 회원교회적 합의 없이 WCC 총회에서 보고서를 채택하여 문제를 피해가고 오류를 덮어가다가는, 지구촌의 모든 교회가 본질에서 벗어나서 문을 닫는 현실이 가까운 미래에 다가올 것이다.

WCC는 신학적 방향을 잃어버렸기에 긴급하게 점검할 필요가 있다. 타종교와 대화를 추구하다가 종교 다원주의의 오류에 빠져서 미래로 나아갈 동력을 잃고 방황하고, WCC에 밥줄을 대고 자리를 유지하려는데 혈안이 되어 있는 삯꾼들에 의해 한국교회가 이용당하고 있다. 우선 한국교회는 타 종교와 대화를 추구하는 WCC의 지원을 끊고 우선 한국교회가 임의로 만든 NCCK부터 해체하기 위해 최대 후원 교단인 감리교단과 통합교단부터 탈퇴할 수 있도록 연대를 모색하여야 한다.[40]

마지막으로 종교 다원주의를 혼합주의적 종교이념으로 무장한 로마 천주교와 그 어떤 협력도 해서는 안 된다. 꽃동네를 위시하여 수많은 로마 천주교 기관과 단체에 보내는 후원금에 기독교인의 헌금이 상당수 차지하고 있는 것을 알려서, 교회가 깨어서 WCC를 대체할 수 있는 세계교회 연합기관을 새롭게 만들어야 한다.

---

40) 2023년 2월 7일에 남산 인근의 조각보에서 "기감·기장·통합 연대"가 결성되어 활동을 시작하였다. 3개 교단 연합체의 상임대표는 소기천(통합)이고, 공동대표는 김창환(기장), 민돈원(기감)이다.

IV. WCC의 종교 다원주의에 대한 성서 신학적 비판[1]

1. 서론

이 연구는 WCC가 종교 다원주의를 표방하는 가장 중요한 문서 하나를 집중적으로 분석하여 그 실체를 비판하려는 목적으로 기록된 것이다. 이미 필자는 앞 장에서 에든버러 선교대회부터 바아르 선언문에 이르기까지 WCC 종교 다원주의의 행보를 지적한 바가 있다. 여기서는 WCC의 종교 다원주의를 표방한 더욱더 직접적인 문헌을 보다 집중적으로 비판하려고 한다. 그 대표적인 예로 "Religious Plurality and Christian Self-Understanding"이라는 제목의 문서는 2002년에 WCC 중앙위원회가 지명한 가장 핵심적인 위원회인 신앙과 직제(Faith and Order), 종교 간의 대화(Inter-religious Relations and Dialogue), 선교와 전도(Mission and Evangelism)라는 세 개의 위원회가 연합하여 만든 문서[2]이다. 이 연구는 WCC 문서의 전문을 발췌하여 번역하고 각각의 항목을 성서

---

1) 소기천, "성서 신학적 관점에서 본 에큐메니컬 종교 다원주의 평가", 《선교와 교회》 제11권(2023년 봄): 68-94에 실린 글이다.
2) http://www.oikoumene.org/en/resources/documents/assembly/porto-alegre-2006/3-preparatory-and-background-documents/religious-plurality-and-christian-self-understanding.html? (문서 날자: 2006년 2월 14일).

적인 입장에서 비판하려고 한다. 편의상 WCC 문서의 목차를 그대로 따라서 조목조목 비판하려고 한다.

2. 다원성의 도전

"오늘날 세계 거의 모든 지역의 기독교인들은 종교 다원적인 사회에 살고 있다. 지속적인 다원성이 일상생활에 미치는 영향은 다른 종교 전통의 사람들을 이해하고 관계를 맺는 새롭고 적절한 방법을 찾도록 강요하고 있다. 많은 상황에서 종교적 극단주의와 호전성이 부상하면서 종교 간 관계의 중요성이 강조되었다. 종교적 정체성, 충성도, 감정 등은 너무나 많은 국제적, 민족적 갈등의 중요한 요소가 되었기 때문에 어떤 사람들은 20세기에 결정적인 역할을 했던 이데올로기의 정치가 우리 시대에 정체성의 정치로 대체되었다고 말한다."[3] WCC의 이런 진단은 종교 다원주의가 현대인이 직면한 다원성 사회의 특징이기에 기독교가 다른 종교들과 대화하는 정도를 넘어서 불교나, 힌두교나, 이슬람교나, 여타 이단들까지도 이해하고 그들과 적절한 관계를 통해서 그동안 적대시했던 '이데올로기의 정치를 청산하고 정체성의 정치를 해야 한다' 라고 강변한다. 이런 주장은 기독교가 그동안 "종교적 극단주의와 호전성"에 근거하여 다른 종교를 배척하고 배타적인 태도를 보였다고 계몽하려는 것을 넘어서 자기 발등을 찍으면서 비판하려는 의도를 WCC가 처음부터 가지고 있다는 사실을 보여준다. 이런 점에서 해마다 석탄일이 되면, NCCK가 종로 한

---

3) Today Christians in almost all parts of the world live in religiously plural societies. Persistent plurality and its impact on their daily lives are forcing them to seek new and adequate ways of understanding and relating to peoples of other religious traditions. The rise of religious extremism and militancy in many situations has accentuated the importance of inter-religious relations. Religious identities, loyalties, and sentiments have become important components in so many international and inter-ethnic conflicts that some say that the "politics of ideology", which played a crucial role in the 20th century, has been replaced in our day by the "politics of identity".

복판에 '경축 부처님 오신 날 축하'라는 플래카드를 내거는 희한한 일이 반복되고 있다.

"모든 종교 공동체는 새로운 만남과 관계로 재편되고 있다. 정치, 경제, 심지어 종교 생활의 세계화는 지리적 또는 사회적으로 고립되어 있던 공동체에 새로운 압력을 가하고 있다. 인간 생명의 상호의존성에 대한 더 큰 인식과 세상의 시급한 문제를 다루기 위해 종교적 장벽을 넘어 협력해야 할 필요성에 대한 인식이 커졌다. 그러므로 모든 종교 전통은 상호 존중과 평화 속에 살게 될 지구 공동체의 출현에 이바지해야 하는 과제를 안고 있다. 무너진 세상에 정의와 평화, 치유를 가져오는 힘은 위태로운 종교적 전통의 신뢰성을 회복하는 일이다."[4] 이런 태도는 왜 WCC가 종교 다원주의를 표방하는지 그 이유를 분명하게 보여준다. 이런 태도는 문제가 많다. WCC의 좁은 안목으로 지구 공동체를 종교 공동체로만 규정하고 모든 종교가 "새로운 만남과 관계로 재편되고 있다."라고 진단한 것은 WCC가 확증 오류에서 벗어나지 못하고 있다는 사실을 바로 보여준다. 이런 영향을 받은 NCCK는 2023년 3월에 총무가 정치쇼에 가까운 두 번째 사퇴 의사 밝히면서 대다수의 보수적인 한국교회를 향해서 '선전 선동한다'라고 어처구니없는 무차별 공격을 함으로써 한국교회의 일치를 위해서 1924년 창설된 이래, 일치보다는 오히려 한국교회의 분열과 갈등을 조장해 온 장본인이라는 사실을 그 자신은 꿈에도 모르고 있는 안일한 모습을 보여준다. 결국 총무인 이홍정은 잔여임기를 마치지 못하고 사임하였다.

"그러나 대부분의 종교 전통은 인류 역사를 훼손한 정치권력과 특권과의

---

4) All religious communities are being reshaped by new encounters and relationships. Globalization of political, economic, and even religious life brings new pressures on communities that have been in geographical or social isolation. There is greater awareness of the interdependence of human life, and of the need to collaborate across religious barriers in dealing with the pressing problems of the world. All religious traditions, therefore, are challenged to contribute to the emergence of a global community that would live in mutual respect and peace. At stake is the credibility of religious traditions as forces that can bring justice, peace and healing to a broken world.

타협, 폭력 공모의 역사를 하고 있다. 예를 들어, 기독교는 한편으로 모든 사람에 대한 하나님의 조건 없는 사랑과 수용의 메시지를 전하는 힘이었다. 한편, 슬프게도 그 역사는 박해, 십자군 전쟁, 토착 문화에 대한 무감각, 제국 및 식민지 지배의 공모로 특징지어진다. 사실 이러한 모호함과 권력과 특권에 대한 타협은 모든 종교 전통 역사의 일부이며, 그들에 대한 낭만적인 태도에 대해 경고한다. 게다가 대부분의 종교 전통은 고통스러운 분열과 분쟁을 수반하는 엄청난 내적 다양성을 보여준다."[5] 여기서 WCC는 기독교를 예로 들면서 "박해, 십자군 전쟁, 토착 문화에 대한 무감각, 제국 및 식민지 지배의 공모로 특징지어진다."라고 단언하는데, 기가 막힌 발상이다. 박해는 기독교가 다른 종교로부터 받은 것을 많은 예로 들어야 하고, 십자군 전쟁은 이슬람교가 무력으로 성지를 탈환하고 무고한 인명을 상상한 것에 대해서 로마 천주교가 성지를 회복하고자 10차에 걸친 전쟁이다. WCC에 정식 회원이 아니라, 옵서버로 참여하고 있는 로마 천주교가 자행한 십자군을 기독교의 전쟁으로 전제하는 것은 WCC 역사인식의 한계를 보여준다. 더구나 토착 문화에 대한 무감각을 언급하는데, 이미 감신대의 윤성범이 토착화 신학을 통해서 감리교단의 거룩성과 정통 신학을 훼손하고 교회의 분열과 약화를 초래한 것을 기억해야 한다.

"오늘날 이러한 내부 분쟁은 종교 간의 상호 이해와 평화를 증진해야 할 필요성에 비추어 보아야 한다. 공동체의 양극화가 심화하고 만연한 공포 분위기와 우리 지구촌을 사로잡은 폭력의 문화를 감안할 때 분열된 인간 공동체에 치유와 온전함을 가져다주는 사명은 우리 시대의 종교 전통이 직면한 가장 큰

---

5) Most religious traditions, however, have their own history of compromise with political power and privilege and of complicity in violence that has marred human history. Christianity, for instance, has been, on the one hand, a force that brought the message of God's unconditional love for and acceptance of all people. On the other hand, its history, sadly, is also marked by persecutions, crusades, insensitivity to Indigenous cultures, and complicity with imperial and colonial designs. In fact, such ambiguity and compromise with power and privilege is part of the history of all religious traditions, cautioning us against a romantic attitude towards them. Further, most religious traditions exhibit enormous internal diversity attended by painful divisions and disputes.

도전이다."6) 이 장의 마지막 이러한 WCC의 진단은 바로 앞 문단에서 '제국의 식민지 지배'라는 후기 식민주의 비평을 통해서 기독교를 비판함으로써 토착 종교에 위협이 되고 지역 사회에 양극화와 공포 분위기를 조성하고 인간 공동체를 분열시켰다고 평가하는 일관된 기조를 보여준다. 한국 기독교의 예를 보면, 식민주의와는 무관하게 언더우드와 아펜젤러가 일본을 거쳐서 혈혈단신으로 제물포항에 들어와서 헌신적으로 복음 전도에 힘쓴 것을 모르는가?

1) 기독교 신앙의 변화하는 상황

"세계 종교 상황도 유동적이다. 서구 세계의 일부 지역에서는 기독교의 제도적 표현이 쇠퇴하고 있다. 사람들이 점점 더 개인의 믿음과 제도적 소속을 분리함에 따라 새로운 형태의 종교적 헌신이 등장한다. 세속적 생활 방식의 맥락에서 진정한 영성을 추구하는 것은 교회에 새로운 도전이다. 또한 힌두교, 이슬람교, 불교도, 시크교 등과 같은 다른 전통을 가진 사람들은 점점 더 소수자로서 이러한 영역으로 이주해 왔으며 종종 다수 공동체와 대화할 필요성을 경험한다. 이것은 기독교인들이 자신과 이웃 모두에게 의미 있는 방식으로 신앙을 표현할 수 있도록 도전한다. 대화는 믿음의 헌신과 그것을 말과 행동으로 표현하는 능력을 전제한다."7) 이런 진단을 통하여 이제 WCC는 본격적으로

---

6) Today these internal disputes have to be seen in the light of the need to promote mutual understanding and peace among the religions. Given the context of increased polarization of communities, the prevalent climate of fear, and the culture of violence that has gripped our world, the mission of bringing healing and wholeness to the fractured human community is the greatest challenge that faces the religious traditions in our day.

7) The global religious situation is also in flux. In some parts of the Western world, the institutional expressions of Christianity are in decline. New forms of religious commitment emerge as people increasingly separate personal faith from institutional belonging. The search for authentic spirituality in the context of a secular way of life presents new challenges to the churches. Further, peoples of other traditions, like Hindus, Muslims, Buddhists, Sikhs, etc., who have increasingly moved into these areas, as minorities, often experience the need to be in dialogue with the majority community. This challenges Christians to be able to articulate their faith in ways that are meaningful both to them and their neighbours; dialogue presupposes both faith commitment and the capacity to articulate it in word and deed.

기독교가 배타적이고, 다른 종교는 대화와 관계 개선에 적극적이라는 평가를 일방적으로 내린다. 그래서 2022년 8월 31일부터 9월 8일까지 독일의 칼스루에에서 개최된 제11차 WCC 총회에 힌두교, 이슬람교, 불교도, 시크교 등과 같은 다른 전통을 가진 사람들이 참여하였는데, 이는 세계교회협의회라는 WCC의 이름에도 어울리지 않는 행보이다.

"이러한 변화는 우리가 다른 종교 공동체와의 관계에 이전보다 더 주의를 기울일 것을 요구한다. 그들은 '타인'의 차이점을 인정하고, 그들의 '이상함'이 때때로 우리를 위협하더라도 낯선 사람을 환영하고, 자신을 우리의 적이라고 선언한 사람들과도 화해를 추구하도록 우리에게 도전한다. 다시 말해, 우리는 세계의 종교적 전통들 사이에서 창의적이고 긍정적인 관계에 이바지하는 영적 분위기와 신학적 접근 방식을 개발하라는 도전을 주고 있다."[8] 여기서 "그들은 '타인'의 차이점을 인정하고"라는 언급을 보면, WCC가 다른 종교는 다른 사람들(others)을 인정하지만, 기독교는 그들이 '우리를 위협한다'라는 논지에 연결한다. 이렇게 평가함으로써 WCC가 기독교가 다른 종교와 대화하기 위해서 기독교의 전통을 버리고 다른 종교를 환영하기 위한 "영적 분위기와 신학적 접근 방식을 개발하라."라는 주장까지 한다. 이런 WCC의 종교 다원주의적 접근은 기독교가 자신의 영성과 교유의 정통 신학을 스스로 내려놓으라는 주장에 힘을 실어주는 것이기에 위험천만하다.

2) 문제 제기의 목회적, 신앙적 차원

이제 본격적으로 성서 신학적 차원에서 WCC 종교 다원주의의 행보를 비판하고자 한다. "그리스도인들이 종교적으로 다원적인 세상에서 살 수 있도

---

8) These changes require us to be more attentive than before to our relationship with other religious communities. They challenge us to acknowledge "others" in their differences, to welcome strangers even if their "strangeness" sometimes threatens us, and to seek reconciliation even with those who have declared themselves our enemies. In other words, we are being challenged to develop a spiritual climate and a theological approach that contributes to creative and positive relationships among the religious traditions of the world.

록 준비시키는 목회가 필요하다. 많은 그리스도인이 자신의 신앙에 헌신하면서도 다른 사람들에게 마음을 여는 방법을 찾고 있다. 어떤 이들은 기독교 신앙과 기도 생활을 심화하기 위해 다른 종교 전통의 영적 훈련을 사용한다. 또 다른 사람들은 다른 종교적 전통에서 추가적인 영적 고향을 찾고 '이중 소속'의 가능성에 관해 이야기한다. 많은 그리스도인이 종교 간 결혼, 다른 사람들과 함께 기도하라는 부르심, 호전성과 극단주의에 대처하기 위한 지침을 요청한다. 다른 사람들은 정의와 평화 문제에 대해 다른 종교적 전통을 가진 이웃과 함께 일할 때 지침을 구한다. 종교적 다원성과 그 의미는 이제 우리의 일상생활에 영향을 미친다."[9] 종교적 다원성이 많은 기독교인의 일상생활에 영향을 미친다는 이런 WCC의 주장은 지극히 편향적이다. 기독교인이면서 다른 종교에 이중으로 소속되어 있다고 단언하는 주장은 너무나도 인간적인 발상이다. 더구나 결혼하는 부부가 다른 종교를 가지고 결혼하는 일을 종교 다원성의 예로 간주하는 것은 비성서적인 주장이다. 고린도전서 7장 12-16절은 믿지 아니하는 배우자를 구원할 수 있다는 사실을 중요하게 여기면서 오늘날보다 더 심화한 이방인의 혼합주의적 우상숭배에 대해 기독교의 복음만이 구원을 줄 수 있다는 사실[10]을 WCC는 소홀히 여겨서는 안 된다.

"기독교인으로서 우리는 그것이 복음 메시지에 내재하여 있고 세상을 치유하는 하나님의 동역자로서 우리의 사명에 내재하여 있다고 믿기 때문에 다른 종교 전통과 새로운 관계를 구축하려고 노력한다. 그러므로 하나님과 모든

9) There is a pastoral need to equip Christians to live in a religiously plural world. Many Christians seek ways to be committed to their own faith and yet to be open to the others. Some use spiritual disciplines from other religious traditions to deepen their Christian faith and prayer life. Still others find in other religious traditions an additional spiritual home and speak of the possibility of "double belonging". Many Christians ask for guidance to deal with interfaith marriages, the call to pray with others, and the need to deal with militancy and extremism. Others seek for guidance as they work together with neighbours of other religious traditions on issues of justice and peace. Religious plurality and its implications now affect our day-to-day lives.

10) 소기천, "특집- 고린도전서를 어떻게 설교할 것인가?: 결혼과 독신과 이혼과 재혼(고전 7장의 주해)에 관한 통전 신학의 이해",《그 말씀》 191(2005/5): 65-73.

하나님의 백성과의 관계의 신비와 사람들이 이 신비에 응답한 여러 가지 방법은 다른 종교적 전통의 실재와 종교적으로 다원적인 세상에서 그리스도인으로서 우리 자신의 정체성을 더 충분히 탐구하도록 우리를 초대한다."[11] 여기서 WCC가 말하는 "다른 종교적 전통의 실재와 종교적으로 다원적인 세상에서 그리스도인으로서 우리 자신의 정체성"은 기독교 전통의 해체를 전제한 것이기에 해체신학의 위험성을 그대로 안고 있다. 오늘날 해체신학은 더 이상 주목받지 못하고 있는데, 기독교의 정통 신학을 허무는 '하나님의 포도원 담장의 여우'(아 2:10-17)와 같은 이런 해묵은 논쟁이 제11차 WCC 총회에까지 화두로 등장하고 있으니 더 이상 WCC는 희망이 없다.

3. 영적 여정으로서의 종교적 전통

"종교적 전통이 '영적 여행'이라고 말하는 것이 일반적이다. 기독교의 영적 여정은 종교적 전통으로의 발전을 풍요롭게 하고 형성했다. 그것은 주로 유대-헬레니즘 문화에서 처음 등장했다. 기독교인들은 '이방인'이 되는 경험을 했고, 지배적인 종교적, 문화적 세력 한가운데에서 자신을 정의하기 위해 고군분투하는 박해받는 소수자라는 경험했다. 그리고 기독교가 세계 종교로 성장함에 따라 기독교는 접하게 된 많은 문화에 의해 내부적으로 다양화되고 변형되었다."[12] WCC가 초기 기독교인을 이방인의 경험으로 출발한 박해받던 소

---

11) As Christians we seek to build a new relationship with other religious traditions because we believe it to be intrinsic to the gospel message and inherent to our mission as co-workers with God in healing the world. Therefore the mystery of God's relationship to all God's people, and the many ways in which peoples have responded to this mystery, invite us to explore more fully the reality of other religious traditions and our own identity as Christians in a religiously plural world.

12) It is common to speak of religious traditions being "spiritual journeys". Christianity's spiritual journey has enriched and shaped its development into a religious tradition. It emerged initially in a predominantly Jewish-Hellenistic culture. Christians have had the experience of being "strangers", and of being persecuted minorities struggling to define themselves in the midst

수자로 인식하는 것은 아주 비성서적인 오류이다. 갈릴리를 거점으로 예수의 공생애 동안에 유대인 제자들을 중심으로 시작된 초기 교회는 예수의 부활 승천 이후에 예루살렘에서 유대 그리스도교로 서부 시리아의 안디옥을 거치면서 2세기까지 정통교회의 주류를 형성하였고, 이는 구약성경과 유대교의 전통을 충실하게 서서 동부 시리아의 에데사에 근거를 둔 마르키온의 영지주의 교단을 이단으로 배격하면서 신인 양성론의 최초의 기독교 교리로 확정한 내막을 주목하지 못한 초보적인 발상이다.[13] 유대 그리스도교의 정통신앙을 계승한 초기 기독교는 WCC가 주장하는 것처럼 "많은 문화에 내부적으로 다양화되고 변형된 것" 아니라, 오히려 내부 결속을 통하여 오직 예수를 통한 구원의 진리를 강화하는 배타적 기독교의 모습(행 4:12)을 강화하였다.

"동양에서 정교회는 역사를 통틀어 문화 참여와 분별의 복잡한 과정에 관여해 왔으며, 수 세기에 걸쳐 선별된 문화적 측면의 통합을 통해 정통신앙을 유지하고 전수했다. 한편 정교회는 혼합주의의 유혹에 저항하기 위해 고군분투했다. 강력한 제국의 종교적 전통이 된 서양에서 기독교는 때때로 박해하는 다수가 되었다. 그것은 또한 많은 긍정적인 방식으로 유럽 문명을 형성하는 '주인공' 문화가 되었다. 동시에 유대교, 이슬람교, 토착 전통과의 관계에서 문제가 있는 역사가 있다."[14] 기독교 신앙을 견지한 유럽을 주인공 문화로 설정하고 유대교와 이슬람교와 토착 전통을 그 변두리에 놓는 발상은 WCC의 전

---

of dominant religious and cultural forces. And as Christianity grew into a world religion, it has become internally diversified, transformed by the many cultures with which it came into contact.

13) 소기천, 《예수말씀의 전승궤도》 (서울: 대한기독교서회, 2000; 2쇄, 2005; 3쇄, 2010; 개정증보판, 2011). 특별히 자세한 것은 "유대 그리스도교"라는 장을 참고하라.

14) In the East, the Orthodox churches have throughout their history been involved in a complex process of cultural engagement and discernment, maintaining and transmitting the Orthodox faith through integration of select cultural aspects over the centuries. On the other hand, the Orthodox churches have also struggled to resist the temptation towards syncretism. In the West, having become the religious tradition of a powerful empire, Christianity has at times been a persecuting majority. It also became the "host" culture, shaping European civilization in many positive ways. At the same time, it has had a troubled history in its relationship with Judaism, Islam, and Indigenous traditions.

형적인 갈라치기와 갈등을 조장하는 잘못된 행태이다. 이슬람교와의 대화를 위해서 왜 WCC는 오스만 튀르크가 500년 동안 유럽과 지중해와 아시아를 지배한 악몽을 잊고 있는가? 더구나 WCC는 옵서버인 로마 천주교의 압력을 받고서 중세 이후에 타락한 교황주의와 바티칸의 교권주의가 마르틴 루터 전후에 기독교를 박해하면서 얀 후스를 비롯한 많은 순교자가 피를 흘린 것을 애써 외면하는가?

"종교개혁은 교파와 종파의 확산으로 [기독교]를 도입함으로써 [로마 천주교]의 모습을 변화시켰고, 계몽주의는 근대성, 세속화, 개인주의, 제정 분리의 출현과 함께 문화 혁명을 가져왔다. 아시아, 아프리카, 라틴 아메리카 및 세계의 다른 지역으로의 선교 확장은 복음의 토착화와 토착화에 대한 의문을 제기했다. 아시아 종교의 풍부한 영적 유산과 아프리카 전통 종교의 만남은 이 지역의 문화 및 종교 유산을 기반으로 하는 신학적 전통의 출현으로 귀결되었다. 세계 곳곳에서 은사주의와 오순절 교회의 부상은 기독교에 새로운 차원을 더했다."15) 왜 이렇게 WCC의 태도가 기독교를 부정적인 측면에서 바라보는지 안타깝다. 그 이유는 WCC에 속한 특정인들이 자기들만의 리그에서 왜곡된 시각으로 정통교회를 허물어서 자기들의 입맛에 맞는 혼합주의적 세계교회를 창건하려는 사탄의 유혹에 빠져 있기 때문이다. 더구나 "아시아, 아프리카, 라틴 아메리카 및 세계의 다른 지역으로의 선교 확장은 복음의 토착화와 토착화에 대한 의문을 제기했다."라는 WCC의 평가는 기독교가 제국주의적 외부 세력으로 신구약성경을 후기 식민주의 비평에 근거하여 토착화 신학을

---

15) The Reformation transformed the face of Western Christianity, introducing Protestantism with its proliferation of confessions and denominations, while the Enlightenment brought about a cultural revolution with the emergence of modernity, secularization, individualism, and the separation of church and state. Missionary expansions into Asia, Africa, Latin America and other parts of the world raised questions about the indigenization and inculturation of the gospel. The encounter between the rich spiritual heritage of the Asian religions and the African Traditional Religions resulted in the emergence of theological traditions based on the cultural and religious heritages of these regions. The rise of charismatic and Pentecostal churches in all parts of the world has added yet a new dimension to Christianity.

두둔하려는 일방적 주장에 편승한 졸견이다.

"기독교의 '영적 여정'은 기독교를 매우 복잡한 세계적 종교 전통으로 만들었다. 기독교는 문화, 종교, 철학적 전통 사이에서 살아가고 현재와 미래의 도전에 대응하려고 시도함에 따라 계속해서 변혁될 것이다. 변해왔고 변화하고 있는 기독교의 이러한 맥락에서 우리는 다원성에 대한 신학적 대응이 필요하다."[16] 이 문장은 앞에서 반복된 불필요한 내용에 한 가지를 더하여 "변해왔고 변화하고 있는 기독교"라는 표현이 나오는데, 원래는 아우스티누스가 주창한 "변혁된 교회는 항상 개혁되어야 한다(Ecclesia reformata, semper reformanda est)."라는 모토를 WCC가 부정확하게 사용한 것이다. 이런 모토를 WCC가 "다원성에 대한 신학적 대응"에 적용하는 것을 보면, 하도 어이가 없어서 웃음이 나온다. 이런 얄팍한 논리로 정통교회를 흔들어 대면서 갈등을 조장하고 선전선동을 통하여 교회의 일치를 해치는 WCC는 개혁교회의 정신도 모르고 교회의 분열을 획책하기에 해체되어야 한다.

"다른 종교 전통도 발전 과정에서 비슷한 도전을 겪었다. 유대교, 이슬람교, 힌두교, 불교 등에는 이런 표현이 하나도 없다. 이 종교들은 원래 땅을 떠나 여행하면서 그들이 이동한 문화와의 만남에 의해 형성되었고, 그들에 의해 변형되고 변모되었다. 오늘날 대부분 주요 종교 전통은 다른 종교 전통에 대한 문화적 '주인공'이 되는 경험과 그들 자신의 종교 전통이 아닌 다른 종교 전통에 의해 형성된 문화에 의해 '주인공'이 되는 경험을 하고 있다. 이것은 종교 공동체와 그 안에 있는 개인의 정체성이 결코 정적인 것이 아니라 유동적이고 역동적이라는 것을 의미한다. 어떤 종교도 다른 종교적 전통과의 상호 작용 때문에 완전히 영향을 받지 않는다. 심지어 '종교' 그 자체, 즉 '유대교', '기독교',

---

16) In short, the "spiritual journey" of Christianity has made it a very complex worldwide religious tradition. As Christianity seeks to live among cultures, religions and philosophic traditions and attempts to respond to the present and future challenges, it will continue to be transformed. It is in this context, of a Christianity that has been and is changing, that we need a theological response to plurality.

'이슬람교', '힌두교', '불교' 등이 정적이고 분화되지 않은 전체인 것처럼 말하는 것은 점차 오해를 불러일으키고 있다."[17] 여기서 WCC는 다른 종교 전통도 변화의 과정을 겪었지만, 기독교처럼 다른 종교를 배척하고 주인공을 독차지하려던 종교는 없다고 단언한다. 그러나 과연 이슬람교가 주인공이 되어 다른 종교와 문화를 배척한 적이 없는가? 오스만 튀르크 시대가 끝났지만, 여전히 세계 곳곳에서 IS가 출몰하고 이슬람 종파인 시아파와 수니파가 서로 주인공 쟁탈전을 벌이면서도 기독교로의 개종을 철저하게 막고 있는 현실을 WCC는 왜 침묵하는가? 또한, 지난 2천 년 동안 도마가 인도에 복음을 전하였건만, 아직도 인도의 기독교가 미미한 현실을 왜 WCC는 주목하지 못하는가? 더구나 일본에서 수천만의 순교자들이 나왔지만, 여전히 일본 열도에 귀신과 사신이 많아 신음하고 있는 영혼들을 왜 WCC는 영적인 눈으로 바라보지 못하는가?

4. 지속적인 탐색 모색

"WCC의 대화 프로그램은 다른 종교 전통의 현실을 존중하고 그들의 독특성과 정체성을 확인하는 것의 중요성을 강조해 왔다. 또한 정의롭고 평화로운 세상을 찾기 위해 다른 사람들과 협력해야 할 필요성에 초점을 맞췄다. 또한, 우리와 다른 종교적 전통에 대해 말하는 우리의 방식이 어떻게 대립과 갈등으로 이어질 수 있는지에 대한 더 큰 인식이 있다. 한편으로, 종교적 전통

---

17) Other religious traditions have also lived through similar challenges in their development. There is no one expression of Judaism, Islam, Hinduism or Buddhism, etc. As these religions journeyed out of their lands of origin they too have been shaped by the encounters with the cultures they moved into, transforming and being transformed by them. Most of the major religious traditions today have had the experience of being cultural "hosts" to other religious traditions, and of being "hosted" by cultures shaped by religious traditions other than their own. This means that the identities of religious communities and of individuals within them are never static, but fluid and dynamic. No religion is totally unaffected by its interaction with other religious traditions. Increasingly it has become rather misleading even to talk of "religions" as such, and of "Judaism", "Christianity", "Islam", "Hinduism", "Buddhism", etc., as if they were static, undifferentiated wholes.

은 보편적인 진리를 주장한다. 다른 한편으로, 함축에 의한 이러한 주장은 다른 사람들의 진리 주장과 충돌할 수 있다. 이러한 깨달음과 지역 상황에서 서로 다른 전통을 가진 사람들 사이의 관계에 대한 실제 경험은 그리스도인들이 '대화'라는 용어로 다른 사람들과의 관계를 말할 수 있는 길을 열었다. 그러나 추가 탐색을 기다리는 많은 질문이 있다. 관련 커뮤니티가 갈등을 겪고 있을 때 대화를 한다는 것은 무엇을 의미하는가? 개종과 종교의 자유 사이에 인지된 갈등을 어떻게 다룰 것인가? 종교적 전통과 민족, 문화적 관행 및 국가의 관계에 대한 신앙 공동체 간의 깊은 차이를 어떻게 처리하는가?"[18] 여기서 "WCC의 대화 프로그램은 다른 종교 전통의 현실을 존중하고 그들의 독특성과 정체성을 확인하는 것의 중요성을 강조해 왔다."라고 지적하는데, WCC는 다른 종교만을 존중하는 일에만 급급하여 기독교의 본질적인 독특성을 훼손하면서까지 대화 지상주의의 길을 걸어왔다. 왜 많은 보수 교회가 진보적인 WCC와 편향된 시각을 가진 NCCK를 비판하는가? 그것은 두 기관이 대부분의 성도가 중시하는 기독교 신앙의 본질에서 멀어졌기 때문이다.

"WCC 세계선교 및 전도 위원회(CWME)의 토론에서 선교사 위임의 본질과 다양한 종교, 문화 및 이데올로기의 세계에서 그 의미에 대한 탐색은 하나님의 선교라는 개념에 그렸다. 곧 우리는 그리스도 안에서 참여하도록 부름받

---

18) The dialogue program of the World Council of Churches (WCC) has emphasized the importance of respecting the reality of other religious traditions and affirming their distinctiveness and identity. It has also brought into focus the need to collaborate with others in the search for a just and peaceful world. There is also greater awareness of how our ways of speaking about our and other religious traditions can lead to confrontations and conflicts. On the one hand, religious traditions make universal truth claims. On the other hand, these claims by implication may be in conflict with the truth claims of others. These realizations, and actual experiences of relationships between peoples of different traditions in local situations, opened the way for Christians to speak of our relationship with others in terms of "dialogue". Yet, there are many questions awaiting further exploration. What does it mean to be in dialogue when the communities concerned are in conflict? How does one deal with the perceived conflict between conversion and religious freedom? How do we deal with the deep differences among faith communities over the relationship of religious traditions to ethnicity, cultural practices and the state?

은 인간의 증언보다 앞서 세상에서 구원의 사명을 수행한다. CWME의 의제의 몇 가지 문제는 종교적 다원성에 관한 현재 연구와 상호 작용한다." 이런 선언을 보면, 현재 WCC의 종교 다원주의 행보를 CWME가 전담하기 시작한 계기이다. 2013년에 WCC 제10차 부산 총회와 맥을 같이하여19) '함께 생명을 향하여: 변화하는 지형에서의 선교와 전도'라는 이름의 선언을 집대성하는 일을 진두지휘한 것은 CWME의 총무 금주섭였다. 여기서 '하나님의 구원은 만유의 구원'이라는 개념이 나오는데, 이것은 비성서적인 주장으로 종교 다원주의에 근거한 것인데, '오직 예수의 이름으로만 구원받는다'라는 구원의 선택 예정론과 특수성과 배타성을 희석하는 중대한 오류이다.

"2004년 말레이시아 쿠알라룸푸르에서 모슬렘이 다수를 차지하는 국가에서 처음으로 모인 WCC의 신앙과 질서에 관한 전체 위원회는 '서로를 받아들이는' 비전에서 영감을 받은 것으로서 '신앙의 여정'에 대해 말했다. 위원회는 다음과 같이 질문했다. 오늘날 점점 더 다양한 종교로 변해가는 상황에서 교회는 가시적 그리스도인 연합이라는 목표를 어떻게 추구하는가? 교회들 사이의 가시적인 일치 추구가 어떻게 사회 전체의 화해를 위한 효과적인 표징이 될 수 있는가? 민족적, 국가적 정체성에 관한 질문이 종교적 정체성에 의해 어느 정도 영향을 받고 그 반대의 경우도 마찬가지인가? 위원회는 또한 다양한 종교적 맥락에서 발생하는 보다 광범위한 질문을 탐색했다. 기독교인이 타인을 '대접하는' 진정한 기독교 신학을 추구할 때 직면하는 도전은 무엇인가? 다양성의 한계는 무엇인가? 교회 밖에도 유효한 구원의 표적이 있는가? 다른 전통에서 얻은 통찰력이 인간적이라는 것은 무엇을 의미하는지 이해하는 데 어떻게 이바지하는가?"20) 이런 질문들은 WCC가 지향하려는 종교 다원주의의 방향성을 엿보게 하기에 정통교회의 분열과 갈등을 유발하는 포석이다. 종교

---

19) 장로회신학대학교 에큐메닉스연구부, 《에큐메니즘: A에서 Z까지-WCC 제10차 부산 총회를 대비한 필수 지침서》 (서울: 대한기독교서회, 2012), 230: "WCC는 대화 프로그램을 진행하거나 준비문서에서 어느 곳에서도 종교 다원주의나 종교 혼합주의를 표방하는 내용을 제시한 적이 없다."라는 주장은 WCC가 종교 다원주의를 면밀하게 주도한 것을 간과한 발언이다.

간의 대화를 위해 '서로를 받아들이는' 다변화 사회만을 강조하는 WCC의 비전은, 오히려 서로의 다름을 인정하고 기독교의 정통 구원의 교리를 훼손하지 않는 방향으로 나아가지 못하기 때문에 큰 우려를 낳는다.

5. 하나의 종교를 향하여

"종교적 다원성에 대한 우리의 신학적 이해는 만물을 창조하신 한 분이신 하나님, 태초부터 모든 창조물에 현존하시고 활동하시는 살아 계신 하나님에 대한 우리의 믿음에서 시작된다. 성경은 하나님이 모든 나라와 민족의 하나님이시며 그의 사랑과 긍휼함이 모든 인류를 포함하신다고 증거한다. 우리는 노아와 맺은 언약에서 절대로 깨지지 않은 모든 피조물과 맺은 언약을 본다. 우리는 하나님께서 지혜와 명철의 전통을 통하여 민족들을 인도하시는 것처럼 하나님의 지혜와 공의가 땅끝까지 확장되는 것을 본다. 하나님의 영광은 피조물 전체를 관통한다. 히브리어 성경은 말씀 또는 지혜와 성령을 통해 인류 역사를 통해 하나님의 보편적 구원 임재를 증거한다."[21] 이런 주장은 WCC가

20) The WCC's plenary commission on Faith and Order, meeting for the first time in a Muslim-majority country (in Kuala Lumpur, Malaysia, 2004) spoke of the "journey of faith" as one inspired by the vision of "receiving one another". The commission asked: How do the churches pursue the goal of visible Christian unity within today's increasingly multi-religious context? How can the search for visible unity among the churches be an effective sign for reconciliation in society as a whole? To what extent are questions of ethnic and national identity affected by religious identities and vice versa? The commission also explored broader questions arising in multi-religious contexts: What are the challenges which Christians face in seeking an authentic Christian theology that is "hospitable" to others? What are the limits to diversity? Are there valid signs of salvation beyond the church? How do insights from other traditions contribute to our understanding of what it means to be human?

21) Our theological understanding of religious plurality begins with our faith in the one God who created all things, the living God present and active in all creation from the beginning. The Bible testifies to God as God of all nations and peoples, whose love and compassion includes all humankind. We see in the covenant with Noah a covenant with all creation that has never been broken. We see God's wisdom and justice extending to the ends of the earth, as God guides the nations through their traditions of wisdom and understanding. God's

종교 다원주의를 향해서 기독교 신학도 하나의 종교를 신학에 이바지하도록 하여, 복음이 지닌 특수성보다는 '보편주의'를 전면에 내세움으로써, 모든 종교에 구원의 길이 있음을 인정하려는 포석이다.

"예수 그리스도 안에서 나타난 이 하나님의 은혜는 우리가 다른 사람들과의 관계에서 환대의 태도를 보이도록 요구한다. 바울은 "너희 안에 그리스도 예수의 마음을 품으라"(빌 2:5)라고 찬송을 시작한다. 우리의 환대는 자신을 비우는 것과 관련이 있으며 조건 없는 사랑으로 다른 사람을 받아들임으로써 우리는 하나님의 구속하시는 사랑의 본에 참여한다. 실제로 우리의 환대는 우리 지역 사회에 국한되지 않는다. 복음은 원수까지도 사랑하고 그들에게 축복을 구하라고 명령한다(마 5:43-48; 롬 12:14). 그러므로 그리스도인으로서 우리는 그리스도 안에 있는 우리의 정체성과 바로 그 정체성에서 나오는 자기 비움의 사랑 안에서 타인에 대한 우리의 개방성 사이에서 올바른 균형을 찾아야 한다."[22] 이런 WCC의 주장은 기독교가 다른 종교에 대해 환대를 베풀어야 하는 이유를 예수 그리스도의 자기 비하에서 찾지만, 바울이 제시한 찬송시의 핵심인 '십자가를 통한 구원의 길'을 철저하게 외면한다. 오직 예수 십자가의 구원이 다른 종교에도 구원의 길이 있다는 종교 다원주의의 진실에 어긋나기 때문이다. 예수의 원수 사랑에 관한 가르침은 그들의 머리에 숯불을 쌓아놓게 하는 사랑을 통한 회개를 끌어낼 때 완성되는 것이지, 예수의 복음까지도 포기하면서 다른 종교를 환대하는 조건 없는 개방성이 아니다.

---

glory penetrates the whole of creation. The Hebrew Bible witnesses to the universal saving presence of God throughout human history through the Word or Wisdom and the Spirit.

22) This grace of God shown in Jesus Christ calls us to an attitude of hospitality in our relationship to others. Paul prefaces the hymn by saying, "Let the same mind be in you that was in Christ Jesus" (Phil. 2:5). Our hospitality involves self-emptying, and in receiving others in unconditional love we participate in the pattern of God's redeeming love. Indeed our hospitality is not limited to those in our own community; the gospel commands us to love even our enemies and to call for blessings upon them (Matt.5:43-48; Rom.12:14). As Christians, therefore, we need to search for the right balance between our identity in Christ and our openness to others in kenotic love that comes out of that very identity.

"공생애 동안에 예수께서는 자신의 전통에 속한 사람들을 치유하셨을 뿐만 아니라 가나안 여인과 로마 백부장의 큰 믿음에 응답하셨다(마 15:21-28; 8:5-11). 예수께서는 연민과 환대를 통해 이웃을 사랑하라는 계명의 성취를 보여주기 위해 '타인'인 사마리아인을 선택하셨다. 복음서는 예수께서 다른 신앙을 가진 사람들과 만난 것을 그의 주요 사역의 일부가 아니라 부수적인 것으로 제시하기 때문에, 이 이야기들은 종교 신학에 관한 명확한 결론을 도출하는 데 필요한 정보를 제공하지 않는다. 그러나 그들은 사랑과 수용이 필요한 모든 사람에게 환대를 베푸신 분으로 예수를 제시한다. 최후의 심판에 관한 예수의 비유에 대한 마태의 이야기는 더 나아가 사회의 희생자들에게 마음을 여는 것, 낯선 사람들을 환대하는 것, 그리고 부활하신 그리스도와 교제하는 예상치 못한 방법으로 다른 사람을 받아들이는 것을 구별한다(마 25:31-46)."[23] WCC의 이런 주장은 신약성경에 대한 전문 지식이 너무나도 얕은 해석이다. 가나안 여인과 백부장과 사마리아인을 칭찬하신 예수께서는 '타인'인 그들을 환대하신 것이 아니라, 이방인인 그들이 유대인과의 불편한 관계에도 불구하고 예수를 받아들이고 오직 예수에게서 희망을 찾은 믿음을 귀하게 여기신 일이기에 복음의 보편주의가 아니라 특수성을 강조하는 이야기들이다. 이 구절들을 해석하면서 WCC 자신도 "종교 신학에 관한 명확한 결론을 도출하는 데 필요한 정보를 제공하지 않는다."라고 그 한계를 인정한다. 그러기에 "사회의 희생자들에게 마음을 여는 것과 낯선 사람들을 환대하는 것"은 예수의 복음에 초청하기

---

23) In his public ministry, Jesus not only healed people who were part of his own tradition but also responded to the great faith of the Canaanite woman and the Roman centurion (Matt. 15:21-28; 8:5-11). Jesus chose a "stranger", the Samaritan, to demonstrate the fulfilling of the commandment to love one's neighbor through compassion and hospitality. Since the gospels present Jesus' encounter with those of other faiths as incidental, and not as part of his main ministry, these stories do not provide us with the necessary information to draw clear conclusions regarding any theology of religions. But they do present Jesus as one whose hospitality extended to all who were in need of love and acceptance. Matthew's narrative of Jesus' parable of the last judgment goes further to identify openness to the victims of society, hospitality to strangers and acceptance of the other as unexpected ways of being in communion with the risen Christ (Matt. 25:31-46).

위한 접촉점이지, 그런 환대 자체가 기독교의 궁극적인 목표가 아니다.

"우리는 종교적 전통의 다양성을 하나님께서 민족과 국가와 관계를 맺으신 다양한 방법의 결과일 뿐만 아니라 하나님의 은혜로운 선물에 대한 인간의 반응이 풍부하고 다양하다는 것을 나타낸다. 항상 분별의 은사를 사용하여 종교적 다양성의 전체 영역을 진지하게 받아들이도록 우리에게 도전하는 것은 하나님에 대한 우리의 기독교 신앙이다. '하나님께서 다른 신앙을 가진 사람들에게 주신 지혜, 사랑, 능력'(뉴델리 보고서, 1961년)에 대한 새롭고 더 큰 이해를 발전시키기 위해 우리는 '하나님께서 우리를 예수 그리스도 안에서 아는 것은 다른 신앙을 가진 이웃의 삶에서도 우리를 만날 수 있다'(CWME, San Antonio 1989). 우리는 또한 진리의 성령이신 성령께서 우리가 이미 우리에게 주신 믿음의 유산을 새롭게 이해하고, 다른 신앙을 가진 이웃들로부터 더 많이 배울 때 신성한 신비에 대한 신선하고 예측할 수 없는 통찰로 우리를 인도하실 것이라고 믿는다."24) 위의 주장에서 CWME(San Antonio 1989)의 선언은 궤변이다. 이슬람교의 꾸란이 이싸를 하나님의 아들로 인정하기를 거부하는데, 어찌 이웃 신앙의 삶에서 기독교 정통 교리를 만날 수 있다는 안일한 생각을 하는가? 또한 성령의 가장 중요한 기능이 '예수를 알고 예수를 깨닫고 예수를 생각나게 하는 것'(요 14:25-26)인데, 어찌 성령께서 이웃 종교를 배우도록 신성한 신비로 인도한다는 궤변을 늘어놓을까?

---

24) We see the plurality of religious traditions as both the result of the manifold ways in which God has related to peoples and nations as well as a manifestation of the richness and diversity of human response to God's gracious gifts. It is our Christian faith in God which challenges us to take seriously the whole realm of religious plurality, always using the gift of discernment. Seeking to develop new and greater understandings of "the wisdom, love and power which God has given to men (and women) of other faiths" (New Delhi report, 1961), we must affirm our "openness to the possibility that the God we know in Jesus Christ may encounter us also in the lives of our neighbours of other faiths" (CWME, San Antonio 1989). We also believe that the Holy Spirit, the Spirit of Truth, will lead us to understand anew the deposit of the faith already given to us, and into fresh and unforeseen insight into the divine mystery, as we learn more from our neighbours of other faiths.

6. 환대에 대한 부름

"그리스도인들은 하나님의 관대하심과 은혜로우심에 비추어 어떻게 반응해야 하는가? '손님 대접하기를 게을리하지 말라 이로써 부지중에 천사들을 대접한 이들이 있었느니라'(히 13:2). 오늘날의 맥락에서 '이방인'은 우리에게 알려지지 않은 사람들, 가난하고 착취당하는 사람들뿐만 아니라 인종적, 문화적, 종교적으로 우리에게 '타자'인 사람들을 포함한다. 경전에서 '낯선 사람'이라는 단어는 '다른 사람'을 객관화하려는 의도가 아니라 문화, 종교, 인종 및 기타 인류 공동체의 일부인 다양성에서 우리에게 참으로 '낯선 사람'인 사람들이 있음을 인식한다. 다른 사람의 '타자성'을 받아들이려는 우리의 의지는 진정한 환대의 특징이다. '타자'에 대한 개방성을 통해 우리는 새로운 방식으로 하나님을 만날 수 있다. 따라서 환대는 '이웃을 내 몸과 같이 사랑하라'라는 계명의 성취이자 하나님을 새롭게 발견할 기회이다."25) 환대에 관한 WCC의 이런 설명은 신약성경이 본래 보여주려는 환대의 의미를 왜곡하고 있다. 다시 말해서, WCC는 신약성경의 환대를 호의로 그 가치를 왜곡하고 있다. 신약성경은 유대인이 예수의 복음을 환대하지 않고 배척하게 되었을 때, 더는 유대인의 영역에 복음이 머물지 못하게 되자 이방인을 환대하면서 유대인 선교를 이방인 선교로 확장해 나간 것이다. 진정한 환대는 호의를 베푸는 것이 아니라, 이웃을 내 몸과 같이 사랑하면서 내가 받은 예수의 복음을 이방인에게 전한 것에 그

---

25) How should Christians respond in light of the generosity and graciousness of God? "Do not neglect to show hospitality to strangers, for by doing that some have entertained angels without knowing it" (Heb. 13:2). In today's context the "stranger" includes not only the people unknown to us, the poor and the exploited, but also those who are ethnically, culturally and religiously "others" to us. The word "stranger" in the scriptures does not intend to objectify the "other" but recognizes that there are people who are indeed "strangers" to us in their culture, religion, race and other kinds of diversities that are part of the human community. Our willingness to accept others in their "otherness" is the hallmark of true hospitality. Through our openness to the "other" we may encounter God in new ways. Hospitality, thus, is both the fulfillment of the commandment to "love our neighbors as ourselves" and an opportunity to discover God anew.

지극한 사랑이 나타난다.

7. 상호 간의 변혁의 능력

"상호 간의 변혁은 사도행전에서 베드로와 고넬료의 만남에 대한 누가의 이야기에서도 볼 수 있다. 성령은 그의 비전과 그에 따른 고넬료와의 상호 간의 작용을 통해 베드로의 자기 이해에 변화를 이루셨다. 이에 따라 그는 '하나님은 사람의 외모를 취하지 아니하시고 각 나라 중 하나님을 경외하며 의를 행하는 사람은 하나님이 받으시느니라'(행 10:34-35)라고 고백하게 되었다. 이 경우 '나그네' 고넬료는 베드로가 고넬료와 그의 집안을 변화시키는 도구가 되는 것처럼 베드로를 변화시키는 도구가 된다. 이 이야기는 주로 종교 간의 관계에 관한 것은 아니지만 다른 사람과의 만남에서 하나님이 어떻게 우리를 자기 이해의 한계를 넘어서도록 인도하실 수 있는지를 밝힌다."[26] 여기서 WCC도 고넬료와 베드로의 이야기가 "종교 간의 관계에 관한 것은 아니지만 다른 사람과의 만남"이라고 이해하면서도, 굳이 종교 간의 대화로 논지를 몰고 가는 궁색함을 보인다. 고넬료와 베드로의 이야기를 통하여 성령께서 베드로와 고넬료를 모두 변화시킨 것이지, 베드로만 변화시킨 것이 아니다. 성령께서 고넬료를 변화시키셔서 이방인임에도 유대인이 전하는 예수 복음의 자리로 나아오게 한 것이고, 또 그렇게 베드로를 변화시키셔서 유대인임에도 이방인에게 예수의 복음을 전하는 자리로 나아가게 한 것이다.

---

26) Mutual transformation is also seen in Luke's narrative of the encounter between Peter and Cornelius in the Acts of the Apostles. The Holy Spirit accomplished a transformation in Peter's self-understanding through his vision and subsequent interaction with Cornelius. This led him to confess that, "God shows no partiality, but in every nation anyone who fears him and does what is right is acceptable to him" (Acts. 10:34-35). In this case, Cornelius the "stranger" becomes an instrument of Peter's transformation, even as Peter becomes an instrument of transformation of Cornelius and his household. While this story is not primarily about interfaith relations, it sheds light on how God can lead us beyond the confines of our self-understanding in encounter with others.

"이러한 예와 일상생활의 풍부한 경험에서 서로 다른 종교적 전통을 가진 사람들 간의 상호 간의 환대에 관한 비전에 관한 결과를 도출할 수 있다. 기독교인의 관점에서 볼 때 이것은 우리의 화해 사역과 많은 관련이 있다. 그것은 그리스도 안에 있는 하나님에 대한 '타자'에 대한 우리의 증언과 하나님이 '타자'를 통해 우리에게 말씀하시도록 허용하는 우리의 개방성을 전제로 한다. 이러한 관점에서 이해될 때 선교는 승리주의의 여지가 없다. 그것은 종종 종교적 적대감과 그에 수반되는 폭력의 원인을 제거하는 데 이바지한다. 환대는 기독교인들이 다른 사람들을 하나님의 형상으로 창조된 자로 받아들일 것을 요구한다. 하나님께서 다른 사람들을 변화시키기 위해 우리를 사용하시는 것처럼 하나님께서 우리를 가르치고 변화시키기 위해 다른 사람들을 통해 우리에게 말씀하실 수 있다는 것을 알기 때문이다."[27] 이 문단은 앞선 단락과 긴밀히 연결되어야 하는데, 논지가 불분명하다. 앞선 단락에서 고넬료와 베드로의 이야기가 "종교 간의 관계에 관한 것은 아니지만"이라고 분명히 한입으로 말하고서도, 이 단락에서 "서로 다른 종교적 전통을 가진 사람들 간의 상호 간의 환대에 관한 비전에 관한 결과를 도출할 수 있다."라고 말한다. 이 무슨 엉터리인가? 논지와 논조가 영 엉망이라, WCC의 선언문이 밀실에서 졸속으로 만들어진 것을 반증하는 대목이다.

"에큐메니컬 사역의 성서적 이야기와 경험은 그러한 상호 간의 변혁이 진정한 그리스도인 증언의 핵심임을 보여준다. '타인'에 대한 개방성은 우리를 변혁시킬 수 있는 것처럼 '타인'을 변혁시킬 수 있다. 그것은 다른 사람들에

---

27) So one can draw consequences from these examples, and from such rich experiences in daily life, for a vision of mutual hospitality among peoples of different religious traditions. From the Christian perspective, this has much to do with our ministry of reconciliation. It presupposes both our witness to the "other" about God in Christ and our openness to allow God to speak to us through the "other". Mission when understood in this light has no room for triumphalism; it contributes to removing the causes for religious animosity and the violence that often goes with it. Hospitality requires Christians to accept others as created in the image of God, knowing that God may talk to us through others to teach and transform us, even as God may use us to transform others.

게 기독교와 복음에 대한 새로운 관점을 줄 수 있다. 그것은 또한 그들이 새로운 관점에서 자신의 신앙을 이해할 수 있게 해줄 것이다. 그러한 개방성과 그에 따른 변혁은 놀라운 방식으로 우리의 삶을 풍요롭게 할 수 있다."[28] 이런 WCC의 태도는 지극히 핑크빛 낙관론의 초보적 수준을 보여준다. 예를 들면, 이슬람교가 기독교 국가에서는 포교의 자유를 마음껏 누리지만, 중동의 이슬람교의 종주국인 아랍공화국에서는 기독교 복음 선교를 철저하게 금할 뿐만 아니라, 선교사 비자도 안 주고 혹시 개인적으로 복음을 받아들인 모슬렘에게 명예살인까지도 가능하게 하는 것을 WCC는 알고도 외면하는 잘못을 범하고 있다.

8. 하나님께 속한 구원

"매우 다양한 인류의 종교적 전통은 우리 존재에 관한 진리를 찾아 인간의 완성을 향한 '여행' 또는 '순례'이다. 우리는 서로에게 '낯선 사람'일 수 있지만 '종교적 환대'를 요구하는 우리의 길이 교차하는 순간이 있다. 오늘날 우리의 개인적인 경험과 과거의 역사적 순간은 그러한 환대가 가능하고 작은 방식으로 일어난다는 사실을 증언한다."[29] WCC의 이런 주장은 종교 다원주의를 지상최대의 목표로 삼고 있는 것을 드러내는 것이다. 신구약성경은 '종교적 환대'를 말한 적이 없다. 그런데 WCC는 사사건건 신구약성경은 보여주는 환대

---

28) The biblical narrative and experiences in the ecumenical ministry show that such mutual transformation is at the heart of authentic Christian witness. Openness to the "other" can change the "other", even as it can change us. It may give others new perspectives on Christianity and on the gospel; it may also enable them to understand their own faith from new perspectives. Such openness, and the transformation that comes from it, can in turn enrich our lives in surprising ways.

29) The religious traditions of humankind, in their great diversity, are "journeys" or "pilgrimages" towards human fulfillment in search for the truth about our existence. Even though we may be "strangers" to each other, there are moments in which our paths intersect that call for "religious hospitality". Both our personal experiences today and historical moments in the past witness to the fact that such hospitality is possible and does take place in small ways.

를 종교적 환대로 전제하고 종교 다원주의에만 연결하려고 혈안이 되어 있지만, 이런 견해는 일반인들도 받아들이기 어려운 단견이다. 왜 자기만의 리그를 위해서 신구약성경의 환대에 관한 가르침을 왜곡하는가?

"그러한 환대를 확장하는 것은 '타자'에게 호의적인 신학에 달려 있다. 하나님에 대한 성경적 증언의 본질, 하나님이 그리스도 안에서 행하신 일, 성령의 역사에 대한 우리의 성찰은 기독교 신앙의 핵심에 '타인'을 포용하는 환대의 태도가 있음을 보여준다. 다른 것. 치유와 화해가 필요한 세상에서 종교 신학에 영감을 주어야 하는 것은 바로 이 정신이다. 그리고 종교적 신념과 관계없이 사회의 주변부로 밀려난 모든 이들과의 연대를 가져올 수도 있는 것은 바로 이 정신이다."[30] WCC의 이런 주장은 다른 종교를 포용하고 다른 종교 신학을 호의적으로 받아들일 것을 제안하지만, 이슬람교가 과연 이런 주장에 동조할 것인가? 종교 간의 대화는 WCC가 주장하는 것처럼 "종교적 신념과 관계없이" 도달할 수 없는 세계인데, 이런 허공을 치는 메아리 같은 주장은 울리는 꽹과리와 같아질 뿐이다.

"구원이 하나님께만 속한다고 말할 수 있는 것은 바로 겸손이다. 우리에게는 구원이 없다. 우리는 그것에 참여한다. 우리는 구원을 제공하지 않는다. 우리는 그것을 목격한다. 우리는 누가 구원받을 것인지 결정하지 않는다. 우리는 그것을 하나님의 섭리에 맡긴다. 우리 자신의 구원은 하나님께서 우리에게 베푸신 영원한 '환대'이기 때문이다. 구원의 '주인'이신 분은 하나님이시다. 그러나 새 하늘과 새 땅에 대한 종말론적 비전에서 우리는 또한 하나님이 우리 가운데 '주인'과 '손님'이 되신 강력한 상징을 보게 된다. '하나님의 집이 죽

---

30) Extending such hospitality is dependent on a theology that is hospitable to the "other". Our reflections on the nature of the biblical witness to God, what we believe God to have done in Christ, and the work of the Spirit shows that at the heart of the Christian faith lies an attitude of hospitality that embraces the "other" in their otherness. It is this spirit that needs to inspire the theology of religions in a world that needs healing and reconciliation. And it is this spirit that may also bring about our solidarity with all who, irrespective of their religious beliefs, have been pushed to the margins of society.

은 사람들과 함께 있으매, 그가 그들과 함께 거하리니 그들은 그의 백성이 되리라'(계 21:3)."[31] WCC는 이 마지막 선언문을 통하여 구원의 확신마저 내려놓고 말았다. 요한계시록이 말하고 있는 새 하늘과 새 땅에 관한 종말론적 비전은 다른 종교와 연대하는 종교 다원주의의 실체가 아니라, 사탄에게 종 되었던 죽은 사람들이 하나님의 백성으로 회복되는 모습이다. 그래서 요한계시록 21장은 거룩한 성 새 예루살렘이 그리스도 예수와 신부와 신랑이 된 사람들을 위해 하늘로부터 준비된 사실을 전제로 한다. 다시 말해서 구원은 예수를 믿는 신랑과 신부에게 하늘로부터 주어지는 복의 선물이지, 모든 종교에 구원의 길이 열려 있다는 사실을 말하는 것이 아니기에, 요한계시록은 종교 다원주의를 철저하게 금지하고 있다.

9. 결론

WCC의 종교 다원주의는 신구약성경의 관점에서 논지가 불충분하고 전문적인 성서해석이 너무나도 부족하여 생각해 볼 가치도 없는 비성서적 궤변이다. 이 문서를 초안한 세 위원회에 과연 성서학자가 참여하였는지 의구심이 든다. WCC의 선언문은 장신대가 만들어서 통합교단의 소위 '동성애 교육지침'이 된 문서를 보면, 신구약성경 교수가 단 한 명도 전문 위원으로 참여하지 않고 졸속으로 만든 것이기에 "동성애자를 혐오하거나 배제해서는 안 된다"라는 일방적인 선언이 신구약성경의 근거가 전혀 없는 것을 보는 것과 똑같다.

WCC는 잘못된 지침을 선언하고서 그것을 바탕을 종교 다원주의를 꿈꾸

---

31) It is this humility that enables us to say that salvation belongs to God, God only. We do not possess salvation; we participate in it. We do not offer salvation; we witness to it. We do not decide who would be saved; we leave it to the providence of God. For our own salvation is an everlasting "hospitality" that God has extended to us. It is God who is the "host" of salvation. And yet, in the eschatological vision of the new heaven and the new earth, we also have the powerful symbol of God becoming both a "host" and a "guest" among us: "'See, the home of God is among mortals. He will dwell with them; they will be his peoples'" (Rev. 21:3).

고 있으므로 전혀 설득력이 없다. 엉뚱한 환대라는 개념이 복음 전도자들을 환대하는 용어임에도 종교 다원주의에 무리하게 적용하려다 보니, WCC의 주장은 신구약성경의 초보자도 무시할 수밖에 없는 우스꽝스러운 문서로 나오고 말았다.

이런 이유로 한국교회에서 WCC 탈퇴 운동이 벌어지고 있는데, 정작 종로 5가에서 통합교단에 속한 사람들은 제 밥그릇을 지키느라 그 실상을 애써 외면하고 있다. 과연 필자가 두 번에 걸쳐서 철저하고 반박하고 있는 WCC의 종교 다원주의 행보에 반대하는 논문을 제대로 읽어 보았는가? 왜 WCC의 종교 다원주의를 숨기려고만 하고, 통합 총회에서 엉뚱한 에큐메니컬위원회의 해설서만을 만들어 돌리면서 흑백논리로 손바닥으로 하늘을 가리려고 하는가?

V. 세습방지법과 동성애 문제[1]

1. 서론

본 장은 루터가 로마 천주교와 교황주의에 대항하여 개혁교회의 깃발을 높이 든 것과 관련하여 '과연 개혁주의가 무엇인가?'라는 질문으로 시작하고자 한다. 개혁교회는 중세의 교황들이 교회의 전통과 교리를 중시하여 성경의 가르침에서 벗어난 것에 대한 강력한 항거로 시작된 교회이다. 개혁교회는 교회의 교권이나 교조보다는 성경의 가르침으로 돌아갈 것을 촉구한 점에서 교회의 기본과 본질로 돌아가자는 운동이다. 본 장은 소위 세습방지법과 동성애에 관련하여 로마 천주교처럼 그저 교회의 교권이나 교리의 차원에서만 관심을 가지려는 풍토를 재고하기 위하여, 유대 랍비들의 성경해석 방법인 상호본문성[2]의 방법론을 사용하여 사회적 이슈로 접근하는 것과는 달리 성경이 무

---

1) 본 장은 2017년 11월 27일 월요일 8시에 장로회신학대학교 세계교회협력센터 국제회의장에서 행한 성서학연구원의 강연으로 수정 보완한 것임을 밝힌다.
2) 학자들은 신약성경의 본문에서 구약성경의 본문을 연구하는 방법을 일찌감치 터득하여 적용해 오고 있었는데, 그것을 '상호본문성'(Intertextuality)이라고 부른다. 구약성경의 말씀을 문자 그대로 인용하였던 신약성경의 기자들의 방법을 가리켜서 정경비평 학자들(예를 들면, Bernard S. Childs와 James A. Sanders)은 '상호본문성'이라는 개념으로 설명을 한다. 여기서 언급할 수 있는 '상호본문성'의 방법들로는
　　(1) 직접 혹은 간접 인용구- 구약이 신약에 인용되고 있는 것에 관심을 갖는 방법
　　(2) 암시(allusion)- 구약이 신약에 암시되고 있는 것에 관심을 갖는 방법
　　(3) 반향(echoes)- 구약이 신약에 반영되어 있는 것에 관심을 갖는 방법

엇이라고 말하는지를 살펴보고자 한다.

한국 사회와 역사 그리고 신학교가 당면한 문제에 관하여 한국교회가 어떤 면에서 쉬운 방향에 편승하여 일방적으로만 반응하고, 아무도 성경적으로 대답하지 않는 일이 일상화된 것은 더 이상 개혁교회의 모습이 아니다. 2023년은 종교개혁 506주년의 해이지만, 한국교회는 성경적인 가르침보다는 세상의 잣대에 휘둘리다 보니 너무나도 길을 잃고 헤매고 있다. 세상이 교회를 비난하는 것도 감당하기 어려운데, 목사들과 심지어 유명 신학교 교수들까지도 신구약성경의 가르침에 근거하기보다는 문재인 정부 때 뿌리를 내린 아이콘인 적폐청산[3]과 포퓰리즘[4]의 반향을 의식하면서 자중지란을 일으키며 결국은 '제 얼굴에 침 뱉기 식'으로 교회를 힐난하는 일이 비일비재하다. 간디가 지적한 것처럼 많은 교회가 입으로는 천국을 말하지만, 이미 한국교회와 목사들은 삶 속에서 천국을 보여주지 못하고 있다.

먼저 세습방지법은 세습을 반대하지만,[5] 사실 세습은 성경적 용어가 아

---

(4) 석의(paraphrase)- 신약이 구약을 해석하고 있는 것에 관심을 갖는 방법

(5) 짜깁기(weaving)- 신약이 구약을 재구성하고 있는 것에 관심을 갖는 방법

(6) 유사구조(structure)- 신약 이야기가 구약과 유사한 것에 관심을 갖는 방법

등을 가지고 구약성경과 신약성경의 상호연관성을 연구할 수 있다. 즉 '상호본문성'이란 주어진 본문을 생산하고 수용함에 있어서 성경기자들이 다른 본문의 지식에 의존하는 모든 방식들을 포괄하기 위한 것이라고 말할 수 있다. 본문에 나타난 주제는 성경 전체와 연결되는데, 이를 통해서 성경 전체의 주제를 포괄적으로 이해할 수 있다.

3) 2017년 이전에는 듣지도 보지도 못한 단어인 적폐청산을 최초로 사용한 정치인은 문재인이 아니라 이재명이다. 2022년 대선 정국에서 이재명은 자신의 적폐청산을 숨기고 더불어민주당의 대선에 대장동을 기획한 자로 입만 열면 거짓말로 일관하여 국민적 손가락질의 대상이 되었다. 2023년에는 당 대표로 국회 표 대결에서 이재명의 체포동의안에 찬성하는 표가 반대하는 표보다 1표가 많아 민주당의 이탈표가 39표나 무더기로 나왔지만, 과반수 미달로 가까스로 체포를 면했지만 당내에서 논란이 증폭되었다.

4) 포퓰리즘은 반체제적이고 반지성적인 정신으로 영어 people을 뜻하는 라틴어 populus에서 유래된 말로, 19세기말 부패한 제정 러시아의 나로드니키(narodniki)의 계몽운동과 맥을 같이한다. 그러나 우리나라에서는 과거 노무현 정부와 현재 문재인 정부의 아이콘이기에 이미 정권을 잡은 체제들이 대중에게서 계속해서 반체제적이고 반지성적인 정신을 이용하는 현상이 아주 특이하다.

5) 2017년 11월부터 장로회신학대학교를 졸업한 많은 동기회가 장신대 게시판에 세습방지법을 옹호하는 성명서를 발표하더니 급기야는 한국기독공보 제3119호(2017년 12월 16일)의 제24면에 전면광고를 게재하였고, 통합교단 102회 총회의 전국노회장연합회(회장 박은호)도 12월 19일에 성명서를 발표하였다. 동기회는 동기 전체를 대변하는 모임이고 노회장연합회도 노회 전체를 대변하는 책무가 있는데, 절차를 중시하는 민주주의 풍토에서 본인이 속한 78동기회나 충북노회에서 단 한 명도 내게 이런 현안에 관해 의

니다. 비상장 계열사를 넘긴 후 즉시 일감을 몰아준 다음에 비상장 계열사가 올린 수익으로 나머지 계열사들의 지분을 사들이도록 하여 증여세를 한 푼도 내지 않고 그룹의 지배력을 넘겨받게 하는 소위 경영세습을 '승계'라고도 하는데 이를 국어사전에서 찾아보면 '계승'이란 단어와 비슷한 말이라고만 명시되어 있으나, 오히려 계승은 "조상의 전통이나 문화유산, 업적 따위를 물려받아 이어 나감"이라고 정의함으로써 더욱더 심원하게 설명되어 있다. 사회용어인 세습과 경제용어인 승계와는 달리, 계승과 반차 혹은 계열이 성경에 직접 사용된 단어이므로 그 성경적 의미를 찾아보고자 한다.

다음으로 국어사전에 동성애는 "생물학적 또는 사회적으로 같은 성별을 지닌 사람들 간의 감정적, 성적 끌림으로 인한 성적인 깊은 관계를 지속적으로 갖는 것을 뜻한다."라고 정의되어 있으나, 동성애 문제가 바울의 가르침에서는 악덕목록으로 아주 중요한 이슈로 취급되고 있다.[6] 이 점에서 동성애를 바울의 가르침과 관련하여 여러 다른 성경구절들과 연관을 지어서 동성애 우상숭배를 멀리한 바울을 새롭게 연구하는 것은 본 장의 관심사이다.

본 장은 이 두 가지 주제와 관련하여 장신대에서까지 뜨거운 감자로 대두되고 있는 상황에서 성경학자로서 루터가 성경으로 돌아가서 당시 교권(교황주의)과 사회적 문제(면죄부)의 문제에 대해 비텐베르크 정문에 95개 반박문을 내건 것처럼, 어느 정도 말을 걸어보면서 궁금한 점을 성경을 들춰보면서 찾아보

견을 수렴한 적이 없이 성명을 발표하는 졸속이 횡행하고 있는 현실이 너무나도 개탄스럽다. 과연 동기회와 노회장연합회가 모여서 친목과 더불어서 어려운 동기들과 노회들을 살펴야 할 일도 많은데 이런 소모적인 성명서 전에 뛰어든 모습이 옳은지는 후대의 역사가 냉철하게 판단해야 할 것이다. 이들은 후에 신앙고백모임으로 이름을 바꾸어 활동하여, 혹세무민하는 일과 교계를 혼탁하게 하는 일을 계속하였다. 그 한 가지의 예로, 대법원에서 이들의 상고가 기각되었음에도 2023년 2월 28일에 기독교회관 조예홀에 모여서 기자회견을 자처하여 명성교회의 명예를 훼손하면서 자기주장을 굽히지 않는 졸렬함을 계속해서 보였다.
6) 정작 신약성경에 '동성애'라는 현대적 단어 자체가 나오지 않는다. 이 점에서 신약성경이 말하는 동성애에 관해서 아무도 정확하게 말할 수 없다. 더구나 포괄적인 의미의 동성애 문제도 예수의 가르침에서는 발견되지 않지만, 분명히 예수께서는 소돔과 고모라의 멸망을 언급하시면서 동성애를 심판하신 하나님의 공의를 보여주셨다. 바울 서신에서 '남색' '음란' '음행' 등의 단어가 동성애를 지칭하는 단어이다. 예수께서도 그레코-로만의 동성애 문화인 향연(Symposium)에 반대하여 식탁교제를 통하여 동성애를 배척하시고 세리와 죄인과 같은 자들이 회개하고 돌아오면 용서해주시는 하나님 나라의 복음을 제시해 주셨다.

고자 하는 마음에서 준비된 것이다. 그러므로 지금까지 활발한 논의들이 주로 사회적 현상인 세습방지법과 동성애 문제와 결부되어 있으므로, 본 장은 이 주제들을 어떤 이데올로기로 풀어갈 것이 아니라 성경적 관심에서 풀어보고자 하는 시도이다.

2. 소위 세습방지법

통합교단과 장신대는 지난 7년 동안 악한 바로가 꾼 꿈 해석에 모든 힘을 소진하고 시간도 다 탕진해 버렸다. 창세가 41장 16절은 이렇다.

> 요셉이 바로에게 대답하여 이르되 내가 아니라 하나님께서 바로에게 편안한 대답을 하시리이다

우리말 성경에 '편안한 대답'이라는 다소 엉뚱한 번역으로 인해서 바로가 맘에 드는 꿈 해석을 듣지 못해서 불안하여 평안하지 않은 상태에 있는 것으로 오해되고 있지만, 70인역은 구원(σωτήριος)라는 단어를 사용하여 더욱 근본적인 문제의식을 보여준다. 이는 올바른 해석을 못 하면 구원의 길에서 멀어지는데, 지금 한국교회가 세습방지법 하나도 제대로 해석하지 못하고 곤란한 상황에 빠져있는 모습을 보여준다. 꿈을 꾸면 꿈 해석을 하려고 난리를 치는데, 정작에 요셉은 창세기 40장 8절에서 이렇게 선언한다.

> 요셉이 그들에게 이르되 해석은 하나님께 있지 아니하나이까 청하건대 내게 이르소서

여기서 사용된 헬라어 단어 디아사페시스(διασάφησις)는 단순한 꿈 해석이 아니라, 문제해결의 출발점이 하나님으로부터 말미암는다(διὰ τοῦ θεοῦ)는 사실

을 전제하고 있다.

　세습방지법은 어디서부터 풀어야 할 것인가? 한국교회와 신학교는 엉뚱한 것에서 문제를 해결하려고 하다 보니 헛된 세월만 보냈고 구원의 길에서 멀어졌다.

1) 사회적 현상에 휘둘린 소위 세습방지법

　"고래 싸움에 새우 등 터진다."라는 속담이 있지만, 요즘은 "고래와 새우가 싸우면 누가 이기냐?"라는 난센스 퀴즈가 유행이다. 정답은 새우가 이긴다. 왜냐하면 새우는 깡이 있는데, 고래는 밥이기 때문이란다. 요즘 세습방지법을 둘러싼 논쟁이 꼭 이런 싸움 같다. 교계나 한국사회에서 흔히 말하는 소위 세습이나 대물림이란 용어가 대기업 총수가 경영권을 자기 직계에게 물려주는 사회적 추세에 따른 비성경적인 용어임에도 불구하고, 한국의 대표적인 교단들이 이런 부정적인 사회적 분위기에 편승하여 목회자의 세습을 반대하는 규칙을 통과시켰다.[7] 그러나 본 장은 세습방지법이 과연 성경적인지 한번 되돌아보자는 취지로 마련된 것이다.

　교회는 누군가가 사임을 하면 아들이 아니더라도 그 뒤를 이어가는 것이 자명한 일이다. 이미 여러 대형교회가 후임자를 직계나 사위가 아닌 제3의 인물에 맡겨서 후임목사직을 이어가게 하였지만, 심지어 몇몇 신학교의 교수 출

---

7) 심지어 통합교단마저도 2013년 9월에 명성교회에서 제98회 총회를 개최하고, 84%의 찬성으로 소위 세습방지법을 제정했다. 이것은 사회적 분위기에 편승한 것이지, 성경의 가르침에 근거한 법제정이 아니다. 그러나 이 규정에 의하면, 해당 교회에서 사임(사직) 또는 은퇴하는 위임(담임)목사 배우자 및 직계비속과 직계비속 배우자는 후임으로 청빙될 수 없다. 이와 마찬가지로, 해당 교회에서 시무장로의 배우자 및 직계비속과 그 직계비속의 배우자도 청빙될 수 없다. 그러나 대형교회의 대물림을 막아보겠다는 이러한 결의는 현실에서 정반대로 나가는 경우가 비일비재하여 현재 기본권 침해라는 헌법위원회의 유권해석도 제기된 상황이다. 이런 일은 교회가 사회적 금수저 논란에 편승하여 불필요한 법을 만들어서 교회의 거룩한 이미지를 스스로 실추시키고, 더구나 반기독교를 표방하는 시민단체들과 연계된 소위 세반연마저 나서서 해당 교회 앞에 시위까지 하는 암담한 상황을 불러와서 세상을 향한 전도의 길도 막는 비극을 초래할 뿐만 아니라, 심지어 예수를 닮아가는 정신인 사랑과 희생을 통해 밑바닥에서부터 눈물로 교회를 일구어온 일선 목회자들에게도 심각한 자괴감을 안겨주는 공연한 일을 만들고 있다. 이 모든 책임은 잘못된 법을 만든 교단에 있음에도 불구하고, 지교회에 그 책임을 떠넘기는 현실이 너무나도 안타깝다.

신들을 포함한 일부 목회자들이 제대로 검증된 목회 감각을 발휘하지 못한 채로 부임하여 많은 소송과 불행한 일을 해당 교회가 스스로 불러온 일들이 계속되고 있음에도 불구하고, 이미 후임자들이 한번 자리를 꿰차면 그들 스스로가 자기 자리를 지키기에 급급한 현실도 심각한 수준에 도달하고 있다. 이런 경우에 후임자와 전임자의 관계가 악화되어 볼썽사나운 소송 전에 휘말린 대형교회가 하나둘이 아니다. 이 점에서 후임자에게 무조건 목회적 계승을 못 하는 하는 것도 사실상 대안은 아니다.

문제는 세습이냐? 대물림이냐가 아니라, 한 교회를 평생 일구어온 전임자에 이어서 목회를 흔들림 없이 이어가는 목회적 계승을 통한 계속 목회가 얼마나 성공적이냐가 새로운 관심사가 되어야 한다. 다시 말해서 새노래명성교회의 담임목사로 있던 아들이 명성교회의 후임으로 담임목사직을 계승하였음에도 원로목사인 부친의 계속목회[8]에 적합하지 않다는 판단은 현재 통합교단의 세습방지법에 비추어 볼 때 '악법도 법'이기 때문에 많은 논란을 일으키고, 심지어 장신대 총장 김운용이 신대원장 재임 시절에 동료 교수들인 한국일 박상진 임희국 등과 함께 '걷기도회'라는 불교식 집회로 장신대 교정으로부터 명성교회까지 학생들을 선동하여 데모하는 등 교회를 위한 장신대가 신학교 본래의 모습을 잃어버린 일이 지금까지 논란이 되고 있어서 임성빈의 낙마 이후에 총장이 된 김운용의 발목을 잡고 있어서 장신대에 대한 신뢰가 무너지고 모금에 막대한 타격을 입고 있다.[9]

---

8) 2017년 11월 12일에 김하나는 새노래명성교회에서 3부예배를 끝으로 사임하고, 명성교회에 당일 저녁예배를 기점으로 공식적으로 부임하였다. 이 일로 명성교회도 새로운 어려움에 직면하였지만, 하루아침을 끝으로 담임목사를 잃은 새노래명성교회의 성도들은 김하나의 사임 사실을 받아들이고 새로운 목회자를 청빙하여 안정적인 교회를 이루고 있다. 명성교회도 적합한 절차를 따라 부친의 목회를 성경적으로 계승한 일이 성도들에게 인정되어 몇 년 지나는 동안에 많은 성장을 이루었다. 이를 통해서 볼 때, 두 교회는 목회적 계승을 서로 인정하고 그 후 안정적으로 교회가 성장해 나간 것이다.

9) 이러한 세습방지법에 직면한 명성교회가 2017년 3월에 공동의회를 열어 아들을 후임자로 청빙하기 위하여 소위 일각에서 변칙적인 세습이라고 비판하는 교회합병 가결안과 위임목사 청빙안을 동시에 결정했지만, 새노래명성교회가 아들 김하나를 순조롭게 명성교회의 담임목사로 자리를 잡게 하려는 교회합병안을 받아서 가결하지를 않아 여전히 갈 길이 멀었는데, 이런 상황에서 2017년 10월 24일에 명성교회가 합병안과 위임목사안을 놓고서 합병안을 폐기하고 다시 김하나를 위임목사로 단순히 청빙하는 안을 서

엘리야 선지자 때에 이스라엘의 악한 왕 아합에게 유다의 선한 왕 여호사 밧과 가짜 선지자 400명이 하나님의 말씀을 왜곡하는 일이 열왕기상 22장에 나온다. 모두 하나님의 말씀을 받았다고 하면서 길르앗 라못으로 올라가서 아람 왕과 전쟁을 벌일 때, 누가 하나님의 말씀을 바로 듣고서 그 전쟁을 반대하였는가? 단 한 사람 이블라의 아들 미가야이다. 모두 거짓말하는 영에 이끌려서 아람 왕과 전쟁하자고 하였으나, 미가야가 하나님의 말씀을 올바르게 전하자 아합은 그를 잡아서 옥에 가두고 이렇게 말한다. "이 놈을 옥에 가두고 내가 평안히 올 때까지 고생의 떡과 고생의 물을 먹이라"(왕상 22:27). 결과는 어떻게 되었을까? 병사의 옷을 입고 길르앗 라못에 올라가 전쟁을 하는 중에 '무심

울동남노회에 상정하여 허락을 받기도 하였다. 그럼에도 불구하고 해당 노회가 노회를 앞두고 정치적인 책임을 지지 않기 위해서 총회 임원회에 유권해석을 반복적으로 의뢰하는 것은 결코 책임적인 노회의 모습이 아니다. 이미 통합교단도 제102회 총회를 앞두고 헌법위원회가 헌법 제28조 6항의 세습방지법이 기본권을 침해한다는 유권해석을 내렸고, 이미 그 안건은 보고된 상황이므로 세습방지법은 무용지물이 된 것과 마찬가지이다. 이 일로 교계는 다시 술렁이게 되었고, 대형교회 은퇴목사 중에 김동호는 이념으로 무장된 시민단체들과 연대하여 소위 '세반연'을 만들어서 그 자신이 김삼환과 신학교 졸업동기인 71기임에도 불구하고, 포퓰리즘을 이용하여 목숨을 건 교회개혁이라는 희한한 구호를 외치면서 '김하나(?)의 변측 세습을 막겠다.'라고 자신의 페이스 북에다 운운하고, 급기야 이런 비극적인 사태를 스스로 좌초하여 하나님의 이름을 망령되이 일컬으며 십계명의 제3조를 범하는 사태에까지 이르렀다. 이렇게 십계명을 폄하하면서까지 하나님의 이름을 망령되이 일컫는 모습은 SNS상에서 장신대 책임자를 막론하고 동문과 일반인에 이르기까지 무분별하게 번지고 있는 양상이다. 이렇게 하나님의 이름에 빗대서 조롱을 하며 김하나를 반대한 움직임은 2017년 봄학기에 장신대 학생들이 '김하나님 세습하나요?'란 문구를 걸고 시위를 한 것에 거슬러 올라갈 수 있다.

　　이런 긴박한 상황에도 불구하고, 그 어떤 기관보다도 명성교회가 지금까지 김하나를 길러냈고 유학까지 시켰고 부목사로 훈련시켰고 교회까지 분립시켜서 목회를 충분하게 연습할 수 있도록 하였다면, 그만한 경쟁력을 갖춘 후임자도 쉽게 찾지 못할 것이라는 생각을 지난 세월 동안에 명성교회의 후임목사 청빙위원회가 고심을 한 끝에 고육지책으로 내린 결정이라는 사실은 분명하다. 이 일에 대해서 이미 몇몇 반대성명서가 있었고, 심지어 그를 길러내고 더구나 명성교회로부터 많은 후원금과 장학금을 지원받은 장신대(당시 총장 임성빈)까지도 신대원장과 교수평의회(당시 신대원장과 위원장 김운용)를 중심으로 한 몇몇 교수들이 너무나도 급한 나머지 몇 시간 만에 지방에 흩어진 6개의 교단 신학교에서 이미 작성되어 올라온 졸속 성명서에 경솔하게 반대의사를 표명한 것은 안타까운 일이다. 또 가을노회로 모인 서울동남노회가 김하나의 청빙안을 노회에서 허락하기로 가결하자, 장신대 교수평의회는 하루 만에 회의를 소집한 후유증으로 겨우 26명이 참석하자 이를 보완하고자 이내 졸속으로 카톡 방에 서명을 촉구하여 비정년과 행정교수를 포함한 56명의 평의회 소속 교수들의 서명으로 반대 성명서를 발표하여 교계에 재차 파란을 불러왔다. 이에 발을 맞추어서 서울동남노회 회원들은 기자간담회를 열어 지난 제73회 정기노회의 불법성을 지적하며, 노회정상화를 위한 비상대책위원회를 꾸리고 비상대책위원장을 맡은 김수원(당시 목사부노회장, 전 헌의위원장)을 중심으로 노회결의 효력금지 가처분신청을 세상 법정에 제기했다. 이에 뒤질세라 2017년 11월 14일 오후 7시에 장신대 4개 학생회(신대원, 총학, 여학우회, 목연학우회)는

코 활을 당겨 왕의 갑옷 솔기를 맞은'(왕상 22:34) 아합은 죽게 되어 그 피를 창기들이 목욕하는 곳에 있던 개들이 핥았다. 이렇게 열왕기상은 끝난다. 이렇게 하나님의 말씀을 미가야 이외에는 모두 왜곡할 때, 그 결말은 파멸로 끝나게 된다.

성경적으로 제사장직의 계승을 전통적으로 이어온 목회적 계승이 구약으로부터 신약까지 이어지는 정황을 깊이 고려하면, 또 다른 고민거리가 생긴다.

2) 아론과 사독계열

원래 가업을 이어가는 것이 인간 사회에서는 대체로 일상화되어 있는 현상이다. 교회의 성직도 마찬가지이다. 목사직은 장로직과는 달리 구약시대부

공동으로 세습반대를 위한 촛불 기도회(세반연 공동대표인 김동호가 설교)를 개최하였다. 이 모임은 이미 세반연에 의해 치밀하게 기획된 것으로, 모임을 마친 직후 곧바로 종편방송인 JTBC 9시 뉴스의 1부와 2부에 방영이 되어 논란을 증폭시켰다. 과연 장신대 뉴스가 이렇게 거의 동시에 정규방송 TV 뉴스에 중계방송이 될 정도로 철저히 기획된 적이 있었는가? 그러나 후임자는 전적으로 해당 교회가 적법한 절차에 따른 고유한 결정이므로, 총회나 노회 혹은 심지어 신학교와 종편방송국까지 나서서 반대를 하는 것은 지교회를 업신여기는 경솔한 태도이므로 모양새가 좋아 보이지 않는다. 그 후에 장신대 게시판에는 세반연에 휘둘려서 각 졸업 기수마다 세습반대 연명서가 올라오는 촌극이 한동안 계속되었다.

　모든 결정은 지교회가 책임을 지고, 해당 노회와 후임 위임목사에 관한 노회 허락을 획득하기 위하여 합법적인 절차를 거쳐서 확정할 사안에 지나지 않는데, 이를 너무 정치적으로 확대해석하여 불필요한 문제를 야기하고 있다. 사실상 명성교회가 속한 시찰회와 해당 노회가 이 일을 심의하여 결정하게 하는 것이 정당한 절차이다. 목사 직분은 노회 소속으로 해당 노회가 관할하는 것이기 때문이다. 이뿐만 아니라, 이미 몇 년에 걸친 후임 담임목사직을 계승할 수 있는 준비과정을 충분히 거친 김하나를 편법적인 세습이라고만 낙인을 찍지 말고, 오히려 성공적인 계속목회를 위한 하나의 방법으로 위임목사로 청빙한 후임목사 청빙위원회와 당회의 결정을 그 어떤 기관보다도 명성교회의 교인들 스스로도 존중하고 계승목회를 맞이한 것을 인정해야 한다. 이런 명분은 아무도 명성교회에 줄 수 없기에 명성교회의 교인들이 스스로 소중하게 여기면서 자중자애하여야 함에도 불구하고, 비록 지난 후임목사 청빙을 위해 모인 공동의회에서 2천 명에 가까운 교인이 반대를 하였고 또한 두 교회 합병안에 관해서도 새노래명성교회가 명성교회의 합병 제안을 가결하지 않았을지라도, 명성교회가 합병안을 백지로 돌리고 또 하나의 결정사항인 김하나를 위임목사로 청빙하기로 결의한 위임안을 해당 노회에 헌의하여 명성교회의 후임목사로 세운 결과에 대해서 존중하고 책임져야 한다.

　이미 결정이 된 이상 공동의회에 참석하지 않은 나머지 교인도 결론을 중시하고 성공적인 계속목회가 이어질 수 있도록 결과를 받아들이고, 지교회도 무거운 책임의식을 가져야 한다. 김하나 자신도 남이 억지로 지어준 지위는 철저하게 자정기능을 하지 않으면 타락한다는 사실을 명심하고, 당회와 더불어 새롭게 명성교회가 새롭게 감당해야 할 사명을 생각하고, 겸손히 자신의 모든 기득권을 내려놓고, 가장 낮은 자세로 가난하고 고통당하는 교인들을 지극 정성으로 섬기기 위해서 한마음 한 신앙으로 굳게 뭉쳐야 한다.

터 제사장직을 레위 지파와 사독 계열에게 독특하게 물려준 계승 전통에 긴밀하게 연결되어 있다. 이를 자세히 살펴보면, 모세 5경에서 제사장직은 아론의 후손인 레위 지파의 특권과 의무로 대대로 계승된 것이 유대 전통이다.

다윗 왕조와 솔로몬의 시대를 거치면서 제사장직은 사독 계열의 출신이 독차지하게 된다(삼하 15:24).[10]

> 보라 사독과 그와 함께한 모든 레위 사람도 하나님의 언약궤를 메어다가 하나님의 궤를 내려놓고 아비아달도 올라가서 모든 백성이 성에서 나오기를 기다리도다

사무엘하 15장 24절에서 사독과 레위 사람이 함께 수행하던 제사장직이 불행하게도 사독 계열에 의해 독점됨으로써 부패한 제사장직의 계승은 신구약 중간시대에 이르러서 기원전 172년에 시리아계 셀류코스 안티오크스 4세가 급기야는 합법적으로 계승된 대제사장이던 오니아스 3세의 동생 야손에게 제사장직을 팔고, 곧이어서 제사장 가문 출신도 아닌 메넬라우스에게 돈을 받고 제사장직을 줌으로써 매점매석과 다를 바 없는 제사장직이 이어진다.[11] 그 후에 예루살렘 성전에 이방신을 가져온 셀류코스 왕조에 대항한 마카베오 항쟁이 성공한 결과로 유대를 통치하게 된 하스몬 왕가는 기원전 63년 로마에 멸망할 때까지 80년 동안 사독 계열이나 다윗 왕조의 혈통이 아님에도 불구하고, 제사장직을 겸하는 왕족이 된다.[12]

이러한 역사를 되돌아보면, 구약성경에 제사장직을 그 아들에게 계승함

---

10) 사독 계열은 기름부음을 받은 다른 직책인 예언자와 왕(시 45:16)과 더불어 예루살렘 성전을 주도하는 제사장직을 계승하면서부터 종교권력의 한 축을 형성하게 된다. 이들이 후에 사두개파라 불린 집단이다. 그러나 유대 왕국이 멸망한 후 페르시아 시대에 이르러서도 종교적 자치권을 행사하던 사두개파가 예루살렘에서 종교적으로 심히 부패한 권력을 행사하면서부터 제사장직도 잘못 계승되는 경우가 많았다.
11) 통치자인 안티오크스에 의해 제사장직이 사독 계열이 아닌 이방 정치인에게 넘어가자 제사장직은 변질되어, 예루살렘에서는 통치자에게 충성을 약속하거나 공공연히 뇌물을 주어서 그 대가로 제사장직이 임명되는 사태까지 초래된다. 이에 더하여 안티오크스는 모든 유대인에게 그리스 풍습을 강요하고, 할례 예식 철폐와 안식일 규례를 금지하는 칙령을 발표하고, 예루살렘 성전 안에 제우스 제단을 세운다.

으로써 성공한 제사장과 실패한 제사장이 둘 다 존재한다. 실패한 제사장은 엘리로 제사장직을 자녀들에게 계승해 주지 못하고 불행한 최후를 맞이하고, 반대로 아론과 같이 성공적으로 제사장직을 물려준 가문이 있다. 아론의 후손에게 성공적으로 제사장직이 계승된 것을 언급한 구절 가운데 대표적인 출애굽기 29장 29-30절을 보면 하나님께서 최초의 제사장인 아론에게 명령하시는데, 이로써 아론의 성의는 그 후에 그 후손에게 계승되고 제사장직은 계속된다. 이런 전통을 보면, 성직계승은 지극히 하나님의 명령에 기초를 두고 있다는 사실이 성경적인 교훈이다.

그렇다고 아들이기 때문에 자동으로 제사장직을 계승한 것은 아니다. '흑인'이란 뜻이 있는 비느하스는 아론의 손자요 엘르아살의 아들이었기 때문에 제사장직을 자동 계승(출 6:25; 대상 6:4, 50)한 것만은 아니다. 오히려 싯딤에 모인 이스라엘 백성들이 모압 여인들의 유혹에 넘어가 음란한 우상숭배인 바알브올을 섬긴 것을 단호하게 배격하는 열심을 보인 그를 하나님께서 선택하신 결과이다.[13] 비느하스는 너무 지나치다 싶을 정도로 죄를 범한 이스라엘 백성을 헤렘(חרם) 법(수 6:18에 나타난 히브리어로 '헌신한다', '바친다', '멸절시킨다'란 의미의 진멸 법)에 따라 진멸하고 하나님의 거룩하고 의로운 뜻을 세웠다. 신명기의 헤렘 법(신 7:2, 16, 22; 20:17)은 가나안 원주민들의 음란한 우상숭배에 물들지 말라는 심판

---

12) 기원전 31년 악티움 해전에서 이집트 클레오파트라와 연합한 그리스의 무적함대 안토니우스를 물리친 옥타비아누스는 기원전 27년에 아우구스투스란 명칭을 원로원에서 획득한 후에 지중해 전역에 식민지배의 속국을 건설하는 이러한 급변하는 사태로 인하여 다시 유대교 내에서 특정 종파 사이에 심한 분쟁이 야기된다. 이때 에돔의 피가 섞인 이두매 출신인 헤롯(기원전 37-주후 4년)이 아우구스투스의 총애를 받아 유대 왕이 되고, 자신을 반대한 안티고누스와 그를 지지하던 많은 사두개파를 안디옥에서 처형한 후, 유대인들에게 환심을 사기 위하여 예루살렘에 제2 성전을 재건하고, 부속 건물과 주변의 요새들을 건축한다. 헤롯은 유대인의 환심을 사기 위해 아내인 이두매 사람과 이혼하고 하스몬 왕가의 마리암네와 결혼한 후, 장모 알렉산드라가 자신의 젊은 아들 아리스토불로 3세를 제사장으로 임명할 것을 종용한다. 이로써 예루살렘 성전은 더 이상 하나님께서 임재하시는 종교적 상징으로서의 기능을 상실하게 된다. 복음서에서도 그 아름다움이 극찬받을 정도로(눅 21:5; 요 2:20 참조) 빼어난 성전이지만, 헤롯이 46년을 정성들여 지은 예루살렘 성전은 완공된 지 겨우 6년 만에 최후를 맞이하게 된다. 주후 66-70년에 일어난 유다 1차 항쟁을 진압한 로마의 디도(Titus, 후에 79-81년에 황제로 재위)에 의해서 예루살렘은 '돌 위에 돌 하나'(눅 21:6) 남지 않을 정도로 완전히 파괴되어 부패한 유대 종교는 최후를 맞이한다.

의 말씀과 항상 연계되어 있다. 이런 업적을 비느하스 스스로가 세웠기 때문에
선친의 제사장직을 계승할 수 있었다.

시편 106[5]:3
정의를 지키는 자들과 항상 공의를 행하는 자는 복이 있도다

시편 기자는 정의(κρίσις)와 공의(δικαιοσύνη)가 하나님의 시간을 세우는 것이라
는 사실을 강조하기 위하여 카이로스라는 단어를 사용한다. 비느하스가 인간
적인 시간인 크로노스만을 생각하였다면, 음란한 우상숭배에 빠진 이스라엘
백성을 진멸하지 못하였을 것이다. 그는 하나님의 시간인 카이로스에 충실하
여 진멸법을 세운 것이다.

3) 계승의 성경적 의미

한국에서 먼저 감리교단과 나중에 통합교단이 목회 세습을 반대하는 결
의안을 채택하고 장정과 헌법에 추가하고 있지만, 성경에서 말하는 내용과는
거리가 멀다. 성경에는 세습이란 단어 자체가 나오지 않기 때문이다. 한국교회
가 기업의 총수 자리를 대물림하는 경영세습과 같은 논리와 주장을 근거로 세
습반대[14]라는 잘못된 악법을 만들어 놓고, 신학교까지 나서서 그 법을 내로남
불식으로 옹호하는 촌극까지 몇 년 동안 벌어졌다. 이런 극단적인 비성경적인
정치 쇼를 더는 묵과해서는 안 되고, 해당인들은 한국교회를 무너뜨린 죄를 회
개해야 한다. 목회 세습반대는 한국의 두 교단 이외에 세계 어느 기독교에서도

---

13) 비느하스는 우상숭배하는 부정한 남녀, 곧 미디안 여인과 그를 회막에 들인 이스라엘 백성을 한꺼번에
창으로 죽인다. 이 일의 여파로 이스라엘 백성 2만 4천 명도 염병으로 죽는다(민 25:6-13). 이러한 비느
하스의 의로운 분노는 마침내 하나님의 마음을 기쁘게 하고, 그 결과로 염병이 멈추게 되고, 이스라엘을
향한 여호와의 진노도 멈추게 한다. 죄와 불의 앞에서 침묵하는 사람은 하나님의 사람이 아니다. 그러나
죄와 불의에 담대하게 대항하고, 반드시 죄악을 드러내고, 철저하게 끊어 버리는 자가 의로운 자이다. 이
일로 하나님의 거룩한 뜻을 분명하게 세움으로써 오직 하나님의 마음에 합한 행동을 한 아론의 후손인
비느하스가 제사장직을 계승받게 되면서 무려 296년 동안 제사장직을 잇는 복을 누린다.

찾아볼 수 없는 모습이다.

신구약성경은 세습이란 단어 대신에, 계승과 반차와 반열이라는 단어를 통하여 왕과 제사장의 계승을 설명하면서, 이것이 현대 교회에서도 목회적 계승으로 이어지는 성경적 의미라는 사실을 보여주고 있다.

(1) 계승에 대하여

세간에서는 심지어 세습을 반대하는 구약학자들까지도 비성경적인 단어인 '승계'란 엉뚱한 단어도 사용하여 목회 계승을 기업의 승계로 오해하였지만, 원래 성직은 '계승'이란 용례가 성경적인 단어이다(대하 22:1; 시 45[4]:16[17]; 렘 16:19). 왜 구약학자들마저도 성경이 세 번씩이나 사용하고 있는 계승이란 단어를 목회 계승을 이해하는 성경적 근거에 관해서 외면하고 있는지 안타까울 뿐이다. 위의 세 구절을 아래와 같이 차례로 살펴보자.

가. 역대하 22:1

역대하 22장 1절은 악한 왕인 아합의 길을 따라간(22:3-4) 여호람의 막내 아들 아하시야가 왕위를 계승한 것(ימליכו)을 언급한다. 아하시야의 형제들이 모두 죽임을 당하는 불행에 더하여, 그의 모친인 아달랴가 요아스까지 죽이려 하는 일까지 있었지만, 유모를 통해 가까스로 구출을 받는 일까지 생겼다(22:11).

예루살렘 주민이 여호람의 막내아들 아하시야에게 왕위를 계승하게 하였으니 이

---

14) NGO가 반정부 운동을 하는 것처럼, 기윤실도 반기독교적인 운동을 많이 하였다. 예를 들면, 세습반대 운동은 기윤실로 거슬러 올라가는데, 2012년 11월 2에 출범한 교회세습반대운동연대(세반연)에 몸담 았던 장신대 전 총장(임성빈)과 장신대 교수들이 중심이 되어 만든 세습반대교수모임(세교모)의 공동대 표 김운용 현총장, 임희국 은퇴교수, 박상진 은퇴교수 등), 장신대 신학생들, 심지어 통합교단 목사들이 결성한 소위 신앙고백 모임[회장 박은호(정릉교회), 부회장(새문안교회), 총무 이장호(높은뜻광성교회), 회계 황영태(안동교회), 서기 김만준(덕수교회) 등]까지 가세하여 반대 데모하는 일이 계속되었다. 그러 나 대법원은 2023년 초에 이들의 항소를 기각하여 명성교회의 김하나 위임목사의 청빙 절차가 정당하 다고 결정하였다.

는 전에 아라비아 사람들과 함께 와서 진을 치던 부대가 그의 모든 형들을 죽였음이라 그러므로 유다 왕 여호람의 아들 아하시야가 왕이 되었더라

계승이란 단어는 군왕의 왕위계승에 연결된다. 이러한 왕위계승을 70인역은 단순과거 3인칭 복수형인 에바실류산(ἐβασίλευσαν)과 단순과거 3인칭 단수형인 에바실류센(ἐβασίλευσεν)이란 단어를 한 구절에서 무려 두 번씩이나 변형하여 사용하고 있다. 이것은 단순히 아하시야가 왕이 된 것이 아니라, 예루살렘 주민의 뜻에 따라 왕위를 계승하게 된 것을 강조하는데, 후에 예수께서 유대인의 왕으로 오신 사건에 적용한다. 헤롯은 왕위만을 생각하다가 아기 예수에 대해서 온 인류를 위한 메시아로 여기지를 못하고, 단지 자신의 왕위를 위협하는 유대인의 메시아로 오신 것으로만 오해했다.

마태복음 2:22
그러나 아켈라오가 그의 아버지 헤롯을 이어 유대의 임금 됨을 듣고 거기로 가기를 무서워하더니 꿈에 지시하심을 받아 갈릴리 지방으로 떠나가

고린도전서 4:8
너희가 이미 배 부르며 이미 풍성하며 우리 없이도 왕이 되었도다 우리가 너희와 함께 왕 노릇 하기 위하여 참으로 너희가 왕이 되기를 원하노라

위의 두 구절에서 마태는 바실류오(βασιλεύω)를 헤롯의 뒤를 이어서 아켈라오가 왕위를 계승하는 것에 적용한다. 그러나 바울은 메시아로 오신 예수 그리스도를 믿는 성도가 그리스도와 함께 왕 노릇하는 것과는 달리, 고린도 교회가 스스로 높여서 왕처럼 군림하는 것을 비판하면서 사도인 자신은 '끄트머리'(고전 4:9)라고 한껏 낮춘다. 영혼의 목자인 끄트머리 종과 십자가의 종에 관해서는 아래에서 항목을 달리하여 설명하는 내용을 참고하기를 바란다.

나. 시편 45[4]:16[17]

다음으로 시편 45[4]편 16[17]절은 아들들이 조상들을 계승 곧 하야(הָיָה) 함으로써 온 세계의 군왕을 삼는다고 말한다.

> 왕의 아들들은 왕의 조상들을 계승할 것이라 왕이 그들로 온 세계의 군왕을 삼으리로다

군왕을 계승하는 것은 70인역에서 단순과거 수동태 복수형인 에게네데산(ἐγενήθησάν)과 미래형 2인칭 단수형인 카타스테세이스(καταστήσεις)란 단어를 사용하여 복합적으로 이해하여 지명하여 세운 것이라는 의미이다. 이러한 번역 역시 예수의 메시아직의 계승에 적용된다(마 1:22; 눅 1:38). 특이한 것은 원형 기노마이(γίνομα)는 헬라어 단어에서 가장 많이 사용되는 기본 단어인데, 카디스테미(καθίστημι)와 연결되어서 야고보서 4:4에서는 간음하는 여인과 세상에 벗 된 사람들을 경계하라는 말씀에 적용되고 있다. 이는 성령으로 인태되어 동정녀의 몸에서 탄생하신 예수 그리스도를 계승하는 사람은 음행과 죄악을 멀리해야 할 것에 적용한 것이다.

여기서 하야(הָיָה)는 창세기 1장 5, 7절에서 "아침이 되고 저녁이 되며" "그대로 되니라"라는 구절과 창세기 2장 7절에서 하나님께서 만드신 아담에게 생기를 불러 넣어서 생령 곧 네페쉬 하야(הָיָה נֶפֶשׁ)로 "생명이 계승된 것"과 같이 하나님의 창조에 연결되는 단어들은 하나님께서 위대하게 이루신 창조질서의 계승을 보여준다.

다. 예레미야 16:19

예레미야 16장 19절은 조상들이 계승한바 곧 나할(נָחַל)은 상속이란 의미로, 이는 허무하고 거짓되고 무익하다고 지적하면서 예레미야가 여러 번 언급한 헤벨(הֶבֶל) 곧 바알 우상을 가리키는 것이다(렘 2:5, 23; 8:19; 9:14[13]; 10:3, 8, 15;

14:22; 왕상 18:18, 21. 참고 렘 2:8, 11의 우상도 마찬가지이다).

여호와 나의 힘, 나의 요새, 환난 날의 피난처시여 민족들이 땅 끝에서 주께 이르러 말하기를 우리 조상들의 계승한 바는 허망하고 거짓되고 무익한 것뿐이라

히브리어 헤벨(הֶבֶל)은 헬라어 70인역에서 우상(εἴδωλα)으로 번역되어 신약성경에 영향을 미친다(행 7:41; 고전 12:2; 계 9:20. 거짓 신으로서의 우상에 관해서는 행 15:20; 롬 2:22; 고전 8:4, 7; 10:19; 고후 6:16; 살전 1:9; 요일 5:21을 참고하라). 예레미야 2장 5장에서는 우상을 '허탄한 것'(הֶבֶל)이라고 언급하면서 바로 이스라엘의 열조가 우상을 '헛되이 행한 것' 곧 하발(הֶבֶל)이라고 함으로써 이스라엘 백성들이 가나안 땅에서 바알 우상을 섬긴 것을 명확하게 비판한다. 이는 계승을 잘못하면 우상까지도 상속할 수 있다는 경고이다.

이스라엘의 여호와 하나님께서 창조주 하나님을 버리고 우상을 얻은 것을 70인역은 단순과거 중간태 3인칭 복수형인 에크테산토(ἐκτήσαντο)로 번역하여 분명하게 경고하고 있다. 원형인 크타오마이(κτάομαι)는 데살로니가전서 4:4에서 하나님의 거룩함을 기독교 가정이 경건하게 계승하기 위해서 아내를 성적인 순결과 존귀함으로 취할 것을 권면하는 크타스다이(κτᾶσθαι)라는 단어로 이해하여, 과거 이방 여인을 아내로 취하여 우상을 받아들인 이스라엘의 음란한 우상숭배를 상기시키고 있다.

위에서 세 가지로 사용된 계승이란 용어는 과거 유대 전통에서 왕이나 제사장직의 계승이나 현재 한국교회에서 화두로 부상한 후임목사직의 계승에도 성경적인 가르침으로 교훈을 얻을 수 있는 단어들이다.

(2) 반차에 대하여

예수께서는 요한복음 5장 19-20, 23절에서 솔로몬 지혜서(8:3)에 나타난

지혜의 모티브를 자신에게 적용하신다. 다시 말해서 솔로몬의 지혜서를 보면 아버지가 아들(지혜)을 사랑하신다는 말씀을 예수께서 자신에게 하나님과의 관계의 유비로 적용하신 것이다. 이로써 예수의 말씀은 아들이 일하시는 방법이 아버지와 완전히 같은 방식이라는 사실을 드러내신다.15) 아들이신 예수께서 아버지이신 하나님과 갖는 영적인 관계는 오늘 우리에게도 아버지와 아들 관계에 영적으로 계속된 영속성을 시사하는 점이 크다. 아버지와 아들의 인간적 혈연관계가 하나님과 예수의 삼위일체적 영적 관계와는 본질적으로 다르지만, 사회적인 통념으로 첨예하게 대립되는 작금의 상황에서 비록 부자 관계이지만 부자로 계승되는 계속 목회를 위한 관계의 유비에 어느 정도 유익하다.

계승이란 단어는 신약성경에서 반차라는 단어로 사용된다. 반차(τάξις)는 계열이라는 의미로 이미 규례를 따라 정해진 계승이란 뜻으로 사용되기도 한다(눅 1:8[반열]; 고전 14:40[질서]; 골 2:5[규모]; 히 5:6, 10; 6:20; 7:11, 17, 21). 이는 히브리서에 주로 사용된 단어이다.

이 구절들을 주목하기에 앞서서 먼저 히브리서 10장 11절에 요약된 구약 제사의 특징을 간략하게 살펴볼 필요가 있다.

> 제사장마다 매일 서서 섬기며 자주 같은 제사를 드리되 이 제사는 언제나 죄를 없이 하지 못하느니라

무엇보다도 히브리서는 반복적으로 희생 제사를 지내야만 하는 제사장들에 대해서 이야기한다. 제사장들은 신탁을 전달하는 일을 하고, 레위인들이 이 제사장의 직무를 맡으면서 신탁 제시, 희생 제사 의식, 법궤에 대한 봉사 등의 일

---

15) 예수께서는 계속해서 자신이 아버지께서 일하시는 것과 같은 방식으로 일한다고 하심으로써 하나님과 예수께서 동등하며 또한 하나라는 사실을 선포하신다. 그러므로 누구든지 아버지이신 하나님께서 어떻게 일하시는지 알고자 한다면, 아들이신 예수께서 행하시는 사역을 주목해야 한다. 하나님께서는 예수를 이처럼 자신의 동일 본질로 여기실 정도로 인격적 관계를 맺고 계신다. 당시에는 예수를 단지 인간적 기득권을 잠식하는 자로 여겨 적대적으로 대하였던 유대 종교지도자들은 예수의 공생애 사역 가운데서 하나님께서 하시는 일을 발견하는 믿음의 눈이 없었기 때문에 예수를 메시아로 영접하지 못한 것이다.

을 했다. 이 중에 희생 제사 의식은 중앙집권화가 되면서 더욱 강화되었다. 이러한 제사장직은 계승되고, 24개의 종류로 나누어지고, 각 직책은 때에 따라서 일주일씩 봉사를 했고 또한 이것은 네 부분으로 나누어져 아홉 개의 방에서 봉사하였다.[16] 이런 특별한 봉사는 제사장직의 계승에만 사용되고 있다. 11절에 사용된 단어인 레이투르곤(λειτουργῶν)은 단순히 '어떤 일에 봉사한다는 것'을 의미하는 데 적용된다. 여기에서 다양한 제의적 행동들은 특별한 제의적인 의미로 사용되어, 바로 '하나님에게 봉사한다'라는 것으로 성막이나 성전에서 제사장들과 레위인들에 의해서 행해지는 하나님을 섬기는 제사를 의미한다.[17] 이러한 섬김이나 봉사는 제사장들이 제의적 행동을 계승해 나간 것을 보여주는 것이다.

히브리서 6장 20절에 의하면, 유일무이한 대제사장이신 예수께서는 멜기세덱의 반차(τάξις)를 따라 영원한 대제사장이 되어 우리의 죄를 속하기 위하여 휘장 안으로 들어가셨다.

그리로 앞서 가신 예수께서 멜기세덱의 반차를 따라 영원히 대제사장이 되어 우리를 위하여 들어가셨느니라

---

16) 일 년에 두 주일과 축제시에만 당번이었고, 나머지는 세속적인 일에 종사할 수 있었다. 하지만 성전이 파괴된 이후에 제사장들은 성경을 읽고, 복을 빌어주고, 처음 익은 열매를 받기도 하였으나 서기관들이 율법 공동체의 중심 세력이 되었고, 율법연구는 희생 제사를 대신하게 되었다.

17) 11절은 제사를 지내는 제사장들인 아론과 그의 자손들 그리고 예수 그리스도를 대조시킴으로써 그들 각각의 제사직분이 유효한지를 밝히는 논증으로 이어진다. 각 제사장이 '매일' 드린 옛 언약의 제사를 통해 숫양 2마리를 아침에 1마리와 저녁에 1마리를 번제로 드리고, 번제와 동시에 고운 밀가루 2.2L에 감람기름 1리터를 섞어 아침에 반을 저녁에 반을 각각 소제물로 드리고(레 1:5), 어린양 한 마리에 1리터의 포도주를 전제로 드린다(민 28:3-8). 제사장들은 여호와 앞에 항상 서서 여호와를 섬기며, 날마다 그 직책을 끊임없이 수행하기 위해 24반차로 제비를 뽑아 섬기는 순서를 정한다. 자주라는 뜻의 헬라어 폴라키스(πολλάκις)는 제사장들이 사람들을 위해 같은 종류의 제사를 거듭해서 드린 것을 보여준다. 하지만 그 제사는 불완전하기 때문에 희생 제사들은 그 목적을 달성할 수 없음에도 불구하고, 그들은 반복해서 같은 제사를 끊임없이 드려 죄를 없애려고 한다. 하지만 이것은 예배드리는 사람의 양심까지 깨끗하게 할 수 없다. 그들은 거듭거듭 제사를 드려야 했기에 이러한 옛 제사는 완전한 속죄를 이룰 수 없으므로 폐지된 것이다.

반차라는 헬라어는 서열(시 110:4)과 계열(눅 1:8)과 질서(고전 14:40) 혹은 규모(골 2:5)로 다양하게 번역되지만, 헬라어로는 모두 탁시스(τάξις)이다

휘장 안쪽에 임하신 그리스도의 임재는 우리도 역시 휘장을 지나 지성소에 들어갈 것이라는 확고한 약속을 제공한다. 히브리서 6장 19절은 지상의 지성소를 천상의 지성소로 바꾸신 분을 그리스도라고 부른다. 우리의 소망은 레위 계통의 불완전한 대제사장들이 들어가는 곳인 단순한 지상의 지성소에 근거를 두고 있는 것이 아니라, 멜기세덱의 계열을 따르는 영원한 대제사장이신 예수께서 들어가신 하늘의 지성소이다. 이러한 미드라쉬적 해석은 창세기 14장 17-20절에서 하나님의 영원한 제사장인 멜기세덱을 분석하고 레위적 대제사장직보다 그리스도의 대제사장직이 지닌 우월성을 위한 근거를 제시한다.[18]

시편 110[109]:4
여호와는 맹세하고 변하지 아니하시리라 이르시기를 너는 멜기세덱의 서열을 따라 영원한 제사장이라 하셨도다

시편과 히브리서는 대제사장직이 계승을 전제로 하지만, 특별한 경우에 멜기세덱이나 그리스도처럼 천지의 주재이신 하나님께서 전적인 선택으로 제사직을 계승할 수 있다는 사실을 명시하고 있다. 이 같은 사실을 중시하여 예수께서는 천지의 주재이신 아버지께 이런 비밀을 지혜 있는 자들에게는 숨기시고 어린아이들에게 나타내신 것(마 11:25//눅 10:24)을 감사하기도 하셨다.

그리스도도 아론 계열이 아니므로 원칙적으로는 제사장직을 계승받을 수 없다. 그러나 그리스도께서 천지의 주재이신 하나님으로부터 직접 보내심

---

18) 히브리서가 제시하는 멜기세덱 계열을 따르는 그리스도의 제사장직은 아론 계열의 제사장직과는 근본적으로 다른 예표론이다. 곧 예수 그리스도야말로 진정하며 영원한 참 하늘의 대제사장으로서 스스로 '속죄'를 이루시고, 친히 중보자가 되어 지성소로 먼저 들어가 그를 믿는 이들을 하나님께로 인도하는 참된 대제사장이 되신다. 이 효력은 영원한 것이기에 예수께서는 영혼의 소망과 동시에 영혼의 닻이 되신다(히 6:19).

을 받은 영원한 제사장인 멜기세덱의 계열을 따르지만, 멜기세덱보다 뛰어나신 이유는 하나님으로부터 영원한 언약을 직접 받아 보냄을 받으신 대제사장이시기 때문이다. 그러므로 사실상 그리스도는 멜기세덱을 계승한 분이 아니라, 오히려 멜기세덱보다 뛰어나신 분이시다. 이런 사실은 계속목회라는 차원에서 후임목사가 전임자를 뒤이어 아론의 계열이 아니더라도 멜기세덱의 계열을 따라 대제사장이 되신 그리스도의 뒤를 계승하는 제자로 그 부르심을 감당한다면, 그가 비록 전임자의 아들이 아니더라도 후임자로 이어갈 수 있다는 사실에 정당성이 부여될 수 있다. 그리스도께서 멜기세덱보다 뛰어나신 것처럼, 때에 따라서는 아들이 아버지보다 여러 가지 면에서 뛰어난 경우나 혹은 아들이 아니더라도 얼마든지 후임자가 전임자보다 뛰어난 경우가 많다.

4) 영혼의 목자를 따르는 끄트머리 종과 십자가의 종

베드로전서 2장 25절은 참 목자 되신 예수 그리스도에 관해 말해주고 있다. 베드로는 성도와 예수의 관계를 양과 목자의 관계로 표현한다.

> 너희가 전에는 양과 같이 길을 잃었더니 이제는 너희 영혼이 목자와 감독 되신 이에게 돌아왔느니라

이것은 당시 참 목자가 누구인지 확신하지 못하고 마음을 잡지 못하는 성도들에게 예수 그리스도께서 참 길이신 것을 제시하기 위함이다. 베드로는 구약에서 이사야와 에스겔 선지자가 성도를 양으로 비유한 것에 착안하여 이렇게 기록한 것으로 보인다. 이것은 베드로전서 5장의 장로들을 하나님의 양 무리를 치는 포이메노스(ποιμένος)인 목자와 에피스코포스(ἐπίσκοπος)인 감독으로 연결하려는 의도라고 생각된다. 베드로전서 2장에서 베드로는 목자나 감독이란 용어를 거의 구분하지 않고 사용한다. 그런데 베드로는 자신을 '영혼의 목자와 감독'이신 예수와 긴밀하게 연결을 짓고 싶어 한다. 곧 베드로는 예수를 '목자

장'(벧전 5:4)으로 부르면서 자연스럽게 자신이 목자가 될 수 있다는 사실을 중시한다.

그리하면 목자장이 나타나실 때에 시들지 아니하는 영광의 관을 얻으리라

엄밀히 말하면 목사는 목자가 아니며, 예수만이 목자이시다. 그러나 예수를 목자장(ἀρχιποίμενος)이라 칭하면서 목사가 참 목자가 되기를 소원하다 보니 목자라 칭하는 일이 일반화된 것이다. 베드로는 이 같은 사실을 잘 터득하고 있기에 예수를 목자장으로 모시면서 영혼의 목자와 감독이시라고 부르고 있다.

　이러한 움직임은 예수를 목자장으로 부르면서 그분을 따르는 자신을 오늘날의 장로와는 다른 의미로 당시 교회의 대표자로서 영적 지도자인 프레스뷔테로스(πρεσβύτερος), 곧 장로인 베드로 자신의 영적 지도력을 목자장이신 예수 아래에 놓음으로써 자신에게 목자와 감독의 지위를 주어 그 위상을 강화하려는 의도처럼 보인다.[19] 목사직의 기원에 대해 현재 교회에서는 교회를 성전으로 목사를 제사장 혹은 레위인으로 교인과 구별된 존재로 기름부음을 받은 하나님의 종이란 인식이 있다. 이는 교인 스스로 인식한 것이 아니고 교육의 결과이다. 베드로는 이와는 다르게 목사직의 기원을 모든 양의 목자장이신 예수께로 둔다. 피조된 사람이 목사로서 하나님이신 예수의 역할을 모델로 하면 교인과는 구별되지만, 하나님과 일반신자 사이에서 말씀 운반의 사역을 감당하는 존재로서 양 된 신자들을 돌보는 제사장보다 더 귀한 직분을 받은 구별된 존재로 여겨질 수 있다. 이로써 장로는 지혜로운 그리고 존경받는 어른으로, 목사는 말씀을 가르치는 교인을 돌보는 역할을 맡은 자인 사역자와 종으로

---

19) 베드로전서 2장 25절은 주님을 떠난 인간의 모습을 길을 잃어버린 양에 비유하고, 이러한 길 잃은 양과 같은 그리스도 공동체가 반드시 돌아가야 할 분이신 예수야말로 양을 기르시고 치시는 '영혼의 목자와 감독'으로 비유하였다. 이 비유법은 주님을 떠나 살아가는 사람들의 삶의 모습이 어떠할 수밖에 없는지를 보여주고, 그리스도 공동체가 바라보고 따라야 할 분은 오직 예수 그리스도 한 분이심을 이해하기 쉽게 해준다. 목자와 감독이신 예수를 올바르게 따르도록 권면한 베드로는 자신이 장로로서 '목자장'이신 예수의 감독하에 스스로 목자와 감독의 직분을 올바르게 감당해야 한다는 각오를 다진다.

섬기는 자의 위치를 잘 감당해야 한다. 이것이 오늘의 교회공동체가 지향해야 할 성경적인 교회의 모습이다.

더구나 베드로전서 5장 2절은 '그리스도의 양 무리'가 아니라 '하나님의 양 무리'라는 표현을 사용한다.

> 너희 중에 있는 하나님의 양 무리를 치되 억지로 하지 말고 하나님의 뜻을 따라 자원함으로 하여 더러운 이득을 위하지 말고 기꺼이 하며

이는 목자장이신 그리스도의 역할과 더불어, 교회와 성도의 모든 삶과 예배의 중심에는 하나님을 향한 분명한 정체성이 있어야 한다는 교회론이 함축되어 있다.[20] 이 양 무리는 비록 하나님의 양 무리(ποίμνιον τοῦ θεοῦ)이지만, 그들을 치는 목자가 필요하다는 관점이다. 하나님의 양을 치는 목자들의 대장인 목자장은 당연히 그리스도이시며, 그리스도를 따라, 그와 함께 하나님의 양 무리를 치는 목자들이 교회에 있어야 한다. 후대 사본에서는 하나님의 양 무리를 감독의 양 무리(ποίμνιον τοῦ ἐπισκοποῦντες)로 해석하여 감독이 교회의 권속들을 지켜주는 개념으로 이해되기도 하였다.

이상과 같이 교회에는 양 무리를 끌어내 갈 목자가 꼭 필요하며, 그들은 하나님의 뜻을 따라 자원하므로 더러운 이득이 아니라, 기꺼이 맡은 목자로서의 사역을 감당해야 한다는 사실이 우리가 베드로전서에서 발견할 수 있는 교회론이다. 목자장이 그리스도라면 '함께 장로된 자'인 베드로는 자연스럽게 목자장이신 그리스도의 감독하에 있는 목자가 된다.[21] 이로써 베드로는 베드로전서 2장부터 줄기차게 주장해 온 영적 지도자의 직책을 마무리 지으면서 자신을

---

20) 양 무리라는 표현을 통해서 성도들의 공동체성이 중시되고 있다. 5장 전체를 통틀어서 성도를 지칭하는 '양'은 단수로 등장하지 않고, 늘 양 무리라는 복수로 등장하고 있다. 즉, 교회는 한 명의 성도가 아니라 여러 명의 성도들이 '무리'를 지어서 만들어가는 공동체성이 기본이다.

21) 베드로전서 2장 25절은 예수를 '영혼의 목자와 감독이신 이'로 묘사하는데, 이는 양 무리를 먹이는 모습을 비유적으로 표현한 것이다. 그러면 베드로전서 5장 1-4절에서 '함께 장로된 자'인 베드로가 '목자장'이신 그리스도의 감독하에 양 무리의 본이 되는 사역은 무엇일까? 두말할 것도 없이 목자의 직분이다.

목자장이신 그리스도의 감독하에 놓여 있는 목자로 그 위상을 견고하게 만들어 놓는다. 이런 베드로의 확신은 자신이 목자로서 그 직책을 감당한다는 사실을 "때가 되면 너희를 높이리라"(벧전 5:6)라는 표현을 통해서도 드러낸다.[22]

세상에 예수 그리스도와 같은 참 목자가 어디 있을까? 그런데 하나님께서는 어떤 목사를 위임목사로 부르신다. 그가 참 목자요 목자장이신 예수를 진정으로 사랑하고 따르는 제자가 된다면, 하나님께서 베드로에게 주신 영혼의 목자와 감독이신 예수로부터 오는 영적 위상을 얻게 될 것이다. 그러나 영혼의 목자와 감독이신 그리스도와 비교해 볼 때, 베드로전서 2장 18절의 종들은 비록 한 가정에서 가족처럼 지내지만, 분명히 그 신분에 있어서 엄격한 차이가 있다는 사실을 기억해야 한다. 종은 여전히 종일 뿐이다.

사환들아 범사에 두려워함으로 주인들에게 순종하고 선하고 관용하는 자들에게만 아니라 또한 까다로운 자들에게도 그러하라

한 가족처럼 지내도 사환(οἰκέτος)이기에 영혼의 목자와 감독이신 집주인(δεσπότης[그리스도])에게 착하고 부드러운 자들에게(τοῖς ἀγαθοῖς καὶ ἐπιεικέσιν) 그리고 까다로운 자들에게(τοῖς σκολιοῖς) 공히 순종하는 종의 자세를 위임목사가 잊어서는 안 된다. 이 점에서 모든 목사는 목자장이신 예수께서 지교회의 위임목사로 세우신다고 해도 여전히 종일 뿐이라는 사실을 명시해야 한다.[23]

고린도전서 4장 1절에서 말하는 그리스도의 일꾼인 휘페레타스(ὑπηρέτας)의 원형인 휘페레테스(ὑπηρέτης)는 전치사 '아래'라는 뜻의 휘포(ὑπό)와 명사 '노

---

22) 하나님의 아들이신 예수 그리스도는 아들이실 뿐만이 아니라 하나님의 양 무리를 치시는 목자가 되시는 분이다. 이것은 베드로의 분명한 고백이고 이 고백을 성도들이 이미 많이 듣고 알고 있을 것이다. 그런데 베드로가 이런 예수의 모습을 끌어내는 것은 자기 모습이 목자장이신 그리스도를 따르는 진실한 목자로 변화되기를 간절히 원하는 심정을 보여주는 것이다.

23) 이는 고린도전서 4장에서 바울이 자신의 사도권을 주장하지만, 4장 9절에서 사실은 자신이 사도 중에서 가장 마지막 끄트머리에 해당하는 사도라는 사실을 분명히 하면서 동시에 4장 13절에서 세상의 더러운 것과 만물의 찌끼와 같다고 고백함으로써 4장 1절에서 말하는 그리스도 종들이 사실상 가장 밑바닥에서 섬기는 종들과 같다는 사실을 강조하고 있는 것과 맥을 같이한다.

를 젓는 이'라는 뜻의 에레테스(ἐρέτης)의 합성어로 배 밑바닥에서 노를 젓는 종처럼 아무런 권한이나 사회적 지위 없이 그저 낮은 자세로 섬기는 종들이 되어야 한다는 사실을 강조하는 것이다. 이런 의미에서 그리스도의 일꾼이란 단어는 그리스도의 종으로 번역하는 것이 올바르다.

> 고린도전서 4:1
> 사람이 마땅히 우리를 그리스도의 일꾼이요 하나님의 비밀을 맡은 자로 여길지어다

'맡은 자'란 헬라어 오이코노모스(οἰκονόνος)는 창세기 43:16과 누가복음 16:3과 갈라디아서 4:2에서처럼, '청지기'로 이해하는 것이 좋다. '하나님의 비밀을 맡은 자'란 표현이 거창해 보이지만, 사실은 청지기에 불과한 존재이다. 사람은 겉으로 우리를 그리스도의 일꾼이요 하나님의 비밀을 맡은 자라고 여기는 것 같지만, 실상, 사람은 우리를 인정하지 않고 오히려 조롱한다. 여기서 바울은 하나님의 '일꾼'이란 단어를 헬라어 휘페레테스(ὑπηρέτης)로 사용하여 배 밑바닥에서 노를 젓는 끄트머리 종으로 이해한다. 벤허라는 영화에서 종들이 배 밑창에서 손발이 묶인 채로 노를 젓는 장면이 나오는데, 이는 배와 함께 그 생명도 끝이 난다는 사실을 보여주는 이미지처럼, 바울은 자신을 사도 중에서 끄트머리 종으로 이해하여 고린도전서 4:9에서 다음과 같이 그리스도와 함께 죽는 종의 비천한 이미지를 보여주고 있다.

> 고린도전서 4:9
> 내가 생각하건대 하나님이 사도인 우리를 죽이기로 작정된 자 같이 끄트머리에 두셨으매 우리는 세계 곧 천사와 사람에게 구경거리가 되었노라

헬라어 에스카토스(ἔσχατος)는 문자적으로 '마지막'이란 의미이지만, 여

기에 아주 탁월한 의미로 번역된 '끄트머리'라는 단어는 사도행전 1:8과 13:47에서 세상의 끄트머리(장소를 의미하는 땅끝)로 이해되고, 마가복음 12:22과 고린도전서 15:8에서 모든 것의 끝(시간을 의미하는 종말)을 의미하는 맥락에 적용되고 있다. 그러나 고린도전서 4:9에서처럼, 사람을 의미하는 끄트머리 종이라고 해서 불교에서 말하는 것과 같이 천상천하 유아독존과 같은 존재가 아니다. 처음부터 끝까지 끄트머리 종을 주관하시는 분은 그를 부르시고 사명을 맡기신 하나님이시다. 그러므로 충성해야 한다. 흔히 한국교회에서는 기도를 드릴 때 꼬리가 되지 말고 머리가 되게 해달라는 기도를 자주 드리지만, 엄밀히 말해서 주님으로부터 부르심을 받은 종은 머리가 아니라 꼬리가 되게 해달라는 겸손한 기도를 드려야 한다. 끄트머리 종은 세상으로부터 인정받고 존귀함을 받는 존재가 아니라, 세상의 조롱거리가 되는 존재이다. 세상에서 가장 불쌍한 존재가 목사들인데, 한국교회에서는 목사들이 당회장으로 불리면서 무슨 기업의 회장처럼 고급 차를 타면서 거들먹거린다. 입으로는 아골 골짝 빈들에도 복음 들고 가겠다고 하면서 실제로 세상의 조롱 소리에는 아랑곳없이 존귀와 부귀영화를 다 누리는 것이 위임목사들 아닌가?

교회를 건축하고 매일같이 무릎을 꿇고 세운 새벽기도의 제단과 지역사회를 섬기는 가장 낮은 모습으로 지난 수년을 시무해 온 원로목사의 희생과 헌신에 비교하면, 후임목사는 거저 지교회의 위임목사가 되는 경우가 많다. 그러므로 후임목사는 자신이 위임목사의 자격이 있다고 절대로 생각해서는 안 된다. 철저하게 나는 아무 자격도 없이 그 크신 은혜로 후임목사직에 부름을 받았다는 사실을 기억하고, 세상의 더러운 것과 만물의 찌끼와 같이 배 밑바닥에서 죽을 때까지 노를 젓는 종의 심정으로 끄트머리 종의 자세를 가지고 맡겨진 사명을 감당해야 한다.

한국교회에 큰 유산을 남기면서 놀라운 희생의 길을 걸어간 서서평은 '목회가 섬김'이라는 사실을 몸소 실천한 순교자이다. 목사직은 사도, 선지자, 복음 전하는 자, 교사 등과 함께 "성도를 온전하게 하며 봉사의 일을 하게 하며 그리스도의 몸을 세우려 하심"(엡 4:12)을 위해서 하나님께서 세우신 직분이다. 이런 태도는 그 누구보다도 지교회의 후임자로 청빙을 받은 위임목사가 명심해야 할 일이다.

자격으로 말하면 그 누구라도 쉽사리 전임목사를 뒤이을 적합한 인물이라고 나설 수 없다. 과연 아들에게 돌고 돌아서 후임목사로 청빙이 된 상황에서 큰 혼란 없이 계속목회를 이어갈 수 있을지 걱정하고 기도하면서 책임을 감당할 자세로 자기에게 후임자리만 계승된 것이 아니라 그와 더불어 엄청난 상속처럼 계승된 사유재산과 종교 권력과도 맞설 수 있을까? 한 교회를 수십 년 섬긴 담임목사를 원로목사로 추대한 이후에 청빙위원회가 여러 가능성을 놓고 후임자를 물색한 것이 사실이지만, 결론은 많은 사람들의 예상대로 아들로 후임청빙이 이뤄진 경우가 많다.24) 우선 부친과의 천륜은 끊을 수 없는 일이지만, 현직 위임목사로서 아버지가 남긴 구습을 철저히 타파하고 비느하스처럼 잘못과 죄를 철저히 바로잡는 새로운 교회개혁을 이루려는 데 온 관심을 기울여야 한다.25)

아버지에게서 아들로 담임목사직이 계승된 경우에도 뒤따르는 문제는 만만치 않다. 이미 은퇴한 원로목사는 비록 당장은 섭섭하게 들릴지도 모르지만 더 이상 지교회와 비록 아들인 후임목사에게도 어떠한 간섭도 하지 말고, 목회일선에서 완전하게 물러나서 원로목사로서의 명예를 지키기 위해 그동안 이런저런 불미스러운 일로 제기된 교회의 공적 재산문제부터 투명하게 처리

---

24) 이런 상황에서 아들은 후임으로 결정되기 이전에 손사래를 치며 여러 차례 반대 의사를 분명히 밝힌 것으로 포장된다. 그러나 결국 아들이 후임자로 가는 상황에서 그는 이 결과를 끝까지 고사할 수 있으면 좋았지만, 성도들이 아버지를 뒤이어서 아들에게 담임목사직을 합법적인 공동의회는 절차를 통하여 결정한 이상 이제는 결과를 받아들이고 교회 부흥과 복음 성장에 힘을 쏟아야 할 것이다. 2023년 초에 대법원도 소위 신앙고백모임을 결성하여 끝까지 명성교회를 반대하던 이들의 항소를 기각함으로써 명성교회의 김하나 위임목사의 청빙 절차가 정당하다고 결론을 내렸다.

25) 후임인 아들 목사는 분명한 자성과 반성을 통하여 당연히 자신에게 계승되는 금수저인 교회의 권력을 거부하고, 밑바닥으로 내려가는 심정으로 개혁교회의 모토처럼 개혁의 주체이면서 동시에 그 스스로 개혁의 객체 혹은 대상이 되어서 지교회를 명실상부하게 하나님께서 기뻐하시는 교회로 세우기 위해 항상 겸손하게 담임목사직을 감당해야 한다.

하고, 영락교회가 8·15해방과 한국전쟁 전후에 고단하고 힘든 한국사회의 구석구석을 예수의 사랑으로 섬기기 위해 20여 개에 달하는 재단을 처음부터 독립적인 법인체로 투명하게 운영해 온 것을 본받아서 지교회의 재산을 공정하게 관리할 수 있는 제도를 만들어 주어야 한다.26) 물론 명성교회도 영락교회 못지않게 정당한 절차를 거쳐서 교회 재산을 법인과 독립채산제로 만들어서 투명하게 관리하고 있다는 평가가 나온다.

개혁교회는 당시 거대한 권력이던 로마 천주교의 부패한 교황청과 성당에 맞선 저항정신을 통해 오직 성경을 기치로 지난 500년 동안 '항상 개혁되어야 하는 교회'를 세워왔다. 개혁교회는 절체절명의 위기감을 가지고 교회 안팎에서 불어닥치는 폭풍 한설을 헤쳐 나가기 위해서는 다시 본질인 오직 성경과 오직 예수에게로 돌아가서 그 누구(원로목사)도 또한 그 어떤 것(지교회의 재산)도 의지하지 말고, 예수께서 선포하신 복음의 핵심인 오직 하나님의 나라를 이 땅에 전파하기 위해서 기득권을 포기하고 동시에 십자가를 지신 주님처럼 모든 것을 버려야 한다.

'cruciform'이라는 영어 단어는 문자적으로 '십자가를 지는'을 의미하는 형용사이고, 'cruciformity'라는 단어는 문자적으로 '십자가를 지는 삶'을 의미하는 명사이다. 이 단어 그대로 전임자이든 후임자이든 목회를 계승한 위임목사는 공통적인 특징 하나가 있다. 그것은 그에게 영적인 직무를 맡기신 예수 그리스도를 본받아 십자가를 지는 삶을 계승해야지 조금이라도 특권이나 권한을 계승하려고 해서는 안 된다. 오직 십자가를 지는 삶만이 위임목사에게 필요한 모습이다.

---

26) 현시점에서 은퇴목사는 원로목사로서 어떤 역할을 감당하기보다는, 후임목사로 하여금 위임목사로서 독자적인 결단과 목회 역량을 스스로 세워나가도록 모든 것을 당회의 행정과 부목사들의 목회에 맡기고, 더는 어떤 압력이나 영향력을 행사하려 하지 말고, 모든 책임과 그 자신으로부터도 떠나 자유로워지는 것이 우선이다. 만일 아들목사도 부친의 그늘에 숨어서 계속 안주하고 도움을 받으려고 한다면, 이 시점에서 조용히 기도하고 자신을 후임자로 세운 하나님의 부르심과 성도의 신뢰에 어긋나지 않고 묵묵하게 자기 그릇에 맞는 길을 걸어가는 편이 낫다.

5) 통합교단과 장신대의 위기는 어디에서 오는가?

본 교단은 제102회 총회를 앞두고 헌법위원회가 헌법 제28조 6항의 소위 세습방지법이 기본권을 침해한다는 유권해석을 내렸다. 이 유권해석은 논란이 되는 세습방지법이 위법이라는 결론을 내린 것으로 총회석상에서 보고될 때는 긴급동의안과 마찬가지이다. 이미 그 안건은 보고된 상황이므로 세습방지법은 무용지물이 된 것과 마찬가지이다. 그런데도, 회의를 진행하는 의장인 총회장은 이 같은 사안의 중대함을 인지하지 못하고 그냥 지나쳐버렸다. 그 후에 기윤실의 소위 세습반대연대가 주도하는 시위와 각종 기도회에 장신대까지도 휘말려서 성만찬도 거행하고 목요기도회도 정례화하면서 신학포럼과 이름도 엉뚱한 신앙고백 모임까지 열었다. 이러한 현상을 어떻게 해석하여야 할까?

오늘날 신학교와 교수들의 문제점은 성경의 본질을 붙잡기보다는 현대신학을 너무 의존하고 있다는 사실이다. 그래서 장신대에서조차도 성경과목이 점차 뒷전으로 밀려나고 있는 현실이다.

1910년 교과과정을 분석해 보면 당시 교과과정이 지니고 있는 특성을 알 수 있다. 1학년 1학기부터 한 학기당 18시간으로 고정되어 있고, 5학년 2학기에만 14시간으로 총 176주 공부하는 과정으로 되어 있다. 신학교 과목을 성경신학, 이론신학, 실천신학, 교양과목 4개로 나누어서 시간별로 퍼센트(%)로 구분해 보면 다음과 같다. 성경신학은 75주(42.6%), 이론신학 70주(39.7%), 실천신학(16.4%), 교양과목(0.01%)이다. 여기에서 볼 수 있듯이 당시 신학교는 성경신학과 이론신학의 비율이 전체의 약 82%가 될 정도로 비중의 차치하고 있음을 알 수 있다. 특히 5학년 과정에서 레위기와 히브리서를 비교 연구하는 신약석의 과목은 당시에도 아주 창의적인 과목이었는데, 오늘날에도 시도되기가 쉽지 않은 과목이라는 점에서 아주 흥미롭다. 1923년은 교과과정을 분석해 보면 성경신학 602시간(39%), 이론신학 504시간(32.&%), 실천신학 336시간(21.8%), 교양과목(0.66%)으로 구성되어 있다. 1910년과 같이 성경신학의 큰 비중을 차지하고 있음을 알 수 있다. 한국인 최초의 신학박사인 남궁혁 박사 재직 시절인 1928년의 신학교 신약학 교과과정은 2181시간 중에 헬라어, 히브리어, 영어의 비중은 전체 29.9%를 차지한다. 이는 신학교의 수준이 낮았다는 통설을 반증하는 부분이다. 전공별 시간을 비율로 분석해 보면 성경신학이 748시간(30.1%), 이론신학 551시간(22.2%), 실천신학 429시간(17.2%), 언어 746시간(29.9%)을 차지하고 있음을 볼 수 있다. 당시에 헬라어나 히브리어를 공부하고자 하는 자들은 메이첸의 초보자들을 위한 신약 헬라어나 데이비슨의 히브리어 문법 같은 영어로 된 교과서를 사용할 수 있을 정도의 영어 실력을 갖추고 있어야 했다. 이런 과정들은 학생들로 하여금 신약이나 구약을 원어로 읽는 것을 가능하게 함을 목적으로 삼았다.

1974년에 교수회의는 성서신학의 교수 비율을 34%로 정하고 필수과목의 수를 감축하고 감축된 과목을 선택과목으로 먼저 하기로 결의하였다. 그러나 성서학과목에 대한 교수 비율 34%는 한 번도 지켜지지 않았다. 1901년 평양신학교가 개교된 후인 1903년에는 22.2%, 1904-1915년에는 51%, 1916-1919년에는 45.5%, 1920-1924년에는 42%, 1931년에는 55%, 1952년에는 51%, 1961년에는 44%, 1966년에는 45%, 1972년에는 25%, 1979년에는 38.4%, 1986년에는 38%, 2009-2010년에는 30%이었다. 이러한 수치는 한 번도 체계적인 성서학 과목에 관한 연구 없이 그때마다 상황에 따라 성서학 신학수업이 이루어졌음을 보여주는 것이다.

성서신학의 교과목을 강화하여 너무나도 많은 성경적 지식을 가지고 있지만, 여전히 말씀을 떠난 삶을 살아가는 그리스도인이 많아지고 있는 현실에서 참된 예수의 제자를 양성하기 위해서 이전보다 더 실질적인 성서신학 교육이 이루어져야 한다. 너무나도 현실의 삶과 동떨어진 신학교육은 이 사회가 교회를 외면하게 하는 필수요인이라 여겨지기 때문이다. 성경이 가르치는 말씀 하나라도 붙잡고 삶 속에 진실하게 실천하는 진정한 그리스도인을 단 한 사람이라도 길러내기 위해 성서신학 과목에 대한 교수가 실천적인 내용으로 탈바

꿈되어야 할 것이다.

장신대 스스로가 성서신학에 관한 관심의 부재를 안고 있기에 오늘날 소위 세습방지법이 도마 위에 오를 때 아무도 성경의 가르침보다는 현대 사조와 사회적 현상에만 관심을 기울이면서 문제를 해결하기보다는 오히려 불에 기름을 붙는 격으로 신학교 교수들까지 자중자애하지를 못하고 이리저리 나서서 문제를 더욱 키운 것은 뼈아픈 잘못이다. 더구나 구약에 세 번이나 등장하는 단어인 '계승'을 알지도 못하니 그 깊은 성경적 계승을 무시하는 오만함과 교만함이 통합교단과 장신대의 현 실태라고 생각하니 1998년에 귀국하여 장신대에 몸담은 성경학자로서 필자의 마음이 아프다.

3. 소위 동성애

1) 사회적 현상인 동성애와 우상숭배

김치와 찌개가 싸우면 누가 이길까? 정답은 김치가 이긴다. 왜냐하면 김치는 국이지만, 찌개는 쫄기 때문이란다. 요즘 동성애 논쟁이 이와 같다. 그러나 사람들마다 사회적 현상인 동성애 문제에 관해 어떤 태도를 보이는지 곧 찬성하는지 혹은 반대하는지에 관한 논쟁은 필자에게 더 이상 중요하지 않다. 왜냐하면 개인마다 학문적인 입장 차이가 너무나도 크기 때문이다. 포스트 모던적인 상황인식과 정치적인 이념과 사상 그리고 자기 판단을 통해서 동성애 문제를 해석하는 태도도 개인마다 다르기에 저마다 자기들의 주장과 전제를 가지고 동성애를 찬성하기도 하고 반대하기도 한다.

신약성경에 나타난 동성애 문제에 관하여 학자들의 치열한 찬성과 반대의 관점은 다음과 같이 두 가지로 나누어서 정리할 수 있다.

첫째, 신약성경은 분명히 동성애를 죄와 우상숭배로 규정하고 있음에도 불구하고, 굳이 동성애에 관해 반대하지 않는다고 보는 태도다. 이것은 특히 미국에서 급진적인 학자들이 동성애를 찬성하면서 자기들의 구미에 맞추어 신약성경이 동성애를 반대하지 않는다는 부정적 표현을 통해 수사학적으로 암묵적 긍정이라는 어처구니없는 주장을 대변하려는 것이다. 1973년에 미국 정신의학협회는 동성애를 공식적인 정신 장애와 정신병의 범주에서 제외시켰다. 그러나 이러한 입장에서는 동성애 자체를 말하지 않고 단지 소위 성소수자로 구분되는 몇몇 인간만이 누릴 수 있는 성적 경향성이란 차원에서 문제를 부각한다. 이런 입장은 신약성경이 말하고자 하는 동성애 문제를 죄와 우상숭배라고 분명하게 정죄하는 차원을 피하고 오히려 현대적인 상황 윤리적 차원에서 접근하려는 심각한 문제점을 보여준다.

둘째, 신약성경은 분명히 동성애를 죄와 우상숭배로 규정하고 있음에도 불구하고, 굳이 동성애를 찬성하지도 않는다고 보는 태도다. 이러한 시각은 남자와 여자가 동성애로 인해서 하나님의 형상을 가진 인간성과 성의 정체성을 파괴하는 것으로 간주한다. 그래서 이러한 입장에서는 동성애를 많은 죄악 중에 하나로 본다. 그러나 이런 입장에서도 결코 신약성경이 동성애를 징계한다거나 혹은 다른 죄악들보다 더 심각한 악덕으로 보지 않는다. 이런 입장은 동성애 문제의 심각성을 고려하지 않고 오히려 성경이 동성애 문제에 대해 분명히 죄로 간주하고 있는 것을 외면하는 경향을 보이는 것이다.

이렇게 상반된 견해 차이에 관해서 본 장은 두 입장이 성경 본문에 관한 주석적 접근보다는 사회적 현상과 이념적 논쟁이란 차원에서 접근하는 것이 강하기 때문에 일일이 검토하지 않고, 오히려 제3의 입장에서 주석적인 차원에서 동성애에 관한 중요본문을 해석하고 신구약성경을 연결하면서 동성애를 반대하는 성경의 분명한 메시지에 접근해 보고자 한다.

본 장은 제3의 입장에서 상황윤리적 접근이 아니라, 동성애가 과연 성경적인지 철저하게 뒤돌아보자는 취지로 마련된 것이다.27) 결론을 먼저 내리자

---

27) 이미 구약성경이 동성애에 대해서 죄라는 결론을 내린 본교 배정훈과 김진명의 논문이 있으므로, 본 연구가 물론 일부 구약성경의 구절들을 언급하기도 하지만 본 장에서는 신약성경의 동성애에 관한 구절들을 설명하는 데 집중하고자 한다. 안타까운 것은 두 구약학자가 동성애를 토에바라고 히브리어를 언급하면서도 그 단어가 하나님께서 가증히 여기신 '금지하신 죄악'이라는 사실을 분명하게 밝히지 않고 있

면, 모든 죄를 저지르는 사람들은 양심의 가책을 받아서 자신의 죄를 부끄러워하고 인정하고 죄의식을 가진다. 그러나 동성애자들은 동성애를 죄로 인정하기를 거부하고 죄의식도 가지지 않는다. 이 점에서 죄를 지은 사람을 불쌍히 여기고 그를 용서해 주려면 죄를 회개하는 것이 선행되어야 하는데, 동성애자들은 오히려 '혐오와 인권'이란 이름으로 항거하고 공격하는 성향이 있으므로 그 완악함을 기초로 더욱더 강하게 반발하는 상황이다.

우선 로마서 1장 20절과 솔로몬의 지혜서 13장 1절을 다음과 같이 대비를 지어보면, 두 본문의 연관성이 너무나도 유사하다.

2) 로마서 1장 20절과 솔로몬의 지혜서 13장 1절의 비교

로마서 1장 20절	솔로몬의 지혜서 13장 1절
창세로부터 **그의 보이지 아니하는 것들 곧 그의 영원하신 능력과 신성이 그 만드신 만물에 분명히 보여 알게 되나니** 그러므로 저희가 핑계치 못할지니라	하나님을 모르는 자들은 모두 **태어날 때부터** 어리석어서 **눈에 보이는 좋은 것을 보고도 현존하시는 분을 알아보지 못하였고, 행하신 일을 보고도 그것을 이룩하신 분을 알아보지 못하였다**

로마서 1장 20절과 솔로몬의 지혜서 13장 1절을 비교해 보면, 두 본문은 창세의 때(로마서)와 태어날 때(솔로몬의 지혜서)부터 이미 인간들은 하나님께서 행하신 일을 보고 그 뜻을 분명히 알 수 있는 길이 열렸다고 인정한다. 솔로몬의 지혜서가 "알지 못하였다" 혹은 "알아보지 못하였다"라는 식으로 부정적인 표현을 하는 것을 알고 있던 바울은 로마서에서 "분명히 보여 알게 되었다"라고

다는 것이다. 결론적인 언급을 먼저 하자면, 구약성경에서 동성애를 하나님께서 금지하신 죄악으로 명시하고 있는 것과 맥을 같이 하면서 신약성경은 한 가지를 더 분명하게 동성애를 구약에서 언급된 우상숭배와 연결하고 있다는 사실이다.

선언하는 점이 후대 본문이 지닌 명확성이다.

특별히 바울은 하나님께서 처음부터 곧 창세로부터 혹은 태어날 때부터 모든 것을 밝히 드러내셨기 때문에 누구도 핑계를 댈 수 없다고 선언한다(롬 1:20). 그런데 피조물인 인간이 그 생각이 허망해지고 미련한 마음에 어두워져서(롬 1:21) 하나님께 영광을 돌리고 감사하기는커녕 오히려 하나님의 영광을 "썩어질 사람과 새와 짐승과 기어 다니는 동물 모양"(롬 1:23) 곧 우상으로 만들어 섬기게 되었다. 이것은 한편으로, 이러한 바울의 지적은 우상숭배를 악덕으로 규정하려는 의도를 보여주는 것이다. 그리고 이것은 다른 한편으로, 솔로몬의 지혜서도 하나님을 모르는 자들은 어리석어서 눈으로 보고서도 하나님을 알아보지 못한다고 지적함으로써 우상숭배를 경고하는 의도가 있다. 동성애는 유전도 선천적이지도 치유 불가능한 것도 아니다. 만약 동성애가 선천적이라면 하나님께서 동성애를 인정하시는 것이다. 그런데 어떻게 하나님께서 동성애를 죄로 여기실 수 있는가?

솔로몬의 지혜서는 이방인들의 악덕을 언급하고 더 나아가서 솔로몬의 지혜서 14장 12-27절에서 우상숭배의 기원에 관하여 이야기한다. 마침내 솔로몬의 지혜서 14장 27절에서 그 결론을 내려준다.[28] 이런 결론을 위해 솔로몬의 지혜서 14장은 다음과 같이 악덕목록을 열거한다.

우상과,

무지와, 커다란 악과, 광신적인 반역과, **삶이나 결혼을 순수하게 유지하지 않음**과,

서로 살인함과, **간음**과, 피와, 살육과, 격정적인 폭동과, 도둑질과, 속임수와, **타락**과,

신실하지 못함과, 소동과, 거짓 맹세와, 선한 것을 혼동함과, 호의를 잊어버림과,

영혼을 타락시킴과, **성적 왜곡**과, **결혼의 무질서**와, **음행**과, **방탕**과

우상숭배.

---

28) "왜냐하면 이름을 부르지 말아야 할 우상을 숭배하는 일은 모든 악의 시작이요 원인이요 결국이기 때문이다."

악덕목록을 보면, 우리가 솔로몬의 지혜서에서 동성애와 관련되는 내용들이 추론될 뿐만 아니라, 우상으로 시작하여 우상숭배로 끝나는 내용을 확인하게 된다.

솔로몬의 지혜서는 우상숭배와 같은 악덕을 분명하게 정죄하고 있다. 이런 우상숭배를 전후문맥과 연관을 지어보면 더욱 분명해진다.[29] 이러한 솔로몬의 지혜서가 가르치는 것을 따라서 바울은, 나중에 항목을 달리하여 좀 더 설명하겠지만, 하나님께서 이방인을 더러움에 그냥 내어버려 두신 것이며(롬 1:24), 부끄러운 욕심에 내어버려 두신 것이며(롬 1:26), 그들을 상실한 마음대로 내어버려 두신 것이라고 논증하면서(롬 1:28) 동성애 문제가 우상숭배의 악덕에 버금가는 것이라는 논지를 이어가고 있다. 이처럼 유대 지혜문학에서 동성애 문제를 비판적으로 다루는 이유는 하나님의 창조질서 속에 있는 가정과 부부 관계를 보호하고 하나님 대신에 우상을 섬기는 것을 경계하기 위한 것이다.

바울은 고린도전서 10장에서 출애굽 상황에서 이스라엘 백성들이 우상숭배를 하고(고전 10:5-7) 음행하다가 하루에 삼천 명이 죽임을 당한 사건(고전 10:8-11)을 상기시키면서 '본보기'라는 단어를 두 번씩이나 언급하면서(고전 10:6, 11) 우상숭배와 동성애를 동시에 연결하면서 고린도 교회 성도들을 권면하고 있다. 이러한 바울의 가르침을 고린도전서 10장에서 다음과 같은 두 구절로 요약하여 정리되고 있다

우리는 그들과 같이 음행하지 말자(고전 10:8b)

그런즉 내 사랑하는 자들아 우상숭배하는 일을 피하라(고전 10:14)

이 두 구절에서 동성애와 우상숭배는 아주 긴밀하게 연결되면서 고린도 교회

---

29) 솔로몬의 지혜서 13장에서 이방인은 하늘의 별들을 신으로 오해했다(13:2). 이방인이 우상에게 나가면 나갈수록, 창조주 하나님으로부터 멀어졌고 더 죄악된 길로 나아갔음에도 불구하고, 하나님께서 우상과 죄악의 길로 달려가는 이방인을 그대로 내어버려 두셨다.

의 성도들에게 경종을 울리고 있다. 그러면 다음과 같이 사도행전 15장 20, 29과 21장 25절이 그리고 고린도전서 5장과 6장이 그리고 에베소서 5장 5절과 골로새서 3장 5절이 마지막으로 베드로전서 4장 3절과 요한계시록 21장 8절이 연속적으로 동성애와 우상숭배를 어떻게 연결하는지 살펴보자. 이 장의 마지막에서 논하게 될 요한계시록 9장 20-21절도 그중에 하나이다.

다음과 같이 사도행전 15장 20, 29과 21장 25절이 왜 예루살렘에서 모인 사도총회와 관련하여 세 번이나 같은 구절을 반복하면서 동성애와 우상숭배를 함께 연결하고 있는지 다음의 항목에서 살펴보는 것으로 논의를 시작하자.

3) 음행과 우상숭배를 함께 연결하는 구절들

사도행전이 음행을 우상으로 연결하는 구절들을 넘어서(행 15:20, 29; 21:25), 신약성경에서는 동성애와 연결되는 악덕목록을 우상숭배로 연결하고 있는 구절이 많다(고전 5:10-11; 고전 6:9-10; 엡 5:5; 골 3:5; 벧전 4:3; 계 21:8).

신약성경이 왜 음행을 우상숭배로 연결되는 동성애로 규정할까? 음행과 동성애는 분명히 다른 단어이지만, 신약성경은 음행이 당시 지중해에 널리 퍼져 있던 이방제사에서 공창제도를 통해 성행위가 이방인들의 종교예식 가운데 만연하였고, 더구나 동성 사제들과 동성 공창들끼리 성행위를 하는 동성애 행위로 소돔과 고모라 못지않게 무척 타락된 음란한 제의를 통해서 육체의 쾌락을 즐기는 음행이 동성애로 연결되어 우상숭배로 이어지는 통로라는 사실을 알고 있다. 이렇게 동성애가 당시 지중해의 이방인에게 만연된 이방 종교적 악독으로 우상숭배에 직결되기 때문에 신약성경이 경계한 것이지, 결코 개인적인 부도덕이나 부부간에 지켜야 할 도덕적 순결과 부정한 행동을 일깨우기 위한 사적인 차원으로 경계한 것이 아니다.

바울이 음행을 통하여 과거 동성애를 공공연하게 자행하던 이방인의 우상숭배에 빠졌던 자들에게 내리는 처방은 강력하다. 음행 곧 동성애를 우상숭배에 연결을 지으면서 '피하라'고 권면하는 것이다. 여기서 바울은 이런 우상숭배인 동성애를 피하려고 "결의하고 편지한 것"(행 21:25)까지 구체적으로 상기시킨다. 그 결의는 바로 사도행전 15장 20, 29절의 내용이고, 그 편지는 사도행전 15장 23-29절에 언급된 내용으로 29절이 편지의 결론이다.

이 결의는 사도행전 15장에 기록된 예루살렘 공의회의 결정이다. 다시 말해서 기독교 최초의 결정이 육체의 쾌락을 즐기던 이방인들이 빠져 있던 동성애가 우상숭배로 연결되기 때문에 이미 이방종교 제사로부터 개종하여 기독교의 복음의 빛을 받은 성도들은 반드시 우상을 멀리하는 결단을 내려야 하는데, 바로 그것이 육체의 쾌락을 즐기는 음란이 동성애로 이어지는 우상숭배이기 때문에 "사도와 장로와 온 교회"(행 15:22)가 일제히 일어나서 동성애를 "멀리하라"(행 15:29)라고 권면하는 것이다.

이러한 결의는 고대 헬라 서신문학(Greek epistolography)의 형태로 그대로 보존되어 우리에게 전달된 것이다. 고대의 헬라 서신문학은 아래와 같이 모두 비슷한 유형을 따랐는데, 대부분의 현대 편지들도 이와 유사하게(더 일반적으로 사업상의 편지들에서만 쓰이는 단어들이 포함된) 예측 가능한 유형을 따른다. 바울 서신도 이러한 기본적인 형식을 따랐다. 이러한 형식은 다음과 같다.

- 시작(도입부)
- 보내는 이의 신분, 주소, 일반적으로 X가 Y에게
- 안부인사, 종종 간단하게 '안녕하세요'(χαίρειν)
- 감사기도 혹은 다른 기도제목
- 본문
- 마지막 바람/권고/안부인사
- 맺는말, 종종 간단한 '작별인사'(ἔρρωσθε)[30]

---

30) 이러한 내용은 아주 일반적인 고대 헬라 서신문학을 보여주는 것인데, 자세한 것은 마이클 J. 고맨 저 소기천 외 역,《신학적 방법을 적용한 새로운 바울연구개론》 (서울: 대한기독교서회, 2014), 115-116을 참고하라

이러한 형식을 잘 알고 있는 사도행전 15장 23절은 "문안하노라"($\chi\alpha\acute{\iota}\rho\epsilon\iota\nu$)라는 단어와 29절이 "평안함"($\ddot{\epsilon}\rho\rho\omega\sigma\theta\epsilon$)이란 단어를 사용하여 고대 헬라 서신을 가장 전형적인 모양새를 그대로 소개해 주고 있다. $\chi\alpha\acute{\iota}\rho\epsilon\iota\nu$은 간단히 말하자면 편지를 시작하면서 안녕을 묻는 표현이고, $\ddot{\epsilon}\rho\rho\omega\sigma\theta\epsilon$는 편지를 마무리하면서 평안하기를 다시 한번 구하는 표현이다. 왜 이런 결의를 고대 서신의 전달방법 중에서 가장 전형적인 방법으로 선택하여 신약성경에서 유일하게 사도행전 15장 22-29절에 헬라 서신문학의 형태를 보전하고 있을까? 그 이유는 이방인들 사이에 만연된 동성애를 헬라 서신문학의 전형적인 형태로 경고하고, 누구나 쉽게 동성애가 우상숭배로 연결되는 악덕이라는 사실을 마치 황제의 칙령이 그 파급효과가 공적으로 지중해 세계에 끼치는 영향처럼 기독교적 신앙의 가르침을 통하여 강력하게 경고하기 위함이다.

앞에서 굵게 표시한 두 구절(고전 5:10-11; 고전 6:9-10; 엡 5:5; 골 3:5; 벧전 4:3; 계 21:8)을 다음과 같이 세 개의 항목으로 나누어서 차례대로 비교해 보자.

고린도 교회의 성도들에게 동성애와 우상숭배를 경계하는 바울의 가르침을 좀 더 자세히 알아보기 위해서 고린도전서 5장 10-11절과 6장 9-10절을 비교해 보자.

고린도전서 5장 10-11절	고린도전서 6장 9-10절
음행하는 자들	**음행하는 자들**
	간음하는 자들
탐하는 자들	
	탐람하는 자
토색하는 자들	**토색하는 자들**
우상숭배하는 자들	**우상숭배하는 자들**
후욕하는 자	**후욕하는 자**
술취한 자	**술취하는 자**
	탐색하는 자들
	남색하는 자들
	도적

우상숭배는 두 개의 악덕목록에서 그 중심과 기준이 되는 공통적인 악덕으로 소개되고 있다. 이 두 구절에 바울이 보여주는 일차적인 관심은 부부간에 부도덕한 성행위나 '형제의 부도덕'[31]과 같은 문란이 초래하는 성적인 부정을 지적하는 차원이 아니라, 더욱더 근본적으로 고린도전서 6장 13절이 "몸은 음란을 위하지 않고, 오직 주를 위하며 주는 몸을 위하시느니라"라는 말씀을 통해서 알 수 있듯이 바울은 음행이 몸의 쾌락을 즐거워하기 때문에 주를 섬기기를 멀리하는 우상숭배의 나락인 동성애로 떨어질 수 있다는 사실을 지적하는데 그 관심이 있다. 그래서 바울은 고린도전서 6장 18절에서 "음행을 피하라"라고 권면한다. 곧 육체의 쾌락을 즐기는 음행을 피할 때 이방인 제사에서 만연된 우상숭배를 멀리할 수 있기 때문이다.

왜 바울이 고린도전서 5장 13절에서 "이 악한 사람은 너희 중에서 내어 쫓으라"[32]라고 경계하였을까? 우리는 그 이유를 고린도전서 5장 10-11절에서 찾을 수 있다. 이 두 구절은 단순히 음행을 열거하는 것이 아니라, 음행이 우상숭배와 직결되는 악독이기에 음행하는 자들을 우상숭배하는 자들로 간주하여 내어 쫓으라고 경고하는 것이다. 13절에 "너희 중에서" 이런 음행하는 자들이 있다는 지적을 중시할 때, 이미 고린도 교회 안에 많은 육신의 쾌락을 즐기는 동성애자들이 들어와서 하나님을 섬기기보다 우상을 숭배하는 일이 만연되어 있기에 바울은 그들을 가려내지 않고서는 고린도 교회의 순수성을 유지할 수 없다고 판단하고 있다.

앞에서 고린도전서 5장 10-11절과 6장 9-10절을 비교한 표에서 고린도전서 6장 9-10절에서 우상숭배는 외관상으로 다른 악덕목록의 중심에 해당하는 악덕으로 소개되고 있다. 여기서 우리의 관심사항인 고린도전서 6장 9-10절

---

31) 스티브 장, "음란과 소송에 관한 바울의 권면," 《고린도전서 어떻게 설교할 것인가?- 두란노 HOW 주석 40》 (서울: 두란노서원, 2007), 117은 고린도 교회의 음행이 단순한 부도덕한 일로만 간주하고 있는데, 이는 당시 지중해 세계의 모든 이방인 교회가 동성애의 우상숭배에 빠져 있었던 심각한 상황을 인식하지 못하고 내린 주석이기에 바로잡아야 한다.

32) 이 구절은 신명기 13장, 17장, 19장, 21-22장이 반복적으로 '악을 제하라'는 일련의 말씀과 맥을 같이하고 있다.

의 남색하는 것과 탐색하는 것은 직접적으로 동성애를 지적하는 단어로 고린 도전서 5장 10-11절에 없던 표현이다. 남색과 탐색은 단순한 악덕목록의 전승 을 전달하는 과정에서 나타나는 단어가 아니라, 바울이 5장 10-11절에 나타난 음행이란 악덕을 다시 되풀이하면서 특히 강조하고 싶은 단어이며, 고대 종교 에서 흔하게 나타났던 남색과 탐색을 동원한 동성애와 우상숭배의 음란한 문 화를 경고하고자 하는 바울의 의도가 강력하게 내포된 단어이다.[33] 여기서 탐 색하는 자뿐만 아니라, 남색하는 자는 동성애자들을 가리킨다.[34] 이런 탐색하 는 자는 수동적 의미의 동성애자이다. 그러나 남색하는 자는 능동적 의미의 동 성애자이다. 이런 구분은 성경적으로 동성애를 죄악으로 거부하는 가르침을 분명한 주석을 통하여 보여주는 구절이다. 그런데도 해석만 해놓고 정작 이념 적으로 사회적으로 동성애의 인권을 옹호하는 신학자와 목사들이 너무나도 많다. 이는 입으로만 동성애를 죄악이라고 여기면서 정작에 동성애자들의 주 장과 공격을 중시하여 동성애를 죄악으로 심판하시는 하나님의 준엄한 명령 을 실생활에 적용하지 않는 이중적 목사의 태도이기에 안타깝다.

음행을 남색이나 탐색과 같은 육체의 쾌락을 즐기는 동성애로 연결을 지 으려는 바울의 의도는 당시 이방제사에 몸담았던 많은 이방인이 유대 그리스 도교에 동참하면서도 여전히 동성애를 버리지 못하고 우상숭배를 일삼고 있 으므로 고린도 교회에 심각한 위해를 끼치고 있기에 이들을 교회에서 내쫓을 때 교회의 순수한 복음을 유지할 수 있다고 가르치려는 데 있다. 특히 여기서 바울이 경계하는 탐색하는 자는 고린도 교회의 이방 신적 제사에 공창을 활동 하던 남창과 같은 성 변태자를 가리킨다.[35]

디모데전서 1장 10절도 "음행하는 자와 남색하는 자와 인신매매를 하는 자와 거짓말하는 자와 거짓 맹세하는 자"를 "바른 교훈을 거스르는 자"로 규

---

33) 이 점에서 바울은 남색과 탐색이라는 단어를 특별한 목적을 가지고 선택했을 가능성이 있다. 그것은 고 린도 교회의 동성애적 정황을 반영하기 위한 목적이다.
34) 박수암, 《신약주석 고린도전서》 (서울: 대한기독교서회, 2007), 106.
35) 박수암, 《신약주석 고린도전서》, 106.

정한다. 여기서 음행과 남색은 동성애의 악덕목록으로 규정되고 있다. 이 구절이 남색을 우상숭배로 연결을 짓는 것처럼, 동성애의 문제점을 지적하는 구역의 구절들이 많다(창 19:5; 레 18:22; 20:13). 창세기 19장 5절에 나오는 '상관하리라'는 단어는 '남색하리라'는 의미와 같다. 또 레위기의 두 구절도 여자가 여자와 동침하고 남자가 남자와 동침하는 문란한 동성애의 행위인 남색을 의미한다. 이와 유사하게 구약성경에서 "남색하는 자를 그 땅에서 쫓아내고 그의 조상들이 지은 모든 우상을 없애고"(왕상 15:12)라는 구절은 남색을 그 어떤 것보다도 우상숭배와 연결 짓고 있다. 이는 단순히 악덕목록에 우상숭배를 단순히 삽입한 것으로 간주할 것이 아니다.[36] 이러한 구절을 통해서 동성애를 우상숭배로 규정하려는 의도가 이미 구약성경으로부터 그 전승이 강력하게 전해져 오는 것이라고 평가할 수 있다.

에베소서 5장 5절과 골로새서 3장 5절은 표와 같이 우상숭배를 악덕목록의 중심에 두는 것과는 달리 마지막에 위치하게 둠으로써 음행과 음란으로 시작하는 악덕이 우상숭배로 나갈 수밖에 없다는 사실을 강조한다.

에베소서 5장 5절	골로새서 3장 5절
음행하는 자 더러운 자	음란 부정 사욕 악한 정욕
탐하는 자들 우상숭배하는 자	탐심 우상숭배하는 자들

갈라디아서 5장 19절의 "음행과 더러운 것과 호색과 우상숭배"를 나란히 연결하고 있는 악덕목록과 마찬가지로, 에베소서 5장 5장은 그 순서에서도 정확하게 일치한다.

---

36) 김지철, 《성서주석 고린도전서》 (서울: 대한기독교서회), 254. 김지철의 주석은 동성애를 우상숭배로 이어지는 본문의 정확한 문맥을 올바르게 이해하지 못하고 있는 아쉬움이 크기에 적절한 주석서가 아니다. 하나님의 뜻을 정확하게 보여주지 못하는 주석 책이 무슨 소용이 있는가?

베드로전서 4장 3절과 요한계시록 21장 8절은 표와 같이 우상숭배를 악덕목록 마지막에 두어서 결과적으로는 음행이나 음란이 우상숭배로 나갈 수밖에 없다는 사실을 강조한다.

베드로전서 4장 3절	요한계시록 21장 8절
음란 정욕 술취함 방탕 향락 **금지된 우상숭배**	흉악한 자들 살인자들 **음행하는 자들** 점술가들 **우상숭배자들** 거짓말하는 모든 자들

베드로전서 4장 3절에서 이방인들의 뜻은 하나님의 뜻과 반대되는 것으로, 그 시대 그리스도인들이 그들이 사는 사회의 생활양식을 채택하도록 압력을 받고 있다는 것이라고 예상할 수 있다. 베드로는 모든 죄를 다 열거하지 않고 다만 그것 중에 일부만을, 특히 우상숭배에 대한 강조와 함께 성적 취향인 동성애와 술에 취함과 관련된 악덕들을 언급했다. 이것은 이교도들에게서 흔히 볼 수 있는 일반화된 관습들이다. 특히 악덕 중 마지막으로 언급된 '아데미토이스 에이돌로라트리아이스(ἀθεμίτοις εἰδωλολατρίαις)'은 무법한 것이라기보다는 '금지된 우상숭배'로 번역될 수 있다. 이는 앞에서 나온 악덕들이 일차적으로 이방종교제사에 등장하는 우상숭배를 금지하는 성격을 보여주며, 또한 이 악덕이 앞에서 언급한 악덕들과 비교해 볼 때 동성애가 우상숭배로 이어지는 악독이기 때문에 베드로전서에서 절정에 해당하는 악독임을 강조한다. 다시 말해서 베드로는 당시 사회에 만연된 악한 동성애의 풍조에서 성도들이 벗어나는 것이 우상숭배로부터 떠나는 것이라는 사실을 강조한다.

특히 요한계시록 21장 8절은 신약성경에 등장하는 모든 악덕목록과 맥을 같이하면서 동성애를 우상숭배와 연결 짓는다(롬 1:28-32; 13:13; 고전 5:9-11; 6:9-10; 고후 12:20; 갈 5:19-21; 엡 4:31; 5:3-5; 골 3:5, 8-9; 딤전 1:9-10; 6:4-5; 딤후 3:2-5; 딛 3:3; 벧전 4:3; 막 7:21-23. 참고 눅 18:11; 계 9:21; 22:15).[37] 이러한 악덕목록은 단순히 동성애의 목록을 넘어서 이방 제사에 널리 퍼진 동성애가 단순히 부도덕한 차원이 아니라, 초기 기독교를 위협하는 가장 중대한 우상숭배하는 사실을 상기시키는 것이다.

왜 신약성경은 이처럼 일관되게 음행, 음란, 남색, 후욕, 정욕, 향락, 방탕 등과 같이 동성애와 연결되는 악덕목록을 우상숭배와 연결을 지을까? 이는 구약성경과 마찬가지로 "그들이 그 사사들에게도 순종하지 아니하고 오히려 다른 신들을 따라가 음행하며"(삿 2:17a)란 구절과 "기드온이 이미 죽으매 이스라엘 자손이 돌아서서 바알들을 따라가 음행하였으며 또 바알브릿을 자기들의 신으로 삼고"(삿 8:33)에서 음행을 우상숭배와 연결 지으려는 연장선상에 서 있기 때문이다.

우리가 동성애의 문제를 간과할 수 없는 또 다른 중요한 이유는 동성애가 하나님의 창조질서에 대한 근본적인 도전을 제기하기 때문이다. 동성애는 인간 사회의 기본 틀을 이루는 보편적인 통념과 가정 개념에 대해서도 중대한 도전을 제기하고 있다. 특히 신약성경은 동성애를 우상숭배와 연결될 수 있다는 맥락에서 철저히 악덕목록으로 규정하고 있으므로, 사도 바울은 여전히 동성애자들에게 하나님의 진노(wrath)가 임할 것이라고 말한다.

우상을 섬기는 자들 위에 하나님의 진노가 내려질 것이다. 우상은 하나님의 영광을 썩어질 사람과 금수와 버러지의 형상으로 바꾸는 것이다. 그리고 우상숭배는 피조물을 조물주보다 더 사랑하고 경배하며 섬기는 행위이다. 이 얼마나 어리석은 일인가? 피조물을 다스리고 보살필 책임을 맡은 인간이 어리석게도 그것들을 섬기고 있으니 말이다! 우상은 어떠한 것인가?

---

37) M. 유진 보링 저 소기천 역, 《현대성서주석 요한계시록》 (서울: 한국장로교출판사, 2011), 306.

우상들은 무기력하다.(lifelessness)[38]

우상들은 무능력하다.(inability)[39]

우상들은 아무것도 아니다.(nothingness)[40]

한마디로 말해서 우상들은 죽은 물건에 지나지 않지만, 전지전능하신 하나님께서는 살아계셔서 역사를 주관하신다. 그러므로 끝까지 우상을 섬기는 자들은 하나님의 진노를 피할 길이 없다. 신자에게 있어서 우상은 다른 것이 아니다. 하나님 대신에 어떤 세상적인 것이 내 육체와 마음을 가득 채우고 있으면, 그것이 우상이다. 하나님보다 세상의 것을 더 사랑할 때, 그것이 우상이다.[41] 하나님의 영의 역사를 거부하고, 하나님보다 세상을 더 사랑한다면, 하나님께서는 그 죄를 우리에게 물으실 것이다. 다른 모든 죄는 육체 밖에 있지만, 동성애는 육체 안에 죄를 가지고 있다(고전 6:18).

동성애는 일반적인 죄다. 그러므로 살인죄보다도 크다 적다라는 개념으로 접근해야 할 것은 아니다. 그러나 일반적으로 살인은 잘못된 것으로 알고 있어서 하지 말아야 하는 것으로 알고 있으며, 다른 일반적인 죄들은 다 그렇게 하지 않으려고 한다. 하지만 동성애는 자기들이 옳다고 한다. 이들은 동성애를 합법화하려고 먼저 전쟁을 일으켰고 기독교의 가르침을 무너뜨리려고 한다. 이것이 무시무시한 사탄적인 음모이다! 죄를 용납하고 수용하라고 기독교를 압박하는 것은 안 된다. 그리고 기독교가 동성애를 죄라고 지적하는 것에 대하여 법적 처벌을 하려고 하는 것이 문제이다.

---

38) "저희 우상들은 은과 금이요 사람의 수공물이라. 입이 있어도 말하지 못하며 귀가 있어도 듣지 못하며 코가 있어도 맡지 못하며 손이 있어도 만지지 못하며 발이 있어도 걷지 못하며 목구멍으로 소리도 못하느니라"(시 115:4-7).

39) "그것(우상)을 들어 어깨에 메어다가 그의 처소에 두면 그것이 서서 있고 거기서 능히 움직이지 못하며 그에게 부르짖어도 능히 응답하지 못하며 고난에서 구하여 내지도 못하느니라"(사 46:7).

40) "그들의 신들을 불에 던졌사오나 이들은 참신이 아니라 사람의 손으로 만든 것뿐이요 나무와 돌이라 그러므로 멸망을 당하였나이다"(사 37:19-20).

41) 하나님의 진노가 나와는 상관없겠다고 생각하면서 안도하지 말자. 나도 불의한 중에 행하고 악덕목록에 이끌리면, 하나님의 진노가 임할 것이다. 예수께서 '성령 훼방죄'를 말씀하시지 않았는가?

4) 동성애는 바울 선교의 최대 적대 세력

바울은 27년 동안 지중해 지역 최초의 선교사요 복음 전도자요 교회 개척자로서 다양한 이방문화와 세속 권력과 맞서 싸워야 했다. 그중에서도 이방인들이 공공연하게 드러내 놓고 신전 제사와 더불어서 즐겼던 쾌락의 극치인 동성애는 바울이 전파하는 복음 전도에 가장 장애가 되는 요소였다.

바울은 로마서에서 하나님의 '진노'란 말을 여러 번(1:18; 2:5, 8; 3:5; 5:9)에 걸쳐 제시하면서 이를 동성애와 연결 짓고 있다. 분명히 동성애에 대한 하나님의 진노는 인간을 구원하시려는 하나님의 행위와는 반대되는 모습이다.[42] 어떠한 자들에게 하나님의 진노가 나타나는가?

1) "하나님의 진노가 불의로 진리를 막는 사람들의 모든 경건치 않음과 불의에 대하여 하늘로 쫓아 나타나나니"(1:18)란 구절처럼, 불의한 자들 위에 하나님의 진노가 내려질 것이다. 하나님의 진노는 인간의 불의에 대하여 일격을 가하는 것이다. 인간이 얼마나 불의한가? 가인 이래로 우리 인간은 하나님께서 주신 고귀한 생명을 아무도 모르는 줄로 알고 스스로 완전범죄를 꾀하면서 살인죄를 저질러 왔다.

2) 하나님을 거부하는 자들 위에 하나님의 진노가 내려질 것이다. 하나님께서는 자신을 보여주시는 방편으로 특별계시와 자연계시를 사용하신다.

먼저 특별계시는 성경으로서 그 핵심은 예수 그리스도이시다. 우리는 예수 그리스도를 통하여 하나님을 분명하고도 자세하게 알 수 있다.

그 다음으로 자연계시에 대해서 두 가지가 언급되고 있다. (1) 인간 속에 있는 양심이 하나님을 증거 한다. 이러한 사실은 "하나님을 알만한 것이 저희 속에 보임이라"(1:19)라는 말씀을 통해 알 수 있다. (2) '창세로부터' 그리고 '하나님의 영원하신 능력과 신성이'(1:20) 지으신 세계 안에 분명히 나타나 있다.

---

42) 어떻게 하나님께서 긍휼을 베푸시고 구원하셔야 할 인간에게 진노를 내리실 수 있는가? 하나님께서는 인간에게 은혜를 베푸시는 사랑의 하나님이시다. 그러나 동시에 거룩하시고 공의로우신 하나님께서는 결코 인류의 죄를 묵과하실 수 없는 분이시다. 의인에게는 하나님의 사랑과 은혜가 따르지만, 죄인에게는 하나님의 진노가 뒤따르는 것이 불가피하다.

피조 세계가 하나님을 증거 한다. 그러므로 핑계나 구실을 대지 못할 것이다.

그런데도 인간은 "하나님을 알되 하나님으로 영화롭게도 아니하며 감사치도 아니하고 오직 그 생각이 허망하여지며 미련한 마음에 어두워지고,"(1:21) "저희가 마음에 하나님 두기를 싫어하매"(1:28a). 어리석은 자는 그 마음에 이르기를 하나님이 없다 하도다"(시 14:1; 53:1)라고 말한다.

바울이 지적하는 이방인들이 그 마음에 하나님 대신에 우상을 섬기면서 하나님을 부인하는 사태를 지속하면서 이방 신전제사에서 육체의 방탕함을 채우는 동성애를 부끄러운 줄 모르고 계속하였는데, 이런 상황이 바울이 전파하는 복음에 커다란 장애 요소가 된 것이다.

사도행전 15장은 바울과 바나바가 이방인 선교를 통하여 지중해 지역을 다니면서 성령에 충만하여 복음을 전함으로써 많은 "이방인들이 하나님께로 돌아오는 것"(행 15:19)을 기록하고 있다. 그런데 사도행전 15장 20절이 "우상의 더러운 것과 음행과 목매어 죽인 것과 피를 멀리하라"라고 지적하고, 또 29절도 "우상의 제물과 피와 목매어 죽인 것과 음행을 멀리하라"라고 언급하며 순서는 바뀌었지만, 음행을 우상숭배의 악덕 목록에 열거하고 경계하고 있다. 이는 당시에 이방인의 우상숭배 제사에서 공창제도를 통하여 많은 동성애가 난무하였던 사실을 일깨우면서 음행이 곧 하나님보다 육체의 쾌락을 즐기는 동성애이기 때문에 우상숭배로 이어지는 악덕이라고 강조하는 것이다.

이러한 강조는 바울의 지중해 선교 초창기에 일어난 일이기에 단순하게 넘겨서는 안 된다. 바로 바울은 동성애 문제에 공공연하게 매달리는 이방 신전 밀의종교의 제사제도가 복음의 순수성을 방해하는 최대의 적대 세력이라는 사실을 인지한 것이다.

사도행전 15장 20, 29절은 사도행전 21장 25절에서 다시 주를 믿는 이방인들을 권면하면서 "우상의 제물과 피와 목매어 죽인 것과 음행을 피하라"라고 사도행전 15장에서 결의한 예루살렘 공의회의 결정을 상기시키면서 음행이 자기의 육체를 즐기는 음행이기에 당시 이방제사에 성행되던 공창제도를 통한 우상숭배의 가장 대표적인 악덕이기에 피하라고 경고한다. 여기서 '주를 믿는 이방인'은 누구를 가리키는가? 의심할 여지 없이 과거에 이방제사에 몸 담고 있던 성도들이 벗어나지 못하고 있는 육체의 쾌락인 음행을 죄의식 없이 즐기던 동성애를 통하여 우상숭배를 일삼았던 구습을 지적하는 것이다. 이미 복음을 통하여 많은 이방인이 주를 믿고 있는 상황에서도, 아직 동성애에서 벗어나지 못하고 있다면, 바울은 음행이 하나님을 즐거워하기보다는 육체의 쾌락을 즐기는 동성애이기 때문에 우상숭배에 해당한다고 강조한다.

5) 동성애는 초기 기독교 최초의 이단

신약성경의 3대 저자들은 모두 에베소에 거점을 두고 활동을 한 영적 지도자들인데, 그들이 바로 에베소에 교회를 세운 바울과 또한 에베소에 무덤이 있던 누가와 공동(일반)서신의 저자들이다.

공동(일반)서신으로 분류되는 베드로전후서가 야고보서와 요한1·2·3서와 유다서와 더불어서 초기 교회에서 차지하는 비중은 바울 서신에 비해 저평가됐지만, 사실상 바울 서신이 지역교회의 문제해결에 매달리고 있는 것과는 달리, 베드로와 야고보와 요한과 유다는 그레코-로만 세계에서 유대 그리스도교 공동체가 당면한 현안들을 오늘날의 평신도인 장로제도와는 근본적으로 다른 직책을 맡은 영적 지도자인 감독으로서의 권위를 가지고 해결책을 제시하고 있다는 차원에서 새롭게 조명되어야 한다. 당시에 바울이 이방인 선교사로 파송을 받은 안디옥 교회도 베드로가 세운 베드로 기념교회로서 이미 바울의 선교는 베드로의 감독하에 있었기 때문에, 바울은 선교사역을 실천하는 중에 항상 유대 그리스도교의 중심에 있었던 예루살렘 교회를 항상 염두에 두고서 사도총회에서 보고를 하였고(행 15장) 아가야와 마게도냐 지방에서 모금한 헌금도 직접 가지고 가서 예루살렘 교회에 전달하기도 하였다(행 17장, 20장. 참고 고전 6-7장). 당시 그레코-로만 시대에 예루살렘 교회가 지중해 전역에 걸쳐 있던 유대 그리스도교의 총본산이었기 때문이고, 그 교회의 중심에는 당대 최고의 영적 지도자들인 베드로와 야고보가 있었다.

공동체를 나타내는 이러한 다양한 표상들 가운데 베드로전서는 시종일관 그리스도인을 하나님의 가족으로 규정한다. 두 핵심 구절인 2장 4-10절과 4장 12-19절에서, 공동체는 "영의 가정"(2:5) 또는 "하나님의 가정"(4:17)으로 명시되어 있다. 이렇게 보편적인 신앙공동체를 하나님의 가정으로 묘사하는 것은 정체성과 윤리 사이의 관계를 분명하게 해주는 포괄적 은유의 역할을 한다. 무엇보다도 중요한 것은, "가정"이 갖는 심리학적, 종교적, 사회적 함의에서 볼 때 이 공동체 표상이 사회적으로 배제된 이들의 상황에 대한 응답이다. 이렇게 가정을 강조하면 자연스럽게 부부가 한 몸을 이루고 그 사이에서 자녀가 출생함으로써 하나님께서 기뻐하시는 복된 가정을 이루어가는 것을 베드로전서는 그리고 있다.

야고보서는 행위를 강조하는 서신으로 잘 알려져 있는데, 느닷없이 "죄인을 미혹한 길에서 돌이키는 자가 그의 영혼을 사망에서 구원하고 허다한 죄를 덮는다"(약 5:20)라는 말로 막을 내린다. 많은 주석가가 이 부분을 올바르게 주석하는 데 실패하였다. 여기서 말하는 죄는 지중해 전역에 널리 퍼져 있었던 이방종교에 팽배하던 동성애의 죄악이다. 이러한 갑작스러운 서신의 결말은 요한1서 5장 21절도 마찬가지이다. 곧 "곧 너희 자신을 지켜 우상에게서 멀리하라"라고 권면한 이유도 바로 초기 교회의 우상제사에 널리 퍼져 있던 동성애의 악독을 지적하는 내용이다.

동성애의 죄악을 우상숭배와 연결하는 공동(일반)서신의 저자들은 바로 동성애가 초기 교회에서 가장 강력한 이단과 같은 세력이었기 때문이다. 이단은 무엇인가? 처음에는 같다가 나중에 보면 그 끝이 달라서 결국에는 기독교의 최대 걸림돌이 되는 것이 이단이다. 이 점에서 이방 종교에 몸담고 있던 이들이 초기 교회에 들어와서 함께 신앙생활을 하다가 시간이 흘러가도 그들이 탐닉하였던 동성애를 버리지 못하고 다시 세속적인 삶으로 되돌아가는 일들을 영적 지도자들은 강력하게 경고할 수밖에 없었다.

이런 상황과 맥을 같이 하면서 바울도 "이단에 속한 사람을 한두 번 훈계한 후에 멀리하라"(딛 3:10)라고 권면한다. 이는 단순히 이단을 멀리하라는 뜻이 아니라, "부패하고 스스로 정죄한 자"(딛 3:11)라고 지적한바와 같이 바울은 동성애를 염두에 두고 이런 동성애를 즐기는 자들이 이단이라고 경고하고 있다. 바울은 이렇게 동성애를 이단으로 규정하는 내용은 "여러 가지 정욕과 행락에 종노릇 한 자"(딛 3:3)라고 언급된 자들이 바로 육체의 쾌락을 벗어나지 못하고 하나님 대신에 육체를 우상처럼 섬기는 동성애자로 동일시하려는 문맥 속에 나타난다. 이런 문맥은 "선한 일" 혹은 '의로운 행위'(딛 3:1, 5, 8)라는 표현에서 확인이 되는데, 선한 일에 대해서는 드러내 놓고 하지 않고 오히려 당시에 숨어서 몰래 행동해도 문제가 많은 동성애를 무슨 자랑이라도 하듯이 공적 장소에서 드러내 놓고 탐닉하는 자들을 비판하면서 저들의 행동은 선하고 의로운 일이 아니라 악하고 불의한 일이라는 사실을 언급한 것이다.

베드로후서 3장 17절도 서신을 마무리하는 단계에서 동성애자를 '무법한 자'라고 지적하면서 성도들이 '미혹에 이끌려 굳센 데서 떨어지지 말 것'을 경고한다. 왜 그럴까? 이방 신전 제사에 몸담으면서 동성애에 탐닉했던 자들이 복음을 통하여 교회공동체 안에 들어와 있지만, 여전히 무법한 과거의 일을 관두지 못하고 다시 미혹되어 굳건한 믿음에서 떠나는 일들이 일어나게 되었을 때, 이는 이단처럼 올바른 신앙을 저버린 것과 같은 일이다. 그러므로 동성애는 올바른 교회공동체를 흔들어서 무법한 일을 드러내 놓고 하는 동성애자들과 마찬가지로 교회를 무너뜨리는 이단과 같은 것이다.

6) 동성애 대책에 관한 헌의안

필자는 2018년 제103회 총회 동성애 대비 헌의안을 다음과 같이 정리하여 올린 바가 있다. 그 결과 "퀴어신학(동성애 양성애 성전환) 이단"이라는 총대들의 결의를 만장일치로 받아낸 적이 있다.

(1) 제103회 총회의 결의

제102회 총회는 신학대학에서 동성애를 지지하거나 옹호하는 사람을 징계하기 위한 규정 마련하도록 결의하여 한일장신만 제외하고 규칙을 만들었지만, 신약성경이 동성애를 자기 육체의 쾌락을 하나님을 즐거워하는 것보다 더 중시하기에 우상숭배로 경고하는 있는 것을 근거로 필자는 "동성애를 이단으로 규정한다"라고 강력하게 결의해 주기를 요청한 바가 있는데, 그 결과로 제103회 총회는 "퀴어신학(동성애 양성애 성전환) 이단"으로 결의하였다.

총회 산하에서 동성애를 지지하고 용호하는 신학생들이 참여연대와 시민단체와 연계되어 있기에 "신학 계속 추천을 받지 못하도록 하고, 또 목사고시 합격을 취소하고, 이미 목사안수 받은 자들을 면직"할 수 있도록 규정을 만들어 주기를 헌의한 바가 있는데, 목사고시 위원회와 각 노회 고시위원회가 엄격한 관리를 시행하고 있다.

이런 내용을 시행하게 된 것에 대해서 부연 설명을 하자면, 2018년 6월 초에 장신대가 동성애 문제로 구굴 검색어 첫 장을 모두 차지할 정도로 뜨거운 화두가 되었다. 이에 발을 맞추어서 6월 13일 지방선거에서 동성애를 강력하게 지지하는 서울시장인 고 박원순을 목회자 1,341명이 6월 4일에 이름도 밝히지 않은 채 지지 성명을 발표하고 나섰다.

신약성경이 그토록 동성애를 악덕목록과 죄로 규정하면서 우상숭배로 경고하고 있는데도 불구하고, 참으로 어이없는 일이다. 이런 동성애 문제를 본 교단이 대비하기 위하여 다음과 같은 노력이 절실하다. 신약성경은 동성애를 죄와 우상숭배로 강력하게 규정하고 있지만, 심지어 교회와 신학교 안에서도 인권으로 포장된 차별과 혐오라는 이름으로 동성애를 지지하는 사람들이 많다. 이는 신앙생활을 함께 시작하였지만, 이단이 처음과는 다르게 마지막에 교회를 흔들고 신앙의 정체성을 혼탁하게 한 것과 마찬가지로 동성애는 교회를 무너뜨리려는 이단이다

제103회 총회는 동성애를 이단으로 규정하여 교회나 신학교 안에서 공

공연하게 동성애를 지지하고 옹호함으로써 기독교의 본질과 복음의 순수성을 훼손하는 이들을 강력하게 경고함으로써 교회를 악한 가르침으로부터 보호하고 있다.

(2) 제108회 헌의안

아직도 장신대와 종로 5가에 있는 교단 본부를 중심으로 동성애를 인권으로 옹호하는 기류가 다수를 차지하고 있기에 후속 조치를 위하여 2023년 제108회 총회에 보내는 헌의안을 다음과 같이 세 가지로 69개 노회가 제안하는 상황이 되었다.

첫째, 제108회 총회는 동성애와 동성혼을 합법화하려는 차별금지법 제정을 반대하는 성명서를 준비하여 발표하기를 헌의하였다.

동성애와 동성혼을 합법화하려는 결정에 대하여 사법부는 세금을 납부한 다수 국민의 합의와 사회적 동의를 우선시해야 함에도, 피부양자 자격을 인정하지 않은 국민건강보험공단의 처분을 평등의 원칙을 위배한 것으로 볼 수 없기에 남녀의 결혼과 동성애자의 동성혼 양자를 구분하여 달리 취급하는 것이 그 자체로 헌법상 평등원칙에 어긋나지 않는데, 판사가 자의적으로 동성애자의 동성혼에 혈세로 피부양자 자격을 인정하라는 판단을 내린 것은 법리나 법치에서 올바른 판결이 아니다.

2023년 2월 21일에 서울고법 행정 1-3부(이승한 심준보 김종호 부장판사)는 혼인은 남녀 간의 결합이라며 원고 패소로 판결한 1심 판단을 뒤집었다. 재판부는 법정에서 판결 이유를 따로 설명하진 않았다. 이것은 헌법과 민법을 벗어난 판결이니 고등법원 판사들도 자기들의 판결에 합당한 이유를 달 수가 없으니 이유를 설명할 수가 없었고, 법의 지배라는 민주정치 체제의 원리를 판사들이 마음대로 뒤엎어 버리는 행위나 다를 바가 없다. 법치의 보루여야 할 법원이 정치적 패거리의 논리를 따라 법에 따른 판결이 아니라, 자기들 마음대로 판결한 것은 절대군주 정치체제에서 절대군주나 할 수 있는 판결이지, 왕도 아닌 사람이 할 수 있는 판결은 아니다.

2022년 1월의 1심 재판부는 현행법 체계상 동성인 두 사람의 관계를 사실혼 관계로 평가하기는 어렵다고 원고 패소로 판결했다. 당시 "민법과 대법원과 헌법재판소의 판례, 우리 사회의 일반적 인식을 모두 모아보더라도 혼인은 여전히 남녀의 결합을 근본 요소로 한다고 판단되고, 이를 동성 간 결합까지 확장해 해석할 근거가 없다."라고 설명했다.

2심 판결에 대해 한국교회 총연합회도 성명을 내고, 동성 커플에게 피부양자 자격을 인정할 것인가라는 단순한 문제를 넘어 우리 사회가 동성혼을 법적으로 인정할 것인가 하는 근본적인 질문에 귀결되기에, 동성애 합법화를 목표로 하는 포괄적 차별금지법 제정과 건강가정기본법 개정을 시도하려는 것에 대해서도 언급하면서, 동성혼 합법화는 사람을 남자와 여자로 구분하시고 이들의 거룩한 결합인 가정을 통해 생육하고 번성할 것을 명한 하나님의 창조질서를 거스르는 것이므로 반대한다고 밝혔다.

2심 판결은 대법원에서 명백하게 시비가 가려질 것이다. 대한민국은 법치국가인데, 아무리 판사가 판결로 말을 한다고 해도 헌법 위에 판사 개인의 소신을 강요하는 것은 법질서를 무너뜨리며 나라의 기강을 흔드는 것이다. 판사는 헌법 위에 존재하는 무소불위의 사람이 아니다. 문제는 일개 판사가 개인의 입장을 판결문에 "사회보장 제도별로 사실혼 관계에 대해 달리 취급하는 것은 입증의 방법이나 정도일 뿐이고 사실혼의 의미나 요건을 달리 보고 있다고 할 수 없다"라며 "현행법령의 해석으로 원고의 사실혼 관계가 인정된다는 주장은 받아들이지 않는다"라고 적시한 내용은 사실혼을 인정하지 않는 현행법을 뻔히 알고 있으면서도 동성애자들의 건강보험 피부양자 자격을 거론한 양비론적인 입장이다.

민주정치 제도는 3권분립의 원칙으로 각자의 권한이 있다. 그러나 2심의 판사들은 입법자의 권한을 넘어버리는 행위를 하여 국가 구성원인 국민의 약속인 헌법을 넘어서는 판결을 함으로써 국가와 주권 바깥의 존재가 되어서 사실상 민주적 질서에 반하는 행위를 한 것이다. 이것은 전형적으로 서구 좌파의 운동 방법 중에 국민의 의지로 바꾸지 못하는 것을 소수가 해내는 방법으로 판사의 판결로 바꾸는 전술이다. 이미 대한민국의 법원은 정치와 문화투쟁의 최후 보루가 되었다. 다수 국민의 세금으로 먹고사는 판사가 국민적 동의가 없는 2심 판결을 편향된 이념으로 판단한 것은 반드시 대법원에서 바로잡아야 한다.

둘째, 제108회 총회는 영지주의에 뿌리를 두고 있는《퀴어 성서 주석》에 대해서 이단사이비 대책 위원회가 조사하여 그 이단성을 보고하도록 헌의하였다.

요즘 영지주의 시각으로 신약성경을 해석하며, 버젓이 기독교 TV 방송과 유튜브 동영상으로 신학과 교회를 어지럽히는 거짓 교사들과 이단들이 판을 치고 있다. 대체로 그들의 주장은 영지주의가 신약성경과 기독교를 물들이고 있다는 지극히 반성경적인 이념이고, 초기 교회가 이단으로 규정하였던 영지주의를 도리어 옹호하는 거짓이다.

초기 교회의 3대 교부들인 테르툴리아누스와 오리게누스와 이레내우스는 185년경에 이단으로 제명된 영지주의로부터 교회를 보호하기 위하여《이단논박》이란 저술을 통하여 마르키온과 그의 추종자들을 이단으로 축출하는 정통교회 공의회들의 결정에 결정적인 기여를 하였다. 5세기경에 에스파니우스가《파나리온》이란 명저를 통하여 당대에 유행병처럼 퍼진 영지주의 이단들의 상세한 목록을 방대한 분량으로 정리하기까지 하였는데도, 지난 2천년 동안 영지주의 이단의 뿌리가 뽑히지 않은 채 지금 어설픈 목사들과 제대로 신학공부를 안한 무식한 신학자들이 준동하여 한국교회를 어지럽히고 있다.

과거에 목회자들이 공인된 신학수업을 받지 못하여 성급하게 신약성경에 나오는 니골라를 니골라당으로 연결하고 이세벨을 영지주의의 기원이 되는 여성으로 간주하여, 신약성경이 영지주의로 물든 것으로 당연시하였다. 이런 풍조가 급기야 바울 서신과 요한복음과 요한문헌을 영지주의와 관련된 문서들로 취급하는 어처구니없는 해석이 보수적인 목회자들과 보수교단이라고 자처하는 신학교들에서 우후죽순처럼 나오더니, 이제 세계적인 신학교의 교수라고 자처하는 자들까지 정신을 못 차리고 이런 이념에 혼동을 하여 거짓 주장을 퍼뜨리고 있다.

왜 영지주의가 기독교를 물들였다는 거짓 주장이 난무할까? 그것은 한마디로 한국교회의 2/3가 자정능력을 잃어버린 이단에 휘둘리고, 제대로 된 신학교육을 받지 못한 자들이 양산되기 때문이다. 더구나 이단이 모두 영지주의에 뿌리를 두고 있기 때문인데, 이들은 지난 2천년 동안 공교회가 지탱해 온 정통신앙의 근거를 훼손하고 자기들의 주관적이고 교주 중심의 교리를 퍼뜨리기 위하여 돈을 주고 목사와 신학자를 매수하여 거짓 주장이 그럴 듯하게 방송매체를 타게 하여 순진한 영혼을 미혹하게 하는 악한 교사의 무리들이다.

영지주의가 육체를 영혼의 감옥이라고 간주하여 예수님의 신성을 거부하고 인성만을 주장하는 가현설이 후에 영지주의로 둔갑을 하기에 이르렀는데, 이것을 바로잡기 위해서 예수님께서 인성과 신성을 가지신 하나님의 아들로 하늘 영광의 보좌를 버리시고 죄인을 십자가로 구원하기 위하여 이 땅에 오신 것을 성경적인 근거로 올바르게 정립한 것이 최초의 기독교 교리인 양성론이다. 참 하나님이시며 동시에 참 인간이신 예수님 이외에 어떤 다른 교주나 재림주는 없다. 그럼에도 교주를 숭배하고 거짓 재림주에 뒷돈을 받고서 이미 초기 교회가 이단으로 제명한 영지주의를 옹호하는 무리들은 하나님의 준엄한 심판이 임하기 전에 회개하고, 잘못된 가르침을 철회하고 이단의 실체를 만천하게 드러내야 한다. 더구나 이단인 줄도 모르고 이만희나 문선명이나 박태선이나 유병언 등에게 속아서 재산을 탕진하고 가문을 망치고 구원을 받아야 할 몸과 영혼까지도 망친 자들은 속히 회개하고 가족의 품으로 돌아와야 한다.

동성애와 차별금지법을 주장하는 자들의 논리를 보면, 자신들만 동성애자를 혐오하거나 배제하지 않는다는 영지주의의 주장을 펴고 있다. 영지주의자들의 주장은 동성애를 죄로 인식하지 않고 오히려 동성애의 쾌락을 넘어선 무죄의식에 물들어져 있다. 그래서 '괴상한'이란 의미의 퀴어(queer) 신학이란 것을 만들어서 창세기로부터 요한계시록까지, 하나님께서 남녀를 창조하시고 가정을 축복하시며 자손을 잉태하게 하시는 축복을 거부하고 동성애를 죄악으로 분명하게 말씀하시는 성경의 가르침을 뒤집고 있다. 이런 퀴어 신학 옹호자들도 자기들만이 옳다 하면서 정통신학을 거부하는 영지주의에 뿌리를 두고 있느니, 모두 회개하고 하나님 앞에 돌아와야 한다.

셋째, 제108회 총회는 7개 신학대학교에서 현재 시행되고 있는 "동성애 대책 교육지침"의 교과과정이 성경적으로 올바른지 검토하여 보고할 것을 헌의하였다.

한국교회가 노무현과 문재인 정부 때 논란을 증폭시켰던 교육부의 개정 교육과정 안에 담겨 있던 섹슈얼리티 삭제, 성적 자기 결정권 의미 수정, 성혁명 교육 배제 등을 도출한 2022년 12월 14일에 확정된 국가교육위의 수정결의와 12월 22일의 교육부의 확정 고시에 따라, 성혁명 교육을 철저히 없애야 할 업무를 수행할 사람들이 일선 교사들이다. 2023년에 시행될 개정 교육과정에 성혁명 용어 일부가 삭제되었지만, 성적 자기 결정권의 의미가 본래의 보호적 의미로만 제한하고 성혁명 내용을 포함하는 다른 의미로 해석되지 않도록 성취기준 해설이 만들어지게 하여 성혁명 교육을 거부하는 교육 담당자들이 일선에서 건강한 교육을 하도록 힘써야 한다. 한마디로 요약하자면, 이제 전교조 교사들이 아무것도 모르는 어린 자녀들에게 양성평등을 위장한 성평등과 성해방 교육을 절대 하지 못하도록 교육부의 지침이 마련된 것이기에, 학부모들은 자녀들을 학교에만 보내지 말고 제대로 된 교육을 받고 있는지 관심을 두고 공교육을 감독해야 한다.

아직도 2022년부터 시행될 교육과정 수정안에는 하나님의 말씀을 대적하는 차별금지법, 동성애, 성혁명 이념, 기독교 왜곡, 유물론, 진화론, 사회주의 이념, 친이슬람, 자유민주주의 훼손 등을 교육할 수 있는 좌파들과 사회주의 세력들의 용어들과 개념들이 수없이 많다. 앞으로 국가교육위가 반기독교적인 교육과정을 수시로 개정하여 하나님을 대적하는 악한 교육과정들이 철저하게 삭제되도록 관심을 기울이고 학부모 단체들이 연대하여 힘을 모아야 한다.

주사파의 이념으로 자유민주주의 헌법을 위반할 뿐만 아니라, 이념교육을 금지한 교육법을 위반하여 순진한 자녀들의 영혼까지 멍들게 한 불순한 교사들과 이념교육세력에 대한 철저한 조사가 이루어져서 저들의 네오 마르크스주의에 입각한 악한 일들을 드러내어 그에 따르는 합당한 문책을 통해 그동안 공교육 현장에 있던 악한 세력들을 모두 축출해야 한다.

한국교회가 자녀교육을 소홀히 하는 사이에 전교조 교사들이 남녀를 창조하여 가정을 통해 하나님의 창조세계를 보존하시려는 섭리에 대적하는 네오 마르크스주의에 입각한 성혁명과 차별금지법 교육을 시행하여 공립학교에서 이 교육을 받은 학생들이 신학교까지 입학하여 신학교를 무너뜨리고 있었다. 이미 신학교는 동성애자를 혐오하고 배제하지 않는다는 인권 논리에 편승할 뿐만 아니라, 성전환, 소아성애, 낙태 옹호를 반대하지 못하게 하여 교회를 죽이는 일을 통하여 하나님의 포도원을 허무는 여우의 모습까지 보이는 안타까운 상황이다.

신학교는 먼저 각성하고 회개하여야 한다. 신학교를 염려하는 목소리 중에서 총장과 교수들이 강성 학생 지도부에 맥을 못 추고 오히려 동성애 옹호자들로 변질하였다는 우려를 누구보다도 잘 알고 있다. 이것은 겉으로는 동성애를 반대한다고 하면서, 실제 신학교육에서는 동성애를 배제하거나 혐오하지 않는다는 희한한 논리에 갇혀서 사람 앞에는 영광스러우나 하나님 앞에서는 너무나도 부끄러운 악한 행실이기에 당장 잘못된 동성애 옹호 지침을 철회하여야 한다. 그래야 신학교가 동성애 소굴이고, 무지개 신학교라는 오명을 씻고 새로운 출발을 할 수 있다.

7) 소돔과 고모라

창세기 19:29에 의하면, 하나님께서는 아브라함을 기억하셨다. 여기서

'기억하셨다'라는 히브리어 칼 동사의 원형인 זָכַר는 3인칭 미완료 형태(וַיִּזְכֹּר אֱלֹהִים אֶת־אַ)로 '여호와께서 아브라함을 기억하고 계셨다'는 의미로 과거 계속적인 진행의 의미이지만, 헬라어는 ἐμνήσθη로 3인칭 단순과거 수동태 (ἐμνήσθη ὁ θεὸς τοῦ Ἀβραάμ)이기에 이를 직역하면 "하나님께서 아브라함으로 말미암아 기억하신바 되었다."라고 함으로써 이 사건이 앞에 일어난 어떤 사건을 전제하고 있는 것을 분명하게 암시한다.

그 사건은 무엇인가? 창세기 18:23-32에 언급된 아브라함의 기도이다. 곧 소돔 성을 위해 의인 50, 45, 40, 30, 20, 10명을 차례로 언급하면서 아브라함은 하나님의 진멸하시려는 심판을 거두시고 용서해 달라고 간구한 사건이다.

소돔과 고모라의 '크고 심히 무거운 죄악'(창 18:20)은 구체적으로 무엇인가? 바로 이런 소돔과 고모라의 죄악을 일깨우기 위해 '두 천사'(창 19:1)가 소돔 성에 들어갔지만, 소돔 백성들이 그 두 천사를 '상관'(창 19:5)하려 한 것이 그 죄악상의 극치이다. 상관이란 단어는 히브리어에서 וְנֵדְעָה로 원형인 יָדַע가 단순히 알다란 뜻이 아니라 성교를 뜻하는 단어인데, 이를 뒷받침하듯이 헬라어는 συγγενώμεθα로 표현하여 성교를 분명하게 밝히고 있다. 그런데 이들을 찾아온 남자들이 세 명의 남자 천사들에게 성교를 요구하기 때문에 이는 동성애 죄악이 소돔 성에 만연되어 있었던 것을 입증한다. 이런 연유로 동성애를 소돔의 죄악이란 은어인 소도미(sodomy)란 단어가 만들어지게 된 배경이다.

동성애는 이미 레위기 19:13에 언급된 바와 같이 '반드시 죽일지라'고 언급된 내용이다. 동성애에 빠진 소돔 성에 "하늘 곧 여호와로부터 유황과 불을 비같이 내려"(창 19:24) 그 모든 백성과 땅에 난 것을 다 엎어 멸하셨다(참고, 창 19:29에도 같은 표현이 등장한다).

왜 하나님께서 동성애를 이렇게 강경하게 심판하신 것일까? 창세기 18:20-21에 두 번이나 반복되어 언급된 소돔과 고모라에 대한 "부르짖음"이 하나님의 마음을 움직였기 때문이다. 그래서 하나님께서는 두 천사를 보내셨지만, 소돔 성의 남자들은 그들에게 동성애를 요구하면서 결국 하나님에게 대적하는 일을 초래한 것이다. 두 천사를 거부하는 것은 곧 하나님을 거부하는 결과를 초래했기 때문에 동성애를 요구하면서 하나님을 대적한 소돔 성은 멸망할 수밖에 없었다.

소돔 성이 동성애를 버리지 못하고 하나님을 대적하는 상황으로 나아가게 될 때, 그 성은 역사의 무대에서 영원히 사라지는 비운을 맞게 되었고 다음과 같이 예수의 가르침에 다시 등장하면서 하나님을 대적한 세력이 받게 될 심판의 준엄함을 상기시킨다.

Q 10:12
내가 너희에게 말한다. 저 날에 소돔이 저 고을보다 잘 견딜 것이다.

이 말씀의 문맥은 예수께서 제자들에게 전도하도록 파송하시면서 주신 교훈이다. 동성애 악덕으로 인하여 역사의 무대에서 사라진 소돔 성보다 지금 눈앞에서 전파되는 복음을 거부하는 것은 더 이상 구원받는 기회마저 잃어버리는 비참한 일이 될 것이라는 사실을 수사적으로 강조하시는 말씀이지, 실제로 역사의 무대에서 사라진 소돔 성의 동성애 죄악이 지금 복음을 거부하는 죄보다 약하다는 뜻으로 말씀하신 것은 아니다.

어떻게 지금 복음을 거부하는 것이 소돔 성의 죄악보다 크다는 뜻일까? 동성애는 하나님보다 자기 육체를 더 즐거워하는 것이다. 그래서 소돔 성에 간 하나님의 두 천사를 남자들이 육체의 쾌락을 찾아서 동성애를 즐기고자 한 것은 결국 하나님을 거부하는 행동이므로, 지금 복음이 전파되는 이 순간에 복음을 거부하는 행동은 소돔 성의 동성애가 하나님을 거부한 것과 마찬가지의 죄악이라는 사실이다.

한 가지 기억할 내용이 있다. 그것은 소돔 성이 아브라함의 기도에도 불구하고 멸망하였지만, 그런데도 하나님께서 아브라함을 생각하사 롯과 두 딸을 구원하였다는 사실이다.

그런데 하나님께서 왜 아브라함을 '본토와 친척과 아비 집'을 떠나라 하셨을까?

아브라함 당시에 그가 거하던 메소포타미아는 문명의 발생지이었지만, 우상숭배가 만연한 곳이었다. 하나님께서는 이런 우상이 가득한 곳에서 아브라함을 불러내신 것이다. 그런데 당시 이방 종교는 하나님의 뜻과는 거리가 멀어서 여러 가지 복잡한 밀의 제의와 신전 제사에 공창을 두어서 동성애가 만연된 온상이었기 때문에, 하나님께서 아브라함을 그곳에서 떠나라 하신 것은 단순한 우상숭배를 떠나라는 차원뿐만 아니라, 하나님을 반역하고 '제 몸이 좋아하는 대로' 동성애를 탐닉하던 것이었기 때문에 강력하게 경고하신 것이다.

고대 종교가 만연되어 뿌리를 내린 곳마다 동성애가 공공장소와 신전에까지 횡횡할 정도로 가득하였는데, 기독교의 순수한 복음이 전파되면서 이러한 악한 동성애가 잘못된 것이라는 경고를 통하여 대낮에도 숨기지 않고 그 죄악의 어두운 이면이 활개를 치다가 비로소 자취를 감추고 음성적으로 숨어 들어 가는 상황이 마련된 것이다. 그 결과 그 부끄러운 욕정이 동성애를 유발하는 죄의 뿌리라는 사실을 기독교 복음이 일깨우게 될 때, 동성애는 하나님께서 가증하게 여기시는 죄요 하나님을 섬기는 대신에 제 몸이 좋을 대로 신을 만들어 섬기는 우상숭배로 빠지는 혼탁한 문화라는 사실을 깨닫게 된 것이다.

8) 하나님의 진노와 그 결과

통합교단에서는 2017년 9월 17일에 모인 제102회 총회에서 산하 7개 신학교가 "성경에 위배되는 동성애자나 동성애 옹호자는 입학을 불허한다는 것을 학칙에 넣는다."라는 제안을 하여, 모든 총대가 만장일치로 결의한 바 있다.[43] 또 "동성애를 옹호하고 가르치는 교직원은 총회 결의에 따라 징계위원

---

43) 2018년 5월 17일에 장로회신학대학교 8명의 재학생이 예배위원도 아닌데 채플에서 무지개 옷을 입고 데모를 하고 단상을 점거하고 또 무지개 깃발을 들고 한경직 기념예배당의 십자가를 배경으로 기념사진

회에 회부하고 조처한다."라는 것도 결의한 바 있다. 이런 통합교단의 움직임은 동성애에 대해 단호하게 대응하려는 선도성과 선명성에서 아주 분명한 모습을 보이는 결단이기 때문에 여러 교단에 미치는 영향력이 클 것이다.[44]

동성애 문제는 지금까지 알려졌던 대로, '선천적'인 것도 아니고, 또 동성애자를 우리 사회가 차별한 것도 아닌데, 정치와 이념적인 것에 편승하여, 사회적 이슈와 이데올로기가 되었다. 동성애는 '성소수자'를 표방하고 있다. 그러나 성소수자의 종류는 다양하며, 그 성적 기호 역시 말로 표현하기조차 민망한 것들이 다수 포함되어 있다. 그러므로 '동성애' 문제는 여러 가지 윤리적

을 촬영한 일이 있었다. 이 일 직후에 103명의 학생이 지지하는 성명을 발표해 논란이 되고 있다. 더 나아가서 이들 103명은 성명을 통해 학교교칙과 총회 헌법에는 동성애에 대한 의견 표현에 대한 처벌규정이 없다며 "학교측이 학생들을 조사하는 것은 학교의 월권이자 폭력"이라고 비판했다. 이어 "장신대 동문들은 이러한 상황에 심각한 우려를 표한다."라며 학교가 공지로 밝힌 입장을 철회하고 해당학생들에게 사과할 것을 요구했다. 한편 장신대 임성빈 총장과 예장통합 총회 7개 신학교 총장들은 지난 6월 1일에 회의를 열고 이 문제와 관련하여 동성애에 관한 학생교육과 지도를 더욱 강화할 것이라고 전했다. 다음의 인용은 michael이란 분이 신학교에 동성애 지지가 난무하는 상황에서 인터넷 상에서 한 항변이다. "포항기독계가 살아 있음을 느끼며 마음에 큰 위로를 받는다. 지금 우리나라에서는 동성애 세력이 인권위, 민주당, 시민단체 및 언론을 등에 업고 거대한 우상이 되어버렸다. 그동안 우리나라 기독교 지도자들이 동성애에 대해 침묵해 온 것에 대해 매우 아쉽게 생각한다. 하나님은 동성애를 가증스러운 것이라고 말씀하시며 엄벌을 명하셨다. 최소한 성경에 그렇게 기록되어 있다고 말이라도 해주면 좋지 않았을까 싶다. 동성애에 침묵하셨던 교계 지도자들은 일제 강점기의 경우였다면 아마도 신사참배에 동조하지 않았을까 하는 생각이 든다. 하나님께서 왜 동성애를 그렇게 엄중하게 경고하셨을까? 동성애가 사회에 들어오고 사회에서 동성애를 용인하게 되면 사회 윤리의 근간이 송두리째 무너지게 되고 윤리가 없어진 사회는 더 이상 사람들이 살 수 없는 세상이 되어버린다. 동성애가 용인되면 집단 난교, 수간, 근친상간, 소아성애 등 수를 헤아릴 수 없는 성범죄가 사회에 침투하는 것을 막기 어렵다. 아무튼 포항 기독교계가 한동대 사태를 계기로 동성애란 거대한 우상에 대항하여 일어선 것에 대해 뜨거운 찬사를 보내드리며 평신도의 한 사람으로서 깊이 감사드린다. 나도 한동대 사태가 궁금해서 해당 동영상을 감상해 보았는데 페미니즘과는 전혀 상관없는 그야말로 성매매, 낙태, 마약 흡연, 집단 난교를 하는 강사들이 자신들의 행위는 떳떳하며 정당하다고 주장하는 수준 이하의 황당하고도 비도덕적인 내용 일색이었다. 이런 것을 인권위가 옹호하고 나선다는 것이 상식적으로 이해가 안 되고 어쩌면 인권위에 근무하는 사람들이 이런 짓을 이미 하고 있지 않고서야 어떻게 이런 범죄행위를 옹호할 수 있을까 하는 생각이 들었고, 국민의 혈세를 먹고 사는 인권위 공무원들이 이런 짓을 옹호한다면 인권위는 조속한 시일 내에 해체하는 것이 마땅하지 않나 하는 생각이 들었다."

44) 2017년 장신대 총학생회(회장 윤관)는 이런 결의를 한 직후에 바로 통합교단의 총회가 모인 장소에서, '교회는 혐오의 총칼에 맞서는 최후의 보루여야 한다'며, 동성애를 반대하는 결의에 대하여 처음부터 반대하는 태도를 보였다. 이러한 행동은 우발적이라기보다는 이미 치밀하게 준비된 행동이며 총회의 결의에 반하는 행동이다. 이렇게 총회를 대항한 즉각적인 행동은 멈추지를 않고 계속되었다. 어이없게도 2017년 5월 학기말에 장신대 신학춘추에도 자신의 글을 게재하여 여과 없이 동성애의 입장을 옹호한 행

이고, 도덕적인 문제, 그리고 '가정 해체'와 함께, 이와 연관하여 사회적 비용이 크게 들어가는 등, 사회적으로도 그 문제가 심각하므로 이를 무비판적으로 접근하고 수용하려는 태도는 매우 조심해야 한다. 더군다나 동성애는 반성경적인 것인데, 여기에 신학생들이 일부 진보적, 정치적인 사안보다 더욱더 앞서 나가는 모습을 보이는 것은 보기에도 위태롭고 대다수 교회의 성도들의 신학 교육에 관한 우려를 불러오고 있다. 동성애자를 혐오하지 않는 것과 동성애를 지지하는 것과는 사뭇 다르다. 그런데 이 두 가지를 혼동함으로써 무분별한 행동을 하는 것은 결코 신학생과 지성인답지 못한 무책임한 행동이다.

여러 가지 지적/사회적 호기심이 없을 수는 없겠으나, 신학생들은 지금은 배우는 단계이기 때문에 신학교와 자신들이 속한 교단의 보호막과 가르침을 무시하면 안 된다. 동성애 문제가 신학교에까지 파고들어 지성과 영성과 도덕성과 영적 지도력을 갖추는 데 전념해야 할 신학생들에게 부정적인 영향을 미치는 것에 대하여 교회는 깊은 관심을 가져야 한다. 알곡과 열매를 거두어야 할 밭과, 곡식을 거두는 일꾼을 키워야 하는 선지 동산이 가라지를 키워서는 안 된다.

2017년 11월 7일에 침례신학대학교 신대원 학생들이 전국 신대원 가운데 최초로 동성애 동성혼 반대성명서를 냈다. 이보다 몇 개월 전에 침신대는 9월에도 교수들이 개인이 아닌 신학교 차원에서 연대해 동성애와 동성혼 합법화를 반대한다는 성명을 발표한 바 있다.[45] 동성애를 반대하면 자칫 혐오와

동을 통해서 파란을 일으킨 장본인인 임보라(2023년 2월에 자살함)와 더불어서 2017년 9월 28일에 본 교단의 반동성애 결의에 반대하여 자신의 의지를 굽히지 않고 관련단체와 연계된 모임에 직접 참여하여 박경미와 최형묵과 더불어서 본 교단의 결의에 전면으로 반대하는 치밀한 움직임을 보였다. 급기야는 2017년 11월 16일에 윤관에 반대하여 17명의 제35대 총학생회 임원들은 여성문제, 총학 공동체 관계 및 신뢰도 훼손, 총학 업무 마비, 장신대 대학부 명예 실추 등의 이유를 조목조목 들어서 윤관에게 총학 생회 회장직에서 사퇴할 것을 요구하는 대공개 요구서를 발표하는 불명예스러운 사태에까지 이르게 되었다. 이에 대하여 동성애 찬성 법안에 맞서서 외로운 입법저지 활동을 벌이고 있는 길원평을 주강사로 초청한 강연에 장신대 최초로 2017년 11월 28일 화요일 저녁에 개최되었는데 140여 명이 참석하여 진지한 토론을 벌였고, 기독교 진리 수호와 복음의 순수성을 지키기 위한 범기독교적 노력의 중요성을 다짐하였다.

소수자 인권을 들먹이는데, 소수자의 인권도 중요하지만 다수자의 인권은 더 중요하다. 우리가 동성애를 배척하고 정죄하는 것이 목적이 아니요, 이 사회의 근본을 지키는 것이 목적이다. 인간이 자기 자신을 버림받은 존재라고 인식할 때 참으로 비참함과 절망감으로 느끼며 탄식하게 된다. '나는 버림받았다, 그 누구도 나를 돌봐주지 않고 혼자 내던져졌다.'라고 생각할 때 그는 진정 죽음에 이르는 병을 앓고 있는 존재이다.[46]

바울은 인간 위에 내려진 하나님의 진노 결과가 무엇인지 심각하게 규명하고 있다.[47] 로마서 1장은 하나님께서는 동성애에 빠진 불의한 인간을 죄악 속에 그대로 '내어버려 두셨다'(24, 26, 28절)라고 말씀하시는데, 이것이 곧 하나님의 진노 결과요 인간 위에 내려진 하나님의 심판이다.

(1) "더러움에 내어 버려두사"(24절)란 구절에서 '더러움'이란 동성애가 성

---

45) 최근 우리 사회에서 '동성애' 문제가 불거져 나오면서, 2017년 10월 12일에 영성관인 한경직 기념세미나실에서 총학이 주관한 "장신대 인문학 공동체"의 성평화 강사로 친동성애적인 박진영을 초청한 것에 이어 두 번째로 같은 강사를 교내에 초청하려는 움직임이었다. 사실상 총학은 장신대 재학생들의 회비와 학교로부터 임원들의 장학금과 재정적인 지원을 받고 있으므로, 이는 결정적으로 총회가 금지한 동성애 옹호 움직임이므로, 그 파장이 심각하다. 그런데 2017년 10월 25일 수요일에 장신대에서 종교개혁 500주년 기념주간에 친동성애를 표방하는 인사를 암하레츠 동아리가 다시 주관하여, 이미 박진영을 초청하여 강연한 적이 있는데 또다시 모임을 하려다 취소된 일도 있었다. 거기에다 석연치 않은 것은, 이들이 본교의 만류에도 불구하고 학교 외부에서 '강연 취소 기념 파티'를 열어, 끝까지 자신들의 의지를 버리지 않는 모습을 보였다.

46) 시지프 신화가 있다. 제우스 신전의 신들이 시지프에게 벌을 내려 그를 하계로 내던져버렸다. 그것에 더하여 시지프에게 끊임없이 산꼭대기까지 바윗덩어리를 굴려 올리게 하는 형벌을 내렸다. 그에게 왜 그러한 지독한 지옥의 형벌이 내려지게 되었는지에 대해서는 의견이 구구하다. 하여튼 시지프는 한순간도 쉼 없이 피로 얼룩진 두 뺨을 바위에 비벼대며 진흙으로 뒤덮인 바윗덩어리를 어깨로 떠받치고 자칫 굴러 떨어지려는 바윗덩어리를 두 다리로 버티며 양손과 온몸으로 온 힘을 기울이며 지탱한다. 하늘 없는 공간과 깊이 없는 시간으로 측정되는 그 아득하고 캄캄한 하계에서 그 기나긴 눈물과 피로 뒤범벅이 된 노력 끝에 드디어 목적이 달성된다. 그토록 사력을 다해 뒤 밀었던 커다란 바윗덩어리는 산꼭대기에 올려진다. 이제 시지프는 흐르는 땀을 씻기 위해 바윗덩어리에서 양손을 뗀다. 그 순간! 순식간에 그 바윗덩어리는 끝없는 하계로 굴러 떨어진다! 다시 그는 하늘이 무너지는 듯한 절망감을 가지고 저는 다리를 이끌어 돌이 나둥그러져 있는 벌판으로 내려간다. 다시 시작될 고통이 있음에도 아니 그 고통의 끝이 어딘지도 알지 못한 채 그저 지옥의 고통 속에 내던져진 버림받은 존재로서 무익한 지옥의 노동을 시작한다. 지금도 시지프는 그 지옥의 형법을 계속하고 있다.

47) 하나님께서는 인간을 죄악의 형법 속에 그대로 내버려두심으로 포기(hand over/give up) 해버리신다는 사실이다. 그러므로 인류는 죄와 불의에 대하여 더 이상 변명의 여지가 없게 된다.

적으로 순결치 못한 것(sexual impurity)을 가리킨다. 그리하여 인간인 육체 속에서 일어나는 정욕으로 그들의 몸을 서로 욕되게 한다.[48] 인류 역사상 인간타락의 극치는 성도덕의 문란과 성적 쾌락의 무분별한 추구에서 찾을 수 있다. 그러나 하나님께서는 남·여의 성적 질서에 대해서 동성애에 반대하는 그 분명한 뜻을 태초부터 분명하게 보여주셨다.[49]

(2) "부끄러운 욕심에 내어 버려두사"(26절)란 구절에서 '부끄러운 욕심'이란 수치스런 정욕과 비정상적인 성관계 곧 동성애를 가리킨다. 그리하여 순리대로 쓸 것을 역리로 바꾸어 여자는 여자끼리(레즈비언), 남자는 남자끼리(게이) 정욕을 불태우며 부끄러운 일들을 자행하게 되었다. 오늘날 동성애가 유발하는 에이즈는 천형이라고 불릴 만큼 심각한 지경에 이르지 않았는가?[50]

(3) "상실한 마음에 내어 버려두사"(28절)란 구절에서 '상실한 마음'이란 동성애로 타락하고 부패한 마음(deprave mind)을 가리킨다. 그리하여 마땅히 해야 할 일을 하지 않고 합당치 못한 일들, 즉 29-31절에 열거된 21가지를 저지르게 되었다. 열거된 21가지의 부패상들을 살펴보면 하나님의 신성함이나 신적인 외경은 전혀 찾아볼 수 없다. 미국 사람 욕설을 들어보면, 하나님과 예수의 이름을 망령되이 부르며 욕설에 섞어 쓰지 않는가?[51]

하나님의 진노와 그 진노의 결과는 인간을 동성애의 억만 죄악 가운데 그

---

48) "사랑하는 자들아 나그네와 행인 같은 너희를 권하노니 영혼을 거슬러 싸우는 육체의 정욕을 제어하라"(벧전 2:11).

49) "이러므로 남자가 부모를 떠나 그 아내와 연합하여 둘이 한 몸을 이룰 지로다"(창 2:24). "하나님의 뜻은 이것이니 너희의 거룩함이라 곧 음란을 버리고 각각 거룩함과 존귀함으로 자기의 아내 취할 줄을 알고 하나님을 모르는 이방인과 같이 색욕을 좇지 말라"(살전 4:3-5).

50) "저희의 그릇됨에 상당한 보응을 그 자신에 받았느니라"(롬 1:27b). "음행을 피하라 사람이 범하는 죄마다 몸 밖에 있거니와 음행하는 자는 자기 몸에게 죄를 범하느니라"(고전 6:18).

51) "한번 비췸을 얻고 하늘의 은사를 맛보고 성령에 참예한바 되고 하나님의 선한 말씀과 내세의 능력을 맛보고 타락한 자들은 다시 새롭게 하여 회개케 할 수 없나니 이는 자기가 하나님의 아들을 다시 십자가에 못 박아 현저히 욕을 보임이라"(히 6:4-6).

대로 내어버려 두시는 것으로 나타난다. 오죽하면 하나님께서 내버려두시겠는가? 하나님께서 인간을 그냥 '내어버려' 두심으로 동성애의 쾌락이 삼킨 인간의 죄악 된 상황은 더욱더 혼돈(chaos)으로 가중된다.[52] 우리의 심령이 하나님께 버린바 되는 지경까지 무감각해져서는 안 된다. 우리의 불의와 범법에 대하여 하나님의 채찍이 나타날 때 더 이상 지체하거나 늦추지 말자. 동성애에 대한 하나님의 진노는 우리를 영영 파멸시켜 버리는 것이 아니라, 우리를 회개시켜 구원하게 하는 양약이다.[53]

어둠이 강해서 빛이 약해지는 것이 아니다. 오히려 빛이 약하기 때문에 어둠이 강해 보이는 것이다. 이제 우리는 신구약성경이 우상숭배라고 강력하게 경고하는 동성애에 관해서 분명한 문제의식을 느끼고, 어떤 방향으로 훈련받고 이 문제에 대처하기 위해서 어떤 노력을 해야 하는지 분명해졌다. 예를 들면, 2017년 10월 10일, 293개로 구성된 "동성애 동성혼 개헌반대 국민연합"(이하 동반연)은 오전에는 여의도에 있는 국회에서, 오후에는 세종시에 있는 교육부 앞에서 성교육 표준안에 동성애 옹호 교육을 포함시키려는 개정시도를 반대하며, 현행 성교육 표준안 내용을 적극 지지한다는 집회를 가졌다. 또이를 지지하는 국민들의 뜻을 모은 82,413장의 서명서도 교육부에 제출하였

---

52) 만일 우리가 자신의 불의와 범죄에 대해서 스스로 깨닫고 회개하게 되면 그때는 별 문제가 없다. 그러나 우리의 끝없는 범죄와 불의에 대하여 더 이상 하나님의 진노의 채찍이 없다면, 혹시 우리가 하나님께로부터 '내어버려진 자'가 아닌지 두려워해야 할 것이다. 원래 인간은 하나님께서 지으신 피조물이다. 그러므로 인간은 창조주 하나님을 주님으로 인식하고, 사랑하고, 존경하고, 신뢰해야 옳다. 그러나 인간은 이것을 거부하고 스스로의 마음속에 하나님 두기를 싫어하고, 하나님 자리에 자기 자신을 세우는 교만이라는 근본적인 죄(hubris)를 저질렀다. 만일 우리가 내 마음속에 하나님께서 드실 자리를 비워드리지 않는다면, 하나님께서는 결코 내 속에 들어오시겠다고 강요하시지 않는다. 인간이 굳이 하나님을 거부하고 자신이 주인노릇 하겠다고 선언하면, 하나님께서는 그냥 인간으로 하여금 주인노릇을 하도록 내버려두신다. 바로 이것이 하나님의 심판이요 진노이다. 왜 인간은 그것을 심판으로 여기지 못하는 것인가? "믿지 아니하는 자는 하나님의 독생자의 이름을 믿지 아니하므로 벌써 심판을 받은 것이니라"(요 3:18b).

53) 다음의 구절들이 이러한 사실을 더욱 확실하게 보여주고 있다. "그런즉 사랑하는 자들아 이 약속을 가진 우리가 하나님을 두려워하는 가운데서 거룩함을 온전히 이루어 육과 영의 온갖 더러운 것에서 자신을 깨끗게 하자"(고후 7:1). "주를 향하여 이 소망을 가진 자마다 그의 깨끗하심과 같이 자기를 깨끗하게 하느니라"(요일 3:3). "너희가 전에는 어두움이더니 이제는 주안에서 빛이라 빛의 자녀들처럼 행하라 빛의 열매는 모든 착함과 의로움과 진실함에 있느니라"(엡 5:8-9).

다.54) 이렇게 반동성애 문제에 관해 일반인도 관심을 기울이는 상황에서, 신학교가 동성애 문제에 관심을 가져야 하는 이유는 동성애자들에 대한 선교와 치유와 목회적 관심 때문이다.

9) 요한계시록 9장

동성애를 우상숭배와 연결 짓는 일관된 성경의 증언은 요한계시록 9장 20-21절에서도 확인된다. 이 내용을 확인하기 위해서 요한계시록 9장 전체에 관한 이해가 먼저 있어야 한다. 요한계시록을 해석하는 일을 아무나 하면 안 된다. 잘못하면 이단이 되기 때문이다. 그런데 필자가 장신대에서 새벽기도회를 따라 주어진 이 본문을 가지고 설교를 하자마자 발칵 뒤집혔다. 동성애를 지지하는 세력들이 곧바로 징계청원을 위한 댓글 공세를 즉각적으로 진행했기 때문이다. 사실 동성애를 지지하는 세력들은 시민연대와 사회단체들과 합

---

54) 지난 2015년에 교육부에 의해 만들어진 〈성교육 표준안〉에 대하여 일부 시민단체와 문재인 정부가 이를 개정하려고 하는데, 그 문제점이 속속 드러나고 있다. 문제점을 살펴보면, 10대 여성도 성을 즐길 수 있는 '프리섹스 이데올로기'를 주장하고 있다는 점, 다양한 가족형태를 인정함으로 동성애와 동성혼을 조장한다는 점, 학교에서 다양한 성, 즉 동성애와 트랜스젠더 등을 가르치려는 점, 그리고 청소년들에게 자유로운 성관계를 권장하는 교육을 하라는 점 등이다. 왜 정부 쪽에서 이러한 편향되고, 왜곡된 '성교육'을 주장하고 있는 것인가?

자라나는 청소년들에게 '성'을 통한 '성 정치,' '프리섹스 이데올로기,' '동성애 조장' 등을 담아서 중고등학교에서 가르칠 〈성교육 표준안〉에 들어가게 해서는 절대 안 된다. 현 〈성교육 표준안〉을 폐지를 주장하는 단체들은 17,000여 장의 서명을 받아 교육부에 접수한 바 있다. 과연 이들이 청소년들의 바른 미래와 그들의 참다운 인격과 인권을 위한 행동을 하는 것인지, 아니면 성 정체성 확립도 되지 않은 우리 청소년들을 그럴싸한 유혹으로 '성 정치'의 희생물로 삼으려 하는지는 곧 밝혀질 것이다. 이런 과격 단체들의 주장대로 했을 때, 과연 우리 청소년들에게는 어떤 영향이 가게 될까?

청소년들은 기성세대가 바른 교육을 통하여 그들을 보호해야 한다. 그런데 청소년들에게 국가 차원에서, 바른 성교육의 목적으로 표준안을 만든 것조차, 자신들의 기준과 목적을 이루기 위하여 고치라고 압력을 넣는 것은 매우 부당한 처사이며, 국가 미래를 위해서도 절대 있어서는 안 되는 일이다. 학교는 청소년들의 성적 욕구 충족 방법과 배출을 가르치는 곳이 아니라, 성이 가진 아름다움과 남녀의 바른 역할을 가르쳐 건강하고 정상적인 가정을 이루도록 교육하는 곳이 되어야 한다.

이에 대하여 교육부와 여성가족부는 덩달아 분별력을 상실하지 말고, 차분하게 우리 청소년들의 미래를 생각하는 정부 차원의 자제력을 갖게 되기를 바란다. 그리고 교육부는 〈성교육 표준안〉을 견지하고, 오히려 청소년들의 미래를 위해 미비한 부분이 있다면 이를 바로잡아 지켜나가기를 바란다. 우리 청소년들은 교육을 통하여 성의 아름다움을 배우고, 순결을 지킬 권리도 가지고 있다. 정치인들은 자신들의 정치적 야욕을 위해, 아직 보호받아야 할 청소년들을 수단으로 이용하며, 아름다운 성을 문란한 나락으로 끌어내리는 부끄러움을 범하지 말아야 한다. 〈성교육 표준안〉을 반대하는 이들의 논점은 성 가

세하여 이단의 세력 못지않게 강력하게 반발한다. 그래서 이미 한국의 두 개의 교단에서 동성애를 이단으로 규정한 바도 있다.

이 본문도 제대로 해석하기가 어려운 본문이다. 더구나 2018년 부활절에 프란치스코 교황이 지옥은 존재하지 않으며, 참회하지 않는 영혼은 소멸할 뿐이라는 견해를 밝혔다. 심각한 이단적 발언에 로마 천주교가 발칵 뒤집혔다.

요한계시록에도 지옥이 안 나온다. 대신에 새 하늘과 새 땅이 나온다. 왜 요한계시록에는 지옥의 장면이 없을까? 그곳은 아무 희망이 없는 곳이기 때문이다. 그러므로 지옥이 없다는 발언을 한 로마 교황청도 아무 희망이 없다. 오직 절망만 있다. 하지만 지상에서의 심판은 희망이 있다. 이곳은 회개와 돌이킴을 통해 다시 출발할 수 있기 때문이다. 그것은 심판 시리즈인 9장과 16장 사이에 10-14장이 삽입된 이유이기도 하다. 10-14장은 복음 전파가 중요한 주제이다. 심판만 있다면 돌이킴이 있을 수 없다.

바울이 "그들이 믿지 아니하는 이를 어찌 부르리요 듣지도 못한 이를 어찌 믿으리요 전파하는 자가 없이 어찌 들으리요"(롬 10:14)라는 말씀 그대로 복음 전도에 힘쓰고 10장부터 시작되는 전도에 관한 말씀을 통하여 새로운 도전이 시작될 수 있어야 한다. 복음 전도는 하나님의 무서운 심판을 알리는 천사들의 나팔소리와 같다. 누가 요한계시록을 가지고 전도설교를 할까?

9장에 들어가 다섯째 나팔을 분다. 하늘에서 떨어진 별 하나가 열쇠를 받아 무저갱을 연다. 무저갱은 지옥이 아니다. 좋은 천사는 하늘에서 내려오지 떨어지지 않는다(계 10:1; 18:1; 20:1). 하늘에서 떨어지는 것은 사악한 존재다.

치관을 확립시키는 교육보다는 피임교육을 강조하고, 청소년의 성에 대한 절제를 중시하기보다는 성관계를 할 권리를 주장하는 동시에, 청소년의 낙태를 권리로 가르쳐야 한다고 하며, 아직까지 사회적 합의도 이루어지지 않은 동성애를 표준안에 넣지 않았다고 비난하는 등 학생들의 미래를 생각하는 교육적 지적이 아닌 개방적인 성을 가르치는 편향적인 목소리이다.

〈성교육 표준안〉은 '올바른 성행동은 올바른 성태도와 성의식에서 나온다.'라는 취지 아래 학생들이 자기 신체를 이해하고 건강하게 성장할 수 있도록 돕고, 이성뿐만 아니라 타인과의 관계에서 필요한 기본적인 대화와 배려의 기술을 배우며, 책임성이 뒤따르는 건강한 성행동과 성윤리를 함양하여 성인으로서 미래에 가정을 이루고 궁극적으로 인간으로서 행복한 생활을 영위할 수 있도록 돕는 내용을 담고 있다.

예수께서는 너희가 별처럼 사탄이 떨어지는 것을 볼 것이라고 말씀하셨다(눅 10:17-20). 무저갱, 접두어 알파 부정사를 수반하는 *아–뷔쏘스*는 깊이(*뷔또스*)가 없는(*아*) 곳이란 뜻이다. 즉, 바닥이 없는 곳이 무저갱이다. 즉 당시의 하늘 땅 지하라는 삼층적 우주관에 의하면, 지하의 숨겨진 공간이다. 그러므로 무저갱은 지옥이 아니라 마귀가 갇혀 있는 곳이다(눅 8:31; 1 *Enoch* 18-21; *Jub.* 10:7). 누가복음 8:31에서 군대 마귀는 예수께 무저갱에 보내지 말기를 간청한 적도 있다.

요한계시록에서는 하나님께서 무저갱에 갇혀 있던 마귀적인 존재를 잠깐 풀어놓으신다. 이로써 자연계를 보호하기 위해 힘을 제한시켰던 사단의 세력이 (요한계시록 심판 시리즈 중에서) 처음으로 풀려난다. 그 파괴력은 대단하다. 심판의 강도가 급격히 늘어난다. 본문에서 무저갱에서 풀려난 마귀적 존재는 황충이다. 그리고 이 황충을 지배하는 군대의 왕은 무저갱의 사자다. 다음의 표와 같이 이 황충은 출애굽 당시에 10가지의 재앙으로 메뚜기–독종–개구리에 해당된다. 이 점에서 9장의 황충은 출애굽기의 10가지 재앙에서 3개에 해당할 정도로 강력한 것들이다. 그 강력한 황충은 9장에서 끝나지 않고 16장에서 독한 헌데와 개구리영으로 반복된다.

황충 (9:1-11)	출10:12-20(메뚜기)	독한 헌데 (16:2)
	출9:8-12 (독종)	
	출8:2-6(개구리)	개구리영 (16:12-16)

문재인 정부 시절에 국가인권위원회가 활동하면서 독한 헌데와 개구리영에 사로잡힌 사람들로 인해서 한국교회가 심각한 위협에 직면하게 되었고, 장신대 공동체 안에서도 동성애 문제와 세습반대 문제가 심각하였다. 더구나 한국교회에는 이슬람의 공격이 심각한 지경에 이르렀다. 이러한 문제들이 황충과 같이 독한 헌데와 개구리영으로 둔갑하여 우리를 괴롭힌다. 황충은 히브리어로 아바돈이고 헬라어로 아볼루온이다(계 9:11). 그 이름은 각각 멸망과 파괴자란 뜻이다.

무엇을 멸망시키고 파괴하는 자들인가? 예레미야에는 '나팔'을 불어 나라들을 모아 군대를 만들어 바벨론을 공격하게 할 것이라 하는데 '사람을 메뚜기같이 가득하게'하고, '극성스런 메뚜기같이 그 말들을 몰리라'고 한다(렘 51:27, 14). 이것이 요한계시록의 나팔 심판에 나오는 황충 군대의 심판에 배경이 되는 구절이다. 그렇다면 이 군대의 멸망 대상은 바벨론과 같은 세상의 나라이다. 그러나 이 군대는 모든 것을 파괴하는 권세를 받지 않는다. 땅의 풀과 푸른 것과 각종 수목과 같은 자연을 해하면 안 되고, 이마에 하나님의 인을 맞지 않은 사람만, 즉 바벨론 곧 세상에 속한 자들만 해할 수 있다. 그리고 이러한 군대는 해를 입혀도 죽일 수는 없고, 다섯 달만 고통을 줄 뿐이다(7:4-5). 그리고 그 고통은 죽고 싶으나 죽지는 못할 정도의 극심한 고통이 될 것이다(9:6). 그러나 이것들과 비슷하면서도 보다 더 극심한 심판은 그다음에 오는 여섯째 나팔 심판이다. 큰 강 유브라데에 결박된 네 천사가 풀리는데 이들은 사람 삼분의 일을 죽이기로 준비된 자들이다(9:15). 황충 군대는 5개월 동안 극심한 고통만 줄 수 있었지만, 여섯째 나팔이 불 때 오는 마병대는 죽음까지 줄 수 있는 권세를 받았다. 그리고 그 (아마도 그 네 천사가 이끄는) 마병대의 숫자는 이만만 즉 2억이나 될 정도로 어마어마하다(9:16). 오늘날 이만만의 군대를 보유한 나라는 없다.

이 구절은 영적인 메시지를 강렬하게 전한다. 이 점에서 황충 군대나 이만만(2억)의 마병대 모두 마귀적인 모습을 하고 있다. 황충들은 전쟁을 위한 말 같은데 머리에 금관 같은 것을 썼고 얼굴은 사람 얼굴 같고 머리털은 여자의 머리털 같다. 철 호심경 같은 갑옷(=가슴을 보호하는 구리조각)이 있고, 날갯소리는 병거와 많은 말들이 전쟁터로 달리는 소리 같다. 또 전갈과 같은 꼬리와 쏘는 살이 있다(9:7-10). 이만만의 마병대의 말탄 자는 불빛, 자주빛, 유황빛 호심경으로 무장하고, 말들 머리는 사자 머리 같고, 그 입에서는 불과 연기와 유황이 나온다. 꼬리는 뱀 같은데, 꼬리에 머리가 있어 그것으로 해를 가한다(9:17, 19). 오늘 우리가 여기서 듣는 메시지는 이런 무시무시한 모습의 마귀적 존재에 의해서 장신공동체와 한국교회가 큰 해를 당하고 눈에 보이지 않는 대량학살을 당하고 있다는 사실이다. 이런 무시무시한 재앙에도 죽지 않고 살아남아서 우상에게 절하고 음행을 일삼는 이들에 대해서 20-21절은 다음과 같이 언급한다.

이 재앙에 죽지 않고 남은 사람들은 그 손으로 행하는 일을 회개치 아니하고 오히려 여러 귀신과 또는 보거나 듣거나 다니거나 하지 못하는 금, 은, 동과 목석의 우상에게 절하고 또 그 살인과 복술과 음행과 도적질을 회개치 아니하더라

특히 20절은 이 재앙이 닥쳤는데도 죽지 않고 살아남은 자들이 회개하기는커녕 도리어 귀신을 섬기고 보거나 듣거나 다니거나 하지 못하는 우상을 금, 은, 동, 목석으로 만들어서 숭배하는 일을 경고한다. 그리고 21절은 이어서 이런 우상숭배가 음행으로 연결되는 것을 경고한다. 이는 동성애가 우상숭배로 이어지는 것임을 강력하게 경고하는 일관된 신약성경 가르침에 근거한 교훈을 주고 있는 구절이라는 점에서 중요하다.

이 장의 결론을 앞둔 부분에서 청중들은 독한 헌데와 개구리영이 무엇인지를 개인적으로 기도하면서 회개하고 깨닫게 되기를 간절히 바란다. 첫째, 장신대가 독한 헌데와 개구리영으로 가득한 동성애 성소수자와 세습반대에서 속히 벗어나 땅에 속한 문제가 아니라 본연의 사명인 하나님의 나라와 복음 전파에 매진할 수 있도록. 둘째, 황충과 같은 북한의 3대 세습 김일성 김정일 김정은 독재정권이 복음의 능력으로 무너지고 다시 한번 대한민국에 자유민주주의의 전기가 마련될 수 있도록. 셋째, 이 땅의 교회가 총회의 잘못된 신사참배 결정으로 주기철과 같이 순교자가 흘린 피를 헛되지 않게 오직 그리스도만을 높이고, 성령 충만하여 하나님께서 기뻐하시는 섬김과 사랑의 공동체로 빠르게 회복될 수 있도록.[55]

---

55) 2018년 4월 11일 장신대 새벽기도회에서 행한 이 설교에 대하여 장신대 신대원 2학년에 재학 중인 이훈희는 당일 새벽기도회 설교를 듣지 않고 다른 누군가가 와전해 준 말을 듣고 즉각적으로 장신대 일반

4. 결론

　　하나님의 종들을 양성하는 영적 사관학교인 신학교가 이 시대의 풍조에 대항하여 성경의 가르침으로 돌아가려는 자정능력을 잃어버리면, 더 이상 본연의 모습이나 신령한 영향력을 상실한 채 비록 성명서를 내고 촛불 기도회를 하지만 결코 세상을 살리지 못하고 끌려가는 신세로 전락하고 말 것이다. 이 장은 신약성경학자가 편히 살고자만 한다면, 결코 다루고 싶지 않은 내용이다. 그러나 루터는 1500년 동안 지속돼 온 로마 천주교의 부패한 권력에 맞서 종교개혁의 기치를 들었다. 그가 성경의 가르침에 근거하여 당시 당연시되던 로마 천주교와 교황주의에 맞서서 담대하게 개혁교회의 기치를 들었던 것이다. 이 점에서 본 장은 한국사회에서 거대한 이념과 사회적 이슈로 다가온 세습 문제와 동성애 문제를 차례로 다루면서 성경적 대답을 찾아보고자 했다.

게시판에 글을 올려서 필자의 새벽설교를 혐오발언으로 규정하고 징계를 요청하였다. 이어서 12일 오전에 필자의 연구실에다 "황충" "혐오"라는 스티커와 해괴하고 혐오스러운 그림을 붙이면서 전혀 사실무근의 날조된 주장으로 필자의 교권을 침해하고 무고하게도 명예를 훼손하는 일을 계속 이어가고 있다. 급기야 5월 17일에 금주섭 WCC 선교분과 총무가 설교하는 장신대 채플 시간 내내 무지개 옷을 입고 무지개 깃발을 날리고 예배위원도 아닌데 단상을 점거하고 무지개 깃발 아래 8명이 단체사진을 찍어서 자신들의 알림방에 올리는 사태에까지 이르게 되었다. 서구에서도 신성한 장소인 교회나 예배당 안에서 이런 신성모독적인 데모를 하는 때는 없다. 그런데 장신대 학생들이 이렇게까지 동성애를 지지하고 커밍아웃하는 문란한 데모를 예배가 진행되는 중에 표현의 자유를 빙자하여 파란을 일으킨 일에 대하여 사과하기는커녕 이어서 103명의 학생이 실명으로 성명을 발표하고 그 직후에 인터넷 뉴스에 고스란히 게재하는 상황이 연출되었다. 이런 상황은 다음에 인용된 2018년 6월 2일자의 뉴스 파워 기사를 통하여 확인할 수 있다. 문제는 이런 학교의 보도자료가 과연 동성애를 지지하는 학생들에 대해 일관된 지도를 하는 것인지 의구심을 갖게 한다는 데 문제의 소지가 많다: 장로회신학대학교(이하 장신대, 총장 임성빈)는 최근 일부 교계 언론이 보도한 소위 "징계반대청원" 문건과 관련된 보도에 대해 깊은 우려를 나타내고 정확히 보도해 주라고 당부했다. 장신대는 "본 문건은 학생들이 교내용으로 동료 학생들에 대한 견해를 밝힌 것인데, 내부 문건을 공개적으로 더구나 해당 서명자들의 사전 동의 없이 보도한 것은 학생을 지도하고 보호할 학교의 교권이 침해되는 엄중한 처사"라고 밝혔다. "동문회" 명의의 무단도용에 대해서는 "본 문건에 일부 졸업생 등 동문이 참여한 것은 사실이나, 어디까지나 개인적인 참여이지 동문회 공식 입장이나 공식 조치와는 아무런 상관이 없다."라며 "동문회 명의를 더 이상 부당하게 사용하지 않도록 당부드린다."라고 밝혔다. 학생들의 "뉴스앤조이 기사에 대한 정정보도 요구"에 대해서는 "급기야 장신대의 대학 총학생회와 신학대학원 신학과 학우회가 해당 기사에 대하여 정정보도를 요구하는 내용을 2018년 6월 1일자로 장신대 홈페이지 공지사항에 올리게 되었다."라며 정정보도 내용을 밝혔다. 장신대는 "2018년 5월 31일, 뉴스앤조이를 통해 보도된 "장신대 동문들 '무지개 깃발 든 학생들 조사는

첫째 세습 문제이다. 이제 명성교회는 겨우 43년 된 신생교회인데, 세간에는 무슨 부패한 권력인 양 난리를 치고 순진한 성도들을 외면하고 장신대현총장인 김운용이 신대원장 재일 시절에 그 교회 앞에서까지 학생 시위대를 이끌고 가서 데모하는 모습은 어떻게 평가해야 할까? 이런 상황 속에서 감사하게도 2023년 초에 대법원은 명성교회에 대한 이들의 항고를 기각시켰다. 이로써 김하나는 명성교회가 지난 43년 동안 걸어오면서 세운 공과를 하나님의 명령과 뜻만을 중시하여 잘해온 일은 계승하고 잘못한 일은 명명백백하게 바로잡는 하나님의 사역을 성공적으로 수행할 수 있게 되었다. 바울이 그리스도를 만난 후에 모든 것을 분토와 같이 버린 것처럼, 후임목사는 이후로 계승된 모든 인위적인 권한을 다 버리고 사람의 아들 곧 인자로 오신 예수처럼 십자가를 지는 종으로서 오직 본인의 영적 깨달음과 하나님께서 위로부터 주시는 기도의 능력을 의지해야 한다. 또한 후임목사는 무조건적인 하나님의 은혜에 감격하여 맨주먹으로 교회를 개척하는 이 땅의 모든 개척교회 목사의 심정으로 전적으로 기도와 성령 충만을 통하여 밑바닥부터 섬기는 자세로 십자가를 지는 고난의 종이 되겠다고 다짐하고, 항상 낮은 자세로 매일같이 거듭나는 목회자가 되기를 바란다.

둘째 동성애 문제이다. 과연 하나님 한 분만을 섬기기보다 다른 것을 더소중하게 생각하는 한국사회에 만연된 동성애와 우상숭배의 풍토에서 하나님의 명령에만 굳게 서서 오직 주님의 몸 되시고 성령께서 거하시는 전이며 거룩한 교회인 내 몸을 올바르게 유지할 수 있을까? 아직도 20세기의 불치병이

〈폭력〉 기사에 관한 내용의 정정을 요구했다."라며 "이 기자에 의해 작성된 이 기사는 장신대 출신의 한 동문이 제보한 내용이다. 이 기사에는 첨부된 성명서에 서명한 학생들의 이름이 나열되어 있었다. 현재는 사라진 상태"라고 밝혔다. 장신대는 "그러나 기사와는 달리 서명자들의 명단은 첨부된 성명서에 관한 내용 지지의 서명이 아닌 '무지개 깃발 든 학생들 조사'에 대한 징계반대청원임을 알려드린다."라며 "기사 내용의 정정을 요구한다."라고 밝혔다. 장신대는 특히 "신대원 재학생은 '동성애를 옹호, 지지하지 않으며 혐오와 차별도 하지 않는다.'라는 총회의 입장에 항명한 것이 아니며, 동성애와 관련된 총회와 학교의 지침을 그대로 따르고 있음을 밝힌다."라고 밝혔다. 장신대는 "사실과 다른 보도로 인해 신학교육과 학생들이 자칫 큰 어려움에 부닥칠 수도 있다."라며 "교계 언론과 관계 기관들이 위의 상황을 정확히 파악한 후, 향후 보도에 유의해 줄 것을 간곡히 당부드린다."라고 밝혔다.

라 불리는 에이즈로 인해 금세기 들어 가장 뚜렷하게 사람들로부터 경계 받고 소외된 집단 중 하나가 동성애자들이므로 우리는 선교와 치유와 목회의 대상으로서 그들의 문제에 관심을 가져야 한다. 동성애자들도 사람이다. 하나님께서는 그들도 사랑하신다. 본질적으로 동성애자들이 하나님의 사랑에서 완전히 제외될 수는 없다. 여전히 그들에게 하나님의 긍휼과 자비가 남아 있으므로 우리는 그들도 회복되고 치유될 수 있도록 그리스도의 사랑으로 감싸주어야 한다.

성경학자로서 다룬 이 어려운 두 가지 주제와 관련하여 조심스럽게 다음과 같은 제언을 하였다.

우선적으로 부목사가 해당 교회의 위임목사로 취임하는 것을 금지한 법과 마찬가지로 세습방지법은 성경적인 가르침에 근거한 법 규정이 아니기에 철회해 주기를 제108회 통합교단의 총회에 헌의하였다.

다음으로 통합교단의 제108회 총회에서 성경적인 가르침을 따라서 만장일치로 결의한 반동성애에 관한 내용을 존중하여 교단 산하 7개 신학대학이 조속하게 동성애 반대에 관한 신학교육에 임할 수 있기를 촉구하였다.

마지막으로 성경적 목회 계승에 눈과 귀를 막음으로써 스스로 무지한 목사와 신학생으로 전락하여 세습방지법을 고수하는 이들은 회개하고 하나님의 말씀에 귀를 기울여서 목사직의 계승을 성경적 가르침으로 옹호하고, 무지개 깃발을 장신대 채플에서 휘두르고도 모교에 대해 민사소송까지 제기하면서 무직 학교까지 만들어서 활동하며 끝까지 회개할 줄을 모르는 신학생은 겸손히 하나님 앞에 단독자로 서야 한다.

VI. 장로회신학대학교 사이버강좌의 중요성[1]

1. 서론

　　장로회신학대학교에서 사이버강좌가 최초로 이루어진 것은 2003학년도 1학기였다. 이는 창학 100년이라는 뜻깊은 해를 보낸 후에 앞으로 다가오는 새로운 100년을 준비하고자 장로회신학대학교가 시범적으로 시대의 흐름을 따라서 운영한 강좌였다. 이러한 시범적인 사이버강좌에 〈공관복음〉(소기천 교수)이 채택되었다. 이 사이버강좌 모두는 매우 차별화된 시범강좌였다. 사이버강좌는 새로운 콘텐츠를 개발하여 인터넷상에서 강좌를 진행해야 하는 만큼 막대한 예산과 인원, 그리고 준비시간이 소요되었다. 다행히 콘텐츠 개발은 미디어 엑스퍼트(Media Expert) 회사를 선임하여 첨단 장비와 기술적인 부분에서 많은 도움을 받았지만, 사이버강좌와 편집에 들어간 담당 교수와 직원, 그리고 조교의 노고는 참으로 많았다. 그렇지만 사이버강좌를 실행하기로 교수회의가 결정한 이후에, 불과 6개월 만에 해당 학기의 학과목들을 가르치면서 동시에 밤낮으로 동영상을 포함한 각종 데이터를 준비한 정성스러운 결과 때문에, 돌아오는 새 학기에 때를 맞추어서 두 개의 인터넷강좌를 동시에 개설할

---

[1] 이 장은 "장로회신학대학교의 사이버 강좌의 중요성에 관한 연구"(제1회 교수학습법 논문발표회, 장신대 민들레의 영토, 2005년 9월 21일)를 수정 보완한 것이다.

수 있었던 것은 전적으로 모든 이의 헌신적인 노력의 결과였다.

　　이 장은 이제 막 시작된 장로회신학대학교의 사이버강좌의 중요성에 관한 연구이다. 이 장은 향후 장로회신학대학교에서 전개될 사이버강좌를 통한 신학교육을 활성화하기 위한 평가 자료를 제안하기 위해, 제일 처음에 시범적으로 수행한 〈공관복음〉이라는 사이버강좌에 관한 설문조사를 바탕으로 수행되었다.

　　이 장은 시범적 강좌인 〈공관복음〉이라는 사이버강좌를 토대로 수업내용 소개와 학생들의 설문조사를 바탕으로 평가를 겸한 내용을 정리하는 것으로 연구를 진행해 나간다. 장로회신학대학교에서 시범적으로 시행된 인터넷 강좌를 평가하기 위해 학기말에 사이버상에서 제공된 설문지는 〈공관복음〉과목에 관해서 동시에 질문하는 내용이었기 때문에, 본 연구는 경우에 따라서 필자가 담당한 〈공관복음〉에 초점을 맞추기도 하였다.

　　이 연구를 통해 장로회신학대학교에 사이버강좌가 필요하다는 것을 여러 교수에게 알리고, 학내외에 사이버강좌의 기대치를 높여서, 장차 장로회신학대학교에서 사이버대학과 같은 가상공간의 수업이 활성화되어 동문들과 관심이 있는 사람들은 누구든지 장로회신학대학교 사이버강좌를 수강하도록 하는데, 일조를 할 것으로 기대한다.

2. 〈공관복음〉 사이버강좌 개요

1) 샘플

　　사이버강좌가 온라인상에서 성공을 거둘 수 있는 아주 적합한 요소로 동영상과 강좌목차와 강좌내용이 함께 어우러진 콘텐츠의 개발이 무엇보다도 중요하다. 아래의 샘플은 이와 같은 요소를 잘 갖춘 콘텐츠를 개발함으로써, 시범적으로 개설된 장로회신학대학교의 사이버강좌의 최고 수준을 보여주고 있다. 우선 동영상을 촬영하기에 앞서서 치밀한 강좌준비가 선행되어야 한다.

동영상의 촬영은 강좌준비가 완료되는 대로 촬영 기사와 약속을 한 후에 한 번에 2-3개의 강좌를 우선 녹화하는 것으로 계속되었다. 그리고 촬영된 강좌는 편집을 거쳐서 사이버상에서 독자들에게 편리함을 주기 위한 강좌내용과 강좌목차와 병행하여 동영상이 전개되는 순서에 맞추어서 자동으로 진행되도록 파워포인트 작업을 하였다. 아래의 샘플은 필자가 시범적으로 수행한 사이버강좌인 〈공관복음〉의 한 부분이다.

왼쪽 위에 있는 필자의 사진이 동영상강좌로 준비된 것이다. 이 동영상은 촬영기사의 도움을 받아서 약 25분을 기준으로 강좌가 촬영되었다. 강좌내용은 사전에 치밀하게 준비되었는데, 필자가 촬영기사와 약속을 하여 주중에 2-3회 분량의 동영상을 촬영해 나갔다. 왼쪽 아래에 동영상강좌를 일목요연하게 따라갈 수 있는 강좌목차가 나와 있다. 각각의 강좌목차를 클릭하면 곧바로 강좌내용의 동영상과 강좌 슬라이드를 통해서 확인할 수 있다. 오른쪽에 있는 강좌 슬라이드는 다채로운 사진과 그림, 도표, 그리고 강좌요약 등으로 구성이 되어 있어서, 수강하는 학생들의 흥미와 관심을 끌어들이기에, 충분한 방식이다. 강좌 슬라이드 밑에 있는 화살표를 좌우로 움직이면, 전후에 있는 강좌내용들이 나타난다. 이를 통해서 학생들은 언제든지 반복적으로 수업내용을 확인할 수가 있다. 또 동영상화면 대신에 수업내용만을 집중해서 따라가고 싶은 학생들은 강좌 슬라이드를 크게 키워서, 동영상 목소리로 진행되는 강좌내용을 들으면서 중점적으로 공부할 수 있는 편리함도 갖추고 있다. 매회의 강좌가 계속되어 나감에 따라서 각각의 강좌 슬라이드는 저마다 독립적인 디자인과 배경 그림을 가지고 있기 때문에, 수강하는 학생들이 지루해하지 않고 모든 강좌를 효과적으로 따라갈 수 있도록 배려하였다.

2) 목차

〈공관복음〉의 사이버강좌 목차는 총 30개의 강좌로 준비되어 있다. 한 개의 강좌에 해당하는 동영상의 총 시간은 약 25분 정도를 기준으로 강좌내용이 준비되어 있다. 강좌목차는 다양한 내용을 토대로 하고 있는데, 단순한 강좌는 사이버강좌를 수강하는 학생들에게 단조로움과 지루함을 줄 수 있으므로, 다양한 도표와 사진, 그림, 그리고 동영상자료를 활용한 입체적인 강좌방식으로 진행된다.

제1주

01. 공관복음서란 무엇인가?(What is the Synoptic?)

　　왜 복음서는 여러 개인가?

　　1. 공관복음이란?

　　2. 공통내용비율

　　3. 마태복음

　　4. 마가복음

　　5. 누가복음

02. 구전전승과 문서전승(Oral Tradition and Written Tradition)

　　1. 구전전승 가설의 공관복음서 문제설명 가능성에 대하여

　　2. 도마전승과 예수전승

　　3. 지혜전승

　　4. '구약성경'의 문제

3. 마태복음 3-11장의 순서

4. Q 공동체에서 마태 공동체로

제3주

07. 공관복음서와 누가-사도행전에 나타난 유대인 선교와 이방인 선교
(The Jewish Mission and the Gentile Mission in the Synoptic and Luke-Acts)

1. 공관복음서

2. 누가-사도행전의 구원사

08. 신약성경의 보편구원(The Universal Salvation in the New Testament)

1. 예비적인 고찰

2. 사도 바울

3. 요한복음

4. 누가복음-사도행전

5. 하나님의 보편구원

09. 역사적 예수연구(A Study of the Historical Jesus)

1. 예수에 관한 탐구

2. '옛 탐구'

3. 두 번째 탐구

4. 예수연구에 대한 회의주의와 '새로운 탐구'

5. '제3의 탐구'

제4주

10. 예수전승과 마가복음(Jesus Tradition and the Gospel of Mark)

1. 마가복음서 기자의 신학과 예수전승

2. 마가복음 전승궤도의 정리

3. 마가의 극적인 이야기

1. 기적이란?

2. 기적의 연구사

3. 마태복음 8-9장

4. 마가복음에 나타난 기적

5. 기적의 핵심

6. 예수 당시의 문화적 배경에서 본 기적들

7. 예수의 권능의 행위들

제6주

16. 묵시문학과 종말론(Apocalyptic Literature and Eschatology)

1. 묵시문학이란?

2. 묵시문학의 세 가지 표상

3. 묵시문학의 발전동기

4. 예언문학과 묵시문학

5. 종말론과 하나님의 나라

17. 예수의 탄생(The Birth of Jesus)

1. 아기 예수의 탄생

2. 예수 탄생의 비밀을 깨달은 마리아

3. 마태복음과 누가복음의 공통적인 내용

4. 수난전승에 나타난 예수의 생애 순서

5. 누가복음과 사도행전의 서론

6. 예수와 메시아적 사명

18. 예수의 어린 시절(The Childhood of Jesus)

1. 소년 예수의 가정형편

2. 유월절에서 생긴 일

3. 바 미쯔바

3. 사이버강좌 설문분석

2003-1학기 대학부에 개설된 〈공관복음〉(소기천 교수)을 수강한 학생들에게 의뢰한 사이버강좌에 대한 설문조사의 결과이다. 수강 학생은 공관복음-63명으로 이 중에서 49명이 답해 온 설문을 각각의 항목으로 나누어서 수치로 환산한 결과이다. 설문지에 대한 학생들의 응답은 직접 인터넷상에서 이루어졌는데, 시범적인 강좌이기 때문에 설문조사에 대한 강제 조항을 두지 않은 가운데 학기 말에 모두 바쁜 상황에서 학생들의 참여가 자발적으로 이루어졌는데, 공통으로 물은 설문에 참여한 학생들의 비율이 70.6%로 나타난다.

1) 설문 응답자의 학과

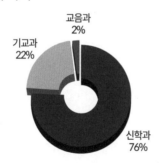

사이버강좌를 수강한 학생들은 대부분 신학과 학생이 많았다. 그 이유는 처음으로 개설된 두 과목이 모두 신학과 학생들을 위해 마련된 전공과목이었기 때문이다. 그러나 22%의 적지 않은 수의 기독교교육과 학생들도 수강하였는데, 이는 그들이 신학 과목들에 관한 관심을 지대하게 가지고 있다는 사실을 보여준다. 특히 교회음악과에서 수강한 학생들도 2%가 된다는 사실은 그들이 신학대학원 진학을 고려하고 있는 학생들로 추정된다는 점에서 아주 고무적이다. 이는 비록 이번에 개설된 사이버강좌가 신학과의 전공과목이었음에도, 기독교교육과 학생들과 교회음악과 학생들의 24%가 수강을 한 것은 그만큼 온라인강좌에 관한 학생들의 관심이 컸다는 사실을 보여준다.

2) 설문 응답자의 학년

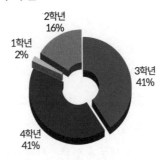

수강 학생들의 분포도를 보면 3학년과 4학년이 각각 41%에 해당한다. 이는 처음으로 개설된 사이버강좌가 전공학생들이 선호하는 과목들이라는 사실과 대체로 3학년부터 전공과목을 수강하는 사례에 비추어 볼 때, 매우 좋은 현상이라고 평가할 수 있다. 3학년과 4학년의 수강 비율이 같다는 사실은 전공과목에 관한 학우들의 관심이 이미 3학년 학생들의 경우에 4학년 학생들에게 절대 뒤지지 않는다는 점을 보여준다. 2학년의 경우에 16%의 학생들이 수강한 경우는 전공과목에 대한 학우들의 관심이 일찍부터 높다는 사실을 보여준다. 특히 1학년 학생들도 2%가 수강한 것은 이 과목들이 일반적인 신학대학 학생들의 관심 사항이라는 사실을 알게 해준다. 대체로 3학년과 4학년의 수강 학생들이 82%가 된다는 사실은 이 두 과목이 1-2학년보다는 전공이 시작되는 3-4학년인 상급학생들에게 좀 더 맞는다는 사실을 확인시켜주고 있다.

3) 사이버강좌 수강 신청동기

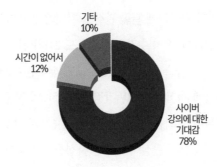

사이버강좌를 수강 신청한 학생들은 처음으로 개설된 사이버강좌에 대한 강한 기대감으로 신청한 학생들이 78%로 가장 많았다. 시간이 없어서 수강한 학생들도 12%의 상황에 해당한다. 또한 3학점 수업으로 진행되는 기존강좌 수업은 3시간이지만, 사이버강좌는 주중 언제라도 편한 시간에 1시간 남짓한 시간만 수강하면 수업 시간이 완료된다. 이런 시간적인 이유로 사이버강좌를 신청한 학생들도 상당수 된다. 기타 10%에 해당하는 학생들은 사이버강좌에 대한 호기심과 어느 것에서든지 컴퓨터만 있으면 공부할 수 있는 편리함으로 수강한 경우가 많았다. 요즈음은 무선 인터넷이 교내외에서 다각적으로 활용이 되기 때문에, 그만큼 사이버강좌는 학생들에게 쉽게 호감을 주는 과목으로 다가서게 될 줄로 기대된다.

4) 사이버강좌에서 가장 좋았던 점(단위: 명)

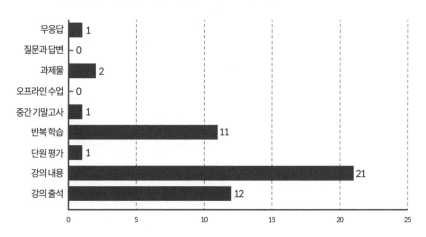

시범적으로 시행된 사이버강좌의 내용이 어떠한 평가를 받을지 사실상 염려가 많이 되었던 부분이었지만, 학생들은 모두 사이버강좌가 기존강좌 수업의 강좌와 별다를 바 없다고 평가했다. 이는 강좌 출석을 체크하는 방식에 있어서, 인터넷 강좌일지라도 기존 강좌 수업과 마찬가지로 엄격한 통제하에 수업이 이루어졌다는 사실을 입증해 주었다는 점에서 고무적이다. 강좌출석은 해당 사이버강좌를 처음 클릭하는 순간이 가장 중요한데, 최초로 클릭하여 25분짜리 사이버강좌를 시작했으면 중간에 불가피한 사정이 생겼다고 해서 강좌를 중단해서는 안 된다. 집중해서 강좌를 듣고 단원평가(Quiz)까지 성실하게 마쳐야 한다. 그렇게 하지 않고 중간에 강좌를 중단하거나 혹은 사이버강좌를 그냥 켜놓은 채로 다른 일을 하다 보면, 강좌시간이 종료된 후에 단원평가(Quiz)를 성공적으로 마무리할 수 없도록 프로그램이 되어 있다. 이 점을 학기 초에 수강 학생들이 모인 오프라인 수업 시간에 충분히 설명해 주어서 불이익을 당하는 일이 없도록 해야 한다.

수강 학생들은 사이버 공간에서 강좌를 듣기 때문에, 때로는 눈가림으로 수업에 임할 수 있다. 그러나 이번에 실시된 사이버강좌는 엄격하게 출석이 체크되고 정해진 강좌를 온라인상에서 확인하는 강좌 평가 시스템인 단원평가(Quiz)를 동시에 운영하였기 때문에 수강 학생들에게서 효과적인 수업 결과를 기대할 수 있었다.

사이버강좌에서 강좌내용이 가장 좋았다고 평가한 학생들의 말을 들어보면, 기존수업에서 각종 행사 때문에 수업량이 적었는데, 온라인 강좌에서는 그런 문제가 없고 밀도 있는 강좌가 계속되기 때문에 체계적으로 들을 수 있어서 좋았다고 말했다.

사이버강좌에서는 정해진 1주일 이내에만 강좌를 수강하면 되기 때문에 어느 곳에서든지 편리한 시간에 사이버강좌를 듣는 점이 좋았다고 평한 학생도 많다. 이는 지나간 강좌를 해당학기 내에 언제라도 반복청취가 가능하므로, 반복학습효과가 학생들에게 유리한 영향을 끼친 것으로 파악된다.

5) 사이버강좌에서 가장 싫었던 점(단위: 명)

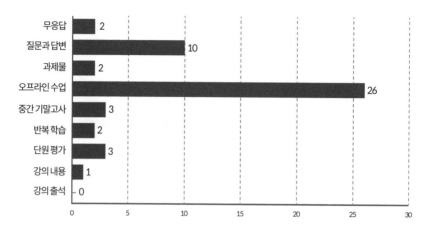

학생들이 사이버강좌에서 가장 싫은 것을 '오프라인수업'으로 뽑은 것은 그들이 기대하기에는, 사이버강좌이기 때문에 온라인상으로만 이루어질 것으로 생각했는데, 오프라인 강좌시간이 있다는 것이 불편하다고 생각한 것 같다. 하지만 나중의 설문을 보면, 오프라인 수업에 대해서는 사이버강좌에 대한 단점을 극복할 수 있는 대안으로 제시하는 학생들이 많았다.

실제로 온라인상에서 학생들의 수업에 대한 성실성을 파악하기란 어려운 일이다. 온라인수업을 켜놓고 딴청을 피우게 되면 학습효과에 아무 소용이 없게 되고, 더 나아가서 온라인강좌 자체가 실패하게 된다. 그래서 마련된 것이 보완장치인 단원평가(Quiz) 형식인데, 간단한 질문과 답변을 통해서 충실한 수강이행을 확인하게 하는 시스템이 좋았다고 답한 학생들이 많았다.

질문과 답변인 단원평가(Quiz) 형식이 싫었다고 답한 학생의 경우에는 아마도 학생들의 학습에 관한 질문이 곧바로 답변이 안 되고 온라인상에서 강좌에 관한 토론이 쉽게 이루어지지 않아서 그렇게 대답한 것으로 파악된다. 그리고 단원평가(Quiz)가 애당초 컴퓨터에 입력된 단어만을 정답으로 간주하기 때문에, 학생들이 답을 낸 비슷한 안에 대해서 정답으로 처리하지 않는 경우가 많았다. 이 문제를 해결하기 위해서 학기 초에 오프라인으로 모이는 강좌 오리엔테이션 시간에 미리 수강 학생들에게 단원평가 답안 작성을 위해서 강좌 슬라이드에 있는 단어를 가급적 그대로 답안으로 사용할 것을 사전에 교육해야 한다.

6) 사이버강좌에서 보완해야 할 사항

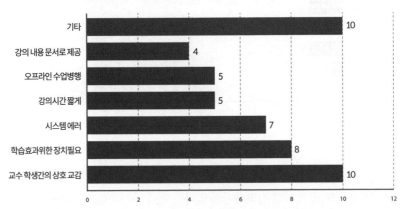

사이버강좌의 가장 취약한 점은 교수와 학생 간의 대화가 없다는 점이다. 많은 학생이 온라인상에서만 이루어지는 강좌이기 때문에 교수의 일방적인 강좌만을 들어야 하므로 이를 극복할 수 있는 대안이 필요하다고 대답했다. 이와 관련되어서는 오프라인 수업을 병행해야 한다는 의견도 많았다.

또한 사이버강좌의 출석은 컴퓨터를 켜서 정해진 시간 동안만 있게 되면 학습자가 학습을 진짜로 했는지 아닌지와는 상관없이 출석인정이 되기 때문에 이를 보완할 수 있는 제도를 요구하기도 했다. 이와 관련하여 출석을 체크하는 컴퓨터가 정확히 계산하지 못해서 출석했는데도 체크가 안 되는 사항들을 점검하고 개선해 주기를 희망했다. 이러한 경우를 분석해 보니, 대체로 학생들의 컴퓨터가 사이버강좌의 메인 컴퓨터 시간과 일치하지 않아서, 특정 요일(학기 초에 사이버강좌가 개설되는 요일)의 자정을 기준으로 새로운 한 주간의 강좌를 개시하는 시점에 많은 학생이 몰려서 마지막까지 수강을 미루면서 공부를 하다가 생긴 문제라고 여겨진다. 이는 미리미리 공부하는 습관이 중요하다는 사실을 사이버강좌도 여실히 증명한다.

사이버강좌 시간이 내용과 사안에 따라서 다소 길어진 경우가 있었는데, 몇 개의 강좌시간이 약간 길어져서 온라인상에서 지루하다는 의견이 있었다. 그래서 온라인 교육을 담당하는 여러 전문가가 25분 정도가 한 강좌에 적절한 시간이라고 자문해 왔다. 다시 말해서 어느 강좌든지 정해진 시간을 예상하고 과목을 수강한 학생들이 따분함을 느끼기 전에 강좌를 마치는 것이 효과적이라는 평가이다.

강좌내용을 문서로 제공해 달라고 하는 요청이 있었다. 이는 사이버강좌에서 온라인에서만 강좌가 이루어지고 따로 남는 것이 없어서 학생들이 책자로도 공부할 수 있도록 온라인상에서 이루어지는 내용을 문서로 받을 수 있게 해달라는 요구였다. 이러한 요구에 부응하여, 나중에 개설된 과목인 〈마태복음〉은 장로회신학대학교 출판부의 협조를 받아 온라인강좌 전체 내용을 《마태복음의 사이버 세계》라는 단행본으로 출판하기도 하였다.

7) 사이버강좌로 듣고 싶은 과목

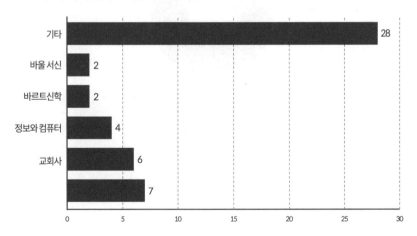

사이버강좌로 가장 듣고 싶은 과목으로는 고전어가 1순위였다. 언어의 경우 반복학습이 가장 중요하기 때문에 이에 대한 사이버강좌의 효율성이 맞

아떨어지기 때문이었던 것으로 파악된다. 히브리어와 헬라어 이외에도 독일어와 영어에 관한 요청도 있었다. 교회사 과목도 듣고 싶다고 답한 학생도 많았는데, 학생들은 언어와 마찬가지로 주로 암기 위주의 수업에 대해 사이버강좌 형식으로 듣기를 희망했다.

학생들이 사이버강좌로 요청한 기타 과목을 살펴보면, 모든 과목이 이에 해당한다고 볼 수 있다. 이는 학생들의 요구가 그만큼 다양하다는 점이다. 사이버강좌가 학생들의 다양한 욕구를 충족시키는 수단이라면, 굳이 최소 과목으로 한정시킬 필요가 없다는 열린 생각을 학생들이 개진한 것이다. 이러한 결과를 중시할 때, 많은 다른 전공교수들의 사이버강좌 참여가 요청된다.

8) 동영상강좌방식에 대한 만족도(단위: 명)

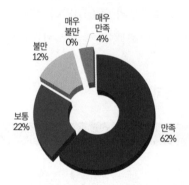

2003-2학기부터는 사이버강좌의 방식이 새롭게 바뀌었기 때문에(WEB에 근거하여 사용자가 클릭하면서 진행해 나가는 방식), 위의 설문분석은 처음 시범적으로 시행된 동영상 중심의 사이버강좌 방식에 대한 만족도를 조사한 것이다. 이 시스템은 단지 동영상 자료뿐만 아니라, 각종 통계자료와 도표를 포함한 강좌내용을 파워포인트로 처리하여, 아주 효과적인 교육을 유도한다는 점에서 비록 사이버상이지만 수강 학생들의 집중력과 관심을 끌 수 있는 아주 좋은 방식이다. 현재 계속되고 있는 장로회신학대학교의 사이버강좌는 이 두 가지를 병행해서 사용하고 있으므로, 새롭게 사이버강좌를 개설하는 교수들이 자신의 수

업에 효과적인 방식을 선택하여 사용할 수 있는 제도로 정착되어 있어서 그만큼 선택의 범위와 학습효과가 다양화되었다.

〈공관복음〉에 대해서 수강학생들의 대부분은 만족하고 있는 것으로 드러났고, 동영상강좌는 일방적인 주입식이기 때문에, 학생들은 사이버상에서 좀 더 이점을 살릴 수 있는 미디어 자료들(사진과 동영상)을 많이 활용해 줄 것을 요구했다.

9) 사이버강좌에 대한 전체만족도(단위: 명)

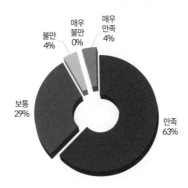

2003-1학기 동안 이루어진 대학부 사이버 강좌에 대한 전체적인 만족도는 전반적으로 만족스러운 것으로 나타났다. 거의 70%가 만족을 표시했고, 무난하다는 평도 29% 정도 나타났기 때문이다.

이런 정도의 만족도라면, 아직 사이버강좌를 개설하지 않은 교수들도 학생들을 위한 질 좋은 교육을 위해 관심을 가져야 한다. 교수들이 온라인강좌를 위해 준비하는 일이 많지만, 사이버강좌 하나를 미리 만들어 놓으면 학기 중에 조교의 도움을 받아서 학생들의 수업진행을 사이버상에서 관리하는 일만 하면 된다. 앞으로 사이버강좌는 장로회신학대학교 학생들에게만 국한하여 수강제한을 할 것이 아니라, 사이버상에서 수강을 희망하는 모든 사람에게 개방해야 한다. 그러기 위해서는 먼저 많은 교수가 사이버강좌를 개설하여 온라인상에 다양한 학과목을 축적해 놓을 때, 가까운 미래에 장로회신학대학교의 사이버대학이 순조롭게 출발하게 될 줄로 기대된다.

4. 사이버강좌 설문지

사이버강좌 평가 설문지

안녕하세요?
한 학기 동안 사이버강좌를 수강하여 주신 것에 대해 깊이 감사드립니다. 학교로서는 처음 시도한 것이었고, 학생 여러분으로서도 모험이었을 것입니다. 학기를 큰 어려움 없이 마감하며, 다시 한 번 열심히 수강하여 주신 학생 여러분께 감사드립니다.
사이버강좌는 2학기에도 신대원생을 대상으로 계속 진행이 되고, 앞으로도 계속 정책적으로 육성될 것입니다. 이를 위하여 한 학기 동안 학생 여러분의 사이버강좌에 대한 의견을 듣고 싶습니다. 수고스러우시겠지만 다음의 항목에 답을 하여 주시면 다음 학기의 사이버강좌에 많은 도움이 되겠습니다. 이 자료는 사이버강좌 운용부서에서 다음 학기 사이버강좌를 준비하는 데에 큰 도움이 될 것입니다. 특별히 설문에 응해주신 여러분께는 선별하여 여덟 분에게 다음의 선물을 드립니다. 많은 응모바랍니다.

광마우스 1개 | 헤드세트 5개 | 디스켓 1박스 | 공 시디 1박스(10장)

1. 이름은 무엇입니까?(상품수령에 필요)

2. 무슨 학과이십니까?
  신학과   기독교교육과   교회음악학과

3. 몇 학년이십니까?
  1학년   2학년   3학년   4학년

4. 무슨 과목을 수강하셨습니까?
  공관복음   청소년설교론

5. 사이버 강좌를 신청하게 된 동기는 무엇입니까?

　　시간이 없어서　　　　　　　　　사이버강좌에 대한 기대감

　　기존강좌에 대한 불만족　　　　기타

6. 사이버 강좌에서 가장 좋았던 부분은 무엇입니까?

　　강좌출석　　　　강좌내용　　　　단원평가　　　반복학습

　　중간기말고사　　오프라인수업　　과제물　　　질문과 답변

7. 사이버 강좌에서 가장 안 좋았던 부분은 무엇입니까?

　　강좌출석　　　　강좌내용　　　　단원평가　　　반복학습

　　중간기말고사　　오프라인수업　　과제물　　　질문과 답변

8. 사이버강좌에 있어서 보완되어야 할 사항이 있다면?

9. 오프라인수업과 비교하여 사이버 강좌에 대한 전체적인 만족도?

　매우만족　　만족　　보통　　불만　　매우불만

10. 현재 사이버강좌는 동영상 위주의 강좌입니다. 강좌방식에 대해 어떻게 생각
　　하십니까?

　매우만족　　만족　　보통　　불만　　매우불만

11. 이 과목만큼은 꼭 사이버강좌로 듣고 싶다하는 과목이 있다면?

12. 이 교수님의 수업만큼은 꼭 사이버강좌로 듣고 싶다하는 교수님이 있다면?

13. 사이버 강좌 팀에게 꼭 하고 싶은 말을 써주십시오.

작성완료를 누르시면 설문조사는 끝이 납니다.

[접수되었습니다]라는 창이 뜨기까지 조금 시간이 걸릴 수 있습니다.

반드시 메시지를 확인하시고 창을 닫아주십시오.

5. 티칭팁(Teaching Tips)

사이버강좌는 기존의 강의실 수업과 여러 가지 면에서 차별성을 둔 새로운 시도이다. 물론 신학과목을 사이버상에서 진행하였다고 해서 강의실 수업과 비교할 때 그 전달내용이 본질적으로 차이가 나는 것은 아니지만, 학생들이 자기만의 시공간에서 강좌를 수강하기 때문에 기존의 강의실에서 얻을 수 없는 많은 결과와 새롭게 만나게 된다는 사실을 부인할 수 없다. 필자는 다음과 같이 몇 가지의 내용으로 이번 사이버강좌를 통해 발견하게 된 새로운 티칭팁을 정리하고자 한다.

1) 반복 학습의 효과

사이버강좌의 가장 눈에 띄는 점은 반복학습 효과를 높일 수 있다는 데 그 장점이 있다. 흔히 교육의 효과는 반복에 있다는 말을 자주한다. 그러나 기존의 강의실 수업을 교수가 반복적으로 수강 학생들에게 들려주기는 결코 쉬운 일이 아니다. 만일 반복 학습 효과를 염두에 두고서 교수가 강의 내용을 기존의 강의실에서 자주 반복한다면, 학생들은 그 강의에 지루함과 피곤함을 느끼게 될 것이다. 그러나 사이버강좌는 반복 수업의 개념부터가 다르다. 교수의 입장에서가 아니라, 수강하는 학생의 관점에서 강좌를 반복적으로 들을 수 있는 것이 사이버강좌의 장점이다. 물론 어떤 신학적 개념에 관해서 학생들이 교수의 반복적인 설명이 필요한 부분에서 기존 강의실 수업의 경우에 수강 학생들이 직접 교수에게 반복 설명을 요청할 수 있는 편리함이 있다. 그러나 그 경우에도 잔여 수업 시간이라든지 학생과 교수의 관계라든지 하는 여러 가지의 변수들이 작용하여 질문과 답변이 반복적으로 혹은 제대로 이루어지지 않는 경우가 많다. 더구나 수줍음이 많은 학생은 한 학기 내내 입을 꼭 다물고서 그냥 지나치는 경우가 많다. 사이버강좌는 이 점에서 어떠한 악조건도 극복할 수 있다. 수강 학생들이 완전히 강의 내용을 이해하고자 하는 동기유발만 있다면,

언제라도 반복적으로 사이버강좌를 들으면서 수업을 따라갈 수 있다.

사이버강좌가 수강 학생들에게 반복 교육을 줄 기회라고 인식된다면, 담당 교수는 이 점을 고려하여 좀 더 치밀한 강의 준비를 해야 한다. 교수는 사이버상에서 체계적으로 학습 개념과 내용을 전달하기 위해 효과적인 강의안 작성과 동영상 자료를 녹화해야 한다. 매 단위가 25분이라는 짧은 시간이지만, 수강 학생들은 스스로 필요하다고 판단할 때 얼마든지 횟수에 구애됨이 없이 사이버강좌를 반복한다는 사실을 담당 교수는 염두에 두어야 한다.

2) 오프라인 만남의 필요성

사이버강좌의 최대 약점은 교수와 학생이 직접 만날 수 없다는 데 있다. 이를 보완하기 위해서 사이버강좌가 보완해야 할 것이 오프라인상에서의 만남이다. 한 학기 내내 사이버상에서 강의가 계속되다 보니, 학생들의 궁금함이 날이 갈수록 쌓여 가고, 담당 교수도 학생들이 제대로 공부하는지 궁금한 경우가 많다. 물론 강의 출결 시스템과 강의 평가 및 리포트 보고 등과 같은 보안장치로 수강 학생들의 학습 내용과 성취도를 일목요연하게 확인할 수 있는 채널이 마련되어 있다. 그러나 여전히 사이버상의 만남만으로서는 불충분하다는 느낌을 교수와 수강 학생들이 모두 공감하고 있는 것이 사실이다. 이 문제를 해결하기 위해서 담당 교수는 수강 학생들과 오프라인상에서 자주 만나야 한다.

기존의 강의실 수업이 매주일 만나기 때문에 만남 자체가 한 학기 지속되는 동안에 퇴락해질 수 있지만, 사이버 강좌의 특수한 시스템으로 인해서 교수와 수강 학생들이 떨어져 지내다가 어느 기회를 만들어서 만나게 되면 그 자체가 새로운 학습의 기회가 된다. 물론 수강 학생들이 사이버상에서 혼자 공부하다가 오프라인상에서 담당 교수를 만나려고 할 때 부담스럽고 혹은 어색하다고 생각할 수 있지만, 실제로 만나게 된 후에 막상 학생들이 느끼는 기쁨은 수업 효과를 극대화할 수 있다는 점에서 긍정적이다. 오프라인상에서의 만남이 단순한 강의 내용에 국한된 것이 아니라, 개인적으로 학생들이 가진 궁금증도 풀어줄 수 있다는 점에서 오프라인 만남은 필요하다.

오프라인 만남에 관해서는 미리 수업 오리엔테이션 시간에 충분히 학생들에게 전달하는 것이 좋다. 담당 교수는 수강 학생들에게 한 학기 중에 반드시 한 번은 오프라인상에서 만나야 한다고 일러주어서, 학생들의 불필요한 오해와 불편한 심기를 건드리지 않아야 한다. 그리고 수강 학생들이나 혹은 담당 교수가 언제든지 필요하면 사이버상에 그 강좌를 위해 독립적으로 마련된 개인 이메일이나 쪽지 시스템을 활용하여 서로 시간을 정하여 오프라인상에서 만날 수 있다는 사실도 미리 공지해야 한다. 이 점에 관해서는 다음의 항목으로 다시 언급해 보기로 한다.

3) 개별 접촉의 장점

사이버강좌는 수강 학생들이 자신만의 시공간에서 교수의 강의를 코앞에 놓고 직접 수강한다는 점에서 지극히 개인적인 수업이다. 그런데 넓은 강의실에서 교수의 얼굴도 잘 구분되지 않은 강의를 접했던 학생들은 사이버 강의로 좀 더 교수와 가까워질 수 있는 기회를 가졌다고 말하는 경우가 많았다. 더구나 사이버강좌를 위해 독립적으로 고안된 이메일 시스템을 통해서 수강 학생들이 직접 담당 교수에게 질문을 던지고 보충설명을 요구하는 경우가 많았는데, 이것이 개별접촉을 통한 교육 효과를 극대화할 방법이다. 더구나 쪽지 시스템까지 잘 활용하면, 얼마든지 사이버강좌의 단점을 극복해 나갈 수 있다.

사이버 공간이 상호 간에 친밀한 교제의 공간이 될 수 있다는 사실을 잘 활용하면, 기존의 강의실에서 소외된 학생들을 사이버강좌를 통해서 교수의 교육 목적에 도달할 수 있도록 적극적으로 끌어낼 수 있다. 강의실 수업의 뒤편에 숨어 있던 학생들을 이메일과 쪽지 시스템을 다각적으로 활용한 개별 접촉이라는 수단을 통해서 적극적인 수업 참여를 유도해 낼 수 있다면, 사이버강좌는 또 하나의 실험이라는 차원을 넘어서 미래의 확실한 교육 수단이 된다고 정리할 수 있다.

6. 결론

무엇이든지 시작이 중요하다. 시범적으로 시작된 장로회신학대학교의 사이버강좌가 이제는 해를 거듭할수록 강좌개설에 참여하는 교수들이 점점 많아지고 있다. 학생들도 대체로 사이버강좌의 편리함과 시대의 흐름에 공감하면서 다양한 요구를 하고 수강하고 있다. 이제 어느 정도 정착된 사이버강좌는 장로회신학대학교의 사이버대학이라는 더 큰 틀을 향해서 앞으로 나아가고 있다. 많은 재정적 지원과 교수들의 헌신적인 참여로 시작된 사이버강좌가 지속적인 성공을 거두기 위해서는 수강하는 학생들의 성실한 수업참여가 그 무엇보다도 절실하다. 아무리 훌륭한 강좌라 할지라도 학생들이 외면한다면 그 강좌 자체는 아무런 의미가 없기 때문이다.

대학의 강좌는 결코 교수들이나 혹은 학생들 각자가 자기 자리를 지키는 것만으로는 성공을 거둘 수 없다. 서로 인격을 공유하고 친밀한 관계를 유지하는 것이 중요하다. 더욱이 장로회신학대학교는 하나님의 학교이다. 곧 하나님과 깊은 관계를 한시도 잊어서는 안 되는 학교이다. 교실 수업의 경우에, 매 시간 기도로 시작하고 기도로 마치는 것이 장로회신학대학교의 강좌방식이다. 또 교수는 수시로 수업 중에 학생들과 교제를 나눈다. 이 점에서 온라인 강좌는 분명히 한계가 있다. 그러므로 비록 온라인상에서 강좌가 계속될지라도, 수강 학생들은 먼저 하나님께 개인적으로 기도를 드린 후에 해당 강좌를 클릭해야 하고 또 교수들과 학생들은 빈번히 교정을 오가면서 만남을 자주 가져야 한다. 만남이 인격을 더욱더 배양시킨다는 사실을 모두 공감한다면, 어떻게 해서든지 온라인 강좌는 자주 오프라인상에서 기도하고 만나려는 노력을 계속하고, 반드시 기도와 만남을 병행해야 한다.

기도와 만남이 부족하다는 한계를 극복하기 위해서, 중간고사나 기말고

사는 온라인상으로 직접 제출한다고 할지라도, 독서보고용 리포트를 제출할 때 교수 연구실로 직접 제출하게 하는 것이 좋다. 해당 교수들이 번거롭지만, 학생들에게 약 1주일간의 기간을 충분히 주어서 정해진 시간에 그룹으로 만날 기회를 만드는 것도 하나의 해결 방법이다. 수강 학생들의 교제를 위해서 반드시 담당 교수는 사이버강좌를 진행해 나가면서 학생들을 몇 개의 그룹으로 나누어주고 그들의 대표를 정해주고 일정 기간에 만나게 한 후에 대표를 통해서 보고를 듣는 것도 아주 좋은 방법이다.

사이버강좌는 아직 모두에게 익숙하지 않은 교육방법이다. 그러나 지금 대부분의 학생이 가장 친숙하게 대하고 있는 것이 컴퓨터와 인터넷을 활용한 교육이라는 사실을 부인할 수 없다. 장로회신학대학교도 하나님의 학교라는 특수성을 가지고 있지만, 이 사회의 한복판에 자리를 잡는 한 결코 이 같은 추세를 비껴갈 수 없다. 이제 막대한 예산을 세우고 수많은 고급 인력을 동원하여 실시하고 있는 사이버강좌가 본궤도에 오르기 위해서는 장신공동체 모두의 사랑과 관심이 쏠려야 한다. 비록 사이버상에서 강좌가 진행된다고 할지라도, 학기가 계속되는 동안에 담당 교수와 학생, 수강 학생과 학생 사이에 폭 넓은 기도와 만남과 교제가 이루어져야 한다. 그리고 단순히 단원평가를 답하고 해당 사이버강좌를 마감하고 다른 강좌로 계속 진행해 나가는 것만으로 그치지 말고, 심화 학습을 위해서 토론의 기회를 자주 얻어야 한다. 이런 노력이 병행될 때, 사이버강좌는 기대한 것 이상으로 큰 효과를 거두게 된다.

성령께서 사이버 공간에도 충만하게 임대하실 때 온갖 음란물로 뒤덮인 사이버 세계도 하나님께서 다스리시는 아름다운 나라로 변화될 줄로 확신한다. 이 세상은 분명히 하나님이 창조하신 것이지만, 이에 반하여 사이버 세계는 인간의 작품 세계라고 말할 수 있다. 그러나 인간이 만든 사이버 세계가 지금 어떤 형편에 처해 있는가? 온갖 자살 사이트와 폭력과 음란물이 난무하는 무법천지로 변해가고 있다. 이러한 상황 속에서 우리는 비록 사이버 세계가 인간이 만든 세계이지만, 더 이상 인간만이 관여하게 해서는 안 된다. 거기에 놀라운 하나님의 기운이 닿게 해야 한다. 세계가 창조되기 이전에 혼돈과 공허가 가득했던 것처럼, 지금 사이버 세계도 혼돈과 공허가 판을 치고 있다. 그러므로 하나님의 새로운 창조의 능력이 사이버 공간에 임하게 해야 한다. 하나님의 능력의 영이신 성령의 은총이 사이버 공간에 충만하게 임재하도록 우리 모두 장로회신학대학교에서 실시하는 사이버강좌를 최대한으로 활용해야 한다. 인간의 과학 기술만 가득한 사이버 공간은 지금 말로 다 할 수 없을 정도로 타락되었다. 이제 하나님의 성령이 사이버 공간에 충만하게 거하게 될 때, 타락한 네티즌들이 다시 하나님의 치료하시는 손길로 인해서 새롭게 회복될 줄로 믿는다.

7. 부록: 학생들의 소감

1) 사이버강좌 로그인(신학과 2학년 김윤관)

처음으로 사이버강좌를 접하게 되었다. 강좌시간을 마음대로 조절하는 과정을 통해 어떠한 방법보다도 시간을 효율적으로 사용할 수 있다는 생각이 들었기 때문이다. 지정된 시간과 공간에서 교수님에게 직접 듣는 교실강좌보다 사이버강좌가 더 쉬울 것이라는 생각이 들었음도 사실이다. 나와 비슷한 생각을 가져서인지 여러 학생이 사이버강좌는 편의상 4학년 때 듣겠다고 말했었다. 사이버강좌 이미지가 시간을 절약하고 학점을 쉽게 얻을 수 있는 수업이라고 평가되고 있는 것 같다.

예상대로 시간과 장소에 구애받지 않고 수업을 들을 수 있었고, 집에서 들을 땐 조용해서 한곳에만 집중할 수 있었다. 무엇보다도 컨디션이 좋은 날 시간을 정해서 강좌를 들을 수 있다는 점이 마음에 들었으며, 강좌를 듣는 것에 그치는 것이 아니라, 퀴즈를 통해 복습을 할 수 있다는 점이 좋았다. 또한 사이버강좌의 특성상 수업 계획표와 어긋남 없이 진행된다는 점이 좋았다.

한 수업 당 일주일에 세 번의 강좌를 컴퓨터를 통해 꾸준히 듣는 것은 쉽지 않았다. 사이버강좌가 다른 강좌 못지않게 시간을 투자해야 하고 큰 노력이 필요하다고 말하고 싶다. 따라서 시간을 정해서 그 시간에 듣는 것이 바람직할 것이다. 강좌를 미루다가 한 번에 듣는다면, 집중력이 떨어지기 때문이다.

사이버강좌는 단지 시간과 장소에 구애 받지 않고 편하게 들을 수 있는 수업이기만 한 것은 아니다. 사이버강좌의 목적을 바로 알고 오프라인과는 다른 사이버강좌를 제대로 준비하고 들어야 사이버강좌에서만 얻을 수 있는 유익한 것을 발견해 낼 수 있을 것이다.

한편 사이버강좌를 준비하시는 교수님들께 부탁드리고 싶은 것은 학생들과 더 많은 교제의 시간을 가졌으면 하는 것이다. 학기 말에 면담과 실습이 있긴 하지만 더 많은 만남의 기회를 열어주신다면, 보다 가르침과 배움이 되지 않을까 생각한다. 또한 조별 실습 등 여러 가지 활동을 통해 학생들과 교류하는 시간과 발표, 토론, 실습, 조별활동 등의 다양한 경험을 할 수 있도록 배려해 주시는 것이 필요하다고 생각한다.

앞으로 사이버강좌가 더 활성화되어서 학문을 연마하는 학생들에게 더욱더 효율적이고 효과적으로 많은 지식과 배움을 전달할 수 있는 수단이 되었으면 하는 소망을 갖는다.

2) 사이버강좌? 나 자신과의 싸움!(기독교교육과 4학년 탁은정)

4학년 1학기. 마지막 학년이라는 생각에 마음이 너무 분주하고, 교생실습으로 시간의 여유가 없어서 사이버강좌를 신청했다. 처음에는 학교에 가지 않아도 되고, 내가 듣고 싶은 시간에 컴퓨터 앞에 앉아서 강좌를 들으며 교수님과 질문을 통해 서로의 생각을 공유할 수도 있겠다고 하는 좋은 느낌으로 시작하였다.

사이버강좌를 들어야 하는 기간이 정해져 있었다. 따라서 교생실습을 하면서 정해진 시간에 강좌를 듣는다는 것이 조금은 벅찼던 것으로 기억된다. 또한 사이버 공간을 활용하면 교수님과 학생들의 질문과 답변이 언제나 진행될 것이라는 생각이 들었다. 다른 학생의 질문과 교수님의 답변을 통해서도 더 많은 공부를 할 수 있을 것 같았다. 하지만 강좌의 주제와 관련된 질문을 하는 글들은 얼마 되지 않았고, 나 또한 질문을 하지 않고 수동적으로 강좌를 들었다. 조금 더 적극적으로 공부를 했으면 하는 아쉬움이 남는다.

한편 인터넷을 켜놓고 공부하기가 그리 쉽지만은 않은 것 같다. 사이버강좌는 나 자신과의 싸움이라고 할 정도로 컴퓨터를 켜면, 공부해야 함에도 왜 이리 할 일들이 많은지.... 인터넷이 연결되기만 하면, 여러 홈페이지 방문과 메일 확인, 많은 뉴스거리가 나를 부르고 있다. 이는 강좌에 집중하지 못하게 할 뿐만 아니라, 거의 듣지 못하게 할 수도 있다. 여러 가지 유혹에도 불구하고 꿋꿋이 강좌를 들어 단원평가를 끝까지 마치기가 참 어려운 것 같다. 나 또한 강좌를 켜 놓고 다른 곳을 방문한 적이 몇 번 있다. 이는 지금 생각해 보면 정말로 후회되는 일이다. 누구에게나 이런 유혹(?)은 있을 것 같다. 교수님이 주시는 강좌노트가 아닌 자신에게 맞는 강좌 요약 노트 만들어 보는 것이 이런 유혹을 이기며 혼자 공부하는 방법이 아닐까 하는 생각을 해 보았다.

사이버강좌를 들으면 서로 간의 얼굴과 얼굴을 대하는 만남이 없어서 아쉬워하는 학생과 교수님들이 계시겠지만, 이번 강좌를 진행해 주신 교수님께선 과제를 많이(?) 내주시고 제출하러 갈 때 개인적인 진로에 관한 대화를 이끌어 고민하는 나에게 많은 도움을 주셔서 강의실에서 교수님들을 뵙는 것 보다 더 깊은 관계를 형성할 수 있게 도와주셨다.

지금 생각해 보면 사이버강좌는 개인적인 열심이 없어서 아쉬움이 많이 남는 강좌다. 또 한 번 사이버강좌를 만난다면 좀 더 적극적으로 참여하고, 함께하는 강좌를 만들고 싶다. 후회함이 없는 강좌로 기억될 수 있게.

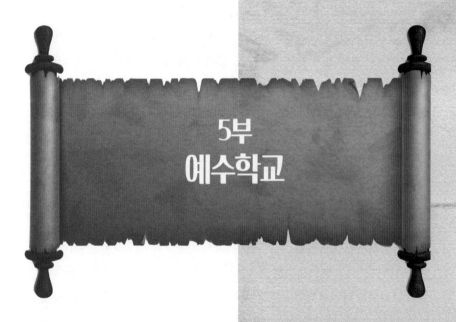

5부
예수학교

I. 이론과 실천을 통합하는 신학교육[1]

로빈 길(소기천 역)

　　비교적 동질적인 공동체 안에서 신학이란, 공동체적 종교실천이라는 상황 속에서 같은 신앙을 공유하는 다른 사람들을 위해 이루어지는 신앙인들의 학문적 활동이라고 전형적으로 이해되고 있다. 중세유럽의 스콜라 신학은 이러한 방식으로 이해될 수 있을 것이다. 안셀름이 신학을 '이해를 추구하는 신앙'이라고 한 유명한 묘사는, 그의 독자들에게 있어서 '신앙'과 '종교'와 '가톨릭교'가 모두 동일하다고 하는 사회적 상황 속에서 쓰인 것이다. 오늘날 전통적인 이슬람 사회에서 이러한 이해가 신학을 이해하는 데 여전히 우세하게 나타나고 있는데, 그러한 이해는 많은 정통 유대인과 전통적 천주교와 동방정교, 그리고 개신교 근본주의자들의 공동체 안에도 남아 있다.

　　지난 150년 동안 근대적 형태의 신학적 학문을 도입한 이래로, 특히 서구사회에서 대학에 근거를 두었던 신학에서, 신앙과 종교적 실천과 신학 사이의 관계성은 점점 더 모호해져 왔다. 우리가 21세기로 진입해 들어가는 시점에, 서구의 대학 안에서 신학을 연구하고 혹은 가르치는 모든 것이 같은 신앙을 공유한다거나 공통의 종교적 실천 패턴을 공유하는 것이라고 더 이상 가정할 수 없게 되었다. 다양화가 동질성을 대체시켜 버렸다. 이로써 대학의 학문

---

[1] 이 장은 필자가 번역한 "21세기에 이론과 실천을 통합하는 신학교육(Robin Gill)," 《21세기의 신학교육》 (서울: 장로회신학대학교 출판부, 2002), 85-106을 수정 보완한 것이다.

영역에서 신학을 신앙 고백적으로 접근하는 것보다는 비교 분석적으로 접근하는 것이 여러 대조적인 신앙적 입장들과 종교적 실천들을 비평적으로 분석하는 것을 보증하고 있다. 이제 대학의 신학적 다원주의는 서구사회 전체의 문화적 다원주의를 전형적으로 반영해 주고 있다.

필자는 이 장에서 심지어 이러한 다원주의적 상황 속에서도 신앙과 실천의 역할이 사라지지 않는다는 사실을 논증하고자 한다. 그 점에서 필자는 서구에서 대학의 신학 안에 있는 신학교육의 다양한 영역에서 명백해지고 있는 신앙과 실천과 신학 사이의 복잡한 관계성을 주목하고자 한다. 물론 이것은 필자보다는 더 유능한 다른 사람이 판단해야 할 것이지만, 이러한 변화가 21세기를 맞이하여 한국의 신학교육 속에서도 일어날 것이라고 예상할 수 있다.

1. 조직신학

대학에서 비평적인 신학을 연구하는 사람들은 아주 대조적이면서 때때로 경쟁하는 전통들로부터 유래한 과거와 현대의 조직신학 작품을 만나게 될 것이다. 예를 들면, 그들은 마틴 루터 혹은 존 칼빈의 작품과 마찬가지로 토마스 아퀴나스의 작품들과도 친숙해질 필요가 있을 것이다. 다시 말하자면, 현대 세계에서 그들은 칼 바르트와 칼 라너를 모두 연구할 필요가 있을 것이다. 어떤 다른 예술이나 사회과학에 기초한 과목과 마찬가지로, 다른 사람의 경쟁적인 사고를 비평적으로 검토하지 않고 단 한 저자의 사고만을 연구하는 것은 대개 부적합하다고 인식되고 있다. 비교 분석적이며 비평적인 연구는 철학이나 사회학에 대하여와 마찬가지로 대학 안에서 조직신학에 대하여도 중요하다. 물론 이상의 세 과목은 개인의 신앙 고백적인 방식으로 가르쳐질 수 있다. 당대에 마르크스주의 사회학과 철학의 다양한 부류들이 이러한 방식으로 가르쳐졌다. 그러나 서구 대학에서 주도적인 접근방식은 개인의 신앙 고백적 교수방식에 찬물을 끼얹었거나 혹은 대안적인 신앙 고백적 근거들을 제시하는 교수방법을 통해서 제지되었다. 비평적이고 비교적 객관적인 접근방식이 채택되었든지 아니면 다양한 신앙 고백적 접근방식이 채택되었든지, 학생은 현대의 대학에서 의식적으로 다원주의적 과목에 불가피하게 직면하게 된다. 이것은 신앙과 조직신학 사이의 관계성에 대하여 다음과 같은 여러 가지 함의를 가지고 있다.

1) 조직신학은 사상사 혹은 지식사회학의 형태가 되어가고 있다. 신학에 대한 경쟁적인 이해를 병행함으로써, 조직신학은 신앙 교리에 관한 조직적 탐구보다는 오히려 신앙에 대한 경쟁적인 이해들을 비평적으로 비교 연구하는 것이 되어가고 있다. 참으로, 현대 대학에서 조직신학을 가르치는 사람들은 조직신학이라는 책을 거의 쓰지 않았거나, 쓰지 않을 것이다. 오히려 그들은 과거에 존재하였거나 현재에 존재하는 신학자들의 조직신학을 연구하는 전문가들이라고 말해야 할 것이다. 사상사적 접근이 여러 분야에서 (특히 철학에서) 그렇게 하듯이 그들은 그러한 사상들의 기원을 추적할 것이다. 혹은 지식사회학이 시도하듯이, 그들은 변화하는 사람들과 그리고 사회 전체의 변화 사이의 추가적인 연결고리들을 탐구할 것이다. 그렇지만 이들 양자의 접근 방식은 신앙을 비교 연구적이며 비평적인 상황… 즉, 다른 신앙을 자기의 신앙만큼 열심히 연구하는 상황 속에 두는 경향이 강하다.

2) 조직신학은 신앙 고백적 연구 형태보다는 비교 연구형태가 되어가고 있다. 비록 누군가 신앙과 종교적 실천에 대한 강한 사명감을 가지고 신학을 가르치고 연구한다고 할지라도 (물론 이런 사람이 많을 뿐이지, 전부 다 그런 것은 아니지만), 이 학문의 현대적 형태 자체가 신앙고백보다는 비평적 비교연구를 더 격려하고 있다. 만일 경쟁적인 신학 전통에서 온 사상이 현대 대학 안에서 학문적으로 연구된다면, 상당한 공감대를 가지고 접근할 필요가 있다. 만일 그 사상이 어떤 신앙 고백적 기반에서 너무 일찍 거부된다면 그 중요성은 간과되기

쉽다. 다양한 견해들을 주의 깊게 비교하는 것은 신학에 대한 단일-신앙 고백적이며 변증적인 접근방식에서는 마음 편치 않은 일이다.

3) 현대 학문 영역에서 신학을 연구하는 과정은 신앙에 관한 질문을 금기시하는 것을 어렵게 하고 있다. 그들의 신앙이 중대한 도전에 직면해 있다는 사실을 결코 들은 적이 없는 신자들과 그들의 신앙이 다원주의적이며 비평적인 학문의 영역 속에 놓여 있다는 사실을 알고 있는 신자들 사이에는 분명한 차이가 있다. 심지어 두 개의 신앙 내용이 같게 보이는 때에도, 이런 형편은 여전하다. 예를 들면, 이 두 개의 상황에서 온 사람들은 하나의 인격적인 신을 믿을 수 있다. 그렇지만 다원주의적 상황 속에 있는 사람들은 이러한 신앙이 여러 가지 이유로 많은 다른 사람들에 의해서 도전받고 있다는 사실을 인식하고 있다. 반면에 첫 번째 상황 속에 있는 사람들은 이러한 도전을 인식하지 못한다. 다원주의적 상황 속에 있는 사람들은 더 이상 신앙에 관한 질문을 금기시하지 않는다: 그들의 신앙은 사회 속에서 다른 사람들과 대조적으로 (그리고 때로는 그들을 반대하여) 주장된다.

신앙이 현대 학문의 영역에서 조직신학과 거의 관련이 없다고 상상하는 것은 잘못일 것이다. 우선 실제로 조직신학 책을 쓰는 사람들 가운데 많은 사람, 아니 대부분이 종교적 실천을 위한 어떤 특유한 공동체 안에서 분명한 신앙적 참여를 견지하고 있다. 그들이 그 신앙적 참여를 공유하든지 아니하든지, 신앙적인 참여를 이해하기 위하여 애쓰는 것이 어떤 특정한 조직신학을 연구하는 사람들의 의무인 것이 분명하다. 다시 말해서 조직신학을 연구하는 (모두는 아니지만) 많은 학생이 바로 그 '이해를 추구하는 신앙'이라는 감각을 가지고 있기 때문에 그 분야에로 들어오게 된다. 철학이나 사회과학을 연구하는 많은 학생이 그들의 과목에 개인적인 흥미를 갖는 것처럼, 조직신학을 연구하는 많은 학생도 그렇게 한다. 더구나 어떤 사람들은 성숙한 신앙이 비교연구와 비평적 평가를 해야 한다는 사실을 확신하기 때문에 조직신학을 하게 된다. 그러므로 조직신학은 그들에게 그들 자신의 신앙을 다른 사람들의 신앙과 비교하고 대조하게 하며, 그 과정에서 그들의 신앙을 세련시키고 미묘한 차이까지 알도록 한다.

2. 종교학

그 이상의 세련시키는 과정은 그들 자신의 신앙을 비기독교적 종교전통들과 비교하고 대조하려는 사람들에 의해서 가능해진다. 때때로 ('비교종교학'이라는 용어보다는) 비교신학이라는 용어가 사용되는데, 기독교 신학은 공통점과 차이점들을 지적하고 평가하려고 시도하는 가운데 더 광범위한 맥락, 말하자면 유대교 신학이나 이슬람 신학과의 맥락에서 보게 된다.

그러한 접근에 대한 비판이 없지는 않다. 칼 바르트를 따르는 어떤 사람들은 기독교는 '종교'가 아니라는 근거에서 그것을 배척할 것이다. 기독교 신앙의 유일성은 기독교를 소위 다른 '종교'와 비교하는 것이, 그것이 세속적인 신념이든 다른 세계종교들 중 하나이든, 항상 잘못된 것이라고 말한다. 이러한 이해에 있어서 기독교 신앙은 어느 것과도 비교할 수 없고, 그래서 비교를 위한 어떠한 시도도 불가피하게 심각한 왜곡을 불러올 수밖에 없다. 기독교 신앙은 인류에게 공통으로 공유된 어떤 종교 체험이나 예수 그리스도와 무관한 신 지식에 근거한 것이 아니라, 오로지 예수 그리스도 안에서 유일하게 알려진 하나님의 말씀에만 근거하고 있다.

반대로, 종교학이라는 학문 분야에 있는 어떤 사람들은 비교신학이 너무 신앙적이기 때문에 잘못되었다고 주장하고 있다. 그들은 종교학이 어떤 신앙적인 참여와 독립되어 있고 "가치중립적"이라는 점에서 비교신학과 다르다고 주장하고 있다. 그래서 어떤 형태로든 비교신학이나 전통적 신학은 주로 신앙고백적 용어로 관찰되고 있는 반면에, 종교학은 현상에 대해서 어떤 실존적 참여를 배제하고 종교적 현상을 묘사하고 분석하는 것에 관심을 기울이고 있는 초연하고 과학적인 학문으로 간주하고 있다. 바로 '비교종교'라는 용어보다는 '종교학'이라는 용어가 종종 이런 연유로 인해서 더 잘 쓰인다. 즉, '비교종교'라는 용어는 너무 가치지향적이고 편파적인 개념이라고 여겨지기 때문이다. 이러한 이해에서는 어떤 형태로든 신학은 특히 교회 안에서 목회하고자 하는 학생들을 훈련하는데 적합했지만, 종교학은 비신앙고백적 상황에서 교수가 되고자 훈련받는 학생들에게 더 적합한 학문이다. 혹, 이것을 다르게 표현하자면, 신학은 신앙을 증진하고 세련시키려는 목적이 있는 반면에, 종교학은 오히려 종교적 문제에 대하여 지식과 분별을 더욱 증진하려고 애쓴다. 그러므로 신학은 목회자에게 적합한 신앙적 학문 분야지만, 종교학은 외교관이나 공무원에게 적합하고 초연한 학문 분야이다.

이러한 두 가지 비판이 지금 서구 대학에서 전형적으로 가르치고 배우는 신학과 종교학 분야에 거의 들어맞지 않는다는 것을 보여주기는 어려운 일이 아니다. 그들은 그들 나름대로의 방법으로 신학과 종교학에 대하여 풍자하고 있다.

이미 위에서 요약적으로 진술된 조직신학에 대한 이해에 비추어볼 때, 그 두 번째의 비판에서 말하는 신학과 종교학 사이의 첨예한 대립을 주장하기는 어려운 일이다. 신학이 예외 없이 신앙을 공유하고 있는 사람들에게 신앙으로 가르쳐주는 신앙 고백적인 학문이라는 것은 서구의 대학에서는 단적으로 사실이 아니다. 심지어 주도적인 교단에서 안수받기 위하여 훈련하고 있는 많은 사람은 자신들이 개인적으로 동의하지 않는, 신학에 대한 좀 더 광범위한 접근 방법들을 공부하도록 요구받고 있다. 서구 대학에서 종교학을 연구하는 모든 사람이 아무런 선행하는 종교적 참여도 하고 있지 않으며 그들의 학과목에 대해서도 신앙적 방법보다는 학문적으로 초연한 방법으로 접근한다고 상상하는 것은 오해이다. 반대로, 많은 사람이 바로 그들의 실존적 흥미와 관심 때문에 종교학에 종사하게 되기 쉽다. 말하자면, 분명한 기독교적 신앙을 가지고 있는 사람들이 이러한 신앙적 참여를 기독교 밖의 종교적 전통들 안에 있는 사람들에게 이야기하기를 원할 것이라는 점은 매우 많이 있음직한 일이다. 유대교나 이슬람교의 몇몇 뛰어난 학자들 가운데 이와 유사한 이유로 기독교 신학을 연구하기로 한 사람들이 있다. 다른 종교적 전통들을 연구하고자 하는 열망은 스스로 자신의 특별한 전통에 대한 헌신을 배제하는 것이 아니다. 참으로 예술이나 음악에 관한 연구와 비교해 볼 때, 특정한 과목을 연구하는 사람들은 적어도 그 과목의 어떤 부분에 대하여 강한 애착이 있을 것이 기대될 수 있다. 오늘날 서구 대학에서 전형적으로 가르치고 배우는 바와 같이, 종교학은 실제로 종종 신앙과 비판적 초연성에 대한 매우 유사한 균형 감각을 가지고 있다.

기독교 신학이 어느 것과도 비긴 바가 없다는 교조적인 주장에 기초하였던 첫 번째 비평은 기독교 신학의 유대교와 천주교와 그리스정교적인 뿌리를 분석하는 데 관심을 기울여왔던 상당히 많은 학자를 무시하고 있다. 그것은 또한 기독교가 이슬람교와 가족관계를 가지고 있다는 사실과 코란경 자체가 예수 그리스도에 관한 신성한 전승들을 포함하고 있다는 사실을 무시하고 있다. 유대교와 기독교의 관계는 서구 대학에서 특히 주목받아 왔다. 부분적으로 이러한 연구는, 기독교의 어떤 형태는 역사적으로 반유대교적이었으며, 심지어 유대인 학살이라는 공포를 가능하게 하였던 유럽의 반셈족 문화에 이바지했다는 사실에 대한 점증하는 인식에 따라 자극됐다. 그것은 또한 상대방의 저작을 읽으며, 때때로 함께 가르치고 공부한 유대교와 기독교 신학자들에 의해서 고무되기도 하였다. 그러한 연구는 초기 기독교의 얼마나 많은 부분이 유대교로부터 유래되었으며, 오늘날까지도 얼마나 많은 신학적 가르침들을 공유하고 있는지 그 정도를 보여주고 있다.

또한 어떤 학자들은 초기 기독교가 지중해 세계로부터 더욱 광범위하게 얼마나 많은 개념을 빌려왔는지 그 정도를 연구하고 있다. 예를 들면, 신약학자 웨인 믹스(Wayne Meeks)는 바울이 주장한 덕목이 당대의 그리스-로마의 덕목과 공통점이 많다는 사실을 장황하게 주장하였다. 혹은 후대의 예를 들자면, 4세기의 아우구스티누스는 자신의 자연법과 정당한 전쟁 이론에 대한 이해를 의식적으로 키케로에게서 빌려왔다. 이와 마찬가지로, 후대에 아퀴나스도 자신의 조직신학을 기록하면서 아리스토텔레스에게서 새롭게 재발견된 개념들로부터 (아이러니칼하게도 아리스토텔레스는 이슬람 학자들에 의해 보존되었는데) 직접 빌려올 수 있었다.

이러한 사실 가운데 아무것도 기독교 신학의 독특성이나 유일성, 혹은 특별히 예수 그리스도에 관한 중심문제에 모순되지 않지만, 기독교 신학은 어느 것과도 비교할 수 없다는 주장에 대해서는 분명히 질문이 제기되는 것이다. 현대 학계의 이상과 같은 상당히 많은 연구에 근거하여 기독교 신앙이 기독교 밖에 있는 다른 유신론적 신앙형태와 분명한 관련성을 가지고 있다는 주장에 대한 확고한 근거가 있는 것 같다.

유신론적이 아닌 신앙 형태들은 어찌할 것인가? 또다시 신학자들은 이러한 질문에 대해서 의견이 나누어진다. 한스 퀑(Hans Küng)과 같은 학자는 국제 평화와 환경과 같은 세계적 쟁점들에 대해서 많은 다른 종교적 신앙형태들 ―그것이 유신론적이든 아니든― 사이에 접촉점들이 있다는 사실과 그러한 쟁점들이 우리에게 이러한 접촉점들을 인정할 필요를 긴박하게 요구한다고 주장하고 있다. 그러나 다른 학자들은 '종교적 신앙'을 포괄적으로 정의하려는 시도가 사실상 성공을 거두지 못해왔다고 주장함으로써 접촉점을 확신하지 못하는 태도에 머물러 있다. 이러한 논쟁의 결과가 무엇이든지 간에, 기독교 실천은 제쳐 두더라도, 기독교 신앙이 어느 것과도 비긴 바가 없는 것이라고 확신하기란 어렵다. 서구 학문의 영역에서 조직신학과 종교학 양자는 비슷한 긴장감을 가지고 역설하고 있다. 한편으로 이들 양자의 영역에서 배우고 가르치는 사람들은 여전히 상당한 신앙과 종교적 실천의 증거를 보여주고 있다. 그렇지만 또 다른 한편으로 그들은 비평적인 초연함에 가치를 두고 있는 것 같다.

3. 성서학

그러한 긴장감이 성서학 분야에는 거의 없는 것으로 상상할지 모르겠다. 참으로, 개인적으로 성경이 구원에 대한 열쇠를 가지고 있다고 믿으며 성경에 헌신된 사람이 아니라면 아무도 그들의 생애를 기독교 경전을 연구하는데 보내지 않을 것이라고 문외한이 상상한다면 용서받을 수는 있을 것이다. 그렇지만 실제적으로 서구 학문의 영역에서 신학과 종교학의 다른 분야와 마찬가지로 성서학에도 많은 긴장감이 있다. 많은 성서학자가 참으로 신앙과 종교적 실천이라는 관점에서 그 과목에 접근하지만, 몇몇 사람들은 그렇지 않다. 심지어 그렇게 하는 사람들 가운데도, 그들의 신앙과 종교적 실천을 위해 성경이 가지는 권위에 대하여 여러 다른 견해들을 그들은 가지고 있다. 여기서도 다양한 견해들과 긴장이 많다.

어떤 점에서 이러한 것은 거의 놀라운 것이 아니다. 성서학은 많은 전문적인 요소들, 즉 언어학과 자료비평 그리고 본문비평과 같은 요소들이 있는데, 그러한 요소들은 상당한 기술이 있어야 할 뿐이지 신앙 그 자체가 필요하지 않다. 그래서 많은 고전학자가 자신들의 신앙과 헌신과는 다른 다양한 본문들을 연구함으로써 즐거움과 만족을 누릴 수 있었던 것처럼, 몇몇 세속적인 학자들이 어떻게 유사한 방식으로 성경 본문에 접근할 수 있는지를 보는 것은 어려운 일이 아니다. 양자의 경우에, 적당한 기술을 가지고 있는 사람들이 그 분야에 대한 실존적 참여가 없이 그저 상상력만을 동원하여 풀 수 있는 지적인 도전들과 난제들이 있다. 공관복음서들의 연대적 순서를 확립하는 일, 말하자면, Q 본문이 존재하였다는 사실을 세밀하게 찬성하든지 반대하는 주장을 펴는 것, 혹은 그리스어 신약성경의 가장 믿을 만한 본문을 복원하는 것 등은 그 자체가 기독교 신앙을 요구하는 행동은 아니다. 심지어 그러한 연구는 삶에 있어서 좀 더 실용적인 영역에 적용될 수 있는 기술들을 강화해 줄 수 있다고 주장할 수 있을 것이다. 우습게도 그러한 주장은 20세기 초엽에 영국 성공회 성직 후보생들을 위한 훈련과정에서 사용되곤 하였는데, 그들은 (그리고 다른 많은 지성인은) 목회를 위한 훈련과정으로 신학보다는 오히려 고전문헌을 연구하도록 요구되었다. 아마도 성경을 연구하기보다는 오히려 플라톤의 《공화국》과 같은 작품(특히 그 세대가 가장 좋아하는 작품)을 연구하는 것이 성직 후보생들의 정신을 더 증진할 것이라는 가정이 있었을 것이다.

20세기 중엽에 영국 성공회의 안수 훈련과정은 아주 많이 변화되었다. 영국 성공회의 복음주의자들에 의해서만이 아니라, 성서주석에 대한 엄격한 연구가 안수 훈련과정의 본질적인 요소라고 생각되었다. 그렇지만 성서 비평학이 한 세기를 지내고 난 이후에 이르러서야, 성서주석이 비평적 상황 특히 역사비평의 상황 속에서 수행되어야 한다는 사실이 주도적인 생각이 되었다. 그럼에도 불구하고, 모든 종류의 성공회 성직자 후보생들에게 있어서 성서주석은 신앙 고백적인 행동이었다. 성서주석은 이 후보생들이 미래의 가르치고 설교하는 사역을 위한 지식을 얻기 위해 연구되었는데, 그들은 잉글랜드의 대학들에서 신학을 연구하는 사람 대부분을 차지한다 (스코틀랜드에서는 에든버러, 글래스고, 세인트앤드루스, 혹은 애버딘에서 신학을 연구하는 사람들의 대부분을 차지하는 남성, 장로교 성직자 후보생들 사이에 이와 유사한 모습이 있었다).

오늘날 서구의 학문영역은 급진적으로 변화되고 있다. 영국에서는 (유럽과 북미주의 다른 곳에서처럼) 대학에서 신학을 연구하는 대부분 사람이 남성만도 아니고 성직자 후보생도 아니며 또한 반드시 영국 성공회 교인(스코틀랜드에서는 장로교 교인)도 아니다. 그리고 성서해석은 적어도 강의개요 표에 나타나 있는 성서주석의 역할만큼 큰 역할을 떠맡아 왔다. 결과적으로 이러한 강의개요 표는 성서학의 기능이 (남성) 성공회 교인이나 장로교 교인의 성직수임에 필요한 가르침과 설교를 위한 지식을 제공하는 것이라고 더 이상 생각할 수 없게 되었다. 그런 신앙 고백적 기능은 좀 더 비교비평적인 기능으로 대체되어 왔다. 이제 성서학에서 강의개요 표는 학생들에게 해석학의 상이하며 대조적인 형태들에 친숙해지도록 요구할 것 같다. 성서해석은 시간을 가로지르고, 당대의 다른 문화들을 가로질러 (통시적으로 그리고 공시적으로) 성경 본문이 매우 다르게 이해되고 해석되고 사용된다는 사실을 의식할 필요가 있다. 다원주의적이고 비교 비평적 연구는 다시금 이 분야에 도입되었다. 성서해석은 다른 신앙, 때로는 대립하는 신앙의 공동체들이 성경을 사용하고자 추구할 때, 그런 공동체들을 탐구하는 것을 포함한다. 결과적으로 이러한 새로운 학문 분야는 조직신학이 제기한 것과 유사한 많은 문제를 제기한다.

4. 교회사

서구 학문영역 구성원의 변화된 모습은 교회사의 교육에도 급진적인 파급효과를 주고 있다. 단일 신앙 고백적인 상황에서 교회사는 전형적으로 몇몇 특정 교단의 관점으로만 해석되고 있다. 영국 성공회는 후커와 같은 성공회의 성직자, 장로교는 녹스, 감리교는 웨슬리 등과 같은 성직자들을 특히 주목한다. 그러므로 교회사는 그 신앙 동체에서 가장 중요하게 고려되는 사건들과 인물들에 초점을 두게 된다. 좀 더 논쟁적으로 이러한 초점은 때때로 다른 기독교인들에 의해 전파된 오류들과 구별되게 하려면 '정통'이라는 노선으로 묘사된다. 결과적으로 그러한 단일 신앙 고백적인 상황 속에서 교회사는 신실한 기독교인들과 다른 사람들 사이의 경계(境界)를 강화하면서 정체성의 중요한 특성을 구성하고 있다.

다원주의적 상황 속에서 교회사는 점차 복잡해지고 있다. 물론 교회사가 가치중립적인 것은 아니다: 즉, 특별한 인물들과 사건들이 여전히 토론주제로 선택되고 있지만, 다른 것들은 아니다; 선택된 내용들은 각기 다른 시간 동안 심사숙고된다; 다양한 역사가들의 관점은 불가피하게 이러한 인물들과 사건들의 중요성에 대한 해석을 형성한다. 일단 선택과 해석이, 어떤 역사연구 특히 어떤 교회사 연구에서도, 떼어 낼 수 없을 정도로 뒤엉켜 있다는 점을 시인한다면, 절대적인 초연함은, 종교학 분야에서보다는, 교회사에서 더 이상 가능하지 않다 (혹은 아마 심지어 바람직하지 않다). 오늘날 서구 학문영역의 다원주의적 상황 속에서조차 신앙 혹은 신앙의 다양성은 여전히 교회사의 일부이다.

오늘날 교회사에 포함된 신앙의 다양성은 문화의 다양성 속에 처한 다양한 기독교의 분파들에 대한 과거보다 더 큰 주의를 기울이게 한다. 현대 학문의 영역 속에서 교회역사를 진지하게 연구하는 것은 단순히 서구 기독교뿐만 아니라 서구 세계 밖에 있는 기독교 특히 1950년대로부터 1980년대 후반까지 한국교회의 놀라운 성장까지도 주목한다. 예를 들면, 기독교 선교역사는 단순히 선교학이라는 분리된 학문 분야에 이관되는 것이 아니라, 기독교 역사의 전체 이야기의 한 부분이다. 게다가 서구 세계와 서구 세계 밖에 있는 나라들의 새로운 종교 운동과 제의와 종파에 대한 사회학적 연구는 이러한 전체 이야기의 한 부분을 형성한다. 그래서 초기 기독교의 이야기 속에서 일찍이 영지주의와 같이 불신임된 운동들이 진지하게 새로운 관심을 받고 있다. 기독교 역사는 성공적인 '정통주의' 역사로서보다는, 보다 더 신약성경으로부터 일어난 상호 관련된 여러 다양한 운동들로 묘사되고 있다.

5. 기독교 윤리학

아주 유사한 변화가 기독교 윤리학 분야에서도 발견될 수 있다. 해석학을 향한 변화와도 관련된 서구 학문영역 속에서 구성원의 변화는 이 분야를 급진적으로 바꾸어 놓았다. 그러나 이 경우에, 현재의 미덕 윤리(virtue ethics)의 우세는 신앙과 실천과 신학이 특별히 복잡하게 뒤얽힌 모습을 보여준다 - 이 뒤얽힘이, 내 생각엔, 신학 일반에 적용되는 것이다.

한 세대 전, 곧 대학교에서 신학을 연구하던 학생들이 주로 젊은 남성 성직자 후보생이었을 때, 기독교 윤리학(적어도 영국에서 윤리가 가르쳐졌다면)은 오늘날보다는 그 특징이 분명히 더욱 신앙 고백적이었다. 20세기 초반의 케네스 커크(Kenneth Kirk)와 로버트 모티머(Robert Motimer, 둘 다 후에 주교가 되었다)와 같은 영국 성공회의 윤리학자들은 그들의 책 속에서 목회적 실천에 관한 윤리적/신학적 분석과 충고의 혼합물을 보여주었다. 그들은 성직후보생들인 그의 청중들이 그들 자신과 똑같은 신앙과 종교적 실천을 공유하고 있으며, 일단 안수를 받은 후에 어떻게 윤리적 문제에 응답할 것인지에 대해서 안내를 받기 원한다고 가정할 수 있었다. 이와 유사하게, 그 당시의 로마 천주교 윤리학자들, 혹은 국경 북쪽의 스코틀랜드 실천 신학자들 역시도, 각각의 공동체 안에서 믿음에서 믿음으로 글을 쓰고 있다고 생각하면서, 그들의 작품 속에서 [이론적] 분석과 목회적 충고를 혼합하였다. 결과적으로 이 시기에 로마 천주교 윤리학자들은 스코틀랜드의 실천신학자들이 아퀴나스를 간과해 버린 것과 마찬가지로 루터와 칼빈을 대체로 무시해 버렸다. 그 당시에 기독교 윤리는 그 범위와 접근방식에 있어서 현저하게 신앙 고백적이었다. 즉, 기독교 윤리학은 특정한 교단 안에서 특정한 신앙 전통을 가진 사람들에 의해서, 동료 신자들을 향하여 쓰였다.

오늘날 서구 학문영역 안에서 그러한 접근방식은 좋은 인상을 주기 어려울 것이다. 주요한 전통들 가운데 하나를 아예 지나쳐 버린 기독교 윤리 접근방식은 대개 부적절한 것으로 판단될 것이다. 이제 로마 천주교 신학자들은 서구 학문영역의 주류 속에 들어 왔으며, 그 과정에서 그들은 자연법 전통이 심지어 이전의 장로교와 성공회 교수진에서도 진지하게 취급되었다는 사실을 확인하였다. 다음에 이들 로마 천주교 신학자들은 여러 세대의 개혁교회와 성공회 신학자들에 의해서 발전된 성서학을 진지하게 취급하기에 이르렀다. 이러한 양방향 과정은 기독교 윤리가 이제 한 세대 전보다 더욱더 에큐메니컬하다는 사실을 확실하게 해주었다. 학자들은 교단을 넘어서 그리고 다른 신앙 전통을 넘어서 상대방의 작품을 읽는다. 그들은 여전히 서로 불일치하겠지만 – 에큐메니칼 대화가 일치를 보장하는 것은 아니다 – 그들이 지금까지처럼 서로 상대방을 단순히 무시할 것 같지는 않다.

기독교 윤리학의 학문적 연구 안에서 이러한 변화는 이미 거론된 다른 신학의 영역에서의 변화와 유사한 변화를 야기한다: 즉 비평적 비교는 단일 신앙 고백적 접근방식을 대체시키는 경향이 있으며, 의견일치보다는 다원주의가 지배하고 있으며, 어느 정도 학문적 초연함이 분명해지고 있다. 이러한 점들을 이 새로운 상황 속에서 다시 열거할 필요는 없다.

지금 여기서 새로운 것 한 가지가 있다. 기독교 윤리학에 대한 다중신앙 고백적 접근방식은 기독교인들 사이에 걸맞지 않은 도덕적 차이점들이 있다는 사실을 곧바로 드러낸다. 물론 항상 특정한 교단 안에 있는 기독교인들 사이에 진정한 윤리적 차이점들이 있었다. 그렇지만 기독교 윤리학이 교단들에 의하여 분리되어 수행되는 한 그 각각은 그들의 내적인 윤리적 차이점들이 시간이 지남에 따라서 해결될 수 있을 것이라는 희망을 품을 수 있다. '믿는 자들의 합의'라는 교리는 이러한 희망을 강화한다. 그러나 일단 기독교 윤리학이 다중신앙 고백적이며 에큐메니컬 한 상황 속에서 연구된다면, 곧바로 그러한 차이점들이 실제적으로 걸맞지 않은 것이라는 사실이 명백해진다. 예를 들면, 언제 인간의 온전한 생명이 시작된다고 보아야 하는지, 혹은 만일 그래야 할 때가 있다면, 언제 인간의 생명을 끝내는 것이 정당한지에 관해 교단 사이에 있는 첨예한 차이점들을 궁극적으로 해결할 방도가 없다. 결과적으로 생명 윤리학과 정당한 전쟁 윤리학은 모두 기독교인들 사이에 있는 차이점을 직면하게 되었는데, 기독교 윤리학에 대한 비교 분석적이고 비평적인 접근방식이 그 차이점들을 해결하지는 못하지만, 그것들을 더 잘 이해하도록 우리를 도울 수 있다. 그것에 덧붙여서 그러한 접근방식은 특정한 윤리적 문제들에 관하여, 반대하는 기독교인들 사이에서보다는, 때때로 기독교인들과 세상 사람들 사이에 더 강력한 연결점이 있다는 사실을 보여주었다.

줄기세포 연구 혹은 의사의 도움에 의한 자살에 관한 현대의 논쟁들은 이것을 분명하게 보여주고 있다. 세포핵 치환으로 만들어진 배아를 사용한 줄기세포 연구에 대한 지지자들과 반대자들은 기독교인들과 세속인들 모두에서 발견될 수 있다. 물론 특정 교단에서는 오직 한쪽만이 기독교적 관점에서 '정통'을 대표한다고 주장될 수 있다. 전통적인 로마 천주교는 실제로 그러한 줄기세포 연구가 자연법과 복음에 위배된다고 비난하면서 이 견해를 견지해 왔다. 그렇지만, 언제 온전한 생명이 시작되는지, 혹은 세포핵 치환으로 만들어진 배아가 도대체 잠정적인 인간 존재를 진실로 구성하기는 하는 것인지에 대한 합의가 없는 형편에서는, 교단을 초월하여 자신들이 '정통'이라는 그러한 주장들은 곧바로 편파적으로 보이게 된다. 심지어 의사의 도움에 의한 자살이, 이것은 교단 대부분에서 거부되었지만, 모든 신학자에 의해서 비난을 받은 것만은 아니다. 그 신학자들은 의사의 도움에 의한 자살이 잘못이라는 것이 창조와 부활 교리에 의해서 너무 쉽게 결론이 내려졌다고 주장하는 경향이 있다. 반대로 그들은 차안의 저편에 또 하나의 생이 있다는 신앙이 차안에 집착할 필요가 없다는 사실을 믿도록 기독교인들을 실제로 격려하는 것이라고 주장한다. 여기서 내가 말하려는 요점은 그 어느 입장에 서려는 것이 아니라, 기독교 윤리학에 대한 비평적이며 비교 분석적인 접근방식이 윤리적 문제에 관해 기독교인들 사이에 있는 신앙과 실천의 걸맞지 않은 차이점들을 곧바로 드러내 준다는 사실을 단지 예시하려는 것이다.

이러한 발견을 전제할 때, 학문적인 기독교 윤리학 영역에서, 의사결정의 윤리로부터 미덕 윤리를 향하여 나아가는 변화는 거의 놀라운 일이 아니다. 이러한 변화의 결과로서 최근의 기독교 윤리학은 조직신학과 또한 아이러니하게도 사회학과의 새로운 연결점들을 재발견하였다. 미덕 윤리에서 초점은 덕스러운 성품과 그리고 성품을 양육하고 형성하는 공동체들에 관한 것이다. 우리는 이 상황 저 상황에서 이루어진 합리적이고 개인주의적인 도덕적 결정들의 산물이라기보다는, 전통과 공동체에 의해서 형성된 삶의 산물이다. 기독교인으로서 우리의 윤리적 삶과 성품은 예배하는 공동체의 신앙과 실천 그리고 그것들을 수 세기 동안 이끌어 온 전통들에 의해서 형성된다. 기독교 윤리학에 대한 그러한 이해는 다음의 실천신학 혹은 적용신학이라고 하는 보다 광범위한 상황에서 확실한 자리를 갖게 된다.

6. 적용신학

서구 학문의 영역에서 실천신학 혹은 적용신학은 특히 신앙과 실천 사이에 있는 이러한 상호작용에 관심을 기울이고 있는 분야이다. 종종 이러한 관계성은 때로는 실천을 형성하는 신앙으로, 때로는 신앙을 형성하는 실천으로, 그리고 때로는 양자의 상호관계로 묘사되기도 한다. 현대 학문의 영역 속에서 적용신학은 조직신학과 유사한 비교 분석적이며 비평적인 역할을 가지고 있으며, 사회학과 같은 세속적인 학문과의 분명한 연결점들도 가지고 있다. 한때, 학문영역 속에서 조직신학과 성서신학의 부록 정도로 간주하였던 하나의 학문 분야가 이제는 신학의 모든 다른 영역들에서도 분명한 신앙과 실천 사이의 긴장, 혹은 더 낫게 말하자면, 그들의 상호작용을 이해하는 데에 중심적인 역할을 하게 되었다. 또한 이것은 이러한 상호작용을 보다 잘 이해하기 위해서 사회과학을 상당히 많이 이용한 분야이기도 하다.

한 세대 전에는 적용신학이 종종 성직자 후보생들에게 주는 실천적인 조언 이외에는 거의 아무것도 아닌 것으로 간주하였다. 안수받은 목사로서 상당한 경험을 가진 교사는 젊은 성직자 후보생들에게 어떻게 장례식을 수행해야 하고 어떻게 설교해야 하며, 어떻게 목회 심방과 그와 유사한 임무들을 수행해야 하는지를 가르치곤 했다. 대학에서 성서학과 조직신학을 공부하고 나서, 적용신학자 혹은 실천신학자는 성직자 후보생들에게 안수 후 사역의 실제적인 일들에 대해 가르치는 책임을 맡았다. 스코틀랜드 교회에서 적용신학자들은 전형적으로 대학교 안에서 가르쳤지만, 종종 먼저 대학 교목이었거나, 혹은 매우 중요한 교구 목회자였었다. 잉글랜드 교회에서 '목회신학'(대개 그러한 용어로 불려지는데)은 전형적으로 신학교 안에서 가르쳐졌다. 비록 스코틀랜드의 경우에는, 유사한 목회경험을 가진 사제들에 의해서 가르쳐졌지만.

적용신학의 이러한 모델이 아무리 잘 의도된 것이라고 해도, 몇 가지의 어려움에 직면하였다. 대학교에서든 신학교에서든, 어느 기간 동안 적용신학을 가르치는 사람들의 교구 목회 경험은 불가피하게 현장으로부터 멀어져 갔다. 그래서 교사 후보생들이 그들 자신은 더 이상 어린이들을 가르치지 않는 사람들로부터 어떻게 아이들을 가르쳐야 하는지 들을 때 자주 불만을 갖는 것처럼, 성직 후보생들도, 전직 목회자들의 경험이 아무리 많다고 해도, 그들에 의해 주어진 조언을 종종 의심하였다. 다시 말해서 의학과 같은 전문성 형성 모델들은 실제적 훈련을 위한 적당한 장소가 대학 안에 있는 것이 아니라, 그 일 자체의 현장 안에 있다는 점을 시사한다. 현장 실천가들과 함께 비판적인 작업을 하는 것은 아마도 훌륭하게 전문성 형성을 이루어낼 수 있을 것이다.

일단 대학에서 신학을 연구하는 자들의 모습 역시 변하게 되자, 적용신학에 대한 이러한 '성직 후보생들을 위한 힌트와 비결'은 더 이상 적합하지 않게 되었다. 이미 신학의 모든 다른 분야에서 언급하였던 것처럼, 서구 대학에서 오늘날 학생들이 가지고 있는 다원주의는 학문적 적용신학에 대해서도 근본적인 충격을 주었다. 이 분야는 여전히 신앙과 실천에 중심적인 초점을 두고 있었지만, 신학생들 사이에 더 이상 어떤 공유된 신앙이나 실천을 가정할 수 없게 하였다. 다양하며 때때로 갈등하는 기독교 신앙과 실천의 유형들 사이의 관계성은 이제 학문의 영역에서 적용신학의 일차적 주제가 되었다.

'프락시스(praxis)'라는 개념은 때때로 이러한 새로운 이해를 나타내기 위하여 적용신학 분야에서 사용된다. 이것은 처음에 마르크스주의 연구에서 가져온 것인데, 행위가 이론에 우선한다는 것과 그 둘 사이에는 양 방향적 과정이 남아 있다는 것을 시사하고 있다. 종교적 실천에 대한 보다 더 전통적인 이해에서는 종종 신앙이 실천에 우선한다는 사실이 전제되었다. 그러므로 기독교 신앙은 기독교 실천을 위한 틀을 설정한다. 신학적 연구 안에서는 신학의 일차적 과제가 성경과 기독교 전통에 대한 주위 깊은 연구에 근거를 두는 적절한 신앙을 수립하는 것이라고 종종 생각되었다. 일단 그 과제가 성취되면, 그때야 실천의 문제가 진술될 수 있다. 유사한 방식으로, 철학에서는 그 일차적인 과제가, 어떤 실천적인 문제들이 적절하게 진술되기에 앞서서, 사고와 이론의 명료성을 이루어내는 것이라고 종종 생각되었다. 마르크스주의 연구는, 사람들이 실제로 무엇을 하는지 그리고 어떻게 행동하는지를 분석하는 것이 출발점이라고 주장하면서, 이러한 이해를 뒤집었다. 이러한 접근방식에서는 실천에 우선권이 주워지고, 이론은 무엇보다도 실천을 이해하기 위한 시도이다. 일단 이론이 오늘날의 실천에 대한 분석 속에 적절히 근거를 두게 되면, 그것 역시 미래의 실천을 형성할 수 있다.

모든 적용신학자가 마르크스주의를 분명히 신뢰하는 것은 아니지만 (몇몇 해방신학자들은 확실히 신뢰하지만), 그들은 전형적으로 프락시스에 근거를 두었던 이러한 접근방식으로부터 작업을 한다. 신앙과 실천 사이의 관계성 속에서 그들은 다른 대부분의 신학자가 하는 것보다 더욱더 실천에 주목한다. 종종 예배학 분야의 실천신학자들은 교리를 형성하는 것이 예배이고 또한 교리에 의해서 형성된 것이 예배라고 주장한다. 기독교 윤리학자들은 기독교적 성품을 형성하는 것이 기독교 공동체인데, 또한 그 성품이 개인의 윤리적 결정을 형성한다고 주장한다. 기독교교육 학자들은 가정과 교회 그리고 아마도 학교 안에서 기독교적 특징을 형성하는 것이 신앙을 배양하는데 결정적이며 또한 한번 배양된 이러한 신앙은 기독교적 특징을 형성하는 데 영향을 미쳐야 한다고 주장한다. 적용신학의 이들 각각의 분야에서는 실천에 우선권이 주어져 있으며, 실천과 신앙 사이의 계속된 상호작용에 대한 자각이 있다. 이들 각각의 분야에서 사회과학은 중요한 역할을 한다.

신학의 어떤 분야에서 사회과학을 광범위하게 사용하는 것은 상대주의와 환원주의라는 의혹을 자연히 불러일으키는 것 같다. 상대주의라는 의혹은 신학의 다른 분야에서와 마찬가지로 여기서도 적용신학을 가르치고 연구하는 학자들에게 다원주의를 증가시킴으로써 제기된다. 환원주의라는 의혹도 사회학의 광범위한 사용이 곧바로 초월성을 모두 제거할 것이라는 두려움에 의해서 발생하였다. 교회와 교회의 실천은, 걱정하고 있는 대로, 아주 세속적인 것으로 환원될 것이다. 예를 들면, 교회를 이해하기 위하여 조직과 경영 이론을 사용하는 것은 단순히 교회를 세속적인 조직체나 혹은 (더 나쁘게 보면) 사업체에 불과한 것으로 환원할 것이다.

이것은 확실히 적용신학과 사회과학 양자 모두를 아주 잘못 이해한 것이다. 사회과학적 용어로 교회와 종교적인 실천을 설명하고 이해하는 것 그 자체가 교회와 종교적 실천을 완전히 설명해 버리는 것이 아니다. 예를 들면, 분명히 제도적 교회의 재정적이며 경제적인 모습이 있다. 즉 교회는 예산을 세우고, 수입을 증가시키고, 돈을 소비한다. 이러한 모든 모습은 세속적 조직체의 유사한 행동에 비교될 수 있다. 만일 그러한 것들이 효과적으로 그리고 효율적으로 성취될 수 있다면, 그러한 비교는 유익할 것이다. 그러나 이러한 관점으로부터 제도적인 교회가 재정적/경제적 조직체 '이외에 아무것도 아니다'라고 상상하는 것은 아주 잘못된 것이다. 이와 유사하게 교회의 지도력은 세속적 지도력의 다른 모습들과 공통점들을 분명히 가지고 있다. 그렇지만 이러한 방식으로 교회를 연구하는 그 자체가 단순히 오직 이러한 방식으로만 교회가 이해된다는 사실을 함축하지 않는다. 적용신학의 분야에서 사회과학을 올바르게 사용하는 것은 초월성에 대한 헌신과 완전히 조화되는 것이라고 볼 수 있다.

적용신학의 중심에 있는 것이 신앙과 실천과 그리고 신학이다. 비록 이들 셋의 관계성이 오늘날 서구 학문의 영역에서 점점 더 복잡하고 다양해졌지만, 그들의 관계성을 연구하고 더 잘 이해하려는 관심은 남아 있다. 만일 한국의 신학교육이 21세기에 이와 유사한 길을 걸어간다면, 그때 신앙과 실천과 신학 사이의 새롭고 역동적인 상호관계가 잘 나타날 것이다. 세계 도처에 있는 적용신학자들은 그들 앞에 이러한 것들을 통합하는 매혹적인 과제를 가지고 있다.

II. 화해와 용서[1]

Cilliers Breytenbach(소기천 역)

학문적인 현대 석의의 결과물을 보면 대체로 불만족스러운 것이 있다. 학문적 석의가 의미하는 것은 무엇인가? 여기서 잠시 "학문적인 석의"라고 필자가 성경해석에 대해 언급하고 있는 것은 주류를 이루고 있는 성서학자들에 의해 실행되고 있는 것과 같다고 말하는 것이 옳다. 그런데 서로 다른 접근 방법들 사이의 미묘한 차이를 떠나서, 석의란 성경 본문의 역사적 상황 속에서 성경 본문을 이해하려 하는 데 그 목적이 있다. 그래서 석의는 저자 혹은 암시된 저자의 의도를 재구성하려는 데 목적이 있다. 석의가 수용이론에 의해 영향을 받게 될 때, 어떻게 청중 혹은 암시된 청중이 본문을 이해하였는지를 재구성하려고 석의는 노력한다. 우리가 바울 서신을 가지고 석의할 때, 한정된 본문에서 바울이 무슨 뜻으로 말하고자 하는지를 이해하려고 시도한다. 우리는 또한 고린도의 가정교회 성도들이 바울의 편지를 크게 읽는 것을 들으면서 어떻게 그들이 바울이 기록한 것의 의미나 메시지를 상상하였는지 하는 상황을 재구성하려고 시도할 수 있다. 이 문제에 관해 좀 더 말할 것이 있다는 것을 알면서도 필자는 상세하게 하지는 않겠다. 석의의 주요관심은 처음 두 세기 동안 저

<hr />

1) 이 장은 필자가 번역한 "석의를 사용하기: TRC 결과에 나타나 있는 '화해'와 '용서'에 관하여(Using Exegesis: On 'Reconciliation' and 'Forgiveness' in the Aftermath of the TRC)," 제4회 국제학술대회, 주제: 21세기 교회를 위한 신학의 사명– 성경적 관점을 중심으로(2004년 5월 19일. 장로회신학대학교 세계교회협력센타): 113-131을 수정 보완한 것이다.

자와 독자 사이에 일어난 커뮤니케이션 행위의 문서적 결과물로서 신약성경 속에 있는 문서들을 이해하고 해석하기 위한 데 있다.

물론 우리 가운데 석의를 하는 어떤 사람들은 신약성경의 문서들을 우리에게 직접 말씀하시는 것으로 간주할 수 있다. 예를 들면, 우리가 암시된 수신자들 혹은 독자들로서 바울과 요한복음을 읽을 때 이러한 일이 초래된다. 그러한 관점은 아주 틀린 것은 아니다. 성경연구 모임들이 이러한 방식으로 성경읽기를 계속한다. 그러나 이러한 종류의 읽기는 본문을 해석한 결과라기보다는 오히려 본문을 사용한 결과라고 할 수 있다. 이렇게 본문에 대한 해석과 본문의 사용을 구별함으로써, 필자는 움베르트 에코의 해석이론을 따른다. 에코의 "해석의 한계"2)(자우스와 이서가 "수용이론"을 주도하였던 보덴세의 콘스탄츠에서 발표하였던)라는 유명한 강의는 "열린 작품들"(Opera aperta)이 그들의 한계를 가지고 있다는 것을 확실히 주장하였다. 석의의 과제는 해석을 창조하는 데 있다. 다시 말해서 석의는 본문의 의미론적 의미와 실용적 의도에 관한 문자적 해석을 제공하기 위하여 언어적 증거를 사용하는데 거기서 "본문"은 커뮤니케이션의 원초적 행위에서 남게 된 결과물들에 대해서 언급한다. 즉 석의란 복음에 초점을 두고서 작품의 의도(interntio operis)를 (재)구성하려는 데 목적이 있다. 본문의 의도에 관해 그러한 재구성은 석의자의 가설이다. 그런데 석의자는 그것을 본문의 해석이라고 간주한다. 현대의 정보 속에 살아가는 독자로서 석의자가 본문에 대해서 느끼는 방식을 설명하는 것은 필자가 말하는 석의의 의도가 아니다. 이것은 다름의 두 가지 사실로 보충된다. (1) 하나의 본문은 (본문의) 언어적 용어 속에서 묘사될 수 있는 복잡하고 구조적인 언어표시이다. (2) 하나의 신약성경 본문은 우리에게 읽히기 위해서 여전히 존재하는 고대 문헌이다. 현대적 석의자가 이전에 주어진 의미와 의도된 의미를 구성하는 것과 같은 방식으로 기호론의 과정은 기호론적 혹은 본문-기호론적 이론의 용어로 설명될

---

2) Umbrto Eco, I limiti dell'interpretazione(Milano:Gruppo Editoriale, 1990).

수 있다.[3] 신약성경 석의의 주요과제는 고대 기독교로부터 전해져 내려온 문헌들을 사용하는 데 있는데, (즉, 2-3세기로 추정되는 파피루스로부터 재구성될 수 있는) 유사한 고대 문서들을 자세한 조사하는 다른 석의가들에 의해서 검토되고 희망적으로 입증될 수 있는 특정 본문에 대한 문학적 느낌(Sensus litteralis)을 구성하는 데 있다.

1. 신약성경 석의의 근본적인 사용

석의는 신약학의 기초를 이룬다. 석의는 본문을 해석할 뿐만 아니라 그것을 다른 사람들과 나누기 위한 해석을 만들기 위해 모험을 감행한다. 대개 석의자는 주석이나 단행본의 형태로 이러한 해석을 출판한다. 그런데 이런 해석들이 무엇에 사용되고 석의의 결과는 무엇인가?

첫째, 석의는 성경 번역의 근거를 제공한다. 신약성경을 이루고 있는 문서 사본들에 대한 본문비평적, 역사적, 혹은 언어학적 연구 없이 본문을 번역할 수 없을 것이다. 사전이 없다면 우리에게 단어의 의미가 전달되지 않는다. 지도책이나 백과사전이나 다른 자료가 없다면 현대 독자에게 초기 그리스도교의 관습이나 신앙이 설명되지 않는다.[4]

둘째, 주일 설교가 성경의 어떤 구절을 반영해야 하는 초기 기독교의 전통에서 주석에 나타나 있는 성경 본문의 강해는 설교자에게 그 구절의 문자적 의미와 의도를 이해하도록 생생한 도움을 준다. 말하자면 루터교 전통에서 교

---

3) Cilliers Breytenbach, "Exegese des Neuen Testaments. Auslegung sprechlich strukturierter Texte." in A-k. Finke and J. Zehner, eds., *Zutrauen zur Theologie. Akademische Theologie und die Erneuerung der Kirche* (FS Christif gesrrich) (Berlin:Wichern Verlag, 2000), pp.273-86

4) Some dispute this fundamental role of historical-critical biblical studies. I have a challenge to put to then. they should give those ministering the gospel. or those engaged in aily Bible study facsimile copies of the Hebrew Isaiah scroll from the Qumran caves or copies of the Greek papyri with parts of New Testament documents on them. then they should ask them what they have understood.

회력에 따른 "성구집"에 있는 구절들. 이러한 쓰임새는 석의의 일차적 사용과 마찬가지로 번역하는 데 도움이 된다.

번역과 강해와는 달리 석의의 결과는 다른 무엇에 사용될 수 있을까? 석의의 결과 곧 번역은 누가, 언제, 어디서 사용하느냐에 달려 있다. 필자는 다음과 같이 남아공의 실례를 들고 있는 것과 같이 적어도 몇 가지로 이차적 사용을 구분해 보고자 한다.

2. 신약성경 석의의 이차적 사용

1) 신약성경 석의를 내부적으로 사용하기

신약자들 스스로가 그들의 석의의 결과들을 사용하는 방식은 신학교나 대학교나 교회나 그들의 공공장소에서 자신들의 도서가 유용한지에 따라서 결정된다. 석의자들은 오직 석의만 하는 사람들이 아니다. 일차적으로는 그들은 초기 기독교 문헌 발전의 역사, 초기 기독교 공동체의 사회자, 초기 그리스도인들이 하나님에 관해 인식한 내용들, 유대율법, 그리스도, 구원, 그들의 미래, 그리고 불신자들과의 관련성 등을 연구한다. 초기 기독교의 역사는 고대 지중해 세계역사의 일부분으로서 실제로 초기 로마 제국의 시대가 고대 유대교와 거의 일치한다. 그러므로 초기 기독교에 관한 연구는 로마 제국에서 헬라어를 말하는 문학, 종교, 사회구조 등에 관한 연구의 일부분이다. 그래서 초기 기독교의 어느 역사에 초점을 둘 것인지는 선택의 문제이다. 어떤 사람은 헬라적 유대교 문헌의 배경과 당대의 다른 장르에 대해서 신약성경과 그 발전 속에서 문학적 형태를 연구하기로 한다. 전통적으로 이것을 "신약성경 개론"이라고 부르지만, 필자는 "초기 기독교 문헌의 역사"라고 말하기를 좋아한다.

본질적으로 기독교는 하나의 종교이기 때문에, 초기 기독교의 신앙체계를 연구하는 데 커다란 노력이 들어간다. 초기 기독교 신앙의 역사에서 신약성경 본문의 번역은 기독교를 종교적 차원에서 인식하려는 발전의 기원으로 사용되었다. 대개 이러한 분야를 "신약성서 신학"이라고 부르는데, 이 분야의 출판물을 살펴보면 오히려 "초기 기독교의 종교사"라고 부르는 것이 좋다.[5]

물론 초기 그리스도인들은 주로 지중해 세계의 헬라 도시들이라는 구체적인 시간과 공간 안에 살던 유대인들이었다. 그들이 우리에게 남긴 문헌은 고대 사회의 일부분이다. 그들의 문헌 속에 표현된 신앙은 그들 자신의 사회사와 동떨어지지 않는다. 이는 초기 기독교 문헌과 종교의 역사가 그레코-로마 세계에서 하나의 유대 종교적 운동으로서 초기 기독교 사회사를 구성한다는 사실을 의미한다.[6] 세 개의 분야가 서로 동떨어질 때 세 분야는 서로 해를 입게 된다. 그래서 신약학에서는 오직 두 개의 분야가 강조되었는데, 즉 그것은 본문에 대한 석의와 초기 기독교의 (문학적, 종교적, 사회적) 역사를 구성하기 위한 해석들의 사용이다. 여기서 다음과 같은 질문이 제기될 수 있다. 역사를 기록하는 목적이 무엇인가? 폴 리꾀르에 따르면, 역사가의 화법이 서 있는 자리는 과거를 "위한" 자리이다. 다시 말해서 역사가는 실제로 일어났던 과거의 한 부분을 취급한다.[7] 리꾀르가 묘사한 대로, 초기 기독교의 역사기록은 뿌리와 관련해서 초기 기독교의 정체성을 발견할 수 있는 당대 기독교 사회의 기원을 보여주고 있다. 기독교는 역사적 종교로 원래의 문학적 형태를 사용하는데 깊이 의존하고 있으므로 그 자신의 기원을 인정하려는 한계가 있다. 그런 점에서 신

---

5) CF. H. Broers, *What Is New testament Theology?* (Philadelphia: Fortress press,1979); R. H fuller, "New Testament Theology," in E. J Epp and G. W. MacRae, eds., Testament and Its Modern Interpreters(Philadelphia:Fortress press, 1989), pp.565-84; H. R

6) Cf. Paul Ricoeur, *Time and Narrative*, vol. 3(Chicago: Uniiversity of Chicago Press, 1988), section 2.

7) This can be illustrated with reference to what was traditionally called the "Theology of the New Testament." the major trend has been to follow the proposal made by William Wrede as early as 1897 that a "Theology of the New Testament" Should rather be presented as the developement of the history of early Christian religion. It should commence with Jesus of Nazareth and should include the non-canonical documents of the second century. Very few books of such a broad scope have been published recently. C.f. H Räisänen.'"Theologie des Neuen Testaments' und ihre Alternative heute," in U. Mell and U. B Müller, eds., *Das Urchistentum in seiner literarischen Geschichte* (Beihefte zur Zeitschrift für die neutestamentliche Wissenschaft 100 - FS j. Becher)(Berlin: de Gruyter, 1999), pp.517-42

약성경의 석의는 어떤 역사 기술의 기원을 밝혀준다.

2) 신약성경 석의를 신학에 사용하기

석의자는 역사 기술을 위해 석의를 사용한다. 필자가 좀 더 책임 의식을 느끼면서 질문 한 마디를 다음과 같이 제기한다. 석의자는 역사가라기보다는 신학자가 아닌가? 그렇다. 석의자는 신학교에서 가르치도록 임명을 받은 사람들이다. 그렇다면 석의자가 일반적으로 신학에 이바지할 방법들은 무엇인가?

불행하게도 신약학의 특징은 점차 전문화되고 있다. 예를 들면 특히 앵글로 색슨 세계에서 바울 서신을 공부하고 가르치는 학자들은 바울의 종교와 신앙의 체계를 설명하면서 이 위대한 이방인의 사도가 걸어간 발자취와 그가 설립한 교회의 역사를 연구한다. 그런데 신약학의 전체 분야를 포괄적으로 연구하는 신약학자들이 아주 적다. 전문화를 통해서 얻게 되는 모든 유익에도 불구하고, 신약학에서 발견되는 부정적인 결과에 의하면 초기 기독교 연구에 있어서 전체 분야에 관한 출판물이 너무 적다. 일반적으로 석의자는 개개 성경 기자들의 신앙 체계와 사고 유형에 관한 묘사를 신학자들에게 제공하기 위하여 성경 본문에 대해 해석해낸다. 그러나 문제는 일반적으로 신학뿐만 아니라 복음설교가 석의를 제대로 사용하지 않는다는 데 있다. 더구나 이번 주에는 바울 신학을, 다음 주에는 요한 신학을, 그다음 주에는 나사렛 예수의 가르침에 근거한 신학을 아무리 현대가 빠르게 변화한다고 해도 그렇게 쉽게 세우는 일은 불가능하다. 현대 기독교가 사도 시대에 그 기원을 두고서 자신의 정체성을 추구하고 있는 이치에서 볼 때, 석의자는 신약성경 속에 있는 신학적 전통 사이의 차이들에 대한 비교 묘사를 가능하게 하는 방식으로 본문에 대한 해석을 사용할 필요가 있다. 이러한 비교는 모든 저자에게 공유하고 있는 공통의 전제에 초점을 두게 한다. 페르디난드 한에 의해 의미심장하게 제안된 바에 의하면, 신약성경 신학은 초기 기독교라는 종교 역사를 전제할 뿐만 아니라, 그것을 넘어서 나아간다. 즉 신약 신학은 초기 기독교 사고 유형의 기초가 되는 원

리들에 근거하여 신약성경 신학의 "하나"를 세워나간다.[8]

한에 따르면, 역사적 접근 속에서 초기 기독교라는 종교의 역사가 그 모든 단계와 발전 그리고 신약성경 신학을 구축하였다는 점을 인식해야 한다는 것이다. 특히 신약 신학은 신약성경에 포함된 문서들의 중심 주제를 묘사하는 일을 감행하는데, 그 점에서 문서들의 차이뿐만 아니라 공통의 전제까지도 분명해진다. 이것이 단순히 역사적 재구성의 차원을 넘어서 모든 신학적 훈련의 유용성을 밝혀주는 석의를 사용한다는 점에서 해석학의 과제라고 말할 수 있다.[9]

3. 신약성경 석의를 기독교 공동체 안에서 사용할 수 있는가?

석의자는 오로지 조직신학이나 실천신학에 매여 있는 종이 아니다. 그렇다고 교회사에 매여 있지도 않다. 신학자와 신자로서 석의자는 (자신이 후자에 포함될 것을 선택하였다면) 당대의 신학적 논쟁에 연루될 수밖에 없다. 즉 석의자는 초기 기독교라는 종교의 역사가 지닌 당면 문제에 관여해야 하며, 당대의 기독교가 직면했던 중심 문제들을 취급해야 한다.

이 일을 어떻게 할 수 있느냐 하는 문제에 관해서 여러 가지 가능한 예들이 있다. 몇몇 석의 작업에서 독일 루터교와 로마 천주교 사이의 의인 사상에 관해 새로운 일치를 이루기 위한 일이 모색되었다.[10] 안디옥 교회와 갈라디아

---

8) Cf. Ferdinand hahn, "Urchristliche Lehre und neutestamentliche Theologie. Exegetische und fundamentaltheologische Überlegungen zum Problem christlicher Lehre," in W.Kern, de., *Die Theologie und das Lehramt* (Quaestiones disputatae91)(freiburg: Herder Verlag, 1982), pp. 63-115; ferdinand, "Vielfalt und Einheit des Neuen Testament. Zum Problem einer neutestamentlichen Theologie," *Biblische Zeitschrift Fologe 38*(1994): 161-73.

9) If one wants to move in this direction, one should oppose the increasing specialization in New Testament teaching and research. Senior lecturers and professors in New Testament Studies should be required to publish in more than one area and it should ne demanded from them to teach the whole subject. Doctoral programs should cover all the writings of the New Testament. Only then will they be able to produce New Testament Theologies that would promote a fruitful discussion within a school or faculty of theology.

의 바울 선교에 의해 기독교 선교가 주도적으로 이루어졌다는 내용은 기독교에 인종주의가 더 이상 설 자리가 없다는 사실을 보여준다. 갈라디아서에 나타나 있는 위기가 보여주고 있는 것처럼 48년에 예루살렘에서 사도 총회가 모여 내린 결정이 바울을 지지하는 결과를 낳았다는 사실은 일반적으로 기독교에 근본적인 중요성을 알려주고 있다. 그때 바울의 입장은 분명하였다. 이교도로부터 개종한 사람이 그리스도의 몸에 연합하기 위하여 믿고 세례를 받음으로써, 오직 하나님의 자녀로 인침을 받으며 아브라함의 자손이 된다는 사실이다. 이때 할례는 불필요한 전제조건이며, 사도 총회는 이방인이었던 디도가 할례를 받은 것과 같은 요구를 하지 않았다. 그러므로 신자는 하나님의 자녀가 되기 위하여 유대인의 요구를 따를 필요가 없다.[11] 이것은 기독교가 유대문화와 관습과 율법에서 비롯되었지만, 유대교가 기독교의 본질적인 요소가 아니라는 사실을 의미한다. 비록 예수가 유대인이었으며 기독교 신자가 아니었고 심지어 초기 기독교의 처음 지도자들 곧 마리아, 막달라 마리아, 베드로, 바나나, 바울, 아볼로가 모두 유대인들이었지만, 안디옥과 갈라디아와 마게도냐와 고린도에 있었던 하나님의 교회들이 모두 회당과 상관없이 발전해 나갔다. 기독교가 발아할 당시부터 문화에 예속되지 않았는데, 어떻게 교회가 서구 문화에 예속될 것인가? 기독교는 배후에 있는 문화를 넘어서 나아가는데, 오히려 기독교는 자신이 만나는 문화에 깊은 영향을 주려는 속성이 있다. 복음서에 나타나 있는 인격적 신앙이 사람들을 신자로 만드는 것이기 때문에, 문화와 성별과 신분의 차이를 두려는 행동이나, 혹은 인종 문제를 특징 교회의 전제조건으로 삼으려는 행동이나, 혹은 성만찬에 특정 인종만 참여시키는 행동 등은 근본

10) Cf. Th. Söding, ed., *Worum geht es in der Rechtfertigungslehre? Das biblische Fundament der"germeinsamen Erklärung von katholischer Kirche und Lutherischem Weltbund"* (Quaestiones disputatae 180) (Freiburg: Herder Verlag,1999).

11) Cf. Cilliers Breytenbach, "The Freedom of God's Children - Reflections of Paul's Epistle to the Galatians," in K. Nürnberger, ed., *A Democratic Vision for South Africa* (Pietermaritzburg: Encounter Publications,1991), pp.109-14.

적으로 비기독교적인 것이다. 남아프리카에서 흑인에 대한 인종차별(apartheid)은 이단적인 것은 아니지만, 그것이 사랑의 계명에 어긋나고 흑인과 백인이 화해할 수 없다는 전제를 가지고 있으므로, 바울이 언급하였던 기독교의 하나 된 정체성에 근본적으로 배치된다. 인종차별은 사람이 그 태생으로 차별될 수밖에 없다고 주장하기 때문에, 바울이 말한 것처럼 "육을 따라" 사는 삶을 가리킨다. 모든 그리스도의 교회는 인종에 따라 사람을 차별하는 제도에 반대해야 한다. 이는 모든 신자들이 그리스도의 한 몸에 (참여하여) 세례를 받았고 같은 성령에 의해 충만히 채워졌기 때문이다. 그리스도를 부활시키는 하나님의 성령은 신자들을 하나 되게 하시기 때문에, 결코 성별이나 사회적 인종적으로나 차별이 있을 수 없다.[12]

석의의 결과는 당대의 기독교 공동체와 신학적 논쟁을 벌였다. 초기 기독교의 역사가들에 의해서도 주어질 수 있다. 가능한 범위에서 그들은 기독교의 기원 문제를 교회 안에서 일어났던 당대의 신학적 논쟁에 연결해 재구성할 수 있다. 그렇게 함으로써, 그들은 당대의 기독교 신앙 형성에 일조할 수 있었던 석의를 사용한다. 이러한 작업이 신약학에 의해 수행되지 않을 때, 처음으로 초기 기독교에서 제기되었던 목소리들이 침묵 속에 쌓이거나 아니면 당대의 논쟁적 외침을 몰아내거나 둘 중의 하나가 된다. 양자의 경우에서 침묵이나 논쟁적 외침은 기독교에 해를 주게 되는데, 이는 기독교의 자기 자신에 대한 정의가 기독교가 주도적으로 형성되던 시기에 성경의 문서에 근거하여 세워졌기 때문이다.

---

12) Cf. 1 Cor. 12:13; Gal. 3:28. For more detail see Cilliers Breytenbach, "Die Identiteit van'n Christenmens. In aansluiting by Paulus," in Cilliers Breytenbach, ed., Church in Context: Early Christianity in Social Context/ke가 in Konteks. Die vroeë Christendom in sosiale verband (Pretoria: NG Kerkboekhandel, 1988; German translation in threskeutike kai ethike enkyklopaideia 33, 1989), pp.51-64.

4. 신약성경 석의에서 유익한 공적 대화를 찾을 수 있는가?

사회 일각에서 어느 종교가 주도적 역할을 하는지, 혹은 종교의 기원 문제는 종종 공적 대화에 단골로 등장한다. 필자에게 "진리와 화해 위원회"(TRC)가 각성을 불러일으킨 것처럼, "화해"와 "용서"의 개념은 일반적으로 기독교의 기원 문제로 인식되어 정당하게 취급되어 왔다. 알렉스 브라인과 같은 은퇴 신학자와 케이프 타운의 은퇴 대주교인 데스몬드 투투가 모든 회의를 진행하였기 때문에, 용서와 고백과 화해(이 모든 주제는 "종교적 범위의 핵심요소"라고 말할 수 있는데)13)의 문제를 해결하는데 시기상조라는 판단을 내리기 곤란하다. 역사가들은 남아프리카의 역사에서 TRC가 어느 정도 그 위치를 견고히 하기 전에 과거가 거의 기억되지 않을 때까지 기다려야 할 것이다. 그러나 TRC가 보고서를 아직 마치기 전일지라도 얼마나 "화해"하는 개념이 불분명한지 충분히 밝혀져야 한다.

이것은 우리에게 놀라운 것이 아니다. 기독교 내에서조차 "화해"란 단어는 분명히 정의되는 개념이 아니다. 그런데 신약성경에서는 어떤 의미가 있는가? 여기서 화해한 개념 정의를 위해서 바울 서신(고전 7:11; 고후 5:18-20; 롬 5:10-11; 11:15)과 제2 바울 서신인 골로새서(1:20-22)와 에베소서(2:16)에 범위를 제한하고자 한다. 필자는 이 개념의 기원과 바울에 의해 사용된 내용뿐만 아니라, 그의 추종자들이 광범위하게 사용하였다고 하는 사실은 토론한 적이 있으므로,14) 분명한 확신을 하고 있다. 원래 화해는 신학적인 개념이 아니다. 화해는 하나님과 인간 사이의 관계를 묘사하는데 거의 형이상학적으로 접근하지 않는다. 화해란 개념은 구약성경에서 거의 발견되지 않는 개념이며 헬라적 기원이 있는 개념으로써 알렉산더 대제 이후에 수많은 전쟁으로 거대한 제국이 무

---

13) Desmond Tutu, *No Future Without Forgiveness* (London: rider, 1999). p.71.
14) Cf. Cilliers Breytenbach, "Reconciliation: Shifts in Christian Soteriology," in W. D. Vorster, ed., *Reconciliation and Construction* (Pretoria: University of South Africa 1986), pp.1-25.

너진 것과 관계가 있다. 전쟁의 결과를 극복하기 위한 외교의 필요성이 제기되었고, 무력 투쟁이 적의에서 우호적 관계로 발전해 나갈 때, 화해가 요청되었다. 헬라 세계에서 화해는 적의에서 우정으로 변화되어 갔고, 싸움과 적개심에서 평화로 전환되었다. 그러므로 화해한다는 것은 이전의 적들과 평화하고 우정을 나누는 것을 의미한다. 그레코-로마 세계에서 화해란 전쟁 중에 포로가 된 자들이 노예 생활로부터 풀려나는 것과 대립으로 빚어진 잘못에 대해 사면해 주는 것을 의미하였다. 그래서 화해는 적의의 관계를 청산하고 평화와 일치속에서 풍요로운 생활을 영위하는 것을 의미한다.

이것은 왜 바울이 화해라는 개념을 신학에 소개하였는지를 보여준다. 고린도후서 5:18-20에서 그는 사도로서 자신의 역할이 무엇인지 헬라의 외교적 용어로 설명한다. 이런 연유로 인해서 그는 화해를 하나님과 인간 사이의 관계에 관한 정치적 용어로 옮겨간다. 그는 인류에게 화해의 메시지를 주는 메신저가 되어, 그리스도의 죽으심을 통해서 하나님께서 그를 대적하는 적들인 죄인인 인간들과 스스로 화해하시는 길을 열어 놓으셨다고 말한다. 인류를 심판하실 때, 하나님께서는 그들의 죄를 고려하지 않으실 것이다.

화해는 기독교적 개념이 아니고 종교적 기원이 있는 개념도 아니다.15) 그런데 보다 더 중요한 것이 있다. 곧 화해는 바울 서신에 하나님과 인간 사이의 관계에 언급되고 있는데 거기서 하나님께서는 하나님을 대적하며 살아가던 죄인을 변화시켜서 하나님과의 평화 속에 살아가는 친구로 만드신다. 분명히 이러한 기독교의 구속론적 개념 때문에, 인종차별 시대에 국가 폭력의 희생자와 가해자 사이의 화해를 논의하기 위한 출발점으로서 바울의 화해 개념을 취급하는 것이 사실상 불가능하게 된다. 신약성경의 구속론에서 인간과 화해하시는 하나님 개념을 분리하는 것을 거의 생각하지 않는 바울은 예수의 죽음이 지닌 구원의 효과에 대해 매우 좋은 설명을 해주었고, 그것을 많은 불신

---

15) Cf. Desmond Tutu, *Future*, pp.45-46.

자와 관계된 인간 상호관계 혹은 상호 인종 관계의 문제에 재도입을 시도하게 한다. 헬라 철학자들과 역사가들에게서 화해가 없다면, 곧 적의나 싸움으로부터 우호적인 관계로 변화가 없다면, 평화나 번영도 없다는 사실을 확인하게 된다. 바로 이것이 TRC가 표현하고 있는 구조적인 근거가 무엇인지이다.[16) 이것을 실현하기 위하여 사람들은 바울이 있어야 하지 않는다. 왜냐하면 정치적 화해가 바울이 생각하는 개념이 아니기 때문이다. 이러한 개념에 바울을 적용하는 것은 정치적 긴장을 완화하는 데 거의 이바지하지 않는다. 오히려 사람들은 바울의 실례를 들어서 초기의 정치적 개념에 바울이 무엇을 적용하였는지를 취급하려 한다. 그렇게 함으로써 화해의 개념이 전통적으로 쉽게 평화를 만드는 과정이라고 생각하는 것이 중요하다. 평화 일치나 화해의 조건들은 정치적인 문제이며 이해 당사자들 사이에서 협상되어야 하는 문제이다.

TRC의 강력한 종교적 방향성은 어디서 비롯되었는가? 필자가 볼 때, 용서의 개념은 TRC의 의장에게서 큰 영향을 받은 것 같고, 우분투(ubuntu)라는 아프리카의 전통에 서 있었던 대주교의 화해 개념과 잘 융합되어 있다.[17) 그래서 우리는 "용서"의 개념을 토론해야 한다. TRC의 결과에 나타나 있는 올바른 신학적 개념을 사용하는 일을 증진함으로써, 석의는 당면한 토론에 유용하게 이바지할 것이다.

기독교적 의미에서 용서란 개념은 항상 빚, 혹은 범죄의 사면 혹은 변제이다. 초기 기독교는 이 개념을 세례 요한과 나사렛 예수에게서 빌려 왔다.[18) 예를 들면, 세례 요한은 회개하는 자들 곧 그들의 마음과 생각을 바꾸어서 하나님께 돌아가는 자들을 하나님께서 용서하시리라고 선포하였다(Q 3:3과 마가 1:4). 나사렛 예수는 제자들에게 "우리의 빚을 용서해 주소서"(Q 11:4/ 6:12)라고 아버지이신 하나님께 기도하도록 가르쳤다. 유대 기독교 전통은 용서를 아주

---

16) Cd. Desmond Tutu, *Future*, p.35.

17) Cf. Desmond Tutu, *Future*, pp.34-36.

18) Cilliers Breytenbach, "Vergeben/Erlassen," in L. Coenen and K. Haacker, eds., *Theologisches Begriffslexikon zum Neuen Testament* (Neukirchen: Neukirchener Verlag, 2001). pp.1737-42.

중요하게 다룬다.

첫째로 요한은 용서를 기대하는 사람들의 상황을 조건으로 제시한다. 곧 그들의 범죄를 고백하고 진솔한 마음으로 하나님께 기도하는 자가 용서를 받을 것이라는 사실이다. 예수께서는 바리새인과 세리의 실례를 든다. 세리가 "하나님이여, 성전에 있는 자비를 베푸소서, 저는 죄인이로소이다!"(눅 18:13)라고 기도하였다. 진정으로 죄를 뉘우치고 후회하는 마음 없이 용서를 구하는 일은 있을 수 없다.

둘째로 예수께서는 빚이 탕감되는 조건에 대해 언급하였다. 공관복음 전승에 따르면, 빚의 탕감 혹은 범죄의 용서는 기꺼이 다른 사람을 용서하는 일에 연결되어 있다(참고, 막 11:25). 곧 "우리가 우리에게 빚진 자를 용서해 준 것같이, 우리의 죄를 용서해 주소서"(참고, Q 11:4), 혹은 "우리가 우리의 빚진 자들을 용서해 준 것같이 우리의 빚을 용서해 주소서"(Q 6:12).

셋째로 죄 용서와 빚의 탕감은 예수의 죽음의 결과로 오는 것이 아니라는 사실을 정리하는 일이 중요하다. 제2 성전 시기의 유대교는 여호와께서 "자비롭고 은혜롭고 노하기를 더디하고 인자와 진실이 많은 하나님이며, 인자를 천대까지 베풀며 악과 과실과 죄를 용서하는 분"(출 34:6-7)이라는 신앙을 중시하였다. 예수께서는 이러한 전통에 확고하게 서서, 죄인이 자비의 하나님께 용서의 기도를 할 것을 가르친다.

5. 자비와 용서

우리의 사랑하는 조국(편집자의 주 : 남아공)이 과거에 기독교적 전통 속에 있었지만 잔혹한 일을 일삼았다고 생각하는 사람 중에서 필자도 다음의 세 가지 중요한 원리를 생각해 본다. 맨 먼저, 하나님께서 자비로우시므로, 자비와 용서가 있어야 한다. 대주교 투투가 다음과 같이 말했다. "이 자비의 신학에서 우리는 단 한 사람도 포기할 수 없다. 이는 하나님은 한 분이시고 특히 죄인을 사랑하시기 때문이다."19)

둘째, 비록 TRC가 사면하는 조건으로 뉘우치고 후회와 같은 것을 여러 가지 이유에서 요구하지는 않지만, 이전의 국민당 지지자들이 진정한 뉘우침을 보이지 않는다면 국민적 화해와 과정은 성공하지 못할 것이다. 선거에서 힘을 얻어 국민당을 차지한 사람들은 그들을 대표하였던 국가에 의해 행해진 잔학한 행위들에 대해서 정치적 책임을 져야 한다. TRC분과가 태동하였던 때에 사실상 정치적 죄의식을 뉘우치는 일이 조직사회 아래에서 고통당한 이들과 화해를 이루기 위한 필수요건이었다.

셋째, 석의자는 잘못된 행동을 하는 자들에 대해 말해야 하는데, 곧 예수의 전승을 담지한 자들일지라도 그들에게 죄를 범한 자들을 기꺼이 용서함으로써 하나님에게서 오는 용서를 기대할 수 있다는 사실을 말해야 한다.

결론적으로 필자는 용서에 관한 초기 기독교의 전승에 많은 관심을 두고 있는데 남아공의 "화해" 논쟁에 계속해서 참여하는 이들과 종교적 전통을 묘사함으로써 토론에 이바지하기를 원하는 이들이 이 연구에서 유용한 것을 발견하게 되기를 원한다. 남아공의 전통과 맥을 같이하여, 그들이 정치적 부분에서도 유용한 석의를 발견하게 되기를 기원한다.

---

19) Demond Tutu, future, p. 74.

III. 말씀과 삶의 조화[1]

새롭게 번역된 성경을 손에 쥘 때마다, 필자의 마음은 높은 하늘의 흰 구름 위로 날아오르는 느낌이 든다. 눈이 상쾌해지고 코끝에 새 책 냄새가 전달되면서 마음속까지 시원해진다. 《The Learning Bible: Contemporary English Version》은 뉴욕(New York)에 본부를 두고 있는 〈미국성서공회〉(American Bible Society)가 1995년에 번역을 완료한 본문에 2000년에 학자들과 목회자들이 해설과 여러 가지 유용한 정보들을 포함시켜서 총천연색으로 출간한 현대판 영어성경이다. 《The Learning Bible: Contemporary English Version》은 서문에서도 밝히고 있는 것처럼, 현대인을 염두에 두고 편찬해 낸 성경이다. 특히 초신자들과 청소년들과 불신자들을 대상으로 편찬한 성경이라고 말할 수 있을 만큼 쉬운 영어번역으로 현대인 앞에 한 발짝 가까이 다가서고 있는 성경이다. 지금까지 성경을 읽으면서도 그 뜻을 잘 이해하지 못한 사람도 이 책을 통해서 하나님의 말씀에 새로운 눈을 뜨게 될 것이다. 그만큼 이 책은 성경의 문외한들에게 흥미를 불러일으켜 줄 것이라 확신한다.

이러한 사실은 신구약성경의 약어표를 한눈에 보여주고 있는 목차에서도 확인되고 있는데, 지금까지의 성경이 약어표를 구약성경의 첫 책인 〈창세

---

[1] 이 장은 필자가 번역한 "말씀과 삶의 조화: 《러닝 바이블- 현대인을 위한 영어 성경》은 어떤 책인가?《성경원문연구》 제9호(2001년 8월): 97-105를 수정 보완한 것이다.

기〉부터 신약성경의 마지막 책인 〈요한계시록〉에 이르기까지 책 순서대로 나열하였다. 그러나 《The Learning Bible: Contemporary English Version》은 약어표에서 영어 철자의 순서대로 신구약성경을 나열하여 〈Acts〉(사도행전)로부터 시작하여 〈Zephaniah〉(스바냐)로 끝을 맺고 있다. 이러한 영어 철자 순서에 입각한 약어표는 신구약성경에 익숙하지 않은 초신자들이나 심지어 불신자에게 아주 친숙하게 성경을 읽을 수 있는 토대를 마련해 준 〈미국성서공회〉의 따뜻한 배려라고 평가할 수 있다.

《The Learning Bible: Contemporary English Version》이 현대적인 번역성경임에도 불구하고, 한 가지 기억해야 할 것은 영어번역 성경의 최고의 권위라고 할 수 있는 1611년에 발간된 킹 제임스 역본(King James Version)의 정신과 형식을 그대로 존중하고 있다는 사실이다. 그러므로 서문에서도 밝히고 있는 것처럼, 《The Learning Bible: Contemporary English Version》은 "우리가 번역하고 있는 것은 하나님의 말씀이다."라는 철저한 킹 제임스 역본의 정신과 신앙고백을 그대로 계승하고 있다.

지난 130여 년 동안 한국교회는 눈부신 성장을 계속해 왔는데, 앞으로 대한성서공회가 한국인의 손에 의한 성경 번역 사업을 추진하여 좋은 성경 본문을 한글로 세상에 내놓게 될 날이 다시 올 것을 기대하면서, 필자는 《The Learning Bible: Contemporary English Version》과 같이 영감에 넘치는 해설과 유익한 정보들을 담은 성경을 한국인의 손으로 세상에 내놓을 수 있기를 희망하면서 이 글을 쓴다.

1. 번역에 대하여

현대어 번역성경의 특징이 '쉬운 번역'에 있다고 말한다면, 《The Learning Bible: Contemporary English Version》은 가장 그 특징을 담고 있는 성경이라고 평가할 수 있다. 아무리 쉽게 번역하여도 성경은 역시 어렵다는 통념이 있는데,《The Learning Bible: Contemporary English Version》은 우선 외형적으로 총천연색으로 책형을 갖추고 있을 뿐만 아니라 사진과 도표와 지도와 그림을 삽입하고 있어서 성경이 지닌 부담감을 독자에게 상당부분 덜어주고 있다. 문체에서도 아주 쉽고 간결한 문체를 사용하고 있으며 청소년이 읽어도 무리 없이 이해할 수 있는 어휘들을 사용하고 있으므로,《The Learning Bible: Contemporary English Version》은 아주 쉬운 번역 성경임이 틀림없다.

성경 번역에 있어서 언제나 대립적으로 이해되고 있는 것이 직역(直譯)과 의역(意譯)이라고 말할 수 있는데,《The Learning Bible: Contemporary English Version》은 의역 곧 '풀어쓰기'를 원칙으로 출간된 성경이라고 평가할 수 있다. 신약성경이 원래 헬라어로 기록되어 있으므로 영어와는 그 언어적 형식과 구성이 다르다고 말할 수 있다. 그러므로 헬라어 본문에서 문자적으로 직역을 하면 때에 따라서 본문이 정확하게 의미하는 바가 무엇인지 이해가 안 될 경우가 많다. 이렇게 직역이 지닌 단점을 보완하기 위하여 대안으로 제시되고 있는 것이 의역이라고 말할 수 있는데, 한 가지 의역이 지나치게 강조되면 본문이 원래 말하고자 하는 의미로부터 상당히 멀어질 수 있는 단점이 있다. 그러므로 직역과 의역 사이에서 번역자는 긴장감을 고려하여 적절한 번역을 제시해야 할 지혜를 가져야 한다.

필자는《The Learning Bible: Contemporary English Version》이 의역을 한 본문의 경우를 마태복음 5장 3절을 예로 들어서 다음과 같이 도표로 만들어 보았다. 영어 성경이라 외국어로 번역본들을 비교하는 것을 양지해 주기를 바란다.

		Blessed—happy, to be envied, and spiritually prosperous [that is, with life-joy and satisfaction in God's favor and salvation, regardless of their outward conditions]—are the poor in spirit (the humble; rating themselves insignificant). **The Amplified New Testament**
Blessed are the poor in spirit: for theirs is the kingdom of heaven. **King James Version**	Blessed are the poor in spirit: Happy the destitute in Spirit. **The Emphasized New Testament**	
... those who feel their spiritual poverty. **The Berkely Version of the New Testament**	Happy are those who know they are spiritually poor. **Good News Study Bible**	God Blesses those people who depend only on him. **Contemporary English Version**

이상의 번역본들을 비교해 보면, 킹 제임스 역본이 직역이라고 말할 수 있다면 마지막에 인용한 《The Learning Bible: Contemporary English Version》을 포함한 다른 번역본들은 모두 의역이라고 평가할 수 있다. 이러한 의역이 독자들에게 쉬운 번역으로 다가오는 것은 오늘날의 성경 번역의 일반적인 추세라고 말할 수 있다.

2. 책의 구조에 대하여

1) 신약성경과 지리
흔히 성경을 읽을 때, 팔레스타인의 지리에 대해서 궁금해하는 독자들이 많다. 《The Learning Bible: Contemporary English Version》은 이러한 궁금증을 철저하게 해결해 주고 있는 성경이다. 성경에 나오는 모든 지리에 대해서 하나도 빠짐없이 설명해 주고 있을 뿐만 아니라, 필요하다면 그림과 총천연색 사진을 곁들여 가면서 입체적으로 설명해 주고 있다.

이러한 흥미로운 자료들을 통해서, 독자는 당대의 건축구조와 기후와 지형과 풍습과 전통과 예술과 종교와 문화와 삶의 방식 등에 관한 정보를 상세하게 접할 수 있다. 이러한 작업은 성경의 환경에 대해서 막연하게 알고 있는 독자에게 성서지리에 대한 신선한 호기심을 자극하여 성경 본문에 대한 이해를 넓혀주고 흥미를 유발하는 요소들이라고 평가할 수 있다. 더욱이《The Learning Bible: Contemporary English Version》은 책의 마지막에 방대한 지도(2364-2379쪽)를 총천연색으로 그려 놓았을 뿐만 아니라, 각종 행로를 상세하게 첨부해 놓았기 때문에 독자들에게 성서지리에 대한 폭넓은 지식을 전달해 주고 있다.

2) 신약성경의 사람들

초신자들이나 청소년들이 신약성경을 읽을 때, 낯선 인물들이 등장하게 됨으로써 성경에 대한 궁금증이 더해진다.《The Learning Bible: Contemporary English Version》은 이러한 궁금증 상당 부분을 해소해 주고 있는데, 거의 모든 신약성경의 인물들에 대해서 자세한 설명을 해주고 있다. 그들 가운데 유대교 종파에 해당하는 바리새인과 사두개인과 열심당(젤롯)에 대해서 설명해 주고 있을 뿐만 아니라, 베드로와 안드레와 같은 제자들에 대해서도 설명해 주고 있으며, 더 나아가서 천사들이나 예언자들의 이름에 관해서도 설명해 주고 있다.

특히 신약성경을 읽어 나가면서 복음서마다 다르게 묘사된 제자들의 명단을 일목요연하게 도표로 설명을 해준 것(1758쪽)과 본디오 빌라도에 대한 자세한 설명(1996쪽)과 이방인들에 대한 설명(2033쪽)과 헬라와 로마의 신들에 관한 이름과 그들에 대한 간단한 설명(2042쪽)과 각각의 신약성경 기자들에 대한 설명은 아주 유용한 정보이다.

3) 신약성경에 나타나 있는 동식물들

동물학자나 식물학자가 아니더라도 신약성경의 세계에 등장하는 동식물들에 대해서 관심을 기울이는 것은 당연한 일이다. 《The Learning Bible: Contemporary English Version》은 이에 대한 독자들의 궁금증을 풀어주고 있는데, 예수 탄생을 축하하기 위해서 먼 나라에 온 박사들이 몰약을 예물로 드린 것부터 시작하여 박하와 운향과 채소에 이르기까지, 여우와 늑대 등의 동식물들을 포함하여 간단한 설명을 해주고 있다. 여기서 사용되고 있는 방법이 그림과 사진인데, 신약성경을 읽어 나가는 독자들에게 충분한 흥미를 유발하는 정보라고 확신한다.

그 가운데 흥미로운 그림은 유대 포도원 전경(1784쪽)과 나귀가 짐을 운반하는 모습(1786쪽)과 갈릴리에서 고기를 잡는 모습과 물고기들(1816쪽)의 그림은 실제로 독자들을 팔레스타인 땅으로 인도하기에 충분하다.

4) 신약시대의 역사와 문화

성서고고학은 고고학적 발굴을 통해서 성경 본문이 증거하는 내용들의 이해 폭을 넓혀주고 있다. 고고학적 발굴물들은 성서세계의 정치, 경제, 사회, 문화, 종교 등에 대해서 폭넓은 배경지식을 전해주고 있지만, 각종 발굴물을 해석하여 성경 본문과 상호 비교 속에서 그 가치를 인정해야 하는 만큼, 우리는 팔레스타인의 지리뿐만 아니라 역사 더 나아가서 성경 본문에 대해서도 다양한 지식을 가지고 있어야 그것들을 올바르게 활용할 수 있다. 간혹 복음서와 관련된 고고학적 발굴물의 빈약함을 절대시하여 예수의 역사적 사실을 부정하려는 시도들도 있었지만, 이는 발굴물의 제한성을 인식하지 못한 데서 비롯된 학자들의 옅은 판단에서 비롯된 것으로 보인다.

지금까지 성서고고학은 고고학적 발굴물들을 통해서 신약성경의 말씀과 행동의 역사성을 결정하는 데 커다란 도움을 주고 있으며, 갈릴리를 중심으로 전개된 예수의 공생애에 대해서 많은 역사적 근거들을 제공해 주고 있다. 물론, 역사적 발굴물들이 신약성경의 역사적 사실에 대해서 모든 것을 입증해 주고 있다고 말할 수 없지만, 성서고고학은 성경 본문을 당시의 정치경제적 혹은 사회문화적 틀 속에서 관찰하게 함으로써 신약성경에 역사적 객관성을 부여해 주는 효과를 낳는다.

《The Learning Bible: Contemporary English Version》은 오늘날의 고고학적 발굴을 기초로 신약성경을 이해할 수 있는 방법론적 활용의 가능성을 열어주고 있는 성경이다. 역사적 예수의 일차적인 자료들로서 우리는 신약성경의 복음서들과 각종 외경의 복음서들과 당대의 역사가인 요세푸스의 기록들을 꼽을 수 있지만, 고고학적 발굴물들은 나사렛 예수를 갈릴리의 가난한 농부 출신으로 입증해 주는 데 많은 공헌을 하였다. 예를 들면, 세포리스와 디베리아는 신약성경 본문에 등장하지 않는 도시들이지만, 당대에 정치적으로, 경제적으로, 혹은 군사적으로 중심적인 구실을 하였던 곳이었음이 고고학적 발굴을 통해서 입증되었다. 이들 도시는 로마가 팔레스타인 지역을 통치하기 위해서 건설한 도시들이었고, 조세를 거두고 군인들을 주둔시키고 로마가 건설한 길을 따라서 활발한 교역이 이루어졌던 도시들이었다.

《The Learning Bible: Contemporary English Version》은 이런 도시들에 대한 발굴 장면과 복원 사진이나 그림을 소개해 주고 있을 뿐만 아니라, 각종 역사적인 사건을 시대별로 요약한 도표(2360-2363쪽)와 후대의 상상하면서 그린 성화를 동원하여, 당시의 문화와 역사에 빈약한 지식을 가지고 있는 독자들에게 참신한 정보들을 제공해 주고 있다.

그 가운데서 두 마리의 소가 밭을 가는 장면(1715쪽)과 양모로 실을 만들고 옷을 짜는 장면(1717쪽)과 포도즙을 짜는 모습(1950쪽)과 빵을 굽는 모습(1963쪽)과 예수의 십자가 처형과 같은 사실적인 그림(1808쪽)은 독자들에게 설득력이 있게 당시의 역사와 문화를 재현해 준다. 그리고 당대의 거주문화라든지 일상생활 속에 사용하던 동전들과 갖가지 화상들은 독자들에게 구체적인 신약성경 삶의 자리로 인도해 주고도 남음이 있다.

5) 중요 개념들

하이데거가 '언어는 존재의 집'이라고 말한 적이 있는데, 언어를 떠나서는 인간이 사고를 전개할 수 없다는 말이기도 하다. 《The Learning Bible: Contemporary English Version》은 신약성경에 익숙하지 않은 독자들을 위해서 중요 개념들을 상세하게 설명해 주고 있다. 때때로 그것들은 작은 논문의 형식으로 설명되기도 하는데, 독자들이 필요할 때는 언제든지 사용하기 편리하도록 책의 마지막 부분(2380-2382쪽)에 목차까지 상세하게 정리해 주고 있다.

중요한 개념 설명 가운데 눈에 띄는 것은 유대적 배경에서 형성된 할례(2158쪽)라든지 장례문화(1896쪽)와 같은 유대적 특성 속에서만 이해될 수 있는 내용들을 잘 정리해 주고 있으며, 성령(1987쪽)과 세례(1874쪽)와 하나님의 아들(1947쪽)과 인자(1754쪽)와 구원(1923쪽)과 재림(2184쪽)과 같은 신학적 문제들에 대해서는 상세한 설명을 해주고 있다. 더욱이 성경에 나타나 있는 다양한 하나님의 이름에 대한 도표(1720쪽)와 신구약성경에서 하나님과 예수께서 기적을 어떻게 행하셨는지를 한눈에 보여주는 도표(1726-1727쪽)는 아주 유용하다.

6) 관주 성구들

성경을 읽을 때, 다른 관련 구절들에 관심을 기울이는 독자들이 많다. 이 점에 있어서 《The Learning Bible: Contemporary English Version》은 방대한 관주 성구들을 편리하게 제공해 주고 있다. 한 가지 특이한 점은 신약성경에 나타나 있는 구약성경의 인용이 주로 70인역본(LXX)에 의지해 있는데, 본 성경은 이 점을 분명하게 밝혀주고 있어서 독자들을 친절하게 안내해 주고 있다.

《The Learning Bible: Contemporary English Version》의 관주 성구들은 복음서의 서로 유사한 구절들을 모아놓았으며 서신의 유사한 구절들을 한눈에 알 수 있도록 모아놓았기 때문에, 독자들이 그 전승의 전개과정을 추정하고 전후에서 영향을 주고받은 신약성경의 책들을 추정하기 쉽도록 배려하였다.

7) 질문들

《The Learning Bible: Contemporary English Version》이 다른 번역 성경과 완전히 다른 한 가지는 작은 단락 마지막에 몇 가지 성경 본문을 토대로 독자들에게 제기하고 있는 질문 부분이다. 그런데 단순히 성경 본문에 대한 이해의 폭을 넓히려는 차원이 아니라, 독자들이 성경의 말씀을 삶 속에서 나누고 실천할 수 있는 도전을 주려는 질문들이 많다. 이렇게 의도된 질문들은 다분히 본 성경의 번역목적과도 일맥상통하는 바가 크다고 말할 수 있다. 본 성경이 염두에 두고 있는 다음과 같은 번역목적을 다시 한번 상기해 보자:

> 《The Learning Bible: Contemporary English Version》은 하나님의 말씀을 읽고, 듣고, 이해하고, 나누도록 하기 위하여 당신을 초대한다.

여기에 분명하게 나타나 있는 번역목적은 그리스도인의 삶을 공유하여 하나의 신앙공동체를 추구하고자 하는 것이라고 말할 수 있다. 오늘날 교회가 사분오열된 신자마다 하나의 신앙을 공유하지 못하는 현실에서 본 성경은 자라나는 청소년들에게 일치된 신앙과 삶을 교훈할 수 있는 토대를 하나님의 말씀에서 찾도록 인도한다고 하는 장점이 있다.

질문들을 어떻게 활용하는 것이 가장 좋은 방법일까? 필자는 내 나름대로 교회의 성경공부에 활용하거나 청소년들이 그룹 활동에 활용하는 방법이 좋을 것 같다는 생각이 든다. 또래의 친구들이 한자리에 모여서 한 구절을 읽고 서로 삶을 나누며 상대방의 생각을 들을 때, 하나님의 말씀에 대한 이해의 폭은 그만큼 넓어질 것이다.

3. 평가

어떤 책이든지 장단점이 있기 마련이다. 물론 신구약성경의 독자는 신자들이다. 그런데 《The Learning Bible: Contemporary English Version》은 세계 역사상 최고의 베스트셀러인 성경의 독자들을 신자들이 아니라, 불신자들에게까지 그 범위를 확대하고 있다는 크나 큰 장점을 가지고 있는 성경 책이다. 물론 이 책은 미국성서공회에서 발행되었으며, 교회와 신자들을 목표로 출간된 책이지만, 기존의 성경과는 그 차원이 다르다고 말할 수 있다. 필자는 성경에 대해서 지금까지 고리타분하게 생각하였던 초신자들까지도 《The Learning Bible: Contemporary English Version》을 통해서 흥미롭게 성경을 읽을 수 있는 기회를 얻게 되었다고 확신한다. 그러므로 위에서 이미 여러 가지로 지적한 것처럼, 본 성경은 많은 장점을 가지고 있다.

첫째, 쉬운 번역으로 성경에 대해서 왕초보도 이해하기 쉽다.
둘째, 총천연색으로 상품가치가 있다.
셋째, 읽기에 흥미로운 내용들이 많다.
넷째, 지적인 욕구를 만족시켜 준다.
다섯째, 성서지리에 대해 과학적인 정보를 제공해 준다.
여섯째, 사진과 그림만으로도 간직할 만한 값어치가 있다
일곱째, 부록에 있는 성경읽기표를 따라서 하루에 5분 읽으면 일년에 다 읽는다.

《The Learning Bible: Contemporary English Version》은 또 하나의 전문적인 성경 번역서의 한계를 벗어나지 못하고 있다. 위에서 장점을 제목만 나열하여도, 독자들이 공감이 할 수 있으리라 짐작하는 데 단점에 대해서는 아무래도 아래와 같이 긴 설명을 하여야 할 것 같다.
첫째, 신약성경의 각 책에 대한 필수적인 개론이 너무 빈약하다는 점은 아쉬움으로 남는다. 예를 들면, 복음서 중에서 마태복음과 마가복음과 누가복음과 요한복음 각각에 대한 개론을 달아 주어서, 언제 어느 곳에서 기록되었

으며 누가 어떤 신앙 공동체에게 기록한 복음서인지를 밝혀줄 때, 독자들이 더욱더 자세하게 본문의 내용을 실감하게 될 줄로 안다. 물론《The Learning Bible: Contemporary English Version》이 하나님의 말씀으로서의 신약성경을 강조하려는 차원에서 각 책의 간단한 개론을 사전에 독자들에게 요약적으로 소개하려는 의도는 충분히 이해하고 있지만, 이러한 사실을 공감하면서도 독자들의 궁금증은 여전히 남아 있기 마련이다. 다시 말하자면, 독자들은 신약성경 각 책이 지닌 삶의 정황에 대해서 지대한 관심이 있다. 신약성경의 각 책이 당대를 살아갔던 신앙인의 삶에 직결된 문제들을 하나님의 말씀에 근거하여 해결하였던 점을 중시함으로써, 오늘날의 독자들도 그것을 거울삼아서 오늘의 문제들을 해결할 수 있는 지혜를 얻을 수 있기 때문이다. 그러므로 개론은 단순히 각각의 책을 소개하는 정도의 차원에 머무는 것이 아니라, 오늘의 현장에 대한 문제해결의 열쇠를 찾고자 하는 현대인들에게 필요한 최소한의 지침이라고 말할 수 있다. 과연 성경이 기록된 시기를 추정하는 일은 불가능한 것인가?《The Learning Bible: Contemporary English Version》이 신약성경의 시대에 대한 갖가지 유용한 정보들을 풍부하게 제공해 주고 있으므로, 필자는 반드시 각각의 책에 대한 역사적인 삶의 정황뿐만 아니라 그것의 대략적인 기록 시기도 독자들에게 명기해 주어야 한다고 생각한다.

둘째, 성경의 해석방법을 (1) 교리적 해석과 (2) 역사적 해석과 (3) 목회적/신학적 해석으로 나누어서 생각할 수 있다.《The Learning Bible: Contemporary English Version》이 현대적 성경 번역의 특성을 살려서 쉬운 영어로 본문을 번역하고 있지만, 교단마다 다른 교리상의 미묘한 차이를 건드리지 않기 위하여 교리적 해석을 지양하고 있으며 각 교회 전통의 차이에서 비롯된 다름을 피해 가기 위하여 목회적/신학적 해석을 지양하고 있다. 그러다 보니 본 번역서는 역사적 해석에 치중하는 결과를 낳았다. 그러나 지리적인 배경과 정치 경제 문화 종교의 일반적인 배경과 당대의 풍속과 삶의 방식에 대해서 풍부한 자료들에 대한 정보를 제공해 주고 있지만, 정작에 중요한 것은 그러한 정보 자료들이 성경 본문의 특수한 내용에 얼마나 직접적인 연결점을 가지고 있는가 하는 문제는 여전히 남아 있다는 사실이다. 구체적으로 지적하자면, 1808쪽에 당시 죄수들이 로마 병정들에 의해서 십자가형이 집행되는 그림이 그려져 있는데, 과연 그 그림대로 예수를 십자가에 마련된 나무 의자에 앉힌 자세로 두 발을 옆으로 모아서 발뒤꿈치와 복숭아뼈 사이에 못질하여 십자가에 달았는가 하는 문제는 그 그림을 보는 신자들마다 이의를 제기할 것이다. 당시의 역사적 정황이 그렇다고 해서 예수의 십자가의 처형도 그럴 것이라고 간주하는 것이 역사적 해석이 지닌 한계이다. 그러므로 역사적 해석은 교리적 해석과 목회적/신학적 해석을 도움을 받아서 항상 재정립되어야 한다.

IV. 예수 그리스도의 진실[1)]

1. SBS 스페셜 제작팀과 사전 접촉

먼저 필자는 SBS의 제작 의도를 지적하지 않을 수 없다. 한마디로 말하자면, SBS 스페셜은 기독교의 정통성에 도전하려는 의도를 갖고 만든 것이다. 《예수는 신화다》라는 책은 학계에서 외면당하고 있는 허구 소설류로 지상파 방송인 SBS가 특집으로 내보낸 것은 스스로 그 위상을 격하시킨 부끄러운 일임과 동시에 정통 기독교에 대한 도발이다.

무엇보다도 필자와 관련된 SBS 방송의 뒷이야기부터 나눔으로써 사건의 실체에 대한 실마리를 풀어보도록 하겠다. 당초 필자도 SBS 스페셜 첫 편에 관하여 인터뷰하였다. 인터뷰 전에 담당 작가(김승희)와 PD(김종일)로부터 전체 방영분에서 각각 약 4분에 해당하는 내용으로 편집되어 2008년 6월 29일 밤부터 4주간에 걸쳐서 방송될 것이라는 이야기를 필자는 사전에 이메일을 통해

---

1) 이 장은 필자가 논쟁을 벌인 "SBS '신의 길 인간의 길'은 표절: 반기독교 소설 《예수는 신화다》 베낀 것은 기독교에 대한 폭거." 《NEWSNJOY》 (2008년 7월 1일)와 "왜곡된 시각 시청자에게 강요말라," SBS '신의 길 인간의 길'에 대한 발론, 〈한국기독공보〉 제2666호(2008년 7월 19일)와 "SBS TV '신의 길 인간의 길'에 대하여 답한다," 〈조선일보〉 제27234호 전면광고(선언문 초안 작성), 2008년 7월 18일 금요일: A15면과 "한국교회는, SBS 방송을 왜곡. 편파의 '방송사기'로 규정한다," 〈동아일보〉 제27063호(2008년 7월 30일 수요일)와 "SBS 다큐는 사이비 이단 학설," 〈국민일보〉 제6011호(2008년 7월 8일)에 실린 글을 수정 보완한 것이다.

서 알고 있었다. 6월 10일 밤에 담당 작가가 보낸 이메일은 다음과 같다.

보낸 사람   김승희 <chacha106@naver.com>
받는 사람   kychunso@pcts.ac.kr
받은 시각   2008/06/10 23:11:49
제   목   교수님 sbs입니다.

안녕하세요. 교수님. 연락드렸던 SBS 스페셜 팀의 김승희 작가입니다. 바쁘실 텐데도 불구하고 친절한 전화응대 감사합니다. 저희 제작진은 앞서 말씀드린 것과 같이 <종교>와 관련된 주제로 대기획 다큐멘터리를 총 4부작으로 방영 예정입니다. 먼저 저희 방송 정보와 인터뷰 예상 질문에 대해 간단하게 말씀드리겠습니다.

방송명 : sbs 스페셜 (매주 일요일 밤 11시 15분)
방송일시 : <신의 길, 인간의 길(가제)> 본 주제와 관련된 방송은 6월 29일부터 약 4주간
             방송 (예정)
기획의도 :
아프간 카불에서 칸다하르로 가는 길 140km 지점. 무장도 하지 않은 한국 민간 인질 배형규 목사에게 탈레반은 열 발이나 총상을 가해 살해하고 시신을 그곳에 버렸다. 야만적이었다. 이곳은 바로 여행 자제를 촉구하는 인천공항 표지판 앞에서 밝게 웃으면서 기념사진 찍고 아프간으로 떠난 23명의 한국인이 며칠 후 온 국민을 분노와 공포와 스트레스에 시달리게 했던 인질 피랍의 시작점이기도 하다.
"종교 충돌이다…" "과시적 선교의 예상된 참상이다…"
　　엇갈리는 보도 속에서도 하루 다섯 번 매일 알라에게 기도한다는 탈레반이 왜 그렇게 잔인한 행동을 하는지, 모두 같은 교회 소속인 한국인 인질들은 왜 그렇게 무모한 길을 떠나서 삶과 죽음에 기로에 서게 되었는지 우리는 깊이 알지 못했다. 알라와 하나님, 성전(지하드)과 선교 … 인간의 구원과 희망에 관계된 단어들이 죽음과 억압의 현실로 다가왔을 때 우리는 낯설고 당황스러울 뿐이었다. 어쩌면 방아쇠를 당긴 탈레반이나 총을 맞은 배형규 목사나 살인과 피살의 순간 신을 부르짖었을 것이다.

이제 길을 되짚어 보자. 무슬림 탈레반 전사와 배형규 목사의 만남이 왜 평화가 아닌 죽음으로 끝맺을 수밖에 없었는지 … 탈레반과 배형규 목사가 의지했던 각각의 신은 어떤 존재였고, 어떤 배경에서 발생해 2500년을 가로질러 많은 사람들의 삶 속에 강하게 살아 숨 쉬는가?

각 부의 대략적인 주제:

　　　1부는- 예수, 그는 누구인가

　　　2부는- 이슬람 근본주의 및 이슬람에 대해서

　　　3부는-남태평양의 붉은 십자가 (바누아투, 존 프롬교) 및 서유럽 변해가는 신앙의 모습

　　　4부는-한국 기독교에 대해서 … 다뤄볼 예정입니다.

요청하신 방송 내용은 대략 위와 같습니다. 또한, 본 프로그램 인터뷰에 응해주셨던 교수들로는 김경재 교수(전 한신대), 김진호 목사(제3시대 그리스도교 연구소), 김덕기 교수(전 대전신학대), 배철현 교수(전 서울대 종교학과)…등이 있으십니다. 그리고 방송과 관련하여 교수님께 여쭤볼 예상 질문지를 뽑아보았습니다. 내용은 아래와 같습니다.

・ 문자주의 기독교가 가지고 있는 장점과 단점?

・ 미국 복음주의와 닮아 있다는 지적에 대해서 어떻게 생각하시는지?

・ [요한복음 14장 6절의 의미가 무엇인지? (혹, 예수만이 절대 진리라는 것을 의미?)

・ 한국교회가 보수화, 권력화되고 있다는 지적에 대해서 어떻게 생각하시는지?

・ 복음의 진정한 의미는?

・ 예수가 정말 하고 싶으셨던 이야기는 무엇이었을까? (예수 정신이 잘 담겨 있는 성경 구절과 그 의미)

・ 한국 기독교인들의 무지에 대한 일침을 가하는 한마디 해주신다면?

뒤늦게 방송 정보를 알려드리는 점 양해해주시고, 내일 오전 인터뷰 잘 부탁드립니다.

그럼, 주님 안에서 평안하신 밤이 되길 바라오며.

김승희 드림 (02-2113-3891~2)

사실 필자는 이 프로그램을 위해 작년부터 담당 작가와 여러 차례 통화를 나누었다. 모두 SBS 방송사 측에서 먼저 제의해 와서 도와달라는 요청이 있었기에 필자가 응답한 것이었다. 예를 들면 2008년 2월 26일 오후 2시 30분에는 담당 PD까지 직접 내 연구실을 찾아와서 초기 그리스도교와 관련된 영상자료를 수집하기 위하여 터키와 로마를 방문하고자 한다기에, 필자는 반드시 보아야 할 성지들에 관해 자세한 설명을 해주었던 일도 있었다. 그때 비로소 필자는 담당 PD의 의도를 파악하게 되었고, 반기독교적인 입장에서 취재하고 편집하지 말 것과 정통 기독교의 입장에 관해서도 공정하게 학자들의 입장을 다루어 줄 것을 주문하였다. 당시 담당 PD와 나는 서로는 반대의 관점에서 논쟁을 벌여 무려 인터뷰가 2시간 이상 지속되었는데, 그는 나와 논쟁하면서 노트에 열심히 적었다.

마침내 담당 PD는 방영시간이 임박한다면서 지난 6월 11일 오전 10시에 4명의 촬영기사를 대동하고 필자의 연구실을 찾아왔다. 촬영 인터뷰를 하면서 필자는 SBS 스페셜의 불순한 의도에 관하여 일부를 사전에 파악하고 있었기에 정통 기독교의 입장이 자유주의자들의 주장과 동등하게 취급되어야 한다고 항변하면서 1시간 30분에 걸쳐 인터뷰에 응하였다. 인터뷰가 끝나고 SBS 스페셜의 제1부가 방송을 탈 때까지 필자는 이번 방송에 이슬람의 의도가 그 밑바탕에 깔린 줄을 전혀 알지 못했다. 나중에 이 글을 전개하면서, 이슬람의 음모설을 자세히 다루도록 하겠다.

그때 필자는 담당 PD가 의도적으로 반기독교적인 입장에 서서 질문을 하면서 자신의 질문내용은 인터뷰에 나오지 않으니 필자가 답변할 때 자기 말을 반복해 달라는 요청을 하여서, 혹시 편집과정에서 담당 PD가 의도하는 불순한 내용이 필자의 주장으로 둔갑할 여지를 없애기 위하여 필자 나름대로 치밀하게 '…라고 주장하지만, 나는 동의하지 않는다.'라는 어조로 분명하게 정통 기독교의 입장을 설명해 주었다. 그리고 인터뷰가 끝난 다음에 담당 PD는 플리니우스와 관련된 초기 그리스도교 문헌 2권과 필자가 공역한 《새로운 신약성서개론》(대한기독교서회)에 나오는 플리니우스의 편지를 내게서 빌려갔다.
이에 관하여 필자는 책들을 택배 편으로 안전하게 돌려받을 겸해서 그다음 날
에 담당 작가에게 이메일을 보내어 다음과 같은 요청을 하였다.

보낸 사람   kychunso@pcts.ac.kr
받는 사람   김승희[chacha106@naver.com]
받은 시각   2008/06/12 08:35:49
제   목   RE: 교수님 sbs입니다.

김승희 작가님 안녕하세요? 어제 인터뷰를 했습니다. PD 선생님이 아주 논쟁적인 분이시
라 쓸데없이 시간만 길어졌습니다. 제 전공과 무관한 내용들만 이야기했습니다. 그러나 제
보수적인 입장은 분명히 밝혔습니다. 편집과정에서 엉뚱하게 이용당하지 않도록 각별한
부탁을 드립니다. 크로산을 인터뷰했다고 해서 제가 전공한 분야이기에 의구심을 가지고
몇 가지 안타까운 의견을 드렸습니다. 한쪽만 부각하는 것은 방송사의 공정한 태도가 아니
라고 생각합니다. 도움이 필요하시면 제게 이메일로 알려주십시오. 기꺼이 도와드리겠습
니다.
        그리고 플리니우스에 관한 도서관 책 2권을 빌려 갔습니다.
        아래 주소로 속히 보내주십시오.
        서울 광진구 광장동 353번지 장로회신학대학교
        샬롬^^

소기천 교수 드림

장신대 도서관이 빌려준 책들은 그 주간에 필자에게 안전하게 돌아왔지만, 정
작에 필자가 관심을 두고 있었던 SBS 스페셜의 방송 내용은 양쪽의 의견을 공
정하게 다루지 않았다. SBS 스페셜은 이번 방송에서 크로산뿐만 아니라 담당
PD가 필자와 인터뷰하는 중에 전혀 언급한 바가 없는 엉뚱한 사람인 티모시

프리크의 견해만 부각해서 많은 시청자들에게 커다란 실망감과 분노를 안겨 주었다. 더구나 SBS 스페셜 제작진은 필자의 반론과 반박 인터뷰 내용을 이번 방송분에서 완전히 삭제시켜 버렸으니, 공익방송이 도대체 어떤 의도를 가지고 이번 특집 편을 만들었는지, 그 저의가 너무나도 분명하게 만천하에 드러나게 된 것이다.

필자는 이번에 방송되지 않은 인터뷰에 응하면서 SBS 스페셜 제작진이 가지고 있는 반기독교적인 각본에 대해서 하나하나 조목조목 따지면서 반박하였다. 그때 나눈 내용을 이미 담당 PD가 자신들의 각본과 들어맞지 않는 내용이라고 간주하여 삭제하였으니, 이번 방송이 얼마나 한쪽에만 편중된 내용이었는지 이미 모든 시청자가 주지하고 있는 바와 같다. 이번에 필자가 방송을 지켜보면서 새롭게 파악한 문제들 가운데 시급하게 다루어야 할 내용들만을 여기서 다루고자 한다. 후에 기회가 오면 필자가 인터뷰한 1시간 30분짜리 내용이 이번 특집에서 단 한 마디도 방영되지 않았으므로 SBS 스페셜 측에 요구하여 반박과 반론 보도가 되도록 요청하고 싶다.

2. 방송심의에 관한 규정

기독교의 최초 교리인 예수 그리스도의 신성과 인성, 죽음과 부활뿐만 아니라, 기독교의 정통성을 부정하는 것으로 논란이 됐던 SBS 스페셜 4부작 '신의 길, 인간의 길'은 끝났지만, 프로그램 제작을 둘러싼 여러 가지의 의혹들이 제기되고 있다. 더구나 SBS는 방영 첫 회부터 공정성 논란을 불러일으켰고, 기독교의 정통 교리를 정면으로 비판하면서도 반론의 목소리는 철저히 배제하였다. 이 같은 편파성 논란을 불러일으킨 SBS 스페셜의 제작과정에 이슬람 세력이 관여해 있다는 사실에 관하여 많은 학자가 의혹을 제기하고 있다.

SBS 스페셜은 메카에서 진행된 거대한 라마단 행사도 방영하였다. 중동 지역 전문가들에 따르면, 이는 무슬림이 아니면 촬영 자체가 불가능한 일이다.

이에 따라, 취재진 가운데 최소 2명이 이슬람으로 개종하였을 것으로 추정된다. 메카를 촬영한 기사와 메카에 집결한 인파를 배경으로 담당자가 영상에 찍혔기 때문이다. 그 외에도 수많은 해외촬영으로 많은 제작비가 소요되는 TV 프로그램의 제작환경을 고려할 때, 이슬람의 시각이 이번 프로그램에 상당히 반영돼 있으므로 중동의 오일 머니 유입 가능성이 현저하다. SBS 사측은 이 같은 의혹들에 대해 자체조사나 내부감사 등을 통해 시청자들이 궁금해 하는 사실과 진상을 철저하게 규명할 의무가 있다.

극동방송의 뉴스에 의하면, 물론 이 프로그램을 연출한 SBS의 김종일 PD는 메카 내부 촬영 경위에 대해, "도움을 주었던 분들이 피해를 당할 수 있다."라며 밝히지 않았으며, 이슬람 개종 여부에 대해서도 대답을 회피했다.

이런 가운데 교계 일각에서는 한국기독교총연합회가 SBS측과 협상을 통해 반론보도를 끌어낸 방식에 대해 비판이 이어지고 있다. 즉, 언론중재위원회에 제소하거나 법적 조치 등의 공식적인 절차를 통해 SBS 스페셜의 공정성 논란에 대해 법적으로 공신력 있는 판단을 받고, 충분히 준비된 반론보도문이 방영되어야 했다는 지적이 많다. 이와 아울러서 예비신자, 새신자, 혹은 청소년에게 미칠 해악 등을 고려해 해당 방송사를 통해 반박하는 내용이 방영돼야 한다는 주장도 많다.

필자는 SBS 스페셜이 '방송심의에 관한 규정'을 현저하게 위반하였다는 사실을 지적하면서 향후 유사한 사태를 미리 방지하고, 이미 중대한 범법행위를 저지른 SBS 사측에 대하여 기독교가 법적으로 제소하여 정통 기독교 교리를 침해한 것에 관한 판례를 만들어내야 한다고 생각한다. 이미 서구교회에서는 이런 유형의 판례를 도출해 냄으로써 기독교가 승리하여 교회를 지키고 교리를 수호한 경우들이 많이 있다. 더 나아가서 필자는 우리가 모두 한국을 전략기지로 삼으려는 이슬람의 음모를 정확하게 간파하고서, 교단마다 교파를 초월하여 총회적인 차원에서 이슬람 대책 기구를 만들어야 할 것을 제안하였다.

1) 공정성 문제

이 프로그램에 직접 출연해 기독교 근본주의 견해를 대변하는 것처럼 보도된 필자는 기독교와 이슬람 근본주의의 열심이 일치해 충돌로 치달을 수 있다면서 기독교의 신앙을 종교가 지닌 위험 요소로 부각했기 때문에 SBS의 취재 의도가 한쪽으로 치우쳤기에 아주 불쾌하게 생각한다. SBS는 예수를 신화로 보고 무함마드에 비해 예수를 허구의 존재라고 보았기 때문에 예수의 역사적 실존을 믿는 기독교를 폄훼한 것이다. 제2장 제1절 제9조의 공정성에 관하여 필자는 구체적으로 무엇을 위반하였는지를 다루고자 한다. 방송의 공정성은 방송이 그 생명을 유지할 수 있는 척도와도 같다. SBS 스페셜은 기본적인 공정성 보도에 미치지 못하는 졸작을 만들어서 기독교의 정통성을 모독함으로써, 진실을 왜곡하고 균형감각을 잃었으며 사실을 오인하게 하고 한쪽의 일방적 주장만을 전달하여 시청자를 오도하였으며 기독교계가 요구한 반박 방송에도 차별을 두었다.

(1) 방송은 진실을 왜곡하지 아니하고 객관적으로 다루어야 한다.

SBS는 예수의 역사적 실존을 왜곡하여 비역사적 존재로 결론을 지었다. 곧 예수께서 십자가에서 죽지 않았다고 말함으로써 기독교가 십자가를 통하여 성취하였던 부활과 영생과 인류의 구원 교리를 모독하였다. SBS는 기독교의 부활이 지니고 있는 의미가 몸과 영혼의 부활을 뜻하기에 인류 역사에서 그 유례를 찾아볼 수 없는 계시의 독특성이 있다는 사실을 무시하고, 오히려 이교도 신앙에서 주장하는 영혼불멸, 재생, 환생 등의 주장과 비교하여 기독교의 정통 신앙을 오시리스-디오니소스 신화에 의해 영향을 받은 것으로 주장하였다. 이는 진실을 왜곡하고 사실을 객관적으로 다루지 못한 중대한 범법행위이다.

(2) 방송은 사회적 쟁점이나 이해관계가 첨예하게 대립된 사안을 다룰 때에는 공정성과 균형성을 유지하여야 하고 관련 당사자의 의견을 균형있게 반영하여야 한다.

SBS는 역사적 예수 문제와 관련하여 국내외의 자유주의 학자들을 취재하면서 이 문제의 해당 전문가들을 완전히 배제하였다. 예를 들면, 김경재와 존 도미닉 크로산과 게제 버메스(사실은 학계에서 버미스로 발음을 한다)와 같은 자유주의 학자들의 견해는 학계에서 논란을 불러일으키고 있는 내용을 많이 포함하고 있기 때문에, 역사적 예수 연구에 있어서 반대의 입장을 취하고 있는 박수암과 제임스 M. 로빈슨과 폴 호프만과 같은 학자들의 견해를 균형있게 반영하여야 했다.

필자도 SBS 스페셜의 기획단계에서부터 초청되어서 담당 PD와 두 차례 만나서 장시간 인터뷰를 하였고, 담당 작가와도 여러 차례 이메일을 주고받으면서 도움을 달라는 요청에 응답하였다. 그런데 4부작이 방송되었을 때, 필자의 반박 내용은 철저히 무시되고, 오히려 필자가 이슬람 극단주의자들에 비교되면서 전형적인 기독교 근본주의자로 폄하됨으로써, 필자의 명예가 심각하게 훼손되었다.

(3) 방송은 제작기술 또는 편집기술 등을 이용하는 방법으로 대립하고 있는 사안에 대해 특정인이나 특정단체에 유리하게 하거나 사실을 오인하게 하여서는 아니된다.

SBS는 논란이 되는 기독교 교리 문제를 다루면서 코미디 철학자인 티모시 프리크의《예수는 신화다》라는 책에 전적으로 의존하여 취재를 하였으며, 나래이터인 문성근을 통해 앵무새처럼 한쪽에 편향된 시각만을 방송하였다. 더구나 이슬람의 시각으로 기독교를 비판함으로써, 시청자들에게 안티 기독교 세력의 입장만을 부각시켜주었다. 이로써 SBS 스페셜은 기독교를 폄훼하고 이슬람을 선전하는 의도를 드러내 주었다.

이미 《예수는 신화다》라는 책은 학계에서 허구 소설로 치부되었고, 번역 서적도 이미 폐기 처분된 사실을 모든 사람이 다 알고 있다. 그런데도 SBS 스페셜은 그 책에만 의존해 있는 제작진의 의도를 숨긴 채, 오히려 이교도 신앙의 입장만을 두둔하면서 전통 기독교의 신앙을 모독하였다. 이에 대한 기독교계의 정당한 반박과 반론과 반대 의견을 차단함으로써, SBS는 출연한 대부분의 자유주의 신학자와 이슬람에게 유리한 입장만을 방송하여 시청자들에게 사실을 오인하게 하였다.

(4) 방송은 당해 사업자 또는 그 종사자가 직접적인 이해 당사자가 되는 사안에 대하여 일방의 주장을 전달함으로써 시청자를 오도하여서는 아니된다.

SBS 스페셜 담당자는 취재 당시부터 일방적인 편집의도를 가지고 있었음에도 그 모든 사실을 끝까지 숨기려 하였다. 그러나 담당 PD와 인터뷰를 하는 중에 필자가 일일이 반박한 내용들에 관하여서는 한 마디도 방송하지 않았다. 오히려 시청자에게 필자를 이슬람 근본주의자에 필적하는 기독교 근본주의자로 오인하게 하여 전쟁과 폭력을 일삼는 반사회적 인물로 부각함으로써, 정통 기독교와 신학자에 대해 반감을 가지도록 방송하였다.

담당 제작진들이 이슬람에 개종하였다는 의혹이 불거지고 있는 상황에서, SBS는 스페셜 4부작 전체에서 이슬람을 선전하려는 의도를 가졌다. 이는 제작진들이 이해 당사자가 되어 자신들의 입장만을 일방적으로 전달하였으므로 분명히 시청자들을 오도한 범법행위이다.

(5) 방송은 성별·연령·직업·종교·신념·계층·지역·인종 등을 이유로 방송편성에 차별을 두어서는 아니된다. 다만, 종교의 선교에 관한 전문편성을 행하는

방송사업자가 그 방송분야의 범위 안에서 방송할 때에는 그러하지 아니하다.

SBS 스페셜은 제4부를 시작하면서 한기총이 요구한 반론을 약 2분간에 걸쳐서 방송하면서 끝에 '이러한 내용은 SBS의 입장과는 다른 것'이라는 자막을 내보냄으로써 반론 보도에 대한 그 진정성을 스스로 저버린 결과를 낳았다. SBS 스페셜은 언론의 자유를 앞세워 종교의 자유를 현저하게 침해하였다는 사실에서 그 문제가 심각하다. 요즘 반기독교 세력들이 의식적이든 무의식적이든 자신들의 왜곡된 입장을 여과 없이 공개적으로 드러내고 있다. 그런데 공익방송마저 이런 대중 선동주의에 편승하여 상황을 악화시키고 있다. SBS가 이슬람의 시각에서 기독교의 교리마저 깎아내리는 사태를 초래하였다. 이는 SBS가 이슬람의 종교방송이 아닌데도 불구하고, 상업방송으로 전락하여 이슬람을 선전한 결과를 낳았다는 점에서 그 문제가 아주 심각하다.

SBS는 편집기술을 이용한 양면적인 전술을 가지고서 기독교를 철저히 폄하하고 이슬람을 추켜세우는 태도를 보였는데, 이는 종교적 이유로 방송편성에 차별을 둔 것으로 시청자들이 실망하게 하고 기독교인들의 분노를 일으킨 불법행위이다.

무엇보다도 이번에 방영된 SBS 스페셜은 신화와 역사를 올바로 구분하지 못하는 잘못을 범하였다. 신화는 신들의 이야기이다. 고대 오시리스-이시스 신화가 그렇고, 그리스-로마 신화가 그렇다. 신화는 허구이며 비역사적인 내용을 가지고 있으면서, 단지 과거에 살던 사람들의 삶과 의식과 세계관을 보여주는 것에 지나지 않는다. 그러나 역사는 목격자들의 증언이다. 역사는 실제로 인간의 삶 한복판에서 일어난 이야기를 보여주면서 그 이야기의 배후에 중요한 사건들을 들추어내면서 그 사건이 지닌 의미에 초점을 두고 있다. 신구약 성경에 증언되고 있는 이야기는 신화가 아니라 역사이다. SBS 스페셜은 이런 사실을 구분하지 못하고 예수의 이야기를 단순히 신화라고 깎아내린 것은 현재 학계에서 활발하게 논의되고 있는 '역사적 예수' 연구의 내용과 성과를 전혀 인식하지 못하고 있는 지극히 안일하고 단순한 발상이다. 예수께서 역사적으로 실존한 분이시라는 사실은 이미 4복음서들(마태, 마가, 누가, 요한복음)과 요세푸스와 유대교의 랍비 문서에 등장하고 있다. 또한 예수를 직접 목격한 제자들의 설교를 듣고 그리스도인들이 된 많은 사람이 온갖 박해와 순교의 상황 속에서도 신앙을 굳게 지킨 이야기는 네로와 도미티아누스와 트라야누스 황제 시대에 로마의 집정관이었던 플리니우스의 편지에 기록되어 있다. 이 모든 고대 문헌들은 기독교가 인간역사의 한복판에 뿌리를 든든히 내리고 있다는 사실을 증언하고 있다.

2) 윤리적 수준

방송의 윤리적 수준에 관해 언급한 조항인 제4절과 관련하여, 필자는 구체적으로 무엇을 위반하였는지도 다루고자 한다. SBS는 공익방송으로서 한국 국민의 자긍심을 높이고, 종교 간의 차별을 두지 않고 신앙의 자유를 존중하여 특정 종교를 비방하거나 모독하지 않아야 함에도, 방송을 통하여 돌이킬 수 없는 중대한 잘못을 범하였다.

(1) 제24조(윤리성)
① 방송은 국민의 올바른 가치관과 규범의 정립, 사회윤리 및 공중도덕의 신장에 이바지하여야 한다.
② 방송은 가족공동체의 가치를 존중하며, 가족 내 평등하고 민주적인 관계에 이바지하여야 한다.
③ 방송은 민족의 존엄성과 긍지를 손상하지 않도록 하여야 한다. 〈개정 2004.10.25.〉

어떤 방송이든지 반만년을 이어온 한민족의 가치와 민족의 자존감을 높여주는 일에 그 책임을 다하여야 한다는 사실을 망각하여서는 안 된다. 그러나 SBS는 쿠라이시 부족에 의해 비롯된 민족종교인 이슬람을 선전하고 그들의 반사회적 전통인 일부다처제와 명예살인 제도를 소개함으로써, 일부일처제와 인권존중과 같은 인류의 보편적인 가치를 추구하며 사랑으로 가득한 기독교 정신을 공감하고 있는 많은 한국 국민의 마음에 큰 상처를 남겼다. 특히 이슬람은 가족공동체보다 정치집단의 이해관계를 먼저 중시하는 이른바 반인륜적이며 극단적인 법인 샤리아 법을 중시한다는 부도덕성과 관련하여, SBS가 단순한 상업방송이 아니라면 균형이 있는 정보를 시청자들에게 제공하여야 했다.

(2) 제28조(사회통합)

방송은 지역간, 성(性)간, 세대간, 계층간, 인종간, 종교간 차별과 갈등을 조장하여서는 아니된다. 〈개정 2004.10.25.〉

SBS는 기독교와 유대교와 이슬람 종교 간의 화해와 대화를 모색한다는 취지에서 스페셜을 제작한다고 밝혔다. 그러나 오히려 종교 간의 갈등만을 불러일으킴으로써 방송이 나아가야 할 방향에 관해 뜻있는 사람들이 우려하는 상황을 초래하였다. 원래 SBS는 서울 지역방송으로서 서울 시민을 위한 유익한 내용과 정보를 제공할 의무와 책임이 있다. 그런데 그 근본 설립 취지와는 달리 전국 방송의 헛된 꿈을 버리지 못하고 상업적 시청률의 상승만을 생각한 나머지, 2008 올림픽 이전에 주최 측과 한 약속도 어기고 사전에 개막식을 불법적으로 보도하는 무모한 행동을 서슴지 않았다. 이런 돌출행동이 SBS 스페셜을 통해서 기독교의 정통교리까지 폄훼하고 모독하는 일을 감행함으로써 종교 간의 갈등을 더욱 조장하였다.

(3) 제31조(신앙의 자유 존중)

방송은 신앙의 자유를 존중하여야 하며 특정 종교 및 종파를 비방하거나

종교의식을 조롱 또는 모독하여서는 아니된다.

　SBS는 '신의 길, 인간의 길' 제1부를 시작하면서 여의도순복음교회의 예배 실황에 대해 악의적으로 신앙의 자유를 비하하면서 특정 교회의 기도회와 인간이 마음속에 가진 숭고한 종교적 신념을 조롱하고 모독하는 일을 서슴지 않았다. 더구나 SBS가 의도적으로 그 교회의 기도장면을 클로즈업하면서 샤머니즘적인 신앙으로 일축하였으며 공익방송으로서 무모하게도 초상권을 심각하게 침해한 것은, 개인의 신앙의 자유를 공개적으로 모독한 행동이다. 이뿐만 아니라 거리에서 전도하는 목사를 파렴치한 사람으로 깎아내렸으며, 샘물교회의 의료선교 활동을 떠났다가 희생된 순교자들까지도 종교적 신념에 따른 무모한 행동이라고 평가하였다. 이로써 도대체 SBS가 무슨 권위로 이와 같은 평가를 하는지 시청자들에게 커다란 의구심을 자아내게 하였다.

　장로회신학대학의 설립자인 마포 삼열 박사의 아들과 직접 인터뷰하면서 그의 가족들이 130여 년 전에 한국에 와서 희생적으로 감당한 일들이 모두 기독교 근본주의자의 소행이라는 취지로 방송을 내보낸 것은, 한국교회에서 최대 교단을 이루고 있는 장로교에 대한 모독 행위이다. 이뿐만 아니라 미국과 영국의 교회가 모두 세속화되고 사회적인 문제를 일으키는 상황에까지 이르렀다고 방송함으로써, 일개 한국의 지역방송이 서구 정통 교회 모두를 부정하는 엄청난 도전을 감행하였다.

　한국교회는 교단과 교파를 초월하고 서구 교회와 연계하여 이 문제를 법적으로 제소하여, 이 땅의 모든 교회를 모독한 SBS에 대하여 그 책임을 엄정하게 물음으로써, 향후 이와 유사한 사태가 발생하지 못하도록 법적으로 구속력이 있는 판례를 만들어내야 한다.

(4) 제32조(표절금지)
방송은 국내·외의 타 작품을 표절하거나 현저하게 모방하여서는 아니된

다. 〈전문개정 2004.10.25.〉

SBS 스페셜 4부작이 주요 논제를 삼은 것이 티모시 프리크와 피터 갠디가 공저한 《예수는 신화다》이다. 과연 담당 PD 한 사람이 공익방송인 SBS의 편집 방향을 이렇게 무책임하게 결정하도록 둘 정도로 SBS 사측에 이 문제의 전문가는 없었는가? 방송국에 전문가가 없다면 마땅히 외부에 자문해야 한다.

필자는 이 문제를 표절의혹이라는 차원에서 제기하고자 한다. 이번 SBS 스페셜은 프리크만을 내세웠는데, 공저자인 갠디에 관해서는 단 한마디도 언급이 없었다. 마땅히 SBS는 공저자의 동의를 구해야 했다. 더구나 제1부에서부터 제4부에 이르기까지 상당부분을 《예수는 신화다》에서 그대로 옮겨 놓았는데, 이는 너무나도 명백한 표절행위이다. 그뿐만이 아니라 이미 1960년대에 영국의 BBC 방송에 의해 보도된 "파라다이스"라는 다큐멘터리에 대해서 SBS가 전적으로 의존한 것도 중대한 모방행위이다.

우려가 현실로 나타났다. 티모시 프리크와 피터 갠디가 공저한 반기독교 소설류인 《예수는 신화다》라는 책을 그대로 베낀 SBS 스페셜 '신의 길과 인간의 길' 4부작 표절방송이 밤 11시 20분부터 한 시간 동안 네 차례에 걸쳐서 방영되었다. 이것은 공익방송으로서 불공정한 내용을 케이블이 아니라 그것도 공중파를 통하여 전국에 방영하였다는 사실로 인해서 2천년을 이어온 기독교에 대한 중대한 도전이요 정통 기독교 신앙에 대한 범죄행위이다. 코미디 철학자인 티모시 프리크와 피터 갠디가 공저한 《예수는 신화다》라는 저서는 검증되지 않은 자료제시와 그 논리전개 방식의 문제점들이 여러 차례에 걸쳐서 지적되어 이미 학계에서 외면당하고 있는 허구 소설류인데, SBS 스페셜이 전적으로 거기에만 의존하다시피 표절하면서 특집방송을 만든 것은 공익방송으로서 스스로 그 위상을 격하시킨 부끄러운 사건이며 동시에 정통 기독교에 대한 무책임한 폭거이다.

SBS 스페셜이 코미디 철학자인 티모시 프리크를 인터뷰 전면에 내세워서 그의 주장들만을 앵무새처럼 되풀이한 것은 한국의 시청자들을 우롱한 처사이다. 더구나 SBS 스페셜 제작진이 《예수는 신화다》라는 책의 내용들과 관련하여 단지 방송 초두에 책 표지만을 보여주고 이미 내용이 바뀌었는데도 불구하고, 아무런 설명이나 인용 제시어도 없이 무차별적으로 가져다가 마치 자기들이 학문적으로 신약성경과 비교한 것과 같이 시청자들을 현혹한 것은 티모시 프리크와 피터 갠디의 검증되지 않은 망상을 무단으로 사용한 일이므로 너무나도 중대한 표절행위이다. 과연 SBS는 티모시 프리크와 특히 그 책의 공저자인 피터 갠디에게 허락받았는가? 이는 마치 SBS 스페셜 제작진이 무슨 학자라도 된 듯이 착각하고 시청자들을 기만한 행동이 아닌가? 필자는 언론중재위원회가 SBS 스페셜의 표절 행위에 대해서 마땅히 제작자에게 엄한 책임을 물어야 한다고 생각한다. 그것이 공적 기관이 취할 올바른 태도이다. SBS 스페셜의 기획의도에 의하면, "본 프로그램은 유대교와 이슬람교, 그리고 기독교의 기원을 찾아 떠나는 것에서 출발한다."라고 하였다. 그런데 기독교의 기원을 《예수는 신화다》라는 티모시 프리크와 피터 갠디의 저서에서 찾았다는 사실을 시청자들에게 심어주었다.

3) 어린이. 청소년 보호

어린이와 청소년 보호에 관한 규정인 제6절에 관하여, 필자는 구체적으로 무엇을 위반하였는지를 다루고자 한다. SBS 스페셜이 심야에 방송을 편성하였지만, 그 시간에 많은 청소년이 부모가 잠든 시간에 TV를 시청하는 경우가 많은데, SBS는 청소년들의 종교적 정서와 균형이 있는 의식 환경 조성에 중대한 해악을 주었으며, 타 종교에 대해 폭력적인 태도를 가지도록 모방 심리를 자극할 수 있다는 사실을 간과한 부적절한 방송을 하였다.

제44조(어린이 및 청소년의 정서함양)
① 방송은 어린이와 청소년들이 좋은 품성을 지니고 건전한 인격을 형성

하도록 힘써야 한다.

② 방송은 어린이와 청소년의 균형 있는 성장을 해치는 환경으로부터 그들을 보호하고 어린이와 청소년에게 유익한 환경의 조성을 위하여 노력하여야 한다.

제45조(수용수준)

① 초인적인 행위, 심령술, 위험한 행위 등 어린이와 청소년이 모방할 우려가 있는 내용을 다룰 때에는 신중을 기하여야 하며, 그들의 주의를 환기시킬 수 있는 적절한 조치를 사전에 취해야 한다.

SBS 스페셜이 이슬람에 관해 그 부당함을 항변하는 무슬림 여성의 얼굴을 클로즈업한 것은 향후 그 여성이 당할 수 있는 보복 내지는 명예살인에 대해서 아무런 보호조치도 취하지 않은 무분별한 취재활동이다. 필자는 이러한 방송을 밤늦은 시각이지만 가족들과 함께 시청하였는데, 청소년 나이에 해당하는 막내가 이 광경을 보고 적지 않게 충격을 받은 모습을 지금도 잊을 수 없다. 과연 이번 스페셜을 제작한 실무진들은 방송이 청소년들에게 미치는 영향력을 얼마나 심사숙고하였는가? 우리의 자녀들이 위험한 방송에 무방비하게 노출된 현실도 안타까운데, 이번 SBS가 고의로 청소년에게 기독교가 주는 유익을 부정하도록 함으로써 건전한 가치관 형성에 심각한 위해를 가한 것에 대하여 철저한 책임 의식을 가지고, 사과하여야 한다.

SBS 스페셜이 이상의 규정들을 심각하게 어긴 것도 분명한 사실이므로, 법적인 대응이 필요한 대목이다. 비록 SBS 스페셜이 막을 내렸지만, 이 프로그램이 청소년들에게 미칠 파장을 생각하면 너무나도 마음이 아프다. 수많은 초신자와 예비신자들과 청소년들이 SBS 방송으로 얼마나 많은 고통을 당하고 있는지, 그리고 예수 그리스도의 신성모독으로 인하여 기독교계의 분노가 어떠한지 SBS는 인식하고 있는가? 서구에서도 이와 유사한 프로그램이 다큐멘터리로 제작된 경우가 많이 있지만, 대부분 양쪽의 시각을 균형 있게 보도해 주었다. 그래서 자라나는 2세들이 교육적인 자료로 활용할 수 있는 기록물로 남아 있는 경우가 많았다. 그러나 SBS 스페셜은 왜곡된 시각과 흑백 논쟁만을 보여주고 있다는 점에서 단순 오락물의 범주로 분류될 수 있는 아주 저속한 프로그램이다. 더구나 기독교와 이슬람의 갈등을 노골적으로 부축인 SBS 스페셜의 태도는 공익방송이 그 자신의 위상을 낮춘 경솔한 행동이다.

3. 신학적 문제제기

'신의 길 인간의 길'의 1부 '예수 그는 신의 아들인가?'라는 방송 처음부터 티모시 프리크의 허구소설인 《예수는 신화다》라는 책을 그대로 베끼는 표절까지 감행하면서 정통 기독교 견해를 대변할 수 있는 인물들은 배제한 채, 예수 그리스도의 신성과 역사적 실존을 부인하고 성경을 신화와 허구의 산물로 깎아내리는 종교학자들의 주장을 중점으로 내용을 전개해 문제가 됐다.

2부 '무함마드 예수를 만나다'는 이슬람교의 주장에 근거하여 기독교를 깎아내렸는데, 이는 향후 세계 종교의 대안으로 이슬람을 제시하고자 하는 것이 아니냐는 의혹을 사고 있다. 2부는 메카에서 행해지는 무슬림들의 대규모 성지순례 장면을 보여주는 것으로 시작했다. 이어 무함마드의 탄생과 가르침, 이슬람의 신앙과 생활 방식 등을 보여주면서 이슬람에 대한 설명으로 전개됐다. 종교학자나 친이슬람 문화인류학자들이 등장해 이슬람과 기독교의 차이를 설명했으나 1부 방송과 마찬가지로 정통 기독교의 견해를 대변할 인물들은 인터뷰에 등장하지 않았다. 방송은 학자나 중동 현지인들의 인터뷰를 통해 "예수는 선지자지만 하나님의 아들은 아니며, 십자가에 못 박히지도 않았다." 라는 언급과 "예수는 실존 여부가 불분명했지만 무함마드는 분명히 존재했다."라는 이야기들을 내보냈다.

3부 '남태평양의 붉은 십자가'는 영국의 지배를 받은 바누아투 국민이 왜 기독교에 반감을 가지게 되었는지 1960년 BBC 다큐멘터리로 제작된

"paradise"란 영화를 표절하여 누구인지 전혀 입증되지 않은 미국인 존 프럼을 메시아로 기다리고 있다는 바누아투의 미신적 신앙을 소개하면서 정통 기독교의 메시아 대망사상을 깎아내렸다. 더 나아가서 총인구의 3/4가 기독교인인 미국이 다른 나라보다 범죄율이 더 높고 빈부격차가 심하다고 집중 부각시킴으로써 한국 내에 있는 반미감정을 부추겼다.

4부 '길 위의 인간'은 한기총의 성명서를 2분에 걸쳐서 방송하면서, 'SBS OUT'이라는 피켓을 들고 시위하는 군중들을 보여주었으나, 이슬람 극단주의자들과 기독교 근본주의자들을 동일선상에 놓고서 모든 종교인을 동일시하여 이성이 마비되고 교리에 사로잡혀 있는 사람들이라는 점을 부각하면서 그들은 서로 갈등하고 전쟁을 할 수밖에 없다고 결론을 지었다. 그리고 마지막에 기독교인들이 부산에서 사찰이 무너지도록 기도한 내용을 크게 보도하면서 은근히 불교와의 갈등을 조장하는 내용으로 방송을 마쳤다. 이것은 SBS 스페셜이 이슬람을 선전하려는 의도를 감추기 위해 은근히 한국에서 장로인 이명박 정부가 출범한 상황에서 불교와의 갈등을 조장하여 이번 프로그램이 이슬람의 시각에 치우쳐서 기독교의 정통성을 부인하려고 한다는 시청자들의 따가운 시선을 피해 가려는 담당 PD의 정치적 불순한 의도가 숨어 있다.

이를 통해서 볼 때, SBS 스페셜이 '유대교와 기독교와 이슬람' 대화와 소통을 이루기 위해 기획된 다큐멘터리라기보다는 불교까지 끌어들여서 종교 간의 갈등과 싸움을 꾀하려는 불순한 의도를 가진 수준 이하의 방송이라고 평가할 수밖에 없다.

그러면 다음의 항목으로 나누어서 자세하게 이번 SBS 스페셜이 신학적으로 어떻게 문제가 되는지를 살펴보고자 한다.

1) 정통 기독교 폄훼

먼저 기독교가 이교도의 종교전통을 가지고 기원하였는가?의 문제이다. 먼저 다음의 표를 통해서 정리해 본다.

이교도 신앙	기독교 신앙
다신론	유일신
혼합주의	삼위일체
영혼불멸	육체와 영혼의 영생
재생. 환생. 윤회	부활
두려움과 공포	기쁨과 감사
신화	역사

이상의 표에 의하면, SBS 스페셜이 기독교 신앙을 이교도 신앙에서 유래하였다고 단정을 지었지만, 이는 정확한 근거를 가지고 한 평가가 아니다. SBS 스페셜이 기독교의 세례와 성찬에 관해 이교도 신앙 전승과의 유사성을 이야기하였지만, 이는 다신론적 배경 속에 있는 이교도 신앙의 혼합주의와 유일신론적 기독교 신앙의 삼위일체론을 구분하지 못한 처사이다. 더구나 이교도의 영혼불멸 사상에 근거한 재생과 환생, 혹은 윤회 사상을 기독교의 육체와 영혼의 영생 사상에 기초한 부활과 구분하지 못함으로써 SBS 스페셜은 기독교의 정통교리를 모독하였다.

더구나 SBS 스페셜은 이교도 신앙이 신들의 각축전을 통해 신도들에게 주는 두려움과 공포의 이미지를 극복하지 못하고, 도리어 정통 기독교 신앙이 주고 있는 기쁨과 감사의 이미지를 왜곡하고 폄훼하는 결과를 낳았다. SBS 스페셜의 오류는 신화와 역사를 올바르게 구분하지 못하는 비학문적 태도에서 비롯되었다. 신화는 신들의 이야기이다. 곧 그리스-로마 신화는 제우스 신전에서 일어나는 신들의 신화적 세계상이다. 그러나 기독교는 신화적 세계관을 극복하고, 이 땅에 하나님의 구원을 이루시기 위하여 역사적 실존으로 오신 예수 그리스도에 대한 역사적 기록이요 목격자의 증언이다. 다시 말해서 SBS 스페셜은 기독교 신앙의 가장 기본적인 예수의 역사성을 신화라고 판단함으로써 기독교 신앙에 대해 중대한 도전을 하였다. 초기 기독교의 역사에 비추어 볼 때, 기독교 신앙의 역사성을 부인하는 행동은 이미 185년경에 이단으로 정죄된 영지주의 이단의 오류라는 사실이 학계에 이미 밝혀져 있다.

영지주의는 나그 함마디 문서에 의하면 완벽한 플라톤 철학에 심취된 기독교 이단이다. 초기 교회에서 이단논박이라는 책들이 있는데, 영지주의를 이단으로 규정한 문서들이다. 다음의 표로 설명을 해보자.

영지주의 이단	정통 기독교
나그 함마디 문서	신구약성경
플라톤 철학의 이원론	모세 오경과 4복음서의 유일신론
영지(Gnosis)	지혜의 말씀(Logoi Sophon)
마르시온(2세기)	예수(1세기)
예수의 인성 거부	예수의 신성과 인성 인정
육체는 영혼의 감옥	육체는 하나님의 영이 거하시는 성전
이단 교회	정통 교회

SBS 스페셜이 영지주의 이단과 정통 기독교를 혼동하는 잘못을 범하였다. 영지주의는 오리게누스와 이래네우스와 테루툴리아누스와 같은 초기 교부에 의해 2세기경에 이단으로 낙인찍힌 교단으로 플라톤의 철학에 따라 이원론적인 사고방식을 가진 집단으로서 1945년에 발견된 나그 함마디 문서(2-3세기 문헌)를 통하여 그 실체가 확인되었다. 그러나 정통 기독교는 모세오경과 4복음서에 나타나 있는 유일신론에 근거하여 무려 1500년에 걸쳐 기록된 신구약성경을 통하여 그 기초를 다진 신앙공동체이다.

영지주의 교단의 대표적인 사람은 2세기의 마르시온인데, 이미 그가 초기 교회에 의해 이단으로 정죄되어 역사의 무대에서 사라진 것을 모든 이들이 다 알고 있음에도 불구하고, SBS 스페셜은 1세기에 예수 그리스도에 의해 새롭게 시작된 전통 기독교 신앙을 간과하였다. 구약성경을 거부한 영지주의 교단은 자신들만이 알고 있는 '영지'를 중시하여 육체는 영혼의 감옥이라고 여기면서 예수 그리스도께서 육신의 몸을 입고 오신 것을 부인하였다. 그러나 구약성경으로부터 전해진 '지혜의 말씀'에 근거한 정통 기독교는 육체를 하나님의 영이 거하시는 성전으로 인식하면서 예수 그리스도의 신성과 인성을 정통신앙으로 동시에 확립하였다.

　SBS 스페셜이 예수의 역사적 실존에 관해 깎아내리면서 인용한 학자 대부분은 역사적 예수에 관한 연구에 있어서 제3의 탐구에 속하는 진보적이고 좌경화된 인사들이었다. 이미 신약학 연구학계에서는 역사적 예수에 관한 연구에 있어서 슈바이처와 불트만으로 대표되는 '옛 탐구'와 이에 반대하는 캐제만과 로빈슨의 '새로운 탐구'가 한국의 성서학계에 깊은 뿌리를 내리고 있다. 그런데 SBS 스페셜은 이 같은 학계의 이론을 무시하고 한쪽의 일방적인 견해만을 앵무새처럼 반복할 뿐만 아니라 제3의 탐구에 속하는 학자인 크로산을 집중적으로 부각하면서 《예수는 신화다》라는 허구 소설을 반복적으로 소개하여 정통 기독교 신앙을 모독하는 중대한 오류를 범하고 말았다.

2) 신성모독

　SBS 스페셜은 예수의 신성을 부인하고 더 나아가서 인류를 죄와 사망 가운데서 구원하시기 위해 오신 예수의 십자가를 폄훼하는 일을 서슴지 않았는데, 이는 정통 기독교 교리를 모독한 것이다. 우리가 믿는 예수 그리스도는 인성과 신성을 동시에 가지신 완전하신 하나님이시며 완전하신 인간이시다. 신약성경은 예수께서 모든 인류를 죄와 사망 가운데서 구원하시기 위하여 십자가에 달려 대속적인 죽임을 당하셨고, 죽으신 지 사흘 만에 부활하셔서 영원한 생명과 구원을 성취하셨으며, 예수 그리스도를 구주로 믿는 이들을 구원하시는 분명한 하나님의 언약 복음이라는 사실을 증언하고 있다.

　기독교 십자가의 의미는 무엇인가? 필자는 기독교 나무 십자가를 중심으로 디오니소스 부적과 로마 천주교 십자가를 좌우에 배치하여, 정통 기독교에서 예수 그리스도의 십자가가 차지하고 있는 의미를 분명하게 보여주고자 한다.

　SBS 스페셜은 코미디 철학자인 티모시 프리크에 의존하여 3세기에 발견된 디오니소스 부적이 기독교의 십자가에 영향을 주었다고 방송하여, 정통 기독교에서 중시하는 예수 그리스도의 신성을 심각하게 모독하였다. SBS의 이 같은 주장은 아주 잘못된 것이다. 왜냐하면 3세기 발견된 부적이 어찌 1세기에 십자가를 지신 예수 그리스도에게 영향을 줄 수 있는가? 3세기의 부적에 쓰인 글을 보면 '오르페우스는 바쿠스이다'라는 메시지가 있다. 이것은 음악의 신인 오르페우스가 디오니소스의 여사제들에 의해 무참하게 살해되었을 때, 그의 억울함을 호소하며 술의 신인 바쿠스로 승격시키기 위한 신화적 메시지를 표현하고 있는 부적에 불과하다. 그러나 기독교의 십자가는 사망의 권세를 이기신 예수 그리스도의 부활을 강조하기 위하여 십자가에 고상을 달지 않는다. 이와는 반대로 로마 천주교는 죽음을 강조하는 종교이며 성인들을 숭배하는 의식을 행하기 때문에, 지금도 십자가에 고상을 달고 있다. 이번에 SBS 스페셜은 이 같은 차이점을 구분하지 못하고, 도리어 십자가에 달리신 예수 그리스도를 다신론적인 디오니소스 신화와 비교하여 정통 기독교의 신성한 십자가의 교리를 모독하였다.

SBS가 '예수는 십자가에 못 박히지 않았다'는 방송 내용에 대해 필자는 "이단으로 분류되는 영지주의자들이 예수께서 십자가에서 돌아가셨다는 사실을 믿지 않는데, 그 주장을 이슬람이 계승하고 있는 것"이며 "결국 기독교의 정통교리가 아닌 이단 사설로부터 영향을 받은 내용이 여과 없이 방송된 것"이라고 반박하고자 한다.

SBS 스페셜은 시리아의 기독교는 예수께서 십자가에서 죽은 사실을 믿지 않는다고 일방적으로 방송하였는데, 그것이 바로 영지주의 이단의 교리다. 영지주의 교단은 예수께서 십자가에 달리신 것이 아니라 제자 유다가 달렸다는 주장한다. 바로 그 전통을 이슬람이 계승하고 있다. 따라서 이슬람이 기독교로부터 받은 영향은 정통신앙이 아니라 이단의 영향을 받은 것이다. 한마디로 SBS는 종교의 흐름을 제대로 파악도 하지 못한 채 방송을 제작했다. 이러한 주장은 십자가를 통해 죄와 사망에 빠진 인류를 구원하시기 위해 오신 예수 그리스도를 모독하는 일이다.

서울대 종교학과 배철현 교수는 예수와 무함마드가 동격이라는 말을 했다. 순전히 이슬람적 시각이다. 기독교와 이슬람이 아브라함의 종교라는 것도 역시 이슬람의 시각이다. 이런 시각이 진위를 모르는 사람들한테는 사실로 들린다. 그러나 기독교는 아브라함의 종교가 아니라 율법의 종교, 즉 모세의 종교 곧 시내산에서 하나님으로부터 직접 계시를 받은 종교이다. 배 교수가 기독교를 아브라함의 종교라고 한 것은 시청자들의 오해를 살 수 있다.

필자는 기독교의 진리를 수호하기 위하여 SBS 스페셜이 이슬람을 선전하면서 도리어 기독교 진리를 모독한 것이 분명하다는 사실을 다음의 항목에서 살펴보고자 한다.

3) 이슬람의 한국 침투와 기독교의 진리수호

SBS 스페셜이 '기독교 유대교 이슬람교' 세 종교가 유일신 사상을 가지고 있기에 지향하는 바가 같다고 방송하였는데, 그것은 논리에 있어서 허구이다. 걷는 것이 다 사람이라고 한다면 인간이나 고릴라가 같게 된다. 유일신의 내용이 뭐고, 기독교와 유대교와 이슬람이 지향하는 유일신의 특징이 무엇인지 심층적으로 파고들어 가야지, 단순히 서로 대화하고 뉴에이지 식으로 서로 소통해야 한다고 말하는 것은 논리적 비약이다.

SBS는 한국 사회에 만연된 반기독교 세력에 편승하여 이슬람의 허구를 동조하는 어처구니없는 결과를 낳았다. 필자는 네티즌들이 사이버 공간에서 무차별적으로 자기들의 의견을 개진하는 것은 하나의 시대 흐름에 편승한 것이라고 본다. 자기도 모르는 사이에 한 가지 생각에만 매달리고 있다. 이 사회가 올바른 방향으로 나아가려면 한쪽의 사고에 집착하는 편집증을 스스로 평가, 판단하는 지혜가 있어야 한다. 이게 상실되면 균형감이 상실되고, 자기의 의견이 관철되지 않으면 분노하고 결국 폭력으로 나타난다. 이건 정상적인 사회의 모습이 아니다.

SBS는 이슬람 근본주의자들과 아프가니스탄의 탈레반에 의하여 자행된 9.11 테러 사건 이후에 지금 세계는 이슬람권과 대테러와 전쟁 중인 것을 똑바로 인식해야 한다. 이런 가운데 나온 SBS의 방송물은 SBS가 이슬람과 어떤 관계인지 묻지 않을 수 없게 했다. 우리는 SBS가 이슬람과 어떤 관계인지 그것이 알고 싶다. 4부작을 2년에 걸쳐 기획하고 1년에 걸쳐 해외 촬영에 들어간 엄청난 규모의 예산이 편성된 것에 대하여 의혹을 제기한다. 다음의 표는 언론에 비친 이슬람의 모습인데 몇 가지로 정리해 보자.

언론에 비친 이슬람의 모습

이중성	배타성	폭력성
평화=절대복종 여성위에 남성 혼합주의	이교도를 거부 민족감정 부족주의	9.11 테러 명예살인 자살폭탄

이슬람은 자기들의 신인 알라를 믿는 유일신교라고 말하지만 정작 알라가 누구인지 불문명하며, 사실상 기독교와 유대교를 종합한 혼합주의적 종교의 특색을 가지고 있다. 이슬람에서는 아브라함을 '하니프'라고 부른다. 하니프는 순수한 유일신자란 뜻이다. 이슬람은 아브라함이 신을 철저하게 믿고 복종했다는 사실을 중시하여 모세보다 아브라함을 더 중시한다. 그래서 문자적으로 '평화'란 뜻을 가진 이슬람은 사실상 신에 대한 절대적 복종을 강조한다. 그래서 사실상 평화는 신에게 무조건 복종할 때 오는 개념이 이슬람의 평화 개념이다. 다시 말해서 온 인류가 이슬람화 되고 자기들의 신에게 절대복종할 때 참된 평화가 온다고 생각한다.

이슬람의 교리는 여인을 남성 아래에 두고 무조건적인 복종을 요구하고 있다. 2부 마지막 순서에 '사람 위에 사람 없다'는 코란의 평등사상을 얘기했지만, 이슬람은 여전히 여성 위에 남성을 두고 있다. 코란 4장 34절을 보면,

"남자는 여자보다 우위에 있다."라고 선언하고 있다. 이것은 문명사회에서 보장하고 있는 양성평등의 원리에 어긋나는 내용이다. 이것은 이슬람이 지닌 이중성을 보여주는 단적인 예이다. 결국 이슬람의 이중성은 타 종교에 대한 배타적인 태도로 나타난다. 코란에 보면, "불신자들이 물러서지 않으면 그들을 살해하라"(코란 4장) "믿는 자들이여 너희들 주위에 거하는 이교도들과 싸우라"(9장 123절) "전쟁에서 불신자를 만나면 머리를 쳐라"(47장 4절) 등의 이야기가 나오는데, 이는 이슬람이 얼마나 배타적인 종교인지를 보여준다. 우리는 이러한 이슬람의 타 종교에 대한 배타적인 태도를 결코 9·11테러와 떼어놓고 생각할 수 없다. 이러한 이슬람의 배타적인 태도는 이슬람이 민족감정과 부족주의에 근거한 종교이기 때문이다.

이슬람은 무함마드가 610-632년(23년 동안)에 받은 계시에 근거하고 있다. 특히 이슬람은 아라비아반도의 최대 도시였던 메카에 살고 있던 쿠라이시 부족에게 준 계시에 근거하고 있다. 바로 이 부족이 이슬람의 핵심 신전인 카바의 중심 관리인이 되었다. 그러므로 이슬람은 그 출발부터 아랍의 민족감정과 민족전통이 결합한 형태로 나타났다. 그러므로 이슬람은 부족적 집단주의를 낳았고, 개인주의를 철저히 무시하는 종교로 발전하였다. 결국 9·11테러와 명예살인과 자살 폭탄과 같은 폭력성으로 나타나고 있는 것이 이슬람의 실체이다.

더구나 무함마드가 계시받았던 7세기의 기독교는 중세 로마 천주교로 변질되어 가던 부패한 종교의 영향과 동시에 형식주의에 깊이 빠진 랍비 유대교의 영향을 받았기에 처음부터 기독교와 유대교에 대해 대립각을 세우면서 시작한 종교이다. 이런 점에서 처음부터 이슬람과 로마 천주교와 유대교는 결코 양립할 수 없었다. 이 점에서 이슬람은 기독교와 결코 양립할 수 없는 독선적인 이념을 무기로 철저히 타 종교인들을 이교도로 몰아세우면서 배타적인 태도를 보이고 폭력까지 행사하기를 서슴지 않는다. 그러면 이슬람 문화가 한국 문화와도 양립할 수 없는 문제를 다음의 표로 살펴보자.

양립할 수 없는 이질적인 문화

이슬람 문화	한국 문화
일부다처제	일부일처제
남성우월, 여성비하	양성평등
공격적	평화적
폭력적	비폭력적
부족중심(쿠라이시)	한민족

　이슬람은 문화의 옷을 입고 한국사회의 저변에 깊숙이 침투하려는 의도를 가지고 있다. 그러나 이슬람은 전통적인 한국인의 가치질서에 정면으로 위배되는 관습을 가지고 있다. 그것은 일부다처제로 1명의 남편이 4명의 부인을 거느릴 수 있는 제도이다. 일부일처제인 문명사회에서 일부다처제는 통하기 어렵다. 그래서 단기적인 방책으로 이슬람 남성이 비이슬람 사회에서 결혼을 한 후에 5년 동안 3명의 자녀를 낳고 이혼한 후에 다시 결혼하고 이혼하는 일을 반복한다. 코란에 보면, "신부 지참금을 소지하면 너의 처를 삼고, 여노비를 전리품으로 삼는 것이 합법적이다. 너의 부계, 모계의 삼촌 혹은 숙모의 딸들도 합법적이며 선지자에게 자신을 헌신한 믿음의 여성과 그 선지자와 결혼하기를 원하는 자는 너의 처가 됨이 합법적이다"(33장 50절)라고 말하는데, 물론 코란이 주장하는 마지막 선지자인 무함마드에 대해 한 말이지만, 오늘날 여전히 이슬람의 일부다처제에 근거가 되는 가르침이다. 한국 사회는 100년 전까지 만해도 축첩제도가 있었다. 이것은 전근대적이고 아직 문명화되지 않은 사회의 악법이다. 여성의 사회적 진출과 가정의 숭고한 이념에 비추어볼 때, 이러한 일부다처제는 가정을 파괴할 수 있다는 점에서 심각한 차원에서 견제해야 한다. 더구나 이슬람이 견지하는 부족 중심의 사고방식이 양성평등과 평화를 사랑하는 한민족에게는 잘 맞지 않는다.

　이렇게 이슬람이 이질적인 문화를 가지고 있는데도 불구하고, SBS 스페셜은 이슬람을 선전하기에 급급하였다. 필자는 이런 배후에는 불순한 의도가 숨어 있다고 본다. 이번에 4부작으로 구성된 다큐멘터리는 이슬람 종교라는 한쪽 시각에 편향된 내용을 여과 없이 SBS 공중파 방송이 내보냈다는 사실에 그 심각성이 있다. 2부 "무함마드 예수를 만나다"에서 SBS 스페셜 제작진 스스로가 한국방송사상 처음으로 사우디아라비아에 있는 메카까지 직접 가서 라마단 종교행사를 촬영하는 데 성공하였다고 거듭해서 밝혔는데, 이는 단순한 취재 성공의 차원이 아니라 취재진이 무슬림으로 개종하였기에 이슬람의 핵심 종교 행사를 취재할 수 있었다는 정황을 보여주기에 충분하다. 더구나 SBS가 종교방송 특히 이슬람 방송도 아닌데, 2년에 걸친 기획과 취재와 해외탐방에 필요한 엄청난 자금을 감당할 수 있었던 정황도 역시 이슬람권에서 후원한 오일 머니가 없었다면 처음부터 불가능하였을 것이라고 짐작할 수 있다.

이 같은 의혹들이 꾸준히 제기되는 상황에도 불구하고 SBS가 이번에 다큐멘터리를 제작하게 된 또 하나의 배경에는 반기독교 세력의 흐름에 편승한 시대사조를 들 수 있다. 한국 사회는 고질적인 좌우 이념 논쟁이 끊이지 않고 계속되고 있는데, 당시 장로인 이명박 정부가 들어서자 더욱더 반기독교적인 세력들이 인터넷상에서 그 힘을 규합하는 양상을 보였다. 이들의 시각이 한국 사회가 안고 있는 사회문제로까지 인식되는 이유는 자신들의 편향된 생각만을 관철시키려고 다른 이들의 의견에 대해서는 무조건적으로 비판적인 태도를 취하기 때문에 그 심각성이 있다. SBS 스페셜도 공익방송이 갖추고 있어야할 최소한의 방송윤리 의식을 지키려는 의지를 보이지 않고, 기독교에 대해 지극히 편파적인 방송을 네 차례에 걸쳐서 내보낸 것은 심각하게 방송의 공익성과 공정성을 훼손한 것이다.

더구나 한국의 기독교는 지난 130여 년 동안 한국 사회에서 일제 강점기와 한국전쟁을 거치면서 수많은 순교자를 배출하였으며, 각종 병원과 학교와 사회복지 시설과 봉사기관을 설립하여 한국 사회를 위해서 큰 이바지를 하였다. 그러나 SBS 스페셜 제작진이 의도적으로 부각시킨 이슬람 종교는 과연 한국인을 위해서 무슨 공헌을 하였는가? 지금도 많은 이들의 뇌리에는 2001

년 9월 11일에 이슬람 근본주의자들인 탈레반에 의해 저질러진 엄청난 테러로 인해서 뉴욕의 쌍둥이 건물이 처참하게 무너진 사건이 각인되어 있다. 이러한 비극적인 사건은 테러와의 전쟁으로 이어졌으며, 지금도 '무슬림=테러분자'라는 등식을 가지고 있는 사람들을 주위에서 종종 만날 때 필자도 여간 당혹스러운 것이 아니다. 그런데 SBS 스페셜이 이런 분위기를 아랑곳하지 않고 왜곡된 이슬람의 관점에서 기독교 교리의 정통성 문제에 이의를 제기한 것은 2000년을 이어 온 정통 기독교에 대한 중대한 도발을 감행한 것이라고 평가할 수 있다.

필자는 이러한 이슬람의 침투에 맞서서 정통 기독교의 진리를 수호하는 일에 한국교회가 일치와 연합의 정신으로 매진해 나가야 한다고 생각한다.

4. 사과방송과 반론보도
- "신의 길 인간의 1편: 예수는 신의 아들인가?"를 중심으로

필자는 이상의 연구를 기초로 하여 다음과 같이 잘못된 방송을 한 SBS가 앞으로 한국교회와 세계교회 앞에 엄숙하게 사과방송과 반론방송을 할 것을 구체적으로 지적하고자 한다.

1) "지난해 어느 날, 평일인데도 순복음교회 안은 아침부터 신도들로 가득했다."
⇒ 수험생을 위해 기도하는 성도들을 광신적인 집단으로 매도하였다. 예배를 모독하고 초상권을 침해하였다. 초상권 침해는 비단 여기뿐이 아니다. SBS 스페셜은 2부에서 다른 남자 앞에서 부르카를 벗은 여성은 죽인다고 소개했다. 그런데 이슬람 여성 한 명을 클로즈업해서 그대로 내보냈다. 그 여인은 죽을 수도 있다. 지상파 방송이 그 정도 상식이 없다는 것은 오락으로 접근하고 있다는 반증밖에 안 된다.

2) 장원식/명동 거리선교 목사, 2007년 아프가니스탄 선교

⇒ 기독교의 선교를 비하하였다. 여기서 SBS의 편집의도가 드러나기 시작하였다. "나는 길이요, 진리요, 생명이요, 부활이다."라는 기독교 복음의 진리를 비아냥거리기 시작한 것이다. 지금까지 기독교의 근본 교리를 문제 삼은 공중파 방송은 없었는데, SBS는 감히 기독교의 가장 핵심적인 구원의 교리를 모독하기 위한 방송을 감행한 것으로 2000년을 이어온 정통 기독교에 대한 도발을 감행하였다.

3) "예수는 신화일 뿐이라는 것이다."

⇒ 예수의 역사성을 부인하고, 예수의 신성과 인성을 모독하였다. 티모시 프리크가 주장하는 것처럼 초기 그리스도교는 오시리스 신화를 표절하지 않았다. 오히려 티모시 프리크가 플루타르크의 "이시스와 오시리스에 관하여"라는 책을 표절한 것이다. 오시리스는 이집트의 통치자가 되어 이집트인에게 농사를 짓는 법과 여러 신들에게 경배하는 방법을 가르쳤다. 그런데 오시리스의 동생인 세트는 이것을 시기하여 자기 형인 오시리스를 잡으려고 교묘하게 수작을 꾸며서 자신이 만든 관 속에 눕히게 된다. 후에 오시리스는 세트의 손에 의해 갈기갈기 찢겨 14개로 토막이 나서 죽임을 당하게 된다. 어떻게 이러한 내용이 예수 그리스도의 죽음과 유사하다고 말할 수 있는가? 더구나 예수 그리스도는 오시리스처럼 이시스와 근친결혼을 하지도 않았으며, 오시리스가 이집트를 28년간 통치한 것처럼 이스라엘 백성들을 위한 통치가도 아니었다. 오히려 예수 그리스도는 로마의 식민치하에서 신음하면서 당대에 정치적 메시아만을 기다리던 이스라엘 백성들에게 오직 고난 받는 종의 모습으로 오셔서 하나님의 통치와 그 주권을 온 인류에게 분명하게 말씀해 주었다.

초기 그리스도교는 오시리스 신화와 같은 고대 이민족들의 신화가 간직하고 있는 다신론적인 내용을 철저하게 배격하고 있다. 이 말은 코미디 철학자인 티모시 프리크가 주장하는 것처럼 초기 그리스도교는 다신론적인 신화를

바탕으로 기록된 것이 아니다. 신화는 무엇인가? 말 그대로 신들의 이야기이다. 그러므로 오시리스 신화에는 많은 신들이 등장한다. 플루타르크는 이집트 신들의 이름 대신에 로마 신들의 이름으로 대체하여 오시리스 신화를 우리에게 전해주었는데, 이것은 오늘날도 우리가 쉽게 접할 수 있는 그리스 로마 신화의 다신론적인 내용과 큰 차이가 없다. 그러나 초기 그리스도교는 유일신 사상에 철저히 서서 예수 그리스도 사건을 전해주고 있다. 다시 말해서 초기 그리스도교는 다신론적인 신화를 배격하고, 죄에 빠진 모든 인류를 구원하기 위하여 하나님의 아들로 이 땅에 오신 예수 그리스도의 사건을 소개해 주고 있다. 그러므로 신약성경이 보여주는 표현 방식도 플루타르크가 오시리스 신화를 소개하는 것과 같은 신화적 표현이 아니라, 하나님의 구원을 인간의 역사 속으로 가져오신 예수 그리스도를 옆에서 지켜본 목격자들의 진술로 되어 있다. 다시 말해서 신약성경은 신화가 아니라 역사를 기록한 것이다. 역사는 신화와 달리 사건이 주는 의미를 간직하고 있다. 그 의미는 이 사건의 주인공이신 예수 그리스도께서 십자가와 부활을 통하여 이루신 구원사역을 통하여 온 인류에게 주어지는 놀라운 구원과 은혜와 평강이다.

SBS의 주장과는 달리, 기독교는 예수를 참 인간과 참 하나님으로 고백하고 있다. 곧 인성과 동시에 신성 교리를 2000년 동안 간직하고 있는 것이 정통 기독교이다. 이 같은 사실을 무시하고 한쪽의 견해만을 부각시킨 SBS는 기독교의 반박 보도와 사고방송을 내보내야 한다.

4) 티모시 프리크, "예수는 신화다"

⇒ 허구 소설에 의존한 표절 의혹. 코메디 철학자인 티모시 프리크와 피터 갠디가 공저한 《예수는 신화다》라는 저서가 이미 서구와 국내 학계에서 그 학문적 가치가 없는 일종의 기독교 비하 소설류로 결론이 난 것을 미처 헤아리지 못하고 이번에 특집 프로그램을 만든 SBS는 공익방송으로서 그 역할을 공정하게 수행하지 못한 책임을 뼈저리게 져야 한다. 물론 일부 네티즌들이

SBS 스페셜에 대해서 긍정적인 평가 혹은 전폭적인 지지를 보내고 있는 경우도 있는데, 이는 반기독교적인 정서의 표출이며 또한 제대로 실상을 알지 못하는 몇몇 사람들의 치기인 경우가 대부분을 차지하고 있다. 자신이 한 행동에 대해 책임질 줄 아는 공인이라면 스스로 자중자애할 줄 아는 태도가 필요하다. SBS는 이번 스페셜 방송 파행과 관련하여 기독교계가 크게 반발하고 있는 일에 대하여 단순하게 무마하고 해명만을 할 것이 아니라, 차후에 유사한 과오를 다시는 범하지 않겠다고 시청자들에게 정중하게 사과할 뿐만 아니라 이러한 문제제기를 SBS 스페셜 프로그램에서 공개적으로 소개하여야 하며, 더 나아가서 이번에 《예수는 신화다》라는 저서를 표절하고 더 나아가서 공정하지 못하게 특집 방송을 만든 담당자들을 엄히 문책해야 할 것이다.

5) 인터뷰 이만 무니르/ 교회사학자

⇒ 교회사학자로 소개했지만, 사실은 이슬람교도이며 이슬람 선교사이기에 허위 소개이다. 고대 이집트의 부활과 영생을 소개했지만, 사실상 기독교의 부활교리와 다르며, 영혼불멸과 영육부활을 구분하지 못하였다.

6) 인터뷰 모하마드 사마이/덴데라 신전 관리자

⇒ 탄생의 방에 관해 방송하면서 호로스 상을 돌로 쪼갠 장본인을 콥트교인이라고 말한 것은 증거가 없다. 옆에 콥트 교회가 현존하였다고 성도들이 호로스 상을 파괴하였다고 단정을 지을 수 없다. 오히려 터키와 중동과 북아프리카 등지에서 활발하게 세워진 교회와 예배당을 파괴하고 그곳에 거대한 모스크를 세운 이슬람의 폭력성에 대해서는 침묵한 채, SBS는 아무 근거도 없이 콥트 교회가 호로스 상을 파괴하였다고 주장하였다.

7) 인터뷰 티모시 프리크

⇒ 오시리스 디오니소스 미트라스 신화는 다신론적인 배경에서 기록된

신화인데 재생신화를 통해서 기독교의 부활 교리를 폄훼하였다. 기독교는 이교도의 다신론을 배격하고, 그들의 재생 신화에 대해 반박하면서 부활신학을 확고하게 세우고 있다는 사실을 SBS는 간과하였다.

한 가지 예를 들어서, 유사 신화에서 가장 기초가 되는 이집트 신화인 '오시리스 신화'에 관해 살펴보자. 오시리스 신화가 세상에 알려지게 된 것은 서기 45-60년경인 클라우디우스 황제 때에 태어난 것으로 추정되는 그리스의 철학자 플루타르크에 의해서이다. 다시 말해서, 단군신화가 중 일연에 의해 조선시대에 한국인에게 널리 알려진 것과 그 유래가 유사하다고 말할 수 있다. 이를 통해서 볼 때, 플루타르크는 예수 그리스도의 죽음과 부활 이후 15년 내지 30년이 지난 때에 출생한 인물이다. 또한 초기 그리스도교의 신학을 집대성한 사도 바울이 그의 모든 서신을 다 기록한 이후에 비로소 활동하기 시작한 철학자이다. 플루타르크가 오시리스 신화에 관한 글을 쓴 때는 아무리 빨리 잡아도 트라야누스 황제의 즉위 이후인 98년경이므로, 이미 그때에는 신약성경의 모든 기록이 마친 상태이다. 그러므로 오시리스 신화가 초기 그리스도교에 미친 영향을 언급하기에는 너무나도 그 시기가 맞아떨어지지 않는다.

8) 젖먹이는 이시스 상

⇒ 콥트 박물관의 성모 성화가 영향을 받았다고 단정을 지었다. 성화는 글을 모르던 시절에 기독교의 핵심 메시지를 전하는 수단이었다. 예수 그리스도의 동정녀 탄생은 기독교 선포의 출발점이므로, 이시스 상과는 무관하게 확립된 기독교의 신성한 교리이다.

9) 그리스 신화에서 포도주 기적과 세례

⇒ 예수가 행하신 가나의 기적과 세례를 깎아내렸다. 그리스 신화의 다신론적 배경을 극복한 기독교 기적과 세례의 유일신론적 의미를 간과하였다.

10) "유대교에도 기적들이 있다."

⇒ 예수의 기적을 폄훼하면서 신구약성경에 관통하는 사상인 하나님의 아들로 오신 예수 그리스도의 정체성을 모독하였다. SBS는 기적의 보편적 원리만을 앞세우기 위해서, 여러 이교도 집단에서도 기적이 일어났다고 방송하였다. 그러나 이것은 예수의 기적이 지닌 특수한 원리를 모독한 처사이다. 예수의 기적은 이교도의 다신론적인 기적과는 달리, 자신이 '하나님의 아들'로 세상에 오신 것을 분명하게 나타내려는 유일신론적 의미를 지니고 있기 때문에 다른 기적과는 그 양상이 판이하다. SBS는 이 점을 간과하여 예수의 기적이 지니는 영적인 의미를 보여주기 위한 학문적인 실력을 갖추고 있는 정통 기독교 신학자들의 인터뷰를 반박 방송에 내보내야 한다.

11) 인터뷰 게자 버미스

⇒ 예수의 신성을 거부하였다. 예수의 신성과 인성을 동시에 강조하는 신학자의 반론이 없었다. 게자 버미스는 유대인 학자이기에 예수에 관해 정당한 평가를 하지 못했는데도 불구하고, SBS는 예수의 신성을 거부하는 유대인의 발언만을 공중파에서 여과 없이 내보냄으로써 예수의 인성과 신성을 모두 중시하는 정통 기독교의 교리를 중대하게 모독하였다.

12) 인터뷰 로버트 프라이스/미 성경비평 연구소 교수

⇒ 미국에서 이름도 없는 사이비 교단의 교주를 SBS는 자막을 통해서 전문적인 성경비평학자인 양 허위로 소개하였다.

13) 자막으로 성경비교

⇒ 고대 문헌과 성경의 문맥을 완전히 무시한 비교이다. 성경이 다른 문헌들에 비해 먼저 기록된 것을 알지 못하는 시청자들을 오도하였다. 이들 문헌들은 오히려 성경에 영향을 받아서 다른 고대 문헌들에 그 내용들이 등장하게

된 것이다.

14) "결국 예수는 여러 이야기의 인물을 짜깁기한 인물이라는 것이다."

⇒ 이것은 전후 사실을 무시한 결론이다. 성경의 기록이 먼저이고 다른 문헌은 그 후대에 영향을 받은 것이라는 사실을 간과하였다. SBS는 이 같은 정황을 인지하지 못하고, 오히려 예수를 짜깁기한 인물로 모독하고 폄훼하였다.

2부에서도 무함마드는 역사적 실존이 분명하지만, "예수의 존재에 대해 논란이 끊이지 않았던 것"이라고 단정적으로 평가하였다. 이는 SBS가 무함마드에 관해 성지를 이곳저곳 보여주면서 시청자들에게 그의 역사성을 각인시키면서도, 의도적으로 예수의 역사적 실존을 증명할 수 있는 성지를 제외한 것은 편파적인 보도이며 예수의 역사성을 폄훼한 것이다.

15) 인터뷰 도미닉 크로산

⇒ 예수의 역사적 실존만 인정함으로써 예수의 신성을 모독하였다.

16) 인터뷰 게자 버미스 "사실 유대인 사이에 인간이 신적인 위치를 갖는다는 것은 말도 안 되는 것입니다."

⇒ 예수의 신성을 모독하였기에, 예수의 신성을 강조하는 정통 신학자의 반론과 반박이 있어야 한다.

17) 유대교의 속죄인 하루 전날

⇒ 예수의 십자가의 속죄를 모독하는 이미지를 연상시켰다. 예수의 속죄를 1년 된 닭의 죽음을 통해서 비하시키고 모독하였다.

18) 인터뷰 라피 벤홀

⇒ 유대인은 율법의 요구에 응답하여 자선과 공로를 통하여 구원을 얻을 수 있다고 여기는데, 믿음을 통한 구원을 강조하는 기독교의 교리를 비하하였다. 반론과 반박 주장이 병행되어야 한다.

19) "예수가 말한 천국은 결코 죽음 다음에 가는 곳이 아니었다."

⇒ 천국 개념에서 공간적 개념을 무시하였다. 천국의 시공간적 존재적 주권적 현재적 미래적 의미를 포괄적으로 이해하지 않고 단순화하여 기독교 천국 교리를 모독하였다.

SBS는 천당을 얘기하면서 천국이라는 말도 동시에 썼다. 용어에 일관성이 없다. 종교 간 대화를 의도했다면 이슬람이 말하는 천당이 무슨 의미인지를 말했어야 한다. 이슬람이 말하는 천당은 순교자가 가는 곳이다. 거기엔 호리우스라는 성처녀가 있다. 기독교의 천국은 그런 곳이 아니다. 하나님의 주권, 다스림이 있는 곳이다. 종교 간 대화가 중요한 게 아니라 서로의 독특성을 인정해야 한다. 그런데 한쪽의 의견은 완전히 무시하고 이슬람 쪽만 강조한다는 것은 지상파 방송의 공정성을 크게 훼손하는 것이다.

20) 인터뷰 존 도미닉 크로산 성경을 믿으세요.

⇒ 성경을 모독하였는데, 이에 대하여 SBS는 정통 기독교 신학자의 성경관을 반론과 반박으로 인터뷰하여야 했다.

21) 로마의 로똔 성당

⇒ 이방 신전과 우상과 다신론을 극복한 정통 기독교 신앙을 드러내지 않고, 오히려 기독교가 미트라스 신전과 다를 것이 없다고 폄훼하였다.

22) 프리크의 인터뷰/ 이집트 초기 기독교 문서들과 도마 복음서. "신화적 요소가 없고 후대에 가필된 흔적이 없어서 이를 예수가 한 말만 기록한 것으로 여기고 있다."

⇒ 나그 함마디 문서와 도마 복음서에 관한 기초 지식이 전혀 없다. 이 분야의 전문가의 반론이 필수적인데, 필요한 반대 방송을 통한 적절한 조치를 하지 않았다. 나그 함마디 문서는 1945년 이집트 나일강 유역 나그 함마디에서 발견된 13권의 코덱스를 의미한다. 도마 복음서는 나그 함마디 문서가 발견되기 전에 시리아어로 이미 학계에 알려져 있던 문서이다. 그래서 일찍이 영지주의 문서로 낙인이 찍혔다. 그러나 나그 함마디 문서 속에 콥트어로 된 도마 복음서가 발견되었는데, 나그 함마디에 포함된 모든 문서가 영지주의 문서로 간주되다가 1990년대에 들어서 학계에서 도마 복음서만은 2세기 이후에 기록된 것이 아니라 1세기 중반인 70년대에 기록된 문서라는 결론을 내리기 시작하였다. 이러한 학계의 정황을 알지 못한 SBS는 전문가도 아닌 프리크의 주장을 앵무새처럼 되풀이하는 중대한 과오를 범하였다.

5. 결론

SBS 스페셜을 대하면서 필자는 기독교가 자기희생을 하고 성숙의 기회로 삼아야 하며, 여기에 덧붙여 기독교가 복음의 본질을 회복해야 한다고 생각한다. 복음은 예수 그리스도께서 우리에게 주신 구원의 복된 소식이다. 구원은 예수의 십자가를 통해서 우리에게 주어졌다. 십자가는 자기희생과 헌신이다. 이것이 기독교의 본질이다. SBS 스페셜이 안티 기독교 세력과 연계하여 방송을 통해 일부 부정적인 시각을 냈지만, 교회 대부분은 여전히 복음의 본질에서 있다고 본다. 이것이 한국교회의 저력이다.

SBS 스페셜에 대해서 우리는 법적인 대응도 해야 한다. 공익방송이 정통 기독교에 대해 폭거를 했기에 마땅히 법적 대응도 필요하다. 그러나 한국교회는 교회연합과 일치 정신을 잊어버려선 안 된다. 한국교회가 비판받는 것도 분열과 갈등 때문이다. 한국교회가 분열과 갈등을 싸매고 일치와 연합을 이루는 모습을 보여주면서 공익방송에 대처할 때 힘이 있는 것이다. 기독교가 SBS나 반기독교에 대해 반응할 때 온유와 겸손, 사랑을 버리면 안 된다. 그래야 상대방이 감동할 수 있다. 이걸 버리면 투사 이미지만 남을 수밖에 없다.

방송은 공익성이 그 생명이다. 과연 이번 사태를 초래한 SBS는 공익방송으로서 그 책임을 다하고 있는가? 방송인의 상업적인 이기주의만을 앞세워서 사전에 반대하고 반박보도를 요청하는 학자들과 기독교 지도자들의 의견을 묵살하고, 방송 담당자들의 입장만을 고수한 채 정통 기독교의 교리마저 폄하하고 모독하는 행동을 일삼은 SBS는 마땅히 그 책임을 지고 한국교회 앞에 엄숙히 사죄하여야 한다.

한국교회는 이 일을 계기로 더욱더 복음의 본질로 돌아가서 아직도 많은 이 땅의 사람들이 복음을 모른 채 방황하고 있는 현실을 안타깝게 여기고 복음 전도에 힘써야 한다. 그뿐만 아니라 SBS가 기독교의 정통 교리마저 깎아내린 것을 중시하여, 향후 이와 유사한 사태가 더 이상 발생하지 못하도록 법적인 조치를 마련해야 한다. 과거에 한국교회는 사랑만을 앞세우고 무조건적으로 파렴치한 일들까지 흐지부지하던 적이 많았다. 그러다 보니 습관처럼 기독교를 모독하는 일이 끊이지 않고 있다. 이미 서구 교회는 이런 일에 대하여 단호하게 대처함으로써 많은 판례를 만들어낸 것을 본보기로 삼아, 이번 일로 한국교회가 일치하여 법적인 제소를 통하여 향후 교회가 확고한 기반 위에 서서 나갈 수 있도록 힘을 모아야 한다.

우리는 SBS 스페셜의 배후에 한국을 집어삼키려는 이슬람의 선교전략과 음모가 숨어 있다는 사실을 간파하여야 한다. 2020년에 한반도를 이슬람화하려는 전략이 이미 감지되었다. 이미 IMF 이후에 많은 불법 외국인 노동자들이 이 땅에 발을 붙이도록 하는데, 한국교회가 음으로 양으로 도움을 준 것이, 이런 상황을 초래한 근본적인 원인이다.

이슬람은 종교집단이 아니라 정치집단이다. 그러므로 이슬람은 모든 수단과 방법과 권모술수를 동원하여 한국을 무대로 전 세계를 이슬람화하고자 한다. 이슬람은 적그리스도의 영이며 많은 사람에게 두려움과 공포를 주는 사탄의 세력이다. 신약성경은 이미 적그리스도가 그 활동을 시작하고 있다는 사실에 관하여 자세하게 설명하고 있다. 우리는 이 싸움이 영적 전쟁인 것을 올바르게 인식하여야 한다. 과거에 한국교회가 많은 이단과 사이비와 맞서서 싸워왔는데, 교단마다 소위 '이슬람 대책 위원회'를 별도로 세워서 이슬람의 음모에 반대하여 힘을 모아서 저지하였다.

지금 시작해도 결코 늦은 것이 아니다. 신약성경은 우리에게 모든 악한 영을 예수 그리스도의 이름으로 대적할 것을 가르치고 있다. 진리는 반드시 이긴다. 이슬람은 오일 머니와 거짓 교리와 이중성과 폭력성을 앞세워 사람들을 미혹하고 있다. 우리 모두 '길과 진리와 생명이신 예수 그리스도'의 좋은 군사가 되어 다시 민족 복음화와 세계선교의 기치를 높이 들고 삼천리 방방곡곡과 온 세계로 나가야 한다.

V. 기독교와 이슬람의 여성 지위와 역할[1]

본 장은 기독교의 경전인 성경과 이슬람의 경전인 코란을 상호 비교함으로써 문화 해석학과 사회심리학의 분야에서도 많은 관심을 기울이고 있는 여성학의 방법을 사용하여 여성의 지위와 역할에 관해 연구하고자 한다. 본 장은 어떻게 복음서가 그레코-로만 시대와 유대교의 세계에서 예수의 여성에 관한 태도를 이해하고 있는지, 그리고 7세기에 기록된 코란은 1세기에 기록된 신약성경을 알고 있으므로 여성의 지위와 역할에 관한 예수의 이해와는 달리 어떻게 코란이 여성에 관해 이해하고 있는지 연구하고자 한다.

9·11테러 이후에 이슬람을 연구하는 많은 학자는 이슬람포비아에 관해 관심을 기울이게 되었는데, 그 이유는 많은 이슬람 테러분자가 무장하였고 지금도 세계는 테러와의 전쟁을 수행하고 있기 때문이다. 이런 연유로 본 장은 어떻게 그리고 왜 이슬람 문화가 여성의 지위와 역할과 관련하여 폭력성, 이중성, 명예살인, 배타성의 문제에 쉽게 노출되며, 더 나아가서 현대성과 현대주의에 근거하여 오늘날 모든 사람이 추구하는 21세기의 보편적인 문화적 가치가 무엇인지에 관해 관심을 기울이고자 한다.

---

1) 이 논문(저술)은 2008년도 정부재원(교육과학기술부의 학술연구조성사업비)으로 한국학술진흥재단의 지원을 받아 연구되었음(KRF-2008-013-A00024)"으로 한국연구재단 연구교수 "기독교와 이슬람의 여성 지위와 역할에 관한 예수말씀의 연구," 《한국기독교신학논총》 제70호(2010): 5-29에 실린 글을 수정 보완한 것이다.

본 장은 남성과 여성이 현대 문화의 보편적 가치에 근거한 21세기 양성 평등 사상을 예수 말씀에 근거하여 이해하게 함으로써 여성의 인권을 보장하게 하려면 성경뿐만 아니라 코란에 언급된 여성의 결혼, 이혼, 재혼 문제와 남성의 특권까지도 상호 비교하고자 한다. 그 이유는 여성 차별과 일부다처제에 관한 코란의 가르침은 21세기가 추구하는 인류의 보편적 가치에 비추어 볼 때 오늘의 한국사회에서도 받아들일 수 없는 내용이기 때문이며, 한국인은 이미 일부일처제와 양성평등 사상을 인류의 숭고한 가치와 이념으로 받아들이고 있기 때문이다.

1. 서론

로마 천주교가 주도한 십자군전쟁으로 인해 역사상에 많은 무슬림이 희생당한 후, 현대에 이르러서 이슬람 근본주의[2]가 *지하드*의 형태[3]로 9·11테러와 같은 끔찍한 사태를 발생하였다는 측면도 있지만, '목적 달성을 위해 수단이 정당화될 수 없다'는 만고의 진리 앞에서 우리 모두 겸허해질 필요가 있다. 테러와 전쟁은 이념과 군사력이 충돌할 때 일어나지만,[4] 결코 종교의 이름

---

2) 근본주의 이슬람이 지향하고 있는 실체를 올바르게 이해하려면 9·11테러로부터 논의를 시작해야 한다. "너희 주위에 거하는 이교도들과 싸우라"(코란 9:123)와 "전쟁에서 불신자들을 만나면 목을 치라"(코란 47:4)는 지침을 따라 오사마 빈라덴이 주도한 9·11테러 이후에, 세계는 이 순간에도 이슬람 무장 세력에 맞서서 대(對)테러전쟁을 수행하고 있다. 간혹 이슬람 무장 세력을 이슬람근본주의자 혹은 이슬람원리주의자와 구별하지만, 본 장은 이슬람 무장 세력을 이슬람근본주의자, 이슬람원리주의자, 이슬람주의자로 동일시하여 목적달성을 위해 테러까지 동원하는 단체로 규정한다. 권삼윤, 《자존심의 문명 이슬람의 힘》 (서울: 동아일보사, 2001). 권삼윤은 '근본주의가 아니라 이슬람주의다'라는 장에서 이슬람주의가 기독교 문명과 충돌할 수밖에 없다고 본다.

3) 이슬람은 *지하드* 곧 신앙을 지키기 위한 전쟁까지 벌인다. 아랍어 *지하드*는 성전(聖戰)을 뜻하는데 '마음으로 나타나는 지하드,' '글로 나타나는 지하드,' '통치로 나타나는 지하드,' '칼로 나타나는 지하드' 등 4종류가 있다. 참고, 정수일, 《이슬람문명》 (서울: 창작과비평사, 2003), 177-183; 박호용, 《폰 라드: 실존적 신앙고백과 구원사의 신학》. 현대신학자평전 6 (파주: 살림출판사, 2006), 73-77, 206.

4) 참고, Michael E. Brown, Owen R. Cote, Sean M. Lynn-Jones (eds.), *Theories of War and Peace*, International Security Readers Series 12 (Cambridge: MIT Press, 1998); Shadia B. Drury, *Terror and Civilization: Christianity, Politics, and the Western Psyche* (New York: Palgrave Macmillan, 2004).

으로 감행되어서는 안 된다. 일반적으로 서구 사람들이 갖고 있는 근본주의 이슬람에 대한 대표적인 이미지가 토마스 아퀴나스 이래로 '한 손에 코란, 한 손에 칼'인데, 9·11테러로 이런 이미지는 더욱더 고착되었다는 연구가 많이 발표되었다.5) 필자도 본 장을 캘리포니아 대학교(UC Berkeley와 UC Davis)에서 준비할 때, 이슬람근본주의자의 폭력성을 두려워하는 목소리를 많이 들었다.6) 근본주의 이슬람이 극단적인 태도를 보이는 이유는 무엇인가? 필자는 본 장에서 그 이유를 코란의 극단적인 가르침에 근거하여 서구 문명을 적대시하려는 이슬람원리주의자의 문화적 이해7)에서 발견하고자 한다. 이와 관련하여 본 장은, 구약성경에도 나타나 있는 폭력적인 내용이 유대교에 지대한 영향을 미친 것이므로 기독교와는 근본적으로 다르기에, 기독교는 문화적으로 폭력적인 태도를 지양한다는 사실을 전제하고자 한다.

문화는 현대인에게 옷과 같은 것이라면, 종교는 인간에게 마음과 같다. 옷이 그 나라의 문화를 표현한다면, 마음은 한 인간이 가진 종교를 표현한다. 여성이 남성보다 옷차림에 민감한 것처럼, 남성보다 여성이 더 종교적이다. 옷이 문화라면 종교는 삶이기에, 남성보다 여성이 옷에 신경을 더 쓰는 것처럼

---

5) 9·11테러와 이슬람의 연관성에 관한 연구 중에서 학문적으로 필자에게 흥미를 준 연구가 Amy Caiazza, "Why Gender Matters in Understanding September 11: Women, Militarism, and Violence," *Nothing Sacred: Women Respond to Religious Fundamentalism and Terror*, ed. Betsy Reed (New York: Thunder's Mouth Press/Nations Books, 2002), 379-391; Farid Esack, "In Search of Progressive Islam beyond 9/11," Omid Safi (ed.), *Progressive Muslims: On Justice, Gender, and Pluralism* (Oxford: Oneworld Publications, 2003), 78-97, 338-339; Sherene H. Razack, *Casting out: The Eviction of Muslims from Western Law & Politics* (Toronto: University of Toronto Press, 2008), 23-34, 83-106, 173-180이다.

6) Berkeley에 있는 Graduate Theological Union에 2007년 11월에 설립된 Center for Islamic Studies의 창립 1주년에 초청된 UC Davis의 서남아시아 무슬림여성문제 전문가인 Sunaina Maira는 2008년 11월 19일에 "Speaking of Islamophobia: How, Why, When?"이라는 강연을 하였다. 한국도 2008년 12월 10일에 청어람 아카데미와 바른 교회 아카데미 주최로 "이슬람포비아(Islamophobia), 실체를 진단한다"라는 강연이 열렸다. 한국선교신학회도 2009년 4월 18일에 한국기독교학회의 후원으로 감리교신학대학교에서 이슬람 선교포럼을 열어서 "이슬람포비아에 대한 선교신학적 성찰"을 논의하였다.

7) 전문가들이 이슬람을 문화적 측면에서 소개한다. 참고, James S. Donahue and Munir Jiwa, "Studying Islam for a More Peaceful World," *San Francisco Chronicle* (Tuesday, November 6, 2007): 37; Lila Abu-Lughod, *Writing Women's World* (Berkeley: University of California Press, 1993), 9-10.

종교에도 더 열심이다. 본 장은 근본주의 이슬람이 평화를 가장하고 문화의 옷을 입고 한국사회에 다가온다는 사실을 중시하여, 기독교와 이슬람원리주의[8]가 여성을 어떻게 이해하며 해석하는지 더 나아가서 인간의 문화에 어떻게 적용하는지를 연구하고자 한다.

한국에서 복음서와 코란[9]을 비교하여 여성의 지위와 역할에 관한 예수말씀을 연구하는 일은 아주 척박하며,[10] 더구나 문화해석학[11]과 사회심리학[12]의 도움으로 성경과 코란을 연구하는 일은 더욱 희박하다. 본 장은 예수의 가르침에 근거한 기독교와 무함마드의 가르침에 근거한 이슬람이 여성에 관해어떤 견해를 갖는지 상호 비교함으로써 한국인에게 무엇이 이상적인 문화인지를 보여주는 데 있으므로, 여성신학[13]의 관점에서 여성관을 확립하는 일이

---

8) 기독교와 이슬람의 만남과 대화에 관한 대표적인 연구로는 Suad Joseph and Barbara L. K. Pillsbury (eds.), *Muslim-Christian Conflicts: Economic, Political, and Social Origins* (Boulder: Westview Press; Folkestone: Dawson, 1978); Michael Nazir Ali, *Frontiers in Muslim-Christian Encounter* (Oxford: Regnum Books, 1987); M. Darrol Bryant and S. A. Ali (eds.), *Muslim-Christian Dialogue: Promise and Problems* (St. Paul: Paragon House, 1998); Ovey N. Mohammed, *Muslim-Christian Relations: Past, Present, Future* (Maryknoll: Orbis Books, 2002)가 있다.

9) 코란은 114장의 수라로 구성되어 있지만, 본 장은 수라 대신에 코란으로 통칭하고자 한다.

10) 단지 코란과 성경에 관한 주제를 연구한 한국인 학자는 다음과 같다. 유지산, 《꾸란의 지혜: 독송의 마력 절대적 위의》(서울: 동서문화사, 2006); 권오문, 《종교는 없다: 50가지 키워드로 본 한국종교》(서울: 문이당, 2006); 이명권, 《무함마드와 예수 그리고 이슬람》. 비움과 나눔의 철학 3 (서울: 코나투스, 2008).

11) 문화해석에서 기술하기, 해석하기, 평가하기 등의 방법들은 성경과 코란에 나타나 있는 구절들을 통해 여성의 지위와 역할을 이해하는 데 도움이 된다. 참고, Edward C. Stewart and Milton J. Bennett, *American Cultural Patterns: A Cross-Cultural Perspective* (Portland: Intercultural Press, 1991); Milton J. Bennett, *Basic Concepts of Intercultural Communication* (Portland: Intercultural Press, 1998). 특히 이슬람문화에 관한 해석과 관련하여 Meredith Tax, "World Culture War," *Nothing Sacred: Women Respond to Religious Fundamentalism and Terror*, ed. Betsy Reed (New York: Thunder's Mouth Press/Nations Books, 2002), 23-29; Madhavi Sunder, "A Culture of One's Own: Learning from Women Living under Muslim Laws," *Nothing Sacred: Women Respond to Religious Fundamentalism and Terror*, ed. Betsy Reed (New York: Thunder's Mouth Press/Nations Books, 2002), 149-163을 참고하라.

12) 사회학과 심리학이 인간 존재의 목적, 인간 삶의 의미, 인간의 궁극적 운명 등을 설명할 수 없지만, 사회심리학은 사람들이 생각하고 있는 것이 어떻게 서로에게 영향을 주고받는지를 연구한다. 참고, Andrew M. Greeley, *Ethnicity, Denomination and Inequality* (Beverly Hills: Sage, 1976); David G. Myers, "Polarizing Effects of Social Comparison." *Journal of Experimental Social Psychology* 14 (1978): 554-563; idem, *Social Psychology*, 7th edition (New York: McGraw-Hill, 2002).

13) 여성신학은 남성에 의해 해석되던 성경을 여성경험과 여성시각으로 해석한다. 참고, Kwok Pui-Lan

21세기의 현대성(modernity)14)에 걸맞은 보편적이면서15) 적합한 문화적 가치 16)라는 사실을 제안하고자 한다.

본 장은 신약성경17)이 하나님의 말씀이며 예수 그리스도가 모든 인류를 구원하기 위한 계시라는 사실을 전제하면서, 코란18)보다 먼저 기록된 신약성 경에 나타난 1세기의 예수말씀이 어떻게 7세기의 무함마드의 가르침과 연관

and Elisabeth Schüssler Fiorenza (des.), *Women's Sacred Scriptures*. Concilium 1998/3 (London: SCM Press; Maryknoll: Orbis Books, 1998). 특히 피오렌자는 여성에 의해 성경을 비판적으로 읽는다 는 것은 잘못된 해석을 바로잡고, 남성 위주의 학문적 외피를 벗겨내어 성서적 표상과 신학적 의미가 갖 고 있는 새로운 차원을 재발견하는 것이라고 주장하였다. UC Davis의 Suad Joseph은 1949년에 미국 에 와서 1968년에 레바논을 처음으로 방문할 때 "자신의 여자다움을 더 인식하게 되었지만," "(남성들 이) 나를 한 여성 곧 성적인 먹잇감으로 인식하였다."라고 회상한다. 참고, Suad Joseph, "Feminization, Familism, Self, and Politics," *Arab Women in the Field: Studying Your Own Society*, ed. Soraya Altorki and Camillia Fawzi El-Solh (eds.) (New York: Syracuse University Press, 1988), 35-36. 본 장은 무슬림여성학을 중시하여 Amina Wadud, *Inside the Gender Jihad: Women's Reform in Islam* (Oxford: Oneworld Publications, 2006)의 "The Challenges of Teaching and Learning in the Creation of Muslim Women's Studies"(55-86)와 Miriam Cooke, *Women Claim Islam: Creating Islamic Feminism through Literature* (New York; London: Routledge, 2001), 55-64, 99-103을 참고하였다. 불행히도 이슬람세계는 여성학을 '사탄적인 것'으로 간주한다. 참고, Fatima Mernissi, *Beyond the Veil: Male-Female Dynamics in Modern Muslim Society* (Bloomington; Indianapolis: Indiana University Press, 1987), 33.

14) 현대적 가치와 이슬람전통이 충돌하는 문제에 관해 Fatima Mernissi, *Islam and Democracy: Fear of the Modern World* (Reading: Addison-Wesley Publishing Company, 1992); Lila Abu-Lughod (ed.), *Remaking Women: Feminism and Modernity in the Middle East* (Princeton: Princeton University Press, 1998); Amina Wadud, "Aishah's Legacy: The Struggle for Women's Rights within Islam," *The New Voices of Islam: Rethinking Politics and Modernity: A Reader*, ed. Mehran Kamrava (Berkeley; Los Angeles: University of California Press, 2006), 201-204를 보라.

15) 인류가 보편적으로 추구하는 가치와 관련하여 이슬람전통이 직면한 문제에 관하여 Mohammed Arkoun, "Present-Day Islam Between Its Tradition and Globalization," *The New Voices of Islam: Rethinking Politics and Modernity: A Reader*, ed. Mehran Kamrava (Berkeley; Los Angeles: University of California Press, 2006), 29-63을 보라.

16) 이슬람이 모든 인류에게 적합한 문화적 가치로 인식되기보다는 서구 민주주의에 위배되는 내용들을 가 졌다고 자주 비판을 받는다. 이슬람이 직면한 민주주의의 도전에 관하여 자세한 것은 Joshua Cohen and Deborah Chasman (eds.), *Islam and the Challenge of Democracy*. A Boston Review Book (Princeton; Oxford: Princeton University Press, 2004), 3-46, 87-92, 109-128; Fethullah Gülen, "A Comparative Approach to Islam and Democracy," *The New Voices of Islam: Rethinking Politics and Modernity: A Reader*, ed. Mehran Kamrava (Berkeley; Los Angeles: University of California Press, 2006), 99-104를 보라. 본 장은 이슬람전통이 민주주의보다는 문화적 가치에 직면한 문제들을 다루고자 한다.

17) 본 장은 성경 본문을 참고하기 위하여 구약성경은 Biblica Hebraica Stuttgart(BHS)와 신약성경은 Nestle-Aland Novum Testamentum Greece(NA27)를 사용하였다.

되는지 연구하고자 한다. 이로써 본 장은 구약성경에 나타난 유대교의 가르침 이나 바울 서신에 나타난 바울의 가르침이 아니라, 복음서에 나타나 있는 예수 말씀을 통하여 여성문제와 관련된 이슬람문화를 어떻게 평가할 것이며, 여성에 관한 이슬람의 태도를 모더니즘(modernism)[19]과 연관을 지어서 어떻게 재정립할 것인지 살펴보고자 한다.

먼저 복음서와 코란이 예수에 관해서 어떻게 상이한 이해를 하고 있는지 살펴보는 것으로 논의를 시작하고자 한다.

2. 예수에 관한 이해

복음서에 의하면, 예수는 인류의 구세주이다. 그러나 예수에 관한 코란의 관점은 너무나도 상이하다. 복음서는 예수를 하나님의 아들로서 세상에 구원을 가져온 평화의 왕으로 계시한다. 그러나 코란은 예수를 '이스마엘이나 이삭과 같은 선지자'로 간주하여 최후 계시자는 무함마드라고 함으로써 예수를 무함마드 밑에 내려놓았고,[20] 예수가 십자가에 달려 죽지도 않았다고 주장하여 기독교의 핵심진리인 구원교리를 거부하였다. 코란은 예수가 단지 알라의 심부름꾼에 지나지 않는다고 깎아내린다(4:157). 코란에 의하면, 예수는 스가랴, 세례 요한, 엘리야와 마찬가지로 '의인'에 지나지 않는다(6:85). 이것은 코

---

18) 본 장은 코란의 번역을 금지하는 이슬람전통 때문에 Mohsin Khan, Mohammed Marmaduke Pickthal, Hafiz Abdullah Yusuf Ali, Mohammedali H. Shakir, 김용선 등의 학자들이 해설한 영어와 한글 코란을 참고하였다. 7세기에 기록된 코란의 번역을 금지하고 당시의 언어 그대로 낭송하는 전통은 이슬람의 폭력성과 이중성과 명예살인과 배타성의 실체를 감추려는 우민화 교리에 근거한 것이다.

19) 모더니즘 혹은 모더니티가 프랑스 대혁명과 계몽주의부터 시작된다고 보는 것은 사회적 정치적 경제적 관점에 비중을 두는 태도다. 철학적 관점에서는 모더니즘이 데카르트(René Descartes)까지 거슬러 올라가고, 문화문명사적 관점에서는 인문주의와 르네상스 운동까지 거슬러 올라간다. Paul K. Moser and Arnold Vander Nat는 *Human Knowledge: Classical and Contemporary Approaches*, 3rd edition (Oxford: Oxford University Press, 2003)에서 인식론적 관점으로 철학사를 정리하면서 토마스 아퀴나스(Thomas Aquinas)가 중세기 말에 속하는 인물이지만, 중세기와 구별되는 모더니티의 특징들을 보인다고 주장한다.

20) 코란 2:136; 3:84; 4:163. 특히 코란은 이스마엘이 알라의 메신저와 선지자가 되었다고 주장하지만 (19:54), 성경은 이스마엘이 아니라 이삭이 약속의 자녀로서 아브라함의 유업을 이어 나갔다고 증거 한다.

란이 1세기의 그레코-로만 세계에 퍼져 있던 '의로운 죽음'에 영향을 받은 것으로써 혼합주의의 한계를 벗어나지 못하고 있다는 사실을 보여준다. "이러한 행위들 중 많은 것들은 이슬람이 들어오기 전에 존재했던 종교들로부터 받은 영향"21)이다. 이미 그레코-로만 시대에 초기 기독교에 대한 타 종교의 폭력이 심화하였는데, 이른바 이러한 반기독교적 전통을 이은 코란은 기독교인들을 어리석은 이교도로 깎아내렸다. 코란은 기독교인을 거짓말쟁이로 단정 짓기 때문에(코란 18:4-5), 기독교인이 숭배하는 것을 모두 배격한다(109:1-6). 코란은 유대인이나 기독교인을 친구로 삼지 말라고 경고하며(5:51), 심지어 알라를 믿지 않는 자들에 대항하여 싸우라고 강요한다(9:29). 그래서 코란은 이교도인 기독교 여성과 결혼하는 것도 금지한다. 코란은 이교도 여성과 결혼하는 것보다 이슬람 노예와 결혼하는 것이 낫다고 가르친다(2:221).

　　복음서가 예수에 관해 구세주, 인자, 하나님의 아들, 메시아, 주님, 다윗의 후손, 요셉의 아들, 선생님, 랍비, 하나님의 어린양, 능력이 많으신 이 등 다양하게 호칭하는 데 반하여, 코란은 주로 예수를 마리아의 아들로 호칭한다. 물론 복음서에도 예수를 '마리아의 아들'로 부르는 호칭이 단 한 번 마가복음에 나온다.

> 이 사람이 마리아의 아들 목수가 아니냐? 야고보와 요셉과 유다와 시몬의 형제가 아니냐? 그 누이들이 우리와 함께 여기 있지 아니하냐 하고 예수를 배척한지라 또는 예수로 말미암아 실족한지라(막 6:3)

예수를 '마리아의 아들 목수'라고 배척한 사람들은 고향 사람들이다. 예수를 '요셉의 아들'이 아니라 '마리아의 아들'로 부른 것은 아버지 요셉이 일찍 세상을 떠났기 때문이다. 크로산은 예수를 '지중해의 가난한 농부의 아들'로 간주

---

21) Collin Chapman. "십자가와 초승달," 이슬람연구소 전재옥 편집, 《무슬림여성: 종교적 관습에서 벗어나 변화하는 여성들의 어제와 오늘》. 이슬람연구 3 (서울: 예영, 1997), 145.

하지만,[22] 성경은 농부가 아니라 목수라고 증언한다. 목수를 뜻하는 그리스어 *텍톤*은 당시 사람들에게 경멸스러운 칭호였다. 상류층은 인구의 1-2%에 해당하지만, 국토의 50%를 장악하고 있었다. 소수의 사제가 나머지 15%를 소유하였다. 당시 목수는 하층계급에 속했다. 예수는 요셉의 대를 이어 공생애 전에 목수 일을 했다. '마리아의 아들 목수'라는 칭호는 다분히 여성경멸적인 풍토와 맞물려 농부보다 더 낮은 계급의 사람들을 부를 때 '목수'라 칭했다. 당시 목수는 인구의 5%의 장인계급에 속하였다. 장인들은 소작농에게서 충원되었다. 당시 95-97%가 문맹이었으니 하층민의 생활상이 어떠하였겠는가.

코란에 '목수' 칭호 대신에 '마리아의 아들'이란 표현이 21회나 반복된다.[23] 이것은 예수를 경멸하려는 태도로 코란이 구성하고 있는 예수 이야기는 그레코-로만 세계에서 기독교를 배척하였던 혼합주의 종교들과 마찬가지로 하나님의 아들인 예수를 의도적으로 폄하한다. 코란이 예수를 '마리아의 아들'이라고 폄훼한 것은 7세기 남성 위주의 가부장적인 사회구조에서 볼 때, 기독교를 노골적으로 거부하는 이슬람이 지닌 폭력성의 면모이다.

물론 기독교인은 '마리아의 아들' 칭호를 굳이 마다하지 않는다. 고난 속에서 산 예수가 기독교인에게 삶의 이정표와 같기 때문이다. 그러나 코란은 예수를 '마리아의 아들'로 격하시킬 뿐, 오히려 기독교인이 그 칭호를 달갑게 여긴다는 사실을 모른다. 애드니는 무함마드가 고난의 삶을 산 적이 없다고 다음과 같이 지적한다.

"그리스도인들은 멸시 받은 채 십자가로 가신 예수를 따른다. 무슬

---

22) 크로산(John Dominic Crossan)은 로버트 펑크와 함께 '예수 세미나'를 창설했지만, 예수의 처녀탄생을 거부했고, 《역사적 예수: 지중해 연안의 한 유대인 농부의 생애》 김준우 역(서울: 한국기독교연구소, 2000)에서 세례 요한뿐만 아니라 예수도 견유학파의 현자라고 한 주장은 성경의 내용과 달라 많은 반대에 직면해 있다.

23) 코란 2:87, 253; 4:157, 171; 5:17, 46, 72, 75, 78, 110, 112, 114, 116; 9:31; 19:34; 23:50; 33:7; 43:57; 57:27; 61:6, 14. 본 장에서 필자는 통계를 내기 위하여, University of Southern California가 만든 Compendium of Muslim Texts의 Qur'an search라는 프로그램을 사용하였다.

림들은 승승장구한 경험이 있는 무함마드를 따른다. 성경에는 하나님의 종이 당한 고난의 자취를 밟아가는 호세아서, 예레미아서, 이사야서 같은 책들이 있다. 꾸란은 아담과 하와, 노아, 아브라함, 모세 이야기와 심지어 예수에 대한 이야기도 아흔세 구절이나 담고 있지만, 선지서들에 나오는 '고난 받는 종' 비슷한 것은 없다. 무슬림들은 승리가 패배에서 나온다고 보지 않는다."[24]

무함마드는 연상의 과부 카디자와 결혼하여 25년 간 부유하게 살다 그가 죽은 후 "열두어 명의 이르는 여자들과 결혼했다."[25] 특권을 누린 무함마드에 관해 코란은 찬양의 언사로 미화하면서도, 고난의 길을 걸어간 예수에 대해서는 '마리아의 아들'이라고 폄하한다. 이러한 폄하는 하나님까지 거슬러 올라가는데, 일부 무슬림은 하나님이 마리아와 성교한 것으로 간주하여 기독교에 대해 극도의 혐오감까지 느낀다.[26] 이는 단순히 기독교를 모독하는 차원을 넘어 대(對)여성폭력의 불씨를 이슬람이 조장하기에 문제가 심각하다.

코란은 예수에 관해 28회 언급할 정도로 신약성경의 영향을 많이 받고 있다.[27] 코란은 예수를 '그리스도 예수'라 부르지만, 이것은 예수를 메시아로 인정하지 않는 유대교에 반대하기 위한 것이지, 이슬람은 예수를 그리스도로 인정하지 않고 단지 최후의 선지자인 무함마드를 위해 앞서 온 세례 요한과 같은 선지자의 개념으로만 이해한다. 코란은 그리스도의 의미를 왕·제사장·선지자의 삼중개념으로 인간구원의 포괄적인 차원에서 이해하지 않고,

---

24) 미리암 애드니 정옥배 역, 《이슬람의 딸들: 진리를 향한 무슬림여성들의 꿈과 투쟁》 (서울: IVP, 2004), 54.

25) 미리암 애드니 정옥배 역, 《이슬람의 딸들: 진리를 향한 무슬림여성들의 꿈과 투쟁》, 169. 학자들에 따라서 무함마드가 "최소 14명에서 최대 21명의 부인을 거느렸다"라고 본다. 참고, Anwar Hekmat, *Women and the Koran: The Status of Women in Islam* (Amherst: Prometheus Books, 1997), 33-34.

26) 미리암 애드니 정옥배 역, 《이슬람의 딸들: 진리를 향한 무슬림여성들의 꿈과 투쟁》, 101.

27) 코란 2:87, 136, 253; 3:3, 45, 52, 55, 59, 84; 4:157, 163, 171; 5:46, 78, 110, 112, 114, 116; 6:85; 19:34; 33:7; 42:13; 43:57, 61, 63; 57:27, 61:6, 14.

무함마드의 수하에 있는 일개 선지자로만 간주하여 기독교 정통교리에 엄청난 폭력을 가한다. 예수에 대한 코란의 폭력성은 다음 항목에서 언급하려고 하는 여성문제에서 더 심각한 양상을 띠고 있다.

3. 여성에 관한 이해

유대인들이 모세오경처럼 중시하는 미쉬나는 200년경에 여후다(Jehuda)에 의해 성문화되었다. 그는 하루에 세 번씩 하나님을 찬양하였는데,[28] 그의 두 번째 찬양은 여성에 대한 편견을 그대로 드러내었다. 여후다보다 200년 전에 살았던 예수는 여성에 대해 호의적이었다. 서기관들과 바리새인들이 음행 중에 잡힌 여인을 예수에게 데려왔다(요 7:53-8:11). 그들은 모세율법이 간음한 여자를 돌로 치라고 했는데, 예수에게 어떻게 할지 간교하게 물었다. 예수는 남녀를 모두 죄인이라는 관점에서 동등하게 다루었기 때문에, 여성만 정죄할 수 없었다. "너희 중에 죄 없는 자가 먼저 돌로 치라"라고 함으로써 예수는 모든 사람의 양심에 호소하였다.

코란은 간음한 남녀에 대해 백 대씩 때리라고 말하지만(24:2), 이슬람 사회를 지탱하는 이슬람법[29]은 사랑과 용서보다는 형벌을 강화함으로써[30] 남성이 여성보다 위에 있다는 이중적인 태도[31]를 취한다. 남녀가 모두 지음 받은 존재라고 말하면서도, 코란이 남성에 관해서 '여성을 보호한다'[32]는 명목으로

---

28) "나를 이방인으로 만들지 않은 하나님을 찬양합니다. 그 앞에서 모든 이방 민족이 아무것도 아니기 때문입니다. 나를 여성으로 만들지 않은 하나님을 찬양합니다. 여성은 율법을 지킬 의무가 없기 때문입니다. 나를 무식한 사람으로 만들지 않은 하나님을 찬양합니다. 무식한 사람은 죄를 부끄러워하지 않기 때문입니다."

29) 이슬람법은 '샤리아'로 '낙타가 물웅덩이로 가는 길'이란 뜻이다. 알라에게 무조건 순종하는 것이 이슬람법이다. 참고, 이정순, 《무슬림여성과 베일》, 신학박사 논문시리즈 12 (서울: 기독교문서선교회, 2002), 94 n. 56.

30) 김용선, 《코란의 이해》 (서울: 민음사, 1990), 438-439.

31) 코란의 이중성에 관해 간단하게 비교하고 있는 김성태, "코란의 비진정성(비진리성)과 무슬림의 폐해," 《월간목회》 388(2008년 12월호): 42를 보라.

"마음에 드는 여성 2명, 3명, 혹은 4명과 결혼해도 좋다'(4:3)면서 일부다처제를 두둔할 때, 이는 21세기의 일부일처제와 양성평등사상에 위배되는 이중적인 가르침이다. 구약성경에도 일부다처제가 등장하지만, 오늘날 이러한 전통을 따르는 유대인이나 기독교인은 없다. 일부다처제가 문화적으로 현대성33)이라는 가치기준에 비추어 볼 때 타당하지 않기에, 성경의 가르침이라고 해서 그대로 적용할 수 없기 때문이다.

성경보다 700년 후에 기록된 코란이 여성에 관해 언급한 것을 마태복음과 비교해 보자. 예수는 결코 여성을 낮추어 본 적이 없는데, 무함마드는 노골적으로 여성을 낮추어 본다.

마태복음	코란 4장 34절
이는 요한이 헤롯에게 말하되 당신이 그 여자를 차지한 것이 옳지 않다 하였음이라(마 14:4) 온 천하에 어디서든지 이 복음이 전파되는 곳에서는 이 여자가 행한 일도 말하여 그를 기억하리라(마 26:13)	남자는 여자보다 우위에 있다. 알라께서 서로 간에 우열을 붙인 것으로서 또한 남자가 생활에 필요한 돈을 대고 있기 때문에 이러한 점에서 남자가 여자보다 우위에 있으며, 따라서 정숙한 여자는 남자에게 순종하고34)

---

32) Barbara Freyer Stowasser, "The Status of Women in Early Islam," *Muslim Women*, ed. Freda Hussain (London; Sydney: Croom Helm, 1984), 26; Azizah Y. Al-Hibri, "An Introduction to Muslim Woman's Rights," *Windows of Faith: Muslim Women Scholar-Activists in North America*, ed. Gisela Webb (New York: Syracuse University Press, 2000), 60-62.

33) 17세기 인식론의 일대 전환을 이룬 데카르트(René Descartes) 이전의 성서해석에서 현대성 (modernity)에 관한 새로운 인식의 출발점은 13세기에 토마스 아퀴나스(Thomas Aquinas)에 의해 비롯되었다. 참고, Chung Hyun Baik, "Ontology and Epistemology in Comtemporary Discussion on the Relation between the Immanent Trinity and the Economic Trinity" (Ph. D. dissertation, Graduate Theological Union, 2009)의 제2장 "Philosophical and Historical Context," 33-35, 70-79. 아퀴나스가 모더니티와 연관된다는 주장은 철학적 측면, 특히 존재론과 인식론에 잘 어울린다. 아퀴나스가 중세기 말에 살았지만 근세 직전에 위치하는 이중적인 특성 때문에, 한편으로 중세의 사람으로 또 다른 한편으로 근세의 씨앗을 가진 사람으로 볼 수 있다. 그래서 그의 철학은 근세철학과의 연관 속에서 연구되기도 한다. 참고, Thomas F. O'Meara의 *Thomas Aquinas Theologian* (Notre Dame: University of Notre Dame Press, 1997)의 서문 xiv. 오메라는 이 책에서 "Second Thomism"과 "Third Thomism"을 다루면서 제3의 토미즘 곧 네오토미즘의 시대(1860-1960)에, 로마 천주교의 모

코란은 여성보다 남성이 위에 있다고 일방적으로 선언한다. 특히 "알라가 서로 간에 우열을 붙인 것"이라고 밝힘으로써 이슬람에서는 남성이 영원히 여성 위에 서 있다.[35] 반면에 마태복음 14장은 권력으로 여성을 차지한 헤롯의 잘못까지 지적하고, 마태복음 26장은 향유를 부은 여성을 죄인으로만 간주하는 당시의 시각을 수정하면서 여인의 행동을 높이 평가한다.

코란이 여성에 관해 단수 29회와[36] 복수 91회[37] 언급하지만, 남성에 관해 더 많이 언급하고 있기에[38] 남성편향적인 책이다. 코란이 주로 여성에 관해 언급하는 제2장 암소의 장인 *바까라*와 제4장 여인의 장인 *니사아*를 통해서 근본주의 이슬람의 여성이해를 살펴보자.

*바까라*에 남성에게 유리하고 여성에게 불리한 조항들이 있다. 무슬림의 결혼은 전적으로 남성 위주이다.[39] 남성은 결혼할 뜻을 여성에게 쉽게 비친다거나 때가 되기 전에 혼인절차를 굳혀서는 안 되고(코란 2:235), 여성에게 지참금을 주기 전에 이혼해도 죄가 안 된다(코란 2:236). 증인채택에서 남성 한 명에 여

더니티를 위해서 아퀴나스의 신학과 철학이 활용되었다고 본다. 이는 아퀴나스의 신학과 철학에 모던적인 요소가 담겨 있다는 반증이다. Russell Hittinger의 "Two Thomisms, Two Modernities," *First Things* No.184 (2008 June/July): 33-38과 Shadia B. Drury의 *Aquinas and Modernity: The Lost Promise of Natural Law*. Modernity and Political Thought Series (Lanham: Rowman & Littlefield Publishers, 2008)는 포스트모더니즘이 이성과 자연(nature)에 대해 평가절하하는 것에 반대하지만 절대적 신앙주의로 돌아가는 것도 경계하면서, 자연법의 관점에서 아퀴나스의 중요성을 재발견한다.

34) 김용선, 《코란의 이해》, 375에서 재인용. 코란 2장 187절도 '남성은 여성의 위에 서 있다'라고 말한다.

35) 코란 4장 34절은 이슬람을 당혹하게 하는 구절이다. 참고, Kecia Ali, *Sexual Ethics and Islam: Feminist Reflection on Qu'ran, Hadith, and Jurisprudence* (Oxford: Oneworld Publications, 2006), 117-126.

36) 코란 2:178, 221, 229; 3:35; 4:12, 22, 128, 129, 176; 5:38, 75; 11:72; 12:29; 16:92, 97; 19:28; 22:2; 24:2, 3; 26:171; 27:23; 33:36, 50; 37:135; 40:40; 51:29; 58:1, 60:11; 65:6.

37) 코란 2:49, 221, 222, 223, 228, 229, 231, 232, 235, 236, 237, 241, 282; 3:14, 42, 61; 4:1, 3, 4, 7, 11, 15, 19, 22, 23, 24, 25, 32, 34, 43, 75, 98, 127, 129, 176; 5:5, 6; 6:139; 7:81, 127, 141; 9:67, 68, 71, 72, 87, 93; 12:28, 30, 50, 51; 14:6; 24:4, 12, 23; 24:26, 31, 60; 27:55; 28:4, 23, 25, 26; 33:32, 35, 49, 52, 55, 58, 59, 73; 37:48; 38:52, 40:25; 44:54; 47:19; 48:5, 6, 25; 49:11; 57:12, 13, 18; 60:10, 12; 65:1, 4, 6; 71:28; 78:33; 85:10.

38) 코란이 남성에 관해 단수 226회와 복수 498회나 언급한다.

39) 참고, Fatima Mernissi, *Beyond the Veil: Male-Female Dynamics in Modern Muslim Society*, 19.

성 두 명이 필요하다고 함으로써 여성을 남성의 절반에 해당하는 가치로 간주한다(코란 2:282). 여성 한 명이 잘못 증언하면, 다른 한 사람이 그 증언을 보충해주기 때문이다. 이로써 여성증언 자체를 평가절하한다. 남성 한 사람에게 할당된 재산도 여성 두 명에게 할당된 금액과 같다(코란 4:176). 특히 '바보'에게는 재산을 분배해서는 안 되는데(코란 4:5), 바로 그 '바보'가 코란의 전후 문맥상 여성이라는 점에서 얼마나 무함마드가 여성을 경멸하는지 그 단면을 보여준다. 코란은 여성에게 불리한 재산분배 원칙을 이슬람법으로 못 박고 있다(4:11). '바보'를 뜻하는 아랍어 *수파하*와 관련하여 922년에 죽은 Al-Tabari가 남긴 코란 해석인 Tafsir에 의하면 "바보 중에 가장 바보가 여성"이라고 비하한다.[40]

*니사아*에 간음과 쾌락의 선이 모호한 가르침이 있다. 자기 아내 이외의 여성과 간음한다는 비난을 받지 않고 정상적인 쾌락을 얻으려면 돈을 주고 그 쾌락을 얻을 수 있다(코란 4:24). 더구나 재산이 부족하여 신분이 좋은 여성을 얻을 수 없을 때는 하녀로 대신할 수 있다(코란 4:25). 이렇게 남성의 간음에 관하여서는 구제책을 제시하고 있음에도 불구하고, 여성에 대해서는 간음하지 말라고 단정 짓는다.[41] 그 이유가 어디에 있을까? 남성이 여성보다 위에 있기에 여성은 무조건적으로 남성에게 순종해야 하기 때문이다(코란 4:34). 아랍어로 부인이 남편의 권위에 항거한다는 뜻인 *누수즈*는 이슬람법으로 결코 용납될 수 없는 반역과 같은 행동이다.[42]

이슬람사회에서 자주 거론되는 명예살인도 여성을 철저히 짓밟는다. 근본주의 이슬람은 여성이 옷에 향수를 바르거나 남성이 모인 곳에 지나가는 것조차 창녀와 같다고 여긴다.[43] 이러한 편견이 여성을 단순하게 속박하는 것을 넘어서, 여성인권을 짓밟을 뿐만 아니라[44] 이슬람법[45]에 따라 명예살인도 벌

---

40) 참고, Fatima Mernissi, *The Veil and Male Elite: a Feminist Interpretation of Women's Rights in Islam* (Reading: Addison-Wesley Publishing Company, 1987), 126, 207, 217.

41) Anwar Hekmat, *Women and the Koran: The Status of Women in Islam*, 155-179.

42) 참고, Fatima Mernissi, *Women's Rebellion & Islamic Memory* (London; New Jersey: Zed Books, 1996), 109-120.

43) 이정순, 《무슬림여성과 베일》, 101.

이는 끔찍한 범죄로 이어진다. 코란은 "간음한 여인을 집안에 감금하고 죽음이 그녀를 데려가든지 알라가 구원의 길을 열어 줄 때까지 감금하라"(4:15), "나쁜 짓을 한 자는 임종의 순간에 회개해도 아무 소용없다"(4:18)고 가르친다. 이는 성경에서 예수께서 간음하다가 붙잡힌 여인을 대하는 이야기와 또 자신과 함께 십자가에 달린 한쪽 강도에게 자비를 베푸는 이야기와 너무나도 대조적이다.

이슬람은 남녀 모두 평등한 관계로 창조되었다고 보지만, 여전히 여성에 대해 편견을 갖고 있다.[46] 애드니는 이슬람문화에서 여성을 제한하는 편견에 대해서 다음과 같이 고발한다.

첫째로 여자들은 오염되어 있으며 오염시킨다. 눈부시게 순결하신 하나님 앞에서 분비물을 배출하는 신체활동은 부정하다. (중략) 여자들은 그 이상이다. 그들은 생리를 하고, 아이를 낳으며, 아이에게 젖을 먹이고, 아이들의 배설물을 치운다. (중략) 임신한 여성과 수유 중인 여성은 금식을 하지 않는다. 하지만 기도와 금식을 빼먹을 때마다 그것은 영적인 빚이 된다. 그래서 여자들은 언제나 영적으로 '뒤쳐져' 있다. (중략) 둘째로 여자들은 합리적이 아니라 열정적이다. 그러한 열정으로 여자들은 남자들을 유혹하여 덫에 걸리게 한다. 그들은 남자들에게 육욕을 일으킨다. 남자들이 이성과 의에 집중하지 못하게 한다. (중략) 생물학적으로나 정신적으로 여자들은 다른 사람들을 인도하기에 덜 적

---

44) Amina Wadud, "Alternative Qu'ranic Interpretation and the Status of Muslim Women," Windows of Faith: Muslim Women Scholar-Activists in North America, ed. Gisela Webb (New York: Syracuse University Press, 2000), 3-21; Fatima Mernissi, "Muslim Women and Fundamentalism," The New Voices of Islam: Rethinking Politics and Modernity: A Reader, ed. Mehran Kamrava (Berkeley; Los Angeles: University of California Press, 2006), 205-211.

45) 이슬람법인 샤리아는 21세기의 보편적인 가치인 민주주의와 인권문제도 초월하기에 많은 비판에 직면해 있다. 참고, Joshua Cohen and Deborah Chasman (eds.), Islam and the Challenge of Democracy, 30-36, 63-68, 78-80; Tariq Ramadan, "The Way (Al-Sharia) of Islam," The New Voices of Islam: Rethinking Politics and Modernity: A Reader, ed. Mehran Kamrava (Berkeley; Los Angeles: University of California Press, 2006), 65-97.

46) Hans Küng, Islam: Past, Present and Future (Oxford: Oneworld Publications, 2007), 165.

합하다. 특히 종교적으로 그렇다.[47]

이러한 내용들이 사실이라면, 여성의 사회적 활동은 제약될 수밖에 없다. 이슬람국가에서 "여성에게 문을 개방하는 법이 없기에 여성은 담을 넘어갈 수밖에 없다"라는 절박한 탄식이 나오기도 한다.[48] 그러한 편견이 여성들에게 베일을 쓰도록 강요한다(코란 33:53). 물론 무슬림 여성들이 베일을 간혹 무력항쟁에 이용하기도 하지만, 대부분은 여성들을 집에 머물게 하는 것이 이슬람법이다.[49] 베일이 여성들에게 이슬람문화를 유지하도록 하는 데 주요한 역할을 하기 때문이다.[50] 코란은 이슬람원리주의를 유지하려고 여성에게 바깥출입을 삼가고 집 안에 머물면서 아이들만 낳아 양육하도록 명령한다. 그러면 이슬람의 배타성의 문제를 기독교와 연관을 지어서 좀 더 다루어 보도록 하겠다.

4. 배타성의 문제

예수는 복음을 들고 집 밖에 나가 전하는 일에서도 여성을 배제하지 않았다. 비록 막달라 마리아가 베드로의 그늘에 가려 있지만, 부활한 주님을 제일 먼저 만난 사람은 막달라 마리아이다. 막달라 마리아는 일곱 귀신에게서 놓인 후 갈릴리에서 와서 자기 소유로 예수를 도왔으며(눅 8:2-3), 예수가 십자가에 달린 순간에도 곁에 있었다. '갈릴리로부터 따라온 여자들' 중에 분명히 막달라 마리아가 있었다(눅 23:49). 예수가 체포되자 제자들은 달아났고(막 14:50)

---

47) 미리암 애드니 정옥배 역, 《이슬람의 딸들: 진리를 향한 무슬림여성들의 꿈과 투쟁》, 177-178에서 인용.
48) 참고, Zohreh T. Sullivan, "Eluding the Feminist, Overthrowing the Modern?," Lila Abu-Lughod (ed.), *Remaking Women: Feminism and Modernity in the Middle East* (Princeton: Princeton University Press, 1998), 235.
49) Mohammed Ismail Memon Madani, *Hijab* (Virginia: Al-Saadawvi Pub, 1995), 70-73. 코란에서 베일에 대해 언급하는 7개의 구절은 7:46; 33:53; 38:32; 41:5; 42:51; 17:45; 19:17이다.
50) Leila Ahmed, "Women and the Rise of Islam," *The New Voices of Islam: Rethinking Politics and Modernity: A Reader*, ed. Mehran Kamrava (Berkeley; Los Angeles: University of California Press, 2006), 177-199.

베드로는 스승을 세 번이나 부인하였지만(막 14:66-72), 막달라 마리아는 십자가 사건을 보았고 무덤에 예수의 시체를 안치하는 것도 보았다(막 15:47). 막달라 마리아는 향품을 가지고 안식일 다음날 새벽에 예수의 무덤을 찾아갔다(막 16:1). 거기서 막달라 마리아는 부활한 주님을 만났다. 요한은 그 장면을 이렇게 묘사한다. "예수께서 '마리아!' 하고 부르자 그는 '랍오니!' 하였다"(요 20:16). 이것은 예수의 공생애 동안에 모든 사역에 앞장을 섰던 모든 남성 제자에 앞서, 부활 이후에 막달라 마리아가 새로운 위상을 갖고 부활을 증언하는 삶에서 새로운 역할을 할 것이라는 사실을 독자들에게 일깨워주는 상징적인 사건이다.

기독교는 예수의 십자가와 부활에 근거한 구원의 진리 위에 서 있다. 신앙인이라면 누구나 자기의 종교를 소중하게 지키려 한다. 그러나 이슬람이 기독교에 대해 갖고 있는 배타성은 그 정도가 심각하다. 예를 들면, 여러 학자가 학문적으로 접근하고 있는 내용에 관해 한국의 무슬림들도 배타적인 태도를 보인다.[51] 그들의 종교적 전통이 사랑과 평화와 자비보다는 비난과 폭력을 앞세우기 때문에, 이슬람은 평화나 진리라는 핑계로 이념으로 무장한 정치집단처럼 행동하는 경우가 많다. 이슬람의 정치 집단적 의식은 무함마드가 출현할 당시에 유목민이 가졌던 가치관과 친족중심의 연대의식이 지닌 부족중심의 전형적인 집단지향성에서 기인한다. 이러한 내용은 이집트 정치가였던 하이

---

51) 무슬림들은 익명성에 의존하여 무차별적으로 비난을 쏟아낸다. 2008년 10월 16일 오전 1:52에 올린 블로그 'muslimjy'이 있다. "이만석, 이지혜, 전재옥, 전호진, 최정만. 소기천, 이들은 모두 이슬람 전문가를 가장하여, 여러분들에게 없는 말을 만들어내고, 이슬람을 왜곡하는 이들입니다. (중략) 그들이 거짓말을 하는 이들이라는 것은 제 블로그들을 검색해 보시면 명백하게 확인하실 수 있을 것입니다." 또한 2008년 7월 23일 오후 9:15에 올린 블로그 동영상 'muslimindaegu'이 있다. "3부에서 소기천이라는 신학대 교수가 나와서, 1부와 2부의 내용을 뒤집어엎는 소리를 하게 됩니다. (중략) 사탄을 따르게 되면, 하나님[알라]께 다른 동반자를 두게 되고, 하나님[알라] 아닌 다른 존재를 숭배하게 되며, 더러운 책을 성서로 믿게 됩니다. 사탄은 사람들에게 거짓을 유도하며, 항상 이상한 이야기만을 전해줍니다. 그들은 저주받은 존재들이기 때문입니다." 이런 후안무치(厚顔無恥)한 자들은 명예훼손혐의로 준엄한 법의 판단을 받아야 한다. 그들은 복면강도처럼 무분별하게 학자들의 학문적인 논쟁이 자기 입맛에 맞지 않다고 무고한 언어폭력을 가하고 있다. 우리는 이들이 이슬람을 포교하는 선교사들이라는 사실을 직시하고 더 이상 무슬림들이 한국 사회에 침투해 들어오지 못하도록 대책을 세워야 한다.

칼이 1933년에 쓴 무함마드 전기에도 나타나 있다.[52]

예수는 회당장 야이로의 죽은 딸을 살려주었다. 마가복음은 이 이야기를 혈루증을 앓던 여인을 고친 이야기와 극적인 샌드위치 기법으로 묘사하였다 (막 5:21-43). 혈루증 여인에게 예수는 "딸아 네 믿음이 너를 구원하였으니 평안히 가라 네 병에서 놓여 건강할지어다"(막 5:43)라고 말함으로써, 당시 인정받지 못했던 여인을 한 인격체로 대하였다. 야이로의 딸을 살린 이야기에서 예수는 "소녀에게 먹을 것을 주라"(막 5:43)라고 함으로써 전인적인 구원을 여인에게 베풀었다. 예수는 가나안 여인의 딸을 고쳐주었다. 이 이야기(마 15:21-28)에서 예수는 "여자여 네 믿음이 크도다. 네 소원대로 되리라"(마 15:30)라고 말함으로써 여인의 믿음을 높이 평가하였다. 예수는 나인성 과부의 죽은 아들을 살린 후에 그의 어머니에게 돌려보냈다(눅 7:11-17). 이것은 가정의 회복을 중시하는 예수의 모습을 보여준다. 예수는 가난한 과부의 헌금도 높이 평가하였다(눅 21:1-4). 이 이야기들에서 예수는 당시 삶의 가장자리에서 신음하던 여성들을 역사의 무대 전면에 주역으로 내세우는 새로운 여성상을 보여주었다.

마리아와 마르다 이야기(눅 10장)는 외형상 예수가 마르다를 거부하고 마리아를 칭찬하는 것 같지만, 실제로 마르다를 평가절하하거나 마리아를 더 인정하지 않는다. 마르다는 봉사의 리더십을, 마리아는 가르침의 리더십을 보여주는데, 마태와 마가와는 달리 누가는 남성 제자를 부르기 전(눅 5장)에 이미 시몬의 장모에게서 리더십의 핵심인 섬김의 모습을 찾았다(눅 4:39, 참고 눅 8:2-3). 요한복음 11장의 마르다도 예수말씀을 경청하지 않고 잡다한 일로 분주하기만 한 여성이 아니라, 베드로의 신앙고백 못지않게 예수를 그리스도로 고백하는 참된 제자의 모델을 보여준다. 예수는 "나는 부활이요 생명이니 나를 믿는 자는 죽어도 살겠고 또 살아서 믿는 자는 영원히 죽지 않을 것"이라고 증언하였고, 이에 마르다는 "이 세상에 오시기로 약속된 그리스도이며 하나님의 아

---

52) 참고, Muhammad Husayn Haykal, *The Life of Muhammad*, trans. by Ismail Razi Al Faruqi (Lagos: Islamic Publications Bureau, 1982), 16.

들"이라고 고백하였다. 마르다의 신앙고백이 유대교를 넘어 초기 기독교가 탄생하게 된 초석이 되었다. 마르다의 신앙고백은 베드로의 "그리스도요, 하나님의 아들"(마 16:16)이란 고백과 비교된다. 마리아는 나사로의 부활을 체험한 후에 비로소 예수가 사망을 이기는 분이라고 믿었지만, 마르다는 나사로의 부활 이전에 이미 예수를 부활과 생명의 주님으로 확신하였기 때문이다. 예수말씀 중에 이스라엘 사회에서 형사취수 관습에 의해 일곱 형제와 결혼을 거듭한 여성이 천국에서 정작 누구의 아내인지에 관한 이야기가 있다(막 12:18-27; 마 22:23-33; 눅 20:27-40). 예수는 부활을 부인하는 자들을 향해 "성경도 하나님의 능력도 알지 못한다"(막 12:24)라고 책망하면서, 하나님은 "아브라함의 하나님이며 이삭의 하나님이며 야곱의 하나님이며"(막 12:26), "죽은 자의 하나님이 아니요 산 자의 하나님"(막 12:27)이라고 말하면서, 천국에서 부활할 때 "시집가고 장가가는 것이 아니라, 하늘의 천사들과 같다"(막 12:25)라고 하였다.

코란에 여성과 관련되어 많이 등장하는 주제가 결혼,53) 이혼,54) 부인55) 등에 관한 것이다. 코란 4장 22-23절이 부적절한 혼인에 관해 나열하지만, 이미 이런 혼인은 이슬람 사회에서 빈번하게 일어난다. 왜 코란이 이런 복잡한 혼인을 금지할까? 그 이유를 역발상으로 생각해 보면, 이슬람 사회에서 이혼과 재혼이 손쉽기 때문이다. 코란 2장 232절은 "그 여자들이 지금의 남편과 결혼하는 것을 방해해서는 안 된다"라고 가르치고, 코란 4장 19절은 "이혼한 여성이 재혼하는 것을 방해해서는 안 된다"라고 가르치지만,56) 사실상 여성을 배제한 채 무슬림남성 위주로 이혼과 재혼을 할 수 있다. 아랍어에서 이혼이란 단어인 '탈락'은 모든 시대를 불문하고 이혼이 남성의 말에 의해 성사되어 온

---

53) 코란 2:221, 230, 235, 237; 4:3-4, 6, 22-25, 127; 5:5; 11:78; 15:71; 23:6; 24:3, 32-33, 60; 25:54; 28:27; 33:37, 49-50, 52-53; 47:3; 60:10.

54) 코란 2:227, 229-232, 236-237; 33:4, 37, 49; 58:2-3; 65:1, 66:5.

55) 코란 2:35, 102, 230; 3:35, 40; 4:20, 35, 128; 7:19, 83; 11:71, 81; 12:21, 25, 29-30, 51; 15:60; 19:5, 8; 20:117; 21:90; 24:8; 27:57; 28:9; 29:32-33; 33:37; 51:29; 66:10-11; 70:12; 72:3; 80:36; 111:4. 남편에 관하여 코란 2:230; 4:34, 128; 11:61, 72; 12:23, 25, 28; 24:8, 31; 58:1에 언급되어 있다.

56) 김영선,《한역 꾸란: 이슬람경전》(서울: 도서출판 어학사, 1981), 22, 84.

것을 의미한다.[57] 과연 이혼이 남성 한쪽의 의견만 중시될 수 있는 성격인가?

이것은 복음서에 나타난 예수말씀과 정면으로 배치되는 내용이다. 예수는 이혼과 재혼 자체를 불가능하다고 선언하였다. 모세율법은 이혼증서를 써주면 이혼할 수 있다고 가르쳤지만(마 19:7, 참고 신 24:1-4), 마태복음은 모세가 이스라엘 백성이 완악하였기에 이혼을 허락한 것이라고 하면서(마 19:8) '음행한 이유 외에' 이혼과 재혼을 간음이라고 해석하였다(마 19:9). 그러나 본래의 예수말씀에 의하면, 예수는 이혼과 재혼 자체를 철저하게 금지하였다(Q 16:18; 막 10:11-12). 예수가 재혼과 이혼을 금지한 이유가 무엇일까? 그 이유는 당시 여성에게 불리한 남성 위주의 사회적 환경에서 열악한 여성의 권익을 보호하고 생존권을 지켜주려는 의도였다.

21세기의 현실은 어떠한가? 이슬람 사회에서 이혼과 재혼이 빈번하게 일어나는데, 이는 코란이 가르치고 있는 방식과 큰 차이가 없다. 가정은 하나님의 창조질서로 세운 숭고한 정신 위에 든든하게 세워져야 한다. 이 점에서 성경에 나타나 있는 예수의 결혼과 이혼에 관한 가르침은 코란에 나타나 있는 무함마드의 가르침보다 21세기에 더 중시되어야 할 인류의 보편적 선행가치를 간직하고 있다.

5. 결론

핵무장을 치밀하게 준비한 이란이 근본주의 이슬람 패권주의의 상징이 되고 있다.[58] 이슬람원리주의가 '테러 지하드'[59]를 통하여 세계를 정복하려고

---

57) Nicholas Awde, *Women in Islam: An Anthology from the Qu'ran and Hadiths* (London; New York: RoutledgeCruzon, 2000), 19와 177 n. 6.

58) 장병욱은 《이란외교정책론―이슬람에서 핵무장까지》 (서울: 한국외국어대학교출판부, 2006)에서 이란 혁명은 역사적인 전환점이 되었다고 평가하며 어떻게 이슬람이 전 세계로 확대되는지 묘사하고 있다.

59) 로레타 나폴레오니, 이종인 역, 《모던 지하드: 테러 그 보이지 않는 경제》 (서울: 시대의창출판사, 2006). 나폴레오니는 제2부 8장에서 이슬람 무장 세력에 의해서 주도되는 '테러 지하드'를 일컬어서 중세시대에 로마 천주교에 의해 진행된 '이슬람의 십자군 운동'이라고 평가한다.

한다. 이슬람의 세계정복은 아프리카와 서남아시아와 유럽을 넘어서 미국과 동북아시아로 확대되고 있다. 이슬람의 한국 진출도 도를 넘었기에 극도의 주의가 필요하다는 지적이 자주 제기되고 있다. 한국 기독교가 '비전 2020'을 향해 범교단적으로 군복음화 선교에 박차를 가하는 마당에, 이슬람이 2020년에 세계이슬람대회를 개최함으로써 한반도를 거점으로 전 세계를 이슬람화하려는 전략을 은밀하게 진행하고 있다. 이슬람은 2020년까지 한국을 이슬람국가로 만든다는 대전제를 세우고 모스크 건립, 국제 이슬람학교 설립. 이슬람문화센터 설립, 코란 번역, 이슬람대학 건립, 이슬람 관련 서적과 자료 출판(일명 '펜의 전략'), 결혼 전략 등을 추진 중이다. 이러한 내용은 2005년에 이슬람연맹에 의해 발행된 《한국이슬람 50년사》에 발표되었다.[60] 많은 이들이 이 문제에 관심을 두고 한국인의 전통가치가 인류의 보편적 가치와 일치한다는 사실을 중시하고, 이슬람의 문화적 가치는 21세기의 보편적 문화와 불일치한다는 사실을 알고서 이슬람의 대(對)한국사회 침투에 대비해 전략적으로 협력해 나가야 한다. 이슬람중앙회가 CTS 기독교 TV에 의해 방송된 "이슬람 한국 진출 이대로 좋은가?"에 대해 2008년 12월 18일에 언론중재위원회에 3차에 걸쳐서 제소하였다가 취하한 사건은 이 문제의 심각성을 한국 기독교에게 일깨워준 단적인 예이다. 이 사건은 기독교 학자들이 학문적으로 이슬람의 폭력성을 경고한 내용에 관해 이슬람 측에서 스스로 시인한 결과라고 평가할 수 있다.[61]

　　본 장은 구약성경이나 바울의 여성에 관한 가르침이 아니라, 복음서에 나타난 예수말씀을 중심으로 한 예수의 가르침이 기독교와 근본주의 이슬람에 어떤 반향을 불러일으켰는지를 인류의 보편적 가치인 양성평등과 인권과 여성문제와 관련하여 문화적인 측면에서 살펴보면서, 여성의 지위와 역할이 이슬람원리주의의 전통문화에서 심각하게 훼손되었다는 사실을 확인하였다. 이러한 논문은 이슬람 쪽에서 '자유적인 연구'라고 도외시한 분야이다.[62] 본 장

---

60) 참고, 최갑도, "한국 이슬람화의 현황과 목회적 대응," 《월간목회》 388(2008년 12월호): 54-55.
61) 참고, 《교회연합신문》 제766호(2009년 3월 1일): 15.

이 예수말씀에 관한 여성문제를 중심으로 정통기독교와 이슬람원리주의를 비교한 연구를 수행하였는데, 향후 이와 유사한 연구가 활발하게 진행되기를 바란다. 본 장은 예수말씀에 근거하여 21세기에 온 인류가 추구하는 보편적 가치와 현대성을 중시하면서 근본주의 이슬람의 폭력성과 이중성과 명예살인과 배타성을 타파해 나갈 것을 제안하였다.

오늘날 이슬람은 자신의 정체를 숨기고, 검은 돈인 오일 머니[63]를 앞세우고, 또한 문화의 옷을 입고 한국 사회에 깊숙이 침투해 들어오고 있다. 한국인처럼 외국문화를 쉽게 받아들이는 민족도 드물다. 다이어트 열풍으로 한국 사회에 침투해 들어온 배꼽춤은 어느덧 우리의 전통문화인 국악한마당을 능가하였다. 주말에 동네 인근의 야산 입구에서 문화공연이라면서 배꼽을 드러낸 한국 여성들이 벨리 댄스를 추는 어설픈 일도 빈번해졌다. 지금 동네마다 개설된 문화센터에 벨리 댄스 무료강습과 아랍어 무료강좌[64]가 앞다투어 선보이는데, 이런 배경에는 이슬람을 포교하려는 의도가 숨어 있으며, 여기에 이미 많은 문제점이 드러나고 있다. 문화의 파괴력은 심각한 위력을 가지고 있다. 이슬람의 여성차별과 일부다처제는 혼인의 순결과 양성평등과 일부일처제의 가치를 중시하는 한국 사회가 결코 받아들일 수 없는 전근대적인 악습인데, 이슬람은 이것을 숨기고 문화라는 이름으로 교묘하게 우리 집 안방에까지 발을 들여놓으려 한다.

무슬림여성들의 인권도 심각한 상황이지만,[65] 아무도 그 문제를 해결하

---

62) 본 연구와 같은 유형으로서 이슬람전통에 반대하여 다양한 주제들을 학문적으로 연구한 자료집이 Charles Kurzman (ed.), *Liberal Islam: A Sourcebook* (New York; Oxford: Oxford University Press, 1998)이다.

63) 소기천, "이슬람의 한국사회 침투와 그 대책," 《월간목회》 388(2008년 12월호): 34-35, 44-49.

64) 수능시험에서 아랍어를 제2외국어로 선택하는 일이 해마다 늘고 있다. 아랍어가 상대적으로 다른 외국어보다 쉽기 때문이다. 교육과학기술부는 교묘하게 입시까지 손을 대는 이슬람이 다른 외국어를 택한 학생들에게 불이익을 줄 수 있는 불공정 관행을 속히 개선해야 한다. 2008학년도에 수능시험 제2외국어 영역에서 아랍어를 선택한 응시자는 13,588명(15.2%)으로 전체에서 네 번째였는데, 2009학년도에 아랍어 응시자가 일본어를 제치고 3만여 명으로 8개 과목 중 가장 많았다. 참고, 《서울신문》 (2008년 11월 29일 토요일자).

지 못하고 있다. 그들의 인권상황이 개선되기 위해서는 이슬람 사회에서 여성이 의무적으로 교육을 받는 길이 열려야 한다.66) 앞으로 무슬림여성의 인권문제와 더불어서, 무슬림남성과 결혼한 후에 자녀까지 낳았지만, 이슬람법에 따라 이혼당한 한국인 여성의 처참한 인권상황67)에 관한 연구들도 많이 나오기를 희망한다. 이슬람은 한국에서 종교의 자유를 누리지만, 이슬람권에 있는 많은 한국인 봉사자와 전문사역자들은 공적인 활동조차 보장받지 못하고 온갖 생명의 위협에 시달리고 있다. 이런 암담한 상황에서 많은 한국인이 처참하게 인권유린을 당하는데, 향후 이 문제에 관한 국제적인 동조와 연구도 병행되어야 할 것이다.

---

65) 미국 내에서 무슬림여성의 인권문제를 위해 일하고 있는 단체들에 관한 목록을 위해서, Kareema Altomare, "A Partial List of Organizations for Muslim Woman's Rights, Advocacy, and Higher Islamic Education in the United States," *Windows of Faith: Muslim Women Scholar-Activists in North America*, ed. Gisela Webb (New York: Syracuse University Press, 2000), 249-257을 보라.

66) Nimat Hafez Barazangi, "Muslim Woman's Islamic Higher Learning as a Human Right," *Windows of Faith: Muslim Women Scholar-Activists in North America*, ed. Gisela Webb (New York: Syracuse University Press, 2000), 22-47.

67) 한국에서 무슬림남성이 한국인여성과 결혼하여 자식을 낳고도 이혼과 재혼을 네 번까지 반복한다는데, 이런 변형된 일부다처제는 가정파괴의 주범이며, 일부일처제라는 보편적 가치에 비추어 볼 때 반인륜적인 범죄이다. 이슬람 포교의 강력한 수단이 결혼을 통한 자연출산율 증가라는 사실은 이미 James Allman (ed.), *Women's Status and Fertility in the Muslim World* (New York; London: Praeger Publishers, 1978)을 통해 확인되었다.

VI. 신약성경에 나타난 내재 저자의 여성 경향성[1]

1. 서론

한국에서 하나님의 말씀인 신약성경을 읽으면서 과연 누가 그 27권을 기록하였는지 궁금해하는 사람들이 많다. 물론 신약성경은 하나님의 영감에 의해 기록된 말씀이기 때문에, 의심의 여지 없이 그 저자는 하나님이시다. 그러나 하나님께서 사람들에게 영감을 주셔서 신약성경을 기록하게 하셨기 때문에, 여전히 우리는 그 사람들이 누군지 궁금해한다. 다행히도 구약성경과는 달리 신약성경은 그 저자를 책의 서두에 밝히고 있는 경우가 많다. 그래서 신약성경의 27권 중에서 단연 사도 바울이 가장 많은 책을 기록하였지만, 그 외에도 여러 저자들이 거론되고 있다. 예를 들면, 디모데, 실루아노, 소스데네, 베드로, 요한, 야고보, 유다 등이다. 그런데 그 모든 저자들이 모두 남성들이다. 문제는 우리가 신약성경을 직접 읽어 내려갈 때, 여성 경향성을 가진 저자가 아니었다면 이 같은 기록을 남기기가 쉽지 않았을 것이라고 여기는 많은 본문에 마주치게 된다는 사실이다. 신약성경을 기록한 저자의 여성 경향성에 관한 연

1) 이 논문은 2004년도 한국학술진흥재단의 지원으로 연구되었으며(KRF- 2004-003-A00059), 《신약논단》 제13권 제4호(2006년 겨울): 897-946에 실린 것임을 밝힌다.

구는 거의 없는 실정이다.2) 그 이유는 당연히 신약성경이 남성에 의해서 기록되었다고 관습적으로 인식되어 왔기 때문이다. 그러나 신약성경을 자세히 읽다 보면, 분명히 '내재 저자'3)의 여성 경향성에 관해 생각하지 않을 수 없게 된다. 특히 필자는 이러한 주제와 관련해서 누가복음의 내재 저자가 지닌 최소한의 여성 경향성에 관해 연구하고자 한다. 왜냐하면 누가복음은 여성의 필치가 가장 강하게 표현된 책이기 때문이다. 그러므로 누가복음 본문을 다시 새롭게 읽어 나아감으로써, 신약성경의 저자 가운데 누가복음의 내재 저자가 여

---

2) 신약성경 27권 중에서 누가복음과 사도행전의 저자가 여성일 가능성에 관해서 처음으로 내비친 학자는 맥도날드(Dennis MacDonald)이다. 그는 1979년 세계성서학회(Society of Biblical Literature)에서 발표한 논문인 "Virgins, Widows, and Paul in the Second Century Asia Minor"에서 누가복음에 등장하는 여성들을 초기 교회의 여성 화자들(women storytellers)로 제안하기도 하였다. 참고, Dennis MacDonald, "Virgins, Widows, and Paul in the Second Century Asia Minor," *SBL 1979 Seminar Papers* (Missoula: Scholars Press, 1979), 169-184. 이러한 주장은 후에 크래머(Ross S. Kraemer)에게 영향을 미쳤다. Ross S. Kraemer, "Women's Authorship of Jewish and Christian Literature in the Greco-Roman Period," Amy-Jill Levine ed. *Women like This: New Perspectives on Jewish Women in the Greco-Roman Period*, Early Judaism and Its Literature 1 (Atlanta: Scholars Press, 1991), 235. 단젤로(M.R. D'Angelo)는 이러한 가능성을 좀 더 내비쳤다. M.R. D'Angelo, "(Re)Presentations of Women in the Gospel of Matthew and Luke-Acts," R. S. eds. Kraemer and M.R. D'Angelo, *Women and Christian Origins* (New York; Oxford: Oxford University Press, 1999), 190-91.

3) 누가복음 – 사도행전의 내재 저자에 관한 아주 중요한 논문은 1986년에 세계성서학회의 the Context Group이라는 학자들의 모임에서 로빈스(Vernon K. Robbins)에 의해 학계에 발표되었다. 이 논문은 후에 다음과 같이 지상에 발표되었다. Vernon K. Robbins, "The Social Location of the Implied Author of Luke-Acts," Jerome H. Neyrey ed. *The Social World of Luke-Acts: Models for Interpretation* (Peabody: Hendrickson, 1991), 305-32. 그러나 이 논문은 누가복음 – 사도행전에 나타난 내재 저자의 여성 경향성을 연구한 것이 아니라, 그 사회학적 배경을 수사학적으로 연구한 것이다. 참고적으로, 신약성경의 내재 저자에 대한 본격적인 수사학적 연구는 스탤리(Jeffrey Lloyd Staley)의 요한복음에 관한 연구로 전개되었다. 자세한 것은 Jeffrey Lloyd Staley의 책 *The Print's First Kiss: A Rhetorical Investigation of the Implied Reader in Fourth Gospel*, Society of Biblical Literature Series 82 (Atlanta: Scholars Press, 1988)를 보라. 아울러, 내재 저자에 관한 연구를 제기한 울프(Janet Wolff)의 다음의 책을 참고하라. Janet Wolff, *The Social Production of Art* (New York: St. Martin's Press, 1981). 신약성경에 나타난 내재 저자의 문제를 한국에서 논하는 것이 아주 뒤늦은 감이 있지만, 누가복음의 내재 저자의 여성 경향성을 논하기 위하여 필자는 이상의 여러 연구의 도움을 받았다. 국내에서는 독자반응비평이라는 이름으로 다음과 같은 연구들이 있었다. 제인 P. 톰킨스/오경은 옮김, "독자 반응 비평 서설," 《시문학》 통권 260호(1993/3), 149-156; 통권 261호(1993/4), 131-138; 통권 262호(1993/5), 141-145; 오덕호, 《문학 – 역사 비평이란 무엇인가?: 설교자를 위한 독자반응비평 해설》(서울: 대한기독교서회, 2000); 윤석이, "악한 포도원 농부의 비유에 관한 독자반응 비평적 연구: 마가복음 12장 1-12절을 중심으로," 미간행 석사학위논문(장로회신학대학교 대학원: 신학과 신약학 전공), 2001.

성 경향성을 가지고 있다는 사실을 연구하는 것이 본 연구의 목표이다. 필자는 누가복음의 내재 저자라는 개념을 통해서 누가복음의 실제 저자가 지닌 문학적 특징을 주목하면서 그 저자에 함축된 내재 저자의 모습에 관심을 가지게 되었다. 필자는 누가복음의 실제 저자가 여성 경향성을 강하게 가지고 있다는 점에 깊은 관심을 두면서 동시에 그것이 바로 누가복음의 내재 저자가 보여주고 있는 여성 경향성이라고 간주하고자 한다. 그러므로 본 연구는 누가가 누가복음의 '실제 저자'라고 전통적으로 동일시하는 주장을 중시하면서도,[4] 단지 그 누가복음의 '내재 저자'가 가지고 있는 여성 경향성을 연구하기 위해서 누가복음 본문이 제공하는 내적인 증거를 찾아서 누가복음이 지닌 내재 저자의 여성 경향성을 추구하고자 한다. 한편 누가복음 1:1-4는 누가복음의 실제 저자가 남성이라는 사실을 분명히 암시하고 있다. 즉 누가복음 1:3에 사용된 παρηκολουθηκοτι라는 그리스어 단어는 남성 분사의 형태로서 분명하게 누가복음의 저자가 남성이라는 사실을 암시하고 있다.[5] 그런데도, 누가복음은 총 24장으로 구성되어 있지만 이미 다른 학자들의 연구에서도 밝혀진 것처럼 4개의 다른 복음서들, 아니 신약성경의 전체 27권 가운데 사도행전과 더불어서 가장 여성에 관한 관심을 불러일으키는 책이다.[6] 본 연구는 단순한 여성에

---

4) 초기 교회에서 누가복음에 관해 최초로 석의적인 언급을 한 이레니우스(130-200년경)는 "바울의 동역자인 누가가 자신이 들은 복음을 책으로 기록했다"(이단 논박, 3. 14. 1f.)라고 말하면서 누가복음의 저자에 관한 견해를 최초로 피력하였다. 알렉산드리아의 클레멘트(150-215년경)도 이 책을 누가의 저작으로 돌렸다. 터툴리안(160-220년경)은 "사람들이 보통 누가복음조차도 바울에게 돌리고 있기 때문이다"(마르시온 논박, 4.2.)라고 했다. 무라토리단편(170년경)에도 "바울이 자신의 전도 여행에 동행했던 의사 누가가 자기의 이름으로 세 번째 복음서를 저술하였다"라는 기록이 있다. 이로써 전통적으로 누가가 누가복음을 썼다는 사실이 2세기에 일반적으로 널리 퍼진 것을 알 수 있다.

5) 누가복음의 서언에서 복음서를 기록한 저자가 남성이라는 추론은 여성 신학자들에 의해서도 확인되고 있다. 참고, M.R. D'Angelo, "Women in Luke- Acts: A Redactional View," *JBL* 109/3(1990), 443; Barbara E. Reid, *Choosing the Better Part?: Women in the Gospel of Luke* (Collegeville: Liturgical Press, 1996), 16.

6) Eugene H. Maly, "Women and the Gospel of Luke," *Biblical Theology Bulletin* 10 (1980), 99-104; Quentin Quesnell, "The Women at Luke's Supper," R.J. Cassidy and P.J. Scharper eds. *Political Issues in Luke-Acts* (Maryknoll: Orbis, 1983); Celeste J. Rossmiller, "Prophets and Disciples in Luke's Infancy Narrative," *Bible Today* 22/6 (1984), 361-65; Rosalie Ryan, "The Women from Galilee and Discipleship in Luke," *Biblical Theology Bulletin* 15 (1985), 56-59;

관한 관심 정도가 아니라, 누가복음의 저자가 '여성 신학자',[7] 아니 더 나아가서 여성 경향성을 강하게 가지고 있는 내재 저자의 특징을 예상하도록 독자를 설득하고 있다는 측면에 초점을 맞추어 연구 방법론적으로 문학 – 역사비평의 관점에서 논의를 전개해 나가고자 한다. 이러한 연구를 위해서 누가복음에 나타나 있는 여성과 관련된 구절들을 여러 가지 석의적 방법에 근거하여 검토할 것이며, 더구나 그 구절 배후에 있는 내재 저자의 여성 경향성 혹은 여성 신학자일 수 있다는 가능성을 연구하기 위해서 독자반응비평의 측면도 고려하고자 한다.

E. Jane Via, "Women, the Discipleship of Service and the Early Christian Ritual Meal in the Gospel of Luke," *St. Luke's Journal of Theology* 29 (1985), 37-60; ___, "Women in the Gospel of Luke," U. King ed. *Women in the World's Religions: Past and Present* (New York: Paragon, 1987), 38-55; M.R. D'Angelo, "Women in Luke-Acts: A Redactional View," *JBL* 109/3 (1990), 441-461; I. Richter Reimer, *Frauen in der Apostelgeschichte des Lukas: Eine feminitisch-theologische Exegese* (Guetersloh: Guetersloher Verlagshaus, 1992); ET: *Women in the Acts of the Apostles: A Feminist Perspective*, tr. by L.M. Maloney (Philadelphia: Fortress Press, 1995); T.K. Seim, *The Double Message: Patters of Gender in Luke and Acts* (Edinburgh: Clark, 1994); B. Reid, *Choosing the Better Part?: Women in the Gospel of Luke* (Collegeville: Liturgical Press, 1996); V. Koperski, "Luke 10,38-42 and Acts 6,1-7," J. Verheyden ed. *Women and Discipleship in the Literary Context of Luke-Acts*, BETL 142 (Leuven: Leuven University Press, 1999), 517-544; B. Reid, "Luke's Mixed Message for Women," *Chicago Studies* 38 (1999), 283-97; J. Stricher, "Les Parallé- lismes Hommes-Femmes dans l'œuvre de Luc," O. Fluchy ed. *L'œuvre de Luc: L'E´vangile et les Actes des Apôtres*, Cahiers E´vangile 114 (Paris: Cerf, 2000); R. J. Karris, "Women and Discipleship in Luke," A.-J. Levine ed. A Feminist Companion to Luke, Feminist Companion to the New Testament and Early Christian Writers 3 (London; New York: Sheffield, 2002), 23-42.

7) '여성 신학자'라는 용어는 영어 단어와 feminist를 번역한 것이다. 누가복음과 사도행전의 저자가 여성 신학자일 가능성을 최근에 가장 체계적으로 연구한 학자는 코페르스키(Veronica Koperski)이다. 코페르스키가 말하는 여성 신학자의 의미는 누가복음 – 사도행전의 저자가 신약성경의 다른 저자와는 달리 여성들에 관해서 지대한 관심이 있는 저자라는 측면이 강하다. 코페르스키의 논지는 아직도 누가복음 – 사도행전의 내재 저자가 여성 경향성을 가지고 있는 것에 관한 연구와는 상당히 거리가 멀다. 참고, Veronica Koperski, "Is 'Luke' a Feminist or Not?: Female-Male Parallels in Luke-Acts," *Luke and His Readers: Festschrift A. Denaux.* BETL 182 (Leuven: Leuven University Press, 2005), 25-48. 여성 신학과 관련해서 복음적인 여성 신학을 제안하고 있는 책을 위해서, Pamela D.H. Cochran, *Evangelical Feminism: A History* (New York; London: New York University Press, 2005)를 보라. 누가복음과 사도행전의 저자가 '여성 신학자'라는 용어로 표현될 때, 자칫 feminist라는 의미보다 남성이 아닌 여성이라는 의미로 간주될 수 있어서 우리말 용어 사용에 어려움이 따른다. 이러한 오해를 피하고자 필자는 내재 저자의 여성 경향성이라는 용어를 사용하고자 한다.

다른 한편, 누가복음의 내재 저자가 여성 경향성을 가지고 있다는 것에 관한 본 연구는 향후 신약성경 가운데 다른 책들에 대해서도 저자의 여성 경향성과 관련된 내재 저자의 특징에 관한 연구를 추구하게 할 것으로 기대된다. 신약성경이 기록되던 시대가 역사적으로 남성 위주의 사회였다는 점에서는 의심의 여지가 없지만, 많은 여성이 당시의 사회적, 문화적 제약을 넘어서 교회에서 많은 활동에 참여하면서 사회활동을 하였다[8]는 측면을 고려할 때, 신약성경에서 여성의 역할을 주목하지 않을 수 없다. 이러한 사실은 우리가 누가복음을 새롭게 읽어나갈 때, 여러 가지 본문에서 수많은 여성이 등장하고 있는 것을 확인하게 되는데, 이는 단지 여성에 관한 관심을 넘어서 여성 경향성을 강하게 가진 내재 저자가 직접 누가복음을 기록하였을 가능성까지 예상하게 하는 내용이라고 평가할 수 있다. 그러므로 본 연구는 누가복음을 기록한 내재 저자의 여성 경향성을 본격적으로 탐구한 첫 논문으로서 향후 한국 신약학계뿐만 아니라, 서구 학자들에게도 적지 않은 반향을 불러일으켜 줄 것으로 기대한다.

2. 기록 시기, 장소, 저자의 문제

누가복음은 신약성경에 포함된 복음서 중에서 양적으로 가장 큰 복음서이다. 더구나 사도행전은 신약성경 가운데 양적으로 가장 큰 책이다. 일반적으로 학자들은 이렇게 큰 비중을 차지하는 누가복음과 사도행전이 누가라는 한 사람에 의해 기록되었다고 간주한다.[9] 그 이유는 우리가 누가복음과 사도행전을 상호 비교하고 검토할 때, 언어나 문체나 신학적 유사점이 많이 발견되기 때문

---

8) Jean LaPorte, *The Role of Women in Early Christianity*, Studies in Women and Religion 7 (Lewiston: Edwin Mellen Press, 1982); Karen Jo Torjesen, *When Women Were Priests: Women's Leadership in the Early Church and the Scandal of Their Subordination in the Rise of Christianity* (San Francisco: HarperSanFrancisco, 1993).

9) 사실상 누가복음과 사도행전의 실제 저자가 누구인지에 관해서는 학자들의 이견이 분분하다. 참고, 유상현, "사도행전의 저자," 《현대와 신학》 21(1996/6), 23-40.

이다. 또 한 가지 분명한 것은 누가복음과 사도행전은 모두 같은 사람인 데오빌로에게 헌정되었다는 사실이다(눅 1:3; 행 1:1).

우선 누가복음의 기록 시기에 관해서 학자들의 의견은 분분하다. 일반적으로 학자들에 의해 받아들이기 어려운 결론만을 아무런 증거 없이 자주 제시하고 있는 버튼 맥(Burton L. Mack)은 누가복음이 120년경에 기록되었다고 주장하였다.[10] 그러나 누가복음은 그보다 훨씬 이전에 기록된 것이 분명하다. 그 이유는 무엇인가? 전통적으로 마가가 베드로의 관점을 대표하듯이 누가가 바울의 관점을 대표한다고 볼 때, 학자들은 누가복음이 65년 이전에 기록되었을 것으로 추정한다. 또한 이러한 전통적인 견해에 덧붙여서, 학자들은 누가가 65년 이후에 사도행전을 썼을 것으로 추정한다. 그럴 때 누가복음의 기록 장소는 가이사랴로 추정되는데, 이는 그때 바울이 가아사랴에 투옥되어 있었기 때문이다(행 23:33; 24:27; 27:1).[11]

누가복음의 기록 시기를 규명하기 위하여, 학자들은 누가가 예루살렘의

---

10) Burton L. Mack, *Who Wrote the New Testament?: The Making of the Christian Myth* (San Francisco: HarperSanFrancisco, 1995), 167. 그는 누가복음이 120년경에 기록되었다는 사실을 그냥 전제할 뿐이지, 그 어떤 증거도 제시하지 않는다. 다만 누가복음보다 먼저 기록된 Q 문서가 75년경에 마무리되었으며, 따라서 마가복음의 기록연대도 75-80년경으로 늦추어 잡는데, 역시 그에 대한 아무런 증거 제시도 하지 않고 있다. 그의 책, *The Lost Gospel: The Book of Q and Christian Origins* (San Francisco: HarperSanFrancisco, 1993), 177-78 참조. 참고로 한 가지를 부연하자면, 이상과 같이 맥의 두 책은 국제 Q 프로젝트(International Q Project)에 의해 공인된 객관적이고도 학문적인 Q 연구 서적이라기보다는, 단지 예수 세미나(The Jesus Seminar)의 일원인 저자의 주관적인 상상력에 입각한 초기 그리스도교에 관한 일종의 '소설책'을 쓴 것이라고는 신랄한 비판을 많은 학자에게서 받고 있다. 여성 신학자인 단젤로(M. R. D'Angelo)가 맥보다는 훨씬 더 논리적이다. 단젤로는 누가복음 – 사도행전이 90-145년경에 기록되었다고 주장하는데, 그 이유로 누가가 성경을 인용하고 순교에 관심을 기울이고 그리스도인들을 유대인들과 구분하고 그 무엇보다도 2세기 초에 제기되었던 그리스도교의 관심 사항인 '성별 갈등 문제'(the character of struggles over gender)를 거론한다. 그러나 이러한 주장도 아주 근거가 희박하다. 그 이유는 단젤로가 제기한 문제들은 이미 1세기에도 현존한 현안들이었으며 성별 갈등 문제는 지나치게 오늘의 이슈들을 통해서 과거를 보려는 관점이라고 비판받고 있기 때문이다. 참고, M. R. D'Angelo, "(Re)Presentations of Women in the Gospel of Matthew and Luke-Acts," 180. 한편 타운센드(John T. Townsend)는 마르시온의 정경논쟁과 유대 그리스도교 문제를 거론하면서 누가복음 – 사도행전이 2세기 중엽에 기록되었다고 주장한다. 그러나 이러한 주장도 후대의 상황을 중시하여 누가복음 – 사도행전의 기록연대를 2세기 중반으로 추정한 것이므로 근거가 희박하다. 참고, John T. Townsend, "The Date of Luke-Acts," Charles H. Talbert ed. *Luke-Acts: New Perspectives from the Society of Biblical Literature Seminar* (New York: Crossroad, 1984), 47-62.

멸망에 어떠한 의미를 부여하였는지 중시한다. 특히 학자들은 예루살렘 멸망 사건에 관해 마태복음과 마가복음이 관심을 두고 있는 종말론적 전망과 어떻게 구분하여 평가해야 하는지를 부각시킨다. 분명히 누가는 로마의 장군 티투스 휘하의 군대가 70년에 예루살렘을 포위한 후에 멸망시킨 사건을 알고 있었다(눅 19:43-44; 21:20-24). 그러므로 누가복음은 이러한 엄청난 예루살렘 멸망 사건 이후에 기술되었다고 추정할 수 있다. 이미 학자들은 마가복음이 70년 직후에 기록되었다고 간주하기 때문에, 누가복음은 마가를 알고 있으므로 누가복음의 기록 연도는 그 이후일 것이 분명하다. 이러한 사실을 중시할 때, 필자는 누가복음의 기록 시기를 80-90년경으로 생각하여 그 기록 장소도 로마로 간주한다.

저자 문제에 관해서는 복잡한 상황이 더욱더 전개된다. 전통적으로 누가복음은 바울의 동역자인 의사 누가[12]가 기록한 것으로 여긴다(몬 24; 골 4:14; 딤

---

11) 이러한 추정도 신빙성이 크지 않다. 오히려 쉘라드(Barbara Shellard)는 누가복음–사도행전의 기록연대를 98-100년경으로 잡는다. 참고, Barbara Shellard, *New Light on Luke: Its Purpose*, Sources and Literary Context. Journal for the Study of the New Testament Supplement Series 215 (Sheffield: Sheffield Academic Press, 2002), 30.

12) 호바트(W.K. Hobart)는 누가의 문체가 특별히 고대 그리스에서 의사들이 기록한 문헌에 사용된 문체와 유사하다고 하면서, 당대 의사들의 문헌들(Hippocrates B.C. 460-357의 문헌인 De Prisca Medicina와 Galen A.D. 130-200의 문헌인 De Foetuum Formatione)에 나타난 문체와 비슷하다고 지적한다. 이들 외에도 그는 1세기를 살았던 두 명(Aretaeus와 Dioscorides)을 더 거론한다. 그는 퀸(Karl Gottlob Kühn 1754-1840)이 집대성한 방대한 문헌인 당대 의술 학교에 관한 자료 *Medicorum graecorum opera qvae exstant* (Lipsiae: 1821-1833)에 의존하여 이러한 연구를 진행하였다. 이를 통해서 그는 질환이나 환자와 관련된 누가복음의 본문을 마가복음의 본문과 비교하여 누가복음이 지닌 보다 전문적인 의학적 용어를 부각함으로써 누가야말로 의사였다고 주장하였다. 참고, W. K. Hobart, *The Medical Language of St. Luke* (Dublin: Hodges, Figgis, 1882; Grand Rapids: Baker, 1954; Piscataway: Gorgias Press, 2004). 후에 그의 견해는 하르낙(Adolf von Harnack)과 피츠마이어(J.A. Fitzmyer)에 의해 지지받았다. 참고, Adolf von Harnack, *Luke the Physician: the Author of the Third Gospel and the Acts of the Apostles*. New Testament Studies I (London, New York, Williams & Norgate; G.P. Putnam's Sons, 1907); J.A. Fitzmyer, *The Gospel according to Luke I-IX*, The Anchor Bible 28-28A (Garden City: Doubleday, 1981-1985). 최근에 바이쎈리더(Annette Weissenrieder)는 호바트의 이러한 주장을 근거로 하이델베르크대학교에 자신의 학위논문을 제출하기도 하였다(2001). Annette Weissenrieder, *Images of Illness in the Gospel of Luke* (Tübingen: Mohr Siebeck, 2003). 호바트의 이런 주장은 캐드버리(H. J. Cadbury)에 의해 이미 오래전에 논박되었는데, 그는 누가가 사용하는 전문적인 의학용어라는 것이 당대의 다른 고대 문헌들(Josephus A.D.

후 4:11). 다시 말해서, 누가복음 1:2를 중시할 때 누가는 예수의 공생애 동안에 함께하고 있었던 제자 중에 있지 않았음을 알 수 있다. 그러므로 누가는 이방인 의사이었다고 추정된다(골 4:14). 그런데 누가복음의 저자가 의사 누가라는 논의는 한결같이 신약성경에 나오는 누가라는 이름을 모두 누가복음과 사도행전의 저자와 동일시하려는 전통적인 전제로 비롯된 것임을 알 수 있다. 그러나 그가 드로아에서부터 바울의 사역에 합류하여 바울의 마지막 3차 전도 여행까지 동행하였던 인물이라면(행 16:10-17; 20:5-21; 27:1-28:15), 누가는 바울이 순교할 때까지 바울의 신실한 선교 동역자였다고 볼 수 있다(몬 24; 딤후 4:11). 그런데 이렇게 누가가 바울의 선교여정과 함께하였던 인물이라는 점 때문에, 심지어 누가복음과 사도행전의 저자가 바울의 선교 동역자라는 사실을 넘어서 그가 바로 사도 바울 자신이라는 주장까지도 있었다.13)

이러한 상황을 면밀하게 고려할 때, 필자는 누가복음의 저자 문제에 관한 새로운 연구가 필요함을 거듭 느끼고 있다. 우선 누가복음 1:1-4가 밝히는 바와 같이, 누가복음이 데오빌로에게 헌정되었다면 이 작품의 대상은 무엇보다도 이 데오빌로라는 인물 너머에 있는 이방 문화에 속한 그리스도인들을 대상으로 한다고 볼 수 있다. 이러한 점이 바로 누가복음이 유대인을 대상으로 한 복음서인 마태복음과 큰 차이를 나게 한다. 학자들은 이러한 사실을 토대로 누

37-100, Lucian A.D. 125-180, Plutarch A.D. 45-125 등과 같은 비의학적 작가들의 작품들)에서도 흔히 발견되는 것이라고 제안하였다. 이러한 의학적 용어를 근거로 누가가 의사였다고 주장하는 것은 적절치 못하다고 논박하였다. 참고, 그의 책, *The Style and Literary Method of Luke* (Cambridge: Harvard, 1920 New York: Kraus, 1969). 많은 학자가 누가복음에 각종 질병이 상세히 서술된다는 사실을 바탕으로 해서 저자의 직업이 의사라고 생각하였지만, 이러한 특징이 결정적일 수는 없다. 누가의 어휘가 당시 교양 있는 사람이면 누구나 구사할 수 있는 용어이기 때문이다. 이러한 연구는 최근에 보봉(François Bovon)에 의해 지지받고 있는데, 보봉은 1950년 이후에 누가복음 연구에 있어서 호바트를 새롭게 거론하지 않으며 더 이상 누가를 의사로 간주하지 않는다는 사실을 전제로 누가를 의사가 아니라 신학자로 이해해야 누가복음을 가장 잘 이해할 수 있다고 제안하였다. 참고, François Bovon, *Luke the Theologian: Thirty-Three Years of Research (1950-1988)*, Princeton Theological Monograph Series 12 (Allison Park: Pickwick Publications, 1987); ___, *Luke 1: A Commentary on the Gospel of Luke 1:1-9:50* (Minneapolis: Fortress Press, 2002).

13) Howard Heber Evans, *St. Paul, the Author of the Acts of the Apostles, and of the Third Gospel* (London: Wyman, 1886).

가복음의 저자에 관해서 유대 율법 논쟁에 관한 무관심[14]이 누가복음의 저자가 보여주고 있는 특징이라고 평가한다. 유대인들이 중시하는 율법에 관한 주제는 이방인에게는 아주 낯선 주제이다. 학자들은 이 같은 증거들을 토대로 해서 누가복음의 저자가 유대계가 아닌 이방인 그리스도인들을 배려하기 위한 언어들을 구사한다는 사실을 강조한다.[15] 즉 지금까지 지적되어 온 여러 특징과 관련하여 누가가 구사하는 언어의 습관으로 볼 때, 학자들은 그가 이방인 인물이었다고 대체로 간주한다.[16] 이 점을 중시하여 필자는 누가가 로마에서 그 스스로 이방인이면서 그리스계 그리스도인들을 위해 복음서를 기록하였다고 추정한다.

이처럼 누가복음의 저자와 기록 시기와 장소가 학자들의 입장에 따라서 상호 일치하지 않는 것을 중시할 때, 필자는 누가복음 자체가 주는 내적인 증거를 따라서 과연 누가복음의 저자가 누구인지 하는 문제를 전혀 새로운 차원에서 접근해 보고자 한다. 다시 말해서 필자는 누가복음에 나타나 있는 여성들과 관련된 여러 구절을 중심으로 내재 저자의 여성 경향성을 연구해 보고자 한다.

3. 누가복음의 여성에 관한 관심

누가복음이 여성에 대한 남다른 관심이 있다는 사실은 누구나 알고 있

---

14) 누가복음에는 마태복음 5:20-38, 15:1-20, 23:15-22 등과 같이 유대 율법 논쟁에 상응하는 내용들이 없다. 이 외에도 유대 관습에 관한 보충적인 해설(눅 1:9; 2:23-24, 41-42; 22:1, 7), 팔레스타인에 관한 상세한 설명(눅 1:26; 2:4; 4:31; 8:26; 23:51, 24:13), 부활 이후에 육체가 현실적으로 존재하는 모습(눅 24:39-43) 등도 누가복음의 특징이다. 그밖에 누가가 팔레스타인의 지리적 배경이라든지(눅 4:29), 팔레스타인의 여러 가지 관습에 익숙하지 않다는 사실도 누가복음의 특징이다(눅 1:59; 5:19; 6:48).

15) 저벨(J. Jervell)은 누가복음의 저자가 이방인 그리스도인들뿐만 아니라 유대 그리스도인들을 염두에 두고서 복음서를 기록하였다는 사실을 강조한다. 참고, J. Jervell, *Luke and the People of God: a New Look at Luke-Acts* (Minneapolis: Augsburg, 1972), 41-74.

16) 학자들의 자세한 논쟁은 J.A. Fitzmyer, *The Gospel according to Luke (I-IX): Introduction, Translation, and Notes*, The Anchor Bible (New York: Doubleday, 1981), 35-62를 보라.

다.17) 흔히 누가복음은 '여성의 복음'18)이라고 일컬어지기도 한다. 누가복음에는 다른 복음서에서 등장하지 않는 수많은 여인이 아주 독특하게 여러 명이나 더 등장하고 있다.19) 그들은 엘리사벳(눅 1:57), 안나(눅 2:36), 사렙다의 과부(눅 4.26), 나인성의 과부(눅 7:11-17), 헤롯의 청지기 구사의 아내 요안나와 수산나를 위시한 갈릴리의 여인들(눅 8:1-3), 마르다와 마리아(눅 10:38-42), 18년간 꼬부라진 채로 지낸 여인(눅 13:10-17), 한 드라크마를 잃어버린 여인(눅 15:8-9), 맷돌을 가는 두 여인(눅 17:35), 불의한 재판관에게 호소한 과부(눅 18:2-5)20) 등이다. 누가복음이 여성을 위한 복음서라고 불릴 만큼, 누가복음의 저자는 예수의 공생애 동안에 왕성하였던 다양한 여성들의 역할들을 아주 치밀한 문학적 필치를 동원하여 적극적으로 묘사하고 있다.

　　무엇보다도 누가복음에서 여성들의 이야기가 등장하는 위치를 문학적인 관점에서 검토하면, 우리는 아주 특이한 여러 가지 내용들을 쉽게 만날 수 있다. 다른 복음서와는 달리, 누가복음에서 여성은 결코 홀로 등장하지 않고, 항상 남성들과 한 쌍을 이루며 이야기가 전개되고 있다.21) 많은 여성학자는 누가의 평행 구절들에 대해 여성신학적인 관점으로 해석한다. 즉 이러한 이중적

---

17) 김득중 외 공저, 《신약성서개론: 한국인을 위한 최신 연구》 (서울: 대한기독교서회, 2002), 265-66; 김경진, 《잃어버린 자를 찾아오신 주님: 설교를 위한 누가복음 연구》 (서울: 한국성서학연구소, 2000), 18-20; 김득중, 《누가의 신학》(서울: 컨콜디아사, 1991), 86-91.

18) Alfred Plummer, *The Gospel according to St. Luke*, 5th ed. ICC (Edinburgh: T & T Clark, 1981), xlii-xliii; Robert J. Karris, "Women and Discipleship in Luke," CBQ 56 (1994), 2, n. 4; Barbara E. Reid, "Luke: The Gospel for Women?," *Currents in Theology and Mission 21/6* (1994), 405-414; M.R. D'Angelo, "(Re)Presentations of Women in the Gospel of Matthew and Luke- Acts," 181, 190. 이러한 사실을 중시하여 김경진은 아예 누가복음을 '여자들을 위한 복음서'라고 부르기도 한다. 참고 그의 책, 《잃어버린 자를 찾아오신 주님》, 18.

19) 누가복음의 특수 자료에 속하는 내용 중에서 1/3이 여성에 관한 기록이며, 구약성경에서 히브리어 하람이란 '자궁'('자비' 혹은 '긍휼'의 의미이기도 하다)을 뜻하는 단어가 누가복음 1-2장에만 무려 7회에 걸쳐서 '자궁'이라는 단어가 나올 정도로 누가복음은 여성적인 특징이 가득한 복음서이다. 참고, Bonnie Thurston, *Women in the New Testament: Questions and Commentary. Companions to the New Testament* (New York: Crossroad, 1998), 100.

20) Mary W. Matthews, et al., "Proclaiming the Parables of the Persistent Widow (Lk. 18.2-5)," Mary Ann Beavis ed. *The Lost Coin: Parables of Women, Work and Wisdom* (London; New York: Continuum, 2002), 46-70.

인 배열을 통해 누가는 남성과 여성이 하나님 앞에서 동등한 존재임을 드러내고자 하였다고 주장하였다.[22]

사실상 누가복음은 마가복음을 자료로 기록되었기 때문에, 이러한 이야기들과 사건들 속에 남성들의 이야기만 등장해도 누가복음의 이야기는 물이 흘러가듯이 전개될 수 있다. 그러나 누가복음이 마가복음에 전혀 고려되어 있지 않은 여성의 이야기를 남성의 이야기와 더불어서 항상 평행되도록 등장시킨 것은 아주 특별한 이야기 구성 방식이라고 평가할 수 있다. 이것은 단순한 문학적인 차원만이 아니라, 분명히 독자들에게 던지는 신학적인 의미가 풍부하게 내포된 것으로 추측할 수 있다. 여기서 독자들이란 우선 누가복음을 읽는 사람들을 가리키지만, 일반적으로 누가복음의 저자가 속한 공동체를 의미한다고 할 때, 남성 이야기를 여성 이야기와 평행되게 배치하고 있는 것[23]은 분명히 누가복음의 내재 저자가 겨냥하고 있는 독자층이 남성뿐만 아니라 동

---

21) 누가복음뿐만 아니라 사도행전에서 남성과 여성의 이야기가 나란히 나타나고 있는 것에 관해 연구한 학자들이 많다. 예를 들면, 캐드버리(Henry J. Cadbury)는 최초로 이 주제를 언급하였다. 참고, Henry J. Cadbury, *The Making of Luke-Acts* (London: SPCK, 1927), 234. 후에 캐드버리의 견해는 모겐탈러(R. Morgenthaler)에 의해 지지받게 되었다. 참고, R. Morgenthaler, *Die lukanische Geschichtsschreibung als Zeugnis: Geschtalt und Gehalt der Kunst des Lukas, I-II.* ATANT 14-15, vol. 1 (Zuerich: Zwingli, 1949), 104-105. 최근에 가장 체계적으로 연구한 학자는 오슬로 대학의 여성신학자인 세임(Turid Karlsen Seim)이다. 참고, Turid Karlsen Seim, *The Double Message: Patterns of Gender in Luke-Acts* (Nashville: Abingdon Press, 1994).

22) 참고, Robert F. O'Toole, *The University of Luke's Theology: An Analysis of Luke-Acts.* Good News Studies, vol. 9 (Wilmington: Glazier, 1984), 120. 앞에서 언급한 코페르스키(Veronica Koperski)는 "Is 'Luke' a Feminist or Not?"라는 논문을 통해서 누가복음과 사도행전의 남성과 여성 본문 속에 항상 평행으로 나오는 구절들에 관한 자세한 연구사를 소개하고 있다. 누가복음에 등장하는 남성과 여성의 평행본문들은 다음과 같다: 사가랴와 마리아(눅 1:5-23; 26-38), 사가랴와 마리아의 노래(눅 1:46-56, 67-79), 시므온과 안나(눅 2:25-35, 36-38), 나아만과 사렙다의 과부(눅 4:25-27), 귀신 들린 남성과 베드로의 장모(눅 4:31-39), 남성 제자들과 여성의 명단(눅 6:12-19; 8:1-3), 백부장의 종과 과부의 아들(눅 7:1-10, 11-17), 거라사의 귀신 들린 남성과 야이로의 딸과 혈루병이 걸린 여성(눅 8:26-56), 서기관과 마르다와 제자들의 질문(눅 10:25-11:13), 니느웨 남성들과 남방의 여인(눅 11:29-36), 안식일에 고침 받은 여성과 남성(눅 13:10-17; 14:1-6), 남성과 여성의 비유(눅 13:18-19, 20-21), 한 마리 양을 잃어버린 남성과 한 드라크마를 잃어버린 여성(눅 15:1-7, 8-10), 데려감을 당하고 버려둠을 당하는 두 남성과 두 여성(눅 17:32-35), 불의한 재판관과 그에게 호소하는 과부(눅 18:1-8), 서기관들과 과부(눅 20:45-21:4), 시몬과 여인(눅 23:26-32), 예수의 죽음을 바라보는 남성들과 여성들(눅 23:49), 예수의 부활을 목격한 여성들과 남성들(눅 24:9-19).

시에 여성에 의해 이루어진 공동체라는 사실을 의식하고 있었다고 추론할 수 있다.[24]

여기서 남성과 여성의 이야기가 평행되게 나오는 본문 중에서 몇 가지 특징적으로 쌍을 이루는 이야기들에 대해 누가복음의 저자가 얼마나 여성에 관해서 지대한 관심을 기울이고 있는지를 확인하기 위해서 내러티브 비평은 우리에게 아주 유용하다. 이 방법을 동원하여 누가복음에 나타난 예수의 공생애에 여인들이 얼마나 중요한 역할을 하였는지 좀 더 연구하여 보자.

4. 여인의 역할

이야기의 전개를 중시하는 내러티브 비평에 의하면, 누가복음은 "우리 가운데 이루어진 일들"(눅 1:1-4)에 관해서 이야기한다. 물론 누가복음은 한 인물인 예수에게 중점을 두고 있다. 그런데 예수에게서 일어난 사건 중에서 제자들에게 의미를 주었던 사건들을 제시하고자 하는 것이 누가복음의 의도이다.[25] 이미 누가복음에는 어떤 이야기들이 포함될 것인지 선택되었으며, 일관성 있게 전개되는 내러티브를 위해 그 자료들이 어떻게 엮일지도 선택되었다.[26]

이러한 관점에서 새롭게 누가복음을 보면 많은 여성이 예수에게 고침을 받았다.[27] 당시 남성 위주의 가부장적인 전통사회에서 여성의 인권은 생각조

---

23) 이런 누가의 배치에 대해서 플랜더(H. Flender)는 "누가는 남자와 여자가 하나님 앞에서 함께 그리고 나란히 서야 할 존재임을, 그리고 그들은 명예와 은총에서 동등하며, 똑같은 은사를 받았고 똑같은 책임을 진 존재임을 나타내고자 하였다"라고 주장하였다. 참고, H. Flender, *St. Luke: Theologian of Redemptive History* (London: SCM Press, 1967), 10; 마크 포엘/배용덕 역, 《누가복음 신학》 (서울 기독교문서선교회, 1995), 129-30; 김경진, 앞의 책(2000), 20.

24) 참고, Constance F. Parvey, "The Theology and Leadership of Women in the New Testament," R.R. Ruether ed. *Religion and Sexism* (New York: Simon and Schuster, 1974), 117-49.

25) Robert A. Guelich, "The Gospels: Portraits of Jesus and His Ministry," *JETS* 24 (1982), 117-125.

26) P.J. 악트마이어 외 공저/소기천 외 공역, 《현대적인 방법을 적용한 새로운 신약성서개론》 (서울: 대한기독교서회, 2004), 107.

차 힘든 사회였다. 그러나 많은 여인이 예수의 공생애 동안에 주님을 따라다니지 않았던가? 그 이유는 예수께서 그들을 환영하며, 많은 호의를 베풀어주었기 때문이다. 특히 누가복음은 여인을 아주 존중하고 있다. 누가복음은 여인들에게서 제자도의 참모습을 찾아내고자 한다. 우리는 베드로의 장모가 고침을 받은 후에 예수에게 처음으로 수종을 든 모습에서 제자도의 참 섬김의 모습을 찾을 수 있다. 예수의 발에 향유를 부은 여인의 이야기(눅 7:36-50)는 과연 제자라면 어떻게 해야 할지를 우리에게 일깨워주고 있다.[28] 그 여인은 "울며 눈물로 그 발을 적시고 자기 머리털로 닦고 그 발에 입 맞추고 향유를 부었다." 이 얼마나 지극한 행동인가! 이러한 행동을 보고서 바리새인들은 죄인 논쟁을 불러일으켰지만, 도리어 예수께서는 "그의 많은 죄가 사하여졌도다. 이는 그의 사랑함이 많은지라. 사함을 받은 일이 적은 자는 적게 사랑하느니라"(눅 7:47)라고 대답하여 여인의 제자도를 아주 값진 것으로 인정해 주었다. 이 일 이후에, 누가복음의 저자는 즉시 많은 여인이 '자신들의 소유로'(눅 8:3) 예수를 섬기게 되었다고 전해주고 있다(눅 8:1-3). 이 사건은 예수를 따른 여인들이 예수의 공생애 동안에 계속된 복음 선교에 지대한 공헌을 하게 되었다는 점에서 누가복음이 특별히 그들의 이름까지 보존하고 있는 것에 관한 기록이다.[29] 더구나 혈루증 걸린 여인의 이야기(눅 8:43-48)는 여인이 가지고 있는 귀한 믿음을 강조함으로써 제자도의 신앙적 성격을 제시해 주고 있다.

---

27) 박수암,《신약주석 누가복음》(서울: 대한기독교서회, 2005), 26. 박수암은 인도주의적 예수의 모습을 강조하면서 여성의 위신과 지위를 높여주었다고 평가한다(눅 4:26, 7:11, 10:38ff, 11:27, 13:10-17, 23:27ff).

28) Teresa J. Hornsby, "The Women is a Sinner/The Sinner is a Women," *A Feminist Companion of Luke*, ed. Amy-Jill Levine (London; New York: Continuum, 2002), 121-132; Barbara E. Reid, "'Do You See This Women?'-A Liberative Look at Luke 7.36-50 and Strategies for reading Other Lukan Stories against the Grain," Amy-Jill Levine ed. *A Feminist Companion of Luke* (London; New York: Continuum, 2002), 106-20.

29) Esther A. De Boer, "The Lukan Mary Magdalene and the Other Women Following Jesus," Amy-Jill Levine ed. *A Feminist Companion of Luke* (London; New York: Continuum, 2002), 140-160; Ben Witherington III, "On the Road with Mary Magdalene, Joanna, Susanna, and Other Disciples-Luke 8:1-3." 앞의 책(2002), 133-39.

마르다와 마리아의 이야기(눅 10:38-42)는 흔히 한국교회에서 마리아의 손을 들어주는 쪽으로 즐겨 사용하지만,[30] 누가복음의 저자는 마르다와 마리아 모두 제자도의 참된 모습을 각각 간직하고 있는 인물이라는 점을 들어서 우리에게 새로운 교훈을 주고자 한다.[31] 누가복음에서 9장과 10장은 제자도를 교훈하고 있는 아주 중요한 구절들로 구성되어 있다. 누가복음 10:38-42는 바로 이러한 제자도 단락을 총 결론짓고 있는 이야기이다. 다시 말해서, 예수의 말씀은 마리아의 편을 들면서 마르다를 꾸짖는 것으로 이야기를 마치는 듯이 보이지만, 누가복음의 저자는 이야기의 전개에 있어서 마리아와 마르다 모두 제자도의 참된 모습을 간직한 여인들[32]로 전체 누가복음 9-10장의 이야기를 결론지으려 한다. 요컨대, 누가복음의 저자는 마르다에게서 섬김의 제자도를,[33] 마리아에게서 가르침을 받는 제자도의 모습을 정리해 줌으로써 누가복음 전체 제자도 단락의 총 결론을 삼고자 한 것이다.

공관복음서에서 남성을 포함하여 모든 여성까지도 제자도의 실천에 있어서 상당 부분 실패한 모습을 보여주고 있는 것과는 대조적으로, 누가복음은 여성들만은 끝까지 제자도의 길에서 그 본분을 성실하게 추구하였다고 기록하고 있다. 특히 예수의 수난과 부활의 현장에서 모든 남성 제자들은 제자도에 있어서 실패한 모습을 보여주었지만, 여성들은 끝까지 주님을 따라갔던 참된

---

30) 알렉산더(Loveday Alexander)는 이 이야기를 마리아의 이야기가 아니라 마르다의 이야기로 읽을 것을 제안하면서 한국교회와는 정반대의 길을 걸어갔는데, 역시 문제는 마찬가지로 상존한다. 참고, Loveday Alexander, "Sisters in Adversity: Retelling Martha's Story," George J. Brooke ed. *Women in the Biblical Tradition* (Lewiston: Edwin Mellen Press, 1992), 179-82.

31) Loveday C. Alexander, "Sisters in Adversity: Retelling Martha's Story," Amy- Jill Levine ed. 앞의 책(2002), 197-213; Warren Carter, "Getting Martha out of the Kitchen: Luke 10.38-42 Again," 앞의 책(2002), 214-31; Veronica Koperski, "Women and Discipleship in Luke 10.38-42 and Acts 6.1-7: the Literary Context of Luke-Acts," 앞의 책(2002), 161-96; Pamela Thimmes, "The Language of Community: A Cautionary Tale (Luke 10:38-42)," 앞의 책(2002), 232-45.

32) 자세한 것은 Satoko Yamaguchi, *Mary & Martha: Women in the World of Jesus* (Maryknoll: Orbis, 2002)를 참고하라.

33) 우리는 누가복음에서 마르다의 διακονία가 예수 자신의 일(눅 22:27)로 제시되고 있을 정도로 긍정적인 측면이 많다는 사실을 올바르게 인식해야 한다. 참고, 김선정, "누가 10장 38-42절의 여성과 일," 《신학논단》 30(2002/10), 110.

제자도의 모습을 보여주었다(눅 23:27-29, 49, 55-56; 24:1-12). 수난 이야기에서 누가복음은 '여자의 큰 무리'(눅 23:27)가 따라갔는데, 그중에는 '갈릴리로부터 따라온 여자들'(눅 23:49)도 있었다. 어떤 여자들은 예수의 시체를 둔 무덤에까지 따라갔다(눅 23:55). 부활 이야기에서 누가복음은 무덤을 찾은 여인들의 명단까지 소상하게 밝혀주고 있다(눅 24:10).

누가복음에서 예수께서는 여인이 난 자 중에 세례 요한보다 큰 이가 없다고 지적하기도 하였다. 이는 세례 요한을 추켜세우는 발언이지만, 당시에 여성을 비하하는 사회에서 대단히 놀라운 표현이다. 누가복음 8장 1절에서 열두 제자에 관한 언급 이후에, 2-3절에서 예수의 주위에 있었던 여인들의 명단을 열거하면서 그들이 물질로 예수의 사역을 섬겼다고 평가하고 있다. 섬긴다는 동사 단어인 διακονέω는 제자도의 가장 핵심적인 단어이다. 이 단어에서 명사 διακονία가 나왔는데, 이는 봉사와 섬김의 모델을 여인에게서 찾았던 예수께서 행한 가르침의 핵심 주제이다. διακονέω와 διακονία가 누가복음 – 사도행전에서 총 19회 사용되고 있는데 반해서, 다른 복음서에서는 이에 못 미치는 12회가 사용되고 있다.[34] 특히 누가복음은 이 단어를 통해서 여성들이 예수의 공생애 사역에 큰 공헌을 하였다[35]는 누가복음의 특징적인 이야기 구성에 아주 중요한 요소로 삼고 있다(눅 4:39; 8:3; 10:40).

누가복음에서 열두 제자들과 함께 예수의 전도 여행에 동참한 사람들은 다름 아닌 갈릴리에서부터 예수를 따라온 여인들이다(눅 8:1-3; 23:49).[36] 이 사건이 시사하는 중요한 의미 중 하나는 예수의 지상 사역에 남성 제자들만 동행한 것이 아니라 여성 제자들도 동참하였다는 사실이다.[37] 그런데 마태복음 15:40-41과 달리, 누가복음에 의하면 이 여성들이 단순히 여행에 동행한 것이

---

34)

	누가복음	사도행전	마태복음	마가복음	요한복음
διακονέω	8	2	5	4	3
διακονία	1	8	0	0	0

35) Turid Karlsen Seim, 앞의 책(1994), 60. 세임에 의하면, 여성들의 섬김은 음식뿐만 아니라, 예수의 공생애에 필요한 물질들까지도 그들의 소유로 공급하였다는 사실을 의미한다.

36) 이 외에도 누가복음 23:27과 24:9-11에도 많은 여인이 예수를 따랐다고 누가복음은 전한다.

아니라 그들의 소유로 주님과 제자들을 섬겼다.[38] 이로써 주님과 제자들이 일상생활에 필요한 쓸 것에 대한 염려 없이 전도사역에 몰두할 수 있게 되었다는 사실은 당시 여성들의 역할이 예수의 공생애에 얼마나 큰 영향을 끼쳤는지를 추측할 수 있게 한다.

한편 누가복음 13:10-17에 나타난 사건은 단순히 한 여인이 안식일에 고침을 받은 것이 문제가 된 이야기이다. 한 여인이 18년 동안 꼬부라져 조금도 펴지 못하게 된 사건은 당시 고대 세계에서 얼마나 여성들이 사회적, 역사적으로 제약받으면서 살아왔는지를 반영하고 있다. 당시 고대 세계에서 아내들은 남편이 가지고 있던 재산 일부분으로 간주되고, 아주 심한 경우에 남편에 의해서 팔려나가게 되어 인격적인 대접받지 못하였다. 심지어 누가복음 13:10-17은 14:2-6과 마찬가지로, 한 쌍을 이루면서 평행되게 나오는 안식일에 고침을 받은 여성과 남성의 이야기를 통해서 병든 인간 존재는 당시에 짐승보다 못하게 취급받았을 가능성까지 보여주고 있다. 특히 누가복음 13:10-17은 18년 동안이나 귀신에 들렸으며 꼬부라져 조금도 펴지 못하던 여인이 주님을 만나자 곧바로 고침을 받고 펴지게 되었다는 사건을 통해서, 이제 여성들도 남성들처럼 하나님을 찬양하기 위해 허리를 펴고 머리를 들고 살 수 있게 되었다는 새로운 의미를 이 이야기는 전해주고 있다. 그러므로 이 이야기는 알란드슨(James Malcolm Arlandson)이 주장하는 것처럼 당시 여성의 반사회적 지위를 청산하고 여성이 남성과 동등한 권리를 가지고 있다는 사실을 천명하는 동시에 "남성의 추락이 여성의 부흥을 뜻한다"기보다[39] 오히려 초기 교회에서 여

---

37) 과연 예수에게 여성 제자들이 있었는지 하는 사실이 과거에는 부정적으로 취급되었음에도, 우리는 누가복음에서 전개되는 예수의 공생애 사역에 여성 제자들의 역할이 지대하였다는 사실을 부인할 수 없다. 참고, 윤철원, 《누가복음서 다시 읽기: 내러티브 구조와 세계》 (서울: 이레서원, 2001), 172-73.

38) M.R. D'Angelo, "(Re)Presentations of Women in the Gospel of Matthew and Luke-Acts," 184-185. 키르흐슐래거(Walter Kirchschläger)는 초기 교회의 상황에서 이러한 섬김이 지닌 '깊은 의미'(tiefere Bedeutung)에 대해서 언급한다. 참고, W. Kirchschläger, *Jesu exorzistisches Wirken aus der Sicht des Lukas: Ein Beitrag zur Lukanischen Redaktion*, Österreichische Biblische Studien 3 (Klosterneuburg: Verlag Österreichisches Katholisches Bibelwerk, 1981), 58.

성의 역할이 예수의 공생애와 더불어 남성과 마찬가지로 하나님의 나라를 구현하는 데 얼마나 중요한 공헌을 하였는지 그 신학적 의미를 부각하는 것으로 해석해야 한다.[40] 왜 그런가? 그날은 안식일이었기 때문이다(눅 13:10, 16). 예수께서는 안식일에 회당의 지도자들과 논쟁하면서, 율법을 초월한 하나님의 사랑의 원리를 일깨워주고 있다. 이는 예수의 공생애가 추구하는 가장 핵심적인 내용이다. 안식일에 예수와 회당의 지도자들이 함께하고 있는 자리에서 고침을 받은 여인은 즉시 똑바로 서서 하나님을 찬양하였다(눅 13:13). 하나님을 찬양한다는 것은 하나님의 사랑과 자비에 대한 자연스러운 반응이며 표현이다. 이로써 그 여인은 예수의 공생애 사역에 있어서 가장 핵심적인 내용인 하나님의 사랑의 원리를 예수가 율법에 사로잡혀 살아가는 당시의 유대인들에게 분명하게 보여주게 한 계기가 되었다.

다른 한편 누가복음 13:16을 보면 '아브라함의 딸'이란 표현이 나온다. 이것을 성경의 다른 곳과 비교할 때, 우리는 갈라디아서 3:7에서 '아브라함의 아들'로, 마태복음 3:9와 요한복음 8:39에서 '자손'으로, 요한복음 8:33과 로마서 9:7과 갈라디아서 3:29에서 '씨'로 표현된 것을 볼 수 있다. 다시 말해서 오직 누가복음에서만 '아브라함의 딸'이란 표현이 나타나 있다. 이러한 표현을 통해서 18년 동안이나 병에 시달리며 고생한 한 여인을 고친 이 이야기는 당시 한 여성의 육체적 치유에만 관심 두는 것이 아니라, 그 여성의 사회적 공민권의 회복과 짓눌린 여성의 인격적 삶의 회복이라는 의미를 동시에 내포하고 있다. 특히 이 이야기가 누가복음 속에만 등장한다는 사실은 당시에 여러 가

---

39) James Malcolm Arlandson, *Women, Class, and Society in Early Christianity: Models from Luke-Acts* (Peabody: Hendrickson, 1997), 151-85. 그는 누가복음-사도행전에 나타나 있는 '남성의 추락과 여성의 부흥'(The Fall of Men and the Rise of Women)에 관한 이야기를 그래프로 만들어서 흥미진진하게 보여주고 있지만, 누가복음-사도행전의 복음 선교에 있어서 남성뿐 아니라 여성이 모두 하나님 나라를 확장해나가는 데 힘과 지혜를 모으고 있다는 사실을 드러내는 데는 많은 부족함을 보여주고 있다. 이와 유사한 주장을 펼치고 있는 단젤로(Mary Rose D'Angelo)의 다음의 논문도 참고하라. Mary Rose D'Angelo, "The ANHP Question in Luke-Acts: Imperial Masculinity and the Deployment of Women in the Early Second Century," Amy-Jill Levine ed. 앞의 책(2002), 44-69.
40) Constance F. Parvey, 앞의 논문(1974), 140-141.

지의 편견에 의해서 소외된 계층인 여성에 대한 누가복음 내재 저자의 지극한 관심의 증거라고 볼 수 있다. 특히 내재 저자가 의도적으로 당시의 삶의 정황 속에서 쉽게 사용하기 어려운 '아브라함의 딸'이라는 표현을 수사학적으로 사용하고 있는 것은 당시 유대교의 전통과 관습에 의해서 상대적으로 소외된 여인들에 관한 관심을 새롭게 불러일으켜 줌으로써 모든 사람이 – 아들뿐만 아니라 딸도 – 아브라함의 후손이라는 사실을 보여주는 것이라고 볼 수 있다.[41] 그러면 '아브라함의 딸'이란 표현에 관해서 항목을 달리하여 석의적 방법의 도움으로 좀 더 자세히 살펴보자.

5. '아브라함의 딸'

흔히 아브라함의 후손으로 남성들만을 계수하던 당시의 시대적 상황을 고려해 볼 때, '아브라함의 딸'이란 표현 속에는 누가복음 내재 저자의 의도가 은연중에 담겨 있다. 이것은 누가복음의 내재 저자 자신이 가지고 있는 여성 경향성을 은연중에 내재 독자들에게 알려주려는 실마리를 제공한다.

본문비평의 도움으로 누가복음 13:10-17을 살펴보면, 누가복음 13:10-15, 17은 사본의 전달 과정에서 많은 이문이 있었다. 그러나 '아브라함의 딸'이란 표현이 나오는 누가복음 13:16은 원문에 나타나 있는 본문 그대로 오는 세대에 전달된 것이 확실하다. 만일 '아브라함의 딸'이란 표현에 문제가 있었다면, 후대의 사본들에 여러 가지 이문들이 반영될 수밖에 없다. 그러나 누가복음 13:16은 단 한 개의 이문도 없이 원래 누가복음의 본문이 전달하고 있는 그대로 '아브라함의 딸'이란 표현만이 확고하게 자리를 잡고 있다. 이것은 무엇을 의미하는가? 물론 누가복음 – 사도행전에 '아브라함의 아들'이란 표현도

---

41) 누가복음 – 사도행전에 관한 최근의 수사학적 연구에 관해서는 Calre K. Rothschild, *Luke-Acts and the Rhetoric of History*. Wissenschaftliche Untersuchungen zum Neuen Testament 2. Reihe 175 (Tuebingen: Mohr Siebeck, 2004)를 보라.

나오지만(눅 19:9; 행 13:26), 전통적으로 아브라함의 아들이라는 표현은 유대적 칭호를 가리키는데 여기서 누가복음 – 사도행전의 저자가 아브라함의 딸이라고 호칭하는 것은 아주 혁신적이다. 당시 초기 유대 문헌에는 아브라함의 딸이라는 호칭이 나타나지 않지만, 후기 유대 문헌에 아브라함의 딸이라는 표현이 두 번 나타나는데(bKeth 72b; Git 89a), 이는 유대 여성을 일반적으로 지칭하는 말이다.42) 또한 '아브라함과 이삭과 야곱의 딸'이라는 표현이 3세기의 유대 문헌(Sukka 49b)과 4세기의 유대 문헌(Pesiq 110b)에 각각 나타나는데, 이는 하나님의 택한 백성인 이스라엘을 상징적으로 일컫는 표현이다.43) 이는 누가복음에 나타나 있는 일반적인 의미와 크게 다를 것이 없다. 곧 누가복음 3:8을 보면, 아브라함을 조상이라고 부르고 있다.44) 그러므로 수사학적으로 '아브라함의 딸'이란 표현은 Q 3:8의 '아브라함의 자녀'라는 표현을 누가복음의 저자가 '아브라함의 딸'로 바꾼 것인데, 이는 아브라함을 조상으로 부르는 이스라엘은 곧 그의 거룩한 백성이란 의미인데, 곧 아브라함의 딸도 하나님의 거룩한 백성인 이스라엘이 된다는 사실이다.45)

누가복음 13:16에서 아브라함의 딸인 그 여인은 안식일에 귀신에게서 놓임을 받았다. 이제 아브라함의 정상적인 딸로 회복된 그 여인은 아브라함의

---

42) J. Jervell, "Die Toechter Abrahams: Die Frau in der Apostelgeschichte," *Glaube und Gerechtigkeit-Rafael Gyllenberg in memoriam*; ET, "The Daughter of Abraham: Women in Acts," *The Unknown Paul: Essays on Luke-Acts and Early Christian History* (Minneapolis: Fortress Press, 1984), 146-57.

43) Turid Karlsen Seim, 앞의 책(1994), 47.

44) 이러한 표현은 Q에서 유래한 표현방식인데, 이로써 우리는 누가복음 3:8뿐만 아니라, 마태복음 3:9 도 예수 전승을 잘 보전하고 있는 증거라고 평가할 수 있다. 참고, Kathleen E. Corley, *Women & the Historical Jesus: Feminist Myths of Christian Origins* (Santa Rosa: Polebridge Press, 2002), 74. 특히 그는 이 책의 제4장에서 Q에 나타난 여성과 성별 문제를 다루고 있다. 여성신학자 중에서 Q에 나타난 여성의 입장을 연구하는 학자들에 관해서는 Jean-François Racine, "Three Approaches to the Position of Women in the Q Document: Hal Taussig, Luise Schottroff, and Amy-Jill Levine," *Women Also Journeyed with Him: Feminist Perspectives on the Bible* (Collegeville: The Liturgical Press, 2000), 99-116을 보라.

45) 참고, Elisabeth S. Fiorenza, *In Memory of Her: A Feminist Theological Reconstruction of Christian Origins* (New York: Crossroad, 1983), 126.

후손이 누릴 수 있는 축복도 함께 약속되었다. 곧 하나님의 선택받은 백성으로서 그 지위와 특권을 누릴 수 있게 되었다. 이 구절은 분명히 누가복음 8:48이 단순히 '딸'이라고 호칭하고 있는 것과 비교할 때, 그 신학적인 깊이가 아주 크다고 평가할 수 있다. 그러므로 누가복음 8:48은 단순히 혈루병에 걸린 여인을 고친 이야기를 넘어서 "딸아, 네 믿음이 너를 구원하였으니, 평안히 가라"라는 예수의 말씀 속에는 '믿음'과 '구원'과 '평화'라는 단어가 함께 사용됨으로써 이미 그 신학적인 깊이가 풍부하게 담겨 있다. 이미 예수께서는 그 여인에게 구원과 평화를 베풀어줌으로써 그 여인이 누릴 하나님의 백성으로서의 축복을 확인하였다.[46] 그러나 이에 한 걸음을 더 나아가서, 누가복음 13:16은 '아브라함의 딸'이라고 언급함으로써 모든 이스라엘 백성의 조상인 아브라함과 그 후손이 누렸던 축복과 연결된다는 점을 밝힌다. 곧 이스라엘 남성이 아브라함의 축복을 계승하는 것처럼, 이제 안식일에 고침을 받은 여인도 축복의 대열에 당당히 참여하게 되었다. 이로써 안식일에 병을 고친 것이 율법의 형식을 깨뜨리는 것이라면, 아브라함의 딸이라고 부르는 것은 축복의 고정관념을 깨뜨리는 것이라고 평가할 수 있다. 이것이 누가복음의 내재 저자가 내재 독자에게 보여주는, 여성이 걸어가야 할 마땅한 '지혜의 길'이다.[47] 이는 누가복음의 내재 저자가 여성도 마땅히 하나님의 구원과 평화의 축복을 누릴 수 있다는 사실을 선언하는 것뿐만 아니라, 여성도 아브라함의 후손으로서 이스라엘이 누릴 축복을 계승할 수 있다는 사실까지 확인시켜주고 있다. 그런 점에서 누가복음의 내재 저자는 누가복음 8:48에서 단지 딸이라고 언급하다가 누가복음 13:16에서 신학적 함축성이 농후한 아브라함의 딸이라고 언급함으로써 여성지향적인 사고의 틀을 줄곧 유지하면서, 더 나아가 여성도 아브라함의 후

---

46) B. Witherington, *Women in the Ministry of Jesus: A Study of Jesus' Attitude to Women and Their Roles as Reflected in His Earthly Life.* SNTS Monograph Series 51 (Cambridge: Cambridge University Press, 1984), 70. 위더링톤은 예수께서 여인을 향해서 '구원'이나 '평화'와 같은 단어들을 사용하는데 아무 주저함이 없었다고 평가한다.

47) Elizabeth Schüssler Fiorenza, *Wisdom Ways: Introducing Feminist Biblical Interpretation* (Maryknoll: Orbis, 2001).

예라는 사실을 내재 독자에게 확인시켜주고 있다. 그러면 아브라함의 딸로서 여성이 누릴 구체적인 축복의 내용들은 무엇인가?

이미 앞에서 필자는 여성들이 예수의 공생애에서 차지하는 비중을 다루면서 섬김의 제자도를 상세하게 언급하였는데, 여기서 아브라함의 딸이 감당한 축복받은 사역 한 가지를 더 점검해 보고자 한다. 그 사역은 다름 아닌 예언하는 일이었다. 누가복음에 나타나 있는 예수의 탄생 이야기는 아브라함의 딸인 여성이 감당하고 있는 구체적인 사역으로 예언하는 일을 여러 차례 소개하고 있다.[48] 이미 신약시대에는 구약시대가 끝났기 때문에 더 이상의 예언이 없었다는 사실은 모두에게 상식적인 것으로 잘 알려져 있다. 그런데 누가복음에는 이러한 상식을 재고해야 할 것을 요청하는 이야기가 등장한다. 예를 들면, 시므온은 단지 '의롭고 경건한 사람'(눅 2:25)이라고 부르는 데 반해서, 누가복음 2:38-39에 의하면, 안나는 오랫동안 성전에서 예언 활동을 하였다.[49] 곧 메시아의 오심이 새 시대가 동터오는 표징인데, 바로 그 일을 여성 선지자인 안나가 오랫동안 예언 활동을 함으로써 감당해 왔다는 사실을 누가복음의 내재 저자가 언급하고 있다. 이러한 내용은 후에 사도행전 21:9에서 빌립의 딸들이 예언하였다는 사건과 자연스럽게 연결될 수 있다. 차이가 있다면, 안나는 과부이었는데 빌립의 딸들은 처녀들이었다. 아무튼 여성들이 예언하는 사역에 비중을 크게 두면서 그 의의를 깊게 다루고 있는 누가복음 – 사도행전의 내재 저자는 사도행전 2장에서 오순절에 성령이 모든 남자와 여자에게 임하게 되었다고 언급한다. 그 후에 성령이 충만한 베드로가 설교하는 중에 요엘 3:1-5를 인용하는데, 성령이 아들들뿐만 아니라 딸들에게도 임하게 되었다는 사실을 소개한다(행 2:17-25). 이것을 통해서 누가복음 – 사도행전은 성령에 충

---

48) 이와는 대조적으로 누가복음–사도행전에서 예수는 거부된 예언자로 소개되고 있다(눅 4:24, 39; 13:33; 24:19-20; 행 7:52). 왜 그럴까? 거부된 예언자인 예수를 대신해서 그의 제자들이 복음 전파의 사명을 다해야 함을 촉구하고 있는 것이 누가복음과 사도행전의 메시지이다.

49) 누가복음에서는 엘리사벳과 마리아와 안나가 이스라엘의 전통 속에서 하나님 나라의 실재를 인식하고 있었던 예언하는 여인들의 형태를 그대로 보여주고 있다. 참고, Barbara E. Reid, 앞의 책(1996), 95-96.

만한 아들들뿐만 아니라 딸들도 예언하게 될 것이라고 선언한다. 요엘 3:5a는 바울에 의해서도 두 번씩이나 사용되었는데(롬 10:13; 고전 1:2), 거기서 유대 특수주의의 관점에서 배타적이었던 구원의 내용이 이제는 모든 사람에게 임한다는 보편적인 성격으로 설명되어 있다. 사도행전 2:21은 이 같은 보편적 복음의 진리를 분명히 하면서, 주의 이름을 부르는 모든 사람(남성과 여성)이 구원받게 될 것이라는 예언자적인 선언을 한다.[50] 그리고 더 나아가서 그들이 구원받고 성령을 체험하게 되면, 예언도 하게 될 것이라고 언급한다. 이렇게 성령이 임함으로써 남성뿐만 아니라 여성까지도 예언하게 될 것이라고 언급하는 것은 누가복음 – 사도행전이 초기 교회에서 남성들과 마찬가지로 여성들도 복음 전도 대열에 앞장섰다는 사실을 상기시켜주는 것이라고 평가할 수 있다.[51] 이러한 사실은 누가복음의 내재 저자가 지닌 여성 경향성을 더욱더 농후하게 하는 대목이다. 왜 그런가?

그 이유는 당시 종교적으로 남성의 전유물로 여겨졌던 가장 중요한 사역 중 하나인 예언을 하는 일이 여성들에게도 위임된 중요한 사역이라고 인식하고 있는 누가복음의 내재 저자는 계속해서 내재 독자에게 그 여성들의 활동을 통해서 하나님의 나라가 활발하게 구현된다는 사실을 누가복음 전체에서 보여주고 있기 때문이다.[52] 누가복음의 내재 저자가 여성 경향성을 강하게 가지고 있지 않다면 이 같은 표현을 할 수가 없다. 예를 들면, 이미 언급한 안나(눅 2:36-38) 이외에도 예수의 모친인 마리아가 누가복음에서 여러 차례에 걸쳐

---

50) L.T. Johnson, The Literary Function of Possessions in Luke-Acts, SBL Dissertation Series 39 (Missoula: Scholars Press, 1977), 45. 존슨은 누가복음 – 사도행전의 저자가 요엘서의 본문을 인용하면서 종말론적 은사 개념으로 성령을 이해함으로써 베드로의 설교가 지닌 예언적인 특징을 강화하였다고 평가한다.

51) F. Scott Spencer, *Dancing Girls, Loose Ladies, and Women of the Cloth: The Women in Jesus' Life* (New York; London: Continuum, 2004), 144-165.

52) 위에서 잠시 부정적으로 언급한 적이 있지만 여기서 긍정적인 면을 소개하자면, 알란드슨이 그의 흥미진진한 연구에서 하나님 나라의 사역에 큰 공헌을 한 수많은 여성과는 반대로 하나님 나라 건설에 역행하는 행동을 한 소수의 여성에 관한 도표를 만들어서 학계에 제안하기도 하였다. 도표를 보기 위해서, James Malcolm Arlandson, 앞의 책(1997), 121-23을 보라.

서 예수께서 이루실 하나님 나라의 실재에 관해서 인식하고 있었다는 사실은 아주 중요하다(눅 1:27-36; 2:41-51; 8:19-21). 특히 누가복음 8:19-21에서 누가복음의 내재 저자는 예수의 어머니와 그의 형제들(동생들)이 예수께서 사역하는 현장 가까이에 왔다는 말을 전해 들은 예수께서 하나님의 말씀을 듣고 행하는 '이 사람들'이 내 어머니와 내 형제라고 언급한 사건을 전하고 있다. 과연 '이 사람들'은 누구인가? 분명히 누가복음의 내재 저자는 누가복음 8장 전체 문맥의 논리적 연결 속에서 내재 독자에게 누가복음 8:2-3에서 언급된 여인들이 바로 누가복음 8:21이 지칭하는 하나님의 나라를 위해서 일하는 그 장본인들이라는 사실을 확인시켜주고 있다.[53] 여기서 누가복음이 사용하고 있는 단어가 "하나님의 말씀을 듣고 행하는 자들"(눅 8:21)이라는 표현인데, 이것은 곧 예수께서 "하나님의 나라를 선포하며 그 복음을 전파할 때"(눅 8:1) 많은 여성이 "자기들의 소유로 그들을 섬겼던 것"(눅 8:3)처럼 이제 물질뿐만 아니라 입을 열어서 열두 제자들과 함께(눅 8:1) – 옛 선지자들이 예언 활동을 통해서 하나님의 뜻을 준행하였던 것과 마찬가지로 – 하나님의 말씀을 수행하는 일을 하였다는 사실을 확인시켜주고 있다. 그러므로 누가복음 8:1-21에서 '하나님의 나라'(1, 9절)와 '하나님의 말씀'(11, 21절)과 '말씀'(8, 12-15, 21절)이라는 단어들이 표제어가 되어서 서로 다른 이야기들이 긴밀하게 연결된다. 그 결과 외형상으로 여러 가지 다른 이야기가 섞여 있지만, 누가복음의 내재 저자가 추구하는 메시지는 여성들도 열두 제자들과 마찬가지로 하나님 나라를 위해서 일하는 일꾼들이라는 사실을 내재 독자에게 강조하고 있다.

누가복음의 저자를 내재 저자의 여성 경향성과 관련을 지어서 해석하려는 시도는 독자반응비평의 도움으로 좀 더 논의를 진전시킬 수 있다.

---

53) Elisabeth S. Fiorenza, 앞의 책(1983), 50에서 피오렌자는 누가복음의 저자가 여성 예언자들로 활동하던 당시의 여성 지도자들을 알고 있었음에도 누가복음의 내러티브 속에 그들을 실제로 묘사하지 않았다고 주장하지만, 필자가 보기에는 많은 여성이 누가복음의 내러티브 속에 실례로 등장하고 있다.

6. 내재 저자의 여성 경향성?

독자반응비평[54])에 의하면, 누가복음에서 엘리사벳의 이름이 직접 거명되고 있는 것은 아주 특징적이다.[55]) 더구나 누가복음에서 엘리사벳은 그의 남편인 제사장 사가랴와 마찬가지로 하나님께서 보시기에 의인(dikaios)으로 소개되고 있다.[56]) 그런데 누가복음 1:24에 임신한 지 5개월이 지나는 동안에 엘리사벳은 숨어서 지낸다. 이것은 누가복음의 내재 저자가 내재 독자에게 여성 경향성이 가지고 있는 그 특유의 감각으로 여성의 임신을 두둔하는 전형적인 표현방식[57])이라고 평가할 수 있다. 왜 엘리사벳이 임신한 후에 5개월을 숨어서 지냈다고 누가복음의 내재 저자는 표현하였을까? 나이가 들어서 임신을 한 엘리사벳이 인간적으로 가질 수 있는 일말의 부끄러운 처지를 공감한 내재 저자가 이러한 표현을 통해서 자신이 여성 경향성을 가지고 있다는 사실을 내재 독자에게 표현한 것은 아닐까? 여성 경향성을 가지고 있지 않다면 과연 이

---

54) Jane P. Tompkins ed. *Reader-Response Criticism: From Formalism to Post-Structuralism* (Baltimore; London: The Johns Hopkins University Press, 1980); Susan R. Suleiman and Inge Crosman eds. *The Reader in the Text: Essays on Audience and Interpretation* (Princeton: Princeton University Press, 1980); Michael Groden and Martin Kreiswirth eds. *The Johns Hopkins Guide to Literary Theory & Criticism* (Baltimore; London: The Johns Hopkins University Press, 1994); Vincent B. Leitch ed. *The Norton Anthology of Theory and Criticism* (New York: W.W. Norton & Company, 2001); Todd F. Davis and Kenneth Womack, *Formalist Criticism and Reader-Response Theory* (New York: Paldrave, 2002).

55) 이는 누가복음에서 많은 여성의 이름이 익명으로 되어 있는 것과 아주 대조적이다(눅 4:26, 38-39; 7:11-17, 36-50; 8:48; 13:16; 17:32; 23:28).

56) 구약성경에 의인으로 불린 인물들은 노아(창 6:9), 욥(욥 1:1), 다니엘(마카베오 4서 16:21), 사울(삼하 4:11), 하나님의 종(사 53:11) 등이다. 오직 구약성경에서 여인을 의인으로 부른 것은 유다의 며느리인 다말뿐이다(창 38:26). 신약성경에서 예수께서 하나님을 '의로우신 아버지'라고 부른 것은 널리 알려져 있다(마 27:19, 24; 눅 23:47; 요 17:25; 행 3:14; 7:52; 22:14; 벧전 3:18; 요일 2:1, 29; 3:7). 신약성경에서 개인들이 의인으로 불린 경우는 요셉(마 1:19), 세례 요한(막 6:20), 시므온(눅 2:25), 아리마대 요셉(눅 23:50), 고넬료(행 10:22), 아벨(히 11:4; 요일 3:12), 롯(벧후 2:7) 등이다. 신약성경의 여인 중에서 의인이라 불린 경우는 엘리사벳이 유일하다.

57) 신약성경의 임신에 관해 직접적인 배경이 되는 구약성경의 임신에 관한 전승을 위해서, 자세한 것은 Cheryl A. Kirk-Duggan ed. *Pregnant Passion: Gender, Sex, and Violence in the Bible* (Leiden: E. J. Brill, 2004)를 보라.

같은 감정을 가질 수 있을까? 내재 독자의 입장에서 이렇게 엘리사벳을 두둔하는 표현은 보호받고 사랑받고 싶은 여성의 심리적 경향성을 잘 나타내준 것이라고 평가할 수 있다. 그런데 나이가 들어서 임신한 일이 부끄러운 일로 여겨져서 일정 기간에 숨어 지낼 수는 있지만, 해산할 날이 차오는 마당에 마냥 숨어 지낼 수만은 없는 형편이지 않은가? 이 점을 고려하여 누가복음의 내재 저자는 6개월 후에 예수를 잉태한 마리아가 서둘러서 엘리사벳을 만나러 유대 땅으로 올라가는 이야기를 계속 이어간다(눅 1:39). 마리아의 영접을 받은 엘리사벳이 자신의 태중에 임신한 아이(세례 요한)가 복중에서 뛰었다(눅 1:41)는 묘사는 내재 독자에게 누가복음이 여성적 내재 저자의 경향성을 가지고 있다는 사실을 한껏 추측하게 한다.[58] 엘리사벳이 이미 임신한 사실을 알고 그를 방문한 마리아는 아직 자신이 예수를 잉태한 사실을 미처 그에게 알리지 않은 상황에서, 어떻게 엘리사벳의 복중의 아이가 뛸 수 있는가? 더 나아가서 어떻게 엘리사벳이 마리아의 잉태 사실을 듣기도 전에 '주의 모친'이 황송하게도 자기에게로 올 수 있느냐고 큰 소리로 말하면서 마리아를 축하하고 축복할 수 있는가?(눅 1:42-45) 이미 누가복음의 내재 저자는 이 모든 것을 확실하게 전제하면서 내재 독자에게 이야기를 자연스럽게 전개하고 있다. 이러한 사실을 통해서 우리는 누가복음의 내재 저자가 그 특유한 여성 경향적 감각으로 내재 독자에게 자신이 여성 경향성을 지닌 내재 저자 혹은 여성 신학자일 수 있다는 가능성을 내비친 것으로 해석할 수 있지 않을까?

누가복음 7:11-17에 나인성의 과부가 그 아들이 죽자 예수께서 다시 그를 살리는 이야기가 나온다. 예수께서 가버나움에서 백부장의 하인을 고친 이야기(눅 7:1-10) 다음에 나인성에 들어갔을 때, 제자들과 수많은 무리가 그를 따랐다. 그런데 예수께서 나인성의 문에 가까이 갔을 때, 장례 행렬이 이어져 나

---

58) 성경에서 여인끼리 대화를 나누는 장면은 아주 드문 경우이다. 더구나 이 경우에는 아주 은밀한 대화를 나누고 있는 장면이 설정되어 있다. 이러한 장면은 독자에게 여인 사이의 은밀한 해후를 돋보이게 해준다. 참고, Barbara E. Reid, 앞의 책(1996), 70-71.

왔다. 여기서 누가복음의 내재 저자가 '그가 과부의 독자'라는 사실을 내재 독자에게 밝혀주지 않았다면(눅 7:12b), 예수께서 장례 행렬에서 그 과부를 알아차리고 그에게 위로의 말을 전하는 행동을 내재 독자는 이해할 길이 없다. 어찌 예수의 이런 일련의 행동이 가능할 수 있었을까? 지금 가버나움에서 나인성에 당도한 예수의 일행이 동네 어귀에서 맞부닥뜨린 장례 행렬에서 한눈에 그 행렬의 상주가 과부이고 그 과부의 아들이 독자라는 사실을 알 수 있었던 이유는 누가복음의 내재 저자가 내재 독자에게 이야기의 전개 과정에서 보여주는 구성상의 묘미가 있기 때문이다. 그런데 이러한 이야기 구성의 배후에서 우리는 누가복음 내재 저자의 숨어 있는 여성 경향성을 볼 수 있지 않을까? 당시 유대 사회에서 남성들은 여성들과 가까이 지내는 일이 전혀 쉽지 않았다. 더구나 과부인 여성의 사회적인 어려운 형편을 알 수 있다는 점과 또한 가버나움에서 나인성은 가까운 거리가 아니라는 점도 결코 쉬운 일이 아니다. 당시의 여러 가지 상황을 고려할 때, 예수께서 그 과부를 알아차린다는 사실은 유대 남성으로서 불가능한 일이다.[59] 이러한 불가능한 일이 누가복음의 내재 저자의 이야기 구성과 전개로 술술 풀려나가는 점을 중시하면, 우리는 그 내재 저자의 여성 경향성을 한층 더 공감할 수 있다.

이러한 사실은 누가복음 7:36-50에 나오는 예수의 발에 향유를 부은 여인의 이야기[60]에서도 마찬가지이다. '그 여인'이 죄인이라는 것도 누가복음의 내재 저자가 밝혀주고 있는 사실인데, 이는 당시 유대 사회에서 남성이 여성의

---

59) Robert M. Price, *The Widow Traditions in Luke-Acts: A Feminist-Critical Scrutiny*, Society of Biblical Literature Dissertations Series 155 (Atlanta: Scholars Press, 1997).

60) 예수의 발에 향유를 부은 여인의 이야기에 관한 연구는 다음의 글들이 아주 중요하다. Ben Witherington III, *Women and the Genesis of Christianity* (Cambridge: Cambridge University Press, 1990), 65-68; Judith K. Applegate, "'And She Wet His Feet with Her Tears': A Feminist Interpretation of Luke 7.36-50)," Harold C. Washington ed. *Escaping Eden: New Feminist Perspectives on the Bible* (Washington Square: New York University Press, 1999), 69-90; Teresa J. Hornsby, "Why Is She Crying?: A Feminist Interpretation of Luke 7.36-50," Harold C. Washington ed. *Escaping Eden: New Feminist Perspectives on the Bible* (Washington Square: New York University Press, 1999), 91-103.

신분을 쉽게 알 수 없다는 점 때문에 그 내재 저자의 여성 경향성을 더욱더 드러내고 있다. 누가복음 7:44에서 예수께서는 시몬에게 "이 여자를 보느냐?"라고 질문한다. 이것은 시몬이 그 여인을 보는 것과는 다른 시각에서 예수가 그 여인을 보고 있다는 사실을 우리에게 일깨워주고 있다(눅 7:47). 이뿐 아니라 예수의 발에 향유를 부은 사건이 복음서에 모두 나오지만, 누가복음 7:38은 특별히 그 여인이 눈물로 예수의 발을 씻었으며 그의 머리털로 발을 닦았다고 소개하고 있다. 이러한 묘사는 다른 복음서에서는 찾을 수 없는 진술인데, 여기서 누가복음의 내재 저자가 내재 독자와 감각적인 공감대를 형성하기 위해서 여성 경향적인 필치로 사건의 깊이를 세밀하게 이끌고 나간다. 예수에게 향유를 붓기 전에 다른 어떤 것이 아니라 자기 머리털로 먼저 닦았다는 사실은 여성들이 지닌 사랑을 가장 공감할 수 있는 대목이다. 자기 신체의 일부분으로 예수를 닦았다는 사실을 표현함으로써 누가복음의 내재 저자는 자신의 여성 경향성을 가장 극적으로 표현한다. 이러한 여성 경향적 필치가 다른 복음서에는 없는 점을 중시하면, 누가복음의 내재 저자가 자신의 여성 경향성을 은연중에 내재 독자에게 보여주는 모습이다.

예수의 수난과 부활 이야기(눅 23:26-31, 49, 55; 24:1-11)에서 여성들의 참여가 다른 복음서와 비교할 때, 누가복음의 이야기는 아주 특별한 것이 많다. 이미 누가복음에서 '사람들의 큰 무리'(눅 23:27)가 '제자의 온 무리'(눅 19:37)라는 것은 상식적으로 알 수 있는데, 여기서 예수께서는 그들 중에서 가슴을 치며 울고 있는 여인들을 향해서 '예루살렘의 딸들'이라고 호칭한다(눅 23:28). 이것은 위에서 언급한 것처럼, 이미 여인들이 남성들과 마찬가지로 하나님의 선택받은 이스라엘 백성의 지위를 얻고 있다는 사실과 확고하게 연결되고 있는 것은 물론이다. 여기서 이사야 54:1을 인용하면서 수태하지 않은 자와 젖을 먹이지 않은 자가 복되다고 언급하는 것(눅 23:29)은 누가복음 21:23을 다른 말로 바꾸어서 표현한 것인데, 이로써 누가복음의 내재 저자는 독신으로 주님을 따르는 여인이 얼마나 복된 사실인지 드러내고 있다. 왜 누가복음의 내재 저자는 독신으로 주님을 따르는 일이 예수의 여성 제자로서 복된 일이라고 간주하는가?

누가복음 23:49에 의하면, 갈릴리로부터 예수를 따라온 여인들이 멀리서 예수의 죽음을 지켜보고 있다. 그런데 그 여인 중에서 유독 한 여인만이 마지막까지 아리마대 요셉이 예수의 시신을 거두어 장사한 무덤까지 따라간다(눅 23:55). '그 여인'은 과연 누구인가? 그 여인은 부활의 아침에 빈 무덤에서 예수의 부활을 목격한 여인들 – 막달라 마리아, 요안나, 야고보의 어머니 마리아, 이들 외에 다른 여인들 – 중에서 하나임이 분명하다(눅 24:1-10). 마지막까지 숨바꼭질하듯이 자신의 정체를 다른 여인들의 이름 속에 파묻어둔 그 여인은 과연 누구인가? 누가복음의 내재 저자는 자신의 복음서 마지막에 이르러서 내재 독자에게 가장 궁금한 질문을 던진다. 이에 그 궁금한 질문에 대한 답변을 찾으면서, 내재 독자는 누가복음의 전체 이야기를 곰곰이 되짚어보며 예수 부활의 사건을 처음으로 목격한 여러 여인 중에 분명히 있었던 그 여인이 누가복음의 내재 저자가 가장 자신을 동일시하고 싶은 인물이 아닌지 하는 생각을 떨쳐버릴 수 없게 된다. 그 이유는 누가복음에서 다른 남성 제자들과는 달리 그 여인은 끝까지 예수를 따라가서 제자도의 가장 큰 모범을 보여주고 있기 때문이다. 누가복음의 내재 저자가 진정으로 주님의 제자도를 실천하는 제자가 되기를 원하였다면, 누가복음에서 그 여인이야말로 가장 충실한 제자의 모습을 보여주고 있지 않은가?

마가복음 16:1-8에 근거하고 있는 마태복음 28:1의 부활 이야기에 의하면, 예수의 부활을 처음 목격한 그 여인들은 더욱더 좁혀져서 막달라 마리아와 다른 마리아로 소개되고 있다. 요한복음 20:1에 의하면, 그 여인은 더욱더 좁혀져서 막달라 마리아로 되어 있다.[61] 여기까지의 내용이 우리가 복음서의 기

---

61) 부활의 아침에 무덤을 찾은 여인이 바로 막달라 마리아였다는 사실은 마가복음의 두 번째 결론 부분도 견지하고 있다(막 16:9-11). 특히 요한복음이 막달라 마리아를 가장 명확하게 드러낸 것에 관해서, 학자들은 막달라 마리아에 관해서 '허구적인 인물'(Hans-Martin Schenke), '이상적 인물'(Rudolf Bultmann), '신자의 상징'(Raymond E. Brown), '사랑하는 제자'(Marvin Meyer) 등 다양한 해석을 제안하고 있다.

록을 통해서 사건을 추정하여 그 내막을 알 수 있는 이야기들이다. 그렇다면 질문들이 계속 쏟아진다. 누가복음의 이야기 구성에 있어서 7:36-50에 등장하는 예수의 발에 향유를 부은 '그 여인'이 24:1-11에서 예수의 부활을 처음으로 목격한 여인 중에 있었던 바로 '그 여인'인 막달라 마리아가 아닌가? 그렇다면 여성 경향성을 강하게 가지고 있는 누가복음의 내재 저자는 막달라 마리아를 예수의 가장 모범적인 제자로 간주하여 자신과 가장 동일시하고 싶은 인물로 생각하는가? 결과적으로 막달라 마리아를 누가복음의 내재 저자가 동일시하고 싶은 인물이기 때문에, 이토록 누가복음의 내재 저자가 여성지향적인 이야기의 구성과 전개를 치밀하게 하고 있는가? 초기 교회 당시에 여성들의 지위가 열악한 연고로 막달라 마리아가 '그 여인'이라는 익명성 속에 보존되어 전승되었다면, 여성 신학자로서 누가복음의 내재 저자는 바로 숨바꼭질하듯이 등장하고 있는 '그 여인'이 자신의 여성 경향성에 일치하는 모델 인물과 동일시하기 위해서 누가복음의 전체 이야기를 통해서 막달라 마리아를 은연중에 드러내려고 하였는가? 우리가 이미 알고 있듯이 막달라 마리아를 예수의 제자로 간주하고 있는 초기 교회의 전승은 그 무엇보다도 확고하지 않은가?[62]

---

62) 막달라 마리아에 관한 전승이 초기 교회에서 아주 강력하였다는 사실을 학자들은 자주 논한다. 자세한 내용을 위해서, 다음의 책들을 보라. Lina Eckenstein, *The Women of Early Christianity* (London: The Faith Press, 1930). 특히 제1부의 III. Mary Magdalen을 보라; Karen King ed. *Images of the Feminine in Gnosticism. Studies in Antiquity & Christianity* (Claremont: The Institute for Antiquity and Christianity, 1988; Reprint, Harrisburg: Trinity Press International, 2000). 특히 이 책의 제15장부터 제18장을 보라; James E. Goehring, "Libertine or Liberated: Women in the So-called Libertine Gnostic Communities," David M. Scholer ed. *Women in Early Christianity. Studies in Early Christianity: A Collection of Scholarly Essays* (New York; London: Garland Pub., 1993): 183-344; Daniel L. Hoffman, *The Status of Women and Gnosticism in Irenaeus and Tertullian. Studies in Women and Religion*, vol. 36 (Lewiston; Queenston; Lampeter: The Edwin Mellen Press, 1995); Antti Marjanen, *The Woman Jesus Loved: Mary Macdalene in the Nag Hammadi Library and Related Documents* (Leiden: E.J. Brill, 1996; Carolyn Osiek, "Mary 3," Carol Meyers et al. eds. *Women in Scripture: A Dictionary of Named and Unnamed Women in the Hebrew Bible, the Apocryphal/Deuterocanonical Books, and the New Testament* (Boston; New York: Houghton Mifflin Co., 2000), 120-22; F. Stanley Jones ed. *Which Mary?- The Marys of Early Christian Tradition. Society of Biblical Literature Symposium Series 19*

7. 결론

그리스도인들이 신약성경을 하나님의 말씀으로 고백하고 있는데, 그중에 누가복음은 예수의 말씀과 생애를 담고 있는 책이기 때문에 아주 소중한 복음서이다. 문제는 누가복음의 저자가 누구인지 또 언제 기록되었는지 정확하지 않다는 사실이 우리의 궁금증을 더해준다. 그래서 본 논문은 누가복음의 저자를 탐구하는 차원에서 기존의 연구 성과와는 다른 차원에서 접근해 들어가면서 누가복음의 내재 저자가 여성일 가능성을 연구하게 되었다. 이러한 연구는 학계에 잘 알려지지 않은 주제이므로, 참고문헌의 수가 극히 제한된 어려움에도 불구하고, 필자가 미네소타의 St. John's University에서 교환교수로 보내는 중에 자료를 많이 확보하게 되었다. 그 결과 누가복음 내재 저자의 여성 경향성에 관한 연구를 진척시킬 수 있었다.

누가복음은 다른 복음서와는 달리 여성에 관한 관심을 지대하게 표명하고 있을 뿐만 아니라 복음서의 구성에 있어서 남성 이야기와 여성 이야기를 나란히 배열하는 이른바 이중전승의 효과를 극대화하고 있다. 더 나아가서 누가복음의 내재 저자가 여성 경향성을 가지고 있어서, 신약성경의 다른 책에서는 찾을 수 없는 여성의 이미지를 고양시키고 있다. 이러한 모습은 초기 교회에서 여성의 섬김의 리더십이 인정받았다는 증거일 뿐 아니라, 실질적으로 여성이 지도자로서 중요한 사역을 감당하였다는 사실을 보여주는 것이다. 이를 중시할 때, 이미 예수의 공생애 사역에 있어서 여성들이 제자도의 역할을 훌륭하게 수행하였다는 사실도 추정하게 한다. 특히 누가복음에서 여성이 아브라함의 딸로 인식되고 있다는 사실은 축복의 통로에 있어서 여성들이 남성들과 마찬가지로 예언도 하고 말씀 사역을 감당할 수 있는 실질적인 교회 봉사

(Atlanta: Society of Biblical Literature, 2002); Marvin Meyer, *The Gospels of Mary: The Secret Tradition of Mary Magdalene, the Companion of Jesus* (San Francisco: HarperSanFrancisco, 2004); 소기천, "예수는 마리아와 결혼하였는가? – 다빈치 코드의 허구," 《교육교회》 331(2005/1), 18-25.

에서 책임적인 사명을 감당할 수 있는 근거를 제공해 준다는 차원에서 아주 중요하다.

누가복음은 사복음서 중에서 가장 여성에 관한 관심을 집중시키고 있는 복음서이다. 이는 단지 누가복음이 지금까지의 연구에서 '여성의 복음'이라는 차원뿐만 아니라, 누가복음의 내재 저자가 여성 경향성을 가지고 있고 그 내재 저자가 오늘의 여성 신학자와 유사하다는 사실을 드러낸다. 이러한 연구는 기존의 연구와는 달리 향후 예수학교를 개교하면서 새로운 연구 성과를 누가복음을 통한 예수말씀 연구에 제안한 것이다. 본 연구는 앞으로 누가복음뿐만 아니라 신약성경의 다른 책에 관해서도 내재 저자의 여성 경향성과 여성 신학자의 특징을 연구할 수 있는 길을 열어놓았다는 점에서 그동안 교회의 직책이 남성 위주에서 누가복음이 여성의 지도력을 새롭게 보여주었다는 점에서 향후 예수학교가 나아갈 방향에 긍정적인 영향을 미치게 될 것으로 전망한다.

마무리말

    필자의 조부가 대한성서공회의 전신인 대영성서공회의 권서인으로 만 20년을 봉직하고 은퇴한 것이나, 부친이 30년을 영락교회의 구역장으로 봉사하고, 50년을 재즈 음악인으로 살아간 꾸준함은 남다른 점이 많다. 부친의 은퇴 당시 본당 정문 앞에서 신년 예배를 마치고 기념 촬영을 하였는데 슬하에 7남매와 사위 3명과 며느리 4명과 20명의 손주가 모두 출석하여 축하하였다. 필자의 집안은 조부 때부터 자녀들의 생일뿐만 아니라, 명절까지도 모두 양력으로 지키던 전통으로 새해를 맞이하여 온 가족이 한자리에 모이는데, 지금은 부친의 슬하에 손주들도 결혼하여 총 38명의 대가족을 이루어서 한국과 미국과 일본에 흩어져 살고 있다. 필자의 직계도 2017년 이후 현재까지 겨우 5명만 늘어난 것을 보면, 확실히 결혼도 안 하고 자녀 출산도 안 하는 현실에 봉착한 대한민국의 인구절벽을 보여준다. 그런데도 영락교회에서 필자의 본가와 처가와 사돈까지 포함하여 5대가 지금도 출석하는 일은 아주 특별한 모습이고, 이 자체만으로도 140년이 되어가는 한국교회와 교회 창립 80년을 앞둔 영락교회의 자랑이요 본보기가 될 만한 기독교 가문다운 일이기에 쑥스럽지만, 한마디 덧붙인다.

    필자의 부모는 슬하에 7남매를 두었는데, 자식 중에서 장녀 기은(基恩)은 평화교회 장로로, 차녀 기석(基石)은 권사로, 장남 기천(基天)은 장로회신학대학교의 신약학 교수로 은퇴하고, 차남 기호(基昊)와 정민임(丁敏任) 부부는 일본인 선교사로 히노시 다가타 일본인 교회를 20여 년 목회하다가 동경에서

200km 떨어진 마치모토교회의 담임목사로, 삼녀 기주(基珠)는 광장교회 권사로, 삼남 기풍(基豊)은 상당교회 안수집사로, 사남 기범(基範)은 뉴저지의 은혜와사랑의교회 담임목사이며 필자의 막내 제수씨인 최희안(崔喜安)은 보스톤 신학대학원의 애나셔 연구소(Anna Shaw Institute) 소장이자 영성신학 교수이다. 지금 보니 필자의 부친은 외가로부터 치면 5대 장로 집안에서 평신도로 있다가 목사가 되겠다고 신학교에 간 자녀 5명을 모두 유학을 보내서 미국과 일본에서 학위를 마치고 교수들과 선교사와 목사로 사역을 감당하게 하는 밑거름을 놓았다.

필자의 부모는 7남매와 그 자부 중에서 5명을 목사로 만들었지만, 필자는 미력하여 3남매와 사위 중에서 현재 2명만을 목사로 만들었다. 막내가 장로회신학대학교의 신학과 졸업생이다 보니, 장차 필자도 자식 3명을 목사로 만들게 되는 것이다. 사실 필자의 장남도 이름이 사무엘이니, 나중에 목사가 될지는 하나님만 아실 것이다. 사무엘은 영락교회를 출석하는 필자의 장모인 박기정 권사(남편 홍재구 목사/삼양제일교회를 36년 섬긴 원로목사)가 경로대학에서 만난 며느리의 조모와 친구 사이다 보니 서로 손주들을 중매하여 김기예와 결혼하였다. 그 사돈 가정도 며느리의 조모를 포함하여 부친인 김형은 목사의 자녀들까지 영락교회 청년부에서 봉사하고 있다. 필자의 부모는 손주사위를 포함하여 현재까지 8명의 목회자를 길러낸 분들이시니, 하나님으로부터 칭찬을 많이 들으실 것이다.

필자의 자녀 삼남매 중에 사무엘은 공군 제대 후에 대전 새로남 국제학교를 거친 베테랑 교사로 현재 두레 외국인학교 교사로 있으며 큰 자부인 김기예는 신촌성결교회의 오르간 반주자로 섬기면서 현서를 출산하였다. 장녀인 은혜(恩惠)는 장신대 기독교교육과와 신대원을 졸업하고 버클리에 있는

GTU 신학대학원에서 신약학 박사학위 논문을 쓰던 중에 버클리 PSR 신학교의 신약성서와 수사학 교수로 일하면서 소은이를 출산하였고, 큰 사위인 이용은 주님의교회에서 안수받고 버클리에 유학 중이다. 차남인 요셉은 장신대 재학 중에 목사와 선교사의 길을 걸어가고자 온두라스 견습 선교사로 갔다가 권총을 들이미는 강도들에게 세 번이나 죽을 고비를 넘기는 일이 있자 귀국하여 더는 선교를 안 한다면서 육군 복무 후 8년 만에 신학과를 졸업하였다. 필자에게는 마음으로 낳은 손녀인 장비에르(Janviere)가 브룬디에 있다.

마지막으로 미력한 필자를 위해 출판을 흔쾌하게 허락하고 진행해 주신 통독원의 조병호 박사에게 감사를 드린다. 특별히 까다로운 출판 과정의 책임을 감당하고 진행해 준 관계자들의 노고를 치하하며 감사를 드린다.

복된 주일을 기다리는 새벽 미명에
주님의 작은 종 **소기천**